하나님과 무無,
그 천千의 얼굴들

하나님과 무無, 그 천千의 얼굴들
― 대안적 신론을 위한 예비적 연구

2024년 4월 23일 처음 펴냄

지은이 | 박혁순
펴낸이 | 김영호
펴낸곳 | 도서출판 동연
등 록 | 제1-1383호(1992년 6월 12일)
주 소 | 서울시 마포구 월드컵로 163-3
전 화 | (02) 335-2630
팩 스 | (02) 335-2640
이메일 | yh4321@gmail.com
인스타 | https://www.instagram.com/dongyeon_press

ISBN 978-89-6447-988-9 93230

God, Nothingness, and Its Thousand Faces

하나님과 무無, 그 천千의 얼굴들

대안적 신론을 위한 예비적 연구

박혁순 지음

동연

추 천 의 글

　　이번 출간된 박혁순 박사의 저서는 동서 사유의 비교와 그 비판적
적용을 통해 현대인들이 이해하고 수용할 만한 신론을 확장하고 심화하
는 데 공헌하고 있다. 무엇보다 한국을 비롯한 동양의 사유와 영성에
호응하는 교의학적 작업은 바로 이 땅 위의 신학자 몫이라는 점을
대담하게 밝히고 있다. 특별히 서양 철학으로 덧칠된 그리스도교만이
보편적 그리스도교가 아닐 것이라고 의혹하는 모든 독자에게 추천한다.

윤정현

(성공회 사제)

　　이 책은 '무'에 대한 매우 방대한 학문적 접근을 보여준다. 다시
말하면 이 책은 기독교 신학, 불교, 도교, 유교, 철학 그리고 현대
과학에 나타나는 무의 개념에 대한 필자의 방대한 연구를 보여준다.
이 연구를 통해 필자는 위기에 처해 있는 기독교 신앙, 신학에 대한
대안적 통찰을 제시하고자 한다. 필자가 표현한 바와 같이 이 책은
오늘날 위기에 처해 있는 기독교의 상황에서 대안적 신론을 위한 매우
유의미한 예비적 연구물로 여겨진다. 열린 상상력과 실험적 사유 정신
을 가진 모든 잠재적인 독자들에게 이 책을 적극적으로 추천한다.

윤철호

(장로회신학대학교 명예교수)

질 들뢰즈의 『천 개의 고원』이 신학계로 성육한 걸까? 이 책은 광활하다. 서구 신학과 철학을 2천 년간 관통해 온 형이상학의 제반 사유를 치밀하게 조명하여 녹여내고 유·불·선의 동양 사상을 개입시켜 하나님의 불가해한 무한한 심연에 최대한 근접하고자 몸부림친 흔적들로 처절할 정도다.

그렇게 폭넓게 준별하며 조탁한 핵심 개념은 신묘막측한 '무'라는 존재다. 저자는 이 개념을 최대한 풍성하게 확대, 심화하면서 서구 사상과 동양 사상에 두루 계륵처럼 횡행해 온 신에 대한 각종 '분법'의 틀을 해체하고, 오늘날 자연과학의 첨단 지식까지 원용하면서 그 지평을 휘황찬란하게 확장해 나간다. 그 최종 결과는 하나님에 대한 전위적인 상상과 모험이 미지의 충만의 경지로 거듭나면서 영원의 꼭짓점으로 뻗어가는 신론의 재구성이다. 전통적인 신론이 구닥다리 퇴물 신세로 전락한 이 혼돈의 시대에 박혁순의 이 신론은 필경 포괄적이고 변증법적이며 혁신적이다. 일찍이 서구 신정론의 허방을 찌르며 날쌔게 솟아오른 이 용맹한 한국의 신학자가 이 전광석화의 신론과 함께 우리의 빈곤한 하나님 신앙을 얼마나 풍성하고 은혜스럽게 채워줄 수 있을지 설레는 기대감으로 가슴 부풀어 오른다.

차정식

(한일장신대학교 교수, 전 한국신약학회 회장)

추 천 의 글

기독교의 신神 인식과 '무無'의 만남

20세기의 저명한 역사학자인 아놀드 토인비(Arnold Toynbee)는 말했다. 20세기 최고의 사건은 과학기술문명의 혁명적 발전이라기보다는 오히려 기독교와 이웃 종교의 만남이라고 말이다. 그만큼 20세기 이전에 기독교와 이웃 종교의 만남은 낯선 것이었고, 심지어 위험한 일이었다. 그래서 교회는 오랫동안 그런 만남을 경계하며 소위 이단적인 활동으로 종종 정죄하기까지 하였다. 하지만 20세기에 접어들면서 그러한 분위기는 급격히 바뀌게 되었다. 왜냐하면 세계가 지구촌으로 좁아지면서 기독교와 이웃 종교의 만남은 불가피한 일이 되었고, 심지어 기독교 복음의 선교는 이제 이웃 종교와의 만남으로서만 비로소 가능하다는 새로운 인식에 이르게 되었기 때문이다. 그것은 잘 알려진 것처럼 WCC의 선교 이해에서 잘 드러난다. 그런 점에서 기독교와 이웃 종교의 만남은 혁명적 사건이 아닐 수 없다.

하지만 한국교회는 20세기를 지나 21세기 중반을 향해 달리면서도 여전히 기독교와 이웃 종교의 만남에 대하여 경계심을 풀지 않고 있다. 그것은 '하나님의 선교'(Missio Dei)를 부정하는 신학적 오류로서 매우 어리석은 일이 아닐 수 없다. 그런 점에서 박혁순 박사의 이번 저서 『하나님과 무, 그 천의 얼굴들』은 매우 시사하는 바가 크다. 왜냐하면 그는 기독교와 이웃 종교의 만남을 두려움 없이 용기 있게 본격적으로 시도하고 있기 때문이다. 비록 그가 본 저서의 부제로서 "대안적 신론을 위한 예비적 연구"라는 사족적 표현으로 겸양의 태도를 취했지만, 그것은 결코 적절하지 않다. 오히려 본 저서는 이전의 수많은 신학자가 예비적으로 다루었거나 혹은 부분적으로 시도했던 동서양 종교의 만남과 대화를 '무無'를 주제로 하여 기독교 신학의 입장에서 이제 보다 본격적으로 시도한 것의 다름없기 때문이다. 따라서 나는 박혁순 박사의 본 저서를 종교 간의 대화를 위한 매뉴얼의 하나로서 기꺼이 추천하며, 더 나아가 기독교의 신神 인식이 '무'와 관련한 동서양 종교와 현대 과학 등의 만남을 통해 그 지평이 더욱 풍성하게 확대되기를 기대하는 바다.

손원영
(서울기독대학교 교수)

무(無)의 빛을 타고 오시는 하나님

박혁순 박사가 어느 학회에서 논문 발표 후 노래 한 곡을 불렀을 때 나는 그가 성악가 출신인 줄 알았다. 논문 발표장에서 발표자가 노래를 부르는 것도 이례적이었지만 드라마 <모래시계>의 OST로도 불려 유명하게 된 <백학>을 불렀을 때 러시아의 원로 국민가수로 알려진 이오시프 코브존이 환생한 것 같았다. 백학의 비장함과 아름다움을 그려내는 그의 음성과 멜로디는 숨기면서 드러내는 한 폭의 그림 같았다. 그 후 박혁순 박사는 유럽 각 나라의 민요와 음악, 영미의 팝, 러시아 지역의 음악사를 섭렵하고 부르는 이 시대의 희한한 풍류객임을 점점 알게 되었다. 그런데 이런 다채롭고 방대한 음악에서의 기량은 그의 이번 저술에서는 지식을 통해 그대로 나타나고 있다. 방대한 지식의 양과 그것을 자기의 글로 맞들게 요리하는 글솜씨는 진지하면서도 유쾌하게 자기의 노래를 부르는 그의 역량을 그대로 옮겨놓은 것 같다.

박혁순 박사의 이번 저술은 신론에 관한 것이다. 어느 특정한 시대나 인물에 국한된 연구가 아니라 대안적 신론을 탐구하는 연구이다. 대안을 찾는 탐구의 눈은 존재나 하나님 말씀이 아니라 놀랍게도 '무無'다. '무' 안에서, '무'로부터, '무'를 통해 하나님을 생각하고 말한다는 것이 도대체 가능한가? 전통부터 현대에 이르기까지 하나님은 존재론적 용어인 존재 자체, 존재의 힘, 존재의 근원 등으로 말해져 왔고, 무는 존재의 반대 개념으로 여겨져 왔던 바, 그 반대 개념을 통해 하나님을 말할 수 있는가?

유럽과 영미의 현대 신학에서는 60~70년대 신론에 대한 새로운 연구들이 숲을 이루었다. 19세기에 극성을 부린 마르크스, 프로이트, 니체의 무신론과 허무주의 그리고 세속화로의 평정은 신의 주변화, 부정, 심지어 신의 죽음으로 내몰았고, 그런 정신적 분위기 속에서 새로운 신론은 교회와 신학의 긴급한 요청이며 과제였고, 탈출구로 십자가 신학과 삼위일체론의 부흥을 통해 새로운 신론을 모색하고 있는 것이 입때까지 신학의 분위기였다. 그런데 박혁순 박사는 단도직입적으로 '무'를 내건다. 이열치열인가? 무신론과 세속화 허무주의가 지배적인 정신적 상황에서 이무치무以無治無, 즉 '무'로 진검승부하자는 것인가? 박혁순 박사가 쥔 검劍은 동서 철학과 종교 사상뿐 아니라 현대의 첨단 과학 사상을 분별하기에 충분한, 버리고 버려진 좌우에 날선 어떤 검보다도 예리하여 중구난방으로 널브러진 지구촌의 사상들을 찔러 쪼개어 간파하고 통섭하는 화쟁론이다. 이렇게까지 하면서 하나님을 말하고 경험하려는 그의 구도심求道心의 이면에는 깊은 신앙과 하나님 사랑이 깔려 있다. 그가 "만 4년 동안 하나님만 사유하며 연구"해 올 수 있는 저력은 극진한 '하나님 사랑'에서부터 발원한다.

나는 그리스도인으로서 하나님을 믿고 그를 사랑한다. 그리고 보편적 지식과 신앙 사이의 경계에서라면 단연 성서와 전통적 교리를 존중해 왔다. 그러한 선택에서 하나님과 구원과 자유를 발견했기 때문이다. 그러나 동시에 나는 '무'(無)로부터 창조된 이 세계, 초월적이며 내재적인 하나님, 예수님의 '자기 비움'(κενοσις, 빌 2:7), 성령의 존재 양식 등에 경외심과 함께 신비로운 의문을 지니고 살아왔다. 그리고 '무'와 '자기 비움'과 '영'이라는 '비

존재'의 양식을, 하나님을 이해하고 체험하는 단초로 각성하기에 이르렀
다(본문 중).

보이는 인간 사랑의 길도 길고 어려운데 보이지 않는 하나님 사랑의
길은 더욱 길고도 험난하다. 그는 이 길의 개척자요 이 길을 평탄케
하려는 신학의 마지막 예언자 세례 요한으로 나선 것 같다. 그래서
그는 첫째, 그리스도교의 신학, 둘째, 서양 철학사, 셋째, 종교학, 불교,
도교, 유교, 힌두교 등 각 종교와 그 표층을 떠난 심층적 이해, 넷째,
현대의 첨단 과학 분야, 마지막으로 문학, 문화인류학, 심층심리학,
미학 등에 직접 간접적으로, 우회적으로 때로는 은닉되어 있는 무의
경험, 무의 흔적, 무의 언어를 찾아 대장정의 길을 나선다.

박혁순 박사는 '무'는 모든 것을 흡수하는 블랙홀처럼 나타나기
때문에 무의 주변을 맴돌고 있는 '비존재', '악惡' 전통을 부정하는 '허무'
등을 탐구하다 보면 "인간의 '무' 경험은 수동적 허무주의나 염세주의
혹은 거부와 저항이 아니라 존재에 대한 심오한 차원의 진실을 드러내는
궁극적 각성이 되고, 존재의 신비와 아름다움과 경외를 발견하는 종교
적 법열法悅에 가깝다"고 말한다. 또한 양자역학이나 양자장 이론에서
말하는 "물질이란 애초에 우리에게 주어지는 비물질적 정보나 신호가
아닐까?" 추론한다. 이렇게 되면 "하나님은 '있음'에 관한 변증을 필요로
하고, 무는 '없음'에 관한 확증이 필요하지만, 역설적이게도 하나님은
'없게' 있고, 무는 '있게' 없다. 유와 무는 가장 깊은 존재의 심연에서
교차하고 서로 드러낸다." 저자의 무에 대한 논의는 편견과 제도에
갇힐 수 없는 자유의 실천, 골방의 사유에서 벗어난 실천적 자유를
목표로 삼는다. "'무의 인식론'은 인간이 사물과 현상에 대해 어떠한
방식으로 알 수 있느냐 하는 사안을 부단히 회의하게 만들고, 기존하는

인식과 지식의 고착성에서 탈출하라고 촉구한다. (중략) 그리고 인간 자신을 온전하게 파악하도록 돕는다. 개개인에게 왜곡되고 불충분한 지식에서 벗어나 기만적이고 비본래적인 것들을 희구하지 않게 하며 종국적으로 대자유를 구가할 수 있게 한다."

무의 흔적과 자취, 무의 궤적을 찾아 나선 저자의 길을 동행하다 보면 서양 사유 전통에 서 있는 사상의 거물들을 수도 없이 만난다. 고대 그리스 사상으로부터 출발하여 히브리 성서와 유대교 및 신약성서와 그리스도교를 지나 중세의 신비주의와 부정신학, 그 정상에 서 있는 마이스터 에크하르트와 명나라 시기 중국 선교사였던 마테오 리치까지, 종교 사상가로는 부족하여 다시 칸트, 헤겔, 니체, 비트겐슈타인, 하이데거 그리고 사르트르 사상에 숨겨져 있는 '무'를 채취한다. 박 박사는 서양 사상으로 만족하지 못하고 '무'를 서양 사상보다 적극적으로 드러낸 불교와 도교 그리고 성리학까지 검토한다. 그러고 나서 다시금 현대 그리스도교 신학 사상으로 돌아와 개신교 신학자로서 칼 바르트와 폴 틸리히 그리고 위르겐 몰트만, 가톨릭 신학자로 토마스 머튼과 베른하르트 벨테 그리고 한국의 종합적 종교 사상가 류영모를 논의한다. 박혁순 박사의 지적 능력은 동서 철학과 종교 사상만이 아니라 현대 과학, 특히 물리학과 우주론의 첨단 사상을 섭렵하여 탈실체적인 파동/에너지 이론 혹은 정보이론의 기반 위에서 말할 수 있는 신의 사유는 실체적 존재보다는 탈실체적 무의 사유를 기반으로 해야 할 것임을 암시한다.

박혁순 박사의 사유의 종착 지점은 현대인이 이해 가능, 경험 가능하게 하나님을 이야기하는 것이다. 그는 근대 철학과 특히 변증적 개신교 신학자들이 기피한 '신비'라는 용어를 사용하여 '하나님의 신비'에 관해 말한다. 개신교는 18~19세기 계몽주의의 영향을 받아 '기독교의 합리성'(1695, 존 로크), '신비적이지 않은 기독교'(1696, 존 톨랜드), '이성의 한계 안에 있는 종교(기독교)'(1793, 칸트)를 추구하면서 상징과 신비를 고스란히 벗어 버리고 합리적 개념과 논리(자유주의)의 옷을 새로 지어 입었다. 합리주의자에게 세계는 놀라움, 감탄, 신비가 전혀 없는 곳이다. 세계가 계량화되면서 측정과 예측이 가능하고 경험 가능하지만, 일상 적이고 평범한 세계가 되었기 때문이다. 이에 대하여 저자가 말하고 싶은 하나님은 '있음과 없음', '인격과 비인격', '선과 악', '전능과 무능', '초월과 내재' 그리고 '변화와 불변' 중에 양자택일로 말할 수 있는 분이 아니라 '이도 저도'(both this and that) 및 '이도 저도 아닌'(neither this nor that)의 논법에 따라 말할 수밖에 없는 하나님, 곧 '있으면서도 없는' 혹은 '유이며 또한 무'인 하나님이다. 이런 하나님은 존재의 모호성 때문이 아니라 그는 본성상 역동적 사랑이시기 때문이다. 다시 말해 하나님은 "모험적 창조성과 미학적 동기가 충만하고 넘치기 때문이다."

저자의 마지막 하나님 사랑은 삼위일체론의 재론에 모아진다. 20세 기, 특히 1980년도 이후 신학은 삼위일체론과 성령의 르네상스를 맞이 하고 있다. 관계적 존재론에 근거한 삼위일체론의 재서술은 세계교회 (정교회, 가톨릭, 개신교)일치 운동의 신학적 근거이면서, 한편으로 사회 변혁의 동기가 되는 사회적 삼위일체론과 공동체 교회론으로 발전하고, 다른 한편 삼위일체 하나님 고백의 원래 자리였던 세례와 예배의 재구성 과 활성화에까지 영향을 뻗치고 있다. 그러나 저자는 서양 신학이 삼위일체론을 논의하는 핵심 개념인 '실체'와 '위격'의 자리에 성리학의 핵심 개념인 로고스와 '이理', 루아흐와 '기氣'를 통해 재해석한다.

유신론의 하나님은 반시대적이고 무의미하기 때문에 말할 수 없고 철저한 세속성 안에서 성속 이원론을 통해 경험할 수 있었던 거룩함의 경험이 사라진 일상성과 평범함 가운데 하나님을 발견하자는 것이

초지일관하는 저자의 신앙과 영성이다. 우리의 평범해진 일상성 속에서 새로움을 경험하게 하는 낯섦은 '무'가 엄습할 때다. "어떤 것에 대해 '낯섦'을 느낄 때 존재에 대한 각성과 시작詩作이 시작된다. 하나님에 대해서도 마찬가지다. 존재자를 아우르고 있는 무의 무한과 무근거와 영원성이 까닭 없이 낯설게 다가올 때, 그 엄위와 힘이 세계의 평범성을 깨뜨리고 내 안에서 발견될 때 근원적인 하나님 경험이 가능해진다."

하나님은 창조를 통해, 창조 안에서 자신의 얼굴을 드러낸다. 그래서 신학과 철학은 하나님과 창조 혹은 하나님과 세계의 관계를 궁구하기 위해 진력해 왔다. 세계와 창조의 경험 없이 하나님에 대한 논의와 하나님에 대한 경험은 불가능하다. 저자는 존재의 대립과 모순을 극복하는 무의 경험, 음양상생의 논리 속에서만 "생명과 질서에 대해 감사할 것만 아니라 죽음과 혼돈에 대해 감사할" 수 있게 된다고 말한다. 무의 빛을 타고 내려오는 하나님 경험 속에서 "살고 죽는 것, 사랑하고 미워하는 것, 높이 오르는 것과 낮은 데로 떨어지는 것 등등, 이 모든 것은 하나님 가운데 하나다. 그러한 묘를 선보이는 분이 진정 하나님이다. 그래서 하나님은 '하나'님이다. 근원적으로 둘이 아니라 '하나'다." 세상의 모든 것은 하나님의 천千의 얼굴들에 속하기 때문이다. 어찌 천千의 얼굴뿐이랴, 천만千萬의 얼굴일 것이다. 그러나 얍복 나루터에서 이른 아침 야곱이 하나님의 얼굴을 보았던 경험은 밤이 새도록 낯선 자와 씨름하고 위골되기까지 하는 당면한 무거운 실존의 압력과 고난의 투쟁이 있었음을 상기할 필요가 있을 것이다.

『하나님과 무(無), 그 천(千)의 얼굴들』은 서양 신학의 언어와 문법이 주류를 차지하는 신학의 담론장에 동양 종교의 사유와 언어로 신론을 전개하고 있으며, 현대 과학사상의 결과들을 신론 해석에 적용하고 있다는 점에서 매우 과감하고 탁월하다. 또한 저자의 글쓰기는 대단히 체험적이고 문학적이어서 신학의 미학적 아름다움을 느낄 수 있었다는 것이 이 책이 주는 즐거움이다. 이 책은 대안적 신론을 위한 예비적 연구가 아니라 본격적 연구라고 평가하고 싶다.

심광섭 박사
(예술목회연구원 원장, 전 감리교신학대학교 교수)

'무無' 개념을 매개한 '새로운 신학적 신론'

박혁순 박사는 21세기의 정보와 과학 시대에 걸맞은 새로운 '신론神論'을 제시하고 있다. 대학에서 국문학을 전공했던 그가 신학으로 박사학위를 마친 후에 대학에서 신학과 미학 그리고 종교학을 강의해 오다가 드디어 역작을 탄생시켰다. 『하나님과 무, 그 천의 얼굴들』이다.

'하나님'이라는 신명神名은 한글이다. 영어로 말하자면 'God', 중국어로 말하자면 '상제上帝', '신神', 혹은 '천天' 등으로 불린다. 구약성서의 히브리어로는 '야훼', '여호와' 등이지만, 신약성서에 이르면, '데오스θεος' 혹은 '큐리오스'(主) 등으로 불리기도 한다. 이슬람권에서는 물론 '알라'다. '하나님'이라는 명칭이 각 나라의 언어가 다르기에 다양하게 불리는 것은 너무나 자연스럽다. 인도에서는 인도 유럽 언어권을 같이 하는 '디야우스'로 불리거나 심지어 보기에 따라 자재신自在神 '이슈와라'라고도 불린다. 하지만 이러한 다양한 언어에 기반하여 '하나님'을 자국의 언어로 다양하게 부르는 것은 자연스러운 일이지만, 유독 한국에서는 성서의 같은 '하나님'을 두고도 가톨릭에서는 '하느님'(天主)으로 부르는가 하면, 개신교에서는 '하나님'으로 유일신唯一神을 강조하는 분위기이다.

문제는 이러한 '하나님'에 대해 박혁순 박사는 그가 줄곧 천착해 왔던 동양적 사유의 핵심 개념 가운데 하나인 '무無'를 가지고 '하나님'에 대한 새로운 사유의 길을 모색하고 있다는 점이다. 놀라운 시도다.

불교와 그리스도교와의 대화적 관점에서 '하나님과 무'라는 주제와 관련된 연구가 없는 것은 아니지만, 박혁순 박사는 불교는 물론 유불도^{儒佛道}를 포함하여 서양 철학에 나타난 '무' 개념과 관련된 존재와 비존재의 모든 유비적 개념을 동원시켜 과학적 사고와 함께 '하나님' 사유의 폭을 확대해 간다는 특징이 있다.

특별히 그는 자신이 그리스도인으로서 '무'로부터의 창조와 예수의 '자기 비움'에 착안하여 '무'를 토대로 하는 하나님 체험이라는 '대안적 신론'을 제시하지만, '무'의 상대적 개념으로서의 '유^有'를 무시하지 않고 오히려 변증법적으로 중시한다는 점에서도 그의 '대안'은 충분히 흥미를 끈다. 그럼에도 그가 '무'에 집중하는 까닭은 간단하다. "'하나님'과 함께 인간이 갖는 근본적인 질문들을 해명함에 있어 쓸만한 답을 건네기 때문"이라는 것이다. 노자가 말하는 '무의 쓰임새'(無之用)와 같은 맥락이라고 해도 좋을 것이다. 노자는 "있음이 이로운 까닭은(有之以爲利) 없음이 쓰임이 되기 때문이다(無之以爲用)"라고 말했다(노자 11장). 예컨대, 창문을 뚫어 집을 만드는데, 그 텅 빔(無)으로 인하여 집으로서의 쓰임새가 있게 된다는 비유와 같다. '텅 빔'의 쓰임새는 '있음' 혹은 '존재'를 설명해 주는 가장 강력한 신호다. 박혁순 박사도 이러한 신의 존재 물음에 대한 답으로서 가장 그 지름길이 '무'를 통한 '실유' 혹은 실재나 실제의 세계를 상정했을 것이라 짐작된다.

플라톤 이후 헤겔 같은 서양 철학의 전통에서 뿐만 아니라, 아우구스티누스나 칼 바르트까지 '무'를 '결핍'이나 '악'의 속성으로 이해했던 것과는 전혀 새로운 관점에서, 하이데거나 니체의 사유와 맥락을 같이 하면서 동양의 '무'가 지니는 개념을 '하나님'과 연결시키는 박혁순 박사의 사유의 궤적은 놀랍고 특출하다. 이른바 신비주의 전통과 '부정신학^{否定神學}'이 강조하는 '무로서의 하나님'에 대한 재발견이다. 그러면서도 그는 '무' 개념을 실체와 인식이 불가능한 '절대 무'와 식탁에 빵이 있다가 없는 부재 상태의 '상대 무'라는 두 가지 관점에서 논의를 전개한다. 이러한 '상대 무'의 관점에서 전통적인 그리스도교가 말해 온 '무로부터의 창조' 논의도 재고하고 있다. 이는 현대 물리학이 제공하는 과학적 실재론과의 대화를 오히려 가능하게 하는 부분이다. 여기에 한 가지 더 별미를 첨가한다면 박혁순은 인도를 포함한 동양적 사유의 무 개념이 지니는 다양성, 예컨대 음양 사상이나 역易, 또는 노장사상의 도道 개념 등이 무無와 결부되면서 빚어내는 세계의 다양한 실상에 대한 올바른 인식은 인간으로 하여금 윤리적 실천의 수행을 돕는다는 것도 강조하고 있다는 사실이다.

저자가 강조하는 '무'는 서양 철학이 그동안 간과해 왔던 존재의 한 측면인 '있음'을 재해석하고자 하는데 그 특징이 있다. 이를테면 그 "순수한 '있음'은 오히려 '무'라고 할 수 있다"는 주장이다. 이는 그동안 플라톤이나 헤겔에 이르기까지 간과해 왔던 존재의 '무'의 측면을 다시 드러내는 하이데거의 방법론을 따르는 것으로, 이러한 측면을 다시 '하나님'에게까지 적용하는 저자의 통찰력이 탁월이다.

박혁순 박사의 '신神'과 '무無'에 대한 탐색의 오솔길은 여기에서 그치지 않는다. 예컨대 칸트가 '무'를 '대상 없는 개념'으로 정의한 사례를 두고, 그리스도교 신비가들이 말하는 '하나님의 무無, 공空, 허虛'의 동양 형이상학적 측면과 부분적으로 대화 가능한 것으로 보고 있다는 점이다. 이러한 '무'의 가능성은 실존주의 철학에서 더욱 돋보이게 되는데, 인간의 실존은 "무라는 비워진 본질의 도화지 위에 의미와 가치와 아름다움 등을 채워 나가야 한다"고 저자는 말한다.

이처럼 저자는 '하나님과 무'에 관한 논의를 진행함에 있어, 서양 사유 전통의 비존재 개념을 고대 그리스철학은 물론 니체와 하이데거를 포함하는 현대 서양 철학에 이르기까지 철학사적 측면에서 광범위하게 탐색함으로써, '무無'의 개념이 지닌 비교 가능한 영역을 최대한 확충하여 히브리 성서와 유대교를 망라한 '새로운 신학적 신론'을 과감하게 개척하고 있다. 독자 제현들의 일독을 강력히 추천하며 신학계는 물론 종교 학술계의 아낌없는 반성적 평가도 기대해 본다.

이명권 박사
(코리안아쉬람 대표, 비교종교학 · 동양철학)

머 리 말

하나님을 알기 전에 '하나님'이라는 말이 생긴 듯하다. 이것은 인류의 종교사와 지성사에서 수습하기 가장 어려운 사태 가운데 하나다. 단순히 신앙인이나 종교인에 해당하는 문제가 아니다. 소박한 형태의 유신론적 신앙을 지녔거나 무신론적 견해를 지닌 대중들에게도 해당하는 문제다. 하나님을 믿고, 하나님을 말하는 일에 있어 너 나 할 것 없이 신앙적 번민과 실존적 갈등까지 느끼곤 한다. 물론 인간이라는 존재는 하나님을 알고 나서 그를 믿을 수는 없다. 다만 세상에는 너무나 다른 '하나님들'이 있다. 그리스도교 안에서도 교회와 교파와 신자에 따라 서로 다른 하나님을 고백한다. 과연 그들이 말하는 하나님은 누구인가? 혹은 근본적으로 우리는 무엇을 하나님이라 칭하는 것일까?

우리 세대에 하나님을 알아가려는 갈망이 가득하다면, 그가 허락하는 구원과 평화를 기대하기에 더할 나위 없이 좋겠다. 그러나 상황은 정반대다. 세계는 하나님 알기를 기피하기에 하나님을 잃어간다. 우리 시대가 여전히 하나님의 부재, 하나님의 죽음을 논해야 할 시대일까? 차라리 하나님의 망실亡失을 논해야 할 시대가 아닐까? 반면 신학은 하나님의 망실로 꺼져가는 아궁이에서 불씨를 찾는 작업과 같다. 내가 본서를 집필하려는 동기 바로 그것이며, 다른 한편 그리스도교를 위한 변증적 활동이다.

전문 연구자가 아닌 일반 독자를 위해 몇 자 남긴다. 무신론자는 그 자신이 규정하는 '허구', 즉 하나님에 관한 자신의 정의定義를 전제한다. 의식적으로든 무의식적으로든 말이다. 그런데 그들이 부정하고자 하는 신을 구름 위에서 흰 가운을 입고 지상을 내려다보는 백인 할아버지로 상정하면 곤란하다. 개개인이 그러한 상像을 지니고 있는 것이야 어쩔 수 없겠지만, 공적·간학문적 대화에 있어서 그러한 신관은 신을 믿어온 인구를 포함하는 인류 공동체를 위해 발전될 논의를 가로막는다. 물론 성서나 교리 전통 가운데 하나님을 인간의 원형原型으로 또는 인간을 '하나님의 형상'(imago Dei)으로 전하는 내용은 현재에도 유효하고 의미가 있다. 이 미묘함에 관해서는 차차 이야기하고자 한다.

교회의 신학만큼은 하나님을 하나님답지 않게 전하는 문제를 지속적으로 반성해야 한다. 할 수 있다면 신학자는 인류에게 밝혀진 지식과 정보와 견주어 신론을 수립해 가야 한다. 신학, 특히 신론이 생략할 수 없는 일종의 학문분과라면, 학문으로서 발전할 여지는 거기에 있다. 또 한편에서 신론은 쉽사리 인간의 일상적 경험과 상식으로부터 하나님에 관한 술어를 얻어오는 것을 경계해야 한다. 다행히도 아브라함 종교들(Abrahamic religions)은 일찍부터 하나님을 인간의 모습처럼 묘사하면서도, 다른 한편에서 그를 '영' 또는 '불가시적不可視的'존재로 소개해 왔다. 이것은 자연과 인간의 직관으로부터 하나님의 실제가 얼마나 멀고 생소하며 신비한지 시사해 주는 범례가 된다.

나는 그리스도인으로서 하나님을 믿고 그를 사랑한다. 그리고 보편적 지식과 신앙 사이의 경계에서라면 단연 성서와 전통적 교리를 존중해 왔다. 그러한 선택에서 하나님과 구원과 자유를 발견했기 때문이다. 그러나 동시에 나는 '무無'로부터 창조된 이 세계, 초월적이며 내재적인 하나님, 예수님의 '자기 비움'(κενοσις, 빌 2:7), 성령의 존재 방식 등에 경외심과 함께 신비로운 의문을 지니고 살아왔다. 그리고 '무'와 '자기 비움'과 '영'이라는 '비존재'의 양식을 하나님을 이해하고 체험하는 단초로 각성하기에 이르렀다. 이러한 각성으로 인하여, 본서의 주제로 삼아 '무'와 하나님 사이의 관계를 두고 본격적인 연구에 착수하게 되었다.

신실한 그리스도인은 "왜 하나님을 무에 결부시키느냐?", 신론을 오히려 "존재의 관점으로 가져가야 마땅하지 않겠느냐?" 하는 질문을 제기할 수 있겠다. 또한 혹자는 말장난 또는 관념의 유희와 같아 보이는 "무에 관한 연구가 왜 필요하냐?" 하는 물음을 제기할 것이다. 당장은 궁색하지만, 이렇게 대답해야 할 것 같다. 그것이 하나님을 이야기하는 작업에 있어서 가장 쓸만한 방법이기 때문이라고 그리고 우리 시대에 혹은 앞으로도 하나님을 변증하는 썩 괜찮은 방법이기 때문이라고. 간학문적 방법으로 하나님을 연구하다 보면 여러 이유에서 그를 무와 함께 사유해야 할 일이 잦기 때문이라고.

다만 나는 무에 국한하여 글을 개진하지 않았다. 무의 신비로운 '있음'도 사유하고, '없이' 있는 '유(有)'의 실제도 놓치지 않았다. (이러한 당혹스러운 표현을 용서하시라. 본론에서 차차 밝힐 테니!) 그리하여 인간의 의식과 삶에 흩뿌려져 있는 무의 편린으로부터 광활한 우주에 충만한 무의 궤적을 따라가며 신실하게 하나님을 묵상하고자 노력했다. 그러면서 내가 사랑하고 믿는 하나님의 신비에 조금 더 다가갈 수 있었다.

무에 관한 담론은 단순히 전문적 학문 영역에 국한되지 않는다. 또한 신학과 철학이 독점하는 사유 주제만이 아니다. 유와 무를 파악하고 나누는 방식은 문화권 내의 세계관 및 가치관을 조성하고 특색 짓는다. 유와 무에 관한 가정된 상식은 인류보편적 사물관으로부터 문화권별로 독특한 세계관 및 가치관 그리고 생활양식을 결정한다. 그리하여 역사상 유와 무, 존재와 비존재에 관한 여러 관점은 신과 창조, 삶과 죽음, 질서와 혼돈 등에 관한 다양한 가정을 유발했고 수많은 종교의 창건을 뒷받침했다. 그리하여 세계 곳곳에서 각기 다른 제의와 종교 문화, 민간 풍습, 사회윤리, 정치체제, 교육 등을 가능케 했다.

무를 사유하고 무에 관한 저작과 사상들을 연구하는 일은 의외로 방대한 학문적 접근을 필요로 한다. 내가 확인한 분야만 해도 이러하다. 첫째, 그리스도교의 신학, 특히 신론, 그리스도론, 성령론, 신정론, 교회사, 영성 신학 등, 둘째, 철학사와 다양한 철학 분과들, 특히 존재론, 인식론, 언어철학, 실존철학 등, 셋째, 종교학 그리고 불교, 도교, 유교, 힌두교 등 각 종교와 그 표층을 떠난 심층적 이해, 넷째, 과학, 특히 우주물리학, 양자물리학, 이론물리학 등(물론 이것들에 내가 전문적인 식견으로 접근할 입장은 아니지만, 다행히 근래에는 탁월한 과학자들이 뛰어난 필력과 즐거운 유머로써 나 같은 문외한들에게도 성실하게 전달하고 있음에 감동했다), 넷째, 미학, 문학, 문화인류학, 심층심리학, 예술론 등. 결국 인류의 지성사란 근본적으로 유와 무를 둘러싼 담론의 역사라 할 수 있다.

무에 대한 깨달음이나 전달에 있어서 가장 좋은 길은 말과 글을 줄이는 방법 또는 언어를 떠나거나 배제하는 방법이다. 이것은 비단 신비주의적 태도만은 아니다. 인간이 무를 체험하고 알고 전달하는 데 있어서 가장 방해가 되는 것은 언어이기 때문이다. 물론 언어는 무를 이해하고 나누는 작업에 있어서 기초적인 도구가 된다. 그러나 어느 임계점을 넘어서면 그것은 불완전하고 왜곡된 도구가 된다. 여기에 엄청난 아이러니가 있다. 그러므로 내가 무에 대한 저작을 쓴다는 일은 낙서로 인해 지저분한 담벼락에 다시 '낙서 금지'라고 쓰는 격이다. 하나님과 무를 말하는 일은 어찌하든 오해를 낳을 수밖에 없다. 다만 나는 내 저작이 유발하는 그 '오해'가 참된 이해를 위한 디딤돌이 되길 바란다.

또한 나는 우리 시대 상황 가운데 심중한 위기에 처한 그리스도교 신앙과 신학이 무에 관한 반성과 통찰을 통해 대안을 얻을 수 있다고 생각한다. 그리고 신자 개개인에게도 성숙한 신앙으로 진일보하기 위한 계기를 제공할 것이라 믿는다. 그러나 나는 이 저작으로써 '새로운' 신론을 제기하려는 의도는 없다. 하나님을 깊이 알고자 하는 분들에게 과감한 상상과 사유 실험을 독려하며 하나님을 발견하는 경로를 함께 모색하고자 할 뿐이다. 그런 의미에서 부제를 '대안적 신론을 위한 예비적 연구'로 달았다.

마지막으로 본서가 세상에 나오는 데에 도움을 주신 분들들에게 감사의 말씀을 남겨야 하겠다. 아들의 길을 늘 기도로 밝혀주시는 부모님과 묵묵히 모든 것을 참아주는 아내 김선경 그리고 아빠의 첫 저서에 예쁜 표지 디자인을 선사한 맏딸 상은에게 고마운 마음을 남긴다. 그리고 부족한 제자의 졸고를 꼼꼼히 읽어주신 차정식 교수님과 윤철호 교수님, 또한 감리교의 심광섭 교수님, 손원영 교수님, 성공회의 윤정현 신부님, 대화의 철학자 이명권 선생님의 애정 깃든 추천사에 감사드린다. 무엇보다 "한국교회가 경천동지할 이런 책은 한국에서 내기가 쉽지 않을 것 같다"고 하시면서 출간을 마다하지 않으신 동연 출판사의 김영호 대표님께 가장 깊은 감사를 표한다.

이제 지극히 난해하고 신비로운 신적 차원, 하나님의 실제를 탐구하는 노정을 독자들과 함께 걷고자 한다. 나의 단견과 미진한 사유를 극복할 더 탁월한 연구서가 후속한다면 더할 나위 없이 기쁠 것이다. 이제 무로 향하는 용감한 발걸음을 내디뎌 본다.

2024년 봄, 태조산을 바라보며
충량 박혁순(忠良 朴赫淳)

일 러 두 기

참고 도서: 서양 고전의 경우 필자가 다양한 발행본과 인터넷 아카이브를 비교
·사용했던 이유로 세계적으로 통용되는 약어를 사용하는 경우가 있
음을 밝힌다(예: De Conf., XII, 7.). 또한 근현대에 간행된 서적일지
라도 원저자가 페이지보다 더 세밀한 구분법을 사용했을 경우 그
표기법을 따른다(예: 비트겐슈타인, 『논리철학논고』, 6.522.). 그리
고 페이지 수를 특정할 수 없는 ebook을 인용하는 경우에 저자나
출판사가 구분한 장章과 절節을 대신 사용한다.

원서 인용: 원서를 인용할 경우 특별한 의도가 없는 한 한국어 번역에 그친다.
다만 한문 고전은 그 특성상 다른 언어에 비해 다양한 번역과 해석
이 가능하므로 각주에 별도로 남긴다.

차 례

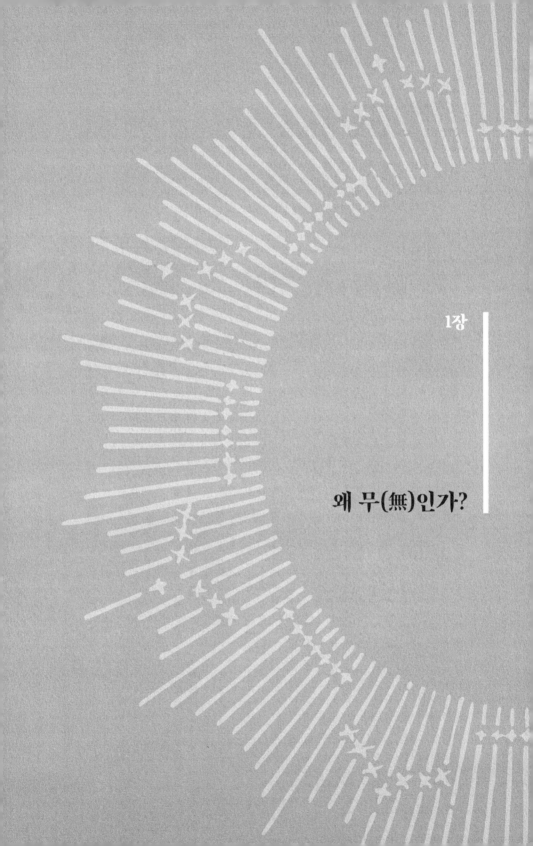

1장

왜 무(無)인가?

I. 무로써 이야기할 수 있는 것들

"(무는) 언제 튀어나올지 모르는 용수철과 같아서
철학적 사유의 보이지 않은 동력이다."[1]
_ 앙리 베르그송

나는 여기서 왜 무를 이야기 하고자 하는가? 간단히 말하자면 '하나
님'과 함께 인간이 갖는 근본적인 질문들을 해명함에 있어 쓸만한
답을 건네기 때문이다. 이는 '없음'을 의미하는 무가 지닌 역설적 사실이
다. 실로 무는 무한하고 다채롭다. 무는 다양한 얼굴을 지니고 있다.
그 안에 모든 것을 지니고 모든 가능성을 내포한다. 그리하여 무는
"신은 존재하는가?", "왜 우리는 여기에 있는가?", "세계는 무엇인가?",
"존재란 무엇인가?", "우리는 살만한 인생을 사는가?" 등의 근원적 질문
에 답을 얻어가는 과정에서 자주 마주치는 개념이 된다. 결국 무에
관한 사유는 모든 방면에 인간의 본질적 성장을 유도하면서 근본적인
지식을 탐색하도록 한다.[2]
　일반적으로 사람들이 무의 심원한 의미를 모르고 무와 조우하지
못하는 까닭은 무를 단순하게 부재, 무의미, 허무함으로 간주하기 때문
이다. 더구나 그리스도교 신학을 포함하는 서구의 사상사 속에서 숱한
지성들은 무를 존재에 대한 위협, 혼돈, 결핍, 부정 일변도로 사유해
왔다. 근래에는 물질주의 및 실증주의의 만연으로 무에 대해 관심을
두기가 더더욱 어려워졌다.

---

1 앙리 베르그송/서정철 역, 『창조적 진화』(서울: 을유문화사, 1972), 221.
2 John D. Barrow, *The Book of Nothing* (New York: Vintage Books, 2000), 15.

반면 유와 무의 대립적 개념이 본질상 인간의 인지와 언어의 문제일 수 있다고 파악한 고대 현자들은 궁극적 실재, 존재의 근원, 존재 자체, '스스로 그러함'[自然], 심지어 하나님을 무에 결부시켜 사유해 왔다.[3] 예컨대 동양에서는 무를 공空(sunyata), 허虛, 무극無極 등으로 표현했고, 서양에서는 라틴어 *nihil*을 비롯해, 영어 nothingness, void, voidness, nihility, emptiness, non-being, nullity 등으로, 독일어 Nichts, Nicht-seiende, Nichtige, Nichtigkeit, Leere, Leerheit 등으로, 프랑스어 néant, rien, vide 등으로 표현했다. 물론 이것들을 사용하는 논자에 따라 각기 고유한 함의와 뉘앙스를 갖기에 획일적으로 설명할 수 없다. 거기에는 끝끝내 부정적 함의를 지닌 것도 있다.

1. 비존재

우선 생각해 보자. 무라는 것이 '유'(있음)가 전제되어야 의미를 추정할 수 있는 대칭적 개념일까? 아니면 별개의 독립적 개념일까? 대개는 유有라는 개념이 서야 그다음으로 생각할 수 있는 개념으로 치부할 것이다. 가령 아침에 식탁 위에 사과가 있었다. 그런데 저녁에는 사과가 '없다'. 이 경우에 우리는 무를 생각하곤 한다. 이렇듯 사과의 존재가 선행되어야 그 이후에 사과의 부재, 즉 무를 이야기할 수 있다. 무에 대한 가장 쉬운 이해란, 그것을 존재에 대립하는 개념이나 존재에 종속된 개념으로 이해하는 방식이다. 이러한 경우 무란 결핍과 부재 등의 부정적 사태를 드러낸다.

---

3 다른 한편 조지 패티슨은 현대 종교사상 가운데 자주 등장하는 것이 무(無)와의 조우라고 평가한다. George Pattison, *Agnosis: Theology in the Void* (New York: St. Martin's, 1996), 2.

존재의 문제에 관심이 있었던 고대 그리스의 파르메니데스(Parme-nides)의 생각을 참고해 보자. 그는 "오직 있음뿐이고 무는 없다"("존재자는 존재하고 무는 아니다")[4]라고 주장했다. 그러면서 인간의 감각을 초월하여 불변하는 존재의 가능성을 신뢰했다. 그에 의하면, 참으로 존재하는 것이란 과거에 있던 것도 아니고, 미래에 있게 될 것도 아니고, 오로지 현재에 있다. 생성도 소멸도 하지 않고 부분을 허용하지 않는 전체이므로 여타의 다른 것이 있을 수 없다. 즉, 유일한 실재이기에 단 하나의 종류이며, 변화하지 않고 운동하지 않고 무한하다. 그러니까 실재의 '불변성'은 곧 그것의 동일성(identity)이다. '항상' 있어야 진짜 있는 것이다. 이러한 관점은 플라톤에게 전달되어 그의 독특한 이데아(idea)론을 형성하도록 영향을 미쳤다. 그리고 플라톤의 사유는 초기 그리스도교 신앙과 교부 신학, 특히 아우구스티누스(Augustinus)에게 이어져 시간과 영원을 나누는 기준이 되었다. 단적으로 아우구스티누스는 "시간과 영원 사이의 구별되는 특징은, 전자가 어떠한 움직임이나 변화 없이는 존재하지 않고 후자는 전혀 움직임이 없다는 것"[5]이라고 보았다.

파르메니데스와 플라톤 이래 서구 철학은 전통적으로 영원한 본질의 문제에 천착했다. 본질을 나타내는 말, 라틴어 '에센시아'(essentia)는 곧 '무엇'임을 나타내는 것인데, 여기에는 이미 '존재'(existentia)를 전제한다. 플라톤의 이데아와 그 개념에 영향을 받은, 서구 신학 전통 속의 하나님은 존재사存在詞 '있다'와, 계사繫辭 '이다'를 통합하고 있는 순수존재이며 본질이었다. 반면에 창조된 것들은 유한하고 임의적인 존재다. 말하자면 사람, 나무, 바위, 물고기 등은 상실되고 변질될

---

4 *Simplikios in Phys.*, S. 86, 7f; S. 117, 4f (DK 28 B6).
5 *De civitate Dei*, XI. 6.

수 있기에 '있음'과 '~임'이 같지 않은 한계에 처하거나, 단지 본질에 대한 모사摹寫로서 불완전한 사물로 간주된다. 파르메니데스의 생각처럼 불변하는 존재에 관한 선호의 신념은 오래간 서양 형이상학(meta-physics)의 전통이 되어 왔다.

그리스도교 신학 역시 이 땅의 불완전하고 시한적인 존재자들이 아닌 본질과 영원의 세계로 신자의 신앙을 집중시켰다. 영원한 하나님에 대해 변질하는 피조물에 관한 존재론적 구별이 신학의 기본적 구도였다. 특히 전통 교의학은 사물의 변화와 소멸(무)을 악과 타락에 기인하는 것으로 간주했다. 하나님은 참으로 존재하는 분이고 변화 없이 영원하기에, 무를 떠나 있고 무를 극복하고 굴복시킨다고 믿었다. 큰 줄기를 두고 논하자면 서구의 사유 전통은 그리스도교를 중심으로 존재와 영원성에 집중하는 사유에 기울어져 있었다. 따라서 쇠락·부패를 일으키는 비존재·결핍·무를 사유하거나 그 의미를 논하는 것에 별다른 동기와 매력을 느끼지 않아 왔다. 존재론상 "무로부터는 아무것도 생기지 않는다"(ex nihilo fit nihil)라는 명제는 오랫동안 확고해 보였다. 무의 함의를 추구하는 것은 공허·죽음·심연 따위를 사유하는 것이므로 공포와 불쾌함을 떠안는 일이었다.

다른 한편 그리스도교 신비주의와 유대교 신비주의 전통에는 무를 가장 신비하고 숭고한 신성神性(Godhead)에 결부하여 직관하는 사유가 면면히 흘러오기도 했다. 이것은 신과 존재의 불가해성과 불가형언성을 전제로 하나님을 신앙하고 말하는 방식이었다. 서양 철학계에서 유와 무 개념은 근대기에 칸트(Kant) 이후 헤겔을 거쳐 본격적으로 니체(Nietzsche)와 하이데거(Heidegger)를 통해 적극적인 방향으로 전회했다. 이제 현대 철학과 현대 신학에서 곧잘 무는 존재 및 하나님에 관한 형용으로, 심지어 등가(equivalence)로 다루어지곤 한다. 존재를 오히려 무로 언표한 하이데거는 서구 전통 형이상학을 반성하며 그간 "학문 탐구의 대상이 되는 것은 오직 존재자이고 그 이외에는 아무것도 아니었다"[6]라고 반성한 바 있다. 그러한 논의들에 관해서는 앞으로 자세히 살펴보기로 한다.

2. 악(惡)

앞서 언급했듯이 무를 존재의 부재·존재의 대립·존재의 결여로 간주하는 사유는 필연적으로 무를 악한 것으로 규정하게 된다. 이러한 사유 방식에 의하면, 악은 존재 발생의 근거가 되지 못하고 존재를 지지하지 않기에 존재의 편에 설 수 없다. 악은 비존재의 편에 서야 한다.

성서는 빈번하게 하나님을 무와 대립하고, 무에 대적하고, 무를 극복하고, 무를 굴복시키고, 무를 이기는 존재로 묘사한다. 근본적으로 창조 이전에 무의 상태는 창조주의 창조 의지나 창조 사역에 대립하는 것으로 이해된다. 이런 맥락에서 '무로부터의 창조'(creatio ex nihilo) 교리는 '악한' 무의 사태에서 '선한' 존재의 사태로 전환을 뜻한다. 하나님은 존재의 발현인 생명과 건강과 다산多産의 복을 내림으로써 인간의 삶을 풍족하게 한다. 반면에 악인을 엄벌할 때 그 생명을 취한다고 반복하여 증언한다. 이러한 내용에 관한 문자적이고 소박한 성서해석은 자연스럽게 서구 신학으로 하여금 신론 및 창조론으로부터 가치와 윤리를 도출하는 경로에 있어서 무를 악의 원흉으로 지목하게 만들었다. 반면에 존재(존재성)는 하나님의 현실이고 능력이며, 때로 하나님을

---

6 Martin Heidegger, *Was ist Metaphysik?* (Frankfurt am Main: Vittorio Klostermann, 1965), 26.

두고 칭하는 것이었다. 인간에게 존재는 선이고 하나님의 은총이었다.

그리스도인은 아니었지만, AD 3세기 신플라톤주의를 개창한 플로티누스(Plotinus) 또한 "악이 존재한다면, 그것은 비존재의 영역에 위치하고, 어떤 방식으로든 비존재의 형태여야 한다"[7]고 단언했다. 그리스도교와 플로티누스가 보였던 유有 편향의 존재론은 당대로부터 현대에 이르기까지 여러 양상으로 이어져 오고 있다. 무는 세계에 창궐하는 무질서, 부조리, 죽음, 질병, 가난, 결핍, 갈등, 전쟁 등의 원흉으로 지목되곤 한다. 모든 만물의 파국은 죽음 또는 소멸의 과정을 걸쳐 결국 무로 돌아가기 때문이다.

그리스도교의 교리 확립에 지대한 역할을 한 아우구스티누스 또한 존재의 결여와 결핍은 곧 악이라고 주장한 대표적인 인물이었다. 아우구스티누스의 신학적 후예들은 죄가 적극적인 존재론적 입지를 갖지 못하고, 무 역시 존재에 대한 반항과 존재의 왜곡이라고 해석했다. 아우구스티누스의 영향 아래에 있는 그리스도교의 신학은 무와 악 모두가 존재에 반하는 것 또는 존재적 결함을 지닌 것으로 이해한다.[8] 요컨대 무란 "최고 존재자(summen ens)이자 창조되지 않은 존재자(ens increatum)인 하나님에 맞서는 대립 개념"[9]이고, 생명과 가치에 대립하는 부정, 질서에 대립하는 혼돈, 선에 대립하는 악이다. 서구 신학을 근대적 형이상학으로 변용한 헤겔도 "죽음은 곧 무적 존재이며 명백한 무성(Nichtigkeit)"이라고 언급한 바 있다.[10]

현대 신학자 가운데 이상의 논지를 재확인한 대표적 인물이 바로

---

7 Plotinus, *The Enneads,* trans. Stephen MacKenna (New York: Paul Brunton Philosophic Foundation, 1992), I. 8. 3.

8 다음을 참조하라. 폴 틸리히/유장환 역,『조직신학 II』(서울: 한들출판사, 2003), 54-56.

9 Martin Heidegger, *Was ist Metaphysik?*, 39.

10 최신한, "해제," 슐라이어마허,『종교론』(서울: 대한기독교서회, 2010), 270.

'20세기 교부教父'11로 칭해지는 칼 바르트(Karl Barth)다. 그의 방대한 『교회교의학』(*Kirchliche Dogmatik*)을 살피자면, 바르트가 여러 지면에서 하나님을 적대하는 악마(성)를 무로 비신화화(demythologization)12 하는 시도를 읽게 된다. 바르트는 무(das Nichtige)의 출현에 있어서 하나님과 연관되는 것을 부인한다. 즉, 무는 하나님의 창조물이 아니다. 단지 그것은 허무한 것이다. 하나님이 거부하고 배척함으로써 오히려 등장했다. 이것이 무의 기이한 기원이다. 바르트에 의하면, 하나님의 창조 사역 가운데 무란 분명히 악이며 죄다. 또한 창조자가 원하지도 않았고 피조물들과 어울리지도 못하는 반창조적인 것이다. 무는 단지 어둠이며 빛에 의하여 극복되어야 하는 항상 어둠 자체일 뿐이다. 사물이 쇠락하고 부패하여 마침내 소멸된 현실을 무로 규정하자면, 당연히 무는 생명의 하나님과 대립하는 것으로 이해된다.

그러나 고대 동양의 여러 사유 전통이나 근현대 서양의 일부 철학은 이상과 다른 관점으로 나아갔다. 이를테면 "무가 만물을 내었다", "무는 오히려 충만이다", "존재가 곧 무다" 하는 식의 언설을 서슴지 않았다. 가령 궁극적 실재는 무로 현상될 뿐만 아니라 무일 수 있다는 생각 또는 유와 무가 본래 하나라는 통찰이 가능했기 때문이었다. 다만 서양은 동양에 비해 대략 두 밀레니엄이 지나서야 본격적으로 이러한 사유에 이르게 되었다. 흥미롭게도 유와 무가 대립하는 개념이 아니라는 이론은 현대물리학계에서도 제기되고 있다.

---

11 당시 로마 가톨릭의 수장 교황 비오 12세(Pius XII)는 개혁주의 신학자 바르트에 대해 "토마스 아퀴나스 이래 최고의 신학자"라고 평가했다고 전해진다.

12 독일어로 'Entmythologisierung'이라고 하는데, 특히 신약학자 루돌프 불트만이 주장했다. 그는 고대에 작성된 성서가 지니는 신화적 사상과 내용을 없애고 현대 지성인에게 맞도록 재해석해서 제시해야 한다고 보았다.

3. 탈가치

1900년에 타계한 철학자 니체(F. Nietzsche)는 그의 시대 이후 전통적
가치체계가 붕괴하여 사람들이 허무주의의 경험에 직면할 것을 예견했
다. 말하자면 당대 유럽 문명을 견고하게 떠받치고 있었던 기존의
권위, 종교, 도덕의 쇠퇴와 붕괴를 내다본 것이다. "신은 죽었다"(Gott
ist tot)라는 유명한 문구로 선언했듯, 니체는 전통적 가치와 질서를
대표하는 것을 특별히 '신' 또는 '태양'으로 은유했고, 머지않아 이들이
의미를 잃고 폐기될 것이라고 단언했다. 니체에 의하면, 그러한 사태는
역사적 필연이며 거스를 수 없다.13 그리고 여태까지 숭배하고 아끼고
의존했던 진리와 신념과 목적들이 사라져 버렸으니 세상은 전례 없던
'니힐리즘'(nihilism, 허무주의)에 직면하게 된다는 것이다.

흔히 허무주의로 번역되는 '니힐리즘'이라는 말 가운데 '니힐'(nihil)
은 라틴어로 '아무것도 아님', '무' 등을 뜻하므로, 니힐리즘은 '~가
없다'와 '무가 존재한다'라는 두 가지 차원에서 개진되는 철학이다.
단 니체의 허무주의(니힐리즘)에는 대체로 '~가 아니다' 식의 거부나
전복의 태도가 강하다. 니체 철학을 관통하고 있는 니힐리즘을 이해하
기 위해 우리는 '거부'(거절)라는 사상적 기조로부터 그의 저작을 읽어
나갈 필요가 있다.

일찍이 아우구스티누스는 신앙이 없는 자 또는 아무것도 믿으려고
하지 않는 자를 두고 '허무주의자'라고 지칭했는데, 니체 당대에 러시아
를 비롯한 유럽에서는 그러한 허무주의의 도발들이 현저하게 나타났다.
이미 계몽주의와 근대 과학의 발달로 전근대적인 집단으로 지목되곤

---

13 빌헬름 바이셰델/최상욱 역, 『철학자들의 신』 (서울: 동문선, 2003), 617-621 참조.

했던 교회는 영향력을 잃는 중이었다. 자연히 교권 아래에 놓였던 전통 도덕, 법률, 가치 또한 구속력을 잃어갔다. 2천 년간 믿어져 왔던 전제적 '신'은 더 이상 근대인의 주‡로 남을 수 없고, 신이 수여했던 계시라는 것도 더 이상 진리로 인정받지 못했다. 계몽주의 시기에 일부 지식인들만 소리 냈던 극단적 거절의 목소리가 어느새 여기저기에서 터져 나왔다. 사실 니힐리즘은 니체에 앞선 세대, 즉 1850년대 러시아의 일부 지식인들로부터 감행되었다. 서유럽에 비해 낙후된 러시아에서 오히려 다양한 사유 실험과 논쟁이 가능했고, 이를 통해 기존의 종교·체제·문화·권위·예술·자연관 등이 부정되고 새로운 시대가 도모된 것이다. 다만 러시아의 니힐리즘은 서유럽으로 유입되었어도 거대한 이론으로 발전하지 못했다. 관련 사상가들이 추방되고 심하게 탄압받은 이유로 한 세대를 넘기지 못했기 때문이다.

니체에 의하면, 허무로부터 오히려 인간성이 긍정되고 원초적 생명력과 존재의 기쁨이 회복된다. 이를 위해 이지적인 것, 근원적인 것, 절대적인 것, 참된 것을 대표했던 아폴론(Apollon)적인 신이 죽어야 한다. 무너져 가는 종교에 의해 내세가 보장되지 않고 신앙적 가치가 사라진 세계의 허무에 직면하게 되면, 과거의 종교나 신념에 얽매였던 사람들은 심각한 비관과 염세주의를 갖게 된다. 그러나 이것은 극복되어야 하는 도전으로서 인간의 자율성과 힘의 회복을 위한 중간 경로가 된다. 이 땅 위의 삶을 긍정하는 도취와 활력이 넘치는 디오니소스적 (Dionysos)인 것 또는 적극적이고 긍정적인 니힐리즘이 우리가 강요된 망상과 거짓 믿음을 뛰어넘어 자기주장을 펼칠 수 있는 정신의 상승과 기쁨과 자유를 추구할 수 있게 돕기 때문이다.

우리가 주목할 필요가 있는 것은 니체의 니힐리즘이 제안하는 바, 현세의 중요성과 삶에 관한 적극적 태도다. 그 때문에 니체의 니힐리즘을 단순히 부정적인 뉘앙스의 '허무주의'로 번역하기에 곤란한 측면이 있다. 그의 철학은 서구 플라톤주의, 도덕적 존재론, 이성 중심주의의 전통이 무너져 버린 황량한 벌판에 역설적으로 몸과 욕망의 긍정 그리고 힘에의 의지를 가능케 하도록 자극하기 때문이다. 니체에 의하면, 한계에 다다른 옛 시대의 가치와 권위를 거부할 때 오히려 시대를 새롭게 일으킬 가능성이 찾아온다. 이러한 맥락에서 니체의 니힐리즘은 다음과 같이 요약된다. "허무주의란 모든 목적들이 사라져 버리는 것"[14]을 의미하고, "허무에서 무의미가 모든 삶의 근본에서, 즉 정신적-인격적인 삶의 근본에서"[15] 나타난다.

4. 존재

하이데거에 의하면, '존재'란 인간을 둘러싸고 있으면서 다양하게 관계 맺는, 모든 존재하는 것(존재자)들로부터 먼저 알려지는 것이다. 나무든 사람이든 강이든 존재하는 것들은 우선 '있고 나서' 그 후에 '무엇'으로서 알려진다. 존재하는 것 그 자체가 없으면서 '무엇'으로서 알려질 수 없으니 이것은 당연한 말이다. 즉, 어떤 사물이든 '존재'(있음)를 전제해야 그 사물에 관한 '무엇' 또는 '어떻게'가 가능해진다. 하이데거

---

14 Martin Heidegger, *Beiträge zur Philosophie(Vom Ereignis)* (Frankfurt am Main: Vittorio Klostermann, 1989), 138.

15 Keiji Nishitani, *Was ist Religion*, Übers. von Dora Fischer-Barnicol (Frankfurt am Main: Insel Verlag, 1982), 164. 허무주의라는 말은 철학사 가운데 야코비(Friedrich Heinrich Jacobi)가 피히테(Johann Gottlieb Fichte)에게 보낸 서신에서 발견되는데, 거기에서 야코비는 피히테의 관념론을 허무주의라고 불렀으며, 이것이 이 용어가 처음 사용된 실례이다. 그 외에도 장 폴(Jean Paul)이란 시인은 자신의 낭만주의 시를 시적 허무주의(poetic nihilism)라고 불렀으며, 그 이후 투르게네프(Ivan Sergeevich Turgenev)는 이 용어를 『아버지와 아들』에서 대중화하게 된다. Martin Heidegger, *Nietzsche. Vol. II (1939-1946)* (Pfullingen: Neske, 1961), 31 이하.

는 이러한 연관에서 '존재자'(das Seiende, 있는 것)와 '존재'(das Sein, 있음)를 구별한다. 그러면서 진지하게 묻는다. "만일 존재자가 여러 의미로 일컬어진다면 그 주도적 근본 의미는 무엇인가? 존재란 무엇인가?"[16]

하이데거와 함께 존재와 존재자의 연관을 숙고해 보자. 우선 존재는 존재자를 '존재하게 함'이기도 하다. 존재 때문에 존재자는 그 자체로 존재할 수 있다. 따라서 존재하는 것들은 항상 '존재의 존재자'다. 이렇게만 보면 '존재'만 우월한 것일까? 꼭 그렇지도 않다. 존재는 '존재자'를 떠나서 있을 수 없다. 그러므로 다시 존재는 존재자에게 속한다. 존재자가 존재에 속하듯 말이다. 이런 맥락에서 존재란 '존재자의 존재'다. 존재가 머무는 유일한 자리는 존재자이기 때문이다. 그런데 존재가 존재자와 같은 종류로서 나란히 있다면, 존재는 또 다른 존재자가 될 뿐이다. 다시 말해 존재 또한 '있는 어떠한 것', 즉 '존재하는 존재자'가 되고 만다.

존재는 존재자들에게 전체로서의 '하나'에 해당하고, 모든 존재자는 존재에서 발원한다고 말할 수 있다. 그런데 이 관계에서 우리가 물리적인 도식을 떠올리면 안 된다. 하이데거는 서양의 전통 형이상학이 존재를 물적 근거나 인과율적 원인으로 이해해 온 것을 통렬하게 반성했다. 그렇게 사유하는 것은 '존재'를 일종의 '존재자'로서 이해하는 방식이기 때문이다. 이를 비판하며 하이데거는 이렇게 말했다. "존재는 결코 존재자가 아니다", "존재와 존재자의 존재론적 차이가 있다", "존재를 존재자로서 이해해 온 사유의 역사가 존재자의 고유성과 신비를 훼손했다!" 하이데거의 지적대로 서양의 전통 형이상학은 존재의 의미나 고유성보다 존재자들에 관한 원인, 그 조성에 관한 제일원인 또는

---

16 Martin Heidegger, "Mein Weg in die Phanomenologie," *Zur Sache des Denkens*, GA Band 14 (Frankfurt am Main: Vittorio Klostermann, 1976), 81.

창조주, 생성과 작용의 원리 따위에만 주력하여 매달려 온, 이른바 '존재 망각'(Seinsvergessenheit)의 역사에 갇혀 있었다.

전통 형이상학을 떠나 대상의 근거를 묻지 않겠다는 대안적 자세로 하이데거는 '심연深淵'(Abgrund)이라는 말을 사용했다. 또한 존재를 두고 '비-근거'(Ab-grund, 근거 아님) 또는 '무'(Nichts)라고 칭했다. 존재는 결코 어떠한 '무엇'으로서의 존재자가 아니기 때문이다. 존재는 오히려 '존재자 아님'(das Nicht-Seidende)이다. 저서 『이정표』에서 하이데거는 "무는 하나의 대상도 하나의 존재자도 아니다. 무는 존재자에 대한 반대 개념을 뜻하지 않고 근원적으로 본질 자체에 속한다", "무가 존재자로서 존재하지 않는 그만큼 존재도 그렇게 존재하지 않는다"고 밝혔다. 이렇듯 하이데거는 사물처럼 존재하는 것이 아니므로 '존재는 무'라는 모순 형용을 사용했다. 물론 논리적으로나 관습적으로나 받아들이기 힘든, 이러한 식의 난해한 글쓰기에 대해 누구든 불만을 가질 수 있겠다.[17]

하이데거의 존재론을 쉽게 이해하기 위해 예를 들어본다. 여기에 나흘 전 별세하신 할머니의 유품 '구리 반지'가 있다고 치자. 이 구리 반지는 너무도 가난했던 시절, "나중에 돈 잘 벌어 부자로 살라"는 소원을 담아 할머니의 어머니가 해준 것이다. 그 후 시장통에서 장사하며 연명하던 모든 세월 동안 할머니와 함께했던 이력을 갖게 되었다. 이 경우 물질로서 구리 반지는 '존재자'가 되는 것이고, 그 구리 반지만의 고유한 있음(처지)이 '존재'가 된다. 구체적으로 말해 고단했지만 성실했던 할머니의 인생을 담지하고 있는 그 구리 반지에 관련된 고유한 시간·역사·체험 등이 그 구리 반지의 '존재'에 내포되어 있다. 그러므로

---

17 논리실증주의의 대표적 철학자인 루돌프 카르납(Rudolf Carnap)은 자신의 논문, "언어의 논리적 분석을 통한 형이상학의 극복" (Überwindung der Metaphysik durch logische Analyse der Sprache, 1931)에서 하이데거의 '무'에 대한 기술을 "무의미한 담론의 극단적 경우"라고 비판한 바 있다.

존재자로서 구리 반지가 갖는 '존재'는 꼭 장인匠人에 의해 만들어졌을 때 갖추어지는 것이 아니다. 할머니가 선물로 받아 착용하게 된 때로부터 지금 누군가 그것을 접하게 된 사태에 이르기까지 구리 반지의 존재는 그 모든 것을 포괄한다. 그러니 구리 반지에 얽혀있는 '존재'는 물적 관심과 규정을 벗어난다. 그것은 우리 삶의 체험 상 고유한 의미와 그리움과 아름다움으로 나타나지만, 수량화할 수 없는 비물질의 무엇이다. 이런 맥락에서 구리 반지의 독특한 '존재'를 '무'라고 할 수 있다.

한국의 탈형이상학적 신학자인 심광섭 교수는 "무의 체험은 존재 혹은 개념이 지배하는 형이상학에 충격을 줄 뿐 아니라 근본적인 변화를 유도"한다고 말하며, "모든 형이상학적 개념 체계는 생의 근원적 체험인 무의 체험에서 검토되어야" 한다고 제안한 바 있다.[18] 말하자면 우리가 체험하고 반성적으로 인지해야 할 '무로서의 존재'는 생의 의미를 심중히 정초하고 본래성을 추구하게 하는 구체적 특질들을 대동하고 있다. 그러므로 하이데거의 무의 개념은 앞서 니체가 주장했던 니힐(nihil)과 다른 의미를 지닌다. 하이데거가 짚어내는 인간의 '무' 경험은 수동적 허무주의나 염세주의 혹은 니체식의 거부와 저항이 아니라 존재에 대한 심오한 차원의 진실을 드러내는 궁극적 각성이 되고, 존재의 신비와 아름다움과 경외를 느끼는 종교적 법열法悅에 가깝다.

5. 하나님

신학 또는 유신론의 입장에서, 특히 하나님의 존재와 그 실제를 사유하는 작업에 있어 무는 하나님을 인식하고 그의 진·선·미를 캐어

---

18 심광섭, 『탈형이상학의 하느님』 (서울: 이문출판사, 1998), 327.

묻는 작업에 매우 중요한 열쇠를 쥐고 있다. 차차 구체적으로 밝히겠지만, 우리가 혹여 하나님을 알아가고 어떤 방식으로 말할 수 있을지라도 정작 하나님은 결단코 우리가 사유하고 추측한 대로 존재하지 않는다. 무한한 하나님을 유한한 인간이 '안다'는 것은 그 자체로 어불성설이다. 다행히 이점에 관해 전통 신학마저도 일찍 인정했다. 만약 우리가 어떠한 하나님의 일면을 경험했을지라도 그를 우리 눈앞의 유리컵을 묘사하듯 말할 수 없다. 우리가 정의하고 규정한다면, 전적·절대적 타자로서의 하나님은 상대적 사물이 되어버린다. 그러한 하나님은 참 하나님일 수 없다. 이런 맥락에서 이미 아우구스티누스가 말했다. "네가 하나님을 이해하지 못하는 것이 뭐 그리 놀라운 일일까? 네가 하나님을 이해했다면 그것은 결코 하나님이 아니다."[19]

존재할 수 있는 무한한 양상의 가능성 가운데 하나로 형성된 이 임의적 우주 혹은 이 상대적 세계에서 하나님 스스로 자신을 나타낼 때 하나님은 그 완전하고 진정한 본성을 보일 수 없다. 다양한 사물에 대해서든 세계 전체에 대해서든, 기본적으로 인간이라는 종種은 그가 지닌 고유한 감각 방식 및 인지 구조로써 인식할 뿐이고, 자기의 전이해와 언어적 조건을 통해 언표하게 된다. 그런데 불행히도 그렇게 굴절된 정보를 우리는 신뢰할 만한 지식으로 간주하고 살아간다.

주지하듯이 근대에 발생한 이성주의의 사조와 과학혁명은 전통적 그리스도교 교리에 커다란 도전을 가해 왔다. 지동설, 진화론, 뉴턴 물리학, 고고학, 비평학, 비교종교학 등이 비약적으로 발전하면서 인류 문명 가운데 미신과 몽매를 일소해 나갔고, 그리스도교 세계 안에서 성서와 교리를 심각하게 회의하는 사례들도 빈번해졌다. 그에 따라

---

19 "Quid mirum si non comprehendis? Si enim comprehendis, non est Deus." *Sermons*, 117, 3, 5.

"그리스도교 또한 타 종교들과 다를 것 없이, 고대인들이 갖던 종교적 체험을 나름대로 체계화했던 것이 아니겠느냐?" 하는 의혹 속에 막강했던 권위를 잃어 갔다. 단적으로 수천 년 이상 지속되어 온 신조와 교리들이 심각하게 의심받았는데, 그중 가장 크게 타격을 입은 것은 예수에 대한 이론인 '그리스도론'(기독론)과 하나님에 대한 이론인 '신론'이었다.

　"하나님이 존재하되, 반드시 성서나 교리가 표방하는 방식으로는 존재하지 않는다"라는 비교적 원만한 타협이 있었던 한편, "전능한 창조자이며 인격신으로서의 하나님이란 본래 부재한다"라는 무신론도 비등했다. 유럽의 근대 대중들은 신의 이름으로 자행되었던 지긋지긋한 종교전쟁을 비롯한 '도덕적 악'과 1755년 리스본(Lisbon)에서 발생한 참혹한 대지진을 비롯한 '자연적 악'에 속수무책인 하나님을 심각하게 의심했다. 세계의 악에 대해 하나님의 정당성을 변론해 왔던 전통적 신정론神正論(theodicy)은 큰 역할을 하지 못했다. 기실 무신론과 불가지론이라는 것은 유신론의 역사와 동행해 왔지만, 근대 이후에 그 위력이 훨씬 더 커졌다. 서구의 식민지 확보 경쟁과 민족국가 간의 군사적·정치적 대치 속에 시작된 20세기에도 사정은 더욱 심해졌다. 이내 들이닥친 참혹한 세계대전과 경제공황을 겪어내며 인류의 지성들, 특히 마르크스주의자들과 과학주의자들은 신, 영혼, 타계他界를 부정하는 유물론(materialism)을 공유했다.

　이러한 시대적 상황에서 유럽의 신학이 퇴보한 것만은 아니었다. 전통적 그리스도교의 입장에서 적군일지 우군일지 모르지만, 하이데거의 존재론이 신학계에 적잖은 도전과 착안점을 주었기 때문이다. 하이데거가 새롭게 정초한 탈형이상학적 존재론으로 인해 일군의 신학자들은 "과연 존재자처럼 하나님을 사유할 수 있을까?" 혹은 "하나님은 존재자로서 존재할까?" 하는 근본적인 질문을 다시 새길 수 있게 되었다. 이제 '존재자'로서의 하나님이 부재하고 세계 전체가 허무로 점철되어 버렸기에, 하나님에 대한 논의가 '무'로부터 시작되어야 할 새로운 가능성이 제기되었다. 이러한 사태에 관해 한 논자는 이렇게 평했다. "떠났다는 사실 그리고 망각되어 있다는 사실 때문에 다시금 긴급함은 새로운 가능성으로 나타난다."[20]

탈형이상학적 성찰로서 새로운 방식으로 하나님을 경험하고 말해야 할 가능성은 사실 일찍부터 그리스도교 신비주의 전통이나 부정신학 否定神學(Apophatic theology) 전통 가운데 간파된 바 있었다. 깊은 기도와 명상 속에서 혹은 예기치 못한 하나님의 일방적 침입이나 내면적 심연에서 조우한 하나님 경험은 순수이성의 대상이나 실증적 자료로 환원되지 못하지만, 인간의 삶과 의식에 격변을 일으키곤 했다. 그렇게 경험된 하나님은 세계 내 어떤 사물의 유비가 될 수 없었고, 물질과 힘의 근거로 설명될 성질의 것이 아니었다. 곧 하나님은 어떤 '것'이 될 수 없다는 통찰이 설득력을 얻었다. 이미 그리스도교 전통 가운데 옛 부정신학자들이나 신비가들 사이에서 하나님은 '무'로 일컬어졌다. '무'로서의 하나님은 내면으로부터 불가사의한 경외심, 두려움, 신비로움, 매혹 등을 불러일으키면서 계산적 사유, 피상적 신조, 양화된 지식 따위를 초월하며 세계 및 존재의 고유성을 오롯이 안내하는, 말하자면 (물적) 근거 없는 근거였다.

20세기 이후 하나님과 무 사이의 함께 속하는 성질을 드러내는 논의는 작금의 문명사에서도 가능한 종교적 경험 또는 신 의미를 타진했던 베른하르트 벨테(Bernhard Welte), 칼 라너(Karl Rahner), 요하네스

---

20 Volker Caysa, Das Seyn entwerfen. *Die negative Metaphysik Martin Heideggers* (Frankfurt am Main: Vittorio Klostermann: Peter Lang, 1994), 49.

로츠(Johannes B. Lotz), 막스 뮐러(Max Müller), 요셉 묄러(Josef Möller), 에른스트 푹스(Ernst Fuchs), 게하르트 에벨링(Gerhard Ebeling), 제임스 로빈슨(James Robinson), 프리츠 부리(Friz Buri), 한스 요나스(Hans Jonas), 슈버트 옥덴(Schubert Ogden), 알프레드 예거(Alfred Jäger), 존 카푸토 (John Caputo) 등 여러 현대 신학자의 저작에서 나타난다. 대체로 그들은 하이데거의 존재론에 영향을 받은 신학자들이다. 그 외 동서양 사이의 종교적 대화에 적극적이었던 토마스 알타이저(Thomas Altizer), 존 캅 (John Cobb), 데이비드 트레이시(David Tracy) 등도 하나님을 무로 부르는 표현을 긍정했다.[21] 동양의 독창적 신학자인 다석 류영모, 이정용, 변선환, 대만의 송천성(C. S. Song), 일본의 니시다 기타로^{西田幾多郎}, 니시타 니 케이지^{西谷啓治}, 야기 세이이치^{八木誠一}, 아베 마사오^{阿部正雄} 등의 저작도 이 주제와 관련하여 생략할 수 없는 인물들이다. 이들의 이론을 종합하 자면, 무 또는 공이란 전통적 언어로 진술된, 바로 그 신이 부재한 시대에 혹은 교리적 신을 공유하기 어려운 자리에 하나님에 관한 대안적 술어^{述語}가 된다. 따라서 이들의 저작에서 빈번히 하나님은 무 또는 비움의 메타포로써 형용된다.[22]

그런데 "하나님은 무다"라는 언표를 무신론으로 읽으면 심각한 오독이다. "산 너머 철수가 살고 있다"처럼 "구름 위에 하나님이 계신다" 는 식의 신론이 타당성을 얻기 어려운 시대에 '무'는 존재의 근원일 뿐만 아니라 순수이성으로 인지하고 규정할 수 없는 존재이며 인간의 의식과 실존에 심중한 의미와 불가해한 경이로 찾아오는 하나님을 말하기 위한 일환이기 때문이다. 수동적 허무주의나 맹목적 무신론을

---

21 무에 관하여 동서의 여러 신학자의 학문적 교류를 엮은 다음 저서를 참고하라. 존 캅, 크리스토퍼 이브스 편, 『텅 빈 충만 : 공의 하느님』 (서울: 우리신학연구소, 2009).
22 이정용, 『역의 신학』 (서울: 대한기독교서회, 1998), 113.

지양함과 더불어 여전히 우리 시대에 조우하고 교제할 수 있는 하나님을 변론하기 위해 존재론, 인식론, 의미론, 화용론 등과 관련하여 신학자들은 하나님을 무라는 부정성의 용어로 다시 정초해야 했다.

물론 신의 죽음이나 부재로 간주되는 상황마저 역설적이게도 인간이 부대껴야 할 또 다른 '신 경험'이 되었다. 허무란 인간이 의지해 왔던 모든 것이 부재하고 의미를 상실한 사태라면, 오히려 그 가운데 완전히 다른 '존재'의 영역이 드러나는 계기가 주어진다. 형이상학적 하나님이 포기되고 인식 및 신앙에 있어서 주체-객체의 이분법이 포기될 때 하나님은 오히려 큰 울림으로 우리 삶 속으로 들어온다. 이러한 역설적 사태를 각성한 일부 신학자들은 하나님에 대한 물음을 무에 관한 물음으로 가져오면서 의외의 수확과 설득력을 얻게 되었다. 물론 무를 신에 관련짓는 이론들은 대중들에게 사뭇 난해한 것으로 비추어지지만, 다른 한편 우리 시대 이후 인간의 신앙적 경험과 영성을 정초하기 위해 시도될 만한 인문학적 작업이기도 하다.

인간이라는 존재는 하나님을 두고 과연 '있다' 또는 '없다'로 단정할 수 있는 입장이 아니다. 신에 관한 전통적 교리를 보존한다 치더라도 창조 사건이 있기 전에, 즉 유와 무가 분화하기 이전에, 대극對極과 각양 속성들이 등장하기 이전에 '스스로 있는' 혹은 '스스로 그러한'이로 존재해 왔던 하나님이라면 그 어떤 인지구조로도 파악되지 않고 형용되지 않을 절대적 자유와 권리가 있다. 한편 하나님을 사유하는 자가 없다면 하나님은 존재할 수 없다는 사유의 당착 지점까지 도달해야 비로소 하나님에 대해 이해하고 해명할 시금석이 마련된다. 결국 하나님은 '있음'에 관한 변증을 필요로 하고, 무는 '없음'에 관한 확증이 필요하지만, 역설적이게도 하나님은 '없게' 있고, 무는 '있게' 없다. 유와 무는 가장 깊은 존재의 심연에서 교차하고 서로 드러낸다.

6. 과학으로 접근하는 실재

그리스도교의 창조 이론 가운데 오랫동안 지지받았던 것이 이른바 '무無로부터의 창조'(creatio ex nihilo) 교리다. 기본적으로 이는 하나님과 세계 사이의 '존재론적인 거리'를 표시하며,[23] 하나님의 창조 행위에 앞서 어떤 재료나 물질이 없었음을 가정하는 이론이다. 그리스도교 교부 가운데 최초로 이레니우스(Irenaeus)는 만물에 앞선 어떤 물질, 이를테면 어떠한 '원료'로부터 창조된다는 식의 논의를 거부했다. 대신에 하나님의 전능성과 영원성을 내세우기 위해 어떠한 '원료'로부터가 아닌 '무'로부터의 창조를 주장했다. 다작多作의 천재 신학자 오리게네스(Origenes)도 하나님이 "만물을 무에서 유로 만드셨다"[24]라고 주장한 바 있고, 훗날 아우구스티누스가 『선의 본성』(De natura boni)에서 로마서 4:17 및 시편 148:5를 주해할 때 하나님이 "무로부터 유를 이끌어 냈다"라고 썼고, 『고백록』에서도 "태초에 당신은 당신과 당신의 본질로부터 나온 지혜를 통해 사물을 창조하셨으며 무로부터 창조하셨습니다"[25]라고 했다. 이렇듯 영향력 있던 교부들의 꾸준한 진술 이래, '무로부터의 창조'는 이른바 정통교리로서 자리 잡게 되었다.[26]

그런데 창조주 하나님의 능력에 대한 찬미이자 신앙고백에 가까운 이 교리가 과연 "과학적 사실에 부합할까?"라고 따진다면, 적지 않은 교리가 그렇듯이 논리적 · 과학적 허점들을 노출하게 된다. 그 때문에 무에 관한 신화적 · 종교적 · 문화적 · 과학적 배경들을 일별하고 논평한

---

23 로날드 내쉬/박찬호 역, 『현대의 철학적 신론』(서울: 살림, 2003), 29.

24 오리게네스/이성호 역, 『원리론』(파주: 아카넷, 2014), 404.

25 *De Conf.*, XII, 7.

26 Gerhard May, *Creatio Ex Nihilo: The Doctrine of 'Creation out of Nothing' in Early Christian Thought*, Trans. A. S. Worrall (Edinburgh: T&T Clark, 1994), xi, 26.

어느 이론물리학자는 "무로부터의 창조 이론이 그리스도교 전통에서 생겨난 것은 지금 우리가 이해하는 천문학과 우주론에 관한 주장을 하기 위해서가 아니라는 점을 환기하는 것이 좋다"[27]고 단언한다. 사실 고대인들에게는 마치 마술사가 허공에서 비둘기를 만들 듯 창조주가 아무 재료 없이 우주를 창조했다는 주장이 가능했다. 그러나 근대 이후 신뢰할 만한 지식과 정보를 얻어감에 따라 엄연히 신학자들은 '무'와 그 '무로부터의 창조'를 재론할 입장에 놓였다. 자연과학, 특히 우주물리학과 양자역학의 비약적인 발전으로 인해 그리고 이론물리학상 과감한 가설을 진중하게 참고하자면, 우주의 조성과 그 근원에 대해 다시 물어야 할 이유가 넘치는 것이다.

여기서 나는 '무'에도 종류가 있다는 점을 언급하고 넘어가야 하겠다. 크게는 절대무와 상대무가 있다. 절대무는 그야말로 관념적으로나 실재적으로 일체의 존재나 현실성이 없는 상태인데, 이 절대무는 존재 관념뿐만 아니라 존재에 선행한다. 한편 상대무는 어떤 것이 존재하다가 부재하게 된 상태다. 이 경우에 존재 관념은 무 관념에 선행한다. 말하자면 실체도 없고 인식도 없는 상태가 절대무라고 한다면, 아침까지 식탁에 있었던 사과의 부재 상태는 상대무라고 할 수 있다. 그런데 우리가 '무로부터의 창조' 이론을 검토하며 절대무의 상황을 파고들면 파고들수록 과연 "하나님의 창조 사역 이전에 절대무라는 것이 존재할 수 있을까?" 혹 "그것은 상상 속에서나 가능하지 않을까?" 하는 의구심을 갖게 된다. 나는 이 문제를 매우 흥미롭게 여기고 있다.

아우구스티누스는 하나님이 무로부터 창조했다는 교리를 지지하면서도 그의 고백록 가운데 눈길을 끄는 표현을 쓴 바 있다. 사실 이

---

27 John D. Barrow, *The Book of Nothing*, 294.

사례를 평가하자면, 정작 그에게 확정적이고 주도면밀한 창조 이론이 없었다는 방증이기도 하다. 즉, 아우구스티누스는 하나님이 무로부터 '형상 없는 질료'를 창조하시고, '형상 없는 질료'에서 온갖 사물들을 창조했다고 적어두었다.[28] 이미 BC 50년경에 유대교 전통 안에서 쓰인 솔로몬의 지혜서 11:17에도 하나님이 무형의 '물질'로 세상을 창조하셨다는 식의 관념이 나온다. 한국 천주교에서 사용하는 본문은 이렇다. "당신의 전능하신 손, 무형의 물질로 세상을 창조하신 그 손이 곰의 무리나 사나운 사자들을 보내는 것은 어려운 일이 아니었습니다." 그런데 이러한 '형상 없는 질료' 또는 '무형의 물질'이라는 것은 동서고금의 다양한 형이상학적 진술을 참조하자면, 유도 아니고 무도 아니며 혹은 유이면서 동시에 무라는 해석이 가능한 대목이다.

　현대물리학이 제기하는 우주론에서도 마찬가지다. 대폭발, 이른바 '빅뱅'(Big Bang)에 의해 우리 우주가 탄생했다는 이론에 대다수 관련 연구자가 동의한다. 심지어 신에 관한 불가지론자도 대폭발의 사건이 성서가 말하는 창조 사건에 해당할 수 있다는 견해를 제기하기도 한다.[29] 그런데 "과연 절대무로부터 대폭발이 가능할까?" 하는 문제에 관해서는 다양한 이견異見이 따른다. 이 책의 뒷부분에서 자세히 다룰 내용이지만, 빅뱅으로 인해 우주가 출현했다는 과학적 사건은 다른 한편에서 유와 무에 관한 질문을 포함하는 철학적이고 신학적인 문제이기도 하다. 말하자면 어떻게 그러한 '마술'과 같은 일이 벌어졌을까? 과연 무로부터 세계가 출현하는 일이 가능할까? 그것은 초기부터 그리스도교 신학이 '무로부터의 창조'를 주장했던 내용에 부합할까? 아니면 우리가 어떠한

---

28 *De Conf.*, XII, 8-13.

29 다음 저서를 참고하라. Robert Jastrow, *God and the Astronomer* (Toronto: Readers Library, 1992).

신묘한 '있음'의 상태를 무로 상정하는 것이 아닐까? 고대 형이상학에서 간혹 무는 형상을 지닌 질료나 이미 형성된 존재자에 대하여 "형상을 갖지 않은 질료"[30]를 의미하기도 했다. 혹시 몇몇 교부들의 생각은 부지불식간 그러한 가정 속에 있지 않았을까?

　'무로부터의 창조'를 사유하고 말하는 인간 자체를 생각해 보자. 인간은 과연 무와 유를 규정할 수 있는 존재론적·인식론적 위치에 있을까? 본유적으로 인간은 무를 유라고 하든지, 유를 무라고 하는 인식론적 오류를 곧잘 범하지 않을까? 만약 그렇다면 그간 있는 것을 없는 것으로 상정하기도 하고, 없는 것을 있는 것으로 상정해 오지 않았을까? 상식적으로 우리는 오감으로 느끼고 체험하며 실험적으로 다룰 수 있는 '물질'을 존재의 기준으로 삼지만, 그것의 실상은 그저 우리에게 '있는 것처럼' 나타날 뿐 그 물질이란 애초에 우리에게 주어지는 비물질적 정보나 신호가 아닐까? (이 문제에 대해서는 흥미롭게도 현대 이론물리학계에서 심중히 다루고 있다.) 또는 창조란 무에서 유가 나타난 것이 아니라, 무에서 또 다른 형식을 지닌 무로 혹은 유에서 또 다른 형식을 지닌 유로 전환된 것이 아닐까? 만에 하나 그렇다면 '있음'이라는 것은 도대체 무엇일까? 혹여 참으로 있는 것이 고작 인식 사건이라면, 존재라는 것은 혹여 물리적 실체와는 무관한 개념이 아닐까? 실제로 그렇게 의심하고 물을 수밖에 없도록 현대물리학의 연구 성과들은 너무도 파격적이라 우리의 직관과 경험을 초월하게 된다.[31] 한 가지 분명한 사실은 우리에게 신앙이 있든 없든 철학적 호기심을 갖든 말든 상관없이 과학적 실재론은 계속하여 유와 무에 관해 재고하고 재론할 문제들을 던지고 있다.

---

30 Martin Heidegger, *Was ist Metaphysik?*, 39.
31 브라이언 그린/박병철 역, 『우주의 구조』(서울: 승산, 2005), 31 참조.

7. 미지의 '그러함'

내가 준별하기로 무에 대한 종합적이면서도 깊이 있는 사유의 보고寶庫는 동양 쪽에 마련되어 있다. 이렇게 단언할 수 있는 까닭은 내가 서양의 기술문명이나 신학 및 철학의 파급력에 대해 부러움과 질투를 느끼는 동양인으로서 이른바 '정신 승리'를 하기 위함은 결코 아니다. 서양의 신학 및 사유에 한계를 느끼며 연구의 저변을 넓혀갈 때 그리고 동양의 여러 전통 철학과 실천론을 접할 때마다 느끼는 것은 근래 서양의 사유와 신학이 도달하고자 하는 고지에 이미 동양의 현자들이 깃발을 꽂아 두고 있다는 사실이다. 무에 대한 이론 역시 마찬가지다. 동양의 사유 전통 안에서는 내가 위에 나열한 무의 다양한 국면들이 모두 포괄되어 있다.

무라는 것은 주어나 목적어에 어울리지는 않지만, 담론의 개진을 위해 어쩔 수 없이 정의하고 개념화하여 그렇게 써야 할 경우가 많다. 이 또한 무에 관한 이론이 직면하는 한계이며 모순이다. 그런데 동양의 음양陰陽 이론 또는 역易사상, 노장老莊사상, 힌두이즘, 중관中觀사상, 유식唯識사상, 선禪 등의 다채로운 사유 전통들은 과감한 사유적·언어적 실험을 촉구하며 무를 발견하고 무에 직면하도록 돕는다. 이것은 결코 배부르고 할 일 없는 지식인들의 관념 유희가 아니었다. 동양의 세밀한 사유 전통들은 수천 년 전에 이미 세계의 실상과 본래성을 탁월하게 드러내 주었고, 그로부터 공동체 및 자연의 조화를 위해 유효한 실천을 이끌었기 때문이다.

서구에서는 19세기가 지나고 20세기에 이르러서야 동양의 전통적 무 사유에 필적할 정도에 접근하고 있다. 갖은 메타포(metaphor)를 동원하면서 말이다. 다만 일상적이고 지시적인 기표 수단으로써 일반인에게 무를 설명하기 힘들다. 입문자들은 숱한 성찰과 사유 실험을 경유해야 무에 관한 개념을 잡을 수 있기 때문이다. 앞선 논자들이 통찰한 것들을 대중 강연이나 저술로 공유하고자 하는 의도는 번번이 숱한 오해를 낳는다. 무를 하나의 실재나 궁극자나 신으로 간주하려는 인간의 습성을 떨쳐내지 않는다면 온전하게 무를 드러낼 수 없다. 그렇기에 과거로부터 여러 동양의 사유자들은 이구동성으로 인간의 인식 속에 형성된 무에 대한 이해를 계속해서 부정하고 깨뜨려야 한다고 강조해 왔다.

무엇보다 무에 대한 통찰과 이해는 넓고 깊은 인식론의 문제를 동반한다. '무의 인식론'은 인간이 사물과 현상에 대해 어떠한 방식으로 알 수 있느냐 하는 사안을 부단히 회의하게 만들고, 기존의 인식과 지적 고착성에서 탈출하라고 촉구한다. 심각한 회의주의를 가져오는 것 같지만 이러한 작업은 오히려 세계와 현상 그리고 인간의 정체를 온전하게 파악하도록 돕는다. 개개인에게 왜곡되고 불충분한 지식에서 벗어나 기만적이고 비본래적인 것들을 희구하지 않게 만들며, 종국적으로 대자유를 구가할 수 있게 한다. 그리고 삶과 죽음을 초월한 궁극의 가치를 타진하게 한다. 동양적 사유, 특히 무를 해명하는 동양적 존재론은 인간의 영성 및 수양과 공동체의 윤리와 생태계의 온전성과 분리되지 않는다. 여기에 우리가 무를 이야기하는 가치와 유익함이 있다.

II. 무에 접근하기 위한 몇 가지 부문

"왜 존재하는 것은 존재하고 차라리 무(無)가 아닌가?"
_ 라이프니츠

BC 5세기 말경 활동한 그리스의 고르기아스(Gorgias)는 서양 철학에 있어 무에 대한 사유의 변천을 예견한 철학자로 평가되고 있다. 그는 자신의 글, "자연 또는 존재하지 않는 것에 관하여"(On Nature or the Non-Existent)에서 이렇게 썼다. "존재하는 것이란 아무것도 없다. 만약 존재하더라도 인간이 알 수 없다. 안다고 하더라고 그것을 타인에게 전달할 수 없다." 여기에는 소피스트이자 극단적인 회의주의자로서 고르기아스 사유의 특징이 엿보이는데, 흥미롭게도 위와 같이 언급한 순서대로 서양 철학의 역사가 전개되었다. 즉, 가장 먼저 존재하는 것의 실상과 본질을 궁구하는 철학(자연철학과 형이상학)이 등장했고, 그다음으로 인간이 무엇을 어떻게 알 수가 있는지 해명하는 철학(인식론)이 뒤를 이었고, 그다음으로 언어를 분석하고 문제 삼는 철학(비판철학)이 뒤따랐다.

무에 대한 사유도 그 궤적을 따라왔다. 마치 존재의 그림자처럼, 아니 그 모든 논의의 배경이나 된 것처럼 무는 존재를 둘러싼 담론들이 서양 철학의 근저에 함께 있어 온 것이다. 이제 여기에서 무를 이야기할 수 있는 세 가지 측면을 정리해 본다. 고르기아스가 짚어낸 대로 적용하자면 곧 무의 존재론, 무의 인식론, 무의 의미론 정도가 될 것이다.

1. 무와 존재

무, 즉 '없음'을 논하는 사안에 있어서 함께 숙고해야 할 주제는 역시 존재, 즉 '있음'이 무엇이냐 하는 것이다. 이에 관련하여 우리는 라이프니츠(Leibniz)가 "자연과 은총의 이성적 원리"(Principes de la nature et de la Grâce fondés en raison)에서, "왜 존재하는 것은 존재하고 차라리 무가 아닌가?" 또는 "왜 무가 아니고 어떤 것이 존재하는가?" 하며 물었는데, 지금도 우리에게는 이 물음을 지속할 이유가 있다.

존재를 의미하는 라틴어 '엑스시스텐시아'(ex[s]listentia)에 관해 영어 및 불어는 '이그지스턴스/에그지스떵스'(existence)로 그리고 독일어는 '엑시스텐쯔'(Existenz)로 쓴다. 본래 이 말은 라틴어 '엑시스테레'(existere)에서 유래한다. 이것은 20세기 실존주의철학에서 '실존'을 따로 의미하게 되었지만, 어근을 고려하자면 '밖으로'(ex)와 '서다 또는 존립하다'(sistere)의 합성어로서 엑시스테레는 '밖으로(나가) 서(있)다', '밖으로 나오다', '돌출하다', '비집고 나오다' 등의 뜻을 지닌다.

그렇다면 '엑스시스텐시아'는 과연 무엇으로부터 밖으로 나오게 됨을 의미할까? 철학적으로 말하자면, 바로 '본질'(essentia)의 세계로부터이다. 플라톤 철학에서 그것은 참되고 영원불변하는 이데아(idea)이고, 그리스도교 신학에서 그것은 곧 하나님이다. 공교롭게도 '본질'을 뜻하는 '에센티아'(essentia)도 '있다'는 의미를 지니고 있던 라틴어 '에세'(esse)에서 유래했는데, 에세와 엑시스테레(existere)는 토마스 아퀴나스 이후 각각 '본질'과 '존재하다'로 분화되었다. 또한 그 둘을 각각 다음과 같이 해석할 수 있다. 즉, 에센시아의 경우 '무엇이 있다'에서 '무엇'이 강조되어 '본질'을 뜻하게 되었고, 엑스텐시아의 경우 '무엇이 있다'에서 '있다'가 강조되어 실존을 뜻하게 되었다고 말이다.

예를 들어 어떠한 사물이 창조자의 구상(설계도) 속에 있거나 플라톤식으로 말해 이데아로 머물러 있을 경우 우리는 그것을 두고 본질의 상태라 하겠지만, 그것이 하나님 또는 이데아 '밖으로' 나가서 '존재'하게 되면 이 현상 세계에 있게 된다. 전통 서구 형이상학에 의하면, 하나님 또는 이데아 밖으로 나가 존재하는 것이란 유한한 있음이고, 임시적 있음이고, 생성·변질·소멸하는 불완전한 있음이다. 다만 현상의 세계에 존재하는 것들은 우리에게 감각적 인식이 가능하다. 반면 전통 서구 형이상학에 의하면, 참된 본질을 인식하기 위해 인간에게 요청되는 것은 바로 이성이다. 위와 같이 '있음'과 '무엇임'을 구별한 고·중세의 사유가들은 본질에 더 관심을 두게 되었다. 그들의 입장에서 '밖으로 나가 존재하는 것'은 무상하고 거짓되지만, 본질의 '무엇임'만이 영원하고 진실하기 때문이다. 이러한 사유 방식을 고착하는 일에 그리스도교 신학이 특히 큰 몫을 거들었다. 그리고 전통 서구 형이상학은 오랫동안 존재(있음)보다 본질(무엇임)을 선호하여 탐구해 왔다. '있음'은 모든 사물에 다 해당하지만 '무엇임', 즉 본질은 각자 다르다고 보았기 때문이다. 결국 인간의 '무엇임', 사물의 '무엇임', 동물의 '무엇임' 식으로 서구 정신사와 신학은 본질에 관한 논의로 기울어져 왔다.

나는 독자들이 서구 전통 형이상학을 대략적으로 파악하고 본서의 주제를 따라가는 데에 있어 도움을 주고자 하이데거 등의 철학을 참조하여 간략한 표를 제시한다. 간략하게 만든 것이기에 세부적 논의에는 이견異見이 따를 것이고, 여기에는 나의 오식誤識이 있을 수 있음을 밝힌다.

구분	esse	existere
의미	~이다 / 있다	밖으로 서(있)다
파생	essentia(본질, 무엇임)	existentia(실존, 있음)
관련어	이데아, 실재 본질(substantia)	세계, 현상
	Was-sein / Washeit	Daβ sein / Dasein
인지 수단	이성	감각과 체험
지속	영원 또는 불변	소멸 또는 변화
사유 시대	고대에서 근대	근대에서 현재

　　근대에 특히 헤겔까지 서구 전통 형이상학은 '무엇'에 관한 관심에 경도되어 왔고 '있음'의 신비와 의의를 놓쳐 왔었다. 여러 논자가 '있음'을 말해 왔어도 실제적인 내용에서는 '무엇'에 대한 논의였다. 흥미롭게도 이것은 그들의 언어상의 문제점이기도 하다. 대개 그들이 '있다'라는 의미로 사용하는 동사들(be, sein, être 등)은 '있다'를 의미하는 존재사^{存在辭}인 동시에 또한 '~이다'를 의미하는 계사^{繫辭}이기 때문이다. 예를 들어 '있다'와 '이다'가 나뉜 한국어와 달리, 영어에서는 'be 동사' 한 가지로 '있다'는 사태와 '~이다'라는 내용을 서술해야 한다. 이런 식으로 서구 존재론 안에서 '존재한다'는 것은 곧 내용을 지닌 '(무엇)이다'라는 함의를 강하게 지니게 되었고, 결국 존재하는 것은 의례 '무엇'(본질)이어야 했다. 이러한 사유 방식 속에서 그들은 존재에 관한 한 늘 본질을 알고 싶고, 정체를 알고 싶고, 내용을 알고 싶고, 성질을 알고 싶어 한다. 그리고 그 본질과 내용을 이성적으로 파악하고, 파악하여 장악하

고, 장악하여 이용하고, 이용하여 이익을 남기려는 절차를 밟아갔다.

그러나 우리의 관심을 보다 진지하게 '있음' 자체로 향하면 어떨까? 말하자면 '있음'이 인간이 오래간 이성으로 파악하려 했던 '무엇'과 무관하게 오롯이 우리에게 드러나도록 말이다. 그런데 그것이 가능할 경우 이 '내용'(본질)이 생략된 '있음'이란 도대체 어떤 것일까? 이 '있음'이 우리가 관습적으로나 일반적으로 생각해 온 그 '있음'일까? 그렇지 않다. 그렇게 순수한 '있음'은 오히려 '무'라고 할 수 있다. 순수한 '있음'에는 인간이 관심을 두는 '무엇', 즉 본질이나 내용이 없기 때문이다.

앞서 나는 존재가 무일 수 있는 의미 맥락을 소개했는데, 다른 방법으로도 어떤 사물(존재자)이 감각과 지각의 대상이 되는 경우에도 얼마든지 추론이 가능한 역설이다. 여기 완전하고 무한히 포괄적인 사물을 가정해 보자. 그러한 사물이라면 분량·성질·관계·양상 따위의 인식을 위한 특정 범주에 포착되지 않고 '모든' 성질을 갖는 것이다. 사실 우리는 '부분적' 범주에 포착되는 사물의 배타적 성질 또는 소외된 성질 때문에 그것을 인식한다. 예를 들어 여기에 '차가운 콜라 한 잔'이 있다고 치자. 우리는 각양 성질을 알 수 있는 변별적 '차이'를 통해서 그것을 파악하고 경험한다. 따뜻한 것이 아니라 차가운 것, 우유처럼 희고 고소하고 부드러운 것이 아니라 검고 달고 톡 쏘는 것 등등 감각 작용 및 경험 지각을 통해 성질을 집어낸 요건들이 우리 인지구조로 하여금 '콜라'라는 특정 존재자를 알도록 해준다.

그런데 이상에 열거한 성질을 다 갖는 사물을 가정해 보자. 흰 우유도 되고, 검은 콜라도 되고, 노란 파인애플주스도 되고, 붉은 케첩도 되고… 만약에 이런 식으로 모든 성질을 다 갖는다거나 감각의 범주에 모든 성질로 완전히 담기는 존재자가 질적으로나 양적으로도 무한하다면, 과연 그것이 우리에게 드러나거나 존재한다고 할 수 있을까? 완전히 포괄적 사물은 부분적 성질을 갖는 사물들에 비하자면 무와 같아지는 역설적 사태에 처한다. 마치 모든 색깔의 빛을 한데 모으면 그것이 투명해지듯 말이다. 결국 모든 성질을 다 지닌 존재자는 '부분적'으로 지닌 존재자와는 달리 '없는 것처럼' 되고 만다. 우리는 이러한 사유 실험을 통해서도 모든 성질을 다 지닌 사물(존재자)의 역설을 상상할 수 있다.

2. 무와 인식

분명히 존재하는데 인간이 감각적으로 경험할 수 없거나 그 어떤 관측 장비로도 포착되지 않는 어떤 것이 있다고 치자. 그러면 우리는 이러한 것을 존재하는 것으로 간주할 수 있을까? 아니면 존재하지 않는 것일까? 나는 지금 하나님이나 천국을 말하는 것이 아니다. 나중에 자세히 쓰겠지만 현대물리학계에서는 인간의 실험·관측 기구가 아무리 발달하더라도 암흑에너지, 암흑물질 그리고 (논란의 여지가 많지만) 다중우주처럼 인간이 실험으로 밝히기 극히 어려운 물리적 실재가 있다고 추정하고 있다. 만일 이런 것들이 실재한다고 치더라도 그것이 내 눈앞에 놓여 있는 키보드처럼 존재한다고 단정할 수 있을까? 있음과 없음의 사태를 깊이 따지고 들어갈 때 우리는 이토록 모호한 문제를 마주하게 된다.

참으로 있는 것과 우리에게 나타난 것, 정확히 말해 '사물자체'와 '현상'을 달리 보아야 할 문제에 관해 정교한 통찰과 기준을 마련해 놓은 근대 철학자가 있다. 바로 임마누엘 칸트(Immanuel Kant)다. 천년이 넘도록 유럽인의 정신세계를 지배해 왔던 그리스도교의 신조가 전례 없이 공격받던 시기에, 특히 하나님·영혼·내세 등의 비감각적 대상들의 실재성에 대한 신랄한 의혹과 격하가 진행되고 있는 시기에 칸트가 이성에 관해 날카로운 비판을 더했다. 그는 인간이 세계 또는 사물을 인식한다는 것이 도대체 무엇인가 하는 문제를 본격적으로 해명하고자 했다. 그러한 의도로 저작된 명저가 바로 『순수이성비판』 (*Kritik der reinen Vernunft*)이다.

지식 또는 진리라는 것은 사물에 대한 지성의 일치라고 주장한 토마스 아퀴나스를 비롯하여 인식자 외부에 객관적 사물의 존재를 진리의 기준으로 설정한 이전 세대의 철학자나 신학자와 달리 칸트는 지식을 인간 이성의 주체적 능력으로부터 해명하려 했다. 그것은 칸트 스스로 "코페르니쿠스적 전환"이라고 평했을 정도로 혁신적인 방법론 이었다. 그는 진리와 지식을 성립하는 근거가 외부 세계로부터 주어지는 객관적 내용이 아니라 '주관적 형식'이라고 보았다. 칸트 이전에는 세계의 객관적 내용을 인간 정신이 얼마나 잘 받아들이느냐 하는 것이 관건이었기에 전통적으로 서구인들에게 진리라는 것은 곧 '인식과 존재 일치' 또는 '표상과 사물의 일치'였다.

그런데 칸트는 우리가 흔히 객관적이라고 간주하는 사물들이라 할지라도 그 내용이 인간의 인지 형식인 주관적 형식에 대응해야만 인식될 수 있고 진리로 밝혀질 수 있다고 비판했다. 그 주관적 형식이 란, 대상을 경험하기 이전에 인식주관 안에 선천적으로 갖추어져 있는 개념의 '범주'(category)로서 감성(감각) 형식으로서 시간·공간 및 12개 의 범주로 구분된 직관 형식이다. 구체적으로 말해 양(단일성, 다수성, 전체성), 성질(긍정성, 부정성, 제한성), 관계(실체-속성, 원인-결과, 상호작용), 존재의 양상(가능성, 현실성, 필연성)이 이에 해당한다. 이른바 객관적 세계로 여겨지는 감각의 자료들은 이상의 주관적 인식형식에 의해서 포착되고 인식된다.

우리가 이상의 인식의 얼개를 긍정한다면, 세계라는 것은 인간의 주관적 형식에 의해 구성된 '현상'이 된다. 곧 세계란 인간의 인식 능력과 무관한 객관적인 것이 아니라 인간의 인식형식에 의해서 제약된 (한정된) 현상이고, 실체성과 인과성을 지니고 시공간적으로 질서 지어진 모습으로 인간이 선험적으로 지닌 인식형식에 따라서 '나타나는' 현상으로서의 세계다. 한편 칸트는 인간 외부에 있을지라도 인간이 인식할 수 없는 것, 즉 인간의 인식형식에 의해 포착되지 않는 것을 '사물자체事物自體'(Ding an sich)라 칭했다. 우리 인간은 사물자체를 알 수 없고 오직 현상만 인식할 수 있을 뿐이다.

칸트는 인식에 있어서 경험을 넘어서 경험을 가능하게 하는 근거가 인간 의식 가운데 있다고 보았다. 그는 이것을 '초월'(tranzendental)이라고 이름했다. 여기에서 우리는 또다시 칸트 철학이 철학사에 가져온 코페르니쿠스적 전환을 엿보게 된다. 이 초월이라는 것이 세계 위에 하나님 같은 그 어떤 초월이 아니라 인간 내부의 인식 근거로서의 초월임을 밝혔기 때문이다. 칸트에 의하면, 인간은 객관적인 세계에서 사실과 진리를 수동적으로 받아들이는 존재가 아니라 그 정신 가운데 현상을 초월하고 경험을 초월하는 능력, 곧 '의식 일반'(인격)이 있는 존재다. 의식 일반은 외적 대상으로서의 세계를 그저 있는 그대로 수동적으로 받아들이지 않는다. 오히려 세계란 인간에게 주어진 감각 자료를 인간의 지성이 구성해 낸 것이라 할 수 있고, 이성의 주체적인 능력에 의해 사물에 대한 개념을 구성한 결과다. 이렇듯 칸트 철학은 인간의 인식이라는 것이 외적 세계의 대상을 감각으로 받아들여 반영하는 데 불과하다는 기존의 인식론을 극복했고, 실재를 논하는 존재론의 영역에도 큰 변화를 초래했다.

칸트와 유사하게 동양의 불교에도 인간의 마음과 무관한 객관적 세계, 즉 지각되지 않은 채 혹은 경험되지 않은 채 독립하는 실재를 부정하는 전통이 있다. 대표적으로 불교의 유심唯心 사상 혹은 유식唯識 사상이 그러한 종지宗旨를 지닌다. 대중적으로 잘 알려진 『화엄경』의 구절 '일체유심조一切唯心造'가 그러하다. 이것은 "모든 것은 오직 마음이 짓는다"라는 뜻인데, 단순히 긍정적인 인생관을 독려하는 데에 그치지 않는다. 여기에는 인간의 인식 구조가 인식 대상과 관련 맺을 때 비로소 구체적인 세계가 구성된다는 의미도 있기에 인식론과 존재론을 아우르는 예리한 관점이 엿보인다.

인간은 감각·범주·관찰·실험 등으로 파악할 수 없는 대상을 '사유한다'고 할지라도, 실질적으로 그것을 존재한다거나 부재한다고 단정할 자격이나 능력이 없다. 그리스도교 전통에서는 하나님·내세·영혼·천국 등이 이에 해당한다. 그렇다면 사물자체를 지칭하고 논해야 할 때 적절히 타협할 방법은 없을까? 그 한 가지 방법으로 사물자체를 '무'로 명명하는 방식이 있겠다. 여기서 오해하지 말 것은, 최소한 칸트의 입장을 따르지만 사물자체를 없는 것으로 단정 지으면 안 된다. 참고로 칸트가 직접 다음과 같이 무를 '대상 없는 개념'으로 정의한 사례도 있다.

모두·여럿·하나의 개념들(곧, 양의 개념들)에는 모든 것을 제거하는 것, 다시 말해 하나도 아닌 것이 대립한다. 그것은 그에 대응해서 전혀 아무런 직관도 제시될 수 없는 개념의 대상, 즉 아무것도 아닌 것(無), 다시 말해 대상 없는 개념이다. 그것은 가능한 것에 속한다고 계산될 수 없는 것임에도, 그렇다고 불가능하다고 칭해서도 안 되는 예지체 같은 것들(즉, 이성적 존재자)이거나 또는 사람들이 모순 없이 생각해 내기는 하지만 경험에서의 실례 없이 생각되는 것이기에 가능한 것에 속한다고 계산되어서는 안 되는, 가령 모종의 새

로운 근본력 같은 것들(어떤 영혼력 같은 것)이다.[1]

여러 그리스도교 신비가들은 하나님은 '어떤 것'이 될 수 없고, 인간의 보편적 의식 구조에 나타날 수 없는 분이라 했기에 무로 지칭하곤 했다. 칸트는 사물자체를 무로 말하지 않았다. 그런데 위의 인용문에서 시사했듯 양적 대상이 되지 않고, 개념의 대상이고, 경험적·계산적 실례가 없고, 영적 힘과 같은 것이라면 그것을 무라고 할 수 있다고 보았다. 만약 그가 연구 범위를 넓혔다면, 하나님을 무로 말한 그리스도교 신비가들 및 부정신학자들 그리고 궁극적 실재를 공空·무·허虛 등으로 말한 동양 형이상학의 언어적 전략을 긍정했을 것이다. 이에 관해서는 본서가 차츰 자세히 살펴보기로 한다.

3. 무와 실존

앞서 살펴보았듯이 절대적이고 순수하고 영원하고 필연적인 존재를 상정한다면, 거기에는 '있음'과 '~임'(본질)이 구별될 수 없다. 그것은 지상의 역사적 사물들과 전혀 다른 존재 양상이라 할 수 있다. 플라톤 철학을 차용하자면, 이데아에 대한 모사·모방만을 지닌 이 세계의 사물들과는 달리 이데아의 형상(eidos)들은 완전한 본질의 상태에 있으므로 불변성·무시간성·영원성을 지닌다. 이와 달리, 예를 들면 인간이 그려낸 동그라미들은 가짜다. 아니 기계가 그렸을지라도 이 세상의 모든 동그라미는 가짜다. 돋보기로 관찰하면 그 모두가 불완전한 형태로 있기 때문이다. 반면에 원圓에 관련한 정의定義나 공식公式의 상태

---

1 백종현 역, 『순수이성 비판』 1 (파주: 아카넷, 2006), 520.

혹은 천상계에 원의 원형原形이 있다면 그것만이 절대성·순수성·완전성·영원성을 지닌다고 할 수 있다. 이것이 원의 이데아 또는 원의 에이도스(형상)에 해당하며, 기독교식으로 말하자면 세계로 창조되기 이전에 하나님이 지닌 순수한 설계도와 같은 본질이다.

그런데 사물들이 하나님 또는 이데아로부터 나와서 이 세계에 있게 되면, 그것은 상대적이고 유한하고 우연적인 것으로 있게 된다. 이것이 '엑시스텐시아'(existentia)로서의 존재이며, 엑시스텐시아는 동양권에서 곧잘 '실존實存'으로 번역된다. 중세 그리스도교에서 대체로 실존이라는 말은 "하나님에 의해 만들어져 있다"는 피조물의 존재 성질이었다. 이 실존은 시간과 세계 속에서 구체적 양상으로 존재하기는 해도 하나님의 세계에 있는 것에 비하면 불완전한 모사품일 뿐 아니라 타락한 피조물에 지나지 않는다. 이러한 사고방식으로 인해 신학을 비롯한 전통 형이상학은 존재(있음) 자체보다 본질에 탐닉했다. 실존은 그저 영원하고 완전한 본질을 역추적할 단서 정도의 의의를 지녔다.

근대 형이상학의 완성자로 일컬어지는 헤겔도 절대정신과 보편의 영원성에 존재의 가치를 두었다. 그는 역사 속에 유한한 사물들을 말미암는 절대정신의 활동 또는 세계의 변증법적 운동을 인정했지만, 궁극적으로 중요한 것은 '절대정신'으로 대표되는 영원한 보편이었다. 다른 한편 본질을 묻는 관심은 근대 자연과학의 발전으로 인해 증폭되었다. 이를테면 물질의 '무엇임', 운동의 '무엇임', 생명의 '무엇임' 등등 과연 인간이 관심을 두는 '무엇임'은 과학혁명을 견인하던 기본적 탐구 영역이었다.

그러나 19세기로 들어오자 보편에 대한 경도된 관심을 반성·비판하면서 오히려 개체성과 유한성의 의의를 중시하며 삶 자체나 개인 역사에 대한 체험과 정서를 재조명하는 쇼펜하우어(Schopenhauer), 키에르케

고르(Kierkegaard), 니체, 딜타이(W. Dilthey) 같은 이들이 나타났다. 이들의 선구적 업적에 힘입어 20세기 초반에 하이데거가 이른바 기초존재론을 새롭게 정립했다. 그리고 다시 하이데거 철학의 영향으로 이른바 '실존주의'(existentialism)라는 사조가 등장했다. 실존주의는 특히 영원·보편·본질·필연성을 선망하는 기존의 형이상학을 비판하고 오랫동안 도외시되었던 유한성(죽음)·한계상황·세계의 부조리·우연성·정서·육체성 등을 긍정하며 인간과 삶의 독특한 정체를 해명하고자 했다. 하이데거에 의하면, 인간이 독특한 존재자일 수 있는 까닭은 인간이 영원한 존재이기 때문이 아니라 오히려 죽을 운명에 처한 존재임을 각성하고 죽음을 선구^{先驅}할 수 있다는 것에 있다. 그러므로 영원이 아니라 차라리 죽음이라는 유한성 및 무상성을 탐구해야만 하는 처지가 인간의 본질이라면 본질이다.

실존주의철학에 의하면, 인간은 언젠가 끝나버릴 지상의 시간을 의식하며 무상하고 부조리해 보이는 삶이라도 선용해야 한다. 덧없이 보이는 시간일지라도 그 속에서 자신의 본래성과 고유성을 회복하고 자기만의 존재의 의의를 창조하기 위해 결단하고 투쟁해야 한다. 앞서 언급했듯이 사물은 그것이 '무엇'인 바가 곧 그것이며, 이미 주어진 어떤 본질에 관한 규정을 부여받았다. 반면에 인간에게는 그가 '무엇'인 바가 곧 그라고 할 수 없다. 연필은 필기구로서의 본질이 규정되어 있지만, 사람에게는 그러한 본질이 있을 수 없다. 그러므로 인간은 '비어 있는' 자기의 본질이 무엇일지 스스로 끊임없이 묻고 추구해야 한다. 자신만이 자신의 존재나 본질을 규정할 수 있다. 이것이 인간의 독특한 실존이다. 이러한 의미에서 인간의 본질은 '무'라고 할 수 있다. 무라는 '비워진 본질'의 도화지 위에 의미와 가치와 아름다움 등을 채워나가야 한다. 하이데거는 이러한 처지를 사유하며 인간을 '가능존재'라고 칭했다. 인간은 죽음을 피할 수 없는 운명에 처해 있음을 인지하고 미래로 자신을 던지면서 자신을 실현할 가능성이 있기 때문이다. 이 때문에 하이데거는 "인간은 그가 되고자 하는바, 바로 그것"이라고 말했다. 그렇듯 인간은 확정된 '무엇임'(본질)이 아니라 능동적으로 자신의 '무엇'을 찾고 이루어야 한다.

인간만이 인지하고 번민하는 위와 같은 존재의 정황에서 무로서의 인간은 각자 자신을 성찰할 필요가 있다. 특히 이것이 실존주의가 남긴 질문 가운데 깊이 고민해야 할 무와 관련한 중차대한 주제다. 다양한 종교들이 죽음을 극복하는 길을 설파하고 영생을 대망하게 만들지라도 간과할 수 없는 한 가지 사실은, 죽음이란 내가 살아가는 현세의 종식이며 육체의 소멸이라는 점이다. 죽음에 직면하여 그 누구도 지금 사는 삶을 자기 의지로 더 연장할 수 없다. 가족과의 관계, 소유, 직업 모든 것이 정지되고 없어진다. 우리는 이 사실을 진지하게 대면할 때, 역설적으로 각자에게 부과된 삶을 진지하게 바라보고 주어진 나날에 더욱 충실히 영위할 전향을 도모하게 된다. 이런 맥락에서 지혜의 문서를 남긴 성서의 기자가 이렇게 말했다. "지혜자의 마음은 초상집에 있으되, 우매한 자의 마음은 혼인집에 있느니라"(전 7:4).

4. 무와 의미

앞서 소개했던 BC 5세기경 헬라의 철인 고르기아스(Gorgias)의 말을 다시 떠올려 보자. "존재하는 것이란 아무것도 없다. 만약 존재하더라도 인간이 인식할 수 없다. 안다고 하더라고 그것을 타인에게 전달할 수 없다." 다시 언급하는 사실이지만 서구 철학의 역사, 특히 무에 관한 사유의 역사 또한 위 세 문장의 순서대로 전개되어 왔다. 이제 마지막으로 무와 언어 사이에 대두되는 문제를 정리하고 넘어가자. 첫째, 존재의 실제를 알고 그 진리를 깨달았다 치더라도 그것을 말로 타인에게 온전하게 전달하는 일이 가능한가의 문제다. 둘째, 알 수 없는 것이나 말할 수 없는 것에 관하여 말한다는 것은 과연 어떤 가치가 있을까 하는 문제다.

첫 번째 문제를 생각해 본다. 누군가 계시 또는 초월적 수단을 통해 궁극적 실재를 완전히 알거나 우주의 실제를 낱낱이 알았다고 치자(물론 이것은 불가능한 일이지만!). 완전한 지식을 갖게 된 이 사람은 언어라는 수단을 통해 '그 완전한' 진실을 말해야 한다. 그런데 과연 그것이 가능할까? 타인에게 그것을 완전하게 전달할 수 있을까? 만약에 완전하게 말하거나 기록했다고 치자. 그런데 그것을 듣거나 읽는 자가 오해 또는 오독誤讀 없이 바르게 수용할 수 있을까? 이 또한 불가능하다. 왜냐하면 언어 자체가 지시적 기능을 지향해도 인간이 정해 놓은 의미의 상한선을 넘어서지 못하고 본질상 은유의 기능을 할 때가 많기 때문이다.

듣거나 읽는 자가 오해와 오독 없이 지식을 받아들이는 일도 드물다. 소박하고 단편적인 지식을 말한다고 할지라도 마찬가지다. 복음서를 보자면, 예수도 자신이 전유專有하고 있는 진리를 말함에 앞서 다음과 같이 독백하곤 했다. "하나님의 나라가 무엇과 같을까? 내가 무엇으로 비교할까?"(눅 13:18) 이는 하나님의 아들 또한 진리의 전달자와 수용자 사이에 가로놓인 언어적 애로가 얼마나 심각한지 엿보이는 증언이다. 불가佛家의 기록에 의하면, 싯다르타 역시 우주의 진실이라 일컬어지는 연기법緣起法을 깨달았을 때 그것을 전할 방편이 없어서 침묵하려 했다고 한다. 플라톤도 "알고 있는 사람은 자기가 알고 있는 것들에 대해서 설명할 수 있겠는가?"라고 반문하였으며, 노자 또한 "아는 사람은 말하지 않으며, 말하는 사람은 알지 못하는 것"이라 했다.

둘째로 알 수 없는 것 또는 말할 수 없는 것들에 관하여 말하는 사안 또는 말해야 하는 사안에 대해 생각해 보자. 인간이 말로 떠드는 것 중에 대부분은 검증 불가능하고 논리적이지 못한 것들이다. 즉, 논리적 증명 또는 실험·관찰이 가능한 것들을 제외하고 대부분 입에 올리는 화제話題란 인간이 추측하는 것들, 상상하는 것들, 기대하는 것들, 추상·개념·기분·감정·기호嗜好에 관한 것들이다. 그런데 인류의 삶과 역사 가운데 신화·종교·신학·철학·문학·예술 등의 분야는 이처럼 '말할 수 없는' 것들을 모티브로 문명을 이루어 왔다. 비록 근거 없는 상상과 직관을 따랐을지라도, 그것들은 인간의 정신 활동과 문화생활에 풍요를 더했다.

그러나 말할 수 없는 것들을 남발하고 과신할 때 숱한 폐단이 따라왔다. 확증되지 않은 신념과 신앙 때문에 불필요한 논쟁과 반목이 따르게 되고, 무수한 소요와 전쟁이 발생했다. 이 폐단에 있어 단연코 종교적 신조와 정치적 이념이 가장 심각한 혐의를 받는다. 과연 목숨 바쳐 지키려 하는 종교적 신조와 정치적 이념이 명징한 검증의 대상인가 하는 물음에 직면하여서는 선뜻 긍정하기 어렵기 때문이다.

위와 같은 문제점을 직시하고 해소해 보려고 했던 대표적인 철학자가 바로 20세기의 비트겐슈타인(L. Wittgenstein)이었다. 초기에 그는 명저『논리철학논고』를 통해 언어의 규칙을 위반함으로써 파생하는 문제들로 인해 오랫동안 철학계가 혼란스러워졌다고 비판했다. 지시적이고 논리적이고 과학적인 인식과 언어가 아니라면, 제아무리 언어로 표상된 것이라 하더라도 불확실한 것이며 세계를 현혹할 뿐이라고 보았다. 비트겐슈타인에게 있어서 신앙과 상상과 추측에 기반한 가설들은 그저 '말할 수 없는 것'일 뿐이다. 혹은 과학적·논리적 사실관계를 떠난 것들은 그저 '헛소리'(nonsense)일 뿐이다.

그렇다면 신 또는 형이상학적 실재에 대해 말한다는 것은 어떠할까? 초기 비트겐슈타인을 따르자면 인간은 결코 신을 검증할 수도 없고 말할 수도 없기에 다만 '침묵'해야 한다. 말할 수 있는 참된 명제란 "전체 자연과학"일 뿐이다.[2] 신에 대해 말하는 것은 언어의 정확한 사용규칙과 한계를 넘어버리는 일이므로 무미한 작업이고, 단연 '헛소리'이다. 그렇듯 초기 비트겐슈타인 사상은 인류 지성으로 하여금 종교, 철학, 인문학, 예술, 윤리 등의 분야에 공허한 소리가 가득 차 있다고 비판하게끔 독려했다. 칸트가 인식 가능한 것과 불가능한 것을 나누었다고 한다면, 비트겐슈타인은 언표 가능한 것과 불가능한 것을 나눈 셈이었다. 우리에게는 자연과학처럼 '말할 수 있는' 영역만 철학적 논의의 대상이 되어야 한다. 그렇지 않으면 서로 간의 의사소통의 규칙을 부정하는 일이 된다. 무엇보다 철학은 무의미한 것을 말하면 안 되고, 의미 있게 말할 수 있어야 한다. 이러한 기획을 지닌 초기 비트겐슈타인의 이론을 이른바 '언어 그림 이론'이라 한다. 언어는 그림처럼 자연과학 및 논리적 사실을 정확하게 그려내야 하기 때문이다.

우리가 이상의 비트겐슈타인의 주장을 받아들일 경우 당연하겠지만 전통 형이상학에서 이데아, 신, 본체, 정신, 영혼 등에 관해 말하기를 주저할 것이다. 언어의 규칙을 위반하여 표현될 수 없는 대표적인 주제이므로 그러한 것들은 무엇보다 학문의 영역에서 언어적 표현으로부터 지양되어야 할 것이다. 그것들은 이 세계에서 지시하는 바가 없고, 실체가 없고, 설명될 수 없다. 언어로 구축하는 이론들의 근거가 논리와 과학적 검증이라고 한다면, 신학이 논해 왔던 하나님, 영혼,

---

2 Ludwig Wittgenstein, *Tractatus Logico-Philosophicus*, trans. C. K. Ogden (Edinburgh: the Edinburgh Press, 2010), 4.11.

천국, 부활 같은 말들은 의미론에서 배제되어야 마땅하다. 그간 형이상학이나 신학에서 고상한 위상을 지니는 것들이라 할지라도 정작 잠꼬대일 뿐이다(그러나 『논리철학논고』를 읽다 보면, 그가 말할 수 없는 것들을 전적으로 인간의 삶에서 지우려 했던 것도 아닌 듯하다. 이에 관해서는 다른 장에서 부연하겠다. 게다가 후기 비트겐슈타인은 언어의 '게임이론'으로 전회하면서 초기의 '그림이론'을 반성하고 보완했다).

다른 한편 일상생활에서 지식과 말 사이의 또는 종교 생활에서 깨달음과 전달 사이의 애로隘路를 경험했다면, 우리는 진실을 두고 언어로 소통한다는 일이 근본적으로 매우 어려운 일임을 인정하게 된다. 실제로 숱한 종교인들은 이와 같은 실제를 깨달았을 때마다 다음과 같이 고백하곤 했다. "진리를 깨닫고 취할 수 있는 태도는 침묵뿐이며, 세상을 향해 말할 수 있는 것은 아무것도 없다." 이에 2,500년 전 노자老子도 이미 다음과 같이 선언했다. "말할 수 있는 도는 영원한 도가 아니고, 이름할 수 있는 이름은 영원한 이름이 아니다. 이름 없는 것이 천지의 시작이요, 이름 있는 것이 만물의 시작이다." 이렇듯 어떠한 설명과 형용을 취해도 온전히 진실을 전달할 수 없는 사물 및 사태나 아예 인지적으로 다다를 수 없는 것이 있다. 우리는 그러한 것들을 두고 침묵할 수밖에 없고, 가장 깊고 신묘한 진실을 도리어 묵언默言의 화제話題라고 인정하게 될 것이다. 그것은 '무'와 다름이 아니다. 일찍이 노자는 도를 무라고 칭했다. 또한 결이 다르지만, 언어의 적확성에 집중했던 초기 비트겐슈타인의 철학을 참고하자면, 논자에 따라 형이상학과 종교로부터 말미암은 개념어나 신조들은 과학적 사실을 지시하지 않기에 무의미한 것(no-sense) 또는 말로 하기에 아무것도 아닌 것(no-thing)으로서 '무'(nothing)라고 할 수 있다.

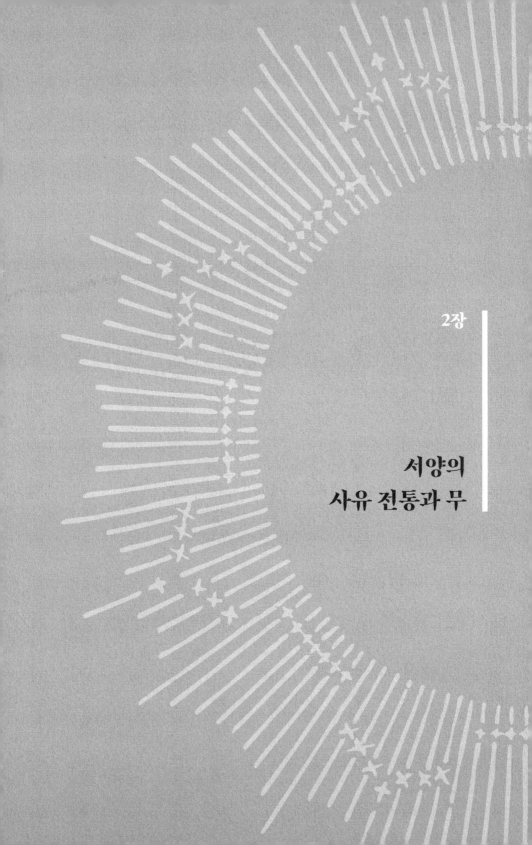

2장

서양의
사유 전통과 무

I. 고대 그리스

"비존재의 개념이 현대 철학자들보다도
고대 철학자들의 관심을 더 많이 끌어모았다."[1]
_ 키에르케고르

　고대인들에게 있어 순수하게 없음의 사태에 해당하는 '무' 개념이란 그 자체로 사유하기 어려웠던 추상적 주제였다. 그리하여 그들은 존재 자를 부정함으로써, 즉 '있지-않음' 혹은 '비-존재'(not-being)의 방식으로 생각하고 말해야 했다. 가령 고대 그리스 문명권에서는 무를 '존재'(ὄν)에 대한 부정을 뜻하기 위해 '아닌'을 뜻하는 두 접두사, '우크'(οὐκ)와 '메'(μή)를 붙여 '우크온'(οὐκ ὄν)과 '메온'(μή ὄν)으로 말했다. 그리고 라틴 어로는 부정어인 '니힐'(nihil)로 일컬었다. 이것은 절대적 부정을 의미하는 접두어 'ne'와 '조금' 또는 '전혀'를 의미하는 'hilum'의 합성어이다.
　무를 의미하는 이상의 단어들은 공통적으로 어떤 존재자를 전제한 후 그 존재자의 부정이나 그 존재자의 부재를 의미하는 방식을 갖는다. 때로 단순한 개별적 존재자에 관한 특수한 부정을 넘어 모든 존재자, 즉 존재자 전체에 대한 무조건적이고 완전한 부정을 의미하기도 했다. 이렇게 존재에 대립하는 것을 무로 간주하는 서구 전통은 자연스럽게 무를 부정적 의미로 사용하고 부족과 결여의 뉘앙스를 갖추게 했다. 말하자면 무란 '어떤 것이 아님'이었고, 어떤 것이 '있지 않음'이었다. 훗날 독일 철학계에서도 부사 '아니'(nicht)를 16세기 이후 '무'(das Nichts)

---

1 Søren Kierkegaard, *The concept of Anxiety,* trans. Reidar Thomte (New Jersey: Princeton University Press, 1981), 82.

로서 명사화된 사례를 찾아보면 이 사실을 확인할 수 있다.[2]

고대 서구 철학자들 가운데 무를 하나의 개념으로 숙고한 이가 파르메니데스다. 심플리키오스(Simplicius)가 지은 『아리스토텔레스의 자연학 주석』(On Aristotle's Physics)에 의하면, 파르메니데스는 "오직 있음뿐이고 무는 없다"[3]라고 주장했다. 일종의 유물론적 일원론자로서 파르메니데스는 다음과 같은 추론을 펼쳤다. 즉, 어떤 것을 말하기 위해서 우리는 존재하는 것에 관해 이야기해야 한다. 우리가 과거의 것을 말할 수 있다면 그것은 여전히 존재해야 한다. 그러나 현재에 없다면 그것은 곧 없는 것이다. 물론 미래에 있을 것은 지금으로서는 없는 것이다. 이러한 논리로부터 그는 '변화하는 존재'라는 것은 있을 수 없다고 결론 내렸다. 즉, 존재하게 될 것, 존재하지 않게 된 것 그리고 비존재(무)라는 것은 존재하지 않는다는 말이다.[4] 존재하는 것은 늘 존재할 뿐이고 또한 반드시 존재해야 한다. 이와 반대로 무는 존재하지 않는 것이다. 무는 절대적으로 존재와 다른 것이고, 인식과 언어의 대상이 될 수 없다.[5]

플라톤에게 영향을 주었다고는 하지만, 비물질적 이데아를 긍정한 그와는 다르게, 파르메니데스는 존재를 현저하게 유물론적으로 이해했다. 파르메니데스에게 있어서 영원하여 변화하지 않는 불가분적 존재만 신뢰할 만한 것인데, 곧 그것은 물질적 실체다. 그리고 그는

---

2 Michael Inwood, *A Heidegger Dictionary* (Oxford: Blackwell, 1999), 144.

3 *Simplikios in Phys.*, S. 86, 7f; S. 117, 4f (DK 28 B6).

4 Bertrand Russell, *History of Western Philosophy* (Routledge, 1995), 66-70.

5 "사람들이 알고 있는 것은 존재하고 있는 그러한 것이다." Parmenides, Fragment 7, in: *Die Vorsokratiker I. Molesier, Pythagoreer, Xenophanes, Heraklit, Parmenides*, Über. und Eräut. Jaap Mansfeld (Stuttgart: Phillipp Reclam, 1999), 317. "사람들은 존재자가 존재한다고 말하고, 인식해야만 한다. 왜냐하면 존재자는 존재하지만, 무는 그렇지 않기 때문이다." Parmenides, Fragment 9.

존재하는 것만 사유할 수 있다고 보았기에 존재와 사유를 별개로 나누지 않았다. 반면 무는 존재하는 것이 아니므로 인간은 그것에 대해 사유할 수 없다고 했다. 논리학 분야에도 기여한 파르메니데스의 무에 대한 이론은 이후 서구의 형이상학에 큰 영향을 끼쳤다. 후대의 지성들은 파르메니데스의 사유를 따라 무를 '존재하지 않는 것', '형태가 없는 것'에 한정하는 의미로 생각하게 되었다.[6]

　'오직 있음뿐'이라고 주장한 파르메니데스와는 반대로 '오직 없음뿐'이라고 논한 소피스트가 있다. 앞서 소개한 고르기아스다. 그는 고정불변하는 일체의 진리를 추구했던 엘레아 학파와 상반된 주장을 했다(파르메니데스가 엘레아 학파에 속한다). 비록 그의 『자연 또는 비존재에 관하여』(On Nature or the Non-Existent) 및 기타 글들은 다른 저자의 저작 가운데 단편적으로만 남아 있지만, 현대에 이르기까지 사뭇 까다로운 철학적 물음을 남겼다. 고르기아스는 농담·풍자·반어 등을 구사하고 수사학·능변술能辯術로부터 존재론을 망라하여 인상적인 어록을 남겨놓았는데, 일체의 '아무것도 존재하지 않음'을 주장했다고 알려져 혹간 허무주의자로 평가되기도 한다. 사실 궤변에 능한 소피스트로서 고르기아스가 본래 어떤 의도로 주장했는지 현재로서 정확히 알 수 없다. 다만 대체적인 해석을 기준으로 그가 주장한 중요한 명제들을 살펴보겠다. 아래는 『자연 또는 비존재에 관하여』에 나오는 일부 대목이다.

　아무것도 존재하지 않는다.
　무엇이 존재한다 하더라도 그것에 대해 알 수 없다.
　그것에 대해 안다고 하더라도 전달할 수 없다.

---

6 Martin Heidegger, *Wegmarken* (Frankfurt am Main: Vittorio Klostermann, 1976), 119.

(그것을 전달한다 하더라도 그것이 이해될 수 없다.)

이 어록은 당대 소피스트들이 추구한 능변술의 문제점을 밝힌 것으로 파악하는 학자들도 있다. 나 역시 고르기아스가 주안점을 둔 대목은 존재를 부정하는 것이 아니라 인간의 인식 과정과 언어의 전달에 있어 발생하는 한계와 장애를 지적한 것으로 독해한다. 다시 말해 "아무것도 존재하지 않는다"는 명제는 사물의 실제와 인간의 지성이 서로 일치하지 못함을 의미하고, "알더라도 타인에게 말할 수 없다"는 명제는 개인별로 인지능력과 소통능력에 차이가 크기에 서로 간에 완전한 전달이 불가능함을 의미하는 것이 아닐까 한다.

한편 레우키포스(Leukippos)는 서양에서 최초로 무가 실재성을 갖는다는 입장을 취한 철학자였다. 밀레토스 학파가 몇 가지 근본적 물질이 변화하면서 다양한 사물들을 만든다고 주장했던 것과 달리, 레우키포스는 불변하는 하나의 실재를 주장하는 엘레아 학파의 일원론과 비슷한 생각을 했다. 다만 엘레아 학파는 하나의 절대적인 실체만 존재하기에 운동은 불가능하다고 여겼지만, 레우키포스는 빈 공간에서 일어나는 입자의 움직임, 모임, 흩어짐을 통해 만물을 설명하려 했다. 우선 그는 '공허'와 그곳을 채우는 '원자', 이 두 가지를 세계의 근본적 요소라고 상정했다. '공허'(kenon)가 존재의 반대라고 보았으나, '원자'(atom)들이 그 빈 공간 안에서 운동하고 모이고 쌓여 갖은 천체들과 사물들을 만든다고 보았다. 레우키포스는 물체가 아니면서도 실재적일 수 있는 그 무엇을 말한 최초의 인물인데, 유물론적 원자론자가 그런 생각을 했다는 것은 흥미로운 대목이다. 이후 레우키포스의 이론은 데모크리토스(Democritos)의 원자 관념에 영향을 주었을 뿐 아니라 고대 그리스의 유물론 형성에도 큰 영향을 미쳤다.

데모크리토스도 원자론을 심화시키면서 원자들 사이에 존재하는 공허를 상정했다. 그의 가설에 의하면, 물질을 구성하는 원자들의 이합집산에 의해 가시적 물체들이 생성하거나 소멸하고 공간을 가로질러 움직일 수 있다. 그리고 공허는 그것들이 가능하도록 존재해야 한다. 그렇지 않으면 파르메니데스가 주장했던 일원론적 '얼어붙은 세계'라는 개념을 받아들일 수밖에 없다.

파르메니데스로부터 영향을 받았다고 평가받는 플라톤은 당시 데모크리토스의 유물론적 사상과 대립하여 존재를 관념적으로 파악한 철학자이다. 플라톤에 의하면, 영원한 이데아만 참으로 존재하는 것이고, 생멸하고 변화하는 물질 세계는 이데아의 그림자에 지나지 않는다. 이에 관해 플라톤은 『국가론』(Politeia)에서 그 유명한 '동굴의 비유'를 통해 설명했다. 여기에서 그는 인간이 살아가는 현실의 세계가 오히려 가상의 세계이고, 보편적 형상이 있는 이데아의 세계가 참으로 실재하는 세계라고 역설했다. 또한 인간의 인식 능력에 따라 보이거나 '감각할 수 있는 것'(sensible)과 '알 수 있는 것'(intelligible)으로 나뉘는데, 전자에 해당하는 것은 현실 세계의 존재며, 후자에 해당하는 것은 이른바 이데아(idea)의 존재다.

이데아란 어원상 개별적 사물들의 공통된 모습인 유개념^{類槪念}, 형상(eidos), 형태(forma) 등을 뜻했는데, 플라톤에 의해 감각 경험이 아닌 순수사유에 의해 알게 되는 비물질적 존재로 쓰였다. 그에 따라 인간이 얻는 지식도 크게 두 가지로 나뉜다. 세계로부터 감각적으로 얻게 되는 것은 이른바 '의견'(doxa, 억견)이고, 영혼에 의해 순수사유 및 직관으로 상기^{想起}되는 것은 이데아로부터 오는 참된 지식(episteme)이다. 영원하고 진실된 실재란 타자와의 관계와 무관하게 자기동일성을 갖추어야 한다. 그런데 이러한 플라톤의 존재론은 물질적 근거를 결여하기에 고대 유물론적 철학자들로부터 심한 공격을 받았다. 유물론의 견지에서 플라톤의 이데아란 오히려 물질로부터 기인한 부차적 가공물이고, 이데아라는 개념 또는 비존재의 세계를 마치 실재하는 것처럼 가정해 놓았기 때문이다. 사실 추상적 법칙·공식公式이나 정보가 세계 구성을 위한 근거라고 생각하지 못하는 것은 고대인들에게 자연스럽다. 현대의 일부 이론물리학은 그것이 가능하다고 보지만 말이다.

플라톤의 제자 아리스토텔레스는 스승과는 다른 방향으로 사유했다. 스승의 비물질적 이데아론을 탈피하면서 오히려 사물의 기원·구조·원인·운동 등을 궁구하는 것을 제일철학의 과제로 주장했다(이 제일철학은 훗날 형이상학이라고 칭해진다). 아리스토텔레스는 사물에 있어서 네 가지 존재론적 근거를 각각 질료, 형상, 운동, 목적으로 꼽았다. 그에 의하면, 모든 존재하는 것들은 가능성이 현실성으로 전화轉化된 것인데, 그 가능성은 질료(hyle)이고, 현실성은 형상(eidos)에 의거한다. 사물들의 활력은 바로 형상으로 말미암는다.

아리스토텔레스는 제일원인으로서 자신은 움직이지 않으면서 다른 것들을 운동하게 만드는, 이른바 '부동의 원동자'(the unmoved mover) 개념을 내세웠다. 이는 달리 말해 자기 자신만을 관조하는 능동적 이성 또는 신神으로서 완전하게 아름답고 불가분한 존재다. 사물의 조성과 운동은 곧 비물질적 형상 또는 원동자가 담당한다는 그의 주장은 플라톤의 이데아론으로부터 완전히 떠나 있지 못하다는 방증이 된다. 아리스토텔레스의 사상은 이슬람 세계를 경유하여 중세 유럽 형이상학의 토대를 이루었고, 특히 토마스 아퀴나스에게 존재의 범주에 관한 이론을 창안하게 도왔다. 토마스 아퀴나스에 의하면, 존재자의 위계 정점에 하나님이 존재하며, 그가 모든 존재자에게 존재를 부여하고, 그 자신은 운동하지 않지만 다른 피조물들을 움직이게 하는 제일원인이 된다.

II. 히브리 성서와 유대교

"아무에게도 당신의 본성을 보여주지 않으시고,
모든 피조물에게 그것이 보이지 않게 하셨다."
_ 알렉산드리아의 필로, 『우의적 율법』 중

그리스도교 및 그 출처가 되는 유대교 전승 안에서 무에 대한 인식과
평가는 부정적이고 소극적이다. 창세기의 서사를 살펴보면, 창조 이전
의 상태는 공허·암흑·혼돈의 창궐이었다. 창조와 존재는 하나님의
선한 사역의 결과이지만, 그 이전의 공허·암흑·혼돈 따위는 하나님이
대적하고 극복해야 할 사태였다. 물론 구약성서뿐만 아니라 신약성서도
무를 부정적으로 이해하고 있다(롬 8:20, 엡 4:17 참고). 또한 이것은 앞으로
진행될 서양 사유 전통에 있어 주된 흐름의 전조였다. 그리스도교
형성 이후 무에 대한 부정적 사유 전통은 헬레니즘과 헤브라이즘을
망라하여 근대까지 면면히 흘러왔다. 그러나 다른 한편으로 유대교와
그리스도교 내의 작은 지류로서 신비주의나 부정신학이 전개됨에 따라
무에 대한 전향적이고 참신한 발상이 등장한 것도 엄연한 사실이다.
　‘구약성서’로 칭해지는 ‘히브리 성서’(Tanakh, תנ״ך)에는 난해한 형
이상학 또는 무에 관한 신학이 등장하지 않는다. 그리고 창조 이전의
공허, 삶의 종식, 내세의 양상 등에 대하여도 조직적이지 못한 산발적이
고 임의적인 기술에 머물고 있다. 그러나 300년 이상 지속된 헬레니즘과
의 접촉으로 인해 그리고 AD 70년 유대의 멸망과 성전 파괴 이후
디아스포라 유대인들의 주경적 연구가 심화하던 중에 다양한 유대
사상이 파생했다. 말하자면 유대의 멸망으로 인해 흩어진 유대교 안에

서 비의적秘儀的 신학과 전위적 형이상학이 가능해진 것이다. 무엇보다 유대교 신비주의인 '카발라'(Kabbalah)가 그 대표적인 예다. 카발라 전통은 전례 없이 정교하게 존재와 비존재, 운동과 변화, 초월과 내재를 망라하는 상징과 도식을 마련해 놓고 세계의 생성과 운행 질서를 해명했다. 카발라에 대해서는 아래에서 다시 살펴보기로 하고, 우선 히브리 성서의 창조 기사를 분석하기로 한다.

그 첫 구절 "태초에 하나님이 천지를 창조하시니라"라는 창세기 1장 1절 가운데 '태초에'를 뜻하는 히브리어 '베레쉬트'(בְּרֵאשִׁית)는 대개 천지를 창조한 시점 또는 시공간의 기원을 뜻한다고 해석되었다. 그리고 그리스도교 신학은 이 구절이 '무로부터' 창조한 사건을 기술한 것이라고 이해했다. 그런데 이 히브리어 본문을 현대의 고등비평 방식으로 접근하자면 꼭 그렇지도 않다는 결론에 이른다.[1] 중근동의 고고학 및 고대 문헌학의 성과들과 비교하여 접근하자면 특히 그러하다.

BC 3세기경 히브리 성서를 헬라어로 옮긴 '70인경'(Septuagint)은 '베레쉬트'를 '엔 아르케'(ἐν ἀρχῇ)로 번역해 두었다. 해석하기에 따라 그것은 하나님이 그 어떤 존재와 함께했던 태초의 시간을 뜻할 수 있고, 홀로 있는 하나님이 세계를 창조한 첫 시점을 뜻할 수 있다. 물론 창조주의 전능성을 기리고 범신론을 배격하는 입장에서 그리스도교 신학 전통은 후자를 지지하고 있다. 그런데 다음으로 이어지는 어휘를 고려하자면 이것이 그렇게 독해할 수 없는 근거가 엿보인다. 즉, '창조하다'를 뜻하는 히브리어 '바라'(בָּרָא) 때문이다. 그리스도교

---

1 Barry L. Bandstra, *Reading the Old Testament: An Introduction to the Hebrew Bible* (Wadsworth: Cengage Learning, 1999), 38-39. 세계가 절대적 태초를 갖는다는 해석 이외에, 하나님이 창조를 시작할 때 세계의 상태를 묘사한다는 해석 그리고 하나님이 천지를 창조하였고 그때 땅은 엉망이었는데 하나님이 "빛이 있으라" 했다는 배경 이야기를 담고 있다는 해석이 그것이다.

전통에서 '바라'를 '무에서 유로' 진행하는 하나님의 완전한 창조 행위로 읽었지만, 간혹 이 단어는 기존하는 재료를 사용하여 만드는 것을 뜻하기도 했다. 따라서 히브리 원어상 창세기 첫 구절이 과연 그리스도교의 교리에 합치되는 '무로부터의 창조'를 뜻하는 것인지 확실하지 않다.

더구나 창세기 1:1을 반복·부연하는 1:32 및 2:4에는 오히려 기존하는 재료를 써서 '만들다'는 뜻하는 '아사'(עשה)를 사용했다. 이러한 어휘들을 헬라어로 번역된 70인역과 라틴어로 번역된 불가타역 등을 참조할 경우, 당대인들이 해당 구절들을 어떻게 이해했는지 폭넓은 단서를 얻게 되는데, 번역 중에 사용된 헬라어 '포이에오'(ποιέω), '크티조'(κτίζω) 그리고 라틴어 '크레아레'(creare)를 고찰하자면 역시 창세기의 첫 구절이 반드시 '무로부터의 창조'를 확정한다고 볼 수 없다.

다음으로 창세기 1장 2절, "땅이 혼돈하고 공허하며 흑암이 깊음 위에 있고 하나님의 영은 수면 위에 운행하시니라"를 살펴보자. 창조주가 만물을 창조하기 이전의 상태가 바로 2절에 해당한다. 그런데 3절의 "빛이 있으라" 하는 하나님의 명령이 창조의 사역에 있어 최초의 시동으로 읽는다면, 여기 2절에 묘사된 '땅이 혼돈한' 상태를 '무'(nihil)라고 해야 할까? 또한 '수면'이라는 단어를 두고서도 우리는 절대적 무의 상황을 가정해야 할까? 이렇듯 2절이 묘사하는 정황과 단어는 창조 이전에 무 또는 진공을 가정하는 것을 어렵게 만든다.[2] 창세기 1장의 창조 기사에 영향을 준 고대 중동의 토판문서 "에누마 엘리쉬"(Enuma Elish)를 참고하자면, 페르시아만의 바다와 유프라테스강과 티그리스강 유역이 범람하여 물과 뭍이 뒤엉키는 상태를 '혼돈'으로 보았고, 바로

---

2 Adele Berlin and Maxine Grossman, eds., "Cosmology and creation," *The Oxford Dictionary of the Jewish Religion* (Oxford: Oxford University Press, 2011), 189.

그러한 이미지가 이 본문에 반영된 것으로 추정된다. 그 근거를 들자면, '깊음'을 의미하는 '테홈'(תְּהוֹם)이 원초적 창조의 혼돈이자 염수(바다)의 여신을 뜻하는 '티아마트'(Tiamat)와 어원이 같다는 사실이다.[3]

결론적으로 창세기 1장의 창조 기사를 다시 고찰하면, 그것이 '무로부터의 창조'를 시사한다기보다 '혼돈으로부터의 질서화' 또는 모호한 형태의 원질原質로부터 구체적 형태로의 '정형화定型化'를 의미한다고 볼 수 있다. 실제로 이러한 해석은 그리스도교 전통과 무관하지 않았다. 가령 초기 그리스도교의 순교자 유스티누스(Justin Martyr)와 알렉산드리아의 클레멘트(Alexandrian Clement)는 하나님이 이미 존재하고 있던 물질의 혼돈 상태로부터 질서를 부여함으로써 세상을 창조했다고 주장한 바 있다.[4] 그리고 AD 1~2세기의 온켈로스(Onkelos)도 창세기 1장에서 하나님이 다양한 피조물들을 창조할 때마다 "보시기에 좋았다"했던 부분을 "통일되고 질서가 있었다"는 식의 아람어로 옮긴 사례에서도 찾아볼 수 있다. 심지어 중세까지 하나님이 절대적 태초에 천지를 창조했다고 보았던 이해는 오히려 희박했다는 연구가 있다.[5] 종교개혁가 장 칼뱅(Jean Calvin) 또한 "세계가 이렇게 아름답게 치장되기 전에 이미 성령께서 저 혼돈의 덩어리를 돌보셨다"라고 해석한 바 있다.[6]

이쯤 해서 우리는 이러한 의문이 들 것이다. 어떻게 해서 '무로부터의 창조'(creation ex nihilo)가 그리스도교의 대표적 창조 이론으로 정착될

---

3 배철현, "Creatio ex Nihilo?," 「종교학 연구」 21 (2002): 44.

4 Willis Allen Shotwell, *The Biblical Exegesis of Justin Martyr* (London: Alec R. Allenson, 1965), 30; Henry Chadwick, *Early Christian thought and the classical tradition: studies in Justin, Clement, and Origen* (Oxford: Clarendon Press, 1966), 31-65.

5 Joseph Blenkinsopp, *Creation, Un-Creation, Re-Creation: A Discursive Commentary on Genesis 1-11* (New York: T&T Clark, 2011), 30.

6 *Institutio christianae religionis*, I, 13, 14.

수 있었을까? 그것은 하나님의 전능성에 송영을 돌리고자 했던 다수의 초기의 교부, 가령 타티아누스(Tatianus), 테오필루스(Theophilus), 이레니우스(Irenaeus), 테르툴리아누스, 오리게네스 등이 일찍부터 '무로부터' 창조를 주장했기 때문이다. 더욱이 그리스도교 교리 확정에 강력한 영향력을 끼친 아우구스티누스와 토마스 아퀴나스가 그것을 다시 지지했다.7 그 후로 현재까지 신론과 관련하여 '무로부터의 창조' 교리는 하나님의 초월성·자족성·전능성을 드러내는 유력한 교리로 자리매김하고 있다.

그런데 성서적으로 '무로부터의 창조'를 뒷받침할 직접적 근거가 있을까? '무로부터의 창조'의 전거가 될 만한 구절은 개신교에서 외경으로 분류하는 '마카베오하'에서 찾을 수 있다. 그것도 다음처럼 간접적으로 말이다. "얘야, 내 부탁을 들어다오. 하늘과 땅을 바라보아라. 그리고 그 안에 있는 모든 것을 살펴라. 하느님께서 무엇인가를 가지고 이 모든 것을 만들었다고 생각하지 말아라. 인류가 생겨난 것도 마찬가지다"(마카베오하 7:28). 또 어떤 이는 이사야 44:24를 그 근거로 든다. "네 구속자요 모태에서 너를 지은 나 여호와가 이같이 말하노라. 나는 만물을 지은 여호와라 홀로 하늘을 폈으며 나와 함께 한 자 없이 땅을 펼쳤고…" 그러나 이상의 구절들이 명확하게 '무로부터의' 창조설을 지시하는 것인지 재론의 여지가 크다. 이 구절들의 정황과 앞뒤 문맥의 흐름을 고려하자면 실질적으로 다른 화제話題를 갖거나, 그 의미를 전달하는 과정에서 덧붙여진 문학적 수사修辭로 규정될 수 있기 때문이다.

하나님의 '자기제한'(Tzimtzum)과 성령에 의한 창조를 주장하는

---

7 "하나님은 창조할 때 외부의 질료를 사용하지 않았다." 토마스 아퀴나스/박승찬 역, 『신학 요강』(서울: 나남, 2008), I, 69.

위르겐 몰트만(Jürgen Moltmann)은 히브리 성서에 있어서 이른바 '제사장 문서'(P 문서)가 주장하는 '혼돈으로부터의 창조'와 외경에 기술되어 있는 '무로부터의 창조', 이 둘 모두가 적절치 않다고 평가한 바 있다.[8] 나 역시 다양한 전통의 사유와 과학적 사실을 간과할 수 없는 현대 교의학의 입장에서 그리스도론만큼이나 신론과 창조론도 본격적으로 검토해야 할 시점이 왔다고 본다.

우리가 유대교 전통 가운데 창조와 무를 연구할 경우, 매우 흥미로운 인물을 접하게 된다. 그는 바로 BC 20년부터 AD 50년 사이에 이집트 알렉산드리아에서 활동했던 유대교 철학자 필로(Philo)다. 유대교와 그리스철학을 창의적으로 절충했다는 평가를 받는 필로는 물질과 감정의 속성이 없는 하나님을 내세웠다. 필로에 의하면, 하나님은 온 우주를 포괄하고 시공간을 초월하는 존재다. 그리고 어떠한 방식으로든 설명되지도 묘사되지도 않지만 유일하게 확실한 존재다. 오히려 물질의 세계가 불변하는 하나님과 달리 소멸·파괴·부조화에 처하기 때문에 비존재와 다름없다. 이러한 필로의 사상은 물질적·현상적 세계를 열등하게 상정한 플라톤, 특히 플라톤의 저서 『티마이오스』(*Timaios*)로부터 받은 영향으로 보인다.

필로에 의하면, 하나님은 여러 중재자를 통해 세상을 창조하고 통치한다. 그 중재자들 가운데 가장 우위에 있는 것이 바로 '로고스'(logos)다.[9] 하나님은 인간의 지성을 초월하여 존재하기에 인간의 이해와 전달이 불가능한 존재다. 다만 하나님은 중재자들을 통해 세계

---

8 위르겐 몰트만/김균진 역, 『삼위일체와 하나님의 나라』(서울: 대한기독교출판사, 2003), 141.

9 "하나님은 자신이 세계를 만들 때에 도구처럼 그것(로고스)을 이용했다." Philo, *Allegorical Interpretation*, III, 31. 96.

를 창조하고 통치하는데, 비물질로서 하나님의 형상이자 그림자이고 첫아들로서 '로고스'(Logos)가 그 가운데 으뜸이다.[10] 필로는 대담하게 이 로고스를 "제2의 하나님"으로 불렀다.[11] 로고스는 사람처럼 창조된 것이 아니면서도 세계 위에 가장 우월한 중재자 위치를 지닌다. 로고스는 세계 도처에 퍼져 있고 용기用器나 지지대처럼 사물들을 붙들고 있다. 필로에 의하면, 로고스는 세 단계의 로고스로 나누어진다. 우선 창조하는 정신으로서 신적 사유 작용과 그 사유 대상이 자리하는 위치로서의 '정신'(nous)이라는 첫 번째 단계의 로고스가 있다. 그리고 두 번째 단계의 로고스가 있는데, 이는 사유 대상이 외화하고 현실화한 것이며 신적 정신 밖에 창조된 정신이자 자신의 존재성을 지닌 비물질적 존재다. 이것은 세계 창조의 도구 역할을 하고 세계와 이데아들을 유지하는 틀로 기능한다. 그리고 두 번째 로고스가 육화된 것으로서 세계의 내재적 법칙으로 작용하는 세 번째 로고스가 있는데, 이는 세계의 보존과 지배의 도구 역할을 한다.[12] 다만 로고스는 물질이 아니다.

　이상에서 엿보이듯 필로의 신학은 피타고라스(Pythagoras)의 모나드(monad) 개념이나 플라톤의 이데아론을 비롯한 그리스철학의 요소들을 적지 않게 지닌다. 필로가 설명하는 로고스는 세계 창조의 비물질적인 매개이자 불멸의 존재다. 그것은 인간처럼 창조된 존재도 아니고

---

10 *On the Confusion of Tongues*, XIV, 61-63.

11 존 콜린스, "유대교의 유일신앙과 기독교 신학," 『유일신 신앙의 여러 모습들』(서울: 한국신학연구소, 2008), 118. 필로는 때로 로고스를 천사나 하나님의 첫째 아들로 부르기도 한다.

12 필로 철학에 대한 포괄적 연구서로 다음을 참고하라. Harry Austryn Wolfson, *Philo: Foundations of Religious Philosophy in Judaism, Christianity, and Islam* (Cambridge MA: Harvard University Press, 1982).

하나님처럼 자존하는 존재도 아닌 모호한 존재다. 로고스는 하나님처럼 자발적 권세를 행사하지 못하고 위임받은 정도에 국한될 뿐이다. 흥미롭게도 필로의 로고스 창조론은 요한복음의 로고스 창조론과 유사한 국면들을 지니고 있고, 앞으로 본서에서 다룰 동양 형이상학의 이理 또는 도道의 개념과 견줄만한 개념이다.

창조와 무에 관해 전향적으로 사유한 사례는 중세 유대교에서 찾아볼 수 있다. 앞서 언급한 '카발라'(קַבָּלָה, Kabbalah)라는 유대교 신비주의가 특히 그러하다. 본래 '카발라'라는 말은 '전통'이라는 뜻에서 왔지만, 그 내용상 오히려 밀교에 가깝다. '카발리스트'(Kabbalist), 즉 카발라 전수자들은 아담 이래 아브라함이 멜기세덱으로부터 하늘의 비밀을 계시받았고, 모세도 이에 관한 지식을 얻었으며, 그 이후 선택된 교사들이 비밀스럽게 그 내용을 전달하고 있다고 주장한다.[13] 카발라는 AD 3세기쯤 성립하여 13세기 이후에는 스페인과 독일 등지에서 크게 확산하였는데, 그 계통과 전승이 복잡하므로 동일 집단의 동일 사상으로 접근하기는 어렵다. 다만 르네상스 시대를 지내며 니콜라스 쿠자누스(Nicholas of Cusa) 등을 비롯해 그리스도교 신학자들에게 부분적으로 영향을 미쳤고, 마르틴 부버(Martin Buber)와 같은 유대교 사상가 및 근현대 그리스도교 신학자인 하만(J. G. Hamann), 외팅어(Fr. Oettinger), 폰 웨팅엔(A. von Oettingen), 에밀 브루너(Emil Brunner), 위르겐 몰트만 등에게도 영감을 주었다.[14]

카발라는 히브리 성서가 전달하고자 하는 핵심과 카발리스트들이 전유하고 있는 진리를 전달하기 위해 이른바 나무 모양의 '세피로

---

13 Avraham Yaakov Finkel, *Kabbalah: Selections From Classic Kabbalistic Works From Raziel Hamalach To The Present Day* (Targum Press, 2002), 21.

14 위르겐 몰트만/김균진 역, 『창조 안에 계신 하느님』 (서울: 한국신학연구소, 2002), 137.

트'(Sephiroth)에 숫자와 히브리 알파벳을 연결하여 도식화한다. 그리하여 '카발라' 하면 대표적으로 이 세피로트를 떠올려도 무방하다. 유대 철학자 필로도 세계의 원리를 수數로 해명하고자 했던 피타고라스의 '수비학數秘學'(numerology)에 몰두한 바 있었는데, 카발라도 그것과 유사한 측면이 있다. 사실 우리는 동서고금을 막론하고 철학이나 종교의 요체를 숫자·기호·문자·도표·그림 등으로 나타내는 사례들을 어렵지 않게 찾아볼 수 있다.[15] 개인적으로 카발라를 평가하자면 그것이 주류 유대교나 초기 유대교를 재편하여 상황적 적용력을 높였다는 것, 사물과 사태에 대하여 유형적 분류체계를 지닌다는 것 그리고 세계와 궁극적 실재에 대한 창의적 통찰과 개방적 사유를 유도한다는 것에서 흥미를 갖는 입장이다.

세피로트의 나무의 최상에 이른바 '아인 소프'(אין סוף, Ein Sof 또는 Ain Soph)가 표시되는데, '아인'은 무(nothing)라는 뜻이고 '소프'는 제한(limitation)이라는 뜻이다. 그러므로 아인 소프는 '끝없음'(unending) 혹은 '무한자'(infinity)를 의미한다. 창조 세계와 비교하자면 아인 소프의 독존 상태는 무한한 존재임과 동시에 무라고 할 수 있다. 아인 소프는 그것에 어떠한 형상·유사성·성호聖號 등을 연관시킬 수 없기에 '불가칭적 존재'(nameless being)라 불리기도 한다. 그러므로 카발라 전통에서 아인 소프는 인간에게 인식되지 않고 또 언표되지 않는, 가장 근원적 차원의 심오하고 숨겨진 하나님(Godhead)을 지시한다.

아인 소프는 결코 인간이 지각하고 논할 만한 하나님의 실제가 아니다. 인간의 머릿속에서 사유되거나 말로 전달되는 순간, 아인 소프

---

15 『주역』의 64괘, 성리학의 「태극도설」(太極圖說), 이황의 「성학십도」(聖學十圖), 한민족의 비전(祕典)인 「천부경」(天符經), 불교의 '십우도'(十牛圖), 유럽의 '타로'(tarot) 등도 유사한 방식과 소용을 지니고 있다.

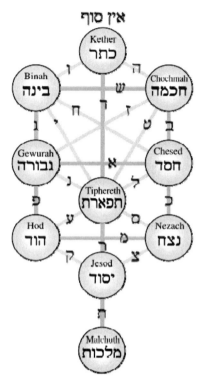

〈참고 자료 1〉 카발라의 세피로트

는 없다. 아인 소프에는 인간적 유형의 상념, 말, 행위, 욕망 등이 부재하고, '오르 아인 소프'(אור אין סוף, Ohr Ein Sof)라는 순수하고 무한한 빛의 기원으로 설명된다. 형이상학적 설명으로 이 '오르 아인 소프'는 신적 유출을 뜻한다. 이런 맥락에서 카발라는 아인 소프를 창조주로 상정하지 않는다. 세계를 창조하는 하나님이란 아인 소프로부터 세계 쪽으로 현시되는 단계로 나아가야 비로소 드러나게 된다. 즉, 창조를 위해 하나님이 스스로 축소함으로 파생되는 신비적인 '원초 공간 속으로 들어가고서야 "이 공간 속에서 자기를 계시할 수 있다."[16] 나중에 더 살펴보겠지만, 아인 소프는 중세 후기 마이스터 에크하르트가 말한

'고트하이트'(Gottheit), 『도덕경』의 무로서의 '상도^{上道}', 성리학의 '무극
無極'과 비교할 수 있는 논제가 된다.

아인 소프 이외에 창조와 무와 관련한 카발라의 이론을 찾는다면,
16세기에 유력한 랍비였던 이삭 루리아(Isaac Luria)가 창안한 '침춤'
(Tzimtzum) 개념을 생략할 수 없다. 이삭 루리아에 의하면, 침춤은
하나님이 사물들의 존재할 공간을 내주기 위해 아인 소프의 빛을
축소하여 만물의 자리를 만드는 창조의 첫 행위다. 즉, 하나님은 자기
축소 · 자기 후퇴 · 자기제한을 통해 '할랄 합푸누'(חלל הפנוי)라는 빈 공
간 또는 진공을 허용하고 그 가운데 만물이 자리 잡도록 만들었다.
여기에는 비단 물질적 세계만이 아니라 영적 존재들과 자유의지도
개재한다. 신학적으로 평가하자면 무한자가 스스로 축소(제한)하여
만물의 존재와 자유의지를 가능하게 하는 것이므로 침춤은 하나님의
존재와 부재, 하나님의 주권과 피조물의 자유, 그에 따른 하나님의
능력과 무능 등 상반된 개념 또는 대극^{對極}을 포함하는 일원성과 초월적
하나님이 또 한편 '만물 안에 있음'을 그려내는 만유재신론(panentheism)
을 시사한다.

우리가 세피로트와 더불어 카발라의 창조 이론을 고찰하자면, 그것
이 '창조'보다 '유출'(emanation, 발산)에 가까운 함의를 지닌다고 해석할
수 있다. 그리하여 영지주의(Gnosticism) 및 신플라톤주의(Neoplatonism)
의 창조 이론과 비교할 만한 성격을 찾게 된다. 카발라에 따르면 만물의
존재를 이루는 유출에 열 가지 단계가 있는데, 그것들은 하나님의
직접적 개입이나 광범위한 섭리를 시사하지 않는다. 다만 그것을 역^逆으
로 도해하자면, 인간이 기나긴 영적 여정 가운데 차츰 고양되어 구원

---

16 위르겐 몰트만, 『창조 안에 계신 하느님』 (서울: 한국신학연구소, 2002), 136.

또는 일치에 이르는 과정 또는 신적 지혜를 얻는 단계들을 엿보게
된다.

아인 소프는 자신의 영원한 빛을 제한(수축)하여 최초로 영적 세계를
만든 다음에 그것을 매개로 하강한다. 그리고 자신의 형식이 구비된
후에 '야웨'(YHWH, יהוה)라는 기표로 언명된다. 이에 관련하여, 카발라의
중요한 문서집인 『조하르』(זהר, Zohar)에서는 아인 소프에 관해 다음과
같이 설명된 바 있다.

> 이 세상에 어떤 외형을 부여하기 전에, 어떤 형상을 만들기 전에, 그는 홀로
> 있었다. 형상도 없이, 어떤 것에 대한 유사성도 없이 말이다. 그렇다면 창조
> 이전에 그가 어떠했을지 그 누가 이해할 수 있을까? 따라서 그에게 어떤 형
> 상 또는 비슷한 것 또는 그의 거룩한 이름을 부르는 것 또는 하나의 글자 또
> 는 하나의 점으로써 그를 가리키는 것조차 금지된 것이다.[17]

즉, 아인 소프는 '이름 부를 수 없는 존재'를 의미한다. 『조하르』는
다른 구절에서 하나님이 인간의 이해력을 초월하기에 실질적으로 '비존
재'라고 말하고, 아인 소프를 '아인', 즉 '무(nothing)로 국한시킨 사례가
있다.[18] 결론적으로 말해 중세에 들어서야 유대교 전통 안에서 존재에
관한 인식과 규정을 불허하는 '아인'(אין)으로서의 '무'를 찾을 수 있다.

---

17 *Zohar*, part ii., section "Bo", 42b.
18 *Zohar*, ib. part iii. 288b.

III. 신약성서와 초기 그리스도교

"있는 것이 있다는 사실, 그것은 기적 중의 기적이다."[1]
_ 하이데거

히브리 성서(구약성서)와 마찬가지로 그리스도교 성서(신약성서) 역시 유일한 하나님을 믿도록 독려하고 그의 선택된 백성으로서 바람직한 윤리적 삶을 살아가도록 유도하는 것에 초점을 두고 있다. 물론 구약성서에는 표면적으로 드러나지 않은 바, 나사렛 출신의 선지자 예수를 하나님의 아들과 그리스도(메시아)로 믿고 고백할 수 있도록 선포하는 것은 신약성서만이 지닌 독보적 내용이다. 그런데 구약성서와 마찬가지로 신약성서로부터 정교한 형이상학적 체계를 기대하기는 어렵다. 우선 코이네(Koine) 헬라어로 기록된 성서의 난이도는 평민을 위한 수준에 지나지 않았다. 그리고 신약성서가 지닌 주안점은 십자가에서 처참하게 죽은 예수를 하나님의 아들·다윗의 자손·우주적 그리스도·고난의 종·대속의 주 등으로 소개하고, 박해 시기에 교회를 보존하고 신자들의 믿음과 선행을 공고히 하는 것에 국한되었다. 그에 따라 신약성서를 통해 기대할 수 있는 신론과 존재론에 관한 담론은 매우 소박한 정도다.

그런데 대망했던 그리스도의 재림이 지연되고 혹독한 박해의 시기가 끝나며 황제의 공인된 종교가 된 이래, 교회는 의도치 않게 각종 제도와 교리를 재정비해야 할 필요에 처했다. 유수한 그리스-로마

---

1 Martin Heidegger, *Was ist Metaphysik?*, 47.

문명과 철학이 점유했던 광범위한 지역에서 그리스도교는 보편적 지성에 호소할 수 있어야 했고 이교 사상과 논리를 압도해야 했다. 이러한 요청 속에서 그리스의 철학, 특히 플라톤 철학은 그리스도교의 신조와 교의학의 형성에 요긴한 참고가 되었다.

그렇다면 일련의 교리 형성 과정에서 '무'에 관한 이론이 교회 안에 형성되었을까? 딱히 그렇지는 않았다. 앞서 밝혔듯이 무는 일반 신도나 대중이 절실하게 사유해야 할 이유가 없는 주제였다. 지적 여력이 있다면 관심은 오히려 '존재'로 향할 뿐이었다. 달리 말하자면 "성서의 종교적 이미지가 플라톤주의의 철학적 관념으로 번역되는 과정에서 발생한 것은 무보다는 존재에 우선성을 부여하는 서양 신학의 근본적인 원리였다."[2]

다만 초기 그리스도 신학 가운데 부차적인 위상이나마 무에 관한 신학적 이해가 있기는 했다. 얼마 되지 않는 예들이지만, 대개 인간의 실존에 관련한 피조성·유한성·무상성을 뜻하거나 인간의 윤리 및 가치에 있어서 무목적·무가치·일탈 등을 의미하고 있기 때문이다. 단 그것들은 '무'(nihil)보다 오히려 '허무함'(nihility)에 가까웠다. 대표적으로 바울의 서신인 로마서 8:20을 보자. "피조물이 허무한 데 굴복하는 것은 자기 뜻이 아니요 오직 굴복하게 하시는 이로 말미암음이라." 여기에 쓰인 '허무'는 헬라어 원어로 '마타이오테스'(ματαιότης)다. 이 단어는 영원히 존재할 수 없고, 허망하게 종식되는 존재자들의 무상성을 의미한다. 우리가 그렇게 이해해야 할 단적인 근거는 21절의 "썩어짐의 종노릇"하고 있다는 묘사 때문이다. 여기에서 '썩어짐'은 헬라어 '프또라'(φθορά)를 사용하는데, 그 역시 부패·파괴·사망·멸망·폐허 등을 의미한다.

---

2 박종천, "존재와 공 그리고 하느님: 존재론적 신이해에 대한 아베 마사오의 비판에 대한 연구," 「신학과 세계」 39 (1999); 178.

이상의 내용이 대체로 신약성서가 무를 드러내는 의미의 반경이다. 참고로 '마타이오테스'는 다른 본문에서 '허망함'(엡 4:17), '허탄함'(벧후 2:18)으로 번역되기도 하며, "헛되고 헛되며 헛되고 헛되니 모든 것이 헛되도다"(전 1:2)라고 선언하는 히브리 성서 본문을 헬라어로 기록한 칠십인경(Septu- agint)이 해당 어휘에 사용한 단어이기도 하다. 그리고 훗날 20세기의 교부 칼 바르트가 이것을 독일어로 '다스 니히티게'(das Nichtige), 즉 무 또는 '무성無性'으로 번역해서 사용했다. 요컨대 '허무(함)'는 죽음과 직결되며, 그것은 하나님에 의해 극복되어야 할 대상이고, 하나님의 존재 능력에 맞서는 "하나의 결핍 원리, 부정의 원리"였다.[3]

신약성서는 창조와 관련하여 이 세계가 '무로부터' 창조되었다고 명시하고 있지는 않다. 앞에서 언급했듯이 대체로 신약성서의 기록자들과 편집자들은 난해한 철학적 개념어 또는 명사화된 추상어로서 무를 쓰고 있지 않기 때문이다. 혹자는 하나님이 '무로부터' 세계를 창조했다는 근거를 아래와 같이 다음 두 서신에서 찾기도 한다. 즉, 로마서 4:17의 "하나님은 죽은 자를 살리시며 없는 것을 있는 것으로 부르시는 이시니라" 그리고 히브리서 11:3의 "믿음으로 모든 세계가 하나님의 말씀으로 지어진 줄을 우리가 아나니, 보이는 것은 나타난 것으로 말미암아 된 것이 아니니라." 그러나 로마서 4:17의 '없는 것'은 사물의 부재를 의미하는 것이지 태초의 무를 의미한다고 보기 어렵다. 그리고 히브리서 11:3에서 '보이는' 만물의 근거가 되는, '나타나 있지 않은 것'을 추론하게 하는 구절 또한 반드시 무를 지칭한다고 볼 수 없다. 앞 구절의 '말씀'이 '나타나 있지 않은 것'에 해당하고, 하나님도 거기에 해당하기 때문이다. 물론 이상의 구절들을 교리적으로 해석하자면

---

3 아베 마사오/변선환 편역, 『선과 현대 신학』 (서울: 대원정사, 1996), 138.

누군가는 무와 관련하는 개념이라고 주장할 수 있겠다. 그러나 나는 각각 '사물의 부재' 그리고 '비가시적인 것' 정도로 한정하는 편이 타당하리라 본다.

앞서 고찰했듯이 창세기 기자가 상상했던 창조설은 '혼돈으로부터의' 창조였을 것으로 추정된다. 바벨론의 창세 설화가 묘사했던 것과 유사하게 강과 바다의 범람으로 인해 혼탁해진 것들이 차츰 물은 물대로, 땅은 땅대로 자리를 잡아가고 거기에서 새로운 초목이 움트고 자라나며 짐승들과 사람이 거처할 수 있는 장소로 변화되었듯이, 어둡고 혼란스러운 큰물(혹은 형체 없는 물질)로부터 창조주가 질서와 형체를 부여하며 산천초목과 동식물을 창조하는 과정으로 읽는 편이 자연스럽기 때문이다. 그런데 차츰 그리스의 철학과 세계관으로부터 영향을 받으며 그리스도인들은 창세의 기사를 읽는 독법은 달라졌다. 즉, '무로부터의 창조'로서 말이다.

다른 한편 그리스도교의 초기부터 이단으로 지목되던 영지주의 (Gnosticism)로부터 매우 흥미로운 세계관과 창조설이 제기되었다. 영지주의라 하면 현대 교회가 피상적으로 아는 반면에 신랄하게 배격하는 신앙 양상이다. 헬레니즘의 사유 전통들과 이집트 및 아시아의 사유 전통들이 다양하게 혼합된 영지주의는 실질적으로 하나의 획일적 사상으로 설명될 수는 없다. 거기에는 다양한 분파가 있었고, 서로 배치되는 주장도 있기 때문이다. 그러나 대체로 신적 '지식'(Gnosis, 靈知)을 얻는 것 혹은 '깨달음'을 구원의 요건으로 주장했다는 사실과 물질적 세계를 비본질적으로 간주했던 세계관 그리고 지고한 하나님의 영적 세계와 물질적 세계에 관해 여러 층위를 나누었다는 점에 있어서는 공통적이었다.

우선 영지주의는 물적 세계와 철저히 구별된 하나님이 존재한다고 본다. 그리고 이 하나님으로부터 '유출'(emanation)의 결과로 다양한 영적(신적) 존재들이 등장했다고 설명한다. 대개 지고한 하나님 아래에 물적 세계를 만든 하급신(창조자)을 구별하여 그를 '데미우르고스'(δημιουργός)라고 불렀다. 그렇게 영지주의는 하나님과 창조자를 분리했다. 데미우르고스는 '제작자'라는 뜻으로서 플라톤이 『티마이오스』에서 우주 생성을 설명할 때 사용했는데, 어떤 영지주의 계통에서는 이를 선하지만 전능하지 않은 신으로 묘사하고, 어떤 영지주의 계통에서는 하나님과 적대적인 관계로까지 묘사한다. 데미우르고스를 신약성서의 자비로운 하나님과 구분하여 구약성서의 창조신인 여호와(야웨)로 간주하는 주장도 있었다.

영지주의에 의하면, 물질적 우주 및 인간의 육체는 하나님과 영혼에 비하여 열등하거나 심지어 더러운 것이었다. 반면 인간 내면의 핵심, 즉 영혼은 본래 지고한 하나님으로부터 유출된 신적 섬광(불꽃)으로서 숭고한 정체성을 지닌다. 인간은 물질(육체)에 갇혀 격하된 하나님의 파편이다. 이것은 타락의 결과이거나 또는 물질적 우주의 창조로 말미암은 불가피한 결과로 설명된다. 영지주의 중에는 육체에 갇힌 인간이 지고한 근원으로부터 멀어졌으나 자신의 본성과 기원을 망각한 상태로 선과 악 사이에서 투쟁하며 생과 삶을 반복하면서 하나님께로 고양된다는 주장도 있다. 그러나 신적인 지식, 곧 '그노시스'(γνῶσις)를 깨닫게 되면 육체라는 감옥으로부터 해방되어 구원에 이르게 된다. 그 최종적 구원은 지고한 하나님에게로 귀환하고 합일하는 것이다. 이를 위해 그리스도는 비밀스러운 지식인 그노시스를 인간들에게 깨우쳐 주기 위해 이 땅에 온 신적 교사로 묘사되기도 한다. 육체를 부정적으로 보는 어떤 분파는 예수가 '육체를 입고 있는 것처럼 보일 뿐'이라는 가현설假現說(Docetism)을 주장하기도 하는데, 대속을 위한 그의 십자가 희생과 부활에는 큰 의의를 부과하지 않았다.

영지주의에도 사상적으로 발전된 체계를 세운 당사자들이 있었다. 사투르닐루스(Saturnilus), 케린투스(Cerintus), 바실리데스(Basilides) 등이 대표적 인물이다. 이 가운데 바실리데스는 스스로 사도 베드로와 사도 마태로부터 특별한 가르침을 받았다고 주장했는데, 그의 신관이 지닌 특징은 곧 하나님의 절대적 초월성에 관한 강조였다. 그는 인간이 하나님을 완전히 인식할 수 없고, 그의 존재 여부까지도 말할 수 없다고 단언했다. 그리고 하나님을 "순수하고 형언할 수 없는 무"(the pure, ineffable Nothing) 또는 "비존재의 하나님"(the non-being God)으로 소개 하기도 했다.4

이른바 정통교회의 창조론에 있어서 '무로부터의 창조'라는 개념은 2세기에 "아우토실루스에게"(To Autocylus)라는 안디옥의 총대 주교 테오필루스(Theophilus of Antioch)의 글에서 발견된다. 그리고 2세기 초반에 쓰여진 것으로 추정되는 "헤르마스의 목자"(Shepherd of Hermas) 에도 하나님은 "하나님은 하늘에 거하시고, 무로부터, 존재하는 것들을 만드셨고, 그의 거룩한 교회를 위해 그것들을 생육하고 번성하게 하셨 다"5고 쓰여 있다. 3세기에 이르러 '무로부터의 창조'는 그리스도교 신학의 교리로 자리 잡아갔다. 그 후 아우구스티누스가 『고백록』에 "태초에 당신은 당신과 당신의 본질로부터 나온 지혜를 통해 사물을 창조하셨으며 무로부터 창조하셨습니다"라고 적었다.6 그런데 아우 구스티누스의 '무'에 대한 관념은 그리 간단치 않다. 그의 창조 이론 가운데 특히 영원성과 유한성의 대비는 무의 개념으로 변론될 수 있기

---

4 Gerhard May, *Creatio Ex Nihilo: The Doctrine of 'Creation out of Nothing' in Early Christian Thought*, trans. A. S. Worrall (Edinburgh: T&T Clark, 1994), 67.

5 *Shepherd of Hermas*, 1:17.

6 *De Conf.*, XII, 7.

때문이다. 말하자면 절대적 무로부터 하늘과 땅을 창조한 하나님의 전능함이 강조되고 시간이 물질의 운동 안에서 측정되기에 시간의 기원 역시 무에 있다고 할 수 있고, "창조 세계의 유한성은 세상의 궁극적 본질을 무로 보게" 하기 때문이다.[7]

초기 기독교로부터 천년이 경과한 시점, 로마 가톨릭교회는 1215년 제4차 라테란 공의회(Lateran Council)를 통해 '무로부터의 창조' 교리를 공인했다. 16세기 이후 프로테스탄트 신학 역시 로마 가톨릭교회가 확정한 '무로부터의 창조' 교리를 재론 없이 그대로 이어받았다. 마르틴 루터 이래 개신교 신학자들은 대개 세계와 만물 이전에 홀로 존재하고 어떠한 필요와 결여가 없는 완전한 자존자로서 하나님이 세계에 의해 영향받지 않는 무한한 자유 가운데 창조하기를 택했다고 변증해 왔다. 만약에 하나님과 피조물 사이의 관계를 필연 혹은 의무로 엮는다면 하나님의 자유·능력·타자성에 훼손이 가해지고, 세계 자체가 하나님이 될 수 있는 범신론으로 흐를 수 있다. 그러나 하나님이 "무로부터 유를 창조했다"는 논리의 창조 이론은 하나님의 자기 충족성(self-sufficiency) 및 자존성自存性(aseity)을 보존할 수 있다.

다른 한편 무에서 유를 창조하는 하나님의 능력은 죽음으로부터 생명으로 이끄는 구원의 은총과 결부된다. 무는 부재·소멸·죽음을 뜻하지만, 무로부터 물질적 세계를 창조하는 행위는 허무나 죽음이 팽배한 공간에서 생명으로 충만한 세계를 만드는 것과 같은 의미로 여겨지기 때문이다. 그러므로 자연스럽게 그리스도교 신학 전통에서 무는 대체로 존재의 결여, 존재로부터의 이탈, 존재가 아닌 것, "하나님의 세계 통치에 대한 반대와 저항"[8]을 포괄하게 되었다. 그리고 현대에

---

7 김진희, "동양사상의 우주론에 입각한 유영모의 신학," 「신학사상」 131 (2005): 169.
8 Karl Barth, *Kirchliche Dogmatik* III/3 (Zürich: EVZ, 1986), 327, 425.

이르기까지 창조주와 대립하는 주체로 간주되었고, 때로는 종래의 마귀론(demonology)을 비신화화면서 대체했다.

우리가 주목해야 할 사실은 그리스도교의 종말론이 허무와 죽음에 영원성을 부여하지 않는다는 점이다. 특히 바울 신학과 요한 신학은 죽음(사망)이 최종적으로 하나님에 의해 제거될 비전을 제시하고 있다 (고전 15:26; 계 21:4 참조). 죽음은 완전한 존재가 아니므로 하나님의 대척에 설 수 없고(신 32:39), 영원한 무나 절대적 무의 위상을 지닐 수 없다. 반면에 하나님은 존재 자체이자 무 또는 죽음을 굴복시키는 주재^{主宰}다. 그리고 성육신한 예수는 자신의 십자가 희생으로 죽음(무)의 권세를 깨뜨린 승리자이고, 신자에게 부어진 성령은 죽음을 극복하게 하는 생명의 영이다.

이상을 요약하자면 전통적으로 그리스도교 신학 안에서 무란 "참다운 존재자, 최고의 존재자, 피조물이 아닌 존재자로서의 신과 대립되는 개념"[9]으로서의 무였다. 그리고 하나님은 실질적이고 영원한 유^有의 주체였다. 이러한 관점은 로마 가톨릭이나 프로테스탄트나 주된 입장이었다. 다음에 살펴보겠지만 예수회(Jesuit) 선교사로서 17세기에 중국에서 활동한 마테오 리치는 그리스도교 교리를 변증하기 위해 지은 『천주실의』(De Deo Verax Disputatio)에서 동양 종교와 달리 그리스도교는 '실유^{實有}'(실질적인 있음)에 근거한다고 주장한 바 있다. 그러나 이러한 종류의 무 이해는 고·중세의 소박실재론(naive realism)이나 역설적이게도 유물론(materialism)을 전제하고 있다. 그리고 인식론의 차원과 의미론의 차원에서 더 개진하고 심화해야 할 사유의 여지를 막고 있는 것도 사실이다.

---

9 Martin Heidegger, *Was ist Metaphysik?*, 21.

신학적 의미에서 죽음이 무에 관련될 수는 있어도, 무가 죽음으로 한정되거나 환원될 수 없다. '무'는 유와 무 그리고 유한과 무한 등 상호 대립적인 의미와 맥락을 함께 포괄하는 신학적 주제이기 때문이다. 전통적 관점에 국한해서도 무에는 그 속성과 형용에 있어 하나님과 비슷한 국면이 적지 않다. 그리하여 과거의 신비가 및 영성가나 부정신학자 그리고 현대 신학자들은 곧잘 하나님을 무로 표현하곤 했다. 이는 마치 성서에서 '새벽별'(계명성)이 본문별로 상반된 의미 맥락을 지니는 것과 비슷하다. 간혹 무의 양가성을 보지 못하는 경우가 있기에 현대에도 신학자들 사이에서 무 담론은 모호하게 남겨져 있다.

마지막으로 역사적으로나 공간적으로 동아시아와 가장 밀접한 그리스도교 전통임에도 그다지 큰 관심을 받지 못한 동아시아 경교景教 전통에서 하나님을 어떻게 이해하고 송영했는지 알아본다. 경교는 AD 635년경 당나라 태종 시기 중국으로 전래되어 대략 2세기 이상 부흥한 네스토리안(Nestorian) 교회를 일컫는 말이다. 그런데 정작 중국에 진출한 네스토리안 교회는 에베소 공의회 이후 이단으로 낙인 찍혀 추방된 콘스탄티노플 교회의 대주교인 네스토리우스(Nestorius)의 신학과 큰 연계가 없는 것으로 평가된다. (더욱이 네스토리우스의 축출은 교회 정쟁의 소산이지 심각한 교리적 문제 때문만은 아니다.) 네스토리안 교회는 지금으로서 시리아 · 이라크 · 이란 등지의 그리스도교인 '시리아 정교회'(Syriac Orthodox Church)로 흡수되었다고 할 수 있는데, 만약 네스토리안 교회의 직계를 꼽으라면 현재 '아시리아 동방교회'(the Assyrian Church of the East)가 별도로 존속하기는 한다. 다행히도 1994년에 로마 가톨릭교회와 아시리아 동방교회 간 "공동 기독론 선언"(Common Christological Declaration Between the Catholic Church and the Assyrian Church of the East)이라는 것이 교황과 총대주교의 서명 이후 공표됨으로써 1500

년이 넘는 오해와 반목을 씻기도 했다.

아무튼 당나라의 경교는 성서와 교리 번역에 있어 중국의 종교적·철학적 배경을 고려하고 응용함으로써 후대 학자들에게 흥미로운 연구 주제를 남겼다. 무엇보다 당대 지식인들이 용이하게 그리스도교를 이해할 수 있도록 불교와 도교의 용어를 차용한 것은 경교가 적극적으로 추구한 상황화(contextualization)의 일환으로 이해된다. 예를 들면 그 번역자들은 하나님을 원존元尊으로 표현했는데, 이것은 도교의 최고신 원시천존元始天尊의 준말이다. 그리고 예수를 세존世尊이라 표현했는데, 이것 또한 불교에서 석가모니를 부르는 호칭이다. 그 외에 교회를 사寺로, 사제를 승僧으로, 총대주교를 법주승法主僧으로 일컬었고, 공유空有·법法·법계法界·공덕功德·광자廣慈·시주施主·법당法堂·대덕大德 등의 불교 용어에, 무위無爲·원풍元風·조화造化·진주眞主·진현眞玄 등의 도교道教 용어를 사용했다. 대략 천년이 흘러 중국(명나라)으로 도래한 마테오 리치에 앞서 이미 경교의 성직자들은 이렇듯 출중한 상황화 신학과 적응주의 선교 정책을 일군 선구자로 평가될 수 있다.

당나라 경교가 남긴 대표적인 유물이 곧 '대진경교유행중국비大秦景教流行中國碑'(781년)인데, 거기에는 경교가 전파하려는 교리의 요체와 중국 선교에 관한 경위를 적어두고 있다. 본서에 관련하여 나는 이 비문이 전하는 신론에 주목한다. 비문은 다음과 같이 하나님에 대한 찬양으로부터 시작된다.

오호라! (하나님은) 참으로 홀로(또는 고요히) 영원토록 계시며, 모든 것에 앞서 그 처음이 없으시구나. 심원하고 요원하며 영으로 공허하도다. 무수한 시간이 지나고 나서야 묘하게 있으시도다. 초월적인 이치[玄樞]를 총괄하시어 세상을 지으시고, 으뜸이 되는 이로써 뭇성인(또는 천사)을 빼어나게 하셨도다. 오직 한 분이시나, 셋이 하나이신 신묘한 몸이로다. 그 처음이 없으시니 참된 주 아라하(여호와)로다. 사방을 정함으로써 공간을 나누시고, 성령[元風]을 일으키니 음양[二氣]이 생겼도다. 어두운 공허가 변하여 천지가 열리고, 해와 달이 운행하니 낮과 밤이 지어졌도다. 만물이 이루어지고 그처럼 첫 사람이 세워졌도다. 사람에게는 별도로 축복하여[良和] 바다처럼 가득하게 명하셨도다.[10]

위와 같이 경교가 하나님을 형용하는 몇 가지 용어는 20세기 이후 여러 아시아 신학자가 도모했던 시도를 포괄하며 능가하고 있다. 가령 '참으로 고요함'[眞寂], '처음이 없음'[无元], '영으로 공허함'[靈虛], '묘하게 있음'[妙有], '초월적 이치'[玄樞] 그리고 '성령을 일으키니 음양이 생김'[鼓元風而生二氣] 등은 매우 대담하게 동양 사상과 경서를 원용한 결과이다.

단언컨대 경교가 담지하고 있는 신학은 그간 여러 문화권에서 시도된 토착화 신학 내지는 상황화 신학에 있어서 매우 창조적이고 도전적인 선례가 될 뿐 아니라 사유의 깊이에 있어서도 그 어떤 서구 신학에 못지않다. 심지어 신론에 관련하여 보자면, 위의 표현들은 공空과 무無를 논하는 불가철학과 도가철학을 적극 응용한 개념이므로 실질적으로 기독교식으로만 해석할 수만은 없다. 이것들을 본래의 의미로 소급하여 응용한다면 고대 그리스-로마 철학의 유착으로부터 벗어나 대안적인 신학적 전회가 이루어진다. 이에 관해 더 자세한 내용은 다음에 다루기로 하겠다.

---

10 "粵若 常然眞寂 先先而无元 窅然靈虛 後後而妙有 總玄樞而造化 妙衆聖以元尊者 其唯我三一妙身 无元眞主阿羅訶歟 判十字以定四方 鼓元風而生二氣 暗空易而天地開 日月運而晝夜作 匠成萬物 然立初人 別賜良和 令鎭化海."

IV. 신비주의와 부정신학

"하느님은 없이 계시는 이다."[1]
_ 다석 류영모

그리스도교 전통 가운데 신비주의만큼 우리의 흥미를 끄는 것도 드물다. 그것은 그리스도교 내의 모든 교파를 아우르고, 과거와 현재를 아우르고, 동과 서의 종교들을 아우를 뿐만 아니라[2] 영원과 역사를, 나와 타자를 그리고 때로는 하나님과 인간 사이를 가로지른다. 그런데 서구 교회에서 신비주의에 관한 일치된 정의는 찾기 쉽지 않다.[3] 특히 교회의 역사가 짧은 한국의 경우, 그것을 유럽 교회와는 다른 의미로 언급하곤 한다. 말하자면 신유 · 방언 · 입신 · 축귀 · 예언 등 오순절 성령 운동의 일환에 결부시키는 것이다. 물론 그러한 요소들이 신비주의와 관련 없는 것은 아니다. 그러나 고 · 중세로부터 내려온 그리스도교 신비주의는 하나님과 인간 사이의 질적 유사성을 얼마나 긍정하느냐 혹은 하나님에 대한 인간의 일치를 얼마나 긍정하느냐 하는 사안이 중요한 단서가 된다. 신비주의는 하나님에 대한 만남과 지식에 있어 언어나 교리를 초월하는 직접적 체험을 선호하는 한편, 경험에 대해 비이성적이고 반지성적 접근을 보인다.[4]

---

1 박영호 편, 『다석 류영모 어록』(서울: 두레, 2006), 75.

2 Robert Charles Zaehner, *Mysticism, Sacred and Profane* (Oxford: Oxford University, 1961), 198.

3 Beranard McGinn, *The Foundations of Mysticism: Origins to the Fifth Century* (New York: Crossoad, 2003), ix-xx 참조.

4 Alister E. McGrath, *Christian Spirituality* (Oxford: Blackwell Publisher, 1999), 6.

프리드리히 하일러(Frideich Heiler)는 신비주의를 두고, "하나님 안에서 세계와 자아가 철저히 부정되고, 인간의 성품이 하나님의 본질의 무한한 일치 가운데 흡수되거나 소멸되는 하나님과의 교제의 양태"로 정의했다.5 심지어 신비주의 전통에는 하나님과의 일치를 통한 자아의 무화無化나 소멸뿐만 아니라, 인간이 신적 본성을 되찾는 신화神化를 추구하는 사례도 있다. 그리스도교의 신비주의에 대한 정의를 "감각적 지각, 추리적 사고, 개념적 이해가 아닌 직접적 체험 혹은 직관 및 통찰을 통해 하나님 또는 영적 진리를 인식하고 하나님과 일치와 교제에 이르는 것"6이라고 한다면, 동서고금을 막론하는 그 광범위한 성격은 인간 내면에 신의 내재성을 추구하거나 신과 인간 사이의 연속성을 긍정하고 있다는 점에서 드러난다.

실천신학의 관점에서 평가하자면 신비주의는 인간이 신 또는 궁극적 실재에 직접적인 일치·연합이 가능하다고 보기에7 부단한 영혼의 고양과 상승을 희구하며 탈속적 수도를 추구하는 특징을 보인다. 또한 종교 현상학의 견지에서 접근하자면 그것은 신자 혹은 수도자가 육체를 초월하여 영혼의 상태로 천상 세계를 방문하거나 자기 내면에서 신적 황홀경 또는 신과의 합일과 같은 비일상적 체험을 보고한다. 많은 경우 신비주의는 그 다양한 전통에 따라 성서와 교리에 필적할 만큼 체험과 각성을 중시하면서 정교한 비전祕傳과 다양한 수련법을 갖추고 있다. 그러나 이러한 요건들은 대체로 신비가 자신이나 수도 공동체 이외의 일반인들이 쉽게 이해하거나 보편적으로 실행되기 힘들고,

---

5 Friedrich Heiler, *Prayer: A Study in the History and Psychology of Religion* (Oxford: Oneworld Publications, 1932), 136.

6 S. Payne, "Mysticism, nature of," *Routledge Encyclopedia of Philosophy* vol. 6, eds. E. Craig et al (London: Routledge, 1998), 627-634.

7 Frank Gaynor, *Dictionary of Mysticism* (New York.: Philosophical Library, 1953), 119 참조.

성서와 교리를 충직히 따르는 신자들에게 이질적인 신앙 형태로 비추어지기 마련이다.

그리스도교 신비주의는 예수를 하나님의 아들과 대속의 그리스도로 신앙한다고 할지라도, 다른 한편에서 그를 하나님과 완전한 일치를 이룬 전형典型이나 자기 안의 신성을 예시한 교사教師로 따르곤 한다. 바로 이러한 점이 신비주의로 하여금 영지주의, 동양의 종교들, 고대 이집트·페르시아·그리스 등지의 밀교와 비교하게끔 만드는 소지를 제공한다. 그들의 전통에서 하늘과 땅 또는 하나님과 인간 사이의 중재자 예수는 죄과罪過를 속량하는 구원자일 뿐만 아니라, 앞서 살다 간 영적 안내자 또는 위대한 스승이기 때문이다. 그리스도교 신비주의 계통들은 이른바 프로테스탄트의 정통교회와 다른 전승을 갖기 때문에 현대까지 곧잘 오인되곤 한다. 그러나 근래에 교회가 실증주의·배금주의·과학주의에 더해 심각한 세속주의에 대처하고 대안적 공동체와 인간상을 모색하면서 신비주의에 이전보다 큰 관심을 두고 있다. 비록 그것이 교리와 이론으로 해명되지는 않으나 실존적 전향과 영적 성숙과 타자 및 공동체를 위한 삶에 긍정적 영향을 미치고 있기 때문이다.

신비주의는 인간의 언어나 이론으로 하나님을 해명할 수 없다고 보며, 교리가 아닌 침묵과 관상(θέα)에 의존하는 경향이 크다. 침묵과 하나님의 속성 사이의 관련은 이미 2세기 순교자 안디옥의 이그나티우스(Ignatius of Antioch)가 생각했던 주제다. 그는 서신 가운데 "하나님은 한 분이신데, 그분은 침묵으로부터 나오신 그의 아들 예수 그리스도를 통해… 자신을 드러내셨다"라고 썼는데, 이에 관해 교회사가 보니페이스 램지(Boniface Ramsey)는 성부를 "침묵 그 자체로, 즉 무한히 깊은 곳에서부터 자신의 아들인 말씀을 산출해 내는 침묵으로 이해했다고 추정할 수 있다"[8]고 해설한 바 있다. 바로 이 침묵은 무의 언어적 표지다.

그리스도교 신학 방법론에 있어 하나님을 신앙만이 아닌 이성적 사유를 통해 이해하고 언어로 전달할 수 있다고 보는 입장이 있다. 그것이 이른바 '긍정'(kataphasis) 또는 '긍정의 길'(via positiva)이다. 그리고 이러한 방식을 취하는 신학을 '긍정신학'(theologia positiva 또는 kataphatic Theology)이라고 한다. 말하자면 하나님을 이론화하려는 기획을 지닌 대다수 신학은 긍정의 길을 취하는 긍정신학에 속한다고 할 수 있다.

반면에 하나님에 관해서는 '~이 아니다' 하는 방식으로밖에 표현할 방법이 없다고 보고, 일체의 정의·설명·묘사 등을 부정하는 입장이 곧 '부정'(apophasis) 또는 '부정의 길'(via negativa)이고, 이러한 방식을 취하는 신학을 곧 '부정신학'(theologia negativa 또는 apophatic theology)이라고 한다. 그런데 이 부정신학이 교리나 신조보다 기도와 명상을 통한 하나님에 대한 직관·조우·합일 체험 등을 얻는 것에 더 관심을 두기에, 많은 경우 신비주의와 서로 중첩되거나 결합하는 양상을 보인다.[9]

램지는 부정신학의 형성 이전에 이미 "신의 불가형언성과 이해 불가능성을 강조하는 것은 교부들의 전형적인 중심 사상"[10]이라고 평했는데, 대표적으로 AD 2세기 교부 유스티누스(Justinus)는 하나님에게 이름을 붙일 수 있는 사람은 아무도 없으며, 칭호라는 것은 "어떤 다른 설명도 할 수 없는 상황에 처한 인간이 자신의 내면 깊은 곳에 가지고 있는 일종의 판단"[11]이라고 말했다고 소개한다. AD 4세기 교부

---

8 보니페이스 램지/이후정 역, 『초대 교부들의 세계』(서울: 대한기독교서회, 1999), 61.

9 Cross Frank Leslie, ed. "Apophatic Theology," *The Oxford Dictionary of the Christian Church* (Oxford: Oxford University Press, 1997), 88; "Mysticism, mystical Theology," The Oxford Dictionary of the Christian Church, 1127-1128.

10 보니페이스 램지, 『초대 교부들의 세계』, 63.

나지안주스의 그레고리우스(Gregory of Nazianzus)도 하나님에 관해 "시간과 자연의 모든 개념을 초월하는 무한하고 무규정적 존재의 거대한 바다"[12]라고 했는데, 특별히 그는 삼위일체 논쟁을 대하는 동안 인간의 이성이 얼마든지 하나님을 왜곡시킬 수 있음을 경계했다. 그리고 인간이 알고자 하는 의도를 포기할 때 오히려 하나님을 체험할 수 있다고 보았다. 바로 이러한 그레고리우스의 사상은 그리스도교 내의 부정신학 또는 신비주의 신학의 계보를 만들었다고 평가된다.

하나님에 대한 불가해성(incomprehensibility) 및 불가형언성(ineffability)에 관해 아구스티누스는 다음과 같이 말한 바 있다.

"이것이 바로 하나님이다"라고 언제 그대가 말할 수 있겠느냐? 그대가 실제로 하나님을 본다고 하더라도 그것은 불가능한 일이다. 왜냐하면 네가 보게 될 것은 말로 표현할 수 없는 것이기 때문이다. 바울은 자기가 셋째 하늘로 들려 올라가 말로 형언할 수 없는 것을 들었다고 말한다. 그런데 만일 그가 들은 말이 형언 불가능한 것이었다면, 그 말을 한 분은 도대체 어떤 분이겠는가?[13]

우리가 위와 같은 진술들을 일별하자면, 부정의 길은 이미 그리스도교 신학의 초기부터 함께 해왔다고 판단할 수 있다. 하나님에 대한 인지·이해·언표 등이 쉬울 것이라 단정했다면, 그리스도교의 여명기부터 교부들이 하나님의 불가해성과 불가형언성에 관해 골몰할 필요가 없었을 것이다. 현대에도 신학과 교회 내에서 이러한 문제의식은 소중하게

11 앞의 책, 62.

12 "On the Theophany," *Oration* 38, VII.

13 보니페이스 램지, 『초대 교부들의 세계』, 63-64.

보존되고 진지하게 고려되어야 할 유산이다. 그러나 아쉽게도 그간 부정신학과 신비주의가 보유한 신학적 통찰이 소수의 의견으로 남아 왔다. 주류가 되지 못했을지라도 교리의 역사 가운데 지속적으로 조명 되었어야 했고, 프로테스탄트교회 역시 이 전통을 심중히 보존했어야 했다. 대신 근래에는 전통 형이상학을 반성하는 철학자와 신학자들에게 대안적 영감과 자료를 주고 있다.

부정의 길은 고대 종교로 소급되는 매우 오래된 종교적 통찰이다. 유대교의 경우 알렉산드리아에서 활동하면서 그리스철학에 경도되었 던 유대교 신학자 필로(Philo)에게서 부정의 길, 신비주의적 동기 그리고 무에 대한 획기적 관념이 찾아진다. 필로는 인간과 비슷한 육체적 특징이나 정서적 성격이 없는, 그야말로 '초월적' 하나님을 주장했다. 필로에 따르면 하나님은 시간과 공간을 초월해 존재하며 이미 전체 우주를 둘러싸고 있기에 공간적 간격을 만들 필요가 없다. 그리고 하나님의 존재만 확실하기 때문에 인간이 그 어떤 피조물을 빗대어 하나님을 바르게 설명해 낼 길은 없다. 하나님의 확실성에 대조되어 물질은 결국 아무것도 아닌 것(nothing), 즉 무無다. 그러므로 허위·불화·손상·부패 등의 성질을 지닌 물질로부터 하나님을 설명할 술어를 가져올 수 없는 노릇이다. 마치 플라톤에게 있어서 이데아처럼 필로에 게 있어서 하나님만 초월적이며 완전한 존재이므로 이 땅에서 하나님은 '~가 아니다' 하는 방식의 서술만이 가능하다. 학자에 따라 1세기 유대교 에 등장한 이러한 필로의 신학을 곧 부정신학의 등장으로 보기도 한다.[14]

부정의 길 또는 신비주의가 그리스도교 전통에 본격적으로 형성된 시기는 AD 5~6세기경에 활동한 위僞 디오니시우스(Pseudo-Dionysius)

---

14 William S. Sahakian, *History of Philosophy* (New York : Barnes & Noble Books, 1968), 81, 118.

에 의해 동방정교회로부터 확산한 이후로 추정된다. 그는 시리아 출신으로 '디오니시우스'(행 17:34)라는 이름을 필명으로 한 익명의 철학자로서, '신비주의' 또는 '신비 신학'이라는 용어를 처음 사용한 것으로 알려져 있다. 위 디오니시우스에 의하면, 신비 신학이란 이해 불가능한 하나님에 의해 알려지면서 우리가 변화되는 과정 가운데 드러나는 하나님의 숨겨진 지식이나 신성이다. 위 디오니시우스는 "신비적인 것을 찾으려면 인간의 지성으로 이해하고 인식하는 모든 것을 넘어서야 한다"[15]고 주장했다. 또한 그는 하나님의 진정성을 '이름 없음'(Namenlosigkeit) 또는 '무'로 언급했다. 하나님에게 붙여지는 형용이나 술어는 근본적으로 무효가 되기 때문이다.[16] 심지어 그는 하나님을 '선하다'고 말할 수 없다고 했다. 하나님은 세계로부터 취하는 모든 유한적 성질과 형식 따위를 초월하기 때문이다.

위 디오니시우스에게 있어서 중요한 것은 '이름할 수 없는 이름'인 하나님을 부르는 것이고 또한 '신비로운 무지의 어둠'이라는 부정성 가운데 하나님이 존재함을 깨닫는 일이다. 하나님은 모든 지식과 규정을 초월한다. 그러므로 인간에게 요구되는 것은 오히려 '무지의 지知' (Bewusstsein des Nichtwissens)다. 즉, 하나님에 대한 인간의 무지를 자각하는 것이 우선되어야 한다. 그것이 하나님의 현존과 진실에 다가가는 시금석이다. 위 디오니시우스가 목적으로 하는 하나님과 인간 사이의 합일은 지성과 관념을 초월하여 마침내 '나'가 사라지는 것이다. 이를 위해 기도하는 자에게 '무정념'(apatheia)이 필요하다. 곧 잡다한 감정

---

15 Pseudo-Dionysius, *The Complete Work*, trans. Colm Luibheid (New Jersey: Paulist Press, 1987), MT, 997B.

16 대표적으로 위 디오니소스는 하나님에 대한 설명, 호명(呼名), 분석 등이 불가하다고 밝혔다. *Ibid.*, 101.

및 욕망과 어지러운 정념을 벗어나는 상태다. 이것이 가능할 때 하나님의 순수한 뜻이 임하게 되고, 하나님에 대한 완전한 순종 가운데 인간의 본래성이 회복되며 하나님과 일치된 관계가 가능해진다. 그리고 말로 형용할 수 없고 지적 대상이 될 수 없는 하나님의 신비가 경험된다. 하나님과의 합일은 모양·소리·개념 등이 사라지고 빛이 충만한 상태로 증언되기도 하나, 반대로 암흑과 침묵이 가득한 무로 형용되기도 한다.

신앙과 이성을 조화시켜 신학에 이론적 체계를 놓으려 했던 중세 스콜라 철학의 거두 토마스 아퀴나스도 '부정의 길'에 대한 깊은 이해가 있었다. 토마스 아퀴나스가 '숨마'(summa)[17]의 형식으로 방대한 『신학대전』(Summa Theologiae)을 남겨놓았기에 그가 오로지 '긍정의 길'을 취한 것으로 예견할 수 있겠지만, 실제로는 그렇지 않았다. 그는 신학대전의 1부로부터, "무한자 하나님은 무한히 인식될 수 있으나 영광의 빛을 받아야 하는 피조된 지성은 유한하다. 그러므로 하나님은 이해될 수 없는 채로 남는다"[18]고 전제했고, 심지어 "현세에서 아무도 하나님을 볼 수 없다"[19]고 단정하기도 했다. 즉, 하나님의 정체를 '긍정의 길'로서 인지하고자 하는 것은 한계가 있다는 고백이었다. 다만 인간이 하나님을 아는 것이 비록 불완전할지라도 거짓은 아닐 수 있다. 그런 맥락에서 토마스 아퀴나스 역시 우리가 '~이다'의 긍정으로 서술하기보다 '~가 아니다' 식의 부정으로 서술한다면 오히려 그것이 참이라고 보았다. 또한 긍정의 길은 부분적으로 불완전하게 하나님의 본성을 밝혀주지만, 부정의 길은 긍정의 길의 불완전성을 교정하며 하나님의 초월성을

---

17 교과서나 백과처럼 쓰인 전서(全書) 혹은 총서(叢書)로서, 주제에 관해 질문하고 대답으로 변증하고 논술하는 형식을 취한다.

18 *Sth.*, I, 12, 7.

19 *Sth.*, I, 12, 11.

드러내 준다고 생각했다. 512문, 2,669항, 10,000여 개의 반론과 답변으로 구성된 신학대전을 쓰던 중 토마스는 1273년 12월 6일 미사 후에 붓을 꺾었다. 그는 친구 레지날도에게 "내가 이제껏 쓴 것은 모두… 내가 본 것과 나에게 계시된 것에 비하면, 내게는 지푸라기에 불과한 것으로 느껴"진다고 고백했고, 그 침묵의 겨울을 지나 타계했다.[20]

한편 무와 창조에 관련하여 아우구스티누스 신학의 흥미로운 기술은 그의 창조론에 나타나는 '무형상의 질료/땅'의 개념이다. 이것은 해석하기에 따라 동양의 기氣 개념과 비교할 수 있다. 아우구스티누스는 "'하나님이 천지를 창조하시니라'라는 구절에서 하늘과 땅이란, 볼 수 있는 하늘과 땅이 아니라, 지혜의 하늘과 형상 없는 땅을 의미한다'라고 썼다.[21] 본래 '형상 없는 땅' 또는 '형상 없는 질료'의 개념은 플라톤의 『티마이오스』에 등장한다. 플라톤은 거기서 세계가 무로부터가 아니라 일종의 저장소로서 형상 없는 질료부터 생성된다고 주장했다. 세계의 제작자인 신(데미우르고스)에 앞서 세계의 형상(eidos)과 질료가 구비되어 있었는데, 신은 그 형상을 모본(paradeigma)으로 삼아 기존하는 질료를 가지고 구체적인 사물을 제작한다. 어느 정도 유사성이 있는지 모르겠지만, 아우구스티누스 또한 하나님이 무로부터 각양 만물을 창조하시되 직접적으로 혹은 바로 창조하지 않고 '무로부터' 일차적으로 어떤 근원적인 물질을 만들어 낸 이후 그것으로부터 다시 구체적인 사물들을 창조했다고 설명한 듯하다. 실제로 그의 『고백론』을 보자면, "이 볼 수 없는 '형상 없는 땅'으로부터, 무에 가까운 무형적인 것으로부터 주님은 변화할 수 있는 만물을 지어내셨으니 이로 말미암아 변화하는 우주가 생기게 되었나이다"[22]라고 적은 바 있다.

---

20 "생애/작품/개관", 한국 성 토마스 연구소. 2023년 4월 13일 검색, http://www.stik.or.kr.
21 *De Conf.*, XII, 8-13.

한편 아우구스티누스의 신학 가운데 무와 관련하여 특기할 주제는 '악'을 '결여'(privatio), 특히 '선의 결여'(privatio boni)로 설명했던 방식이다. 여기에는 구체적으로 다음과 같은 논증 단계가 내포되어 있다. 첫째, 존재하는 만물은 하나님으로부터 존재를 받았다. 둘째, 하나님은 지극히 선한 분이다. 셋째, 선으로부터 악이 나올 수 없다. 넷째, 그러므로 악은 존재하는 것이 아니라 선의 결여다. 이런 식으로 아우구스티누스는 창조된 것들이 존재하는 한에서 선한 반면, 죄(악)는 '존재'가 아니라고 보았다.[23] 다만 존재하는 피조물들이 선함에도 불구하고 그것들은 완전하지 않기에 부분적으로 악한 국면이 있다고 인정했다.[24]

사실 우리가 악의 실체성을 인정하게 된다면, 선과 악은 존재론적으로 대등한 위상을 지니게 된다. 그리고 그 창조자의 책임을 물을 수 있다. 이런 문제 때문에 아우구스티누스는 악을 선의 결여로 규정하여 대립적 실체로 인정하는 것을 피한 것이다. 가령 우리는 반대말인 기쁨과 슬픔을 상호 대등한 것으로 볼 수 있다. 그러나 기쁨과 '덜 기쁨'을 대등한 것으로 보지 않는다. 만약 선에 대립된 실체를 상정하는 것은 그 창조자를 요청하게 되고, 만물의 창조자로서 하나님은 악에 관한 책임을 면피할 수 없게 된다. 또 한편 악의 실체성은 그리스도교답지 않게 '선 대 악' 또는 '선신 대 악신' 식의 이원론을 조장할 수도 있다(아우구스티누스가 젊은 시절에 심취했던 마니교는 당대 대표적인 이원론이었다).

아우구스티누스와 유사하게 토마스 아퀴나스도 결여 자체를 악으로 보았다. 결여란 악에 종속된 성질이 아니라 바로 악의 정체다.

---

22 *De Conf.*, XII, 8.

23 *De Conf.*, VII, 16, 22.

24 *De Conf.*, VII, 13, 19.

그는 결여를 '마땅히 있어야 할 선'(bonum quod debet haberi)이 없는 것이라 표현했다.[25] 한마디로 악은 나쁘기에 악이 아니라 결여되어 있기에 악이다. 그렇다면 문제가 되는 것은 "무엇이 있어야 하느냐?" 또는 "무엇이 있어야 했는데 없느냐?" 하는 사안이다.

이상과 같은 사유에 골몰한 이 두 신학자로부터 우리는 중세 신학 및 중세 철학의 특징을 엿보게 된다. 즉, 거의 모든 논제가 인식론과 실천론(윤리)이 아닌 '존재론'으로부터 정초되고 있다는 사실이다. 그리하여 "완전 존재자는 완전한 지식을 얻는다" 또는 "높은 존재자가 낮은 존재자보다 바르게 알고 바르게 행한다"라는 결론으로 이어진다. 즉, 존재의 위상이 인식의 질과 윤리의 질을 결정한다는 사상이다.

마지막으로 부정신학자로 규정될 수 없지만, 근대기 직전까지 부정 신학의 통찰들을 공유했던 몇몇 인물들을 소개하겠다. 그 하나는 바로 15세기에 활동했던 쿠사의 니콜라스(니콜라스 쿠자누스, Nicholas of Cusa)다. 선대의 신학자들과는 달리 그는 하나님의 정체를 규정하는 데 존재를 기준으로 사유하기보다 무를 기준으로 사유했다. 니콜라스에게 있어서 하나님은 하나님 안의 '기원 없는 기원'이다. 그리고 하나님 안에서 모든 개념이 반대될 수 있다. 가령 니콜라우스는 안셀무스(Anselmus)의 그 유명한 '신 존재 증명'[26]의 내용 가운데 특히 "하나님은 생각할 수 있는 어떤 것보다 더 큰 존재다"라는 명제와는 대조적으로, 하나님은 '가장 작은 존재'라고 주장했다. 그에 의하면, 하나님은 가장

---

25 *Sth.*, I, 48, 5, 1.

26 안셀무스의 존재론적 논증의 요지는 이렇다: "하나님은 생각할 수 있는 어떤 것보다 더 큰 존재다. 실제로 존재하는 것은 생각 속에 존재하는 것보다 크다. 그러므로 하나님은 실제로 존재해야 한다. 그렇지 않다면 하나님은 생각할 수 있는 어떤 것보다 크지 않기 때문이다." 즉, 이 논증은 그보다 더 위대한 것은 생각할 수 없는 완전한 존재로부터 시작하여 너무나 완전하기에 그보다 더욱 완전한 분을 생각할 수 없는 실재를 증명하고자 한다.

큰 존재이면서 또한 가장 작은 존재이며, 하나님 안에서 최대(the Maximum)는 최소(the Minimum)와 함께 일치한다. 하나님은 모순을 통합하는 분이시자 우리가 알 수 없으며 형언할 수 없는 존재다. 하나님은 유와 무를 초월하기에 존재이면서 동시에 비존재다. 궁극적으로 하나님에 관한 이해는 만물을 초월한다. 인간은 무한자인 하나님을 파악할 수 없다. 하나님이 설명되고 파악될 수 있는 어떤 것이라면, 이미 하나님은 유한한 존재이고 세계를 포괄하는 사역을 할 수 없다.27 (이처럼 易사상, 不二論, 태극론, 노장사상 등과 유사한 주장을 남긴 쿠사의 니콜라스와 관련하여 흥미로운 미스터리가 따른다. 중국과 고려의 방문, 고려 금속활자의 유럽 전달 등에 관한 역사적 가설들이 있다.)

16세기 종교개혁에 대항한 로마 가톨릭의 반개혁 운동이 한창일 때 아빌라의 테레사(Teresa of Avila)와 십자가의 성 요한(Saint John of the Cross)은 스페인 내에서 신비주의의 꽃을 피웠다. 십자가의 성 요한은 자신의 수도와 영적 체험과 신학적 수상을 담은 『가르멜의 산길』, 『어두운 밤』, 『영혼의 노래』 등의 작품을 남겼는데, 그 저작들은 현재 개신교에까지 영향력을 미치고 있다. 그는 신비가답게 인간의 종교적 종착지는 하나님과의 합일(unio cum Deo)이라고 주장했다. 이것은 '초본성超本性'(supernatura)이라고 지칭되기도 하는데, 단순히 본성을 초월하는 것만을 뜻하지 않고, '하나님과의 통교通交'를 의미한다. 십자가의 성 요한에 의하면, 우리가 본성을 초월하여 하나님과 합일을 이루기 위해 '영적 가난과 (영적) '헐벗음'을 통해 하나님이 주권을 행사하도록 해야 한다. 이에 관한 그의 글 일부를 보자.

---

27 Nicholas of Cusa, *On learned ignorance*, trans. Jasper Hokins (Minneapolis: The Arthur J. Banning Press, 1985), 704-706.

만물 가운데 즐거움을 갖는 경지에 이르려면 한다면 무 가운데 즐거움을
취하도록 욕망하라. 만물을 갖는 경지에 이르려면 무를 소유하도록 욕망하
라. 만물이 되는 경지에 이르려거든 무가 되도록 욕망하라. 만물을 아는 경
지에 이르려거든 무를 알도록 욕망하라.[28]

영성 신학 계통에서 대중적으로 잘 알려진 십자가의 성 요한의
'영혼의 어두운 밤'이라는 독특한 용어 역시 이러한 맥락에서 이해할
수 있다. 그리고 '어두운 밤'이라는 메타포는 그 이후 무를 논하는
신학자들의 저작을 해석하는 일에 있어 비교할 주제가 된다. 성 요한은
예레미야의 애가, 욥기, 시편 등에서 발췌할 수 있는 비탄의 노래와
탄식을 해석하면서 다음과 같이 쓰기도 했다.

하나님이 맹렬하고 두려운 밤 가운데 처하게 한 영혼은 크나큰 긍휼을 받을
만하다. (중략) 이 경우 영혼은 어두운 지하 감옥에 갇혀 손과 발이 묶인 사
람과 같이 무력하다. 영혼이 겸손해질 때까지는 위로부터 아래에서나 움직
이거나 볼 수 없으며 어떤 호의도 느끼지 못한다. 그러고서 부드럽고 순결
하고 예리하고 섬세하며 순결하여 하나님의 영과 하나가 될 수 있게 된다.[29]

그리스도교 역사 가운데 일찍이 침묵·밤·고난·암흑·심연·
무 등 부정적 주제들로부터 역설적인 하나님의 은혜와 일치를 각성하고
경험했던 부류들은 대개 부정의 길을 취했던 부정신학자들이나 영성가

---

28 Saint John of the Cross, *Ascent of Mount Carmel*, trans. E. Allison Peer (Michigan: Grand
Rapids, 1962), BookI, XIII, 11.

29 Saint John of the Cross, *Dark Night OF The Soul*, trans. E. Allison Peer (New York: Image
Books, 1994), 55.

들이었다. 그들이 지녔던 직관과 체험의 특징상 하나님과의 조우와 일치를 명료한 언어로 밝히는 일이나 교리로 남기는 일은 부차적인 사안이었다. 어떤 의미에서 소수만 경험할 수 있는 신비 체험에 관해 타인에게 전달하지 못했던 그들의 소극적 자세가 그리스도교 신학의 주류가 되지 못하게 했던 이유일 수 있다. 이것은 성서와 신조에 관한 강직한 문자주의가 만연한 작금의 교회 상황에 비추어 아쉬운 사실이다. 그러나 다행히도 초기 교회부터 면면히 흘러온 부정의 길과 신비주의적 요소들은 마이스트 에크하르트에게로 흘러가 장차 크게 개화할 독일의 지성사·철학사의 소중한 밑거름을 준비하게 했다.

V. 마이스터 에크하르트

"하나님이 사라진 곳에서 무가 현현한다. 그리고 난 후, 무는 다시 진기하게도 하나님의 차원들 속에서 나타난다."[1]
_ 베른하르트 벨테

여기 사도행전에 관한 어떤 주석의 일부를 소개한다. 당시 그리스도인들을 연행하기 위해 시리아 다메섹(다마스쿠스)으로 가는 길에 사울(바울)이 환상 가운데 예수 그리스도를 만났던 이야기에 관한 것이다. 잘 알려져 있다시피 그 당시 사울은 하늘로부터 내린 강렬한 빛 때문에 잠시 시각을 상실해 버렸다.

내가 라틴어로 인용한 본문은 성 바울에 대해 성 누가가 사도행전에 쓴 것이다. 그것은 "바울이 땅에서 일어나 눈을 떴으나 아무것도 보지 못했다"는 의미다. 내가 생각하기로 이 본문은 사중(四重)의 의미가 있다. 첫째, 그가 땅에서 일어나 눈을 떴으나 무(nothing)를 보았다. 그런데 무는 하나님이었다. 왜냐하면 그가 하나님을 보았을 때 하나님을 무라고 불렀기 때문이다. 둘째, 그가 일어났을 때 그는 오직 하나님만 보았기 때문이었다. 셋째, 만물 가운데 그는 하나님만 보았기 때문이었다. 넷째, 그가 하나님을 보았을 때 만물을 무로 보았기 때문이다.[2]

---

1 Bernhard Welte, *Das Licht des Nichts: Von der Möglichkeit neuer religiöser Erfahrung* (Kevelaer: Topos, 2015), 45.

2 Meister Echhart, *The Complete Mystical Works of Meister Echart,* trans. Maurice O'C. Walshe (New York: The Crossroad Publishing Company), 137.

위 인용문은 13세기로부터 14세기 초에 활약한 독일의 신비주의 수도사인 마이스터 에크하르트(Meister Eckhart)의 설교 가운데 일부이다. 그는 존재하는 것, 가령 인간과 만물뿐만 아니라 하나님도 대담하게 '무'(Nichts)라고 칭한 당사자다. 이러한 마이스터 에크하르트가 독일 신비주의뿐만이 아니라 독일 관념론, 독일 경건주의 등에 큰 영향을 끼쳤고,[3] 20세기 마르틴 하이데거의 철학[4] 그리고 그로부터 파생된 실존주의철학 및 탈형이상학적 신학에도 직간접적인 영감을 주었다.

'마이스터'(Meister)라는 존칭이 따르는 그의 본명은 요하네스 에크하르트(Johannes Eckhart)다. 그가 활동하던 당대는 스콜라주의 철학이 무르익고 대학을 비롯한 교육 기관도 크게 번성하는 등 학문 운동이 왕성했고, 이슬람 세계로부터 아리스토텔레스 철학이 역수입되어 유럽 사상계에 영향을 미치던 시기였다. 에크하르트는 이러한 시대적 분위기 속에서 15세의 나이로 도미니크 수도회에 입회했다. 알베르투스 마그누스(Albertus Magnus)에게 배웠고, 토마스 아퀴나스와 교분을 나누면서 신학적 성장을 이루어 갔다. 그러나 에크하르트는 당대 신학계와 교양인 사이에 유행하는 주지주의적 스콜라 철학에 경도되지 않았다. 스콜라주의가 신앙과 이성의 조화라는 기획을 지니고 있으나 에크하르트는 그러한 방법으로 그리스도교 신앙의 정체가 세워지지 않는다고 판단했다. 그는 하나님에 대한 이론 · 개념 · 교리가 아닌 자기를 초월하여 하나님과 하나가 되는 종교적 체험이 우선해야 한다고 보았다.

---

3 대표적으로 다음 저서에서 이 내용을 잘 다루고 있다. Hans-Joachim Schwager, *Die Deutsche Mystik und ihre Auswirkungen(von Meister Eckhart bis Schelling)* (Gladbeck: Schriftenmissions-Verlag, 1965).

4 실제로 하이데거는 자기 철학의 뿌리 가운데 하나가 에크하르트라고 고백했다. 다음을 보라. *Martin Heidegger Karl Jaspers Briefwechsel 1920-1963*, Hrsg. von Walter Biemel u. Hans Saner (Frankfurt am Main : Klostermann, 1992), S. 181f.

에크하르트는 일종의 신비주의 전통에 머물렀고 교회 교리에서 벗어난 설교와 보편적 인지를 넘어서는 신학을 전했다. 결국 그는 대중에게 건전치 못한 영향력을 끼치는 위험한 인물로 지목되었고 로마 가톨릭교회는 에크하르트를 이단으로 정죄했다. 이로 인해 에크하르트에 관련된 자료들은 금서로 지정되거나 폐기되어 현재는 일부만 남게 되었다. 그러나 그는 훗날 부각할, 그리스도교 신학의 한계를 극복하도록 도울 탈형이상학적 자원들을 마련해 놓았다. 이에 관해서는 다른 장에서 자세히 살펴보기로 한다.

에크하르트는 신인식에 관하여(자신의 설교에서 곧잘 인용하는) 위 디오니시우스로부터 전래된 '부정의 길'(via negativa)에 의존했다. 에크하르트에 의하면, 하나님은 그 자체로 초월적 존재이기에 모든 지식을 능가해 있다. 그러므로 인간은 피조물의 속성 및 불완전성이나 우리가 지은 상*을 하나님으로부터 얻을 수 없다. 차라리 그러한 것들을 부정해 나가는 방식을 취함으로써 참된 하나님의 실제로 나아갈 수 있다. 근본적으로 유한한 인간이 하나님을 인식하는 일이란 완전할 수 없다. 유한자의 지식이란 과감히 포기되어야 하고 무효 처분되어야 한다. "아무리 하나님이 이 삶에서 자신을 드러낼지언정, 그것은 여전히 그의 진짜 모습과는 아무 상관이 없다."[5]

특이하게도 에크하르트는 우리가 일반적으로 지칭하는 '하나님'(Gott, Deus)과 근원적인 하나님으로서의 '신성'(Gottheit, Deitas)을 구별했다. 쉽게 말해 '하나님'(Gott)은 성부·성자·성령의 삼위로 존재하고, 세계를 창조하고, 역사 가운데 활동하는, 이른바 '계시된 하나님'(Deus revelatus)이다. 인간이 호명할 수 있는 이 '하나님'을 에크하르

---

5 Meister Echhart, *The Complete Mystical Works of Meister Echart*, 50.

트는 '자연화된 자연'으로 표현하기도 했다. 다른 한편 '신성'(Gottheit)이란 '자연화되지 않은 자연'이자, 이른바 '숨은 신'(Deus absconditus)이며, '하나님의 형상'(imago Dei) 그 자체로서 인식과 언표가 불가능하다. 이에 대한 내용을 다음 인용문에서 확인해 보자.

> 내가 신성의 대지, 땅, 강과 샘에서 살아가고 있을 때, 내가 어디를 가느냐 혹은 내가 무엇을 하느냐고 아무도 묻지 않았다. 내가 흘러갈 때에서야 모든 피조물은 말했다. 하나님은 누구인가? 만약 누군가 내게, "에크하르트 형제여, 당신은 언제 집을 떠났는가?" 묻는다면, (나는 이렇게 대답할 것이다) "나는 그 안에 있소." (중략) 그렇다면 그들은 왜 신성에 대해 말하지 않는 것일까? 신성 안에 있는 모든 것은 하나다. 그리고 그 가운데에서는 아무것도 말해질 수 없다. 하나님은 일하시지만, 신성은 일하지 않는다. 해야 할 것이 없기 때문이다. 그 안에는 활동이 없기 때문이다. 신성은 결코 어떤 일도 찾지 않는다. 하나님과 신성은, 일을 하느냐 혹은 하지 않느냐에 따라 구별된다. 내가 하나님께 돌아가면, 즉 내가 거기서 사라진다면, 나의 돌파(breakthrough)는 나의 유출(outflowing)보다 귀할 것이다. (여기서 돌파를 하나님께로의 상승, 유출을 창조 당시의 하강으로 읽으면 독해에 도움이 될 듯하다. _ 인용자 주) (중략) 내가 신성의 대지, 땅, 강과 샘으로 들어갈 때, 어디에서 왔는지 또는 어디에 있었는지 묻지 않을 것이다. 아무도 나를 모를 것이다. 하나님은 사라질 것이므로.[6]

이렇게 독특한 사유를 보이는 에크하르트는 신성을 염두에 두며 궁극적 차원에 있는 하나님은 "성부도 아니며 성자도 아니며 성령도

---

6 *Ibid.*, 294.

아니고, 이것도 저것도 아닌 것"(Something which is neither this nor that)이라고 말한다.7

에크하르트에 따르면 유한자로서 인간이 지닌 지식들은 모두 임시적이다. 유한자의 인식이 종식되어야 하나님이 나타난다. 따라서 인간은 하나님에 관한 유한한 인식을 극복하는 일이 중요하다. 인간이 지은 상像을 초극할 때 하나님의 본질에 가까워지고, 이름 붙일 수 있는 모든 것이 허물어지는 곳에서 하나님을 만난다. 이런 의미에서 에크하르트는 "나는 하나님이 나로 하여금(내가 만든 상과 이름으로서의 _ 인용자 주) 하나님으로부터 자유하게 하시길 기도한다"8고 고백했다. 하나님과 하나가 되기 위해 부정되고 허물어져야 하는 것은 가정된 하나님이요 인간 자신이다. 이렇듯 에크하르트의 부정의 길은 인식의 부정, 언어의 부정뿐만 아니라 인간 자신의 부정이기도 하다.

현대 철학 및 현대 신학과 비견하여도 깊은 통찰을 보이고, 심지어 동양의 형이상학이나 선禪과 견줄 수 있는 그의 신학은 오늘날의 형식논리학으로 비판하자면 도처에서 심각한 논리적 모순과 오류를 보인다. 예를 들어 그는 하나님을 불가해한 부정의 부정으로, 단순한 일자(Unum: ein einfältiges Eins)로, 순수한 무(ein lauteres Nichts)로, 존재의 충만(die Fülle des Seins) 등으로 칭하는데, 이 모든 것은 서로 간에 모순 형용의 극치다.

그에게 있어서 하나님이 지고지순하고 단순한 하나라는 것은 모든 것의 근원이라는 의미이며 순수한 무다. 다음 인용문을 보자.

---

7 *Ibid.*, 81.

8 Meister Echhart, *The Essential Sermons, Commentaries, Treaties and Defense,* trans and eds. E. Colledge and B. McGinn (New York: Paulist Press, 1981), 202.

하나님은 무다. 존재를 갖지 않는다는 의미에서가 아니다. 그는 누가 말할 수 있는, 이러저러한 것이 아니다. 그는 모든 존재 위의 존재다. 그는 존재 없는 존재다. 그러므로 그를 사랑하는 형태는 반드시 형태가 없어야 한다. 그는 모든 언설을 초월한다.9

에크하르트가 직관한 하나님이라는 분은 인간이 가늠할 하나님이 될 수 없고, 어떠한 영이나 정신일 수 없고, 인간이 상대할 인격일 수 없고, 어떠한 이미지를 지어 바칠 수도 없다. 이점에 관해 그는 다음과 같이 설교한 바 있다.

너는 그분을 그대로 사랑해야 한다. 비-신, 비-영, 비-인격, 비-형상으로. 오히려 그는 모든 이중성에서 분리된 순전히 순수하고 깨끗한 분이기 때문이다. 그리고 그분 안에서 우리는 무에서 무로 영원히 가라앉을 수 있다.10

그렇다면 에크하르트는 하나님의 본성, 특히 하나님의 깊은 신성에 다다르는 길을 어떻게 제시할까? 그것은 하나님 앞에서 '초연함' (Gelassenheit)이라는 자세를 견지하고 자신을 철저하게 비우는 길이다. 초연함은 우리 안에 어떤 것을 채우려는 동기를 포기하는 것이다. 심지어 하나님에 대한 관념, 묵상법, 하나님의 뜻을 묻고 실천하려는 동기까지도 비워야 한다. 그렇게 하면 하나님은 자기 비움의 상태에 처한 인간을 받아들인다. 에크하르트에 의하면, 하나님이 무인 것처럼, 우리도 역시 '무인 상태'(the state of being nothing)에 들어가야 한다. 그리고 자신 또는 자신 안에 있는 하나님에 관한 상들을 제거하고

---

9 Meister Echhart, *The Complete Mystical Works of Meister Echart*, 316-317.
10 *Ibid.*, 465.

몰아낼 수 있어야 한다. 그렇게 함으로써 '하나님의 적나라한 존재'(the naked being of God)로 들어갈 수 있게 된다. 인간이 하나님에게 부과할 만한 일말의 유사함(likeness)이라도 추방해야 한다. 그래서 에크하르트 는 "(하나님에 관한) 어떤 상이나 모양이 너에게 남아 있다면, 너는 결코 하나님과 하나가 되지 못할 것"이고 "네 안에 상상되거나 상상하고 자 하는 것이 없어야만 한다"라고 충고한다.11 하나님은 인간이 부과하 거나 투사할 어떠한 것들도 거부하기에, 차라리 하나님으로부터 아무것 도 보지 못하는 맹인 상태가 낫다는 것이다. 이에 관련하여 에크하르트 는 다메섹으로 가는 길에서 바울이 겪은 회심 사건을 이렇게 주해했다.

> 그가 아무것도 보지 못한 이유는, 하나님이라는 빛이 혼잡되지 않고 섞이지 않았기 때문이다. 그것은 바울이 본 진정한 빛이라는 표식인데, 곧 무다. 그 빛에 의하여 그가 두 눈으로 아무것도 보지 못했다는 단순한 사실을 의미한 다. 그는 아무것도 보지 못하면서 신적 무를 보았다. 성 아우구스티누스는 이렇게 말했다. "그가 아무것도 보지 못할 때 그는 하나님을 보았다." (중 략) "하나님이 진정한 빛이요 영혼의 지지자이므로 (인간의) 영혼 그 자신 보다 더욱 가까이 계시고, 영혼이 사물들로부터 돌아설 때 하나님이 반드시 번득이며 나타나 그 안에서 빛을 비추신다."12

혹은 인간이 자신의 의지와 지식으로부터 빠져나올 때 오히려 하나 님이 인간에게 찾아오셔서 자신의 빛을 비추심으로 신적 지식을 가져온 다고 했다. 에크하르트가 말하는 하나님의 빛이 인간이 지닌 '자연적 빛'(natural light)을 대신할 것이라는 은유적 표현은 곧 인간이 자기본위

---

11 *Ibid.*, 74.
12 *Ibid.*, 141.

적 이성과 지식을 포기할 때 하나님이 주도하는 지식이 주어진다는 의미다. 이에 에크하르트는 다음과 같이 희망했다. "그 대신 그것(자연적 빛)은 틀림없이 순전한 무가 될 것이고, 그 자신으로부터 모조리 빠져나 갈 것이다. 그런 다음에야 하나님이 그의 빛으로 비추실 것이고, 네가 포기한 모든 것을 수천 배 이상 거둘 새로운 형태로 그와 함께 가져오실 것이다."[13]

하나님에 관해 '말하는' 문제에 에크하르트는 어떠한 입장이었을까? 부정신학의 전통에서처럼 그는 하나님을 무엇이라고 말하기보다 무엇이 '아니다'라고 말해야 한다는 편에 섰다.[14] 더 철저한 방법은 아래 인용문에서처럼 아예 침묵하는 것이다. 하나님은 인간이 수립한 개념과 논리를 벗어나고 어떠한 형상이나 추측을 떠나기 때문이고, 하나님에 관한 인간의 언어가 근본적으로 거짓이기 때문이다.

> 하나님, 하나님은 이름이 없으십니다. 그것은 아무도 그분에 대해서 무엇 인가를 말하거나 이해할 수 없기 때문입니다. (중략) 그리고 내가 하나님은 존재라고 말한다면 그것은 사실이 아닙니다. 그분께서는 초월적인 존재시 며 본질을 초월하는 무이기 때문입니다. 이에 관하여 성 아우구스티누스 는, 인간이 하나님에 대해서 가장 잘 말할 수 있는 길은 자신의 내적 판단에 서 나온 지혜에 따라 그분에 대해서 침묵하는 것이라고 말합니다. 그러므로 하나님에 대해서 쓸데없는 소리를 하지 말고 침묵하십시오. 당신이 하나님 에 대해 이런저런 말을 하게 되면 당신은 거짓말을 하게 되고 죄를 짓게 되기 때문입니다. 당신은 하나님에 대해 아무것도 이해할 수 없습니다. 그분은 모든 이해를 초월해 계시기 때문입니다. 어떤 스승은, 내가 하나님을 이해

---

13 *Ibid.*, 56.

14 Johannes Hirschberger, *Geschichte der Philosophie* I (Freiburg: Herder, 1987), 553.

할 수 있다면 나는 결코 그분을 하나님이라고 여기지 않으리라고 말했습니다.[15]

인식과 언어의 부정은 궁극적으로 인간 자신을 부정하기 위한 일환이다. 에크하르트에 의하면, 궁극적으로 유한자인 인간이 끊임없는 정화뿐만 아니라 자기 자신을 포기해야 하나님에게 복귀할 수 있다. 우리의 영혼이 초연함을 통해 상승할 경우, 마침내 '태초에'(시원에, in principio) 도달하게 된다. 모든 것의 시작이고 원천인 그곳에서 모든 것이 사라지고 고요해져 오직 신성만 있게 되는데, 우리는 아무것도 인식하지 않고, 아무것도 하지 않고, 아무것도 애착하지 않는 궁극적 단계에 머물며 신성과 인간이 하나임을 체험한다. 거기에서는 심지어 신앙적으로 하나님을 즐기는 것 역시 포기해야 한다.[16]

에크하르트는 '무로부터의 창조'를 매우 특이하게 해석한다. 일반적으로 신학자들은 비록 만물이 무로부터 창조되었을지라도 하나님의 능력으로 말미암아 '실체'로서 존재한다고 간주해 왔다. 그러나 에크하르트는 하나님이 무인 것처럼 만물도 본질상 무라고 보았다. 다음과 같은 진술들에서 그 사상이 드러난다. "모든 피조물들은 순전한 무다. 나는 그것들이 소소한 것 또는 아무것도 아니라고 말하는 것이 아니라, 그것들이 순수한 무라고 말하는 것이다."[17] "만물은 무로부터 창조되었다. 그러므로 그것들의 진정한 출처는 무다."[18] "하나님 안에 하나님만 계신다. 내가 하나님 안에서 모든 피조물을 볼 때, 나는 무를 본다.

---

15 윌리엄 랄프 잉에 편/안소근 역, 『독일 신비주의 선집: 에크하르트, 타울러, 수소, 루이스브뤼크』 (서울: 누멘, 2010), 13.

16 레이몬드 B. 블래크니 편/이민재 역, 『마이스터 엑크하르트』 (서울: 다산글방, 1994), 77.

17 Meister Echhart, *The Complete Mystical Works of Meister Echart*, 28.

18 *Ibid.*, 110.

하나님이 하나님을 보는데, 그 안에서 모든 피조물은 무다."[19]

다른 한편에서 에크하르트도 아우구스티누스나 토마스 아퀴나스처럼 결핍·위협·부정으로서의 무의 함의를 말하기도 했다. 특히 그것은 피조물의 본질을 지시할 때 그렇게 썼다. '아무것도 아닌 것', '하찮은 것', '무상한 것', '후패하고 소멸할 것'으로서의 '무'(nothing)다. 이에 관해 그의 설교문 일부를 인용한다.

> 모든 피조물과 분리되고 격리된 것은 순수하다. 왜냐하면 모든 피조물은 비순수성을 내기 때문이다. 왜냐하면 그것들은 무이고, 무는 결핍이며 영혼을 더럽히기 때문이다. 모든 피조물은 다만 무다. 천사나 피조물들도 아무것도 아니다. 그것들은 모든 것에 접촉하며 더럽힌다. 무로부터 만들어졌기 때문이다. 그것들은 현재에도 과거에도 무다. 모든 피조물에 맞서고 상하게 하는 무엇이든 곧 무다.[20]

이처럼 무(Nichits)라는 표현 또는 '아니'(nicht)라는 표현을 통해 그가 때로는 깊은 신성의 심연을 가리키기도 하고, 때로 만물의 무상성과 오염을 가리키기도 한다는 사실을 확인할 수 있다.

이상과 같이 일관성 없는 언설과 수사는 보편적 논리를 훼손하고 우리의 상식에 혼란을 가져온다. 그러나 우리가 면밀하게 그의 통찰과 의도를 살피며 맥락에 주의하며 읽어 나갈 때 에크하르트는 언어를 극복하여 모순과 역설을 통해 하나님과 존재의 실제에 관해 토로하고 있음을 알게 된다. 앞뒤가 안 맞는 말, 이랬다저랬다 하는 말, 오히려 이러한 언어적 쓰임이 삶의 실제와 궁극적 실상이 드러나는 독특한

---

19 *Ibid.*, 140.

20 *Ibid.*, 105.

자리다.[21] 그 때문에 메타포와 상징, 비약과 역설, 직관과 생략 등을 지니는 시어詩語가 가장 종교적이고 존재론적 언어가 된다는 말이 있는 것이다.[22] 특히 역설과 반어는 인간의 틀에 박힌 실재관, 진리관, 신관 등을 깨뜨리고 다시 세우는 데에 더할 나위 없는 수단이다.

에크하르트는 하나님에게 바르고 온전하게 이르는 방법으로서 산 상수훈의 "마음이 가난한 자는 복이 있다"라는 구절을 근거로 가난을 강조했다. 자기를 부정하고 자기를 비우기 위해서 가난을 택하는 것이 그 어떤 실천보다 중요하다는 것이다. 존재론상 에크하르트의 가난은 피조물로서 유한자의 철저한 자기 비움이다. 아무것도 원하지도 바라지도 않는 가난이다. 에크하르트에 의하면, 본래적 인간은 단지 그 자신만으로 살았다. 심지어 하나님도 바라지 않았다. 신자로서 다소 의아한 이런 주장은 인간의 필요와 이기利己를 위해 신을 섬기는 행위를 비판하는 의도로 보인다. 에크하르트에 의하면, 가난은 아무것도 원하지 않는 경지인데, 특히 의지에 있어서 가난해야 하고, 지식에 있어서 가난해야 한다. 오히려 진리와 하나님에 대해서도 몰라야 한다. 이런 주장은 긍정의 길을 따르는 방식을 반성하는 통찰로서, 인간이 하나님에 대해 '알았다'고 할 때 보이는 종교적 지식의 불완전·왜곡·추측·투사 따위를 반성하는 방편이다.

에크하르트는 일종의 구원론 또는 종말론으로서 하나님에게로의 '귀환'을 말한다. 이것을 이해하기 위해 우리는 먼저 그의 독특한 창조설을 알아야 한다. 그에 의하면, 신성은 자기 안에서 인간을 비롯한

---

21 장자(莊子)가 말하는 치언(巵言)이 이에 해당한다. 이 책 294쪽을 참고하라.

22 한자로 시(詩)라는 문자를 '절(寺)'에서 쓰는 말(言)'이라는 뜻으로 파자(破字)하여 해석하기도 한다. 그리고 20세기 초에 기초존재론을 정초한 하이데거 역시 시를 가장 존재론적 언어로 규정한 바 있다.

세계를 창조했다. 신성으로부터 흘러나온 피조물, 특히 인간은 그 존재의 본원인 신성으로 복귀를 희망한다. 그러나 하나님의 형상을 지닌 인간은 원죄로 인해 하나님을 바르게 지향할 능력을 잃었다. 다만 하나님의 형상으로서의 인간은 그 안에 내재한 '영혼의 불꽃'(Scintilla animae)을 통해 하나님과 근원적 관계를 회복할 수 있다. '영혼의 불꽃'에는 인간의 영혼이란 단지 창조된 것이 아니라 신성의 일부 또는 자체적(sui generis)이므로 존재론적으로 하나님과 하나라는 함의가 있다. 다음을 보자.

> 나는 때때로 영혼 속에는 자유롭기만 한 힘이 있다고 말해왔다. 가끔 영혼의 수호자라고 부르기도 하고, 가끔 영혼의 빛이라고 부르기도 하고, 가끔 작은 불꽃이라고 부르기도 했다. 그러나 지금 나는 이것도 저것도 아니라고 말한다. 그것은 하늘이 땅 위에 있듯이, '이것저것'보다 더 숭고한 것이다. 그래서 이제 내가 그 어느 때보다도 존귀한 이름을 붙이겠지만, 그것은 존귀한 이름과 형식을 거절하고 그것들을 초월한다. 그것은 모든 명칭과 무관하고 모든 형체를 결여하고 있으며, 하나님이 그 자신 가운데 특별하고 자유롭듯이, 전적으로 특별하고 자유롭다. 하나님이 완전히 하나이며 순전하듯이, 그것은 완전히 하나이며 순전하다. 그래서 아무도 어떤 방식으로도 그것을 볼 수 없다. 내가 말해온 바, 그것은 하나님이 그의 신성 안에서 영원히 꽃피우고 자라나게 하는 같은 힘이다.[23]

즉, 인간은 영혼의 불꽃을 통해 하나님과 연결되어 있고, 하나님과 소통하고 교감할 수 있다는 말이다. 다만 우리는 지상에서 선과 악,

---

23 Meister Echhart, *The Complete Mystical Works of Meister Echart*, 80.

V. 마이스터 에크하르트 | 129

생과 사처럼 대극적인 것들로 인해 하나님과 일치를 이루지 못하고 있는데, 그러한 것들로부터 자유하기 위해 '가난'이 요청된다. 가난으로 말미암아 인간은 세상에 있는 사물에 대한 집착에서 깨어나 자유롭게 되는 '초탈'(Abgescheidenheit)과 비움과 버림 이후에 비로소 자유로워진 영혼이 신성이 존재하는 '영혼의 근저'로 진입하는 '돌파'(Durchbruch)가 가능해진다. 초탈은 '버림'과 '떠남'을 의미하는데, 인간이 바라는 모든 의도와 수단을 부정하면서 침묵과 평온을 유지하는 것이고, 돌파는 하나님의 형상이 있는 영혼의 근저에서 '성자의 탄생'이 일어나 마침내 신성으로 복귀하여 우리 영혼이 신성과 일치되는 것이다. 이것이 인간도 사라지고, 하나님(Gott)도 사라지고, 오직 신성(Gottheit)만 남는 경지다.

에크하르트의 신론 및 존재론을 고찰할 때 볼 수 있는 주목할 만한 특징은 그가 그리스도교 주류 전통, 특히 개신교 정통주의와는 다르게 신성과 인간성 사이의 질적 차이를 좁히고 있다는 사실이다. 그가 신성과 인간의 불꽃 사이의 연속성을 설교하는 대목에서 이러한 성격이 잘 드러난다. 또한 하나님이 무이며 거기에 도달하는 인간의 영혼 역시 무라고 말하고 있는 대목에서도 엿보인다. 요컨대 에크하르트의 무는 존재와 비존재의 의미를 가로질러 일반적인 실재론을 초월한다. 이러한 특징은 신비주의 영성뿐만 아니라 명상적 종교 전통들 또한 담지하는 내용이기도 하다.

VI. 마테오 리치

"하나님이 창조자라는 것을 긍정하는 것은, 동시에 하나님이 모든 속성이
나 범주를 초월하는 절대자임을 긍정하는 것이 된다. … 하나님은 모든
존재들의 원인이다."[1]
_ 토마스 아퀴나스

  예수회(Societas Jesu) 사제인 마테오 리치(Matteo Ricci, 利瑪竇)는 1582
년 이래 중국에서 활동한 선교사다. 16~17세기 동서 문명의 접점에
서 있는 그는 세계사적으로 매우 중요한 인물이기도 하지만, 그가
남긴 역작 『천주실의天主實義』(1601)는 신학·비교종교학·철학사에 있어서
간과할 수 없는 특별한 저서로 남아 있다. 내가 준별하기로 교의에
관한 한 마테오 리치 그 자신에게 특별히 독창적인 신학이 있지는
않다. 어떤 의미에서 그는 로마 가톨릭과 개신교를 망라하는 '무난한'
수준의, 그리스도교 전통 교리의 수호자였다.
  그러나 우리가 천주실의가 담고 있는 변증적 전략을 살피자면,
마테오 리치가 중국의 재래 종교들을 적대시하지 않고 포용하면서
타 종교의 교리들을 보완하는 방법을 통하여 선교를 도모한 사실에
주목하게 된다. 그러므로 천주실의는 당나라 시기의 경교景教의 유산과
함께 아시아를 비롯한 비유럽권의 상황화 신학 및 토착화 신학이나
종교 신학에 있어 중요한 선례와 자료가 된다.
  예수회의 창립자인 이냐시오 데 로욜라(Ignatius de Loyola)가 전직

---

1 *Sth.*, I, 3.

군인 출신으로서 예수회에 군대식 제도를 도입하고 로마 가톨릭 체제와 교황에 대한 절대 복종을 맹세하는 등 상당한 경직성을 지녔던 것이 사실이다. 그럼에도 불구하고 점차 예수회는 폭넓은 인문주의와 개인적 양심의 중요성을 인정했고 일반교육 및 문화사업 등을 겸비해 나갔다. 그리하여 로마 가톨릭 산하 교단 가운데 사회적 봉사·벽지 선교·해외 선교에 가장 적극적으로 나설 수 있었고 선교 현장에서 문화적 유연성과 적응력을 보였다. 이 점에 있어서 마테오 리치의 중국 선교 양상도 마찬가지였다.

우리는 각별히 천주실의를 통해 16세기까지 내려온 그리스도교 신학(특히 토마스 아퀴나스 신학 및 스콜라 신학)의 전통에 서서 그가 창조·인간·역사·동양의 종교와 문명 등을 어떤 관점으로 보았는지 일별할 수 있다. 종교적 관용을 지니고 적용과 보완을 꾀했던 그였지만, 다른 한 편에서 당대 교회가 동양의 종교와 문화를 어떻게 파악하고 비판했는지 그를 통해 서구 신학의 전형을 엿볼 수 있게 된다. 마테오 리치가 속했던 예수회는 기도와 영적 체험을 중시하는 이른바 영신수련靈神修練을 지향하기에, 수도원 전통의 수동적 관상(contemplation)의 입장에서 동양 종교 및 영성에 보다 열린 자세로 이해할 수 있었다. 그럼에도 불구하고 그는 오히려 문자적 교리에 있어 타협이 없었다. 마테오 리치가 견지한 교의학적 입장은 근본주의 개신교의 신학적 태도를 연상시킬 만큼 배타적인 면모도 있다. 예를 들어 그는 고대의 유교를 제외한 종교들이란 "사악한 이론"이며 "약한 백성들을 기만하고 오도해서 천주의 자취를 지워 버리고" 있다고 단정했고, "망령되이 사람들에게 물적 이득과 행복을 약속해 주고는 사람들에게 그들 자신을 흠숭하고 제사를 드리게" 하였으므로 "모두가 천주께 죄를 짓게" 되었다는 혹독한 비판을 냈다.[2]

반면에 선교사로서 그가 취했던 사목 방식은 상당히 유연한 융통성을 보였다. 가령 1582년 이후 중국 선교지로 나선 초기에는 스스로 승려 복장에 삭발을 하고 '서승西僧(서양 승려)으로 자처하며 현지인들에게 접근했다. 그러나 나중에 중국 문화권 내에 오히려 유교가 우대받는다는 사실을 깨닫고 유생儒生의 머리와 복장을 한 '서사西士(서양 선비)로 자신을 소개했다.

마테오 리치는 중국의 지식인들에게 서양의 신학·철학·과학 등을 소개하는 일에 힘쓰면서도, 동양의 다양한 경전들을 연구하는 일을 병행했다. 그러한 학구적 작업이 선행되었기에 타 종교에 관한 이해와 교양을 갖추고 쓴 『천주실의』가 세상에 나올 수 있었다. 이 저작이 비교종교학상 큰 가치를 지닌다고 할 수 있는 이유는 그 내용 가운데 그리스도교를 통해 접근한 불교·도교·유교에 대한 선구적 이해와 평가가 나타나 있기 때문이다. 천주실의의 구성과 전개 방식도 사뭇 독특한데, 말하자면 서양 선비와 중국 선비 사이에서 문답과 논쟁을 펼치는 형식으로 되어 있기 때문이다. 이러한 구성 속에서 마테오 리치 자신은 천주실의에 등장하는 서양 선비의 입을 빌려 그리스도교 교리의 요체인 하나님·창조·인간·구원·교회 실천 등을 소개하며 독자의 개종을 도모하고 있다.

천주실의는 불교와 도교에 대해서 매우 날 선 비판을 가하고 있는 반면, 유교에 대해서는 관대한 논조를 유지하는 특징을 지닌다. 마테오 리치는 고대의 유교가 '하늘'[天]을 하나의 인격신으로 섬겼다고 긍정했으며, 중국의 상고 사상 및 유교 경전의 일부 내용이 그리스도교 교리에 부합할 만한 가능성이 있다고 평가했기 때문이다.[3] 그렇게 그리스도교

---

2 마테오 리치/송영배 외 5인 역, 『천주실의』 (서울: 서울대학교출판문화원, 2016), 30-31.
3 어떤 경우에는 서양 선비의 발언에서 『중용』, 『서경』, 『시경』, 『역경』, 『예기』 등의 문구가

가 유교의 부족한 부분을 보충하고 완성시킨다는 관점에서 신학적 논리를 전개하는 것을 이른바 '보유론補儒論'이라 한다.

천주실의에는 동양의 종교들이 주장하는 궁극적 실재나 우주의 본체 등 형이상학적 개념과 그것에 대한 평가가 남겨져 있다. 그중에는 '무'에 관한 마테오 리치의 이해와 비판도 나타나 있다. 대개는 동양 종교, 특히 불교와 도교의 '무' 사상을 비판하는 내용이고, 다른 한편 유교의 하늘을 실유實有(실체로 있음) 혹은 존재자의 관점에서 보완·교정해 주고자 하는 내용이다. 이에 본서가 주목할 대목은 마테오 리치가 불교의 공空, 도교의 무, 성리학의 이理에 대해 어떻게 이해하고 동양의 무 관념과 달리 그리스도교의 하나님을 어떻게 소개하고 있는가 하는 데에 있다.

이미 900여 년 전 당나라 경교의 유물 '대진경교유행중국비大秦景教流行中國碑'를 작성한 경정景淨이라는 네스토리안 사제는 "어떤 이는 있는 것을 없는 것으로 주장하여(우리와) 달라져버렸다"[或空有以淪二]고 하며 불교와 도교를 겨냥하여 비판한 사례가 있다.[4] 마테오 리치 또한 불교와 도교에서 궁극적 실재를 공 또는 무로 내세우는 입장을 긍정하지

인용된다. 혹 간에 이것들을 종교 간 대화나 종교 신학이 추구하는 방법론의 사례로 해석할 수 있겠다. 다음을 참조하라. "종교간 대화의 모델로서 마테오 리치의 적응주의," 「한국조직신학논총」 39 (2014): 149. 또한 당대의 해석에는 포괄주의나 다원주의에 상응하는 관점도 있음을 함께 고찰할 필요가 있다. 다음을 보라. 이지조, "천주실의 재판의 서문," 『천주실의』, 26. "진실로 고심을 하며 이 리치의 책을 일찍이 읽어보니, 그 뜻이 종종 근세의 유학자(성리학자)들과 같지 않으나, 중국의 상고 시대의 자연과학적 고전들: 「소문」, 「주비」, 「고공」, 「칠원」 편 등과 소리 없이 서로 통하니, 도리어 순수하여 올바름에 거짓이 없다. (중략) 진실로 동양과 서양은 마음도 같고 이치도 같은 것이다! 다른 것은 다만 언어 문자뿐이다."

4 사탄의 미혹에 의한 타락 이후, 인간의 상태를 설명한 다음 대목에 속한 구절이다. "是以三百六十五種肩隨結轍 競織法羅 或指物以託宗 或空有以淪二 或禱祀以邀福 或伐善以矯人 智慮營營 恩情役役 茫然無得 煎迫轉燒 積昧亡途 久迷休復"

않았다. 그가 보기에 불교의 공과 도교의 무가 만물의 기원이 되기 위해서는 무엇보다 그 자체가 실체이어야 하고 내실[內實]을 갖추어야 했다. 그러나 마테오 리치가 보기에 공과 무에는 원동자(the Prime Mover)가 되기 위한 실체적 근거가 없다. 따라서 공과 무는 결코 존재의 근원이 되지 못한다. 마테오 리치가 지닌 이러한 논리는 16세기에 이르기까지 그리스도교 신학이 사유의 틀로서 원용했던 아리스토텔레스의 형이상학 및 스콜라 신학에 연유하는데, 실제로 그것은 곧 인간의 보편적 상식 및 직관과 크게 다르지 않다.

천주실의의 서문을 쓴 감찰어사 풍응경[馮應京]은 저서명 '천주실의[天主實義]' 가운데 '실[實]'을 "공허하지 않음"[不空]으로 해석하고 있다. 이것 역시 마테오 리치의 사상을 당대 중국 지식인이 어떻게 이해했는지 간접적인 증거를 보인다. 마테오 리치는 "만물이 무에서 생성된다"는 노자의 이론 그리고 "형체가 있는 것[色]은 공에서 연유한다"는 불교의 이론 모두가 "천주의 도리와는 서로 크게 어긋나"[5] 있다고 논파했다. 반면에 만물의 출처로 태극[太極]을 말하는 유교의 역[易]에 대해서는 "그 해석은 다 듣지는 못하였으니 진실로 (도리에) 가까운 듯"하다[6] 또는 "(유교의 책 중에서) 하나의 큰 이치로 그 잘못을 밝혀서 드러낸 것은 못 보았다"[7]는 진술로 유교와 그리스도교의 불일치를 교묘하게 간과했다.

기본적으로 마테오 리치의 생각은 이러했다: "궁극적 실재가 '없음'이라면 과연 그것으로부터 무엇이 나올 수 있겠느냐?" 또는 "그것이 과연 제일원리가 될 수 있겠느냐?" 그런데 마테오 리치의 대화 상대로 등장시킨 중국 선비는 공과 무에 대해 이렇게 변론한다: "모든 사물은 (원

---

5 마테오 리치, 『천주실의』, 73.

6 앞의 책, 74.

7 앞의 책, 75.

래) 처음에 '비어 있다'가 나중에 '채워지게' 되며, 처음에는 '없다'가 나중에 '있게' 되므로, '공'과 무를 만물의 근원으로 삼은 것은 그럴 듯"[8]하다는 것이다. 이에 대해 서양 선비는 다음과 같이 반박한다: "자기에 없는 것을 결코 다른 존재들에게 있을 수 있게끔 베풀어 줄 수는 없"고,[9] "형상과 질료를 부여하여 물체가 되게끔" 할 수 없다. "사물은 반드시 참으로 존재해야만 비로소 '사물이 있다'라고 말"할 수 있고, "사물의 본원이 내용도 없고 존재하지도 않는다면 그곳에서 나온 사물도 역시 없는 것"이며, 처음에 있는 것이 "공이나 무라고 한다면 개체들의 운동인, 질료인, 목적인이 될 수 없다"[10]는 식으로 아리스토텔레스 및 토마스 아퀴나스가 주장한 인과율 및 존재론적 근거를 펼쳤다.

그렇다면 서양 선비, 즉 마테오 리치는 하나님에 관해 어떻게 소개하고 있을까? 그 당대부터 쓰기 시작한 '천주'라는 용어는 고대부터 중국인들이 경외했던 '하늘'[天]에 지배자로서의 주主라는 의미를 더함으로써 그리스도교의 하나님을 뜻하고자 했던 신조어였다. 마테오 리치에 앞서 중국에서 선교했던 루지에리(Michaele Ruggieri)가 기도문들을 한역漢譯했을 때 관련 중국인들이 고안한 용어로 알려져 있다.[11] 마테오 리치에 의하면, 천지의 주主인 하나님은 "시작이 없는 존재"[無時者]이기에 "존재하지 않았던 시점도 없"고, 따라서 하나님보다 먼저 무가 있을 수 없다.[12] 마치 사람이 태어나기 전에 "부모가 있어서 그를 낳아준 것"처럼 "혼돈하여 아무것도 없었던 맨 처음에 있어서는 반드시 천주께

---

8 앞의 책, 76.
9 앞의 책, 같은 쪽.
10 앞의 책, 77.
11 앞의 책, 30, 각주.
12 앞의 책, 78.

서 계셔서 만물의 근원을 열었"다는 이치다.[13]

그리고 그는 무신론에 대항해서, "어리석은 이가 눈에 보이지 않는다고 해서 없다고 여기는 것은 마치 장님이 하늘을 보지 못하여 하늘에 태양이 있음을 믿지 못하는 것", "햇빛은 실재하는데 눈이 스스로 볼 수 없을 뿐"[14]이라는 식으로 일종의 소박실재론(naive realism)의 관점을 표출했다. 성리학이 궁극적 실재로 간주하는 이理에 대한 마테오 리치의 반론을 보자면 이 점을 명확히 알 수 있다. 중국 선비가 "태극이란 다른 것이 아니라 바로 이理일 뿐"이라는 주장에 대해 서양 선비는 실체와 속성의 선후 관계로 이를 논파하려고 했다. 그는 기본적으로 자립자自立者, 즉 실체가 있고 그다음으로 의뢰자依賴者, 즉 속성이 있다고 구별했다. 자립자가 하늘·땅·신·새·짐승·풀·나무 등이라면, 의뢰자는 그것들의 속성이 되는 오상五常·오색五色·오음五音·오미五味·칠정七情 등이다. 그런데 서양 선비는 의뢰자(속성)는 자립자(실체) 다음으로 오는 부차적인 것이라고 논박했다. "이理 역시 속성의 부류"이기에 스스로 자립할 수 없고, 다른 사물을 존재케 할 수 없다는 이유다. 이에 관해 다음 인용문을 보자.

> 또한 원래(우주에) 아무것도 없었던 원초에, (스스로 존립할 수 없는 속성에 불과한) '이'가 어떻게 필연적으로 존재하였다고 말할 수 있겠습니까? 그 '이'가 어느 곳에 있었으며 어떤 사물에 종속해 있었습니까? 속성이라고 하는 것은 스스로 존립하지 못하기에 만일 의탁할 만한 실체가 없다면 속성이란 존립할 수가 없게 되는 것입니다. 만일 '아무것도 없는 것'(空虛)에 종속해 있었다고 말한다면, 아마도 '아무것도 없는 것'은 '이'가 의탁하기에

---

13 앞의 책, 79.
14 앞의 책, 33.

충족한 것이 못 되지 않을까 합니다.[15]

내가 이해할 때 위 내용은 일종의 유물론이나 주기론主氣論과 유사한 관점으로 읽힌다. (기를 우주의 존재의 근원으로, 이를 거기에 내재하는 질서로 해명하는 주기론에 관해서는 본서 아래에서 자세히 살펴보기로 한다.) 그러면서 '부동의 동자'(Unmoved Mover) 개념으로서 이理가 자칫 '무'로 해석될 수 있는 성리학적 입장을 반박하고 보완하려고 시도한다. 이에 관련해서 『천주실의』의 한 대목을 인용해 본다.

'이'(理) 역시 속성의 부류이니 스스로 자립할 수가 없는데, 어떻게 다른 사물을 존재케 할 수 있겠습니까?[16]

반고(고대 중국의 창조신 _ 인용자 주) 이전에 일단 '이'가 있었다고 인정한다면, 어찌하여 그때는 '이'가 가만히 있고 움직여 만물을 만들지 않았습니까? 그 뒤 반고 때에 누가 그 '이'를 격동하여 움직이게 하였습니까? '이'는 본디 움직임도 고요함도 없다고 하는데, 하물며 '이'가 스스로 움직였다고 하겠습니까?[17]

위와 같이 아리스토텔레스의 인과론을 근거로 하나님을 실체적 존재로 주장하는 마테오 리치는 "세상에 서로 동떨어진 사실 중에서 허와 실, 유와 무보다 더 거리가 있는 것은 없"다고 단언했다. 그리고 "유와 무, 허와 실을 합쳐 놓는 것"은 "물과 불, 네모와 원" 등을 융합시키

---

15 앞의 책, 88.
16 앞의 책, 87.
17 앞의 책, 89.

는 격이라고 반박했다.[18] 하나님의 능력과 편재에 관해서는, "비록 그 형상은 없지만, 완벽한 눈이어서 보지 못하는 바가 없고, 완벽한 귀여서 듣지 못하는 바가 없으며, 완벽한 발이어서 이르지 못하는 곳이 없"다는 그리스도교의 전통적 신론을 재확인했다.[19] 인간이 선을 행해야 하는 동기 역시, "반드시 '최고의 존자上尊者'가 있어서 이 세상을 다스린다고 믿어야" 하기 때문이라는 것이다.[20]

이상과 같이 우리는 17세기 초반 동아시아 한복판에 출현한 한 서구 선교사의 저서를 통해 무 중심의 동양적 사유 전통과 현저하게 다른 당대의 그리스도교 신학을 확인하게 되었다. 마테오 리치는 우리의 감관 및 인식과 별도로 존재할지라도 하나님은 분명한 보편적·객관적 실체이며 그에게 실질과 속성이 따르고 있다는 신념을 굽히지 않았다. 이러한 신론은 서양의 근대기에 이르러 전통적 존재론으로부터 벗어나 본격적인 인식론적 반성이 진행되기 전까지 가톨릭 정통주의나 프로테스탄트 정통주의 가운데 공통적으로 엿보이는 신학적 입장이다.

---

18 앞의 책, 388.
19 앞의 책, 33.
20 앞의 책, 34.

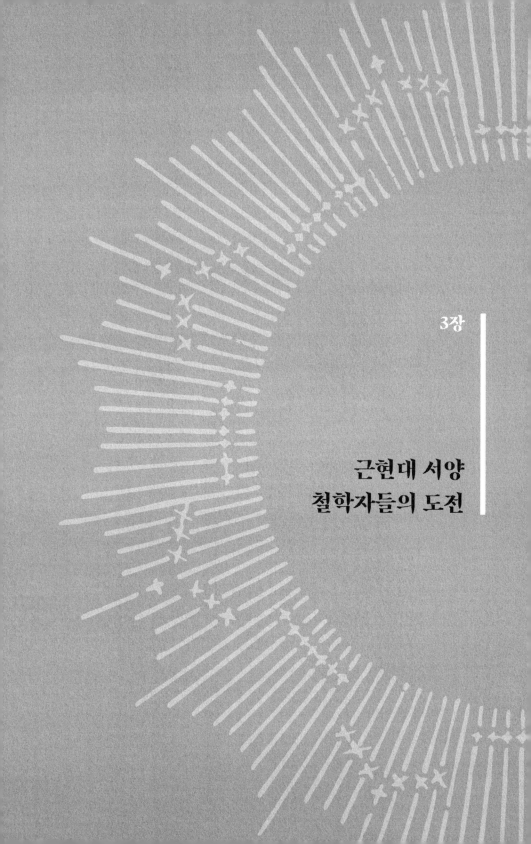

3장

근현대 서양
철학자들의 도전

I. 칸트

"오직 마음이 모든 것을 짓는다"(一切唯心造).

_『화엄경』중

먼저 데이비드 흄(David Hume)의 글 일부분을 인용한다. 형이상학에 심취해 있던 임마누엘 칸트의 사고와 신념을 무너뜨리게 만든 흄의 『인간의 이해력에 관한 탐구』(*An Enquiry Concerning Human Understanding*) 가운데 한 대목이다. 만약 흄이 아니었다면 라이프니츠(G. W. Leibniz)와 볼프(C. Wolff)의 형이상학에 경도된 칸트가 그것으로부터 빠져나오는 일이 불가능했거나, 그 시기가 매우 늦었을 것이다.

우리가 이러한 원리를 확신하고 도서관에 가서 일람할 때, 우리는 무엇을 파괴해야 하는가? 예컨대 우리가 어떠한 서적, 즉 하느님에 관한 책이나 스콜라, 형이상학과 같은 어떤 책을 손에 쥐게 될 때, 우리는 다음과 같이 물어보자. "이 책은 양과 수에 관한 어떤 추상적 추리를 포함하고 있는가?", "이 책은 사실과 존재의 문제에 관한 어떤 실험적 추리를 포함하고 있는가?" 아니라면 이 책을 불 속에 던져 버려라. 왜냐하면 이러한 책은 궤변이나 환상 이외에 아무것도 남아 있지 않기 때문이다.[1]

실제로 18세기의 유럽, 특히 영국의 사상적 풍토에는 위와 같은 지독한 회의론이 팽배했다. 이는 그리스도교가 떠받치고 있었던 유럽

---

1 데이비드 흄/김혜숙 역, 『인간의 이해력에 관한 탐구』 (서울: 지혜를만드는지식, 2012), 75.

지성계에 있어 매우 전위적이고 공격적인 흐름이었다. 오래간 그리스도교 신학 아래 놓였던 서양 철학에 있어 존재의 원리는 인식의 원리보다 우선시 되었다. 인식의 질과 범위는 존재의 위계에 따라 결정된다고 여겨져 왔기 때문이다. 그러나 신앙이 아닌 '이성'을 근거로 하는 인식론의 변혁이 일어났던 근대 이후 오히려 인식 능력에 의해서 존재의 질서가 규정되는 역전이 일어났다. 이처럼 새롭게 열린 이성의 시대 한복판에서 칸트가 우선적으로 감행한 작업은 바로 이성 자체에 대한 자기 검열이었고 한계 설정이었다. 말하자면 칸트는 "이성이 할 수 있는 것은 하되 할 수 없는 것은 하지 마라"는 식으로 이성의 월권을 경계하고 인간의 앎에는 한계가 있다는 사실을 드러내고자 했다.

칸트가 가장 관심을 두었던 문제는 바로 지식의 '성립 요건'이었다. 칸트는 참된 지식이란 최소한 보편성과 필연성을 지니고 있어야 한다고 생각했다. 그런데 특이하게도 칸트는 지식의 성립 요건을 주관적이고 선험적인(혹은 초월적인, transzendental)[2] 자아로부터 찾았다. 본래 그리스도교의 영향 아래 서양 철학에서 진리란 존재에 대한 인식의 동일화 또는 사물에 대한 표상의 일치를 뜻했다. 그리고 그 일치의 기준은 대개 인식주체를 떠난, 이른바 객관적 세계의 사물에서 구했다. 그러므로 주관적 인식이 객관적 실재와 일치하면 그 인식이 진리로 판정될 수 있다. 이러한 인식론은 진리의 기준을 인식주체 외부 또는 객관 세계에 두고 있는 셈이다.

그러나 칸트는 우리에게 형성되는 지식은 경험적으로 주어지는 '내용'으로만 이루어지는 것이 아니라 그 지식의 내용을 정리하는 인식의 '형식'에 의거한다고 보았다. 그리고 그 인식의 형식이란 인간의

---

2 칸트의 용어 'transzendental'을 우리말로 번역하는 사안에 있어 '선험적'과 '초월적'을 함께 쓰고자 한다. 다만 문맥을 고려해 둘 중 하나만을 골라 쓰겠다.

내면에서 이미 선험적으로(초월적으로) 구비된 주관적 형식이다. 그러므로 진리란 "인식과 그 대상의 합치"(B82)[3]라는 것은 맞지만, 인식하는 자가 인식되는 대상으로의 합치가 아니라 그 반대 방향인 대상이 지성에로 합치인 것이다.

칸트에 의하면, 외부의 사물로 간주되는 것들은 실제로 인간의 주관을 통해 표상된 것, 즉 인간의 감성 안에 존재하는 것으로서의 '현상'(Erscheinung)이다(A127).[4] 그리고 자연이라는 것도 그 현상들의 총체다(B163). 인식 대상으로서의 세계도 인간의 주관적 인식형식에 의해서 규정되거나 조건 지어진 제약된 세계로서의 현상이다. 그러므로 외부의 객관적 세계의 사물자체가 곧바로 세계가 되는 것이 아니다. 세계를 규정하는 조건 또는 제약이 되는 선험적 자아의 인식형식이 세계를 구체적으로 조성하는 방식이다. 이것이 칸트가 자신하는 인식론 상의 '코페르니쿠스적 전환'(BXVI)이다. 그리고 이러한 내용을 지니는 칸트의 주관적 선험 철학은 '선험적 관념론'(또는 초월적 관념론, transzendentaler Idealismus)이라고 일컬어진다.

인식형식을 중시하는 칸트에게 있어서 감각 경험을 통하지 않고 지성적 직관에 의해 무엇을 인식하는 일이란 온당하게 지식을 얻는 방식이 아니다. 그는 직관을 감성적 직관과 지성적 직관으로 분류했는데, 오직 감각 경험을 통한 감성적 직관만 가능함을 강조했다. 대상과 직접적으로 접촉하는 감각 작용을 직관(Anschauung)이라 하고, 직관하는 능력을 감성(Sinnlichkeit)이라 하고, 감각 작용을 통해 수용된 것을

---

3 Immanuel Kant, *Kirtik der reinen Vernunft* (München: Anaconda Verlag, 2015), B82. 이후 부터는 칸트 연구자들의 관행에 따라 A판(제1판) 및 B판(제2판)에서 사용하는 번호(면수)를 괄호 안에 넣기로 한다. 그리고 본서에서 인용하는 『순수이성비판』의 한글 번역은 백종현 역, 『순수이성 비판』(파주: 아카넷, 2006)에서 취했음을 밝힌다.
4 물론 칸트는 객관적으로 경험적 대상으로서 현상도 함께 고려한다(B252, 298-299).

현상이라 했다. 그에 의하면, 일련의 인식 과정에서 인식주체에게 주어지는 '잡다한 것들'(Mannigfaltigkeit)이 감성의 일정한 틀인 시간 및 공간의 형식에 맞춰지고, 12가지의 오성(지성)의 범주에 담겨야만 지식으로서 성립 가능하게 된다. 여기서 12가지 '범주'는 양(하나, 여럿, 모두), 질(실재성, 부정성, 제한성), 관계(내속성과 자존성, 원인성과 의존성, 상호성), 양태(가능성, 현존, 필연성)인데, 말하자면 지적 수용을 위한 용기容器 같은 것이다.

만약 위와 같은 원리에 의하지 않으면 무엇이든 지식이 될 수 없다. 그러므로 우리가 어떤 대상을 사유할 수 있다고 해서 그것이 존재한다는 식으로 주장하는 신학 및 전통 형이상학은 별 의미가 없다. 특히 신학적 사유의 대상인 하나님, 내세, 영혼에 관련한 순수이성의 이론적 진술도 공허하다. 감성적 직관을 생략하고 하나님에 대해 지성적 직관이 가능하다고 보는 것은 기존 형이상학이 노출했던 사변의 오류였다.

다음으로 칸트 인식론의 핵심어인 '사물자체'(또는 물자체, Ding an sich) 개념을 살펴보자. 앞서 언급했듯이 '현상'이란 우리의 인식형식에 제약되는 것인 반면, 현상이 아닌 사물자체는 제약될 수 없는 특징을 지닌다. 이에 따라 칸트는 현상을 초월해 있는 것들을 일컬어, 이른바 무제약자(Unbedingtes)라고 칭했다. 무제약자에는 (특히 전통 형이상학이 주로 논해 왔던) 세 가지 '이념'(Ideologie)[5]이 있다. 말하자면 주관적 무제약자인 '영혼', 객관적 무제약자로서의 '세계 자체', 주객 통일적 무제약자로서의 '하나님'이 바로 그 세 가지 이념이다(이것들은 칸트에 앞서 볼프가 분류한 이른바 '특수형이상학' 가운데 심리학, 우주론, 신학의 연구 주제

---

5 뒤에서 상술하겠지만, 헤겔에게 있어서 개념은 변증법적 운동을 통해 이념에 이르게 된다. 또한 이념은 사유 원리와 존재 자체의 통일 혹은 개념과 실재의 통일태이다. Georg W. F. Hegel, *Phänomenologie des Geistes* (Hamburg: Felix Meiner, 1952), 92.

에 해당한다). 그런데 칸트는 양, 성질, 관계, 양상에 관련한 12가지의 오성의 범주는 현상 세계의 사물에 대해 타당한 인식 틀이지 현상 사물이 아닌 사물자체 또는 이념에 적용할 수 있는 것은 아니라고 보았다. 인식 제약은 현상에 대해 적용되어야만 하며, 현상이 아닌 것을 현상으로 취급하는 것은 범주 적용상의 오류이기 때문이다. 영혼·세계 전체·하나님을 마치 감각을 통해 경험하는 객체처럼 대상화하여 범주의 인식 틀로서 규정하려는 것은 불가능하기에 인간이 "무제약자에 관한 지식을 획득할 수 없다"는 것이 칸트의 인식론적 존재론의 요지였다.

그렇다면 종래의 형이상학 또는 신학적 사유 대상의 실재성에 관해 칸트는 어떻게 보았을까? 우선 그는 전통 형이상학이 주장하는 방식에 대해 비판적이었다. 인간의 인식에는 한계가 있으므로, 인간에게 무한한 세계가 '존재한다' 혹은 '부재한다' 하며 판단할 자격이 없기 때문이다. 그러므로 형이상학이 '신앙'의 영역에 귀속시켜야 할 것을 '지식'의 영역에 귀속시킴으로써 독단을 일삼던 오류를 극복하고 감각되지 않는 세계, 즉 형이상학적 주제들에 관하여 접근 방식을 달리해야 한다고 제안했다.

개별자에게 있어서 보편자, 역사의 미래, 존재의 총체, 하나님 등은 인식적 한계에 처해 있는 인간에게 있어서 '이념'이라는 위상을 지닐 수밖에 없다. 만약 우리가 칸트의 논지를 따르자면, 근현대 문명에 관해 다음과 같이 반성할 수 있다. "이 이념들을 실체화할 때 인식론적인 독단에 처하게 되고, 그러한 독단에 기인한 배타성으로 인해 세계에 소외와 갈등이 발생한다." 따라서 인식의 한계에 처해 있는 인간은 인식적으로 모호한 것을 절대화할 수는 없다. 신학적으로 바꿔 말하자면, 인식론적 독단 속에 우상이 있고, 우상 속에 억압이 있고, 억압

속에 죄악이 있는 격이다.

칸트는 실재들이 인간의 정신에 의존적일 가능성을 열어놓으면서 감각 가능한 질료의 기원에 관해서는 초월적인 무지를 말했다. 그리고 지식이 가능하기 위해서 시간과 공간이라는 감성 형식에 그 대상이 들어와야 한다. 따라서 과거의 형이상학, 특히 그리스도교 신학이 참된 지식인가 판단하는 일은 어쩔 수 없이 유보할 수밖에 없다. 이렇듯 순수이성에 의한 신인식이 불가능하다고 주장한 칸트는 무신론의 입장에 섰을까? 그렇지는 않다. 오히려 칸트는 "나는 신앙(Glauben)을 위한 자리를 얻기 위해서 지식(Wissen)을 폐기해야만 했다"라고 고백했다. 이러한 대목에서 칸트는 분명히 한 사람의 신앙인으로서 그 자신을 표명하고 있다(BXXX). 그가 하나님과 영혼을 포함하는 사물자체에 관한 인식 불가능성을 주장하는 이유도 "인간의 마음의 자유를 마련하기 위해서"였다(B831-385, B772, B822). 칸트는 이념의 영역을 인식 가능한 대상으로 오인하려는 사변 이성에 제한을 두는 한편, 이성의 실천적(도덕적) 사용의 길은 열어놓고자 했다(AXXXV).

칸트에 의하면, 순수이성에 관한 한 인간에게 사유와 존재 간의 불일치는 불가피하다. 다만 실천이성을 통해서 이념에 대한 회의를 극복할 수 있다. 비근한 예로 인간 내부의 도덕률은 하나님에 대한 '요청'(Postulat)이라고 볼 수 있다. '순수이성'이 주어진 세계를 파악하고 그 사실 원리를 탐구하는 활동에 관련되는 한편, '실천이성'은 주어진 세계를 극복하여 추구해야 할 세계·선한 세계·도덕적 세계를 이루고자 하는 활동과 관련되어 있다. 그리고 거기에는 '이념'을 현실화시키려는 실천과 당위성이 포함되어 있다. 그러므로 사유와 존재가 일치되지 못할 것들에 대해서는 개념적·이론적 접근을 포기해야 하고, 오로지 실천적인 방법 또는 윤리적인 방법으로 접근할 수 있다. 다시 말해 어떠한 초감각적 실재가 있을지라도 인간은 그것을 개념적으로 대상화할 수 없겠지만, 양심을 따라 도덕적인 삶을 살아가면서 이념 또는 사물자체가 스스로 드러나길 바랄 수는 있다.

칸트는 형이상학을 폐기하거나 사물자체로서의 하나님과 내세를 부정할 의도는 없었다. 다만 이성의 월권으로 잘못 근거 지어진 형이상학의 기초를 인간의 실천이성을 의거하여 도덕 형이상학으로 다시 정초하려고 했다(B832, B220-241). 그런데 칸트가 사물자체라는 표현을 통해 우리가 인식하는 시·공간적인 현상 세계 너머에 또 다른 배후 세계를 당연시하고 있는 것처럼 이해해서는 안 된다. 칸트에 의하면, 인간이 경험하고 인식하는 이 시공간적 세계가 '인간에게' 실재하는 세계다. 칸트는 이 세계가 우리의 직관 형식과 사유 형식을 떠난 것이 아니라는 의미에서 '현상'이라고 칭했다.

신 존재 증명이 불가능하다고 보는 입장이었지만, 칸트에게 하나님은 최소한 다음과 같은 의미가 있었다. 즉, 하나님은 필연적인 세계 원인이며 의지와 이성을 지닌 세계의 창조자이며 완전한 존재자로서 세계를 통치하는 근원적 존재자다(B72, B655). 물론 이 내용은 전통 신학 및 전통 형이상학이 주장한 하나님 정의를 따라 거의 그대로 가져온 개념들이다. 칸트에 의하면, 하나님의 현존에 대한 증명이 불가능한 만큼 그 반대의 명제를 증명하는 것도 불가능하다(B770, B781). 하나님은 경험을 넘어서는(A96) '이념'일 수밖에 없지만(B608), 실천 법칙에 영향을 줄 수 있으며(B617), 규제적 원리(B647)가 될 수 있다.

칸트가 하나님에 관해 언급할지라도 그것은 전통적 의미에서 신학적 작업이 될 수는 없다. 그의 선험적 인식론이 존재론까지 포함하지만, 순수이성에 의해 작업할 수 있는 존재론 혹은 지성의 대상에 관한 존재론에 국한되기 때문에, 전통 신학처럼 사변과 직관에 의한 다양한 논의를 기피하기 때문이다. 이러한 성격으로 인해 칸트의 저작 속에서 하나님과 무를 본격적으로 관련해 다룬 내용은 거의 없다. 자신의 선험 철학을 하나의 존재론으로 이해했던(B873) 그에게 있어서 무는 인식론상의 주제였지 존재론상의 주제가 아니었다.

그런데 다음과 같은 그의 문학적 기술들은 마치 20세기의 탈형이상학적 존재론이나 탈형이상학적 신학의 분위기를 자아내기 때문에 독자를 사뭇 당혹하게 만든다. 이것은 칸트가 선험적 분석론을 마치며 다음과 같이 심연(abgrund, 무근거) 혹은 무에 관련한 주제에 덧붙여 자신의 사유를 전개했던 대목이다.

> 우리가 모든 사물의 담지자로 그토록 불가결하게 필요로 하는 무조건적 필연성은 인간 이성에는 진짜 심연이다. (중략) 영원은 사물들의 지속을 단지 아쉬워할 뿐, 그것을 담지하지는 않으니 말이다. 우리가 모든 가능한 것 가운데서도 최고의 것이라고 표상하는 존재자도 이를테면 자기 자신에게 말한다. 나는 영원에서 영원까지 있으며, 나의 밖에는 순전히 나의 의지에 의한 것 외에는 아무것도 없다. 그러나 나는 도대체 어디서 온 것인가? 사람들은 이런 생각이 나는 것을 막을 수도 없고, 그렇다고 그것을 견뎌낼 수도 없다. 여기서 모든 것은 우리 아래로 가라앉는다(B641).

마치 하이데거나 실존주의자의 저서의 한 대목과 같다. 위 인용문은 칸트의 저작 중에서는 매우 인상적인 부분으로, 무조건적 필연성에 있어서 존재자의 형태를 부정하면서 '무근거의 (또는 심연으로서의) 무'에 근접하여 사유하고 있다. 앞으로 본서가 이러한 주제들을 깊이 다룰 것이지만, 인식할 수 있는 '현상'에 집중하고 있던 칸트라는 사실을 염두에 두자면, 칸트가 언급하는 '심연'을 논외로 해야 할 것인지 고민이

든다.

다시 다음 인용문을 보자. 여기서는 아직 규정되지 못한 대상 일반 또는 무가 함께 속하는 문제를 짚고 있다.

사람들이 흔히 초월 철학을 시작하는 최고 개념은 보통 가능한 것과 불가능한 것의 구분이다. 그런데 모든 구분은 구분되는 개념을 전제하므로, 보다 상위의 개념이 제시되어야만 하는데, 이 개념은 대상 일반이라는 (미정적인 것으로 받아들여진, 그것이 어떤 것[有]이냐 아무것도 아닌 것[無]이냐는 확정되지 않은) 개념이다. 범주들은 대상들 일반에 관계하는 유일한 개념들이므로, 한 대상이 어떤 것(Etwas)이냐 아무것도 아닌 것(Nichts)이냐의 구별은 범주들의 순서와 지시에 따라 진행될 것이다(A290).

역시 위에서도 대상 일반에 관한 지시 그리고 유(Etwas)와 무(Nichts)의 구별이 "순수이성에 의해 인간은 무엇을 알 수 있는가?" 하는 근본적인 기준에 의해 검열되어야 한다는 점을 언급한다. 칸트는 시종일관 존재론에 있어서 상위의 개념 또는 대상 일반이라는 개념이 필요할지라도, 그것은 인식론적 범주에 의거하기에 미정 상태이고 기껏해야 선험적 대상 또는 무규정적 감각소여에 해당함을 시사할 뿐이다. "예지체(가상체)를 그러한 객관이라고 부를 수가 없다"(B343)라고 밝힌 범주론에 의하자면, 논자에 따라 그것을 '존재하지 않는 것'으로 치부할 수 있다.

칸트의 선험 철학은 전통 형이상학의 주제나 인간이 깊은 관심을 두는 궁극적 실재에 관해서 변론과 해답을 줄 수 없는 한계를 지닌다. 그것이 칸트 철학의 특징이다. 그 체계 속에서 오성의 범주에 적용되지 않는 대상 일반, 선험적 대상, 무규정적 감각소여, 개연적 개념, 개연적인 가상체 등이 무근거 및 무의미로서 '아무것도 아닌 것', 즉 무(Nichts)로 칭해질 수 있다. 그 대표적인 대상이 존재 유무를 확정지을 수는 없어도, 사유하거나 말하지 않을 수 없는 '선험적 기체'(transzendentales Substratum)로서 하나님이다. 어떻게 보자면 칸트 철학에 있어서 하나님은 앞서 '무조건적 필연성'으로서 언급된 심연이자 또한 무로서 인식론적 위상을 점하게 된다.

『순수이성비판』 중 이른바 '선험적(초월적) 분석학'을 끝내면서 칸트는 자신이 정리한 무(Nichts)에 대한 개념을 아래와 같이 도식화한 예가 있다. 첫째, 대상 없는 공허한 개념(ens rationis), 둘째, 한 개념의 공허한 대상(nihil privativum), 셋째, 대상 없는 공허한 직관(ens imaginarium), 넷째, 개념 없는 공허한 직관(nihil negativum), 이상 넷이다(A292). 이에 대해 칸트는 다음과 같이 설명했다.

1. 모두·여럿·하나의 개념들(곧, 양의 개념들)에는 모든 것을 제거하는 것, 다시 말해 하나도 아닌 것이 대립한다. 그것은 그에 대응해서 전혀 아무런 직관도 제시될 수 없는 개념의 대상, 즉 아무것도 아닌 것(無), 다시 말해 대상 없는 개념이다. 그것은 가능한 것에 속한다고 계산될 수 없는 것임에도, 그렇다고 불가능하다고 칭해서도 안 되는 예지체 같은 것들(즉, 이성적 존재자)이거나 또는 사람들이 모순 없이 생각해 내기는 하지만, 경험에서의 실례 없이 생각되는 것이기에 가능한 것에 속한다고 계산되어서는 안 되는, 가령 모종의 새로운 근본력 같은 것들(어떤 영혼력 같은 것)이다.
2. 실재성은 어떤 것(有)이고, 부정성은 아무것도 아닌 것(無), 곧 대상이 결여된 개념, 가령 그림자, 추위 같은 것(缺如的 無)이다.
3. 실체 없는, 직관의 순전한 형식은 그 자체로는 아무런 대상이 아니라,

(현상으로서의) 대상의 한낱 형식적 조건이다. 순수 공간과 순수 시간이 그러한 것인데, 그것들은 어떤 것이기는 하지만, 직관하는 형식으로서이다. 그러나 그 자신(으로는) 직관되는 대상들은 아닌 것(想像的 存在者)이다.

4. 자기 모순적인 개념의 대상은 아무것도 아닌 것(無)이다. 이런 개념 없는 것(無)이므로 불가능한 것이다. 가령 두 변을 가진 직선 도형과 같은 것(否定的 無)이다(B347 이하, A291 이하).

칸트가 무의 종류를 나누며 예를 든 것을 다시 풀어서 예시해 본다. 첫 번째에 해당하는 무는 인간의 오성의 범주로써 포착할 수는 없지만 사유 가능한 것으로서의 무라고 할 수 있다. 우리가 그것에 대해 모순 없이 생각할 수 있어도, 경험하기에 어렵거나 불가능한 대상이다. 아마도 논리적으로 타당할 수 있지만 양화할 수 없는 무질료의 것으로서, 대표적으로 플라톤의 절대미나 절대선 혹은 유신론적 종교에서 믿고 논하는 대상들이 여기에 해당할 것이다. 두 번째의 무는 물리적으로 없는 것, 부재한 것, 결여된 것이지만, 그것이 마치 실재하는 것인 마냥 일컬어지는 무다. 암흑은 빛의 부재이고 냉기는 열의 부재인데, 우리는 암흑이나 냉기를 마치 실체처럼 간주한다. 이 경우 무 개념은 존재 개념에 부속하거나 종속한다고 간주해도 좋을 것이다. 세 번째의 무는 칸트 철학에 있어 자주 언급되는 '직관의 형식'이다. 대표적으로 감성의 형식으로서(순수) 시간과(순수) 공간이 해당된다. 물론 거기에 실체나 물질적 성질이 있을 수 없으며 그 자체가 인식의 대상이 될 리가 없다. 어떤 '것'이라고 간주할 수 있지만 단지 대상에 대한 인식에 기여하는 형식적 조건으로만 남아 있다. 네 번째는 실체로서 존재할 수도 없고 개념적으로도 도무지 사유할 수 없는 종류의 무다. 칸트가 예시했듯 '두 변을 가진 직선 도형', '네 변의 삼각형' 따위다. 이는 현실로나 개념으로나 불가능한 종류다.

무에 관련하여 칸트가 사물자체의 존재를 부정할까 하는 문제는 연구자들 사이에서 논란이 되곤 한다. 나는 칸트가 사물자체의 실재성을 부정하지 않았을 것이라는 편에 선다. 칸트가 사물자체의 존재를 인정하지 않으면 존재의 유일한 형식은 인간 오성의 범주에 국한하여 '인식될 수 있는 것'만 남을 것이다. 이런 경우 사물의 존재 근거는 인간(특히 인간의 의식)밖에 없거나 참으로 존재하는 것은 인간의 인식 구조만이라고 말할 수 있는데, 이러한 사상은 일종의 유심론^{唯心論}으로 흐르게 된다.

앞서 살펴보았듯이 칸트는 어떤 것이 우선 객관적으로 존재하기에, 그 이후 인간의 선험적 인식이 그것을 긍정하는 과정을 밟는다는 식으로 설명하지 않았다. 또한 비존재 하기에 인간의 선험적 인식 구조가 그것을 부정하게 된다고 주장하지도 않았다. 오히려 오성의 범주에 의해 선험적으로 긍정되기에 존재하는 것이고, 선험적으로 부정되기에 비존재 하는 것이라는 논지가 곧 『순수이성비판』이 주장하는 핵심이었다. 그런데 이 비존재를 '없다'라고 단정 지을 수 없다는 점을 칸트 스스로 알고 있었다. 칸트는 인식될 수 있음과 존재할 수 있음의 외연을 일치시켜 인식론적 존재론을 정초했지만, 데이비드 흄처럼 사물자체·대상 일반·예지체(가상체)에 대한 객관적 부재를 단언하지 않았다. 인식될 수 있는 존재가 있는 한편 인식될 수 없는 존재를 인정하고 있기 때문이다. 말하자면 인식될 수 없는 존재는 선험적 인식 능력과 그에 따른 존재 개념보다 더 "상위의 개념"(B346)인 것이다. 내가 보기로 그것은 인간 인식이 규정할 만한, 실재^{實在}의 여부에 있어서 아직 유와 무 사이에 확정되지 않은 것이다.

II. 헤겔

"존재와 무의 표상 너머에 있는 것이 진정한 무다.
결코 대상화될 수 없는 것이 이 무다."
_ 니시타니 케이지(西谷啓治)[1]

근대 형이상학의 완성자라고 일컬어지는 헤겔(G. Hegel)의 철학을 요약하거나 일거에 이해하는 것은 매우 어려운 일이다. 임종 때 "나의 제자 중에서 나를 완전히 이해한 사람은 단 한 사람도 없다"라고 말했을 정도로 헤겔 자신이 아니면 누구도 그의 철학을 설명해 내기 어렵다. 칸트, 피히테, 셸링 등 앞서 활동한 철학자들의 사상적 유산을 비판적으로 받아들이면서 독자적인 철학을 구축한 헤겔은 사후에 '헤겔주의자'(Hegelianer)라고 칭해지는 학파를 형성했고, 그리스도교 신학에도 큰 영향과 도전을 가했다. 비록 그의 난해한 형이상학이 오늘날 우리에게 번역을 통해 낱낱이 전달되는 것에는 한계가 있지만, 최소한 그의 역사적 '변증법辨證法'(Dialektik)만큼은 무수한 지성인들이 세계사의 전개를 주도면밀하게 관찰하도록 돕고 있다.

본서가 집중하고 있는 '무'라는 주제에 관해 가장 주목할 만한 헤겔의 어록은 바로 "순수존재와 순수무는 동일한 것"[2]이라고 밝힌 대목이다. 그의 논리학에 의하면 시원이 되는 순수존재(reines Sein)는 단지 있다는 것일 뿐, 단순하고 무규정적이고 직접적이기에 '무'다. 무규정적인 순수

---

1 Nishitani Keiji, "Ontology and Utterance," *Philosophy East and West* 31(1) (January 1981): 40.
2 G. 헤겔/임석진 역, 『대논리학(I)』(서울: 벽호, 1997), 76.

존재는 그 속에 사유할 수 있는 것 또는 직관할 수 있는 것이 전혀 없기에 공허한 것이다. 일반적 논리로 이해되기 어려운 이러한 주장에 대해 헤겔은 다음과 같이 썼다.

> 유와 무는 동일한 것이다. 이 명제는 표상 또는 오성의 입장에서 보면 참으로 들어 말할 가치도 없는 불합리한 명제처럼 보일 것이다. 사실 이 명제는 사유 작용이 추구하기에 가장 곤란한 것 중의 하나이다. 왜냐하면 유와 무는 완전한 직접성에 있어서의 대립, 다시 말하면 양자의 관계를 의미하는 규정이 양자 중에 어느 쪽에도 없는 그러한 대립이기 때문이다.[3]

간혹 동양에서 이와 유사한 사유나 진술이 가능했어도, 서양의 철학 전통에서는 "존재는 존재하고 무는 존재하지 않는다"라는 파르메니데스의 말마따나 '있으면 있는 것이고, 없으면 없는 것'이라는 존재 일변도의 관점 또는 존재와 무를 상반된 것으로 보는 관점이 지배적이었다. 그러나 존재와 무를 같은 것으로 지칭하는 헤겔의 사유 방식은 특히 서양 근대 철학에 있어서 매우 드문 사례였다.

우리가 헤겔의 의도를 이해하기 위해서 역사(시간)와 변화라는 요건들과 함께 그의 논리학과 역사철학의 기본 골자를 아는 것이 필요하다. 헤겔에 의하면, 무엇보다 사물들은 '정신'(Geist)의 소산이다(정신은 헤겔의 저작에서는 절대자 또는 신을 일컫는 말로 때로 세계정신·절대정신·이념·개념·존재 등의 용어로 바꿔 쓰므로 문맥에 따라 주의 깊은 독해가 필요하다). 정신은 만물의 근거이며, 그것들을 발생시킬 뿐만 아니라, 세계의 역사를 통해 자기를 실현하도록 이끈다. 그리고 철인, 영웅, 민족 등으로

---

3 G. 헤겔/전원배 역, 『논리학』 (서울: 서문당, 1978), 209.

하여금 당면한 역사에 맞는 정신의 사고를 하도록 한다. 즉, 시대별로 정신이 부과한 이념을 구현하는 인물과 사건이 나타나고 사라지는 셈이다. 다만 민족과 개인들은 각기 맡은 바 정신과는 다소 차이가 있는 사상과 구체적인 역할을 감당한다. 정신으로부터 말미암았지만, 그것들은 정신으로부터 일정 부분 소외된 존재이기 때문이다. 정신은 역사의 흐름 가운데 변증법적으로 자기를 전개하는 과정을 펼치는데, 역사의 대단원에는 객관과 주관의 대립이 극복되고 통일되며 존재와 사유가 일치된다. 이상과 같은 방식으로 정신이 선택한 개인과 민족을 공교롭게 조정하여 최후에 자기를 실현하는 것을 헤겔은 "이성의 교자理智" (List der Vernunft)라고 칭했다.

헤겔에 의하면, 정신에 따라 인간의 의식과 역사의 발전은 기본적으로 세 단계의 원칙, 즉 변증법적 과정을 밟아간다. 흔히 정正, 반反, 합合으로 번역되는 정립定立(These), 반정립反定立(Antithese), 종합綜合(Synthese)의 단계가 바로 그것이다. 거시적으로 보자면 '종합된 것'들은 새로운 상황을 맞을 때 또다시 정립의 위치에서 재차 진행하게 된다. 그리고 그 정립은 다시 반정립의 모순에 직면하여 종합을 위한 지양止揚(Aufheben)을 거치는 변증법적 운동을 계속하게 된다. 사물들이 실질적으로 자기 운동의 형식으로 갖는 변증법이란, 바로 정신이 세계 전체를 구체적으로 인식해 가는 방법이다. 그리하여 역사의 마지막에 정신은 자신에 관한 완전한 자기 인식 및 자기동일성의 완성에 도달하게 된다. 이 동일성은 정과 반·주관과 객관·자기와 타지 사이의 대립·소외·차이 따위가 완전히 해소된 상태다.

헤겔은 태초의 '정신'에게 있어 존재의 의미를 이렇게 밝혔다. "존재의 개념에는 아무것도 직관할 수 있는 것이 없으며, 이와 마찬가지로 그 존재의 개념에서 어떠한 것도 사유될 수 있는 것은 없다."[4] 즉,

시원적 존재가 규정될 수 없도록 단순하고 직접적일 경우, 그 존재는 다만 '있음'뿐이며, 그것이 곧 '무'(Nichts)와 다르지 않다고 본 것이다. 칸트식으로 말해 양·질·관계 등의 범주로 인식될 소지를 지니는 대상으로 분화되지 않았거나 그런 까닭에 그 어떤 정의나 규정이 불가능한 단계에 있는 것이라면, '순수존재'(reines Sein)는 다른 한편 '순수무'(reines Nichts)일 수밖에 없다. 이런 이유로 헤겔은 "무규정적인 직접적인 것으로서의 존재는 무로서 결코 이것은 무 이상도 그리고 그 이하도 아닌 것"[5]이라고 했던 것으로 보인다. 혹은 존재와 무, 이 둘의 관계가 무엇과 무엇의 관계임을 의미하는 '매개적인 것'이 전혀 개입되지 않은 직접적인 관계로서의 대립이기에 동일하다고 말한 것으로 독해된다. 다시 헤겔의 글을 인용한다.

> 우리는 사상과 존재가 대립한다는 말을 흔히 듣는다. 그런데 이러한 주장을 하려면 첫째 존재라는 것이 무엇인지 알아야 한다. 가령 존재라는 것을 반성이 규정하는 대로 취하면, 존재라는 것이 전연 동일적인 것이나 긍정적인 것과 동일한 것에 불과하게 된다. 그다음에 또 사상이라는 것을 살펴보자. 이것도 역시 마찬가지로 절대로 자기와 동일적임을 무시할 수 없다. 따라서 양자(兩者) 즉 존재와 사상에는 동일한 규정이 있다. 그러나 그렇다고 존재와 사상과의 이 동일성을 구체적인 것으로 이해하여서는 안 된다. 따라서 암석이 있고, 사유적 인간이 있다고 해서 이 양자가 있는 점에서 동일하다고 말할 수는 없다. 구체적인 것은 이러한 추상적인 규정과는 전연 다르거니와 그러나 유라는 것에는 하등의 구체적인 것이 없다. 왜냐하면 유라는 것은 바로 추상적인 것에 불과하기 때문이다.[6]

---

4 G. 헤겔, 『대논리학(I)』, 58.
5 G. 헤겔, 『논리학』, 212.

'유有' 또는 존재(있음)라는 것은 사실 그 어떤 구체적인 것이 없으니 추상적인 것 혹은 무라고 설명하는 것은 헤겔의 예리한 해석이다. 특히 '직접성'(Unmittelbarkeit)이라는 원리적 관계 때문에 존재가 무가 된다는 분석이 그러하다. 순수존재 또는 존재 일반이라는 것이 중간의 매개(Mittel)를 개입시키지 않아 사태가 직접적으로 드러나야 한다면, 있는 그대로 포착되는 양태인 직접성을 지닌 존재라고 할 수 있다. 이것은 그 어떤 규정·성질·내용 등이 없는, 자기 외에 다른 것이 없는 무규정적 존재다.

헤겔에 의하면, 대자적 존재로서의 무, 즉 존재로부터 이행한 무 또는 존재로부터 사유된 무는 존재와 직접적으로 마주하면 동일성이 된다. 다만 존재와 무 사이의 이해가 가능하기 위해서는 제삼자第三者(ein Drittes)가 개입되어야 한다. 제삼자로 개입되는 것들은 자기반성, 자기부정, 이율배반적 모순 등의 매개물이다. 이것들로 말미암아 존재와 무의 관계는 매개적 관계가 되고, 지양된 존재와 무의 매개성의 원리에 의해 구별되어 '생성'(Werden)으로 이행되는, 이른바 즉자대자적 존재가 된다(즉자 및 대자에 대해서 곧 아래에 다시 설명하겠다).

생성에는 자기로부터 나와서 타자와 관계하고 타자와의 관계 가운데 자기 자신으로 되돌아오는 주체적 운동으로의 절대적 부정(absolute Negativät)이 개입된다. 존재로부터 무로 이행을 거치며 새로운 생성의 계기가 되는 이 절대적 부정이 또한 무다. 이 무는 그 추상성 때문에 무규정적 순수존재와 일치한다. 생성의 개념은 변증법적 운동, 즉 정립으로서의 존재와 반정립로서의 무 그리고 그 둘의 종합을 이루면서 나타난다. 헤겔에 의하면 순수존재는 그 자체로 시원이고, 직접성의

6 앞의 책, 같은 쪽.

원리이고, 제1차적인 단초다. 다만 그것은 아직 '생성'을 전제로 하는 존재가 아니다. 그런데 매개성의 원리인 제2차적인 단초가 되는 무가 나타나서야 점차 생성이 가능해진다.

헤겔의 변증법에는 생성의 원리가 매우 중요한 개념으로 자리하고 있다. 헤겔은 생성에 대해 "무가 한낱 무에 그치지 않고 오직 그의 타자, 즉 존재로 이행해야만 한다는 것"[7]을 의미한다고 적고 있다. 그러니까 생성 역시 서로 간에 구별된 존재와 무가 '일부를 버리면서 일부를 취하는(일부가 남는)' 운동, 즉 서로 '지양'(Aufheben)을 하는 운동이다. 다만 무로부터 시작해서 존재로 이행하는 것이 발생이고, 존재로부터 시작되어 무로 이행하는 것이 소멸이다. 그리고 이 구별되는 방향은 "상호침투되면서 서로가 상쇄"된다.[8] 생성과 소멸이란 그 둘이 해소되는 구별의 과정을 거치는 변증법적 운동인데, 만약 시간이라는 요건을 배제한다면 생성은 곧 소멸이라는 사실이 드러난다(참고로 파르메니데스의 관점에 의하면, 있다가 없어지는 것의 본질은 역시 무다). 정립과 반정립이 지양되는 것은 존재로부터 직접적으로 무화되는 것이 아니라 매개하는 것에 의해 가능해진다. 매개하는 것이 없으면 존재와 무가 '직접적으로' 동일하다. 다만 생성 과정에 있어서 매개성에 의해 그 동일함이 보존되면서도 매개에 의한 직접성이 상실되는 이중적 의미를 지닌 것이 '지양'이고, 그것은 또한 생성과 소멸을 가능케 하는 요건이다.

헤겔에 의하면, 변증법의 첫 단계, 즉 정립의 단계에서 세계정신은 즉자적 위상에 놓여 있다. 여기서 '즉자卽自'(An sich)란 타자와의 관계가 없이 자기 자신으로서만 존재하는 방식이다. '직접적인' 자기동일적인 상태에 처해 있기에 자기가 자신에게만 밀착되어 있어서 다른 것(타자)

---

7 G. 헤겔, 『대논리학(I)』, 78.
8 앞의 책, 101.

과의 연관에 의해 규정되는 단계까지 도달하지 않은 미발전의 상태이고, 자기 본성에 대해 무자각적인 상태와 외적인 무관심 상태에 있다.

그다음에 반정립의 단계에서는 세계정신이 대자적 위상에 처해진다. 여기서 '대자^{對自}'(Für sich)란 세계정신이 자기를 의식하는 단계인데, 자기를 의식한다는 것은 곧 자기에 대한 타자^{他者}와 맞설 때 가능하고, 이는 곧 자^自와 타^他의 대립 상태라 할 수 있다. 또한 여기에는 정신의 외화^{外化}가 나타난다. 즉, 자기 안에 있는 것 또는 자기의 본질을 자기 밖으로 외화시켜서 자기에게 낯선 것, 자기에게 대립하는 것으로 정립하는 것이다. 헤겔은 외화를 '소외'(Entfremdung)와 비슷한 의미로 사용했다. 그러니까 세계정신은 자기를 실현하기 위한 외화 과정 또는 자기 전개의 과정에서 자기를 소외하는 방식을 취한다. 그리고 외화라는 것은 회복(지양)을 통하여 이념(또는 정신)으로의 복귀를 위한 긍정적 계기를 갖는다. 다시 말해 무한자로서 세계정신은 자연과 역사라는 '타재^{他在}'(Anderssein)로 외화하고, 그 유한자와 같은 활동을 통해 자신의 무규정적·무조건적 성격을 극복한다. 태초에 외화되지 않은 즉자적 상태의 세계정신은 자기를 실현하기 위해서 외화할 이유가 있는 격이다.

마지막 세 번째인 종합의 단계에서 세계정신은 '즉자대자^{卽自對自}'(An-und-Für sich)의 통일로 나아간다. 말하자면 발전하는 존재와 인식이 갖는 최고의 단계라 할 수 있다. 그런 '전체로서의 진리'가 확보되면서도, 앞선 단계의 대립·외화·소외 등을 계기로서 보존하고 있다. 대자의 단계에서 겪는 '지양'이란, 앞서 설명했듯이, 대립하는 상황 가운데 어떤 요소를 보존하면서도 어떤 요소를 버리며 종합하기 위해 나아가는 운동이다. 그렇게 세계정신 역시 시원(최초의 것)에서 출발하여 자기 자신으로부터 소외(외화)된 후 자기 자신에 의해 자기 자신에 매개된 것들로 인한 대립을 극복하고 자기 자신에게로 복귀하게 된다.

헤겔은 존재와 무가 동일하기에 사물을 일면적으로 볼 것이 아니라 긍정성과 부정성의 두 측면을 반드시 함께 지니고 있는 것으로 보아야 한다고 제안한다. 이와 같은 주장은 '모순' 혹은 '대립물의 통일과 투쟁'의 변증법의 성질을 언급한 것으로서 사물과 역사를 균형 있게 보도록 도울 탁월한 통찰이다. 일종의 존재론적 원리인 그의 변증법에 따르면, 세계의 존재자들은 긍정적인 측면과 부정적인 측면을 함께 지니는 모순이 동력動力이 되어 운동과 발전을 일으킨다. 대표적으로 존재와 무가 그러하다. 무가 존재와 대립하지만, 다른 한편 무는 존재의 근본적 구성에 속한다. 그러므로 존재와 무 사이에 모순이 가능해지고, 모순으로 인해 세계의 운동과 생성이 이루어진다. 결국 '존재에서 무로의 소실' 및 '무에서 존재로의 생성'이 가능해지는 이유는 존재와 무가 모순되는 동시에 공존하기 때문이다.

역사라는 것도 세계정신이 자유 의식의 진보를 목적으로 정반합의 변증법적 운동 가운데 자신을 전개하는 과정이고, 그 가운데 유력한 민족·국가·인물 등이 이 목적을 위해 동원되고 소용된다. 만물과 세계의 역사가 정반합의 변증법적 원리로 이행되고 또 의식 안에도 무수한 정반합의 운동이 있다. 그렇듯 변증법은 곧 존재와 인식의 원리다. 헤겔의 변증법은 독특하게도 시간적 변동이라는 요건을 함께 고려하는 논리학의 성격을 갖는데, 어떤 측면에서 음과 양으로 대표되는 대립적 실제가 궁극적으로 하나라고 보는 동양 사상과 유사해 보인다. 또한 그의 철학이 서구의 존재 중심의 철학 전통에서 특별한 지위를 지니는 이유는 존재와 비존재가 전적으로 대립하는 것처럼 보이지만 매개적인 것이 없다면 동일한 것이라고 보는 관점 때문이다. 단적으로 헤겔이 말하는 일자는 초월적 근원이며 무를 시사한다.[9] 이는 역사 속에서 존재와 무 사이의 대립이 변증법적 관념 운동을 통해 또는 되어가는 변화 과정을 통해 하나가 된다는 것을 통해 다시 확인된다. 그러나 헤겔 철학은 정과 반이 무시간적으로 하나라고 보지 않으며, 동아시아에서 말하는 것처럼 대극(음양)의 조화나 균형(balance)만이 아닌, 치열한 투쟁에 따른 지양의 불가피성을 긍정한다.

헤겔의 변증법은 영구한 운동은 아니다. 세계의 종말에 이르러 대립과 갈등이 완전히 해소된다는 유대-기독교적 역사관을 수용했기 때문이다. 이점 역시 그의 철학이 우주의 영원한 순환을 말하는 동양 형이상학으로부터 구별되는 내용이다. 그런데 그리스도교 신학의 견지에서 평가하자면, 헤겔 철학은 전통적으로 하나님과 대립하는 것으로 규정한 것들을 도리어 하나님과 일치시키는 독특한 성격을 지닌다. 헤겔도 일단 악이 무 또는 비존재라는 점을 인정한다. 그러나 악을 절대정신 또는 하나님과 대립되는 위상에 두고 부정적으로만 규정하는 것에 반대했다.[10] 인간의 경험적 차원에서는 부정적으로 이해될 수 있을지라도, 세계정신에게 있어서 악은 영원한 악의 위상으로 남지 않기 때문이다.

세계의 운행 가운데 어떠한 사물이나 사태가 악하게 드러나는 현상을 보여도, 변증법 운동을 통해 악은 다음 단계로 발전할 선에 기여할 수 있다. 그 대표적인 예로 헤겔의 사유 가운데 죽음 역시 변증법적 가치를 지닌다는 점이다. 죽음은 무적인 것이며 명백한 무성(Nichtigkeit)에 해당한다. 죽음은 유한성의 표지이고 그 정점이다. 죽음은 생명으로부터의 분열이고 인간에게 고통과 절망으로 다가온다. 그러나 역사 가운데 선과 악이 상호 운동을 통해 변증법적 진보를 이루는 것처럼,

---

9 김옥경, "헤겔철학에 나타난 존재와 무," 「철학논집」 18 (2009.6): 110-111 참조.

10 Georg W. F. Hegel, *Lecture on the Philosophy of Religion*, trans. R. F. Brown, P. C. Hodgson, and J. M. Stewart (Berkeley: Unoversity of Claifornia Press, 1988), 454.

죽음 역시 생명과 함께 세계정신의 자기실현을 위해 필요하다. 이처럼 헤겔은 선과 악, 삶과 죽음 등등의 대립적 항목들을 불가피한 조건으로서 서로 밀접하게 관련짓는다. 그리고 정신의 자기 완성에 이를 때 두 대립하는 항목들은 조화되고 해소된다고 전망한다.

헤겔 철학의 특징이자 탁월함은 모순을 정적으로 보지 않고 동적으로 보는 데에 있다. 그리고 지양을 통해 모순이 통일될 수 있다는 사실을 통찰한 데에 있다. 이는 고대 그리스의 헤라클레이토스처럼 사물의 실제와 역사의 발전에 있어서 대립, 투쟁, 변화 등의 조건을 긍정했기에 가능한 존재론이다. 그리고 헤겔 철학은 서양에서 존재와 무가 동일하다는 점을 사변적으로 논구한 형이상학으로서 가장 두드러진 사례가 된다.

한편 형식논리학의 분석적·오성적 사유는 모순을 배제하는 것이 원칙이다. 모순이란 같은 주어나 문장에 상반된 두 개의 술어를 함께 허용할 수 있기 때문이다. 그러므로 모순 자체를 인정하면 논증이 불가능하다. 그러나 인간의 역사와 개개인의 실존을 보자면 그러한 모순은 가득하다. 즉, 모순이 없는 현실과 세계는 존재하지 않는다. 모순율에 기초하여 참과 거짓을 판단하는 정태적靜態的인 형식논리학은 세계 속에 있는 모순의 역할과 의의를 파악하기 어렵고 그것을 종합하여 해소하기 어렵다. 반면에 헤겔 철학은 모순을 동태적動態的으로 인지했고, 모순을 역사의 과정에서 발전의 원리로서 긍정했으며, 모순들의 통일을 전망했다.

헤겔의 무 개념은 형이상학적 접근뿐만이 아니라 인간학적 접근도 가능하다. 말하자면 정신 또는 이념을 역사 가운데 구체화하는 인간은 자연적 소질을 지닌 단계에서 즉자다. 그런데 자유가 있으므로 주어진 자연성을 극복할 수 있는 대자이기도 하다. 그렇게 인간에게는 자유와 부정성을 지니고 있으므로 즉자이면서 대자일 수 있다.

이상과 같이 헤겔에게 있어서 존재와 무, 즉자와 대자, 자연성과 자유는 근원적으로 하나의 두 측면이다. 특히 존재와 무, 이 둘은 순수하고 무규정적인 직접성으로 인해 내용상 하나다. 변증법에 따라 존재는 무로 전환하고 그 둘은 생성으로서 종합된다. 이러한 즉자 및 대자에 관련한 헤겔의 철학적 착안점은 이후 장 폴 사르트르(Jean Paul Sartre)에게 이어져 실존주의철학의 심화에 응용되었다. 특히 사르트르의 '무'로서의 인간 담론에 말이다. 이 내용은 아래에서 다시 설명하도록 한다.

III. 니체

"인생에 별 기대를 걸지 않고 사는 게 낫다. 과도한 기대는 과도한 절망을 가져온다. 허무주의를 삶의 지표로 삼아라. 어려움과 고난이 닥쳐오더라도 어느 정도 견뎌낼 수 있다."

_ 마광수

앞서 살폈듯이 서양의 근현대 철학의 흐름 가운데 등장하는 무담론은 그 논자에 따라 서로 다른 의미 맥락을 지닌다. 니체(F. Nietzsche)의 경우, 그가 당면하던 시대적 전환기에 기존 질서·세계관·종교 등이 붕괴함으로 인해 인간이 직면하는 '허무'(Nihil)와 무의미한 시대적 상황 그리고 그에 대안이 될 디오니소스적 격정과 욕망 그리고 현세와 몸의 옹호에 깊은 관심을 두고 있다. 하필 19세기가 저물던 바로 그해(1900년)에 별세한 인물이 니체인데, 그의 철학은 마치 자신의 죽음 이후에 펼쳐질 세계사와 정신사의 격변을 예견한 듯하다. 이를테면 식민지들의 독립 투쟁, 1·2차 세계대전과 세계 경제공황의 발발, 도시화와 기술문명의 심화, 신앙과 전통 질서의 와해, 자본주의적 모순의 심화, 포스트모더니즘의 출현 등에 따른 서구 문명의 균열과 정신사적 허무를 정확하게 겨누고 있는 것이다.

물론 니체 이전에도 세계의 본질적 무상 또는 시대적 허무를 숙고한 사상가들이 적지 않았다. 대표적으로 니체가 본(Bonn) 대학 재학 시절에 탐독했던 독일의 쇼펜하우어가 염세주의적 허무를 말했고, 뚜르게네프(Turgenev)를 비롯한 러시아의 허무주의 작가들이 전환기의 위기 속에 허무를 논했다. 대개 그들의 허무주의는 진리에 관한 인식의 불가능성 혹은 실천 규범의 부정에 관한 것이었다. 그런데 그들은 현재에 이르기까지 니체만큼이나 세계의 문명사적 조류에 큰 영향력을 남기지 못했다.

니체는 최고 가치에 대한 평가절하로 초래되는 '의미 상실'(Sinnverlust) 또는 절대적 무의미성을 경험하는 상황을 허무주의의 현상으로 진단했다. 그러는 한편 인간이 타율적으로 강요된 신앙·도덕·가치관에 굴종하지 않고 순수하게 자신의 욕망과 의지를 발현할 수 있는 대안적 계기를 마련하고자 했다. 그러므로 우리가 니체의 '니힐리즘'(Nihilismus)을 단순히 한자어로 '허무주의虛無主義'라고 번역하기에는 무리가 있다(그래서 이후부터는 니체의 허무주의에 관한 한, '니힐리즘'으로 쓰겠다). 니체의 니힐리즘 안에는 자신의 욕망에 정직하고, 자유와 힘을 구가하고, 주체적 인간상과 현실 극복의 의지를 불러일으키고자 하는 의도가 보인다. 실제로 니체의 철학은 플라톤주의에서처럼 영원과 초월에 관한 형이상학이 아니라 현실에 대한 분석과 비판 그리고 인생철학 혹은 삶에 관한 처세의 철학이라는 특징도 있다.

먼저 우리는 무엇보다 니체가 자신이 당면한 시대를 어떻게 관찰하고 규정했는지 살펴볼 필요가 있다. 가령 아래와 같은 글은 니체가 인지하는 허무적 상황을 시사하고 있다.

> (상략) 인간에게 이제 거대한 위험이 닥쳐온다. 즉, 모든 해석이 거짓이 아닌가 하고 의심하는 위험이. 모든 해석이 헛수고가 아닌가 하고 의심하는 위험이. 인간은 이제 삶의 방향과 목적에 대한 물음에 아무런 답변도 들을 수가 없게 된다. 부정의 말을 하면서 머물게 되는 위험에 처하게 된다. 따라서 도덕적 해석의 몰락은 인간을 절대적 무의미함의 상태로 빠뜨리게 되는 가장 큰 위험이 된다. 위험 중의 위험: 아무것도 의미가 없다.[1]

니체는 1856/66년 겨울에 쓴 유고에서 최초로 니힐리즘 개념을 사용한 이래 염세주의(Pessimismus), 열반(Nirvana), 무(Nichts), 비존재(Nichtsein) 등의 개념을 병행하여 자신의 사유를 펼쳤다.[2] 그런데 니힐리즘이 일종의 비관주의로 동일시되는 경우 세계의 무의미성과 부조리를 수동적으로 받아들이게 되고, 기껏해야 니힐리즘이 생존 자체를 목적으로 삼는 방편으로 전락한다. 빅토르 위고(Victor Hugo)의 말처럼 그것은 나약함의 징후이고, 정신력이 지쳐버리고 고갈된 상태다. 그러나 니체의 니힐리즘은 인간이 세계의 의미와 삶의 목적을 주도적으로 정하고 자유를 스스로 쟁취하도록 독려한다. 그의 저작 『인간적인, 너무나 인간적인』의 서문을 통해 니체는 인류의 역사 속에 참된 자유가 얼마나 부재했는지 고발하면서 자신이 대담하게 '자유로운 정신'을 도모한다고 밝히고 있다. 그 일부를 인용한다.

> 나는 '자유로운 정신들'을 착안했고, 이것에 '인간적인, 너무나 인간적인'이라는 제목을 가진 이 우울하고 용감한 책을 바쳤다. 이런 종류의 '자유로운 정신들'은 존재하지도 않고, 존재하지도 않았다.[3]

예수의 정신적 유산을 흠모하면서 간혹 그리스도를 자처했던 니체는 역설적이게도 제도적 기독교 및 그 수구적 영향력을 벗어나지 못하는 유럽의 사회적·문화적 풍토를 맹렬히 비판했다. 니체가 판단하기로 서구 정신사는 이미 획일적인 종교나 전통에 얽매일 필요가 없었다.

---

1 백승영, 『니체 "유고(1885년 가을~1887년 가을)", "유고(1887년 가을~1888년 3월)", "유고(1888년 초~1889년 1월 초)"』(서울: 서울대학교 철학사상연구소, 2004), 115.

2 앞의 책, 105.

3 Friedrich Nietzsche, *Human, All Too Human*, trans. R. J. Hollingdale (New York: Cambridge University Press, 1996), preface, 2.

현실에 기반하지 않은 진리와 본질주의는 공수표나 다름없게 되었다. 이에 관련한 대표적 선언이 바로 "신은 죽었다"(Gott ist tot)이다. 앞뒤 맥락상 이 문장은 "우리가 신을 죽였다"를 의미하는데, 여기서 니체에게 신이 갖는 함의는 단순히 그리스도교가 표방하는 신 관념에 머물지 않는다. 그에게 신의 함의는 서구의 기존하는 가치·문명·문화·제도· 전통 등을 망라하기 때문이다. 철학적으로는 소크라테스의 이성주의 및 도덕철학,4 플라톤식의 초월주의, 아폴론(Apollon)식의 질서 등을 광범위하게 포함한다. 이에 관해 심광섭은, "형이상학적 부정", "플라톤 주의로 이해된 서양 철학의 종말" 등을 의미하며 "현실적이라고 생각되 었던 초감각적 세계가 비현실적이 된 것"이라면서 "신의 존재의 부정을 선언한 것이 아니라 존재 신학으로 이해된 형이상학의 종말을 의미"한 다고 적절히 평했다.5 물론 이 '신의 죽음'을 일차적으로 그리스도교의 신관에 대한 부정으로 독해할 수 없다는 말은 아니다. 니체가 피안, 내세, 초월적 하나님, 윤리적 원리, 영혼 같은 것들은 실제로 존재하지 않을지 모른다는 의혹을 서구 문명 안에 주입하고자 했으니 말이다. 하이데거도 니체가 이 선언을 통해 "초감각적인 세계가 생동력 없이 존재하고, 더 이상 생명을 수여하지 못한다"라는 뜻으로 해석하기도 했다.6

니체는 신의 허구성을 인간의 감정과 심리에서도 찾았다. 즉, 자신의 감정을 자신에 의해 산출된 힘이 아닌, 더 높은 힘을 가정하여 마술화한 것이 신이라고 분석했던 것이다. 또한 그보다 더 열악한 경우가 있는데,

---

4 Friedrich Nietzsche, *The Birth of Tragedy and Other Writings*, trans. Ronald Speirs (New York: Cambridge University Press, 1999), 12.59-13.67; 14.69-15.75.

5 심광섭, 『탈형이상학의 하느님』, 71.

6 Martin Heidegger, *Holzwege* (Frankfurt am Main: Klostermann, 1950), 200.

그것은 자신과 자연 본질의 사실성과 관련하여 말하는 모든 부정적인 요소들을 자신으로부터 분리해 신으로 만드는 것이라 했다. 그러므로 니체에게 신은 우리 내면으로부터 동떨어진 타자로 가정된다. 그리고 내재하는 인간과 합일하지 못하는 신이라면, 그런 신은 무의미하고 위험하기까지 하다고 비판했다. 곧 니체에게 종교나 신이란 왜곡된 심리학일 뿐이었다.

신의 죽음이 당대 상황에 갖는 사회적 · 문명사적 함의는 유럽 세계의 기존 질서와 종교와 도덕이 무너지고 있다는 관측이었다. 과거와 달리 인간과 세계의 존재론적 근거와 희망이 의심받고 영원한 진리나 획일적 가치는 포기된다. 대신 새 시대에 드리워지는 것은 무요, 펼쳐지는 사유는 니힐리즘이다. 인간이 대망했던 신의 자리를 '(허)무'가 차지한 것이다. 이 의미는 "존재가 존재한다"처럼 "무가 실재한다"는 차원만이 아니다. 니체가 말하는 허무를 존재론적 함의로 국한하면 곤란하다. 도덕과 가치에 있어서 그 근거가 부재한 사태도 밝히고 있기 때문이다. 니체는 심지어 자기와 비슷한 사상적 입지를 갖는 목소리들까지 집요하게 의심했다. 니체에게는 '모든 것이 주관적'이라는 말 역시 해석이었고, 그 주관은 날조되었고 배후에 숨겨진 어떤 것이 있다.

니체는 종교들이 어떻게 변천해 가는지 설명하면서, 최후의 단계에서는 허무를 위해 신을 제물로 바쳐야 할 것이라고 주장했다. 인간의 본성과 욕망만이 오롯이 드러나는 때에 말이다. 이와 관련하여 다음 인용문을 살펴보자.

옛날에는 인간이 인간을 신에게 제물로 바쳤다. (중략) 그 후 인류의 도덕적 시기 동안에 그들(인간)은 그들이 지닌 가장 강렬한 본능, 즉 그들의 본성을 신에게 바쳤다; 이러한 축제의 즐거움은 금욕적이고 본성을 거스르는 광신도들의 잔인한 눈빛 속에서 빛났다. 최후에 그 무엇이 바칠 제물로서 남았을까? (중략) 그들 자신의 잔인성으로부터 벗어나 돌을, 우매함을, 엄숙함을, 운명을, 무를 경배하기 위해서 신 자신을 제물로 바쳐야 할 필요가 없었을까? 무를 위해 신을 제물로 삼는 것, 즉 이러한 궁극적 잔인성에 대한 역설적인 신비가 떠오르는 세대를 위해 보존되어 왔던 것이다.[7]

니체에 의하면 인간의 본성과 욕망과 축제의 즐거움을 위해 신은 죽어야 마땅하다. 아니, "신은 죽었다." 정확히 말하자면 "우리가 그를 살해했다."[8] 따라서 인간 본성을 억압할 이유는 사라졌고, 무능하며 유약한 정신이 의지할 근거가 남아 있지 않다. "아무것도 없다." 이것이 니체의 무요, 니힐리즘이다. 이제 그의 니힐리즘은 다음과 같이 요약될 수 있다. "이 무의 경험을 견디고 극복하라! 수천 년 동안 인간이 대망해 왔던 신의 현존과 섭리는 어디에서도 찾을 수 없다. 현세와 현세 이후의 삶에 대한 근거도 없다. 전통 형이상학 및 신학에서 절대적으로 존중받던 신과 세계, 주체라는 궁극적 범주들은 파기되어야 한다.[9] 모든 것이 허무하고 허망하고 헛되다! 그 대신에 우리는 고대 그리스인들이 향유했던 드라마 속 디오니소스(Dionysos)로부터 생의 활력과 전율, 황홀, 욕망, 혼돈의 가능성을 긍정할 필요가 있다. 이것이 내가 말하는 참된 니힐리즘이다."

니체의 니힐리즘은 부과된 도덕 이면에 '도대체 감추어진 진의가 무엇인가?' 하는 의심을 갖도록 촉구한다. 니체가 판단하기에 특히

---

7 Friedrich Nietzsche, *Beyond Good and Evil*, ed. Oscar Levy, in The complete Works of Friedrich Nietzsche, Vol. 12 (Edinburgh: The Edinburgh Press, 1911), 73-74.

8 Friedrich Nietzsche, *The Joyful Wisdom*. ed. Oscar Levy, in The complete Works of Friedrich Nietzsche, Vol. 10 (Edinburgh: The Edinburgh Press, 1911), 167.

9 베르너 슈나이더스/박중목 역, 『20세기 독일철학』 (서울: 동문선, 2005), 44-45 참조.

그리스도교가 강요하는 도덕은 인간을 약화시키고 생동성을 거세하는 작용을 한다. 인간의 욕망을 통제하기에 전통적 도덕, 특히 기독교의 도덕은 본질상 삶에 대해 적대적(feindlich)이다. 인간의 사유와 관심을 초월적 세계로 돌리는 신학과 형이상학은 일견 교회가 장악하는 삶과 제도를 보전하는 일에 유용했을지 모르지만, 그것들은 인간을 기만하는 수단이었다. 겉으로는 고매하고 거창한 명분을 내세우나 결국 우리의 욕망을 억누르고 본성을 속여 왔다. 계명의 이행과 도덕의 실천도 숭고하게 가장되어 의심받지 않았고 장려되어 왔다. 그러나 그 모든 것은 우리에게 굴종, 금욕, 겸손, 가난, 슬픔을 당연시하며 떠안고 살도록 했다.

인간 본연의 욕망에 반하는 이러한 도덕성을 그는 "노예도덕"(Sklavenmoral)이라고 비판했다. 니체에 의하면, 노예도덕은 원한 감정·복수심 따위의 반동적 집단 본능에서 자라난다. 그것은 노예처럼 가치를 스스로 규정하지 못하고 무해한(ungefährlich) 것을 선으로 간주하는 유약한 자들의 도덕이다. 신에 대한 신앙이나 굴종적 도덕에서 가져오는 삶의 방식은 허구이고, 그러한 것을 미덕으로 삼는 삶은 노예에게 주어진 삶이다. 금욕, 겸손, 친절, 선량, 동정, 인내 등은 기만적 가치이고 강요된 도덕이다. 이를 비판하며 니체는 『차라투스트라는 이렇게 말했다』를 통해 "복종하는 자는 결코 자신의 내면에 귀를 기울이지 않는다"고 단언했다. 대신 외적 권위에 대한 복종을 거부하고 자신의 욕망과 의지로부터 자유롭게 삶을 정초해야 할 것을 독려했다. 그렇게 형성되어야 할 것이 곧 "주인도덕"(Herrenmoral)이다. 주인도덕은 스스로 결정하고 스스로 주장할 수 있는 자의 고귀한(vornehm) 도덕이다. 니체에게 노예도덕과 주인도덕을 둘러싼 선악·호혐·행불행은 '힘'(Macht)의 관계로 규정된다. 간단히 말해 니체에게 선은 힘을

추구하는 것이고, 악은 나약한 것이다. 다음 인용문에서 이를 확인해
보자.

> 좋은 것은 무엇인가? - 힘의 느낌, 힘에의 의지, 인간 안에서 힘 그 자체를
> 증대시키는 모든 것.
> 나쁜 것은 무엇인가? - 약함에서 비롯되는 모든 것.
> 행복이란 무엇인가? - 힘이 증대된다는 느낌, 저항이 극복되었다는 느
> 낌.10

니체는 전통적 종교나 도덕뿐만 아니라 당대의 근대주의, 이성주의,
자유주의, 민주주의, 다원주의도 망라하여 그 진정성을 의심하고 비판
했다.11 계몽과 혁명의 시대 이후 다양한 혁명가들은 "인간이 자유롭게
태어났다"고 하거나 "천부인권(natural rights)을 지닌다"라고 선언했지
만, 니체는 애초에 그러한 것은 없다고 부정했다. 이러한 목소리는
단순히 종교 비판에 그치지 않고 포괄적으로 문명과 도덕을 비판하며
니힐리즘으로 이끄는 그의 철학의 핵심을 방증한다.

니체는 세상에서 어떤 것이든 절대적일 수 없고, 해석 또는 관점에
따라 달라질 수 없다는 진리관을 피력한다. 이것이 이른바 '관점주의'
(Perspektivismus)다. 니체에 의하면 우리가 자신의 욕망과 독특한 관점
을 통해 세계 및 대상을 인식·이해하기에 관점을 떠난 절대적 지식이
있을 수 없다. 그리고 세계의 해석 및 진리의 인식에 있어서 절대성이란

---

10 백승영, 『니체 "차라투스트라는 이렇게 말했다"』 (서울: 서울대학교 철학사상연구소),
224.

11 자유주의와 민주주의에 대한 니체의 부정적 관점에 대해서는 다음을 참고하라. Nietzsche,
Friedrich. *The Anti-Christ, Ecce Homo, Twilight of the Idols*, ed. Aaron Ridley and
Judith Norman (New York: Cambridge University Press), 213-215.

있을 수 없다. 그러므로 세계의 어떠한 관점도 전체를 다 포괄할 수 없다. 『도덕의 계보』를 위시하여 그의 저작을 살피자면, 니체의 허무는 관점주의로 나타나 있으며 선과 진리의 절대성을 부정하는 데에 집중함을 발견한다. 특히 위용 있는 종교적 진리나 근사한 형이상학 등이 교묘하게 인간을 억압했음을 간파하고 그것들을 비아냥거리며 파괴하고자 했다. 심지어 "진리로 인해 우리가 멸망한다"는 식의 표현도 서슴지 않았다.

진리의 문제에 있어서 니체에게는 각자의 '관점'만이 유효했다. 관점을 떠나서 어떤 절대적 인식도 불가능하며 현상에 대한 해석만이 존재한다. 그런데 니체의 관점주의는 모든 진리를 부정하거나 진리가 없다고 주장하는 것만은 아니었다. 해석의 진리를 통해 다양한 삶을 영위하는 인간의 삶을 강화하고자 할 의도였다. 니체는 우리의 인식능력의 한계 때문에 발견하지 못할, 가령 칸트의 '사물자체' 같은 것도 부정했다. 니체에 의하면 인간은 전체로서의 진리 같은 이야기를 할 처지도 아니다. 심지어 니체의 관점주의는 자연과학에도 적용될 수도 있다. 니체는 물리학자마저 자기 방식대로 "자신으로부터 나머지 세계 전부를 구성해 내게 해주는", "자신의 힘에 따라 측정하고, 살피고 형태화하게 해주는 필연적 관점주의"에 의거한다고 이해했다.[12] 실제로 아직도 과학계에는 관찰하고 해석할 수 있는 기술, 실험 장치의 성질, 실험의 동기와 목적 그리고 그것을 둘러싼 정치적 역학 관계, 연구 자금의 출처 등에 의해 지식의 내용이 달라지는 아이러니를 찾아볼 수 있다. 결론적으로 니체에게 있어서 모든 인식이란 잠정적이며 과학적 실험 방법 역시 '관점'에 좌우될 수 있는 여지를 지닌다.

---

12 Friedrich Nietzsche, *Nietzsche Werke*. Abteilung 8, hrsg. von Giorgio Colli u. Mazzino Montinari Nachgelassene (Berlin: Walter de Gruyter, 1972), 186, 165.

니체의 관점주의의 파괴력은 진리로 확정되어 온 것들에 대한 무효화를 통해 드러난다. 1887년에 유고로 남긴 글 가운데 니체는 이렇게 적었다. "무여 영원하라." 이것은 "무의미한 것만이 영원하다" 혹은 "삶의 근거 없음만이 실제다" 하는 식으로 독해할 수 있다. 그런데 역설적으로 거기에는 삶과 세계에 대한 적극적 태도가 내재하고 있다. 말하자면 절대적 진리가 부재해도 혹은 전통적 가치가 붕괴해도 인간은 스스로 생애의 의미를 창조할 수 있어야 한다는 뜻이다.

행여 우리의 힘과 욕망이 실현되지 않으면 어떻게 해야 할까? 니체의 입장에서 우리는 그러한 운명이라도 사랑해야 한다. 목적도 없고 의미도 없는 삶일지라도 긍정해야 한다. 나아가 허무한 삶을 참아내는 데에 그칠 것이 아니라, 그 모든 과정을 사랑해야 한다. 요약하자면 니체는 인간의 가능성과 자유를 억압하는 신의 죽음을 선언하면서도, 허무함 가운데 신이 죽어버린 빈자리에 삶의 무의미성을 받아들이는 것이 오히려 인간의 참된 길을 찾는 것이라고 믿었다. 그리하여 허무나 몰락을 수용하면서도 그것을 개인적으로 극복한 인간상을 이른바 '춤추는 자', '어린이', '각성한 자'라고 칭했다.

니체는 기만적인 진리와 도덕을 비판하는 반면 인간과 만물이 지닌 본래성, 즉 '힘에의 의지'(der Wille zur Macht)를 주장했다. 니체에게 이 '힘에의 의지'란 앞서 말한 '관점'을 설정하는 힘이고 또 관점성은 힘에의 의지의 속성이다.13 니체의 철학이 단순히 허무주의나 비관주의에 머물지 않는 이유가 바로 여기에 있다. 그의 철학에는 인간에게 패배감이나 좌절감을 심으려는 의도나 기획이 없다. 반대로 니체는 다양한 저작을 통해 '힘에의 의지' 또는 '자기 극복'(Selbstüberwindung)

---

13 백승영, 『니체 유고』, 58.

을 강조했다. 니체 철학의 핵심 개념 가운데 하나인 이 '힘에의 의지'는 '존재의 가장 내적 본성'이면서도 심지어 세계의 본질이다.[14] 니체는 힘에의 의지를 하나의 격정(Pathos)으로 설명하면서도, 거기에서 "생성과 작용이 발생한다"는 존재론적 주장을 더했다.[15] 자신이 혹독하게 비판하는 형이상학에서 그 용어를 가져왔음에도 불구하고, 그렇듯 니체는 생성과 작용이라는 개념을 통해 '힘에의 의지'가 존재에게 지닌 보편성을 드러내고자 했다.

『차라투스트라는 이렇게 말했다』를 참고하자면 '힘에의 의지'는 곧 '주인이 되고자 하는 의지'다. 다시 말해 그것은 단순히 살아남으려 하는 삶의 맹목적인 욕구 차원으로서의 의지가 아니다. 제한된 것을 깨뜨려 나가는 본성이고 창조할 수 있는 자로서 지배를 거절하려는 의지다. 곧잘 '망치를 든 철학자'로 칭해지는 니체에 의하면, 스스로 주인이 되고자 하는 이 의지는 극복을 위한 '파괴'가 가능할 때 구현된다. 즉, 종교·전통·관습·도덕이라는 미명 아래에 인간의 자유를 억압하는 외부적 가치와 가치들을 비판하고 깨뜨려서 스스로의 의욕에 헌신해야 한다. 이러한 맥락에서 니체는 노예로 살던 자들이 지녀야 할 '원한' (Ressentiment)을 긍정하고 독려한다. 원한이 곧 전복顚覆의 원동력이 되기 때문이다. 니체가 쓴 『도덕의 계보학』의 일부를 보자.

도덕에 있어서 노예들의 반란은 원한이라는 바로 그 원리 가운데 시작되는데, 창조적이며 가치들을 산출한다. (중략) 모든 숭고한 도덕은 자신에 관해 떳떳하게 긍정하는 것으로써 생겨나지만, 반면에 노예도덕은 처음부터 외부적인 것, 다른 것, 자기가 아닌 것 등 이 모든 것에 대해 부정한다. 바로

---

14 Friedrich Nietzsche, *Beyond Good and Evil*, 105.
15 Friedrich Nietzsche, *Nietzsche Werke*. Abteilung 8, 51.

이러한 부정이 창조적 행위이다. 가치평가의 관점을 뒤엎어버리는 것, (타율적으로 강요되었으니까) 자성(自省)하는 것을 멈추고, 그 대신 (누가 도덕을 부과했는가 따져야 하니까) 바깥으로 본질적인 관점을 돌리는 것, 이것이 원한인 것이다. [16]

니체에 의하면 '노예도덕'과는 반대인 힘, 갈망, 만족, 투쟁, 당당함, 아름다움, 행복, 고귀함 등이 '주인도덕'에 해당하며 니힐리즘의 시대에는 특히 우리에게 그것이 회복되어야 한다. 이 역시 '힘에의 의지'와 직결된다. 세계의 모든 과정은 힘(Macht)으로부터 출현한다. 즉, 힘으로부터 권력, 법, 가치, 도덕, 심지어 관념적 진리까지 나온다. 그러므로 힘을 확보하여 스스로 주인처럼 살고자 하는 동기와 욕망은 순수하고 정당하다. 이것을 부정하는 강요된 도덕은 폐기되어야 한다.

무에 관하여 니체의 철학에 접근하자면, 그와 불교 사이의 유사성을 생략할 수 없다. 간혹 스스로 그리스도라고 하면서도 '유럽의 붓다가 될 수 있을 것'이라고 했던 자처했던 니체지만, 정작 그의 불교 이해는 앞선 칸트, 헤겔, 쇼펜하우어 등 다른 서구 지성들이 보였듯 불완전하고 왜곡되어 있다. 무엇보다 쇼펜하우어가 불교를 현실도피의 염세주의적·허무주의적 종교로 소개한 내용을 니체 역시 완전히 불식시키지 못했다. 다만 세계와 인간에 대한 독립적 실재성을 부정하는 반형이상학적 입장에 있어서 불교와 니체는 합치되는 국면이 있다. 특히 영혼이라는 개념의 오류를 밝히는 것이 인류의 과제라고 보았고, 불교의 무아론無我論처럼 주체 또는 자아(das Ego)는 전혀 존재하지 않는다고 단언했다. 이런 인간론에 관해 니체는 다음과 같이 시적 언어로 표현한

---

16 Friedrich Nietzsche, *The Genealogy of Morals*, ed. Oscar Levy, in The complete Works of Friedrich Nietzsche, Vol. 13 (Edinburgh: The Edinburgh Press, 1911), 34.

바 있다.

> 나는 사랑하노라. 사람들 위에 걸쳐 있는 먹구름에서 한 방울 한 방울 떨어
> 지는 무거운 빗방울과 같은 모든 자를. 그런 자들은 번갯불이 곧 닥칠 것임
> 을 알리며 그것을 예고하는 자로서 파멸해 가고 있는 것이다.[17]

이외에도 니체의 저작들을 면밀히 읽게 되면, 그가 자아라는 것도
타자와의 관계와 시간의 흐름에 따라 드러나는 의식·의지·감정 등의
복합적 활동에 관한 개념적 종합이나 기호와 같은 것으로 여기고 있음을
발견하게 된다. 니체의 니힐리즘 안에서 인간의 본질이라는 것은 오히
려 무상성과 임의성에 있다. 즉, 불교와 마찬가지로 인간(개인)에 관하여
항구적인 실체성을 부정하는 셈이다. 물론 그의 저작들을 관통하는
바, 세계 전체에 관한 허무의 함의도 놓치지 말아야 한다. 그것은
무엇보다 인간이라는 존재를 통해 극적으로 예시되고 있다.

---

17 Friedrich Nietzsche, *Thus Spoke Zarathustra*, trans. Adrian Del Caro (New York: Cambridge University Press, 2006), 9.

IV. 비트겐슈타인

"아는 사람은 말하지 않고, 말하는 사람은 모른다."
(知者不言 言者不知)
_ 노자

유사 이래 철학자들이나 종교인들은 심오한 관념적 언어로 존재의 근원, 신, 영혼, 절대선, 영원한 세계 등에 관해 말해 왔다. 그 어떤 천재가 있다고 할지라도 우리 시대에 이르기까지의 누적된 그 모든 문헌을 읽고 소화하는 일이란 결코 가능하지 않을 것이다. 그리고 우리에게 그러한 인지적 제약 가운데 심중히 물어야 할 중요한 질문이 있다. 천문학적 분량의 종교적·형이상학적 자료들이 우리에게 주어졌다손 치더라도 과연 "그것들이 검증 가능한 사실에 해당할까?" 혹은 "인류에게 보편적·공적 지식이 될까?" 하는 물음말이다. 대체로 형이상학적·종교적 주제들은 관찰되지 않고 검증되지도 않는 내용임에도 불구하고 많은 문화권 내에서 금과옥조처럼 떠받들어져 왔다. 그러나 집요하게 분석하고 비판하자면, 그러한 논의들은 대체로 비과학적 진술이나 논리 위배였다는 사실을 간파하게 된다. 다시 말해 인류는 그동안 '말할 수 없는 것'에 관해 너무 장황한 언어의 모래성을 쌓아 왔던 것이다.

위와 같은 문제를 혁파하기 위해 비트겐슈타인(L. Wittgenstein)은 철학사에 길이 남고 있는 문제작인 『논리철학논고』(*Tractatus Logico-Philosophicus*)를 썼다. 그리 두껍지도 않은 이 저서의 결론에서 그는 이러한 명언을 남겼다. "말할 수 없는 것에 대해서는 침묵해야 한다."[1]

유사 이래 인류는 하나님, 영혼, 주체성 및 자유, 아름다움, 윤리의 근거 등에 대해 여러 방식으로 말들을 늘어놓았는데, 비트겐슈타인은 과연 그것들이 할 만한 말들이었는지 의혹을 제기했다. 그리고 그 입증할 수 없는 모호한 말들을 생산하느니 차라리 말을 줄이는 것 또는 의미 없는 논쟁으로 인해 발생하는 혼란과 미혹을 줄이는 것이 더 낫다고 보았다.

비트겐슈타인이 세계를 보는 기본적 전제는 이렇다. 즉, 세계는 "사실들의 전체"이며 그 사실이라는 것은 (논리적 가능성의 전체라고 할 수 있는) "논리 공간 안에"(im logischen Raum) 있어야 한다.[2] 그렇다면 세계 안에 포함되지 않는 초월적인 것, 윤리, 아름다움 등처럼 관념적으로 숭고한 것들에 관해 그는 어떻게 생각했을까? 다음 인용문을 보자.

세계의 의미(Sinn)는 세계 밖에 있어야 한다. 세계 속에서는 모든 것이 있는 대로 있고, 발생하는 대로 발생한다. 세계 속에는 가치가 존재하지 않는다. 만약에 존재한다 하더라도 가치가 아니다. 만약 가치라 할 수 있는 어떤 가치가 존재한다면, 발생하고 존재하는 것들 밖에 있어야 한다. 왜냐하면 그렇게 발생하고 존재하는 모든 것은 우연적이기 때문이다. 우연적이지 않게 만드는 것이란 세계 속에 있을 수 없다. 그렇지 않다면 이 세계 역시 우연적일 테니 말이다. 그것은 반드시 세계 바깥에 있어야 한다. 따라서 역시 윤리적 명제란 있을 수 없다. 명제들은 숭고한 것들을 표현할 수 없다. 윤리가 표현될 수 없다는 점은 명백하다. 윤리는 초월적이다. 윤리와 아름다움은 하나다.[3]

---

1 Ludwig Wittgenstein, *Tractatus Logico-Philosophicus*. trans. C. K. Ogden (London: Kegan Paul, Trench, Trubner & Co., LTD, 1922), 7.

2 *Ibid.*, 1; 1.13.

간단히 말해 철학이 '말할 수 있는 것'들은 논리적 명제이든 세계 안에서 분명한 존재적·발생적 근거를 갖추고 있어야 한다. 그 외의 어떠한 의미, 가치, 윤리, 아름다움, 우연적인 것, 숭고한 것 등은 세계 밖에 있으므로 철학이 말할 것이 아니다. 여기서 그의 표현인 '세계 밖'이라는 것은 천국처럼 어떤 타계적 공간을 뜻하지 않는다. '세계 밖'이란 곧 세계 안에서는 명제와 사실로서 존재하지 않음을 의미한다. 이러한 맥락에서, 비록 비트겐슈타인이 세계 안에 부재하는 것으로서의 '무'(das Nichts)를 직접적으로 언급하는 것은 아니지만, 그의 철학은 무의 담론과 관련을 맺는다. 표현이 다를 뿐 과학적·논리적 공간에 '없는 것' 또는 세계의 것이 '아닌 것'(Nichts)에 관해 의식하고 있기 때문이다. 초기 비트겐슈타인에 따르면, '논리 공간 안에' 또는 '사실들의 전체'에 속하는 것들만이 진위를 판단할 수 있는, '어떠한 것' 혹은 '있는 것'이 되는 셈이다.

전통적으로 종교와 형이상학 안에서 논의되어 온 주제들은 세계와 그 근거에 관한 인간의 상상력과 통찰력을 고양하고 윤리적 진보를 돕고 미적 감수성을 증진하여 미술, 음악, 문학 등의 문화에 가져왔던 순기능이 있었다. 그러나 비트겐슈타인은 논리적으로 진위를 판단할 수 없는, 종교와 형이상학상의 주제들이 보편적 담론의 장에서 난립하고 시끄러워지는 것을 문제시했다. 그리하여 학문이 될 수 없는 사유 대상들을 일소하고 철학을 비롯한 학문의 세계를 새롭게 정초하는 쪽을 택했다. 그가 판단하기로 철학이 오랫동안 극복하지 못한 근본적인 문제들은 언어의 사용이 정확하지 않았기에 그리고 논리를 위반했기에 발생하여 왔다. 즉, 형이상학적 명제들은 대체로 경험에 의해 판단할

3 *Ibid.*, 6.41.

수 있는 경험적 명제도 아니고, 논리적 형식에 의해 진위를 가릴 수 없는 논리적 명제도 아니었다. 말하자면 그것들은 '말할 수 없는 것' 혹은 '사이비' 명제였다.

그렇다면 구체적으로 무엇이 바른 명제 또는 '말할 수 있는' 명제가 될 수 있을까? 이에 관해 비트겐슈타인은 다음과 같이 밝혔다. "참된 명제들의 전체는 자연과학이다. 또는 자연과학의 전체다. 철학은 자연과학 가운데 하나가 아니다."[4] 이것은 무슨 뜻인가? 우리가 신뢰할 만한 명제들, 보편적으로 말할 수 있는 명제들은 자연과학으로부터만 나온다는 말이다. 그간의 철학은 학문의 탈을 쓰고 자연과학과 나란히 있었지만, 실질적으로 같은 지위를 공유할 수 없는 성격의 것이었다. 간혹 자연과학이 쓸 수 있는 개념을 마련하거나 자연과학이 탐구한 것들을 종합하고 정리할 수는 있어도 대체로 철학은 참과 거짓을 밝힐 수 있는 명제의 성립 요건이나 언어의 정확한 사용에 있어서 자연과학에 필적하지 못했다. 그러므로 위 문장이 지닌 논지는 기존의 철학이 지닌 위상을 허물고 다시 정립해야 마땅하다는 의미였다.

초기 비트겐슈타인의 비판에 따르면, 자연과학과 같은 엄밀하고 참된 명제를 지니지 않기에 인문과학이라는 것도 존재할 수가 없다. 진위를 따질 수 없는 논제들이 너무 많기에 대개들 '허튼소리'(nonsense)와 다름없었다. '의미 있는 명제'는 오직 자연과학적 명제밖에 없다. 따라서 철학에 목적이 있다면 그것은 근거 없는 형이상학적 이론으로 세계를 어지럽히는 것이 아니라 언어를 논리적으로 정초하고 그에 따라 명제를 명료화하는 '활동'에 있는 것이다. 그렇듯 비트겐슈타인은 철학의 사명을 언어철학으로 전회할 것을 강력히 요구했다. 그리하여

---

4 *Ibid.*, 4.11.-4.111.

그는 당시 비슷한 철학적 문제의식을 지닌 무어(G. Moore), 카르납(R. Carnap), 러셀(B. Russell), 콰인(W. Quine) 등의 철학자들과 더불어 논리실증주의, 분석철학, 언어철학 등을 형성하는 데에 큰 영향을 끼쳤다.

칸트가 선험적 오성의 범주를 근거로 지식이 될 수 있는 것과 지식이 될 수 없는 것 사이에 경계를 지어 이성의 능력을 명확히 한정하려 했던 것처럼, 비트겐슈타인은 명제로서 말할 수 있는 것과 말할 수 없는 것 사이의 경계를 지어 철학과 언어의 명료성을 확보하려 했다. 비트겐슈타인에 의하면, 말할 수 없는 것들은 공적·보편적 소통 규칙을 벗어나므로 오로지 말할 수 있는 것들만이 철학적 연구 과제가 되어야 한다. 그동안 철학이 의미 '있게 말할 수 없는' 것들을 붙들고 너무 많은 시간과 열정을 소모해 왔기에, 철학은 언어에 대한 비판적 이론을 세우고 수천 년간 청산하지 못한 언어의 혼란을 종식시켜야 했다. 이에 비트겐슈타인은 다음과 같이 단언했다.

철학의 올바른 방법은 다음과 같을 것이다: 말해질 수 있는 것, 즉 철학과 무관한 자연과학의 명제를 제외하고는 말하지 않는 것. 그리고 언제나, 어떤 사람이 어떤 형이상학적인 것을 말하려 할 때, 그가 그의 명제들 가운데 어떤 기호에 어떤 의미도 부과하지 않았음을 그에게 증명하는 것이다. 이 방법은 그에게는 만족스럽지 못할 것이다. 그는 우리가 그에게 철학을 가르치고 있다는 느낌을 갖지 않을 것이다. 그러나 이것만이 단 하나의 엄밀히 올바른 방법이다.[5]

말하자면 어떤 철학자가 무엇인가 주장하고자 하면, 그에 해당하는

---

5 *Ibid.*, 6.53.

논리표나 논리식을 작성할 것을 요구하라는 격이다. 결국 그렇게 하지 못하게 될 것이니, "당신은 그저 입 다물고 있으라" 하고 일축할 수 있다.

위와 같은 기획을 지니는 초기의 철학으로 인해 비트겐슈타인은 언어의 논리성을 회복함으로써 철학의 정체성을 새롭게 수립하려는 분석철학과 철학을 과학화하려는 논리실증주의의 성립에 영향을 미쳤다. 그리고 스스로 『논리철학논고』를 낸 이후에 "모든 철학적 문제를 해소했다"고 자평했다. 이것이 비트겐슈타인이 이 저작을 통해 제기한, 이른바 '그림이론'(picture theory)이었으며 언어철학이었다. 그는 그림이론을 통하여 세계를 언어로 명제화할 수 있으며, 이를 위해 언어에 관한 논리적 규명과 실제 세계에 대한 정확한 대응에 있다는 점을 강조했다. 언어의 건전한 기능은 '그림'처럼 실제 세계를 논리적 규칙에 따라 묘사하는 것에 있다.[6] 언어는 참과 거짓을 판별할 수 있도록 사실(특히 과학적 사실)을 정확하게 그려내는 '논리적 그림'이어야 한다.

"말할 수 없는 것에 대해서 침묵하기." 이것이 그리스도교의 부정신학이나 노장철학과 선불교 등과 같은 동양적 사유 전통과 더불어 비트겐슈타인에게서 찾아지는 무에 관한 이론이라고 할 수 있다. 앞서 소개한 고대 그리스의 고르기아스(Gorgias)의 명언을 다시 환기해 보자. 그는 "존재하는 것이란 아무것도 없다. 만약 존재하더라도 인간이 인식할 수 없다. 안다고 하더라고 그것을 타인에게 전달할 수 없다"라고 했다. 비트겐슈타인은 고르기아스의 주장 가운데 세 번째 내용에 해당했던 당사자다. 비록 비트겐슈타인의 철학이 존재론과 인식론에 크게 할애되고 있지 않지만, 그 둘을 아우르는 언어의 문제에 집중함으로써 오히려

---

6 *Ibid.*, 2.16-2.171, 2.18-2.22 참조.

해묵은 철학적 문제를 해결해 보려 했다. 곧 무수한 형이상학적 명제가 지닌 언표 불가능성(ineffability), 논리적 오류, 무의미, 대상과 사유의 불일치 등을 적발함으로써 말이다.

그렇다면 비트겐슈타인은 하나님에 관해서 어떻게 생각했을까? 바로 다음에 살펴볼 하이데거의 경우도 그러하지만, 비트겐슈타인은 하나님을 어떠한 실체나 존재자로 간주하지 않았다. 혹여 하나님을 존재하는 어떠한 '것'처럼 해석할지라도 그에게 있어서 하나님은 세계와 동일한 수준이었다. 이를 읽기에 따라 범신론의 함의로 해석할 수 있다.7 그러나 비트겐슈타인은 하나님을 세계 자체로 국한하지 않았다. 그에게 있어서 하나님의 위상은 단순히 물리적 세계 이상으로 의미와 가치의 세계에 가까운 것이었다. 하나님이 '최고 존재'(supreme Being)일지라도 다른 존재하는 것들 가운데 최고는 아니다. 그에게 있어서 세계의 의미가 곧 하나님이기도 했다. 그런데 입증 가능한 과학적 명제가 아니라면 말하지 말아야 할 것이라고 했으면서도, 그 나름대로 하나님에 관해 자신의 이론을 펼쳤다는 사실 만큼은 분명하다.8

비트겐슈타인은 근대인들이 자연법칙을 자연현상에 관한 설명이라고 받아들였던 반면, 고대인들은 하나님의 의지를 상정하여 세계 안에 펼쳐지는 '사실'로 설명하려고 했던 것을 지적했다. 그가 보기에 '하나님'은 과학적 명제도 아닌데 사실로 전락한 전형적 오류다. 혹여 고전적

---

7 하나님에 관한 비트겐슈타인의 메타포를 보다 문자적으로 해석해서, 그의 신관을 범신론으로 읽는 학자들이 다소 존재한다. 다음을 참고하라. Newton Garver, *This complicated form of life: essays on Wittgenstein* (Chicago: Open Court Publishing, 1994), 133-135; Brian Clack. *An introduction to Wittgenstein's philosophy of religion* (Edinburgh: Edinburgh University Press, 1999), 41-43.

8 첫 저서 『논리철학논고』뿐만 아니라 그의 강의가 파편적으로 남겨진 『노트북(1914-1916)』 및 『윤리학에 관한 강의』에서도 그는 하나님을 말하고 있다.

방식으로 하나님을 어떠한 실체로 설명해 봤자 사실들의 인과적 원인들로 꼽히는 다양한 것들 가운데 하나일 뿐이다. 물론 비트겐슈타인은 이것을 과학적 사실 명제로 인정하지 않았다. 그가 판단할 때 전통적 신관은 세계 안에서 발생하는 것들에 대해 절대적 가치와 의미를 부여할 수 없고, 세계를 지배하는 전능한 의지도 되지 못한다. 이러한 문제를 지적하며 그는 단언했다: "하나님은 세계 안에서 자신을 드러내지 않는다."[9] 이는 곧 하나님을 경험적·감각적 실체로 또는 진위 판단이 가능한 의미로 간주하지 말라는 권고다. 하나님은 그러한 종류의 사유 대상과 전혀 무관한 가치이기 때문이다.

비트겐슈타인에 의하면 하나님을 믿는다는 것은 곧 삶의 의미에 관한 문제를 이해하는 것이다. 세계를 '(자연과학적) 사실들의 전체'라고 규정한 비트겐슈타인은 사실들의 전체로 구성된 세계에 의미를 더하는 작업을 종교·신앙·윤리의 몫으로 간주했다. 과학적 명제가 적용될 수 있는 '사실'이 있는 한편, 그 사실에 부과되는 세계의 '의미'가 별도로 있다는 관점이다. 신학적으로 추정하자면 후자에는 하나님·계시·영혼의 불멸·내세의 보상 등이 해당할 것이다. 그런데 그는 만약 우리가 의미의 영역을 사실의 영역으로 가져온다면 여전히 '문제'로 남을 뿐이지 '해답'이 되지 않는다고 평가했다.

영생의 경우를 예로 들어본다. 비트겐슈타인의 입장에서 영생의 참된 가치란 세계의 삶을 연장시킨 시간적 불멸성에 대한 기대를 포기하는 것, 즉 시간적 불멸성에 대한 관심이 오히려 중요하지 않게 된 삶에 있다. 만약 하나님·영혼·천국 등이 사실로 받아들여진다면, 모두 과학적 '과제'에 속하게 될 수 있어도 근본적으로 '해결'되는 것은

---

9 Ludwig Wittgenstein, *Tractatus Logico-Philosophicus*, 6.432.

아니다. 과학적 명제로서 말할 수 있는 '사실'이 아닌 것들은 오히려 그것 그대로 사실이 '아닌 것'으로서 남겨두어야 한다. 그렇게 될 때 그것들은 사실이 아닌 것들로서 혹은 세계에 속하지 않는 것들로서 더욱 소중해진다. 달리 말하자면 이 세계 내에서 자연과학으로 접근할 실체로서 존재하지 않기에 오히려 물질적 실체가 아닌 다른 위상으로서 독보적으로 자리매김하는 격이다. 이런 맥락을 고려하고 그가 『논리철학논고』에서 기술한 다음 대목을 숙독해 보자.

> 인간의 영혼의 시간적 불멸성, 즉 사후 인간의 영혼의 영원한 생존이란 결코 보장되지 않을 뿐만 아니라, 우선시한 이 가정은 우리가 언제나 이루어 보려고 노력하는 것을 우리에게 이루어 주지 않는다.
> 내가 영원히 생존한다는 사실로 인해 수수께끼가 풀리는가? 우리의 현세와 마찬가지로 영원한 삶도 불가사의하지 않은가? 공간과 시간 속에 있는 삶의 수수께끼에 대한 해답은 공간과 시간 외부에 있는 것이다. 이것은 해결되어야 하는 자연과학적 문제들이 아니다.[10]

비트겐슈타인은 어떠한 시공간에 실재하는 하나님을 말하지 않는다. '하나님'은 자연과학의 명제가 아니기 때문이다. 반면에 비트겐슈타인의 하나님은 사실로서의 세계가 무의미로 인해 결핍되는 것을 막아주는 세계 안의 의미 또는 세계의 의미(Sinn der Welt)에 관련된다. 하나님에게 드리는 기도 또한 "세계의 의미에 대해 생각하는 것"[11]이다. 세계를 올바로 보는 것이나 삶을 올바로 사는 것은 의미로 충만한 세계와

---

10 *Ibid.*, 6.4312.
11 Ludwig Wittgenstein, *Notebooks 1914-1916*, trans. G. E. M. Anscombe (New York: Harper Torchbooks, 1961), 73.

일치하는 것이다. 곧 그것이 하나님의 의지와 일치하는 방법이다.

음악·공학·건축·아동교육 등에도 관여했던 비트겐슈타인을 두고 흔히 천재적 인물로 평가하는 한편, 천문학적 재산상속이나 학계의 명성을 마다하고 청빈한 삶으로 마감한 행적으로 인해 간혹 종교적 인물로 접근하는 경우가 있다. 내가 보기에도 비트겐슈타인은 다분히 종교적 인물이었으며 특이한 영성을 지닌 인물이었다. 단적으로 이것은 그가 밝힌 행복론을 참고하면 알 수 있다. 비트겐슈타인에 의하면 인간이 세계에 영향력을 행사하려는 의도를 포기하고 무엇이 발생하든 전체로서의 세계 가운데 드러나는 하나님의 의지를 '영원의 상^相 아래'(sub specie aeterni)[12] 받아들일 때 행복할 수 있다. 또한 그는 학생들과 마주한 강의 시간을 통해 궁핍 속에서도 행복할 수 있는 삶의 동기를 논하기도 했다.

비트겐슈타인에게 있어서 하나님의 뜻을 따르는 행복이란 곧 세계와 하나가 되는 것이다. 반면 우리가 하나님의 의지와 우연적 사실들의 세계가 독립적이라는 것을 보지 못하고 그것에 집착한다면 불행해진다고 보았다.[13] 불우한 사건과 가난을 하나님 탓으로 돌리지 않고 그것들을 그대로 받아들이며 자기를 포기해야 한다. 윤리에 관해서도 인과응보를 따지는 것보다 행위 자체에 내포된 절대적 가치가 중요함을 보아야 한다. 특히 종교는 신앙의 결과가 시공간적 보상의 양상으로 나타날 것을 기대하지 말아야 한다. 그리하여 비트겐슈타인은 기성 종교가 신적 존재에 대한 믿음을 빙자하지만, 정작 인간의 안락과 즐거움을

---

12 Ludwig Wittgenstein, *Tractatus Logico-Philosophicus*, 6.45. 이 말은 본래 스피노자로부터 유래한 어구이다. 대체로 임시적인 것이 아닌 영원하고 보편적으로 참인 것을 의지한다는 의미로 쓰인다.

13 Ludwig Wittgenstein, *Notebooks 1914-1916*, 73-81.

우선한다고 비판한 적도 있었다.

훗날 비트겐슈타인은 언어 비판을 강조한 초기의 입장으로부터 전회하여 일상적인 언어의 역사와 화용_{話用}에 관심을 둔『철학적 탐구』 (*Philosophical Investigations*)를 남겼다. 이것은 첫 저서의 출판 이후에도 그가 계속해서 언어의 본질을 숙고하고 반성했다는 방증이었다. 비트겐 슈타인은『철학적 탐구』를 통해 언어에는 사실을 그리는 기능 이외에 '언어 놀이'(Sprachspiel)의 기능이 있다는 점을 논했다. 이는 언어의 활용 영역에 해당한다. 과학적 언어만 유일한 언어 놀이가 아니라 종교·예술·윤리 등의 다양한 영역에도 언어 놀이들이 있고, 그 안에도 나름대로 독자적인 언어규칙이 있는 것이다.

후기 비트겐슈타인에게 있어 하나님이라는 문제도 언어 놀이와 관련이 있다. 사후에 그의 단편을 취합하여 출간된『문화와 가치』 (*Culture and Value*) 같은 유작을 참고하면 그의 종교관이나 신관을 엿보게 된다. 비트겐슈타인은 우리가 색깔에 대해 개념적·문법적 존재를 전제하고 있다는 사실을 든다. 그것은 이미 우리가 색이름과 견본을 가지고 있기 때문이다. 이처럼 그는 하나님의 본질도 색깔처럼 언어에 연관되는데, 어떠한 규정된 언어 놀이 안에 있고 소통하는 공통된 삶의 형식(Lebensform) 안에 있을 경우 상호 간에 알려질 수 있다고 보았다. 말하자면 하나님이란 독립된 실체로서 "증명할 수 있느냐? 혹은 증명할 수 없느냐?" 하는 명제가 아니라 인간의 언어 놀이와 소통되는 삶의 형식 가운데 찾고 공유된다는 의미다.『문화와 가치』중 그 내용과 관련한 대목을 보자.

> 본래 하나님에 대한 존재 증명은 그것을 통해 우리가 하나님의 존재를 확신
> 할 수 있는 그 무엇이어야 한다. 하지만 내 생각은 그런 증명들을 개진했던

신도는 그들의 믿음을 그들의 지성을 통해 분석하고 정초하려 했다. 비록 그들 스스로 그런 증명들을 통하여 믿음에 이르게 된 것은 결코 아니었지만 말이다. 우리가 어떤 사람으로 하여금 하나님의 존재를 확신시킬 수 있는 것은 아마 어떠한 교육을 통해, 말하자면 그의 삶을 이렇게 저렇게 형성시키는 것으로써 가능할 것이다.[14]

하나님을 믿는다는 것은 삶의 의미에 대한 물음을 이해하는 것이다. 하나님을 믿는 것은 그 믿음이 세계의 사실들로써 종식될 수 없음을 아는 것이다. 하나님을 믿는다는 것은 삶이 의미를 지닌다는 것을 아는 것이다.[15]

앞서 언급했듯이 비트겐슈타인에게 하나님은 세계 안에서 사물처럼 존재하는 객체가 아니다. 이런 관점을 고려할 때 나와 같은 후대 연구자들은 비트겐슈타인 철학에 있어 하나님이란 세계의 사실이나 자연과학적 명제가 아니기에 역시 '무'라고 해석할 수 있다. 특히 초기 비트겐슈타인 철학의 핵심을 환기하자면 하나님은 '말할 수 없는 것'의 전형이다. 종교사적으로 이미 현명한 신비가들은 하나님에 관해 말하기보다 말을 삼가고 침묵해야 할 것을 제안했다. 그렇게 함으로써 역설적으로 하나님이 인간에게 심오하고 풍성한 삶의 계기로 다가올 것을 기대할 수 있었기 때문이다.

우리는 3천 년 서양 철학사의 분기점을 만든 비트겐슈타인에 관련하여 "말할 수 없는 것에 대해 입을 다물라"라는 경구만 기억할 것이 아니라 그가 정작 자연과학적 명제와 논리 이외 하나님·아름다움·

---

14 Ludwig Wittgenstein, *Culture and Value*, trans. Peter Winch (Chicago: The University of Chicago Press, 1984), 85.

15 Ludwig Wittgenstein, *Notebooks 1914-1916*, 74.

윤리·신앙이 지닌 가치와 의미를 독특하게 보존해 보려 했다는 사실도 함께 알아야 한다. 그것들은 곧 세계의 의미 또는 삶의 의미이기 때문이다. 그리고 후기 비트겐슈타인의 철학에서 하나님은 인간의 삶의 형식을 반영하며 종교적 언어 놀이 안에서 드러난다는 통찰도 새길만 하다. 하나님은 "논리적인가?" 혹은 "이성적인가?" 하는 잣대로 판별할 소지도 아니고 논리적으로 증명할 주제도 아니다. 그렇게 그의 후기 철학은 다른 궤를 걷고 있었다. 기독교적으로 풀어 설명하자면 비트겐슈타인은 하나님을 신앙하는 인간이 종교적 삶을 살며 서로 간에 공유할 수 있는 경험과 영성을 말할 때 무엇을 하나님의 현현이라 할 수 있고 또 무엇을 그의 은혜라 할 수 있는지 상호 간 소통은 가능하다고 보았던 셈이다.

V. 하이데거

"존재와 인간 현존재 사이의 이해를 위한 자극은 존재를 이해하는 인간으로부터가 아니라 존재로부터 계속 나오고 있다."
_ 베른하르트 벨테

마르틴 하이데거(M. Heidegger)는 비트겐슈타인과 더불어 20세기의 철학계를 대표하는 독일 출신 철학자다. 그는 특별히 '존재'(Sein)라는 하나의 주제에 집중하여 철학적 사유를 펼쳐나간 현대 존재론의 권위자였다. 그의 저서 『존재와 시간』(Sein und Zeit), 『형이상학이란 무엇인가?』(Was ist Metaphysik?), 『이정표』(Wegmarken), 『숲길』(Holzwege) 등은 지금까지 서구 지성계에 지대한 영향을 미치고 있으며 앞으로도 꾸준히 그러할 것으로 예상된다. 하이데거는 존재의 정체와 그 의미를 탐색해 나갈 때 존재와 더불어 '무'(das Nichts)에 대한 깊은 각성을 이루었다. 그에게 존재는 곧 무였다.

우선 우리는 하이데거 철학에 입문하기 위해서 일반적으로 말하는 '존재'와 하이데거가 칭하는 '존재'는 다른 의미를 지닌다는 점을 알아야 한다. 대중들이 쓰는 '존재'라는 말은 그 용례 상 하이데거에게 있어서 '존재하는 것' 또는 '존재하는 사물'로서 '존재자'에 해당한다. 즉, 책상·연필·버스·나무·김철수 선생 등등이 하이데거 철학에서 '존재자'(das Seiende)에 속하는 것들이다. 반면에 '존재'(das Sein)는 그 모든 존재자를 아우르는 발원으로서 '있음'이다. 이것은 일상적으로 우리가 깊이 숙고해 보지 않는 개념이다.

하이데거에 의하면 존재(있음)가 우선 되어야 존재자가 내용을 가지고 존재하는 것이 가능하다. 즉, 존재자는 일차적으로 '있음'(존재한) 이후에야 '어떤 것'으로 알려진다. 존재자 자체가 있지 않고 '어떤 것'으로 알려질 수 없기 때문이다. 그리고 모든 존재자에게 '있음'(존재)은 당연히 '하나'다. 그리고 그 '있음'(존재)은 존재자의 배경·의의·의미·상황 등을 포함한다. 요컨대 존재(das Sein)는 존재자를 존재하게 하고, 존재 때문에 존재자는 그 자체로 존재할 수 있다.

그러나 하이데거는 과거 전통 형이상학이 자연학 및 인과율의 관심 하에 존재를 존재자의 근거로 사유했던 방식을 거부했다. 제일원인이나 원동자(the Prime Mover)로서 존재를 상정하자면, '그러한' 존재는 이미 존재자들 가운데 하나로 전락해 있기 때문이다. 기존의 철학자나 신학자와 달리 하이데거가 집요하게 관심을 두었던 주제는 바로 '있음'(존재) 자체였고, '있음'(존재)과 존재자 사이의 '존재론적 차이'를 드러내기 위해 노력했다.

하이데거는 "존재의 본질과 본질의 유래가 은폐된 것은 존재가 시원적으로 빛을 발했으며 사유가 이를 뒤쫓지 못했다는 특징"[1]이라고 하며 그간의 서양 철학사가 '존재자로서의 존재'만을 문제 삼은 '존재 망각'의 역사라고 비판했다. 그가 준별하기로 서구 전통 형이상학이 견지한 '주도 물음'(Leitfrage)은 곧 "존재자란 무엇인가?"였다.[2] 존재자란 인간이 대상화하여 파악하고자 하는 '무엇'으로서 존재자성을 지닌 것이다. 서구 학문 전반에 있어서 "학문 탐구의 대상이 되는 것은 오직 존재자일 뿐, 그 밖에 아무것도 아니었다."[3] 근본적으로 이러한 현실은 고대로부터 내려온, 존재자 중심의 형이상학적 사유 전통 때문

---

1 Martin Heidegger, *Holzwege*, 310.

2 Martin Heidegger, *Wast heißt Denken?*, 135.

3 Martin Heidegger, *Was ist Metaphysik?*, 26.

이었다.

고대로부터 철학자들이나 신학자들은 세계를 구성하면서 그 배후에 있을 것으로 상정되는 존재의 근원과 사물의 본질을 규명하는 것에 목표를 두었다. 특히 아리스토텔레스 이래 보편적으로 사물의 제일원인 또는 원동자를 탐구하는 학문은 '제일철학'(prōtē philosophia)이라 칭해졌고, 여타의 학문 가운데 최고로 간주되었다. 플라톤과 아리스토텔레스로부터 영향을 받은 그리스도교 신학 역시 사정은 마찬가지였다. 그래서 하이데거는 단적으로 "형이상학은 그 성격상 존재론인 동시에 신학"[4]이라고 했다.

그렇다면 하이데거가 대안적으로 기획하는 신학이 있다면 그것은 무엇이었을까? 전통적으로 유럽의 신학은 세계의 창조자인 하나님을 일종의 '존재자'로 상정해 왔고, 하나님을 포함하여 그 밖의 영혼·천사·인간·세계 전체 등의 존재자들을 대상으로 삼아 어떠한 지식을 얻으려는 것에 목적을 두었다. 당시에는 나름대로 필요가 없던 것이 아니었지만, 그러한 접근 방식은 실로 신학의 이름으로 자연학을 하는 것과 마찬가지였다. 그 존재자들에 대한 존재 여부, 본질, 속성을 파악하는 데에 집중하고 있었으니 말이다. 그에 따라 존재의 의미, 존재의 가치, 존재의 고유성, 존재의 역사성, 존재의 성스러움, 존재의 신비로움 등은 형이상학과 신학의 관심 밖으로 밀려났다.

계몽주의 및 이성주의의 시대를 지나 현대기로 진입하면서도 이상과 같은 사유의 태도는 크게 달라지지 않았다. 사물이 되었든, 사람이 되었든, 하나님이 되었든 그 무엇에 어떠한 객관적·대상적 지식이 있다고 상정하고 파악하려는 방법이 만연했기 때문이다. 그런데 실제로

---

4 *Ibid.*, 12.

이것은 정작 존재하고자 하는 '그대로'를 수용하며 순수하게 알아가는 방식이 아니었다. 다만 인간이 자신의 관점과 이익과 편의에 경도된 목적과 가치로써 그 대상의 고유성으로부터 분리해 타자화하며 평가하는 일이다. 그러한 식으로 측정되고 평가된 존재자의 본질, 즉 존재자를 그것이게 하는 것, 그것답게 하는 것, 그것의 근거가 되는 것에 관해 하이데거는 '존재자성'(Seiendheit)이라고 불렀다.

하이데거는 "왜 없지 않고 존재하느냐?" 하는 근원적인 질문을 견지하면서 과거의 존재론이 '존재자의 존재자성'(die Seiendheit des Seienden)을 파악하는 일에 치중했음을 비판하고, 그 대안으로 이른바 '기초존재론'(Fundamentalontologie)을 주창했다. 그의 기초존재론은 존재자에 집착하며 존재자의 존재자성을 존재로 오인해 온 전통 형이상학을 반성하고, 존재자의 본래성이라 할 수 있는 '존재'가 발현하도록 하기 위함이었다. 이러한 기획 의도를 지니고 존재 일반의 의미에 관해 저술한 책이 바로 『존재와 시간』(Sein und Zeit)이었다.

하이데거는 여기에서 무엇보다 인간이라는 독특한 존재자에 주목했다. 인간만이 '존재'를 발견하고 사유할 수 있는 특별한 지위를 지녔기 때문이다. 존재자가 아니라 무규정적(즉, 규정할 수 없고 규정해서는 아니 될) '존재'가 드러나고 (사물이 지닌 존재자성이 아닌) '무'의 체험이 발생하는 장소라는 의미에서, 인간에게 '다자인'(Dasein)이라는 호칭을 붙였다. 그것은 독일어로 'da'(거기, 여기, 그때)와 'Sein'(이다, 있다, 있음)이 결합한 합성어로서 주로 '현존재現存在'라고 번역된다. 그런데 이 '다자인'(현존재)이라는 말에는 창조주가 부여한 본질을 지닌 존재자가 아니고, 과학적 분석 대상이 아니고 장악 가능한 지식의 소재가 아니라는 함의가 있다. 혹여 인간에게 본질이 있더라면 인간 스스로 자신의 존재를 문제 삼고 어떻게 살아야 할지 물어야 하는 '실존'이 있을 뿐이다.

실존이란 현존재가 살아가는 구체적인 삶이며 자기의 존재를 문제 삼는 존재다. 또한 하이데거는 현존재나 실존 이외에 인간을 뜻하는 말로 '세계-내-존재'(In-der-Welt-sein)를 쓰기도 했다.

난해한 저술로 평가된 『존재와 시간』에 대한 오해를 풀기 위해 하이데거는 다시 『형이상학이란 무엇인가?』(*Was is Metaphysik?*)라는 책을 썼다. 하이데거에 의하면 존재를 참되게 발견하기 위해서 사물들을 대상화하려는 욕망과 측량하려는 사유 방식을 버리고 존재자를 있는 그대로 보아야 한다. 존재의 온전한 체험적 사태를 오롯이 얻기 위해서이다. 이것이 곧 존재의 '발현'(Ereignis 또는 生起)의 존재 사건이다. 존재는 근원적으로 인간의 표상 및 대상이 될 수 없으므로 '근거에서 이탈하여'(ab-Grund) 존재자성을 거부할 경우 '발현'으로 드러난다. 그런데 전통 형이상학의 견지에서 보자면, 존재 및 존재 사건은 존재자가 '아님', 존재자의 '없음', 존재는 '없이 있음' 등의 함의를 갖는다. 과학적 이성이 사물을 대하듯 지식으로 낚아채고 마주 세우고 장악할 수 없기 때문이다. 이런 맥락에서 하이데거는 존재를 '무'라고 선언했다. 그리고 무는 "스스로 무화한다"[5] 그리고 무는 "존재자 전체에 대한 완전한 부정"[6]이라고 표현했다. 이는 전통 형이상학이 오랫동안 천착해 왔기에 떨쳐버리기 어려운, 존재에 대한 오해를 풀기 위함이었다.

존재는 인간의 표상적 대상화에서 물러나 있기에 "존재자가 아님"(das Nicht-Seiende)으로서의 '무'이다. 그런데 존재는 비은폐(탈은폐) 또는 발현으로 밝혀지는 국면을 의미하는 한편, 무는 감추어지는 국면을 의미한다. 그리고 은닉은 발현 가능성을 담지하고, 발현은 은닉 가능성을 담지한다. 그렇게 무가 존재의 본성의 한 국면을 이룬다.

---

5 Martin Heidegger, *Was ist Metaphysik?*, 34.
6 *Ibid.*, 29.

무가 존재를 존재로서 발현하는 가능성이 되기 때문이다. 그래서 하이데거는 무가 존재를 감추면서도 드러내 보이기도 하는 '존재의 면사포'(Schleier des Seins)라고 했고 또한 발판이 제거되어 한없이 빠져가는 '심연'(Abgrund)이라고 칭했다. 근거라는 발판, 즉 이성이 곧잘 천착하는 존재자의 발판이 제거됨으로써 마치 깊은 구덩이로 떨어지는 것을 느낄 때 우리는 엄청난 섬뜩함을 느낀다. 그러나 발판이라는 도구나 의지처를 떠나 심연으로 꺼지는 것을 견뎌내면 무의 심연에서 존재가 드러난다.

그렇다면 "무는 스스로 무화한다"(Das Nichts selbst nichtet)는 말은 무슨 뜻일까? 하이데거에 의하면, 무는 존재자 전체를 거부하는 한편, 존재자 자체를 지시하고 개방한다. 이것이 이른바 '무화'(Nichtung)이며 무의 본성이다. 다시 말해 무는 무화의 작용을 할 때 존재자를 말살하지 않고 오히려 존재자의 고유한 개방 가능성을 보장한다. 인간이라는 현존재 또한 "무 속으로 들어가 머물고 있을 때만 존재자와 관계할 수 있다"라고 했다.[7] 무는 존재자로 하여금 존재의 빛 속에서 탈은폐하여 (감추어짐으로부터 벗어나) 존재하게 만드는 것이다. 이것이 이른바 '존재의 밝힘'(Lichtung des Seins)이다.[8] 여기서 우리가 유념해야 할 것은 밝힘을 통해 존재자를 존재하게 만드는 존재란 그 자신에 의하여 밝혀진 존재자와 같은 종류가 아니므로 존재자는 아니다. 이런 의미에서 하이데거는 "존재와 무는 함께 속한다"[9] 또는 존재는 곧 무라고 했다.

---

7 *Ibid.*, 41.

8 Martin Heidegger, "Das Ende der Philosophie und die Aufgabe des Denkens," *Zur Sache des Denkens* (Frankfurt am Main: Vittorio Klostermann, 1986), 72.

9 Martin Heidegger, *Was ist Metaphysik?*, 39.

무는 그 '근거'(Grund)가 질문될 수 없기에 바닥이 없는 '심연'(Abgrund, 무근거)이다. 물론 존재는 존재자의 근거다. 존재자를 존재하게 하기 때문이다. 그러나 그 근거는 파악되고 측정될 수 있는 성격이 아니므로 하이데거는 존재를 무근거의 '심연'이라고 표현하며 기존 형이상학이 지닌 존재 개념을 부정했다. 그러면서도 존재자가 아닌 존재 또는 체험된 무가 존재자의 근본 바탕이라고 긍정했다. 다른 한편 하이데거는 '무의 다의성'(Mehrdeutigkeit des Nichts)에 대해 환기했다. 다의성과 고유성을 지닌 존재(무)를 체험하는 것 또는 '존재의 소리'(Stimme des Seins)를 듣는 것이 과거의 전통 형이상학의 한계와 당면한 기술문명의 문제를 극복하게 하는 단초이기 때문이다. 그런데 현존재로서 인간이 존재(무)의 발현을 체험하기는 해도, 그 발현은 현상으로 드러난 존재(무)의 극히 일부다.

하이데거에 의하면 우리가 무를 논리적으로 파악할 수 없다. 무는 논리학에 의한 객체적·지성적·계산적 지식의 대상이 아니다. 논리적 요구로써 이성은 무의 다의성을 수용할 수 없다. 하이데거가 말하는 무는 논리적인 부정으로서의 무(아님)만이 아니라 그 논리적인 부정마저 가능하게 하는 근원적인 무다. 하이데거는 지성을 통해 존재를 사유하는 방법을 두고 따옴표와 함께 "논리학"이라고 표현했다. 예컨대 아리스토텔레스와 헤겔을 비롯한 다양한 형이상학자들이 존재에 관하여 다양한 논리적·이지적 방법론을 통해 접근해 보았으나, 하이데거는 그러한 것들이 여러 해석 가능성 중의 하나라고 평가했다. 특히 논리학은 존재 문제를 지성적 관찰과 사유로써 규정하여 받아들일 뿐이며 근본적이지 못하기에, 무를 알기 위해 존재의 체험이 선행되어야 한다고 보았다. 하이데거에 의하면, 존재의 체험이란 곧 무의 체험이다. 무가 드러날 때 "논리학"은 무로서의 존재 자체를 관념적으로 아는

'하나의'(e i n e : 하이데거의 강조) 이해이며 해석일 뿐이다.

하이데거에게 있어 진리는 일종의 사태다. 그 사태는 '불안'(Angst)이라는 근본 기분(Grundstimmung)을 통해 드러난다고 주장하기에, 하이데거의 존재론은 이성을 통한 진리 파악을 추구해 온 전통 형이상학과 사뭇 다르다. 가령 우리는 무와 조우하는 사건을 존재자들을 체험하는 것으로 대체할 수 없다. 무와 조우하는 일이란 존재자 전체 또는 그 총체성에 대면하는 일에 상응한다. 그것은 인간에게 가능하지 않다. 다만 존재자 전체의 한가운데에서 자신의 소소함을 느끼거나 존재자 전체가 자신을 엄습하는 것을 느끼는 경우라면 불가능한 일이 아니다. 이것은 나의 예시인데, 광활한 우주 전체를 깨닫기 위해서 모든 별을 다 방문해야 하는 방법이 아니라면, 자기의 극소極小함으로 인해 까닭 모를 고독을 느끼거나 우주가 자기를 압도하는 기분을 느낌으로써 그것을 대체할 수 있다. 물론 그러한 경우에 논리나 관찰보다 '기분'이라는 것이 존재론적 단초가 될 것이다.

이상과 같이 하이데거에 의하면 진리는 파악될 수 있는 것이 아니고 드러나는 것이다. 존재자를 사유하는 방식으로는 오히려 존재자 자체가 드러나지 않듯이, 존재자를 취급하듯 무를 인식할 수 없다. 다만 무는 "존재자 전체에 대한 완전한 부정"[10]으로 경험할 수 있다. 개개의 존재자만 인식하고 경험하는 유한한 인간이 존재자 전체를 알거나 경험하는 일은 가능하지 않다. 그런데 존재자의 총체성을 부정하는 일이 어떻게 가능하다는 것일까? 하이데거는 인간에게 불안을 통해 무의 드러남, 무의 사태 체험이 가능하다고 한다. 존재자 전체를 대상화하여 알 길은 없지만, 존재자 전체 속에 처해 있는 상황이나 기분으로 무를

---

10 *Ibid.*, 29.

체험할 수 있다는 것이다.

여기서 우리가 주목할 것은 '기분'이다. 이는 하이데거가 존재 혹은 무를 인식의 문제로 가져가지 않고 경험이나 정서의 문제로 가져간다는 증거다. 존재자가 전체로서 우리에게 엄습하고 있고 그 한가운데 처해 있다는 상황을, 불안이라는 근본기분을 통해 감지할 수 있다. 하이데거에 의하면 근본기분인 '불안과 더불어 무는 '지금 여기'에서 드러난다. 말하자면 이유 없는 허무감, 권태, 섬뜩함, 근거 없는 불안을 느낄 때 존재자 전체가 무너지면서 그 자리에 무가 드러난다. 하이데거는 말한다. "불안 속에서 우리는 존재자 전체와 함께 무와 대면한다."[11] 그리고 "불안은 무를 계시한다"(Die Angst offenbart das Nichts).[12] 왜냐고 물을 수 없다. 딱히 이유가 없고 말이 필요 없다. 불안으로 인해 우리는 존재자 전체와 함께 무를 대면한다.

『형이상학이란 무엇인가?』에 의하면, 인간(현존재)의 본질이 '무'에 머물고 있고, 무는 인간만이 지닌 특별한 자기 관계를 가리키고 있다. 무는 '지금 여기'에서 일어나는 체험이고, 그 체험은 무규정의 체험이다. 앞서 설명했듯이, 인간이 체험하는 무는 인간의 지성적 활동으로 말미암지 않는다. 자기의 고유성을 밝히는 사안에 있어서도 하이데거는 기분에 초점을 맞춘다. 그는 인간이 보편적인 지식을 추구하기 위해 관조적으로 인식하는 방식이나 보편적인 형식을 중시하다가는 오히려 자신을 상실할 수 있다고 비판했다. 무는 장악할 수 있는 지식으로서가 아니라 고유한 가능성으로서 본래적 인간이 드러나게 만든다. 하이데거에게 고유한 가능성은 가능적인 것의 가능성이 더욱 커지는 것이다.

인간은 불안을 느낄 때 무가 존재자 전체를 탈은폐시키고 존재의

---

11 *Ibid.*, 33.

12 *Ibid.*, 32.

경이를 여는 것을 체험하기에 '무의 자리지기'(Platzhalter des Nichts)가 된다. 하이데거는 인간이 느끼는 공포와 불안을 구분한다. 공포에는 대상이 있지만, 불안에는 대상이 없기 때문이다. 불안은 (대상일 수 없는) 무를 맞닥뜨릴 때 경험된다. 불안 가운데에서 존재자 전체가 허무해지지만, 존재자 전체 또는 존재자 자체가 없어지는 것은 아니다. 무는 존재자를 개방하는 긍정적 역할을 한다. 이를 근원적인 개시성開示性 (Offenheit)이라 할 수 있다. 무로 인해 존재가 경이로 나타나기 때문이다. 이상과 같이 존재자 전체를 전체적으로 거부하면서 가리키는 것이 무의 본질인 무화(die Nichtung)이다. 다른 한편 무를 드러내는 불안에는 존재자의 개방 가능성을 실현하며 "어떠한 특별한 안정(Ruhe)이 깃들여 있다."[13] 그러므로 모험적으로 불안을 회피하지 않는 자에게 무의 사태 또는 존재의 소리가 선명하게 드러난다. 하이데거는 초기작 『존재와 시간』에서부터 '불안'이 "현존재(Dasein)을 개별화시키므로, 그를 이렇 듯 '유일한 자신'(solus ipse)로서 열어 밝힌다"[14]고 했다.

성당지기의 아들로 자라 어린 시절에 사제가 되길 희망했던 하이데 거였으나 정작 자신의 철학을 개진하는 과정에서는 서구 전통 형이상학 과 그 대표격인 신학을 통렬히 반성하는 작업을 병행했다. 그는 하나님 에 관한 교리를 확정하기 위한 논변과 추론에 깊은 회의를 지녔다. 그러면서 "그리스도교 신앙의 신학이나 철학적 신학을 그들이 성장한 원천으로부터 경험한 자는 오늘날 하나님 사유의 영역에서 침묵하려고 한다"고 단언했다.[15] 또한 서구 전통 신학이 보유한 신론이 가장 '형이상

---

13 *Ibid.*

14 Martin Heidegger, *Sein und Zeit* (Tübingen: Max Niemeyer Verlag, 1986), 188.

15 Martin Heidegger, *Identität und Differenz* (Frankfurt am Main: Vittorio Klostermann, 2006), 51.

학적' 하나님을 주장한다고 평가하면서, 그러한 하나님에게 인간이 관계를 맺는 것이란 불가능하다고 비판했다. 이에 관련하여 매우 유명한 다음 문장을 보자.

> 이러한 신에게 인간은 기도할 수 없고 제물을 바칠 수도 없다. 자기원인 앞에서 인간은 경외하는 마음으로 무릎을 꿇을 수도 없고 또 이러한 신 앞에서 찬송을 연주하거나 춤을 출 수도 없다. 따라서 철학의 신, 곧 자기원인으로서의 신을 포기할 수밖에 없는, 신-없는 사유(das gott-lose Denken)가 아마도 신다운 신(der göttliche Gott)에게 더 가까울 것이다.[16]

하이데거의 철학은 신의 존재 유무를 판별하는 사안에 결코 관심을 두지 않았다. 신의 존재를 증명하는 작업이나 하나님의 실체와 본질을 규명하는 작업은 하나님을 일종의 존재자로 격하하는 일일 뿐이었다. 현저하게 그는 새로운 방식으로 신론을 제기했다. 앞서 언급했듯이 전통 형이상학이 규정하려 했던 신은 자연학이 관심을 둔 지식과 분석의 대상으로서의 객체화된 대상과 다름이 없다. 하이데거에 의하면, 하나님의 의의와 신비란 그렇게 접근해서는 안 된다. 그래서 '신없는 사유'를 말한 것이다. 우리가 하나님을 '존재'로 치환하여 말할 수 있다면, 그는 또 한편 장악하고 소유할 수 없는 '무'라 할 수 있다.

가령 서정주의 시, <국화 옆에서>의 주제 '국화'는 식물학적 분석 대상이 아니다. 그것은 인간 존재의 고유성과 무의 자리지기로서 개인 삶의 역사성과 애환哀歡을 감상적으로 드러내 보이는 매개다. 시적 화자의 삶의 성찰에 의해 인간의 실존을 표상하고 있는 모티브이지, 식물도

---

16 *Ibid.*, 77.

감에 자리 잡은 하나의 항목이 아닌 전연 다른 국화다. 말하자면 그 시 속에서 국화는 분명히 국화이지만 또 한편 국화가 아니다. 하이데거의 철학을 빌려 설명하자면 그 국화는 지시적·사전적 의미와 식물학적 지식으로부터 동떨어져 있기에 그리고 국화라는 존재자에 의해 열려 보이면서 존재의 의미와 역사를 환기했음에도 불구하고 세상에는 없기에 무가 된다. 그처럼 하나님에게도 두 차원이 있는 것이다. 전통 형이상학에서는 제일원인이면서, 하이데거식의 탈형이상학적 존재론에서는 곧 무라는.

하이데거가 판단하기로 우리의 시대에는 더 이상 형이상학적 하나님을 증명하거나 객체적으로 인식하는 것은 중요하지 않다. 오히려 시한적 존재인 현존재(인간)에게 사태로 드러나는 하나님을 체험하고 일상 가운데 하나님의 의미와 미적 가치를 살아내는 일이 더욱 중요하다. 하이데거는 전적인 무신론자는 아니었다.[17] 그러나 간혹 그렇게 평가받는다. 그가 묘사하는 하나님은 존재를 대체하거나 익명의 신을 담지하는 것으로 해석되기 때문에 그리스도교의 교리를 비껴간다고 할 수 있다. 하이데거의 하나님은 경외감·신비감·감사·기쁨·아름다움·각성 등을 유발하는 존재 자체 또는 세계의 전체성을 대신하는 일종의 환유換喩에 가깝다. 비록 그가 "하나님만이 세계를 구원한다"[18]고 표명했을지라도, 그 '하나님'은 주기도문에 등장하는 "하늘에 계시는 우리 아버지"로서의 주재자나 제일원인이 아니다. 더불어 우리는 왜 하이데거가 간혹 복수複數인 '신들'(Götter)로 표현하는지 고찰할 필요가 있다.

---

17 심광섭, 『탈형이상학의 하느님』, 82 참조.
18 Martin Heidegger, "Spiegel-Gespräch mit Heidegger," *Antwort. Matin Heidegger im Gespräch* (Nesk: Pfullingen, 1988), 99-100.

VI. 사르트르

"어차피 인생은 빈 술잔 들고 취하는 것. 그대여 나머지 사랑은 나의 빈
잔에 채워주."
_ 남진의 노래, 〈빈잔〉 중

    무신론적·인본주의적 실존주의철학자로 평가되는 장 폴 사르트르
(Jean Paul Sartre, 1905~1980)도 '무'(néant)에 대한 현대적 담론을 진지하게
확충해 간 인물이었다. 제법 잘 알려진 사실이지만, 하이데거는 사르트
르의 주저 『존재와 무』(L'être et le néant, 1943)가 자신의 기초존재론과
무에 관한 철학으로부터 큰 영향을 받았음에도 불구하고 자기의 철학을
잘못 해석했다고 비판한 적이 있다. 그렇다면 과연 사르트르의 철학이
하이데거의 철학에 대한 곡해나 '아류亞流'로 남아 있을까? 그렇지 않을
것이다. 현대 철학계는 사르트르가 하이데거에 못지않은 위상을 지닌다
고 인정한다. 특히 그의 무에 관한 담론은 실존주의 인간론을 정초하는
데에 기여했고, 이에 많은 문학가와 예술가들이 영감을 받았다.

    전통 형이상학을 비판하고 존재론을 다시 정초한 이 두 명의 현대
철학자 중 하이데거가(특히 후기에) '존재' 중심의 사유를 했다면, 사르트
르는 '인간' 중심의 사유를 펼쳤다. 실제로 하이데거는 『인본주의 서한』
에서 사르트르와 자신의 철학의 차이를 이렇게 언급했다.

    인본주의와 동일시하는, 사르트르의 실존주의는 이렇게 표현될 수 있다:
명확하게 말해 우리는 인간만이 존재하는 환경에 놓여 있다. 이와 달리 『존
재와 시간』에서 표출된 사유는 이렇게 표현된다: 명확하게 말해 우리는 특

히 존재가 드러나는 환경에 놓여 있다.[1]

사르트르가『실존주의는 휴머니즘이다』(*L'existentialisme est un hu-manisme*)라는 글에 남긴 그 유명한, "오직 인간에게만 실존이 본질에 선행한다"라는 선언만 분석해도 그의 인간 중심적 존재론을 간파하게 된다. 이미 하이데거는 인간에게만 스스로 어떻게 살지 묻는 독특한 존재론적 성격이 있기에 인간의 본질은 실존(Existenz)에 있다고 규정한 바 있다. 한편 사르트르는 인간의 존재를 '잉여 존재'로서 매우 우연적이고 본질이 부재한 '비어 있는' 것으로 규정했다. 이것은 서구 전통의 존재론, 특히 그리스도교적 인간관과 정면으로 배치된다. 가령 그리스도교의 신학에 의하면 장인(匠人)이 물건을 만들기 전에 용도를 정하고 만들 듯 창조주 하나님이 인간을 창조하기 전에 본질을 정하고 개개인을 창조한다. 그러나 사르트르는 인간에게는 선행하는 본질이 있을 수 없다고 비판했다. 과감한 무신론자인 사르트르에 따르면, 인간의 존재 이유였던 하나님 자체가 부재하기에 세계 가운데 인간은 그냥 거기에 존재할 뿐이며 마땅히 존재해야 할 필연성이나 이유가 없다. 이런 인간론에 관해 그는 소설『구토』(*La nausée*)에서 '로캉탱'(Roquentin)이라는 등장인물을 빌려 다음과 같이 피력한 바 있다.

내가 생존 이유를 알고 있단 말인가? 나는 그녀처럼 절망에 빠져 있지는 않다. 왜냐하면 나에게 큰 기대가 없기 때문이다. 나는 차라리 (중략) 나에게 주어진 — '까닭 없이' 주어진 이 인생과 맞서서 놀라고 있다.[2]

---

1 Martin Heidegger, "Letter on Humanism," *Basic Writings*, ed. D. F. Krell (New York: Harper & Row Publisher, 1977), 213-214.

2 장 폴 사르트르/방곤 역,『구토』(서울: 문예출판사, 1999), 282.

소설가이기도 한 사르트르는 이 작품에서 세계 및 인간의 무상성, 무의미성, 우연성에 관한 고뇌를 주제로 던졌다. 그리고 인간에게나 사물에게 부과된 본질은 허울일 뿐이라는 점을 환기시키고자 했다. 만약 세계의 사물들로부터 공통적으로 찾을 수 있는 본질이 있다면, 그것은 '우연성'(contingence)일 뿐이다. 그의 인본주의적 관점에서 인간들은 우연히 태어나 생명을 유지하다 죽는다. 그것이 본질이라면 본질이고, 인간을 비롯한 세계는 무상하고 무의미하다. 인간은 필연적으로 존재할 이유가 없는, 이른바 '잉여'剩餘이며 고독한 존재이다. 이 사실을 절감하며 소설『구토』의 등장인물 로캉탱은 그를 둘러싼 모든 것에 관해 배설물처럼 무의미하고 낯섦과 '구토'의 메스꺼움을 느꼈다.

　　사르트르는 서양 철학사 가운데 해묵은 질문인 "이 세계는 왜 없지 않고 있는가?" 하는 것에 관해서는 답을 얻을 수 없는 문제라고 보았다. 그가 보기에 존재의 이유와 존재자의 본질 같은 것이란 애초에 없기 때문이다. 혹여 인간에게 그 어떤 본질이 있다면 각자가 살아가는 동안 스스로 추구하며 계속 수정해 나갈 뿐이다. 인간은 다른 사물들과 달리 본질에 관한 한 '비어 있는' 존재이며, 그 때문에 역설적으로 자유로운 선택의 지니고 산다. 이에 사르트르는 "인간의 자유는 인간의 본질보다 앞서며, 이것은 인간 존재의 본질이 그의 자유에 들어가 머물러 있는 것을 가능케 한다"라고 규정했다. 그런데 이것은 썩 유쾌한 운명은 아니다. 홀로 선택의 책임을 무한히 짊어져야 하기 때문이다. 이것이 곧 사르트르가 강조하는 '자유'의 의의다. 여기서 우리에게 큰 고민과 위기가 드러난다. 인간존재가 '자유'라고 할 까닭은 의식이 없는 다른 존재자들과는 달리 자기 완결적 또는 자기 충족적이지 않기 때문이고, 끊임없이 자기 자신으로부터 떨어져 나가려 하기 때문이다. 만약 우리가 자유를 거부하는 것은 스스로 의식 없는 무생물 같은 것으로 한정하는 셈이다. 그래서 사르트르는 "인간은 그가 아니 있는 것으로 있고, 그가 있는 것으로 아니 있는 것"[3]이라고 규정했다.

좀 더 나아가 존재, 인간, 자유 그리고 무에 관한 사르트르의 논의를 살펴보자. 사르트르 이전에 현상학에 집중한 철학자들에게는 현상이 곧 존재자 또는 자연이라고 할 수 있다. 우리가 사는 세계에서 존재란 현상 또는 존재자를 통해 드러나 경험될 뿐이지, 존재(존재함) 그 자체란 인식도 어렵고 경험도 어렵다. 존재(존재함)가 날것으로 인간에게 드러난다고 해도, 그것은 인간이 경험하거나 인식하기에 매우 낯설고 이상할 것이다. 왜냐하면 인간이 다만 존재자에 대해서만 관계를 맺고 의미를 부여해 왔으니 말이다.

그런데 만일 인간이 존재자들에게 부여한 의미나 관계가 갑자기 삭제된다면(그럴 경우는 없겠지만), 그것들은 무의미해지고 낯설어질 뿐만 아니라 존재한다고 볼 필연적 이유도 없어진다. 예를 들어 내가 불현듯 기억상실증에 걸려 정장 주머니 안에 있는 휴대전화에 관한 이해와 용도, 나(사용자)와 휴대전화(사용물)의 관계, 직장 생활을 갓 시작한 딸이 선물한 것으로서의 고유성 따위를 다 망각했다고 치자. 그렇게 된다면 휴대전화는 그저 그렇게 자체로 존재할 뿐이지 인간에 대해 존재할 필연적 이유도 없어지면서 우연성, 무의미성, 무관계성, 무근거성, 비일상성 속에서 매우 낯선 것으로 남게 될 것이다.

사르트르는 존재에 대해 두 가지 형태로 나누어 설명한다. 곧 '즉자卽自'(en-soi)와 '대자對自'(pour-soi)다. 이것들을 설명하면서 사르트르는 헤겔의 즉자와 대자 개념뿐만 아니라 후설(E. Husserl)의 현상학 중 '지향성' 개념을 가지고 들어와 응용한다. 여기서 즉자와 대자라는 두

---

3 장 폴 사르트르/손우성 역, 『존재와 무 I』(서울: 삼성출판사: 1993), 390.

존재 개념을 관통하는 중요한 것이 바로 '의식'(conscience)의 유무다. 대상을 '지향하는' 의식이 있느냐 없느냐 하는 기준으로 '즉자 존재'와 '대자 존재'가 나누어진다. 본래 즉자란 자기 자체로, 자기에 대해서 존재할 때 무근거적인 정체성을 지니며 무의미하고 우연적이다. 그 자체의 외부를 모르는 완전히 자기 완결적 또는 '그것이 곧 무엇인 바'인 사물 존재다.[4] 즉자는 어떤 의미에서 존재론적으로 우월하다. 왜냐하면 대자와 달리 즉자는 의식되는 대상이 없어도 존재할 수 있기 때문이다.

그런데 대자로서의 인간은 자기 완결적인 즉자 존재와는 달리 자기를 충족해야 하는 '결핍'(manque)의 상태에 있다. 인간은 사물과 같은 무기력한 즉자 상태로 머물려 하는 것을 원하지 않는다. 인간은 '내가 아닌 것'을 희구하며 결핍을 채우고자 하는 끊임없는 존재론적 욕망을 지닌다. 이런 맥락에서 사르트르는 "인간 실재는 무엇보다도 자기 자신의 무(néant)"[5]라고 했다. 대자로서의 인간은 자유·부정·선택·가능성 따위를 지니고, 과거가 아니라 현재이며 항상 미래를 향해 개방되어 있다. 이는 '무'의 영원한 간극을 향한 '존재 욕망' 또는 '되고자 하는 욕망' 때문이다. 인간에게 의식이 있는 이유로 인간은 자신의 외부, 즉 자신의 타자를 갖는다. 이러한 맥락에서 의식이라는 것은 자기 외부로의 탈출, 즉 밖을 향하는 도피라 할 수 있다.

순간순간의 자기의 규정들을 부정하는 가운데 미래로 나아가는 과정이 인간존재가 취하는 초월이다. 그 초월을 통해 인간은 진정한 자유를 추구할 수 있다. 이는 종교적 초월과 다르다. 여기에 인간의 주체성과 자율성이 부각된다. 그러나 다른 한편 인간의 운명에 '형벌'과

---

4 앞의 책, 185.
5 앞의 책, 204.

같이 부과된 자유의 역설을 간과할 수 없다. 비어 있는 자기의 본질을 스스로 채우기 위해 무한한 선택지 가운데 고뇌해야 하기 때문이다. 이런 의미에서 사르트르는 "인간은 자유하도록 정죄되었다"(L'homme est condamné à être libre)[6]고 했다. 인간은 결핍을 초월하려는 욕망 속에서 자기의 초월뿐만 아니라 자기 분열의 경험도 한다. 즉자가 아닌 대자로 존재하기 때문이다. 인간은 자기 혼자만의 완결적인 만족감이 허용되지 않고 타인과 세계를 대면하는 충격으로부터 의식을 지닌다. 사르트르에 의하면, 무로서 인간의 존재론적 문제들은 운명처럼 부과된 자유 및 선택 상황 가운데 나타나게 된다.

대자로서 인간의 실존에는 불만과 결핍이 가득하다. 그러나 스스로 충족된, 이른바 즉자 상태로 남고자 한다면 그것은 인간임을 포기하는 것이다. 대자는 즉자를 자기가 아닌 것으로 실현하고자 하면서, 궁극적으로 대자와 즉자의 통일인 총체성에 대한 욕망을 지닌다. 사르트르에 따르면 대자란 무화하면서 대상으로서 정립하는 의식이므로 현재에 있는 것으로 있지 않으려 하고 현재에 없는 것으로 있으려 한다. 그런데 인간은 자신의 과거를 무화할 경우, 즉 과거의 모습과 같은 것으로 존재하지 않게 되더라도 결국 같은 존재다. 미래에 대해서도 마찬가지다. 이러한 무가 조장하는 간극이 모든 구속으로부터 자유의 가능성을 인간에게 보증한다. 인간이 대자임을 망각하는 것을 두고 사르트르는 '자기기만'이라고 비판한다. 말하자면 '배부른 돼지'로 사는 상태, 가령 권익에 도취하여 사물처럼 고착된 상태를 사르트르는 여러 글에서 '부르주아', '우두머리', '심각한 놈', '오염된 자' 등으로 신랄하게 비판했다.

---

6 장 폴 사르트르, 『실존주의는 휴머니즘이다』(서울: 이학사, 2008), 124.

반성 또는 사유가 시작되는 일이란 곧 대상을 향한 능동적 활동인 지향성이 시작된다는 의미인데, 이 경우에 의식은 대자 존재가 된다. 그런데 다른 한편에서 인간이라는 '의식'(대자 존재)은 '존재'(즉자 존재)와 유사한 측면이 있다. 인간은 존재 그 자체를 직접적으로 알 수 없고, 다만 현상들 또는 존재자들을 통해 존재를 간접적으로 알기 때문이다. 만약 대자 존재가 존재자들에 부여한 의미와 관계가 사라진다면 즉자 존재 또는 존재란 인간에게 나타날 수 없고 무의미해진다. 또한 외부 사물을 보는 안구眼球 자체를 우리가 볼 수 없듯, '의식' 그 자체도 직접적으로 알 수 없다. 그러므로 의식은 지향성을 갖고 늘 어떤 것을 향해 있음으로써 가능하므로 대상과 별개로 존재할 수 없다. 우리는 즉자 존재와 관계를 맺고 거기에 의미를 부여하는 식으로 활동할 경우에 '의식함'을 간접적으로 알게 된다. 의식 대상과 그 대상을 의식하는 행위가 없다면 즉자와 대자의 관계가 성립하지 않을 뿐만 아니라 그 자체가 이미 아무것도 아니게 된다. 이런 국면을 고려하자면 '의식' 또는 '의식하기'의 그 자체도 '무'다. 의식에 지향성이 없다면 특히 그러하다. 즉, 대자는 의식과 경험의 주체이면서도 그 자신이 의식과 경험의 대상이 될 수 없다.

의식을 통해 즉자 존재 역시 의미와 일상성이 부여되면서 사물과 세계가 되는 것이고, 의식의 본래적인 상태인 대자 존재가 즉자 존재에 의미를 부여하는 행위를 한다면 대자 존재는 인간이 된다(인간 외에 의식하는 존재를 부정하는 사르트르로서 당연한 생각이다). 자기의 존재에 머물러 그 어떤 관계를 맺지 않고 있는 상태에 놓인 즉자 존재는 오직 무에 의해서 '존재함'에 도달할 수 있다. 무는 인간 실재라는 특별한 존재로서 존재에 다가오므로, 존재에 있어서 고유하고 유일한 가능성이다. 그리고 존재하기의 본래적인 상태인 즉자 존재에 대상으로서 관계와 의미가 형성될 경우에 즉자 존재는 사물이라 할 수 있다. 이렇게 '존재(하기)-즉자-사물' 및 '의식(하기)-대자-인간(무)'의 두 항이 성립된다.

인간만이 현재를 부정하며 미래로 기투企投(project)하는 능력이 있다. 이에 관해 사르트르는 다음과 같이 말했다. "우리 자신을 선택한다는 일은 우리들을 무화한다는 일이며, 다시 말하면 한 미래를 도래하게 하고 이 미래가 우리들의 과거에 한 의미를 부여함으로써 우리에게 우리가 무엇인가를 알려주게 하는 일이다."[7] 그러므로 대자(인간)가 '무화한다'는 말은 대자가 존재하지 않는다는 뜻이 아니라 그 존재 방식이 지닌 특수한 성질을 드러내는 표현이다. 대자 존재의 의식은 그 자체로 무, 즉 있지 않은 방식으로 있으면서 동시에 의식 이외의 모든 것을 있게 하는 특이한 존재다. 무로서 대자는 비어 있기에 스스로를 채우고 구현하고자 무엇인가를 필요로 하는 '결여'이기도 하다. 결여는 우리로 하여금 외부를 향해 눈을 돌리게 하고, 사물 존재에 의지하여 자신의 실재성을 확보하려 한다. 그래서 사르트르는 "세계 속에 결여를 나타나게 하는 인간 실재는 그 자신이 하나의 결여로 있어야 한다. 왜냐하면 결여는 결여에 의해서밖에는 존재로부터 생겨날 수 없기 때문"이라고 하며 존재, 인간, 결핍 사이의 긴밀한 관련을 강조했다.[8]

사르트르에 의하면 인간은 자신의 지향성 구조를 채우기 위해 끊임없이 자기를 던지고 창조함으로써 자유에 상응하는 충족과 통일을 이루어야 한다. 그러나 자유·가능성·미래 등은 우리에게 불안을 자아내게 된다. 사르트르는 『존재와 무』에서 인간의 독특한 입장을 무를 배경으로 하는 불안과 자유에 관해 설명한다. 근본적으로 무 또는

---

7 장 폴 사르트르/손우성 역, 『존재와 무 II』(서울: 삼성출판사: 1993), 236.
8 장 폴 사르트르, 『존재와 무 I』, 201.

'아님'에 내맡겨진 인간의 존재 방식은 '경악'을 불러일으킨다. 미래도 나의 가능성이지만, 실제로 나는 아직 미래가 아니다. 또한 사르트르는 이렇게 말한다. "미래가 아닌 방식으로 자신의 고유한 미래여야 하는 의식, 그것이 바로 우리가 불안이라 칭하는 그것이다", "불안 속에서 인간에게 그의 자유가 의식된다. …불안은 존재 의식으로서의 자유의 존재 방식이다. 불안 속에서 자유는 스스로에 의해 물음에 던져진다." 그렇듯 인간이라고 하는 존재는 그 자신의 과거이자 미래이면서 또한 그것들이 아닌 특별한 존재다.

사르트르가 말하는 자유란 인간이 원하는 모든 것을 실제로 행할 수 있다는 의미에서의 자유가 아니다. 어떠한 행위를 할지 그 목적을 자유롭게 선택할 수 있다는 의미에서의 '선택의 자유'라고 하는 편이 정확하다. 이에 관한 사르트르의 글을 보자.

> 자유란 '선택된 목적들을 획득하는 능력'이며, 선택이란 행동함과 동일하기에, 꿈이라든지 희구 따위와 구별하기 위해서는, 실현의 단서를 전제로 한다. 그러므로 우리는 포로는 감옥으로부터 나가는 일에 관해서 언제나 자유롭다고는 말하지 못할 것이다. 그것은 사리에 어긋나는 말이 될 것이다. 또한 포로는 석방을 희구하는 일에 대해서 언제나 자유롭다고도 말하지 않을 것이다. (중략) 차라리 포로는 탈주를 시도하는 일에 관하여 언제나 자유롭다고 말하는 편이 이치에 맞을 것이다.[9]

사르트르는 신학적 인간론과 다르게 인간 자신이 자유롭게 열려 있는 존재이므로 인간에게 미리 정해진 운명이나 규범이 부과될 수

---

9 장 폴 사르트르, 『존재와 무 II』, 267.

없다고 단언한다. 의식을 지닌 인간이라는 존재는 대자와 즉자의 통일을 위한 '존재 욕망'(désir d'être)을 지니기 때문이다. 그것은 무의 영원한 간극을 향한 존재 욕망이다. 이 무의 간극이 인간이 직면할 모든 타율적 구속으로부터 자유의 가능성을 보증한다. 대자 존재인 인간이 오랫동안 형이상학적으로 부과된 본질이나 타율적인 규정에서 벗어나게 되는 이유는 바로 '자유' 때문이다. 사르트르에 의하면 인간은 부과될 만한 것들로부터 자유롭게 벗어나 있고, 무화의 조건인 자유 역시 인간의 속성이나 능력이 아니다. 인간이라는 존재는 자유와 서로 구별되지 않는다. 그래서 사르트르가 "인간은 자유롭도록 정죄되었다"라고 했고, 인간의 자유는 인간의 본질보다 앞서며, 이것은 인간 존재의 본질이 그의 자유에 들어가 머물러 있는 것을 가능케 한다고 주장한 것이다.

요컨대 대자 존재이자 무인 인간은 '무화'(néantisation)를 통해 현재 존재하는 것으로서는 있지 않으려' 하고 또 '현재에 아니 존재하는 것으로서' 존재하려고 한다. 인간은 끊임없이 미래로 자기를 던짐[企投]과 자기 창조를 통해 자신의 본질을 스스로 만들어 나간다. 이러한 방식으로 대자 존재는 무화·소멸·부정·가능성·선택·자유 등과 관련을 맺는다. 인간만은 과거에 종속되지 않는 현재이며 항상 미래를 향해 열려 있다. 현재를 초월하여 미래로 자기를 내맡기는 기투[企投]와 창조, 이것이 바로 사르트르가 말하는 실존이다. 인간에게는 존재(있음)가 행위(함)로 귀착해야 한다. 인간에게 있어서 행위는 단순한 활동이 아니고 어떠한 지향을 지니고 있다. 지향은 목적의 선택이고, 세계는 인간이 선택된 목적에 따라 다양하게 드러나고 보여진다. 자유와 무로서 '나'는 줄기차게 현재에 없는 '나'를 선택한다. 그러므로 인간에게 있어서 본질이 있다면 그것은 자신이 내린 모든 선택의 결과라 할 수 있다. 이러한 의미에서 사르트르는 말한다: "인간은 가진 것의

합이 아니라, 아직 가지지 못한 것의 전부이며, 가질 수 있는 것의
전부이다."

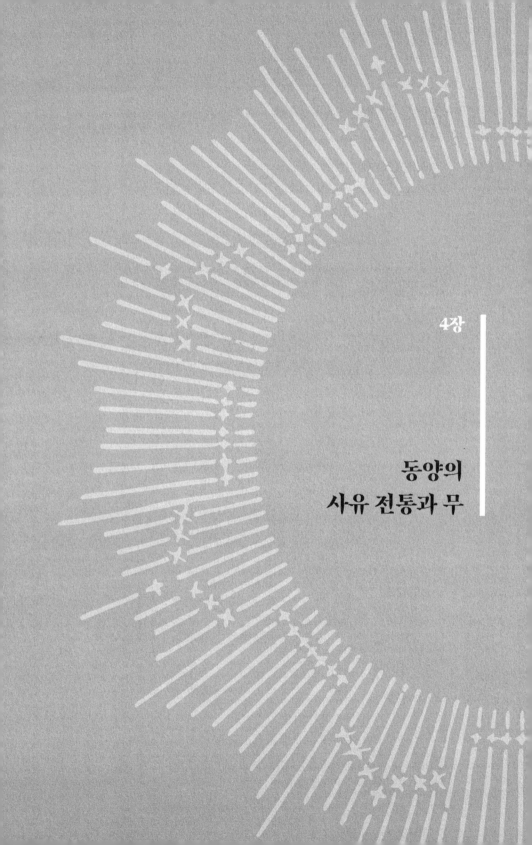

4장

동양의
사유 전통과 무

대체로 서양의 존재론이 본질 중심, 불변성 중심, 사물 중심, 분석 중심 그리고 존재자 중심으로 전개해 왔다면, 상대적으로 동양의 존재론은 현상 중심, 변화 중심, 사건 중심, 직관 중심 그리고 비존재 중심으로 전개해 왔다. 다시 한번 말하지만, 이것들은 '상대적' 특징이다. 특별히 중국과 인도의 주류 사유 전통은 '무'와 '변화'에 존재를 해명할 근거가 있다고 보았다. 그러한 사상적 내용은 특히 도교(노장사상), 역易사상, 성리학, 불교 등에서 엿보인다. 물론 동양에서도 무는 일차적으로 '있음'(존재)과 반대되는 '아무것도 없는 것'을 의미한다. 그러면서도 다른 한편 무한한 '충만'을 뜻하기도 하고, 상대적 유무를 초월하는 절대존재 또는 순수존재를 뜻하기도 했다. 그리고 간혹 만물의 근거인 본체가 미전개·미분화된 하나의 순수 양태로 상정되기도 했다. 무엇보다 노장사상과 불교에서 말하는 무는 근현대에 이르러 서구 철학자나 신학자들이 비로소 사유하기 시작한 존재의 무근거, 무의미, 무상無常, 불가해성, 불가형언성, 혼돈, 심연 등을 포괄하는 특징을 보인다. 그렇듯 동양의 '무' 담론은 서양의 그것보다 확실히 앞서 나간 측면이 있다. 시기적으로만 아니라 질적으로도 그러하다. 이제 이 장章에서는 현대의 대안적 그리스도교 신론을 세워가는 작업에 있어 참조할 만한 동양의 사유 전통 속의 '무'를 살펴보기로 한다.

I. 불교

"우리가 현실이라고 부를 수 있는 모든 것은 현실이라고 생각할 수 없는
것들로 이루어져 있다."
_ 닐스 보어

인류의 유구한 정신사 가운데 불교는 가장 논리적 · 현상적 · 심리적
· 미학적 특징을 보인다. '붓다'(Buddha), 즉 궁극적 진리를 '깨달은
자'로 추앙받는 고타마 싯다르타(Gautama Siddhārtha)가 제자와 대중들
에게 가르침을 베풀 당시에 지녔던 애초의 의도는 우주에 대한 거창한
형이상학적 해명보다 고통으로부터의 자유였지만, 그가 설파한 연기론
緣起論은 존재 · 현상의 법칙을 명쾌하게 설명해 낸 자연학이면서 존재론이
다. 연기론을 비롯한 싯다르타의 가르침과 그의 후예들이 남긴 정신적
유산들은 현재에 이르기까지 물리학 · 생태학 · 심리학 · 사회학 · 교육학
· 인지 이론 · 시스템 이론 등과 상당한 조화를 이루는 특징을 보이고,
여타의 종교가 따라올 수 없을 만큼 뛰어난 정합성을 보인다고 할
수 있다. 이에 나는 불교를 완성도 높은 '자연신학'(natural theology)[1]이라
고 평가한다.

다른 한편 싯다르타의 가르침은 예수의 그것과 종종 비교되며 둘

---

1 자연신학은, 계시를 우선으로 하는 계시신학과 다르게, 자연에 대한 이성적 이해와 분석을
진리의 근거로 인정하는 신학이다. 계시신학은 특히 하나님의 존재와 궁극적 지식을
자연에 근거하지 않고 초자연적 계시에 의존하는데, 제도적으로나 실질적으로 성서에
의존한다. 그러나 교회 전통이나 신학자에 따라 계시(성서) 이외에 자연, 과학, 철학, 역사
등으로부터 유의미한 것을 계시에 버금가는 것으로 참고하거나 원용하는 경우가 적지
않다.

사이의 유사성은 여전히 많은 종교학자의 관심을 끌고 있다. 역사적 예수와 역사적 싯다르타에 관한 전문적 연구는 차치하고, 성경/경전에 나타난 비슷한 내용을 몇 가지 나열하자면 다음과 같다. 즉, 둘 다 성육신한 로고스 또는 법法(Dharma)이다. 처녀에게 났다. 탄생 후 선물을 가진 현자들이 그 둘을 알현했다. 소시에 그 명철함으로 선생들을 놀라게 했다. 금식하며 악마의 유혹을 받았으나 마침내 이겨내었다. 삼십 대에 사역을 시작했다. 민간에서 기적을 베풀었다. 차별과 억압에 처한 사람들이 추종했다. 유랑할 때 제자들이 모였다. 제자의 배신을 당했다. 계급을 부정하고 보편적인 사랑과 평화를 가르쳤다. 설교 시 많은 비유를 사용했다. 당대의 기성 종교인들로부터 배척받았다. 소외된 사람들을 위했고 개인윤리뿐만 아니라 공동체적 윤리를 중시했다.

그 둘 사이의 비슷한 교훈을 나열하자면 우리의 관심은 배가된다. 예수는 "어리석은 사람은 모래 위에 집을 짓는다"고 했고, 싯다르타는 "모래 위에 지어진 성읍은 무너진다"고 했다. 예수는 "대접을 받고자 하는 대로 남을 대접하라"고 했고, 싯다르타는 "네 자신처럼 남을 사려하라"고 했다. 예수는 "누가 네 뺨을 치면 다른 편 뺨을 들이대라"고 했고, 싯다르타는 "누가 너를 때리면 복수심과 험담을 포기하라"고 했다. 예수는 "너를 미워하는 자를 위해 기도하고 축복하라"고 했고, 싯다르타는 "세상의 증오는 증오에 의해 멈출 수 없고, 오직 자비에 의해 그치는데 그것이 영원한 진리"라고 했다. 예수는 "하늘에 계신 아버지는 악인이나 선인에게 햇볕과 비를 주신다"고 했고, 싯다르타는 "해와 달이 세상을 비추되, 선악 및 고하를 막론하여 모든 사람에게 비춘다"고 했다. 이외에 수십 가지가 더 있지만 생략한다.[2]

---

2 제임스 핸슨은 다음 논문에서 예수와 싯다르타 사이에 생애의 유사점을 30개, 교훈의 유사성을 10개 들었지만, 실제로 그것보다 훨씬 많다. James M. Hanson, "Was Jesus a

물론 예수와 싯다르타 사이의 유사점은 그 둘의 차이점을 상쇄시키는 것은 아니다. 예수는 아브라함 종교의 신관과 신이 부과한 강령을 버리지 않았던 유신론자였고, 싯다르타는 신의 존재와 섭리를 부정하는 무신론자였기 때문이다. 싯다르타의 제자와 후예들은 스승을 따르면서도 그의 사상을 심화하고 수행법을 더욱 확대해 나가며 거대한 유무형의 유산을 보유한 불교를 이루었다. 그런데 흥미롭게도 불교 안에는 서로 논박하고 대립하는 전통들이 병존하고 있다. 싯다르타의 사후 경전, 발전된 각론各論들, 수행법, 개인윤리, 사회윤리, 승단 체제 등 너무나도 다른 전승들이 2,500년 동안 광범위한 문화권에서 나타나 불교의 체계 안에서 오늘에까지 이르고 있다. 그 가운데에는 스승 싯다르타가 애초에 가르친 것들과 배치되는 것들도 적지 않다. 이는 일반인들이나 불자들마저 잘 모르는 사실이다. 즉, 심각하게 상충하는 교리와 전통들도 불교라는 현판 아래 모여 있으면서 그 모든 것이 싯다르타에게 헌정되어 있는 셈이다. 이러한 양상은 변화무쌍하고 복잡다단한 우주와 인간의 실상에 관해 불교가 종교사적 현실로써 예시한다고 할 수 있다. 그렇기 때문에 불교의 전통은 주된 신조나 교리를 근거로 이설異說을 배격하고 이단시해 온 그리스도교 전통과 사뭇 다르다.

불교는 그 유파별로 무에 관해서도 다양한 이해를 하고 있다. 불교의 무는 본래 산스크 리트어로 '순야타'(Sunyata)라고 일컫는데, 천재 번역가인 쿠마라지바(Kumarajiva)에 의해 '공空'으로 옮겨졌다. 그런데 불교의 무, 즉 '공'처럼 오래간 논쟁의 중심에 있는 개념도 없다. 본래 불교의 '공'은 현상계의 존재자들은 모두 항구불변하는 독립적 실체가 아니고, 어떤 근원적 실재에 근거하는 것이 아니라는 신념을 지시한다.

Buddhist?" *Buddhist-Christian Studies* Vol. 25 (2005): 82-83.

그러나 훗날 공 자체가 일종의 형이상학적 본체 개념으로 치환되며 모든 사물을 존재하게 하는 궁극적 실재로 받들어지는 사상적 변개變改가 일어나기도 했다. 앞으로 살펴보겠지만, 이와 비슷하게 중국에서도 노장사상과 성리학에서 도道, 허虛, 무극無極 등의 개념을 들어 존재의 근원, 인간의 심성 및 도덕적 근거를 해명하는 사례가 있다.

불교가 지닌 무에 관한 이론들을 이해하기 위해 우리는 우선 고타마 싯다르타가 보리수 아래에서 깨달은 것, 즉 '연기緣起'의 법칙(연기법)을 이해해야 한다. 초기 경전에 의하면, 싯다르타가 "연기를 보는 자는 법을 본다, 법을 보는 자는 연기를 본다" 또는 "연기를 보는 자는 법을 본다, 법을 보는 자는 내佛를 본다"라고 했을 정도였으니 말이다.[3]

1. 연기(緣起)와 공(空)

고대 지중해 지역의 영웅담을 남긴 플루타르코스(Plutarchos)에 의하면 '테세우스의 배'에 관한 전설이 있다. 영웅 테세우스(Theseus)가 타고 온 배를 아테네인들이 기념하여 길이 남기기 위해 그것을 오랫동안 보존해 왔다는 것이다. 그리고 긴 세월 가운데 후손들은 배의 목재가 썩으면 그것들을 떼어 버리고 새 널판을 덧대며 수선해 왔다고 한다. 그런데 여기에 존재론적 역설이 나타난다. 그 배의 부속이 어느 정도까지 교체되었는지 알려지지 않았지만, 그렇게 계속해서 새로운 목재로 교체된다면, 언제까지 그것을 '테세우스의 배'라고 할 수 있을까? 만약 테세우스가 타고 왔던 배의 조각이 하나도 남지 않는다면 더더욱 문제는 심각해진다. 이러한 존재의 역설을 염두에 두고 세계의 실재에 관한

---

3 서정형, 『나가르주나 「중론」』 (서울: 서울대학교 철학사상연구소, 2004), 48 참조.

불교의 설명에 주목해 보자.

'연기'는 연기는 쿠마라지바에 의해 '인연因緣'으로 번역되기도 했는데, 연기의 이론은 고대에서 찾기 드문 정교한 존재론이다. 연기는 본래 고대 산스크리트어로 '쁘라티탸 사무뜨빠다'(Pratitya Samutpada)라 칭해지는데, '우주의 모든 것은 수많은 조건'(pratitya, 緣)이 '함께'(sam) 결합하여 '일어난다'(utpada, 起)는 뜻이다. 이는 곧 만물의 상호의존적·상호 발생적 관계에서 생성·운동·소멸하는 현상계의 실제를 드러낸다. 인연이라는 말 역시 만물이 '인因'과 '연緣'으로써 일어남을 뜻한다(이것을 남녀 간의 만남이나 사람 사이의 관계를 뜻하는 수준으로 이해하면 안 된다). 불가에서는 인연을 이렇게 비유하기도 한다. 즉, 벼가 자라고 열매 맺는 과정이 진행된다고 할 경우 볍씨는 직접적·내적 원인으로서 인因이 되고, 그 외에 햇볕·비·공기 등은 간접적이고 외적인 조건으로서 연緣이 된다는 것이다.

연기론의 핵심은 현상 세계 가운데에 그 어떤 것도 독자적으로 발생하거나 존재하는 것이 없이 가합假合된 상태이기에 개개 사물에 '자성自性'이 없다는 사실이다. 모든 사물은 광범위한 인연 또는 관계의 그물망 가운데 서로 의존하여 발생하고 운행하다 소멸하기 때문이다. 그리고 소멸은 또 다른 발생과 운동의 근거가 된다. 큰 틀 안에서 보자면 무한한 요건들이 모이고 흩어지는 연기 법칙 속에서 사물의 생성과 소멸, 생과 사는 서로 대립하지 않는다. 본래 자성이 없는 것들이 이합집산의 운행 중에 있기 때문이다. 그 자체로 거대한 유기체라 할 수 있는 우리 세계 안에서 사물들은 거대한 '하나' 속에 서로 근거하고 있지만 각자는 영원하지 않다. 다만 연기의 운동 또는 인연의 '변화'만큼은 변하지 않는다. 연기 법칙만이 항구적인 것이다. 이러한 실상을 근거하여 불교는 삼라만상을 공空·무아無我·무자성無自性이라는 개념으로 설명해 왔다.

부연하자면 세계 전체와 그 낱낱의 사물들은 긴밀하고 의존적인 상호 발생(dependent co-arising)의 관계 또는 상호 인과(mutual causality)의 그물망 속에서 생성하고 운동한다. 만물은 상호의존성(interdependance)을 지니기에 독립적으로 존재하지 않는다. 사물들은 변화무쌍한 비실체적 관계의 네트워크와 호혜적 인과율(reciprocal causality) 가운데 있으면서 서로가 서로를 발생시키고 규정하는 상호 결정(interdetermination)의 질서 속에 있다. 상호 간섭적 인과율로 연결된 존재자들은 그 관계되는 조건이 변하면 그 성질도 변할 수밖에 없다. 근본적으로 서로의 인연에 의해 각각의 존재가 가능했기 때문이다.

세계에 현상하는 그 어떤 사물들도 개별적·항구적 실체가 아니기에, 불교에서는 "모든 존재의 실상이란 무아無我이다"라는 뜻에서 '제법무아諸法無我'[4] 또는 "모든 존재자에게는 자성自性이 없다"는 뜻에서 '무자성無自性'이라고 칭한다. 그리고 세계 및 사물이 본질상 비어 있으나 현상적으로는 묘하게 존재한다는 뜻으로 '진공묘유眞空妙有'라고 일컫기도 한다. 사물들이 입자적인 또는 개체적인 본질이 있기 때문에 인연하는 것은 아니며 사물로 형성된 것은 본래 '관계'로부터 유래하는 것이므로, 고정적 본질 또는 개체성이라 할 수 있는 것이 없고 오직 '공성空性'이 있을 뿐이다. 연기하지 않는 실체, 달리 말해 비어 있지 않은 실체란 있을 수 없다. 무엇인가 존재한다는 것은 근원적으로 공이다. 특히 '진공묘유'는 무엇이 있으나 본질상 없는 것이고, 본질상 없으나 현상적

---

4 불교의 세 가지 근본적 교의인 삼법인(三法印) 가운데 하나다. 불교에서 대개 '법'(法, dharma)이란 말은 진리, 법칙, 궁극의 실상을 의미하기도 하는데, 어떤 경우에는 문맥상 '존재의 실상' 또는 '존재자'로 읽어야 하는 경우도 있다. 따라서 '제법무아'(諸法無我)는 "모든 존재의 실상이란 무아다", "모든 존재자에게는 실체적 자아가 없다" 또는 "모든 존재에는 자성(自性)이 없다"라고 읽어내는 편이 좋다.

으로 없다고만은 할 수 없는 이중성을 시사하는 말이다. 이러한 연기의
실상을 있는 그대로 보는 일은 자타自他·주객主客·물아物我·피아彼我 사이에
분리 및 차별의 이원적 사고를 극복하는 '불이不二'(다르지 않음)의 각성을
가져오며, 모든 대립을 극복하고 자비를 베푸는 실천으로 나아간다.

연기설을 충분히 이해하기 위해서 싯다르타가 반대했던 힌두교의
'범아일여梵我一如' 사상을 참고하면 도움이 된다. '범아일여'는 당대의
브라만교나 작금의 힌두교에 있어서 핵심적 교리이자 힌두교의 '우파니
샤드'(Upaniṣad)라는 방대한 문헌의 기조를 이루는 사상이다. 힌두교의
전신前身인 브라만교는 근원적으로 유일한 실재이며 우주적 영혼이자
만물의 원리로서 '브라만'(Brahman, 梵)을 상정했다. 그리고 브라만이
운행·변화를 일으키면서 세계가 탄생하고 개별적 존재자들이 생성된다
고 보았다. 이것이 이른바 브라만의 전변轉變(pariṇāmavāda)이다. 그리고
개별적 존재자의 본질을 '아트만(atman, 我)이라고 하는데, 이 아트만은
본질적으로나 근원적으로 브라만과 동일한 것이다.[5] 각 사물은 한
브라만이 상황상 조건적으로 특질을 이루는 모습들로 잠시 나타나는
것일 뿐이다. 예를 들어 파도·거품·물방울 등은 서로 달라 보여도
본래 바다의 여러 양태일 뿐이고 바다에서 유래했듯 말이다. 결국
파도·거품·물방울 등의 본질은 '바다'이다.

고대의 브라만교나 작금의 힌두교는 모든 현상계의 사물들이 브라
만의 역사적·지상적·가상적 출현임을 바르게 깨달을 것을 가르친다.
개인의 경우도 마찬가지다. 나의 진아眞我(참나)가 곧 브라만임을 깨닫는
것이 해탈의 관건이다. 힌두교에서 이를 대표적으로 언명하는 문장이
곧 '타트 트밤 아시'(tat tvam asi)이고, 그 직역은 "그것이 당신이다"(Thou

---

5 S. C. Chatterjee/김형준 역, 『학파로 보는 인도 사상』(서울: 예문서원, 1999), 349.

art That)가 된다. 그렇게 "브라만(梵)과 아트만(我)은 같다" 또는 "참나(아트만)는 곧 브라만이다"라는 의미가 '범아일여'에 담겨 있고, 이것은 힌두교의 존재론과 구원론을 함께 지닌다(흥미롭게도 인도-유럽어족의 어휘, 아트만은 숨·호흡을 의미하는데, 이것은 '숨을 쉬다'를 뜻하는 독일어 동사 '아트멘'[atmen]과 같은 어원에 속하는 것으로 추정된다. 그리고 비교종교학 상으로 영혼과 정신을 개인의 본질로 규정하는 헬라어 '프뉴마', '프쉬케', '아에르' 그리고 히브리어 '루아흐', '네샤마'와도 견줄 만한 개념이다).

그런데 인격신과 초월적 실재를 부정했던 싯다르타 이래 불교는 항구적 '자성'을 지지하는 범아일여 사상을 인정하지 않았다. 연기론의 관점에서 고정불변하는 영원한 브라만, 진아(참나), 우주적 아트만과 같은 존재자의 자성 또는 만물의 본체란 역시 있을 수 없다고 단정했기 때문이다. 이것이 '삼법인三法印'을 통해 싯다르타가 내세운 '무아' 또는 '공'에 관한 기본 교리이자 초기 불교에 있어서 핵심적인 존재론이며 인간론이다. 무아는 본래 산트크리트어 및 팔리어에서 부정의 접두사 '안(an)'을 써서 '아나트만'(anatman) 또는 '아나타'(anatta)라고 한다. 그런데 다양한 불교 유파 가운데, 특히 한국 불교계에서는 싯다르타의 가르침과는 달리 참나(眞我)에 대한 주장이 적지 않다. 이는 곧 싯다르타의 '아나트만'(무아)을 가르치는 것이 아니라 힌두교의 '아트만'을 가르치는 셈이다.

우리가 연기설을 이해할 때 주의해야 할 것은 연기설이 고대 그리스의 자연철학처럼 근원적 물질을 구명하는 것도 아니고 아리스토텔레스의 형이상학이나 토마스 아퀴나스 신학처럼 사물들의 인과율을 추적하여 제일원인(causa prima) 또는 제일 원동자(primum movens)를 해명하기 위한 이론이 아니라는 사실이다. 즉, 세계 기원이나 근본적인 운행이치를 밝히는 것은 애당초 싯다르타의 목적이 아니었다. 우주의 발생과 운행 이치에 관련하여서 세월이 지나 싯다르타의 후예들이 궁구하지 않은 것은 아니지만, 최소한 붓다의 연기론이 담지했던 것은 아니다. 초기 연기론이 시사하는 우주의 이론이라면, 이 세계가 본래부터 인과 연에 따라 모이고 생성하고 소멸하고 흩어지며 '그러그러하게'[如如하게] 존재해 왔다는 내용이면 족했다.

브라만교를 따라 수행의 길을 걸은 지 6년이 지난 35세에 고타마 싯다르타가 깨달은 바, 곧 "아트만은 없다"는 것은 동서를 가로지르는 종교적 혁명이었다. 불교학자 스티븐 콜린스(Steven Collins)는 이러한 불교의 '무아' 이론이 불교를 유일하게 만드는 교리라고 평가하기도 한다.[6] 불교에서 공을 마치 브라만처럼 어떠한 궁극적 실재나 실체로 받아들인다면, 그것은 초기 싯다르타의 가르침과 멀어진다. 공과 무아를 말하는 불교를 허무주의로 비판하는 목소리도 있지만, 붓다가 주장한 것으로 알려진 진리의 요체인 이른바 '삼법인'을 고찰하자면 반드시 그렇지도 않다는 점을 알게 된다. 물론 삼법인 역시 큰 틀에서 연기설과 다르지 않다.

①제행무상(諸行無常): 모든 형성된 것은 항구적이지 않다. 즉, 무상(無常)하다. 모든 것은 끊임없이 변화하며 나타나고 사라진다. 세계에 변하지 않는 것은 없다.

②제법무아(諸法無我): 모든 법7, 즉 일체의 모든 존재자에게는 '나'(atman)라고 할 본질적이고 고정된 실체, 즉 자성(自性)이 없다.

---

6 Steven Collins, *Selfless persons: Imagery and thought in Theravada Buddhism* (New York, Cambridge University Press, 1990), 4-5.

7 불교에서 논해지는 '법'(다르마 또는 담마)에는 두 가지 의미가 있다. 하나는 붓다의 가르침이나 우주적 법칙을 말하고, 다른 하나는 마음에 의해 형성된 세상 또는 인식 현상, 사물 따위를 말한다.

③ 일체개고(一切皆苦): 모든 형성된 것들은 괴로움(苦)이다.[8]

이 삼법인을 축약하자면, "모든 존재는 자성이 없는 무아이고 고유한 형질이 없는 무상한 것이다. 따라서 이것을 알지 못하고 변하는 것들에 집착하는 것은 고통이 된다"쯤이 될 것이다. 그리고 이상의 법칙(dharma)을 깨닫는 것이 '반야'(prajna)라고 불리는 최고의 지식이며 지혜다.

그런데 이상의 삼법인은 간혹 잘못된 해석 가운데 놓여 왔다. 연기설이 그 핵심적 사상이지만, 동아시아에서는 곧잘 "인생이 무상하다", "모든 일들이 쓸데없다", "사는 것이 덧없다"는 식의 허무주의를 조장하는 것으로 오해했기 때문이다. 물론 삼법인에는 그러한 맥락이 없는 것은 아니고, 그렇게 세상을 깨닫는 방식도 간혹 간과할 수 없는 통찰이 있다. 그러나 실제로 제행무상 가운데 '무상無常'이라는 말은 모든 것이 '머물러 있지 않다', '고정불변하지 않다'는 의미이고, 제법무아 가운데 '무아'는 만물이 연기적 존재이기에 주主·객客, 물物·아我, 나·너, 나·세계 식으로 분리할 수 없으므로 '모든 것이 붓다'라는 적극적인 의미가 있다. 제행무상은 제법무아의 근거인데, 그 중 '행行'은 본질, 가치, 구성, 형상 등을 의미하고, 이 모두가 인연·연기하는 것들이므로 고착된 본질로서 존속할 수 없다는 의미가 있다. "일체개고" 역시 삶 자체가 고통이라고만 읽어내면 안 된다. 대중들이 무아와 무상을 알지 못하여 변화하는 것들에 집착하고 과욕을 부리는 삶, 즉 연기의

---

8 이것은 남전 계통의 상좌부에서 전하는 삼법인이다. 북전 계통의 '설일체유부'에서는 3법인이 ① 제행무상(諸行無常), ② 제법무아(諸法無我), ③ 열반적정(涅槃寂靜)으로 설명하고, 대승불교에서는 이 3법인에 '일체개고(一切皆苦)'를 포함시켜 '4법인'이라고 부르기도 한다.

실상을 알지 못하는 삶은 고통이라는 뜻으로 새기는 편이 낫다.

이렇듯 연기 실상으로부터 불교의 가치관과 실천윤리가 나오게 된다. 이를테면 "나는 모든 것과 함께 연결되어 있되, 지금 내 모습으로 영원히 남을 수 없는 존재다. 우주와 나, 너와 나는 인연하는 법계法界[9] 가운데 하나다(이 내용에 있어서 연기설이 힌두교의 범아일여 사상과 큰 차이가 없다는 해석도 있다). 이러한 실상을 거슬러 어떤 것들에 머물려 하고 욕심을 부리고 집착하는 미망에 사로잡히면 고통을 얻게 된다. 그러니 연기의 법칙을 깨닫고 나와 함께하는 모든 관계 가운데 자비를 베풀며 살아야 한다"는 식의 가치관과 윤리가 가능해진다.

앞서 일별했듯이 고대 그리스의 파르메니데스는 "있는 것만 있고, 없는 것은 없다"라고 했다. 그러나 동일률에 근거한 이러한 존재 논리는 싯다르타에 의해 반박될 수 있다. 연기설에 의하면 "있는 것은 없고, 없는 것은 있다"는 언명이 가능하기 때문이다. 즉, '있는 것'이란 본래 '공한 것'이고, '공한 것'이 연기 질서에 따라 가합假合하니 다시 '있는 것'이 된다. 물론 가합하는 입자 자체를 보자면 '있는 것'이지만, 현대물리학은 그 입자를 다시 파동, 장場(field), 정보로 해석한다. 그런데 고전 물리학의 개념으로부터는 이 파동, 장, 정보라는 것은 입자에 부속하는 성질일 뿐이며 입자적 세계로부터는 '없는 것'에 준한다.

불교 전통 가운데에는 '공'을 도가道家의 '도道' 또는 유가儒家의 '태극'처럼 일종의 궁극적 실재로 해명하려는 시도가 꾸준히 있어 왔다. 도가의 영향을 받은 중국의 일부 불교나 서구의 불교학자들 가운데 공을 제일원인이나 본체로 이해하려곤 하는 것이다.[10] 물론 한국 불교계에서도 공을 그렇게 궁극자로 이해하는 관점도 상당하다. 현상의 배후에 실재

---

9 문맥상 진리의 세계를 의미하기도 하고, 현실 세계를 뜻하기도 한다.

10 허인섭, "공(空) 개념의 현대적 해석의 문제점 고찰,"「동양철학」34 (2010): 718, 728 참조.

하는 본체로서 공은 순수하고 무한한 마음 혹은 청정무애淸淨無碍한 진여眞如로 간주되었고, 불자의 수행은 바로 이 실재에 도달하기 위한 목적을 갖게 된다.[11] 이러한 이론들이 비록 싯다르타의 연기설을 총체적으로 부정하지는 않겠지만, 연기의 본래 바탕에 어떠한 궁극적 실재가 있다고 보기 때문에 수정되고 변개된 관점이라고 할 수 있다. 그리하여 삼라만상의 본래적 성품이 '공하다'고 인정함에도 불구하고 다른 한편에서 '본래 자리', '진여眞如', '진아眞我', '자성청정自性淸淨', '여래장如來藏', '무애無碍', '자족自足', '자재自在' 등의 관련 개념을 만들어 항구불변하는 본체를 붙들고자 하는 것이다. 다른 한편 공이란 있음과 없음을 초월하여 스스로 존재하면서도 생성 소멸하는 만물과 그 현상의 근원으로서 '비어 있기에' 존재의 기질과 운동을 담을 수 있다는 식의 논리나, '이렇다 저렇다' 규정되지 않을 뿐만 아니라 타자를 규정하지도 않고 모든 것 안에서 모든 것이 될 수 있다는 식의 논리도 가능했다.

이상과 같이 싯다르타의 후예들은 다양한 이론적 혼선 속에서 공이 실재하느냐 아니면 개념일 뿐이냐 하는 문제로 많은 논쟁을 치러 왔다. 그런데 근본적으로 불교의 연기설은 형체로 존재하는 사물들의 자성이 본래 없다고 주장할 뿐만 아니라 영원하고 단일한 본질, 즉 브라만이라는 궁극적 실재에 대한 관념도 해체한다. 이와 관련하여 동아시아 불교의 한 종파는 존재론적으로 '비어 있음'을 주장할 뿐만 아니라 궁극적 실재에 관하여 인식론적으로 그리고 의미론적으로 '비어 있음', 즉 인지 불가와 언표 불가를 강조한다. "오직 모를 뿐"이라는 선사禪師의 어록처럼 본체의 실제에 관해 무지 및 무언을 선언해 버린다. 그들에게 있어서 가장 확실한 진리는 오히려 '모른다는 것' 또는 그리고 '할

---

11 신용국, 『인드라망의 세계: 유기체 세계, 인식자로서의 인간』 (서울: 하늘북, 2003), 138 참조.

말이 없다는 것'이기 때문이다.

제2의 붓다로 추앙받는 나가르주나(Nagarjuna, 龍樹)도 『중론中論』
을 통해서 다음과 같이 밝힌 바 있다.

만약 모든 존재를 자성을 가진 실체로 본다면 그대는 그 존재가 인연 없이
존재한다고 보는 것이다(MS 24.16).[12]

인연으로 생겨난(衆因緣生, pratitya-samutpada) 모든 것을 우리는 공(空,
sunyata)하다고 말한다(MS 24.18).

어떤 것이든 연기적으로 성립하지 않은 것은 존재하지 않으므로 공하지 않
은 어떤 것도 존재하지 않는다(MS 24.19).[13]

인연에 의해서 자성이 생기한다는 주장은 불합리하다. 만약 자성이 인연으
로부터 생기하는 것이라면 만들어진 것(所作, krtaka)이 된다(MS 15.1).[14]

나가르주나는 존재의 원인에 관해서 "모든 존재는 어디서나 언제나
스스로부터도, 다른 것으로부터도, 자타가 함께 혹은 원인 없이 생겨난
것으로 존재하는 것은 없다"(MS 1.1)고 했다.[15] 이 말인즉 어떠한 존재자
도 그 자체로만 혹은 타자로만 원인이 되는 것도 아니고, 그 둘만이
원인이 되는 것도 아니고, 우연히 존재하게 된 것이 아니란 의미다.

---

12 서정형, 『나가르주나 「중론」』, 45. 괄호 안의 MS는 불교학자들이 주로 인용하는
   Madhy- amika-Sastra(中論)의 약어이며, 숫자는 장과 절을 가리킨다.

13 *Ibid.*, 50.

14 *Ibid.*, 44.

15 *Ibid.*, 52.

나가르주나도 생성 · 변화 · 운동 · 소멸의 순환 원인을 인연 관계로 설명하며 단 하나의 존재도 인연을 따라 생겨나지 않은 것이 없다고 단정했다. 특히 그는 승단 가운데 잘못 이해된 공을 "새끼줄을 뱀으로 잘못 본 것 같은 잘못 적용된 마술 같은 지식"으로 비판했다.[16] 또한 공이라는 것도 그저 가명假名이며, 공에 대해 어떠한 상相을 취하여 설명해 보려는 자는 교화할 수도 없는 자라고까지 단언했다. 그렇게 나가르주나가 일으킨 중관불교中觀佛教는 공을 철저히 비실체적으로 이해하고 있다. 그리고 그 어떤 궁극적 존재를 설정하지 않았고, 현상계 이면의 초월적 · 궁극적 세계를 믿지 않았다.[17] 혹여 그렇게 주장하는 논의들은 개념과 이름을 취하여 공에 집착하는 망상 또는 공에 대한 문자적 이해의 수준이기 때문이다.

결론적으로 공이 되었든 진여가 되었든 형이상학적 개념을 확정하여 세계와 사물의 원인이나 본질을 설명하려는 태도는 제법무아를 선언했던 불교의 종지宗旨에 맞지 않는다. 종교 간의 대화에 적극적인 그리스도교 신학자들이 공을 이해함에 있어 곧잘 빠지는 패착 역시 바로 이 지점에서 흔하다.[18] 공에 관해 우리가 어떤 각도로 접근하든 하나님이 될 수 없다. 공이나 진여 등은 인연 연기하는 현상 세계의 무상한 성질을 칭하는 임의적이고 방편적 개념이기 때문이다. 또한 존재론적으로 증명할 수 없고 인식론적으로 알 수 없는 한계로 인하여

16 Frederick J. Streng, *Emptiness: A Study in Religious Meaning* (Nashville: Abingdon, 1968), 13.

17 허인섭, "공(空) 개념의 현대적 해석의 문제점 고찰," 719.

18 대표적으로 한스 큉은 공이 절대자에 관한 진술로서 '형언할 수 없는' 실재를 가리킨다고 오해했다. 형언할 수 없다는 말은 맞지만, 공이 절대자나 실재를 가리키지는 않는다. Hans Küng, *Christianity and the World Religions* (Garden City, New York: Doubleday & Co., 1896), 391.

'공' 또는 간혹 '진여'를 쓰는 것인데, 이것을 다시 고정된 실체로 오해하게 되다면 싯다르타가 극복하려 했던 브라만교의 본체론으로 다시 돌아가게 되는 꼴이 된다. 이러한 문제들을 경계했던 조사祖師들은 방편으로서의 공 관념까지 버릴 것을 제안했다. 『반야경般若經』에서도, "공은 공이 아니므로(asunyata), 그것이 궁극적 공(atyana-Sunyata)"이라고 쓰고 있다.

어찌 되었든 공이란 존재하는 것이 무자성을 본래적 성품으로 지닌다는 점을 뜻한다. 그것이 곧 "모든 존재자가 사실상 공하다" 하는 '제법무아'의 의미다. 그리고 무자성의 공의 본래적 실상은 인간이 인식할 수 없는 영역에 있다. 만에 하나 우리가 그 일부의 국면을 인지할 수 있더라도 그것은 공에 대한 완전한 앎이라 할 수 없다. 공을 인지하고 설명하는 일은 언제나 그 실제가 축소·왜곡될 수 있기 때문이다. 공이 우리 인식의 객체가 되지 않는 것은 아니지만 그렇게 인식된 공은 본래의 공이 아니다. 나중에 더 살펴볼 것이지만, 불교 인식론에 의하면, 인간의 인지구조의 기능으로 인해 공으로부터 현상의 세계가 구성된다고 말할 수도 있다.

어떤 방식으로나마 개념화 또는 도식화하려고 한다면, 대개 공에 대한 오해가 다시 오해를 낳는 방향으로 흐른다. 그리하여 이러한 종류의 오류를 경계하는 선불교는 이렇게 강조한다. 언어나 교리를 의존하지 말고 직접 마음을 가리켜[直指人心] 깨닫게 하라! 흥미롭게도 이러한 각성은 앞서 살펴본 부정신학의 전통과 비트겐슈타인의 언어철학 그리고 다음에 일별할 노장사상과 비교할 만한 특징이다. 그런데 나는 본서에서 무 또는 공에 대해 말하지 않을 수 없으므로, 갖은 오해와 억측을 낳을 수 있는 위험성을 떠안고 말하지 않을 수 없는 아이러니한 상황에 있다.

2. 하나 가운데 모두, 모두 가운데 하나

연기설은 세계가 비록 인과율과 조건에 따라 발생한 가합적^{假合的} 구성체이지만, 그 자체가 자율성과 능동성을 지닌 유기체임을 시사하고 있다. 그래서 인연·연기가 곧 현상하는 존재의 법칙이고, 현상하는 세계란 곧 관계적 세계라고 다시 말할 수 있다. 분자 수준의 유기체로부터 지구 생태계에 이르기까지 혹은 국소적인 계^系로부터 전체적인 계에 이르기까지 직간접적인 원인과 환경이 끊임없이 중첩된 관계 속에서 자연현상은 운동과 반응을 이루고 있고 그 가운데 다양한 생명들이 생멸·운동하고 있다. 특히 이를 두고 화엄사상^{華嚴思想}은 끊임없이 겹치고 겹쳐진 유기체적 세계라는 의미에서 '중중무진^{重重無盡}의 법계연기^{法界緣起}'라고 일컫는다. 연기적 관점에서 그 어떤 개별적 존재자나 초월적 존재자가 제일원인이 될 수 없다. 관계 자체가 인과율의 주체이며 원인이고, 실재를 대신할 뿐이다.

다른 한편 인연이 서로 호혜적인 인과가 되고 상호 발생·상호 결정을 이루면서 개개의 자연물이나 전체 자연물을 스스로 조직하는 듯 보이는 경우가 많다. 그럴지라도 현상 세계의 인과 연이 기본적인 이치가 되는 것이지, 밖으로부터 현상 세계 안으로 창조하고 섭리하는 초월적 힘이나 형상인이나 목적인이 개재한다고 설명하지 못한다. 그러므로 연기론에 의하면 생물학상의 종^種의 진화에도 딱히 어떠한 지향성 또는 목적성이 있기 때문이라고 할 수 없고, 다만 인과 연의 상호적 중첩이 개체와 계 전체의 자기 조직(Self-organization) 가운데 나타나는 것이라고 설명하게 된다.

전통적 그리스도교 신학, 특히 토마스 아퀴나스 이후의 신학에 의하면 초월적 하나님은 세계 너머에 존재하면서도 제일원인이 되어 세계 운행의 원동자가 된다. 그리고 제일원인인 하나님은 과학자들이 연구하는 자연 또는 제이원인을 통해 사역한다. 창조의 주체와 객체가 서로 분리된 상태임에도 힘 또는 작용의 전달이 가능하다. 이것은 특히 아리스토텔레스의 선형적(linear) 인과율이 시사하는 내용이다. 이러한 구도는 대개 위계적 질서를 함의하게 된다.

반면에 불교의 연기론은 무자성의 유기체들 사이에 수평적 관계와 상호 '되먹임'(feedback)의 구조를 시사한다. 자성이 없는 세계와 만상萬象들은 처음부터 세계 안의 인연에 따라 이합집산해 왔고, 그에 따른 역동적인 변화 자체를 유기체적 생리로 지녀 왔다. 사물과 운동과 사건은 세계 안에서 그 인과를 찾을 뿐, 세계 바깥에서 찾지 않는다. 자성이 없기에 '모든 것이 공'(一切皆空)이라고 하는데, 그 '공' 개념도 세계 바깥에서 찾는 것이 아니다. 이러한 세계 이해를 두고 신학자이며 불교학자였던 아베 마사오는 다음과 같이 언급한 바 있다. "비움이라는 이 전체적이고 역동적인 운동을 우리 밖의 어떤 곳 또는 우리의 현재적 자기 실존을 넘어서는 어떤 시간으로 이해한다면, 공을 깨닫지 못한다. 공이 우리 밖에 있지도 또 우리가 공 밖에 있지도 않다."[19]

그런데 항구적 본질 없이 가합된 무자성의 사물이라 할지라도 엄청난 시공간의 연기 인연과 질서에 의해 겹치고 겹친 관계망 속에서 생성되고 존립하기에 미미한 사물이라도 우주적 존재가 된다. 삼라만상의 동인·조건·결과·운행·법칙 등이 모두 분리될 수 없으며, 궁극적으로 하나이기 때문이다.[20] 스스로 자기를 조직화하는 능동적 유기체적 세계 안에서 모든 조건이 서로에게 융합되고, 서로를 의지하여 성립하

19 아베 마사오, "자기 비움의 하느님과 역동적 공," 존 캅 외 1 편, 『텅 빈 충만: 공의 하느님』 (서울: 우리신학연구소, 2009), 76.
20 Steven Collins, Selfless Person, 5-6 참조.

는 질서를 벗어날 수 없다. 이것이 곧 불교가 설명하는 중중무진의 법계연기가 지닌 특징이다. 엄밀히 말해 연기하는 세계 안에서 이것과 저것의 구별, 나와 너, 주체와 객체, 나와 사물의 구별은 확고하지 않다. 나는 너로 인해 존립하고, 너는 나로 인해 존립하기 때문이다. 이러한 존재의 실상을 두고 특히 화엄사상은 "상즉상의相即相依 주반중중主伴重重"으로 표현하기도 한다. 즉, 모든 것은 서로 의지하며 서로 이입되어 있고, 때때로 주도하기도 하고 반려伴侶하기도 함으로써 만유의 일체一切를 이루고 있다는 의미다.

　만물이 무한한 관계 가운데 거듭거듭 얽히고설켜서 하나가 되어 있는, 이른바 중중무진의 우주에서는 현대 '카오스 이론'(chaos theory)[21]이 설명하는 것처럼 먼 곳에서 일어난 극미한 사건이 어마어마한 사건으로 되돌아온다고 설명하는 것이 가능하다. 잠시도 중단이 없는 인연 우주에서 모든 개개의 존재자들은 거시적으로 하나의 우주를 구성하면서 상호 간에 끊임없는 인과 연을 이루고 있기 때문이다. 가령 들에 핀 한 송이 백합화라 할지라도 그 자체의 본질에 의해 홀로 발생하여 자라나 꽃을 피워내는 것은 아니다. 주어진 씨로부터 태양과 비, 흙과 바람 등 중중무진의 인연으로 거기 그렇게 피어난다. 소소하게 보이는 작은 꽃의 개화일지 모르지만, 실제로 작은 꽃이 개화하기 위해서 무한한 시간부터 현재에 이르기까지 전 우주적 인연의 거듭거듭 중첩된 참여가 있는 것이다. 그리고 다시 그 꽃 한 송이가 지는 것으로 앞으로 어떠한 사태가 찾아올지 모를 일이다.

---

21 카오스 이론은 1961년 미국 수학자 에드워드 로렌츠(Edward Lorenz, 1917~2008)가 날씨에 관한 컴퓨터 시뮬레이션을 통해 발견해 낸 자연법칙이다. 이 이론의 핵심은 동역학(動力學) 가운데 매우 작은 초기 조건의 변화가 결과에 있어서 엄청난 차이를 가져온다는 사실이다. 대표적으로 "브라질에 있는 나비의 날갯짓이 미국 텍사스 주에 발생한 토네이도의 원인이 된다"는 식으로 이 이론의 핵심을 말하기도 한다.

화엄사상에서는 연기를 설명하면서 '인다라망경계문因陀羅網境界門'이라는 명료한 유비類比를 제시하고 있다. 이는 고대 힌두 신화에 나오는 '인드라망網'을 차용한 것인데, 이 인드라망이라는 것은 이른바 '선견성善見城', 하늘 위에 드리워져 있다는 그물이다. 인드라망의 그물코마다 영롱한 구슬이 달려있어 서로가 서로를 비추고 있으므로 구슬 하나를 들여다보면 광활하게 펼쳐진 우주 전체가 보인다. 또한 그 구슬 하나를 흔들면, 그물을 따라 하늘에 드리운 모든 구슬이 함께 물결치게 된다. 이러한 인드라망의 유비를 통해 화엄사상은 지극히 작은 인연조차 광대한 인연과 연결되어 있다는 점 그리고 부분들의 상호적 관계에서 부분에서 전체로, 전체에서 부분으로 사건들이 무한히 되먹인다는 점을 시사한다. 또한 그러한 인연들이기에 법계연기 가운데 지극히 작은 것일지라도 그 안에는 우주 전체가 담겨 있다는 점을 시사하고 있다. 이와 관련하여 신라의 승려 의상義湘이 지은 법성게法性偈를 참고해 보자.

하나 가운데 모든 것, 모든 것 가운데 하나,
하나란 곧 모든 것이고, 모든 것은 곧 하나다.
하나의 미세한 티끌 가운데 열 방향의 세계가 머금었고
모든 티끌 가운데도 역시 그러하다.[22]

이는 전형적인 화엄사상이 드러나는 대목이다. 매우 흥미롭게도 영국의 유명 낭만주의 시인인 윌리엄 블레이크(William Blake)의 <순수의 전조>(Auguries of Innocence)라는 시에도 위와 비슷한 통찰이 보인다.

---

22 "一中一切多中一 一卽一切多卽一 一微塵中含十方 一切塵中亦如是."

그 일부를 인용한다.

> 한 알의 모래에서 세상을,
> 그리고 한 송이 들꽃에서 천국을 본다.
> 네 손바닥에 무한을,
> 그리고 한순간에 영원을 붙들라.[23]

화엄사상이 강조하는 중중무진의 연기에 의하자면, 어느 사물로부터 계측된 양적 조건이 우리에게 세계의 실상을 밝혀주지 못한다. 우리의 우주는 이미 하나 안에 전체가 전체 안에 하나가 포함되어 있기 때문이며, 가장 작은 것 안에 가장 큰 것의 질質을 결정할 단서가 내포되어 있다. 우주의 온갖 사물과 현상은 어느 하나라도 홀로 있거나 홀로 발생하지 않고, 끝없는 시간과 공간 속에서 대립마저 초월하여 하나로 융합하고 있다. 모든 사물이 제각기 한계를 지니며 상충하고 갈등하곤 하는 차별적인 현상의 세계와 언제나 평등한 본체의 세계 역시 서로 분리되지 않는다. 그리고 평등 속에서 차별을 보이며 차별 속에서 평등을 보이고, 현상마다 서로가 원인이 되어 밀접한 순환적 융합을 유지한다. 심지어 삼세三世, 즉 과거·현재·미래가 다 함께 우주적 질서 가운데 하나라고 한다. 현상계의 사물들이 크게 하나이고, 하나와 여럿이 서로를 포섭하고 융합하므로, 하나가 없으면 여럿이 없고, 여럿이 없으면 하나가 없다. 이것을 일즉일체一卽一切·일체즉일一切卽一·일즉십一卽十·십즉일十卽一 등으로 표현하는데, 이것이 곧 법계연기 또는 무진연기無盡緣起(끝없는 연기)의 실상이다.

---

23 "To see a World in a Grain of Sand / And a Heaven in a Wild Flower, / Hold Infinity in the palm of your hand / And Eternity in an hour."

일즉일체의 무진연기, 즉 하나가 모든 것이 되며 끝없이 펼쳐지는 연기는 현대 수학과 물리학에서 말하는 '프랙탈'(fractal) 구조를 닮아있다. 프랙탈 구조는 아래의 그림처럼 미세한 부분에서 출발하는 동일한 모양이 전체로 확장되며 끝없이 되풀이되는 구조인데, 수학적으로 컴퓨터 그래픽에 구현되기 이전부터 이미 우주와 자연물 곳곳에 내재하고 있는 패턴이다. 이것은 일부와 전체 사이 자기동일성·유사성·순환성을 지니고 있고, 어떤 부분이 이 구조의 본질이고 정체(identity)인지 규정되기 어려운 특징을 지닌다. 현재까지 밝혀진 자연적 실례를 참고하자면 광물, 동식물의 구조, 지형지물, 아원자의 세계 그리고 거대한 천체에 이르기까지 프랙탈 또는 '하나 가운데 모든 것, 모든 것 가운데 하나'의 실제를 보이는 사례가 많다.

〈참고 자료 2〉 프랙탈 구조의 예

그리스도교 신학에서도 근래 하나의 윤리적·실천적 지표로 삼는 '다양성 안에 일치, 일치성 안에 다양성'(diversity in unity, unity in diversity)에 관해 우리는 존재론적 문제를 더불어 숙고해야 할 것이다. 특히 예수가 설교 중에 언급했던 '작은 것'[24]에 대한 주제가 하나의 수사修辭에 지나지 않는 것인지, 아니면 존재론적 함의가 있는지 신학적으로 재고할 여지가 있다. 만약 그것이 가능하다면 중중무진의 세계 안에서 작은 이에 상처를 입히는 것은 큰 이, 즉 하나님께 상처를 입히는 것이고, 작은 이를 잃어버리는 일은 큰 이, 즉 하나님을 잃어버리는 일이다. 분명히 예수는 반복적으로 말했다. "지극히 작은 자에게 한 것이 곧 내게 한 것"이라고(마 10:42; 11:11; 18:6, 10, 14; 25:40, 45; 막 9:42; 눅 7:28; 17:2).

특정 종교인이 아니더라도 연기, 특히 무진연기無盡緣起(끝없는 인과 연)에 대한 이해를 갖추어 간다면 더 보편적 수준에서 인과 관계를 헤아릴 수 있고 또 언행에 따른 결과들을 예견할 수 있다. 그러한 혜안은 자연스럽게 타인에 대한 관용과 배려를 가능하게 하여 전인간적 성장에 도움을 준다. 또한 이해관계를 넘어 보다 광대한 '나'를 각성시켜 모든 살아있는 것들로부터 만유에 이르기까지 배려하고 사랑할 수 있는 열린 마음으로 이끈다. 이렇듯 불교의 핵심 사상은 '나와 세계가 본래 공하지만, 연기 법칙 가운데 하나라는 점을 시사한다. 이것은 존재론이 곧 실천론을 포괄하는 불교의 특징이다.

---

24 사복음서에 의하면, 예수는 교훈 가운데 '작은 자'에 대한 대우가 곧 자기[예수]에게 행한 것이라는 의미로 '미크로스'(μικρός, 작은 것) 또는 '엘라키스토스'(ἐλάχιστος, 지극히 작은 것)를 말했다. 이에 관해 각각 마 10:42; 11:11; 18:6, 10, 14; 막 9:42; 눅 17:22 그리고 마 25:40, 45 등을 참조하라.

3. 세계를 조성하는 마음

우리는 본격적인 사유 훈련을 받지 않은 한 주관적 인식과 객관적 대상이 별개로 존재한다고 본다. 다시 말해 인간의 인식 작용과는 무관하게 세계에 객관적 실재로 가득 차 있다고 믿는 것이다. 예를 들어 여기 식탁 위에 사과가 있다고 치자. 그러면 우리는 사과의 붉은빛, 향긋한 냄새, 달콤한 맛은 나의 주관과 별도로 실재한다는 사실에 별 의심이 없다. 이러한 유형의 상식 가운데 오랫동안 가정된 인식의 원리란, 세계에 객관적으로 존재하는 사물과 성질을 그대로 인식주관이 수용하여 지식으로 확정하는 일이다. 말하자면 인식에 있어 가장 중요한 요건은 나의 '바깥'에 존재하는 사물이라는 점이다. 여기에는 사물이 객관적으로 인식주관의 외부에 실재하고, 그것을 받아들이는 나의 인식이 뒤따른다는 식의 존재론적 차별이 전제되어 있다.

진리는 "사물과 지성의 일치"(사물에 대한 지성의 일치)라고 주장한 토마스 아퀴나스를 비롯하여 전통적인 기독교 인식론 역시 이와 크게 다르지 않았다. 또한 흄과 칸트 이전의 서양 철학계의 인식론도 대체로 이러한 관점을 유지해 왔다. 그러나 그들에 이르러 외부에 사물 자체가 있다고 하더라도 인간 본연의 인식 구조에 포착되어야 지식으로서 성립 가능하다는 인식론의 혁명이 일어났다. 앞서 소개했듯이 시간과 공간의 감성 형식 및 12개의 선험적 범주에 접수되는 내용만이 현상으로서의 자연(세계)이 될 수 있다는 전회가 일어난 것이다.

그런데 이미 불교는 흄과 칸트에 앞서, 세계를 구성하는 것이 인간의 마음[心識] 또는 의식의 역할이라는 이론을 갖추어 놓았다. 이를 대표하는 것이 화엄경華嚴經의 "일체유심조一切唯心造", 즉 "오직 마음이 모든 것을 짓는다"라고 하는 유명한 구절이다.[25] 특히 유식사상唯識思想이 특별히 이러한 인식론적 존재론을 더욱 심화하고 체계화했다. 일찍이 불교가 말하는 '마음'(心)이란 고대의 소박한 언어로 지칭한 어휘이지, 실제로 그것이 담지하는 내용은 인지구조, 오감五感, 표상, 지성, 이성 등을 망라한다.[26] 그리고 불교가 '마음'의 문제를 다루고 있다고 해서 심리학·심리치료·정신분석·마인드 컨트롤·자기 계발 따위에 답을 주는 종교로만 아는 것은 매우 협소한 이해다. 물론 갖은 스트레스와 신경증이 비등한 현대인들에게 2천 년 이상 불교가 보유한 명상법과 더불어 심신 안정 및 자기 성찰에 관한 무형적 자원들이 부각되는 일은 당연해 보인다. 그러나 더 중요한 것은 매우 이른 시기부터 불교가 마음으로 대변되는 '인식'의 문제를 '존재'의 문제와 결부시켜 해명해 놓았다는 사실이다. 기실 마음 또는 심식心識의 종교라고 칭해도 될 만큼 불교는 그 방대한 전통들 가운데 의식의 본질 및 의식과 존재 사이의 관계를 탐구해 왔고, 서구 지성사에 헤겔의 세계정신, 프로이트의 무의식, 칼 융의 집단 무의식, 피에르 레비(Pierre Levy)의 집단 지성 등과 비견할 만한 다양한 이론을 갖추어 왔다. 본서에서 그 모두를 소개한다는 것은 저자의 능력 밖이라는 점을 밝히며 그 일부만을 소개하기로 하겠다.

　무엇보다 불교 인식론은 사물들이 인식주관과 별도로 실재한다고 보는 상식에 심중한 의혹을 제기한다. 과연 마음·감각·인식의 역할을 제외하고서 무엇이 객관적·보편적으로 존재한다고 할 수 있을까 하는

25　당나라 유학길에서 해골에 고인 물을 밤사이 시원하게 마셨다는 일화 중에 지어진 원효(元曉)의 오도송(悟道頌) 역시 이 내용을 확인하고 있다: "마음이 일어난즉 모든 법이 일어나고, 마음이 멸한즉 모든 법이 멸하도다. 일체는 오직 마음의 조작이요, 만법은 오직 오직 식(識)이로다"(心生卽 種種法生 心滅卽 種種法滅 一切唯心造 萬法唯識).

26　한 산스크리트어 연구자에 의하면 심(心)으로 번역된 원어는 크게 찟따(citta), 마노(mano), 윗냐너(viññāṇa)가 있는데, '찟따'는 보다 정서적인 측면, '마노'는 이성적인 측면, '윗냐너'는 인식의 측면을 반영한다고 해설한다. 현진, "무상정등각," 「법보 신문」 1523호, 2020년 2월 11일 검색, http://www.beopbo.com.

물음말이다. 그리고 사물들은 심식과 별개로 존재하지 않는다고 단언한다. 이 맥락에서 불교의 구원관 역시 인식의 문제와 결부되어 있다. 인식자의 외부로부터 인식자의 내부로 관심을 갖게 하고, 자신의 '알음알이'를 반성하며 어리석은 사고방식을 깨뜨려 존재의 공함, 욕심의 헛됨을 깨닫도록 돕는다. 그리고 종국적으로 마음이 만든 망상에서 벗어나 대자유를 얻는 길을 보이고자 한다.

불교의 인식론이자 존재론을 '마음이 짓는 세계'라는 문구로 압축할 수 있다면, 이 요지를 이해하기 어려운 독자를 위해 예를 들어보겠다. 여기 관객들이 콘서트장에서 피아노 연주를 듣는다고 치자. 이러한 상황에 관한 일반적 상식이나 '소박 실재론'(naive realism)에 의하면 청아한 피아노 소리 자체가 보편적·객관적 대상일 수 있다. 우리가 듣든 듣지 않든 피아니스트의 손놀림에 의해 피아노에서는 엄연히 음의 파동이 흘러나오고 있으니 말이다. 그런데 그 피아노 소리라는 것이 수용하는 사람 또는 사람의 청각 능력과 무관할까? 연기설이 직접적 원인인 '인'과 간접적 원인(또는 관계)인 '연'에 의해 존재가 성립한다고 밝혔는데, 인식과 존재 사이의 관계를 따지기 위해 다시 그 설명 방식을 환기할 필요가 있겠다. 과연 듣는 자의 감각 능력과의 인연 없이 피아노 고유의 소리가 가능한지 말이다. 물론 흘러나오는 음의 파장은 있다. 그런데 그 파장을 우리가 아는 바로 그 청아한 피아노 소리로 듣는 것은 별개의 문제다. 다른 동물들이나 혹 외계인이 들을 때 그 소리는 우리가 느끼는 맑고 고운 소리가 아닐 수 있다. 혹여 참기 힘든 괴상하고 시끄러운 소리로 들릴 수 있다. 만약에 인간에게 피아노 소리의 음폭을 들을 수 있는 청각 능력이 없다면 음의 파동이 자신에게 흘러오고 있어도 전혀 듣지 못하게 된다(실제로 인간의 가청주파수를 넘는 지구의 자전 소리와 같은 음역대의 소리는 우리에게 들리지 않는다).

결국 수용하는 인간의 청각 능력과 음의 파동이 서로 인연·연기했기에 우리가 감상하는 '그' 피아노 소리가 비로소 가능한 것이다.

소리뿐만이 아니라 사물의 대표적인 성질로 치부되는 고체성固體性이나 비투과성非透過性 역시 요동하는 에너지의 파동에 대해 우리 신체가 상호작용하여 구성된 것이다. 부연하자면 응집한 에너지의 반발력, 즉 거의 비어 있는 원자 및 아원자가 발산하는 '전자기력'이 우리의 신체(촉각)와 만나 딱딱한 고체로 해석된다고 해야 정확한 설명이다. 그 밖에 색깔이나 냄새 등등도 마찬가지다. 전자기파 가운데 대략 380~780nm(나노미터)의 범위 내의 파장을 인간의 시각은 세분화하여 다양한 색깔로 수용한다. 이른바 '빨주노초파남보' 등의 색깔은 객관적으로나 보편적으로 외부에 존재하는 것이 아니다. 시각 기관과 뇌를 통해 외부의 정보를 해석해 낸 감각과 인지구조의 산물이다. 이러한 얼개를 염두에 두자면, 인간의 인식주관 밖에 존재한다고 상정된 것들이 다른 생물에게는 또 다른 경험 대상으로 수용·해석될 여지가 있음을 추측하게 된다. 실제로 선충線蟲은 빛을 맛으로 느끼고,[27] 박쥐는 반사된 초음파로 시각 정보를 대신한다. 파리와 구더기는 사체 썩는 냄새를 구미를 자극하는 냄새로 받아들일 것이다.

그러므로 외적 자극과 정보들을 인간이 느끼고 아는 대로 다른 생물들이 받아들일 것으로 가정하면 오판이다. 즉, 인간에게 '이러한' 것이 다른 존재자들에게도 꼭 '이러해야 할' 절대적 이유는 없다. 요컨대 인간에게 구비된 감각수용 능력과 해석 양식이 외부의 신호·자극·정보·자료와 만나 인연·연기하지 않으면 어떤 것도 우리에게 구체적으로 드러나지 않는다. 결론적으로 우리에게 존재하는 것이란 외부 자료와

---

27 2016년에 미국 미시건 대학의 션 수(Shawn Xu) 박사팀은 선충에서 새로운 광수용기(光受容器, photoreceptor)를 발견하고 과학 저널인 *Cell*에 게재한 바 있다.

인식주관의 능력이 결합하여 이루어진 것들이라고 할 수 있다(물론 실험·관측 기술의 발달로 인해 세계의 구체성은 더욱 확장되고 있지만, 일단 이 점은 논외로 한다).

인식과 존재 사이에 뗄 수 없는 관계를 통찰한 불교는 인식이란 외부의 객관적 실재를 '있는 그대로' 수용하는 것이라는 주장을 부정한다. 자성이 없는 현상계 가운데 다양한 인과 연의 가능태가 상호의존·상호 결정을 맺는 방식으로 사물의 존재성이 드러나듯, 인식이라는 것도 외부의 감각 자료와 심식의 형식 사이 연기 관계로 인해 가능하기 때문이다. 이에 따라 불교는 "마음이 세계를 짓는다" 또는 "사물들은 인간 인식의 활동과 더불어 생성된다"라고 주장하는 것이다. 이는 근대에 들어 서양 철학이 본격적으로 관심을 둔 바, '사물이 나에게 드러나는 방식'(the way things appear to me)으로서의 현상 또는 현상학적 존재론에 시기적으로 앞선 사유다. 다시 말해 불교는 칸트에 앞서 인식주체와 무관히 존재하는 사물이 아닌, 인식하는 자와의 관계 및 인식 작용을 통해 나타나는 '현상'이 곧 세계의 실상이라고 이미 밝혀 놓은 격이다.

화엄경의 '일체유심조'라는 구절 앞에는, "만일 사람들이 삼세일체 불, 즉 과거·현재·미래의 모든 붓다를 알려고 한다면, 법계의 본성이란 모든 것은 마음이 짓는다는 점을 보아야 한다"[28]고 적어 놓았다. 여기서 법계라는 것은 객관적으로 존재하는 사물의 세계뿐 아니라 주관적으로 사유하는 정신적 세계까지 망라한 개념이다. 즉, 이 구절도 모든 것이 심식의 산물임을 주장하는 것이다. 이를 구체적으로 정리한 것이 이른 바 '삼과설三科說', 즉 오온五蘊, 십이처十二處, 십팔계十八界에 관한 이론이다.

---

28 "若人欲了知 三世一切佛 應觀法界性 一切唯心造."

복잡해 보이지만 이것들 또한 인간의 다섯 가지 감각기관과 의식 활동을 통하여 세계가 우리에게 드러난다는 요지를 갖기에 큰 틀에서 서로 비슷하다.

우선 십이처+二處의 경우를 보자. 그것은 안眼(모양이나 빛깔을 보는 시각 기관인 눈), 이耳(소리를 듣는 청각 기관인 귀), 비鼻(냄새를 맡는 후각 기관인 코), 설舌(맛을 느끼는 미각 기관인 혀), 신身(추위나 아픔 등을 느끼는 촉각 기관인 몸), 의意(의식 기능)라는 감각 및 인식 요건이 세계의 대상들과 만나 색色(눈으로 볼 수 있는 대상인 모양이나 빛깔), 성聲(귀로 들을 수 있는 대상인 소리), 향香(코로 맡을 수 있는 대상인 향기), 미味(혀로 느낄 수 있는 대상인 맛), 촉觸(몸으로 느낄 수 있는 대상인 온도나 촉감), 법法(의식 내용으로서 관념)을 이룬다고 분석하는 내용이다. 참고로 앞의 여섯 가지를 육근六根, 뒤의 여섯 가지를 육경六境라고 한다.

오온五蘊 또한 비슷하다. 이는 '다섯 개의 집합'이라는 의미인데, 구체적으로 색色, 수受, 상想, 행行, 식識을 일컫는다. '색'은 물질적인 형태로서 대개 육체를 뜻하고, '수'는 감수感受 작용, 즉 의식 속에 어떤 인상을 받아들이는 것 그리고 감각과 유쾌·불쾌 등의 단순 감정을 포함하는 작용이다. '상'은 일종의 표상 작용으로 의식 속에 상像을 구성하고 어떤 것을 떠올려 관념을 이루는 것이나 지각하는 작용이다. '행'은 의지 작용이나 형성 작용이라고 할 수 있는데, 우리가 경험하는 어떠한 것을 현재에 존재하는 것처럼 형성하는 작용으로서 능동성 및 잠재성의 형성력을 뜻한다. '식'은 식별 작용으로서, 대상을 구별하고 인식·판단하는 작용 또는 인식 작용 전반을 통칭하는 활동을 말한다.

이러한 색, 수, 상, 행, 식의 오온이 모여서 나自我를 형성하는데, 물론 무아론에 의거해 '나'라고 볼 수 있는 것은 없으며 인연에 의해 모였다가 변화하고 사라진다. 그래서 그리스도교의 사도신경처럼 교리의 요체를 축약한 반야심경般若心經에서는 '오온개공五蘊皆空'이라 하여, 오온 모두가 본래 '공'이라는 점을 주장한다. 이것은 앞서 소개한 '제법무아'에 해당하는 존재론의 구체적인 설명이다. 요컨대 '일체유심조一切唯心造'라는 유명한 구절은 대상 없이 "마음만이 모든 것을 짓는다"라는 뜻이라기보다 인식주관이 지닌 수용의 조건에 따라 세계가 구체성을 가지고 '나'에게 드러난다는 뜻으로 해석해야 타당하다.

다른 한편으로 불교는 현상과 본질, 주관과 객관, 관념과 물질, 실재와 허상 사이에 분명한 경계가 과연 가능한지 심각하게 묻는다. 그리고 삼라만상이 연기하는 세계에서 무엇이든 '무아'이기 때문에, 태어나는 것도 없고 죽는 것도 없는, 이른바 불생불멸의 한 전체인 것처럼 상반된 현상들과 대립들 또한 궁극적으로 '하나'라는 관점을 제공한다. 그러니까 나와 너, 자연과 인간, 생사生死, 시비是非, 미추美醜, 애증愛憎 등의 현상이 심원한 존재의 차원에서 결국 다르지 않다는 '불이不二'의 세계관 및 가치관으로 나아가는 것이다. 그리고 비단 인간의 인식형식이 아니어도 그것은 임의적이며 수없이 다양할 수 있고, 그 모든 인식형식을 통해 드러날 수 있는 세계(사물)의 양태도 무한하기에, 불교는 우리가 감각하고 인지하고 집착하는 세계란 확고하지 않으며 근본적으로 공한 것으로 단정한다.

우리는 당면한 현시대에 IT·디지털 기술이 발전할수록 늘어가는 가상공간의 체험을 통해 세계 또는 존재의 실제를 사유할 유비(analogy)들을 얻어간다. 말하자면 일상에 깊이 침투해 들어오고 신체·오관에 가해오는 신호와 자극들이 점차 실세계와 유사할 때 대중들 역시 묻곤 할 것이다. "과연 우리의 세계는 어떠한가? 혹시 우리 세계 또한 가상이 아닐까? 존재한다는 것이 무슨 의미인가? 과연 존재와 무의 경계란 명확한가?" 하는 식으로 말이다. 불교의 존재론과 인식론은 이미 오래전부터 그러한 질문을 견지했고, 오온과 그것으로 구성된 세계는 환상이라고 선언했던 것이다. 그렇지만 다른 한편 이 환상이 또한 우리가 살아가는 실질적 '사바세계'라고 인정하는 것이 불교의 '중도'다.

4. 동일률과 불이(不二)

불교는 인간이 공에 대해 무엇을 규정하고 무엇을 사유하든 지속적인 탈개념화와 기존하는 사유의 부정과 전복을 촉구한다. '이렇다 저렇다' 한정할 수 없는 본래적 성질도 부정하고, 존재와 비존재를 넘어서는 빔으로서의 공도 부정한다. 사실 공이라는 말도 임시적 명칭, 즉 가명假名이며 인연·연기의 실상을 각성한 이후에라야 비로소 말해질 수 있는 개념이다. 실재론적 관심을 버리지 않고 서구 전통 형이상학이 존재자와 본질에 천착해 왔듯이, 공을 일종의 궁극적 실재로 받아들이는 것은 큰 오해를 불러일으킨다. 특히 유신론적 전통에서처럼 마치 그것을 신을 대체하는 개념으로 보는 것은 더더욱 맞지 않는다. 그런데 앞서 언급했듯이 불교가 거대한 지리적 영향권을 획득하며 그 속에서 다양한 전통들이 나뉨에 따라 공을 실체처럼 규정한 사례가 적지 않았다. 예를 들면 공을 존재의 궁극적 본성으로 상정하여 진여, 불성, 청정 자성, 무애자재의 본성, 마음의 본래자리, 여래장, 궁극 성품 등으로 일컬으며 수행 정진을 통해 그것을 깨닫거나 얻도록 독려하는 사례가 많았던 것이다.

공은 인간이 가정하는 모든 개념과 이론을 거부하는 반실재론적 용어다. 어떤 존재하는 것도 그 자체로 고유한 성질이나 본질을 갖지 않는다고 주장하는 것이 '제법무아'가 가리키는 핵심이다. 공은 생성과 운동과 소멸의 배경이 되면서도 그것들로 인해 규정되지 않는다. 그러나 이를 두고 우리가 존재하지 않음으로서의 빔이라고 국한할 수도 없다. 왜냐하면 '진정한 공[眞空]은 오묘하게 있음'[妙有]으로 현상되기 때문이다. 그래서 공을 '절대무'나 그리스도교에서 말하는 무(nihil)로 개념화하거나 대체해서도 안 된다.

공은 형상과 빔의 양상을 동시적으로 지니고 있다. 그래서 반야심경에서는 "형상(이 있는 것)과 공이 다르지 않고, 공과 형상(이 있는 것)이 다르지 않다. 형상(이 있는 것)이 곧 공이요, 공이 곧 형상(이 있는 것)이다"[色不異空 空不異色 色卽是空 空卽是色]라고 선언한다. 게다가 현상 세계 안에는 공과 색 사이에 온갖 사물들이 관계의 그물망을 형성하고 발생·변화·소멸의 운동을 진행하고 있다. 공은 불교학자이자 신학자인 아베 마사오의 다음 설명처럼 정적인 상태의 공이 아니라 역동적 운동 상태의 공으로 이해하는 편이 온당하다.

> 반야심경에서 "색인 것은 다 공이고 공인 것은 다 색이다"라고 말하고 있다고 해도, 이것이 색과 공의 정적이거나 또는 직접적인 동일성을 가리키지는 않는다. 그것은 자기 눈앞에서 보이고 표현되는 색과 공의 동일성을 나타내는 것도 아니다. 그것은 비대상적이고 표상에 우선하는 방식으로만, 곧 비움의 순수 활동을 통해서만 파악되는 역동적 동일성이다. 진정한 공의 실현에서 색은 형상 없는 공으로 끝없이 비워지고, 형상 없는 공은 영구히 자유롭게 색을 입으면서도 끝없이 비워진다. 이렇듯 공의 정적인 상태가 아니라 비움의 전체적이고 역동적인 운동이 진정한 의미의 공이다. 비움이라는 이 전체적이고 역동적인 운동이 진정한 의미의 공이다.[29]

---

29 아베 마사오, "자기 비움의 하느님과 역동적 공," 76.

기본적으로 싯다르타는 존재의 근거 같은 것에 대해 '있다' 혹은 '없다'는 견해를 내지 말고 오로지 연기 세계를 깨닫기를 촉구했다. 말하자면 모든 사물에 고정불변하는 자체의 본질[自性]이 없으므로 오직 연기적 실상 또는 공성空性이 오히려 세계의 정체이자 개인의 정체임을 깨닫게 하고자 했다. 불교에서는 치우침이 없이 "일반적으로 연기=무상=무아=공=중도라는 이해가 수용"된다.[30] 이것이 이른바 팔정도八正道[31] 가운데 첫째인 바른 견해, 즉 '정견正見(바르게 보기)'의 내용이다. 또한 고통의 바다[苦海]로 간주되는 세상의 번뇌로부터 해방되기 위해 해결되어야 할 첫 번째 과제란 바로 이 세상이 인연·연기로 구성된 가합假合에 지나지 않고 모든 사물과 사태는 제 것이라는 것이 없이 공하다는 점을 깨달아야 할 일이다.

제2의 붓다로 칭해지는 나가르주나의 존재론은 존재와 비존재 사이에 하나를 확정하지 않고 논리적으로 '있지도 않고 없지도 않다'는 '가운데 길[中道, middle path]'을 취한 것으로 알려져 있다. 앞서 살펴보았듯이 실제로 공은 '없다'는 의미의 '무'와 다르다. 싯다르타는 완전한 무 혹은 절대무를 현상의 근원으로 꼽은 것이 아니기 때문이다.

싯다르타의 사상은 나가르주나의 중도中道 철학으로 이어졌다. 이미 당대에는 실체가 '있다'고 주장하는 상주론常住論과 실체가 결코 '없다'고 주장하는 단멸론斷滅論이 서로 맞섰다. 그런데 나가르주나는 불변의 자성이 있다면 세계에 생성·소멸하는 어떠한 변화도 가능하지 않을

---

30 조윤호, "불교 안에서의 다원주의-본질주의와 허무주의의 극복," 「불교학연구」 7 (2003.12): 323.

31 불교의 초기 경전인 『아함경』(阿含經)에 나와 있는 싯다르타의 기본적인 가르침으로서 고통을 소멸하는 여덟 가지 방법이다. 그것은 구체적으로 ① 정견(正見), ② 정사(正思:正思惟), ③ 정어(正語), ④ 정업(正業), ⑤ 정명(正命), ⑥ 정근(正勤:正精進), ⑦ 정념(正念), ⑧ 정정(正定)이다.

것이고, 생성·소멸하는 변화라는 것도 본래적으로 적멸寂滅 또는 적정寂靜이 그 실제라는 점을 함께 보았다. 따라서 '있음이 없다'(존재는 불가능하다)는 비유非有의 관점도 맞고, '없음이 없다'(비존재는 불가능하다)는 비무非無의 관점도 맞는 것이다. 만물이 자성으로 존재하지 않음을 밝히되 또한 그것이 무자성으로써 존재함도 밝혀야 한다. 이것이 연기의 내용이자 현상을 적확하게 표현하는 술어가 된다. 존재하는 것은 무자성의 공이라는 사실은 다른 한편에서 가합假合과 가명假名으로만큼은 사물이 존재한다는 의미도 함께 지니기 때문이다. 곧 나가르주나의 비유비무非有非無의 중도中道 철학은 위와 같은 논리를 지닌다.

한밤중에 깨어나 해골바가지에 고인 물을 시원하게 마셨다던 신라 원효元曉의 전설에서 엿볼 수 있듯, 인식의 대상은 때로 마음의 인연에 따라 상반된 현상으로 드러난다. 동일한 대상 또는 동일한 환경을 두고 우리가 사뭇 다른 경험을 하는 까닭은 그것들이 고착된 실재가 아니라 인식주관과의 인연으로 말미암아 다양하게 현상되기 때문이다. 이를 불교식으로 말하자면 삼라만상의 본체가 본래 공하면서도 상相으로 나타난다고 할 수 있다. 그렇다고 원효에게 해골바가지와 고인 물이 전적으로 환상이라는 뜻은 아니다. 원효에게 있어 밤에는 시원한 감로수, 낮에는 역겨운 구정물로 현상된 물이라는 대상이 애초에 없던 것이 아니었기 때문이다.

그런데 일상적인 존재적 층위에서 다시 한층 더 아래로 들어가면, 앞서 살폈듯이 모든 사물은 결국 자성이 없으므로 물物(대상)도 공할 뿐이다. 동일률에 천착하는 비판자는 이렇게 진위를 물을 수 있겠다. "그렇다면 있다는 것인가? 없다는 것인가?" 존재와 언어의 모순성을 보는 불교는 논자에 따라 이렇게 대답할 수 있겠다. "있으면서 없고, 없으면서 있다" 또는 "있지도 않고, 없지도 않다" 또는 "다 없다, 없음도 없다" 또는 "오직 모를 뿐이다" 등등. 본래 공한 존재의 실상을 고려하자면 상반된 두 사태가 절대적으로 대척 관계에 놓인다고 할 수 없다. 일상의 구체적 상황에서는 이것 아니면 저것 가운데 하나만 맞겠지만, 존재의 근원적 차원에서는 이것도 맞고 저것도 맞거나, 이것도 틀리고 저것도 틀릴 수 있다.

여기서부터 우리의 관심을 논리학으로 옮겨야 하겠다. 변화하는 존재의 실상, 인식의 구조, 언어의 본질과 결부된 불교의 논리학은 여타의 논리학과 다른 성격을 지닌다. 그것은 고정불변하는 자성과 본질을 신뢰하는 서구 논리학이 고정적 동일률과 형식적 타당성에 천착함으로써 노출하는 한계를 극복하고 보완한다. 연기의 질서, 존재의 공성, 세계의 변화, 모순의 양립, 의식의 참여까지 고려하는 불교 논리학은 변화와 무상 가운데 존재의 실제를 더욱 폭넓게 파악하도록 돕는다. 이는 역설의 언어가 가능한 종교적 진실을 넘어 우주·생태·역사·심리·사회 등에 관해 학문적으로 접근할 때도 유용한 도구가 된다.

서양 철학사 가운데 아리스토텔레스의 논리학, 제논의 논리학 그리고 헤겔의 논리학 등의 사례에서 찾아볼 수 있듯이 논리의 문제는 곧 존재의 문제이기도 했다. 그 가운데 아리스토텔레스는 삼단논법을 위시로 가장 기본적인 논리의 형식을 확정했다. 우리는 현재에도 그의 논리학으로부터 동일률同一律(Principle of Identity), 모순률矛盾律(Principle of Contradiction), 배중률排中律(Principle of Excluded middle) 등의 기본적인 원칙을 발전시켜 사용하고 있다. 여기서 동일률은 "A는 A이다"의 형식이고, 모순률은 "A이면서 동시에 A가 아닌 것은 없다"의 형식을 갖고, 배중률은 "A이든지 A가 아니든지 둘 중의 하나는 반드시 성립한다"(즉, 이도 저도 아닌 중간에 걸친 것을 배제한다)는 형식을 지닌다. 동일률에 관해서 파르메니데스가 주장했던 바, "존재하는 것은 존재하고, 존재하지 않는 것은 존재하지 않는다"는 명제를 대표적인 예로 들 수 있다. 그리고 모순율과 배중률은 줄곧 수학적 증명의 핵심 원리로 쓰였다. 근대의 라이프니츠도 저작 『신정론』(Théodicée)에서 "서로 모순 관계에 있는 두 주장은 하나가 참이면 다른 하나는 거짓"이라고 했고, 『단자론』(Monadologie)에서 "모순을 포함하는 모든 것은 거짓"이라고 평가한 바 있다.

그런데 모순율의 경우처럼 'A냐, not A냐'를 판별하는 논리학은 단순한 명제 가운데 언표와 그 뜻이 1:1인 관계에 있어서 충분히 기능했지만, 그렇지 않은 경우 한계에 처하곤 한다. 말하자면 언어의 지시 대상이 여타의 것을 함의하거나 매개념媒槪念의 의미 범위가 달라질 때는 논리 형식이 반드시 '참'을 보장하지 못하게 된다. 이러한 경우에 다른 방식으로 세분화하여 개념을 정의하고 참과 거짓을 가려야 한다. 더욱이 유비類比와 역설(paradox)의 언어, 추리와 직관적 통찰을 사용하는 종교적 진술에 있어서는 동일률을 지키기 매우 어렵다. 이러한 난점의 근본적 이유는 형이상학이나 종교라는 것이 본질과 현상, 시간의 흐름, 사물자체와 개념, 근본과 지엽枝葉 등의 복잡다단한 요건과 상반된 두 항 사이에 발생하는 변화와 운동까지 모두 고려해야 하기 때문이다.

아무리 정교하게 발전시켜도 논리 형식은 세계의 중첩되고 혼잡한 사태, 변화하는 사물, 모순된 인간의 기호嗜好와 정서, 상상과 수사修辭, 언어유희(pun) 그리고 그 모든 것을 포괄하거나 초월하는 존재의 실제를 명쾌하게 기술할 수 없다. 나중에 살펴볼 내용이지만, 현대물리학 특히 양자역학의 발달로 인해 우리가 사는 세계의 근저를 이루는 미시 세계의 모습들은 이미 동일률을 초월하고 있다는 사실을 넉넉히 보인다.

말하자면 '이것 아니면 저것'의 논리뿐만 아니라 '이것도 저것도' 그리고 '이것도 아니고 저것도 아님' 식의 논리가 통하는 곳이 바로 우리가 사는 이 세계인 것이다. 따라서 "A는 not A와 같지 않다"라는 기본 공식을 갖는 서구 전통의 논리학은 20세기 이후 우주의 실제를 완전하게 기술하지 못한다.

다른 한편 대승불교에서는 인간이 알음알이로 완전한 진리에 이른 다는 것은 불가능함을 전제한다. 설령 진리를 깨우쳤다 하더라도 그것 을 전달한다는 것 또는 논리적으로 언명하는 것이란 불가능함을 강조한 다. 이와 관련하여 대표적인 대승경전인 『금강경』에 묘사된 싯다르타와 그 제자 수보리의 대화를 참고할 필요가 있다.

> "수보리야, 어떻게 생각하느냐? 여래가 최상의 깨달음을 얻었을까? 여래 가 설한 바 법이 있을까?" 수보리가 아뢰었다. "제가 붓다가 말씀한 바의 뜻을 이해하기에, 최상의 깨달음이라고 이름할 정해진 법이 없고, 여래께 서 말씀하실 수 있는 정해진 법이 없습니다. 왜냐하면 여래께서 말씀하신 바의 법은 모두 얻을 수 없고, 말할 수 없고, 법이 아니라고도 할 수 있고, 법이 아닌 것도 아니라고 할 수도 있기 때문입니다."[32]

금강경에서 등장한 여래, 즉 싯다르타와 그 제자 수보리는 완전한 진리를 깨닫는 일과 그것을 설명하는 일이 불가능하다는 사실을 서로 공감하고 있다. 이렇듯 불교, 특히 선불교는 진리 인식과 진리 전달(언어) 에 대한 강한 부정을 표방한다. 그리고 최상의 깨달음이란 고정된

---

[32] "須菩提 於意云何 如來得阿耨多羅三藐三菩提耶 如來有所說法耶 須菩提言 如我解佛 所說義 無有定法名阿耨多羅三藐三菩提 亦無有定法如來可說 何以故 如來所說法皆 不可取不可說 非法非非法." 『금강경』, 7 無得無說分.

양상으로 존재하지 않음과 붓다가 가르칠지라도 법은 아니고 또 법이 아닌 것도 아님의 역설적 사태를 시사한다. 그러므로 불교는 존재의 실상을 밝히는 사안에 고정된 논리, 이론, 신조 등을 신뢰하지 않는다. 그것들조차 연기인연에 따라 시한적·임의적으로 성립된 상태이므로 확정될 수 없고, 변하는 세계의 사태에 부분적으로 대응할 정도다.

변화하는 연기의 세계에서는 인식주체가 처한 상황, 시공간, 관찰 태도, 인지 방식 등이 달라지면 맞는 것이 틀린 것이 되고 틀린 것은 다시 맞는 것이 될 수 있다. 그리고 그러한 진실을 어떠한 말로 전달하든 오류와 누락과 왜곡이 수반되지 않을 수 없다. 그러므로 진실을 말해도 그것은 진실이 아니며 또 진실이 아닌 것도 아닌, 그야말로 모순적 상황과 "모든 것은 변한다"는 사실만 오롯이 '진실'이 된다. 이처럼 불교의 논리학은 현상의 세계를 인지하고 그것을 두고 말하는 일에는 동일률을 깨고 모순적 진술을 표방한다.

금강경의 축약판인 반야심경에 나오는 유명한 구절 '색즉시공 공즉시색色卽是空 空卽是色'을 다시 예로 들어본다. 대체적으로 '색'은 물질성, 형상, 실체로 설명됐고, '공'은 비물질성, 비형상, 비실체로 설명되었다. 앞서 살폈듯 이 구절은 사물에 자성이 없다고 밝히는 연기적 존재론을 함의하고 있다. 그런데 이 진술이야말로 논리학상 동일률과 모순률을 위반하고 있는 대표적 선언이다. 만약 우리가 색을 'A'로, 공을 'not A'로 치환할 수 있다면, 결국 이 구절은 'A=not A'가 된다.[33] 이 점은 바로 앞서는 구절로 확인할 수 있다. 즉, "색이 공과 다르지 않고, 공이 색과 다르지 않다"고 하는 문장이 선행하기 때문이다.

공만 비실체일 뿐 아니라 색도 비실체이므로 현상의 세계란 궁극적

---

33 김하태, "동양의 무와 서양의 신," 『궁극의 실재를 찾아서』(서울: 대한기독교서회, 2005), 60 참조.

으로 그 근거가 비어 있다. 그렇다고 해서 세계가 존재하지 않는다고 단언할 수 없다. 싯다르타와 나가르주나의 깨우침이 자성을 인정하는 상주론과 무만을 인정하는 단멸론 사이에 중도였다는 점을 환기하자면, 실체로 여겨지는 것은 근본적으로 비어 있고, 공한 것은 연기 질서에 따라 다양한 인과 연이 상즉상입相卽相入, 즉 상호 혼합(mutual interfusion) 또는 상호 침입(mutual penetration)의 인연으로써 존재자로 현상하고 운동하는 것이라고 이해하게 된다. 이러한 존재의 실상에 관해 불교에서는 '진공묘유真空妙有'라고 표현했다. 이는 곧 "진정한 공은 묘하게 있다", "비어 있는 것이 신묘하게 있다", "없는데 있다" 또는 "있는데 없다"라는 뜻이다.

이처럼 연기법이 밝힌 존재의 역설은 동일률을 초월하여 이율배반을 허용하는 논리를 만든다. 인간의 감관과 의식의 참여로 세계가 구성된다고 설명하는 유식사상까지 함께 참조할 경우에도 공과 색은 다르지 않다는 주장을 다시 확인하게 된다. 불교 교리 중에는 이와 비슷한 어법으로서 '생사일여生死一如'(삶과 죽음은 하나와 같다), '무시무종無始無終'(시작도 없고 끝도 없다), '역유역무亦有亦無'(있으며 또한 없다), '비유비공非有非空'(있지도 않고 비어 있지도 않다) 등의 불이不二를 표방하는 탈논리적 진술이 많다. 그리고 이러한 이치를 고찰하자면 왜 불교가 확고하게 분별하는 것을 어리석음으로 여기는지 이해할 수 있다. 존재, 인식, 언어, 논리, 심지어 윤리에 관련하여 불교는 무와 유, 공과 색, 생과 멸, 붓다와 중생, 번뇌와 해탈 등을 궁극적으로 하나로 보는 것이다.

논리와 관련하여 마지막으로 나가르주나의 사구부정四句不定을 개괄하고자 한다. 나가르주나는 중도의 논리인 사구부정을 통해 당대에 존재하던 다양한 사상적·종교적 논리들을 비판하고 도전했다. 사구四句(tetralemma) 또는 사구분별이란 싯다르타 이후 다양한 전통의 논자들이 진리를 네 구句로 정리한 판단 형식이었다. 말하자면 긍정과 부정의 문제에 관해 도식화하여 갈무리하는 방법인데, ① 정립定立, ② 반정립反定立, ③ 긍정종합肯定綜合, ④ 부정종합否定綜合의 네 가지이고, 이것들을 간략히 나타내면 다음과 같다.

① A이다. (정립)
② A가 아니다. (반정립)
③ A이고 또한 B이다. (긍정종합)
④ A가 아니고 또한 B가 아니다. (부정종합)

진리가 반드시 위와 같은 논리의 형식 가운데 하나로 표명된다고 주장하는 것이 바로 '사구분별'이다. 특히 인도에는 유무有無에 관하여 다음 네 가지 중 하나를 주장하는 사유 전통들이 있어 왔고, 그 각각을 주장한다면 다음과 같이 사구분별을 지녔다고 할 수 있다.

① 있다. [有]
② 없다. [無 또는 空]
③ 있기도 하고 없기도 하다. [亦有亦無]
④ 있지도 않고 없지도 않다. [非有非無]

물론 위와 같은 형식에 시是-비非, 같음-다름, 항상恒常-무상無常, 생-사, 가可-부否, 높음-낮음 등등의 대립항을 구성해 사유할 수 있다. 그런데 나가르주나는 이러한 사구분별 모두를 부정하며 극단으로 나갔다. 왜 그랬을까? 그것을 이해하기 위해 우리는 초기 경전인 아함경阿含經을 참조할 필요가 있다.

아함경에서 싯다르타는 "세계는 영원한가? 세계는 무상한가? 세계는 영원하거나 무상한가? 세계는 영원하지도 않고 무상하지도 않은가?" 하는 물음에 대해서 절대 대답하지 않았다고 전한다. 그렇게 초기 전승은 붓다가 우주의 법칙(형이상학적 이론)에 관해 입에 올리는 것을 경계했다고 증언하고 있다. 어떻게 보자면 이는 침묵으로써 존재의 실상을 드러내는 방편이다. 나가르주나도 싯다르타의 의도를 따라 사구 전체를 부정하는 방식을 취함으로써 진실을 드러내고자 한 것으로 보인다. 이를 두고 '백비百非', 즉 '모든 것이 아님' 또는 '사구백비'라고 한다. 이렇게 철저한 부정의 방식으로 세계의 실상에 대해, 사물의 이치에 대해 논리적으로 진술하는 사안에 있어 다만 '모른다' 또는 '할 말이 없다'라고 선언함으로써 오히려 공과 연기의 실상을 소극적으로 드러내고자 했다. 이쯤에서 그리스도교 신학 전통 가운데 '부정의 길'(via negativa)을 연상할 수 있을 것이다.

정리해 보면 만유의 실상을 예리하게 관찰하는 연기론에 의하면, 현상적으로 대립되는 것들은 다양한 경우에 있어 근원적 '하나'의 서로 다른 양상들이다. 특히 그것들이 논리적으로 배치된다 해도 마찬가지다. 인간은 인과 연이 어떻게 시작되어 거기까지 이르렀는지 알 수 없고 말할 수도 없다. 현상하는 어떠한 것도 결정적으로 옳고 절대적으로 항속하는 위상을 점하지 않는다. 부단한 운동이 진행되는 연기의 세계 속에서 생과 사, 옳고 그름, 행복과 불행, 획득과 상실 등은 상대적이고 중첩적이기도 하다.

싯다르타는 붓다가 인간의 안이나 밖에 따로 있지 않다고 주장했다. 오히려 세계의 모든 것이 이미 붓다이다. 범부중생도 그 자체로 붓다이다. 우리나라의 불자들 사이에서 "성불成佛하십시오" 하는 인사가 하나의 관례이고, 승려들은 "자기 안의 불성을 보고 깨달으라" 하는 법문을 전하곤 하는데, 사실 이러한 말들은 불자 스스로 시비를 가리려는 단견이나 분별지에 갇히는 격이다. 그들은 번뇌와 해탈 사이, 중생과 붓다 사이를 나누는 의식들을 스스로 경계해야 할 일이다. '있는 그대로'(as-it-is-ness), '내 모습 이대로'(just as I am) 법계연기가 용납하고 환영하고 있다고 각성하는 것이 싯다르타의 깨달음에 더 가까울 테니 말이다. 특히 '모든 것이 붓다'라는 일승一乘의 세계관은 우리 시대의 인권 신장과 생태계 보전에 크게 기여할 종교적 유산이라 할 수 있다.

II. 도교(노장철학)

"지존자에게는 이 세상이 어떠한지 전적으로 무관심하다. 하나님은 이
세상 가운데 자신을 드러내지 않는다."[1]
_ 비트겐슈타인

도교道教는 춘추시대에 실존 여부가 분명치 않은 노자老子라는 신비로
운 인물로부터 시작되어 장자莊子라는 하급 관원이 한층 발전시킨 것으
로 알려진 중국의 전통 사상이다. 이는 고대 중국의 학파들, 흔히
제자백가諸子百家로 알려진 전통들 가운데 유교와 더불어 지금까지 가장
유력한 철학으로 남아 있다. 다만 내가 본서에서 '도교'라고 일컫기보다
'노장철학老莊哲學' 또는 '도가道家'라고 쓰는 이유는 노자의 사후 600년이
경과하는 시점에 장도릉이 개창한 '종교'로서 도교가 출현했는데, 이는
실질적으로 노장사상과 많은 국면에서 다르기 때문이다. 이제 여기서는
노자가 썼다고 전해지는 『도덕경道德經』(또는 『노자』라고도 불린다)과 장자
가 썼다고 알려진 『장자』의 내편內篇을 중심으로 그들의 중심 사상과
무에 대한 이론을 탐색해 나가겠다.
　　동아시아의 사상적 전통 속에서 무에 관련된 용어들을 일별해 본다
면 불가에서는 공, 도가에서는 도 또는 무, 유가(성리학)에서는 태극
또는 무극 등이 있다. 그리고 그것들이 제기하는 내용들을 고찰할
때 서로 간에 유사한 국면이 있다는 것을 발견하기도 한다. 그러나
그 개념과 전승 배경이 다른 만큼, 우리가 그것들을 같은 것으로 놓고

---

1 Ludwig Wittgenstein, *Tractatus Logico-Philosophicus*, 6.432.

해석하는 것에는 무리가 따른다. 단적인 예로 불교에서 공을 하나의 우주의 본체 또는 궁극적 실재로 보는 것은 싯다르타의 종지에서 벗어나는 일이지만, 앞으로 고찰할 노장사상의 무나 성리학의 무극(태극)은 충분히 그렇게 접근할 수 있다.

1. 도(道)와 무

노장사상을 관통하는 개념은 바로 '도道'다. 그래서 노장사상을 흔히 '도교'라고 하고, 이 전통을 이어받은 사유 전통을 '도가'라고 한다. 본래 도는 '길'(way)을 의미했고, 길을 가리킬 때 말을 통해 알려준다고 해서 '말(하다)', '가르치다'는 뜻도 지니게 되었다. 중국에서는 오래전부터 도 개념에 종교적 의미를 부과하여 하늘과 땅 사이 혹은 신들과 인간 사이를 통하게 만드는 신통력이나 주술 등을 뜻했다. 그리고 정치와 관련하여 성왕들의 교화력을 의미하기도 했다. 그래서 '왕도王道', '군도君道', '성도聖道' 등의 어휘 속에 그러한 뜻이 남아 있다. 점차 도라는 말이 추상적으로 쓰이게 되면서 철학적으로 법칙, 교리, 원리, 이치, 진리 등을 뜻하게 되었다. 노자의 『도덕경』이 등장하기 전에 이미 확립된 것으로 추정되는 『주역』의 「설괘說卦」를 보자면 그러한 사례를 발견할 수 있다.[2] 물론 현대 철학적 의미에서 '도'의 개념이 존재의 근원이나 궁극적 실재를 뜻한다고 해도 틀리지 않는다.

물론 노자의 도덕경은 '덕'에 관한 존재론과 가치론도 전하고 있다. 다만 이후에는 도에 관한 내용을 주로 살펴볼 것이기에, 여기에서 짧게 덕에 관한 내용을 소개한다. 노자는 21장에서 "커다란 덕의 모습은

---

2 "昔者聖人之作易也 將以順性命之理 是以立天之道日陰與陽."(옛적에 성인이 역을 지으심은 장차 성명의 이치를 순히 하기 위함이니 이로써 하늘의 도를 세워 음과 양이라 한다).

오직 이 도만을 따른다"[3]라고 적고 있다. 그리고 51장에는 "도가 그것을 나게 하고 덕이 그것을 기른다"[4]라고 했다. 즉, 덕은 도를 따르면서 만물도 도를 닮아가도록 양육하는 능력과 잠재력을 뜻한다. 이에 관해 막스 칼텐마르크(Max Kaltenmark)는 "그 자신을 실현함으로써 특수화하는 이상적인 효력"으로서 "자기 자신과 주위 사람들에게 행복을 가져다주는 내재적인 힘 또는 생명과 활기를 가져다주는 이로운 덕"으로 해석한다.[5] 가령 유교 성리학에서는 우주 본체의 원리를 '이理'라고 상정하고 그것이 만물, 특히 인간의 내면에 주어진 것이 곧 '성性'이라고 설명하는데, 이와 비슷하게 도가 사물 개체에 분여分與한 본래적 능력이나 이상적 잠재력을 덕으로 볼 수 있다. 그렇기에 인간이 그 덕을 발견하고 함양하는 것이 도가철학에서도 중요하다.

노자와 장자에 의하면 '도'는 만물을 산출하는 궁극적 실재이며 존재의 근원이다. 단 만물의 바탕과 근거가 되면서도 스스로 비어 있고, 인간의 감각과 인지능력으로 포착할 수 없고, 언어로 형용할 수 없기에 '무'라고 칭해진다. 그런데 도가에서 무로서의 도는 유有, 즉 '있음'의 부정이나 반대되는 '상대적' 개념으로서의 무가 아니다. 유와 무의 대립을 초월하면서 유를 가능하게 하는 절대적이고 근원적인 무다. 그런데 현상의 세계를 살고 있는 우리 인간의 인식으로는 그 실제를 완전하게 알 수가 없다. 영원한 도가 먼저 존재하고 임의적이고 변화무쌍한 세계는 나중에 나타났기 때문이다. 따라서 선재先在하는 영원한 도의 본성을 우리 세계로부터 인지하는 것과 언표하는 것에는 한계가 있을 수밖에 없다. 이러한 통찰은 노장철학을 관통하는 중심

---

3 "孔德之容 惟道是從."
4 "道生之 德畜之."
5 막스 칼텐마르크/장원철 역, 『노자와 도교』(서울: 까치, 1993), 49-53.

사상이다. 이에 관해 노자의 후예인 장자의 설명도 참고해 보자.

> 무릇 도에는 조건이 있고 정보가 있으나, 행위가 없고 형체가 없다. 전할 수
> 는 있으나 주고받을 수는 없다. 터득할 수는 있으나 볼 수는 없다. 스스로
> (만물의) 근본이며 천지가 아직 있기 전의 옛날부터 한결같이 존재했다. 영
> 적인 존재들을 신묘하게 했고 하늘과 땅을 생성했다. 태극 위에 있으면서도
> 높은 척하지 않고, 태극 아래에 있으면서도 깊은 척하지 않는다. 천지의 생
> 성에 앞서지만, 오래된 척하지 않으며 상고(上古)보다 오래되었으면서도
> 늙은 척하지 않는다. (대종사)6

장자에 의하면, 도로부터 물질 세계가 출현하기 전에 도가 실재한다
고 해도 그것은 물질에 대하여서는 빈 그릇과 같이 공허했을 뿐이다.
물론 노자도 도의 '비어 있음'을 역설한다. '비어 있음' 또는 '빔'은
만물의 생성과 운행에 있어서 잠재력 및 가능태를 지시하는 적절한
표상이 된다. 그 '빔'[冲] 가운데 모든 것이 출현하고 활동하고 쓰이다가
결국 빔으로 복귀한다. 그래서 노자는 도가 비어 있으므로 그것의
쓰임이 있고(4장),7 30개의 바퀴살[輻]을 모아 고정시키는 바퀴통[轂],
빈 그릇, 빈방과 같다는 비유를 사용했다(12장).8 이처럼 노장철학은
빔의 관념을 실용성에 결부하여 이해시키려는 방편을 취하는 특징을
보인다.

---

6 "夫道 有情有信 無爲無形 可傳而不可受 可得而不可見 自本自根 未有天地 自古以固存
神鬼神帝 生天生地 在太極之上而不爲高 在六極之下而不爲深 先天地生而不爲久 長於
上古而不爲老."

7 "道沖而用之 或不盈 淵兮 似萬物之宗."

8 "三十輻 共一轂 當其無 有車之用 埏埴以爲器 當其無 有器之用 鑿戶牖以爲室 當其無 有室
之用."

노장의 '빔'은 절대적 무로 표방되지만, 막상 결여나 부족을 뜻하지 않는다. 도는 모든 사물을 다 함축하고 있고 모든 덕을 다 지니고 있기 때문이다. 대립과 구별을 다 포괄하고 있으므로 완전하고 가득하며 모든 개성과 자질을 다 수용하고 있다. 그런데 이러한 충만이 오히려 도로 하여금 텅 비어 있는 것으로 인식하게 만들고 무로 현상하게 만든다. 그러므로 도에 있어 가득함과 빔은 둘이 아니다. 본원적 차원에서 도는 사물의 유와 무를 초월하기 때문이다. 이에 따라 도는 사물과 달리 역설적으로 무화되고 미인지 상태로 존재한다. 세계의 존재자들로부터 관찰되지 않는 단계에서 또는 존재자들의 세계로 현시되지 않은 상태로서 어떠한 인지적 대상이 될 수 없는 절대적 무형식 속에 머물고 있는 도에게 오히려 무 또는 허虛라는 형언만이 적절하다.

인간은 도를 사물과 감각질(qualia)에 견주어 인식할 수 없다(여기서 감각질이란 사물을 감각할 때 얻는 주관적 체험으로서 대개 오감, 느낌, 심상 등이며 언어로는 표현할 수 없고 객관적 관찰이 불가능한 특성들을 일컫는 철학 개념이다). 도가 만물의 궁극적 실재일지라도 우주에 앞서 존재하고 있기에, 우리가 경험하고 관찰할 수 있어야 할 필연성은 없다. 상식적·물리적 관점으로 사유해도 도가 무·허·빔이라고 할 이유는 많다. 예를 들어 빛은 모든 색의 가시광선을 포함할 경우 무색無色이 된다. 도 역시 충만한 무이자 무색의 빛처럼 다양한 성질이 분화되지 않은 무다. 공교롭게도 '無'라는 한자는 단순히 '없다'는 의미만을 갖지 않는다. 『중정형음의 종합대자전中正形音義 綜合大字典』을 참조하자면, 본래의 의미가 오히려 "아주 많음을 가리키는 것"이므로, 무는 "아주 많음과 없음이라는 두 가지 속성을 함께 갖는 것"으로 해석된다.9

---

9 백승도, "『장자』에서 '도'는 어떻게 말해지고 있는가?" 「도교문화연구」 23 (2005): 216 각주.

도를 무로 지칭할 수 있는 또 다른 이유는 도를 전달하는 '말'의 본질에 있다. 인식에 있어서 도를 완전하게 알기가 불가능하고, 언어에 있어서도 완전하게 표현하기가 불가능하기 때문이다. 그 누구든 도에 대해 발설하는 즉시 도에 대한 정보의 누락과 왜곡이 일어난다. 그리하여 도덕경은 첫 장, 첫 구절로부터 "말할 수 있는 도는 영원한 도가 아니다"[10]라고 선언한다. 그리고 "아는 사람은 말하지 않고, 말하는 사람은 알지 못한다"(56장)[11]고 풍자한다. 이러한 구절들 때문에 도를 깨닫는 것이란 신비적 직관에 의거해야 하는 것처럼 이해되었고, 노장 사상에 강한 영향을 받은 중국의 선불교 역시 '불립문자不立文字(문자를 세우지 않음), '교외별전敎外別傳(경전의 가르침 이외로 전함), '직지인심直指人心' (사람의 마음을 직접 가리킴) 등의 교리를 갖추게 된 것이다. 어떤 의미에서 노장이 말하는 도의 특징은 도와 인간 사이의 관계에 있어서 명상적 종교가 기능할 자리를 마련한다. 노장철학은 세계와 사물을 대상화하고 관찰하고 분석하고 증명하는 방법론으로는 본원적인 지식에 이르지 못한다는 측에 속하기 때문이다.

고대 그리스의 헤라클레이토스와 인도의 싯다르타처럼 노자와 장자 역시 변화를 존재의 본질로 보았다. 곧 고정불변하는 것이 아니라 도리어 변화하는 것이야말로 참으로 실재한다는 관점이다. 그런데 노장에게 있어서 그 변화라는 것은 반드시 규칙적인 질서가 따르는 것이 아니다. 오히려 인간이 이해할 수 없는 부조리와 혼란을 대동하는 변화일 경우가 많다. 이러한 점을 통찰한 노자와 장자는 흥미롭게도 도를 혼돈混沌과 관련시킨다. 아니, 도는 혼돈이어야 한다고 본다. 그러나 이 혼돈은 만물의 자유·자발성·자율·자유의지 등을 포괄하는 자연自然,

---

10 "道可道 非常道."
11 "知者不言 言者不知."

즉 '스스로 그러함'의 본성을 보장하는 배경이다. 그런데 도를 혼돈에 연관하는 것은 질서정연한 종교적 의례와 실천적 규율, 단정한 영성을 기대하는 일반적 기대에 잘 부합하지 않는다. 대체적으로 인간이 대망하는 궁극자나 신은 무질서와 혼란으로 점철된 세계에 질서와 평정을 부여하는 원천적 능력으로 상정되기 때문이다. 그러나 노장철학은 그러한 세계관과 가치관에 반한다. 이 문제에 대해서는 차츰 소개하고 평가하기로 하겠다.

유가·도가·법가·묵가 등 제자백가諸子百家로 일컬어지는 고대 중국의 다양한 사상 유파들 사이에는 대체로 공유되는 형이상학적 관점이 있다. 그것은 바로 앞에서 언급했듯 우주 본체와 인간의 역사를 변화하는 실재로 이해하는 관점이고, 다른 하나는 대립·모순되는 것들을 세계의 운행의 원리로서 함께 긍정하는 관점이다. 우리는 이것을 역易사상, 역의 세계관이라고 칭할 수 있는데, 그것은 우주 안에서 대립·모순되는 것들이 서로 반발하고 충돌하지만, 궁극적으로는 서로 조화되고 일치되는 순환적 주기를 지닌 영속적 운동 가운데 있다고 설명한다. 이러한 양극兩極의 대립과 조화가 세계 운행의 기초원리가 되기에, 어느 한 편의 극도 부정될 수 없다. 고대 중국으로부터 현대에 이르기까지 이론가들은 그 두 극을 음陰과 양陽으로 일컬었고, 이 음과 양을 자연사물로부터 인간 사회에 이르기까지 변화와 조화를 설명하는 표상으로 사용했다. 그리고 고대 중국의 사유 전통은 이 양극을 포괄하는 더욱 근원적인 실재가 있다고 보았다. 노장사상은 그것을 도라고 칭했는데, 그 외의 전통들은 태극, 이理, 무극, 태허 등으로 불렀다.

우리는 음양의 대극성對極性, 즉 서로 대립하는 극의 성질을 어렵지 않게 예시할 수 있다. 본래 음과 양은 응달과 양달을 뜻하는데, 이와 비슷하게 어두움과 빛, 겨울과 여름, 죽음과 삶, 낮음과 높음, 여와

남, 손실과 이익, 추함과 아름다움 등 대극의 현상과 요소들을 우리 일상 세계에서 쉽게 찾아볼 수 있기 때문이다. 중요한 것은 이 대립하는 것이 상호작용하면서 만물을 조성하고 운행한다는 형이상학적 원리이다. 이론가들은 그것을 '상반상성相反相成'과 '대립전화對立轉化'라는 말로 설명한다.

〈참고 자료 3〉 태극

상반상성이란 서로 반대되는 것이 오히려 서로 성립하게 만드는 원리이다. 예를 들면 겨울이 있기에 여름이 있고, 여름이 있기에 겨울이 있다. 어둠은 빛의 부정이지만, 역설적으로 빛을 빛이 되게 한다. 어둠이 없이 빛만 존재한다면 역설적이게도 빛은 없다. 죽음은 생명의 부정이지만 이 역시 생명의 의미를 드러낸다. 죽음이 없이 생명만 있다면 생명에 관한 정의를 내리기 어렵다. 그렇듯 있음과 없음의 관계, 옳고 그름의 관계, 아름다움과 추함의 관계, 얻음과 잃음의 관계, 높음과 낮음의 관계, 여름과 겨울의 관계 등이 같은 상반상성의 예를 보인다. 즉, 서로 반대되는 것이 서로에게 존립 근거가 되는 사태는 현상의 세계 도처에서 찾아진다. 이러한 형이상학적 구조를 기본적으로 표상하는 것이 바로 '태극'이다. 음양을 포함하고 있는 태극을 보자면 양한 가운데 음이 있고, 음의 한가운데 양이 있다. 바로 이것이 도의 상반상성, 즉 반대되는 것이 상대를 이루고 있는 이치를 보이는 표식이다. 한편 대립전화는 세계나 어떤 사물이 특정한 성질로 운동하다가 그 한계에 이르면 반대되는 성질로 변화하여 운동하는 원리다. 예를 들면 낮이 가장 충만한 하지가 되면 지구는 동지로 향하는 운행을 시작한다. 반대로 밤이 가장 충만한 동지가 되면 지구는 다시 하지로 향하는 운동을 시작한다. 이러한 현상을 귀납적으로 관찰한 고대인들은 세계의 운행과 인생 세간의 일들이 그와 비슷한 이치로 운행된다고 생각했다. 왕조의 흥망성쇠도, 경제의 호경기와 불경기도, 개인사의 행복과 불행도 말이다. 태극은 또한 이러한 대립전화의 이치를 나타내는 대표적인 상징이다. 말하자면 한 극성極性이 최고치에 다다랐을 때 서서히 다른 극성이 시작되어 점차 세력을 확충해 가는 변화를 표상하는 것이다. 태극 모양을 참고하자면, 한 극이 가장 왕성할 때 반대 극이 은밀하게 시작되는 꼴을 볼 수 있다.

우리 현상의 세계에는 거의 모든 물리적 법칙으로부터 사회적 현상에 이르기까지 대립적인 것들이 무수히 많다. 전기에 음극과 양극이 있고, 생물에 암놈과 수놈이 있고, 계절에 겨울과 여름이 있고, 경제에 생산자와 소비자, 고용주와 노동자, 불황과 호황이 있고, 정치에 보수와 진보가 있다. 이런 식의 대립은 역설적이게도 그 양쪽이 존립하는 근거이다. 가령 보수와 진보 중에서 그 한쪽을 제거하면 다른 한쪽도 남아 있을 수 없다. 혹시 제거에 성공한다고 하더라도 이내 다른 주체나 힘이나 사태가 그 빈 자리를 차지한다. 이것이 우리 세계의 존재론적 구조라 할 수 있다. 그래서 상반된 극, 상반된 힘, 상반된 위상, 상반된 세력 사이에 한 편이 다른 한 편을 영구히 멸절시킬 수 없다. 역사와 현상의 세계에서 결단코 그것은 불가능하다.

음양의 상반상성 및 대립전화의 순환적 질서는 곧 역易의 세계관에 있어서 기본적 원리가 된다. 고대 주周왕조(BC 1046~BC 771) 이전부터 변화를 우주의 운행 원리로써 파악한 고대 중국인의 사유 방식은 역개념을 통해 이론화되었는데, 역은 우주와 사물 개체의 변화와 유전流轉의 법칙을 함축하고 있다. 역의 원리와 실례에 관해 자세한 내용을 담고 있는 책이 바로 고대 중국 형이상학의 정수라고 평가되는 주 왕조의 역서易書, 곧 『주역周易』이다. 주역은 특히 64괘卦에 해당하는 사례를 들어 역사와 개인이 처할 수 있는 경우를 유형화하고 있다. 대중은 이것을 단순히 점서占書로 치부하는 경우가 있는데, 사실 점서 이상으로 사물, 사태, 사건, 운행에 관한 이론을 담고 있다. '산가지[算가지]를 이용하거나 동전을 던져[擲錢] 괘를 뽑는 경우가 아니라면 점이 될 수 없고, 전체적으로 독해해 나간다면 역사의 거시적·미시적 안목을 키울 수 있다. 오늘날 MBTI 등의 심리검사가 인간의 성격유형을 나누어 분석하는 것처럼, 주역은 64가지 케이스로 세계가 진행하는 형국이나 개인이 처한 상황에 관한 예시와 통찰을 제공한다. 아무튼 이러한 역易사상은 중국의 고유한 사상의 기조를 이루며 중국 철학을 양분하는 도가에서나 유가에서나 예외 없이 공유된다.

그런데 도가가 유가와 분리되고 반발하는 지점은 가치론이나 실천론에서 드러난다. 노자와 장자는 정치적 권력자를 비롯한 관료층, 지식층, 무인 등을 겨냥하여 날 선 비판을 가했다. 그리고 상위 계층의 사람들을 위한 통치 철학을 제공하는 유가와 척을 졌다. 당대 권력자와 관료들은 민중에게 가혹한 법제와 세제를 강요했고, 중원을 평정한다고 나서는 호걸들은 불필요한 전쟁을 일으키곤 했고, 유가는 작위적인 예법을 만들어 '수고하고 무거운 짐'을 부과했기 때문이다. 실제로 춘추시대 공자의 사상은 그 당대에 몰락해 가는 노예 소유주 계급의 수구적 이데올로기로 기능했다. 대표적인 사례로 공자는 정치에 관한 물음에 답하며 "임금은 임금답고 신하는 신하답고 아버지는 아버지답고 아들은 아들다운 것"[君君 臣臣 父父 子子]이라고 말했는데, 이것은 기존 주나라의 계급 질서를 다시 복구하려는 공자의 의중을 단적으로 노출하고 있다.

반면에 노자의『도덕경』은 이렇게 선언한다. "성聖을 끊고 앎음알이智를 버리면 백성의 이로움은 백배가 될 것이고, 인仁을 끊고 의義를 버리면(오히려) 백성은 효성과 자애를 회복할 것"[12]이라 하고(19장), "예禮라는 것은 충忠과 신뢰가 엷어진 것이며(세상이) 혼란하게 되는 시작"[13]이라고(38장) 한다. 이렇듯 도덕경은 인의예지仁義禮智 등 유교적 가치들을 격하하거나 전복시키려 한다. 유가가 제시하는 이상적 세계는 계급에 따라 질서를 부여하기 때문에 사회가 전반적으로 평화로울 수 있고, 그 나름대로 합리적이고 생산적인 체제를 지향할 수 있다. 그러나 '그 좋은' 세상을 만들기 위해 백성들은 사회적으로나 경제적으로 차별받고 끊임없는 노역勞役을 감당해야 했다. 그리고 역설적이게도 유가가 제시하는 고매한 도덕과 이상적인 교육으로부터 소외되어야 했다. 결국 숭고하고 원대한 정치적·교육적 기획이 도리어 피지배자를 괴롭게 하는 부작용을 낳은 것이다.

이상과 같은 아이러니를 간파했던 노자와 장자는 물 흐르듯 자연스럽게 사는(하는) 무위無爲를 독려했다. 단적으로 노자는 이렇게 제안했다. "하지 마라"[無爲], (작위적인 것들을) "그만 두어라", "그냥 내버려 두어라!" 그런데 이렇게 노자가 강조하는 무위는 아무것도 '하지 않음'이 아니라 '억지스럽지 않게 하는 것이다.' 이 무위 개념은 '자연自然'이라는 개념과 함께 이해할 때 그 의미를 정확히 알 수 있다. 한자漢字로는 같지만, 이 '자연'을 생태계를 뜻하는 근대적 용례로 이해하면 안 된다. 노자의 자연은 '스스로 그러함'의 의미로서 명사가 아니라 형용사나

---

12 "絶聖棄智 民利百倍 絶仁棄義 民復孝慈."
13 "夫禮者 忠信之薄而亂之首."

서술어에 가깝다. 실제로 무위와 자연은 서로 별개의 개념이 아니다. 도덕경의 주석자로서 유명한 하상공이나 왕필 등은 무위란 곧 '자연(스스로 그러함)을 본받는 것'[法自然]이라고 해석했다.[14] 그러므로 무위는 세상을 어지럽게 만들지도 않고 자신을 위태롭게 만들지도 않는다. 자연스럽고 소박하게 도의 순리에 따르는 삶은 세상과 자신, 자연과 자신 모두를 온전하게 하기 때문이다.

2. 노자의 무

우리는 노자의 『도덕경』을 단순히 난세에 처세술이나 생존술을 제공하는 격언집으로 간주할 수 있다. 21세기를 살아가는 현대인들도 도덕경에서 평온한 인생과 균형 잡힌 성공을 위한 통찰과 지혜를 적지 않게 얻기 때문이다. 그러나 도덕경을 단순히 그러한 차원으로 국한할 수 없다. 도덕경에는 도의 개념을 다양하게 풀어가며 만물의 기원과 세계 운행의 법칙을 해명하려는 형이상학적 시도가 있기 때문이다.

노자는 간혹 도를 무로 치환하여 말하곤 한다. 존재자 중심의 사고를 하는 서양인이나 현대인들에게는 매우 낯선 방식이다. 도가 왜 유有가 아니라 무일까? 도덕경이 말하는 무로서의 도는 두 가지 측면에서 이해되어야 한다. 인식과 언표에 있어서 하나는 절대적 배타성을 지닌 무이고, 다른 하나는 사유하고 말할 수 있는 상대무다. 도덕경에서는 대개 전자에 대한 서술이 대다수이며, 후자의 경우는 도덕경 2장 등에서 찾아진다. 불경을 제외하고 동양에서 '밤' 또는 '없음'을 언급하는 경전으로서 노자의 『도덕경』은 단연 두드러진다. 전체 81장과 5,000여 자字로

---

14 오상무, "『노자』의 유, 무, 도의 관계 재론," 「동서철학연구」 36 (2005.6): 256.

간결하게 구성되었음에도 무無가 101회나 등장하기 때문이다. 따라서 우리는 도덕경을 두고 '무에 대한 경전'이라고 칭해도 될 것이다.[15]

먼저 인식과 언표가 불가능한 도의 성격에 관해 알아보자. 도는 현상계 사물의 유무 또는 경험과 인식에 앞선 차원에 해당하는 존재의 근원이다. "말할 수 있는 도는 도가 아니다"(1장)라고 했거나 "도는 영원히 이름할 수 없다"(32장)라고 하는 의미론적 접근에 앞서 이미 존재론상으로 도는 우리가 '있다 또는 없다' 식으로 규정할 수 있는 대상이 아니다. 이 도는 인간의 유무 관념을 허용하지 않고 초월하기 때문이다. 근본적으로 그것은 물어질 수 없고 사유할 수도 없다. 인간에 게 있어서 이러한 절대적 위상을 갖는 도에 관해 사유하고 말한다는 것은 그 자체로 모순이다.

그런데 노자는 부득불 이 모순을 감내하며 무로서의 도가 만물의 어머니라고 칭한다. (25장)[16] 여성성 혹은 모성을 들어 도의 겸허 · 수용 · 은폐의 위상을 보이기 위함이다. 주목받지 않고 드러나지 않고 낮은 곳에 처해 응달의 자리를 자처할지라도, 그 능력은 광대하고 풍성하다는 점을 보이는 수사적修辭的 전략이기도 하다. 물론 도는 유와 무, 양과 음 모두를 포괄하는 궁극자다. 다만 현상에 그리고 인간의 지성에 호소할 경우 의도적으로 노자는 도가 음陰의 외연을 갖는 것으로 소개하고 있다(6, 10, 28장 등 참고). 이것은 양陽을 우위로 사유하는 유교, 특히 성리학과 정반대의 태도다(참고로 우리나라의 태극기는 그것을 고안한 박영효의 유교적 사고로 인해 양이 음의 상위에 위치하고 있다).

---

15 "… 이 무는 결코 없다는 형용사로 이해해서는 안 된다. … 이 무는 성질상 무어라고 규정할 수 없고, 양적으로 한정할 수 없는 무규정자(無規定者)로서의 무로 이해해야 한다." 채수한, "도가의 무와 불교의 공," 「道敎學硏究」 8 (1991): 9.

16 "有物混成 先天地生 寂兮寥兮 獨立而不改 周行而不殆 可以爲天下母."

노자에 있어서 상대적 관념의 무는 어떠할까? 이 무는 도가 현상계로 분화되어 발출할 때 유(있음)와 짝을 이루는 무라고 할 수 있다. 아침에 식탁 위에 둔 사과가 '있느냐 또는 없느냐' 따지듯이, 이 차원에서의 무는 사물의 부재 상황으로서의 무다. 탁자 위에 사과가 없으면 없는 것이지 사과가 있다고는 할 수 없다. 우리가 일상적이고 사전적인 뜻으로 사용하는 무의 관념이 여기에 해당하는데, 이 역시 도덕경에서도 찾아볼 수 있다. 이러한 상대무는 어떤 사물과 사태의 '있음'을 기준으로 사유할 수 있는 것이기에, 대개 인간은 이 무를 화제로 삼고 말한다.

한 가지 더, (거의) 영원히 관찰될 수 없는 '유'로서의 무도 있다. 이는 더욱 현대적·과학적 함의를 띠는 것이므로 별개로 탐색할 주제다. 이것은 분명히 존재자·사물·유의 배경으로서 무다. 사물이 발출·생성하는 근거로서 분명히 존재하는 것이며, 심지어 유물론적 관념으로 추정할 수 있는 것인데, 정작 유라고 하기에 너무 불가해한 무다. 기실 유신론적 신학이 아닌 한, 무에서 유가 등장한다는 것은 논리와 직관에 맞지 않는다. 그 때문에 고대 그리스인들은 만물을 이루는 기본적 재료로서 아르케나 에테르 혹은 물·불·공기·흙 등의 사원소四元素를 논했고, 역시 고대 동아시아에서도 기 혹은 쇠·물·나무·불·흙의 오행五行을 논했다. 그런데 현대 과학은 인간의 관측 장비와 실험 수단으로도 포착되지 않는 물질 우주의 근거가 존재한다고 추정하고 있다. 즉, 그것은 분명히 존재할 것으로 가정되지만, 결코 관측될 수도 없고 판명될 수도 없는 불가해한 무엇이다. 양자역학, 빅뱅이론, 초끈이론, M 이론, 다중우주론 등 최근 물리학계에서 연구하는 분야가 바로 이 무(?)에 관한 주제의 현대판이라고 할 수 있다(이에 관해서 본서 "Ⅵ. 과학과 무"에서 구체적으로 다루고자 한다). 중요한 것은 무로부터 만물이

나왔다는 고대 중국의 형이상학이 오히려 이러한 현대 과학상의 아이디어에 부합되는 측면이 있다는 사실이다. 앞서 살핀 불교와 함께 노장의 도교에서도 역설적이게도 무로 현상되는 유 또는 유와 무의 중첩, 유무의 미분未分 또는 무분별, 유무의 일반一般을 말하고 있다.

이제 도덕경이 무와 관련하여 도를 어떻게 설명하는지 살펴보기로 하겠다.[17] 도덕경 40장에는 "천하의 만물은 유에서 생겨나고, 유는 무에서 생겨난다"[18]라고 쓰고 있다. 이렇듯 "무에서 유가 생겼다" 하는 유형의 서술은 기실 중국 철학 전통에서 자주 찾아볼 수 있는 사례다. 노자 이전에 주역 등의 상고사상에서도 찾아지고,[19] 당나라 말엽에 등장한 신유학에서도 찾아진다.[20] 도덕경 40장에 관한 왕필의 주석을 보면 이런 대목이 있다: "천하만물은 모두 유로 말미암아 생겨난다. 유가 시작되는 바는 무를 근본으로 한다. 장차 유를 온전히 하고자 한다면 반드시 무로 돌아가야 한다."[21] 즉, 유의 근본이 바로 무이므로, 무가 만물의 출처요 본래 자리가 된다는 의미다.

---

17 이 절(節)의 내용은 2015년에 게재된 다음 논문을 개정·보완하여 작성된 것임을 밝힌다. 독자의 양해를 구한다. 박혁순, "현대 삼위일체론 재구성을 위한 모색: 아시아 형이상학들과 대화를 통하여," 「한국기독교신학논총」 98 (2015).

18 "天下萬物生於有 有生於無."

19 대표적으로 주역의 계사전에서도 "태극은 근본적으로 무극"이라고 설명한다. 「繫辭傳」, VI, 5.

20 송대(宋代)에 신유학의 기초를 닦은 주돈이(周敦頤)는 만물의 근원이 무극이며 최초의 상태라고 설명하면서 『태극도설』(太極圖說)에서 다음과 같이 설명한다: "무극이면서 태극이다. 태극이 움직여 양을 낳고, 움직임이 최고에 이르면 고요해지며 고요함이 음을 낳는다. … 음양은 하나 태극이며, 태극은 본래 무극이다." 그리고 성리학의 창시자 주희(朱熹)도 주돈이의 "무극이 곧 태극"이라는 주장에 대해 다음과 같이 주를 달았다: "무극은 다만 지극함(궁극)이므로, 가는 곳이 없다. 지극히 높고, 지극히 묘하고, 지극히 깨끗하고, 지극히 신비로우므로 가는 곳이 없다. 염계(주돈이)는 사람들이 태극에 형체가 있다고 말하는 것을 꺼려서 무극이면서 태극이라고 말했다." 『朱子語類』, 券 94.

21 "天下之物 皆以有爲生 有之所始 以無爲本 將欲全有 必反於無也."

이와 밀접하게 관련된 내용은 다시 42장에 이렇게 등장한다. "도는 하나를 낳고, 하나는 둘을 낳고, 둘은 셋을 낳고, 셋은 만물을 낳는다. 만물은 음을 지고 양을 포용하며 충기로써 화합한다."22 우리는 이 42장을 읽을 때도 도가 곧 무라는 개념을 놓쳐서는 안 된다. 논자에 따라 42장을 통해 고대의 역易사상, 음양론陰陽論, 삼재三才사상23 등 동아시아 형이상학상의 기본 소재들을 추정하기도 한다. 그런데 이상의 서술들을 해석하기 위해 먼저 참고해야 할 것은 도덕경 1장에서 언급된 영원한 도, 진정한 도 혹은 도 자체로서의 '상도常道'이다. 즉, 1장의 "말할 수 있는 도는 영원한 도[常道]가 아니다. 이름 부를 수 있는 이름은 영원한 이름[常名]이 아니다"24 하는 구절에 따르면, 상도는 만물의 조성과 운행의 근거가 될지라도 존재자로서 드러나지 않거나 우리에게 현상되지 않는다. 사물이 조성되기 이전에도 물론 그러하거니와 그 이후에도 마찬가지인 항구적 무다.

"도는 하나를 낳고, 하나는 둘을 낳고, 둘은 셋을 낳고, 셋은 만물을 낳는다, 만물은 음을 지고 양을 포용하며 충기로써 화합한다"는 42장의 첫 구절은 사물의 유무와 무관한 도 자체의 진실부터 설명해 나간다. 그 자체로서의 도는 마치 카발라의 '아인 소프'(Ein Sof)나 마이스터 에크하르트의 '고트하이트'(Gottheit, 신성)와 마찬가지로 존재 발현이나 인식주관과 관련되지 않은 절대적 독립 상태에 있다. 어떠한 사물이나 속성에 비교되거나 측정·측량될 수 없는 상태이므로 개념화 및 정의가 불가능하고 언표될 수 없다. 이러한 불가능성들이 노자가 강조하는

---

22 "道生一 一生二 二生三 三生萬物 萬物負陰而抱陽 沖氣以爲和."

23 만물이 구성과 운행을 결정짓는 주요 요건을 세 가지로 설명하는 세계관인데, 전통적으로 천(天)·지(地)·인(人)을 꼽는다.

24 "道可道 非常道 名可名非常名."

무로서의 도의 실상이다. 노자가 그려내는 도는 무로서 절대적인 무형식 가운데 있으며 모든 감각, 경험, 지각, 인식, 실험, 언표를 거부한다. 비록 도에 관한 신비적 직관과 통찰이 가능할지라도, 그것은 말해질 수 없는 신비로 남는다. 말해지게 된다면 이미 상도도 아니고 상명常名도 아니게 된다.

다음으로 "도가 하나를 낳는다"는 구절은 무슨 뜻을 지닐까? 먼저 '낳는다'[生]는 표현을 생각해 본다. 일단 이것은 '자식을 낳는다'는 의미로 쓰이는 것이 아니다. 시간적 발출을 의미하기도 하지만 무시간적 근거와 유래를 함께 의미하고 있다. 폭넓게 해석하자면 '생生'은 조성, 전환, 전이, 분화分化, 운동, 변화, 과정 등을 함께 뜻한다. 따라서 "도가 하나를 낳는다"는 구절은 '무로서의' 도가 '유로서의' 도로 전환되는 것이고, 발현되지 않은 도가 발현되는 도로 전환되는 것이고, 미분화의 차원에서 분화의 차원으로, 불가해한 본질에서 이해 가능한 현상으로 전환되는, 도의 실제와 운동을 표상하고 있다. 불가해한 상도로서의 무가 하나를 낳는다는 것은 곧 존재의 전일적全一的 현현이다. 신적 일자—註25 또는 우주적 '하나'가 출현하는 것으로서, 이에 대해서 어느 정도 인간의 인식과 언표가 가능하다(이는 카발라의 신관에서 '아인 소프' 다음에 '오르 아인 소프'가 창조주로 계시되고, 마이스터 에크하르트 신관에서 '신성'(Gottheit) 다음에 '하나님'(Gott)이 창조주로 계시되는 관계와 유사하다). 그렇기에 도가 하나로 나아오게 된 이상 이미 상도가 아니다. 노자에 의하면 상도는 무로서의 도에 해당하는 것이기 때문이다. 노자의 우주관을 일종의 범신론汎神論으로 이해할 수 있다면, 이것은 '신으로서의

---

25 "無는 상대성에 근거하여 세계를 인식하는 틀 안에 들어오지 않는 그 무엇에 대한 기술이며, 一은 모든 상대성을 뛰어넘는 일자로서 세계의 궁극적 원인에 대한 서술이다." 이진용, "노자 42장 '道一生'의 기론적 이해와 도교적 해석," 「한국철학논집」 34 (2012): 123.

세계'가 출현하는 일이라고 할 수 있다. 그리고 이 거대한 '하나'로서의 세계는 만물을 수렴하고 있기에 어떠한 사물도 개별적으로나 배타적으로 존재하지 못한다. 모든 존재자는 전일성(wholeness)을 지닌 이 거대한 유기적 구조 안에서 하나다.

뒤이어 나오는 "하나가 둘을 낳는다"는 구절을 원만히 해석하는 방식은 음양론陰陽論을 따르는 것이다. 미분화 또는 미발未發의 도(무)가 발출하여 드러난 일자一者에는 기본적으로 음과 양의 두 극성極性이 있다. 이를 해석하는 논자에 따라 이 두 극을 물질의 원형으로 상정하는 두 기氣로 보기도 했다. 가령 『도덕경』 주석에 있어서 왕필 만큼 권위가 있는 하상공의 경우, 앞서 설명한 '하나'를 '도'가 최초로 생성한 것으로서(만유를 총괄하는) 가장 큰 조화의 '정기精氣'로 간주했다. 이러한 유형의 이론을 이른바 '기화우주론氣化宇宙論'이라고 하는데, 하상공은 그다음의 '둘'을 근원적 기氣로부터 분화한 것으로서 '음'과 '양'이라는 두 기氣로 설명했다.[26]

불가와 도가의 개념어를 응용했던 당나라의 기독교(네스토리안) 선교사 경정景淨은 하나님의 창조 단계를 서술하면서, "하나님이 원풍元風, 즉 성령을 일으키니 두 기(음양)가 생겼다"[鼓元風而生二氣]라는 매우 독창적인 창조론을 개진한 바 있다. 말하자면 성령을 물질의 시원으로 보고, 그것이 최초로 음과 양의 분화로 나아가며 천지 창조를 가능케 했다는 발상이었다. 그런데 음과 양을 기로 보든, 만물의 운행 이치로 보든 더 중요한 것은 여기에 상반상성 및 대립전화의 원리가 내재한다는 점이다. 다시 말해 세상에는 반대되는 성질이 서로의 존립 근거가 되어 서로를 일으키고 조화·운행을 가능케 할 뿐만 아니라, 한계나

---

26 앞의 논문, 125.

최고조에 다다르면 다른 성질로 교체된다.

"하나가 둘을 낳는다"는 문장은 우주의 발생 과정만을 나타내지 않는다. 전일적 우주에서는 어떤 사물이나 사태든 음양의 대극성을 가지고 운동하고 있음이 관찰되기 때문이다. 이 음양의 원리에 관하여 도미渡美 신학자 이정용(1935~1996)은 양을 '창조성(the creative)의 원리'로, 음을 '수용성(the receptive)의 원리'로 설명했다.[27] 그의 신학에 의하면 생성-소멸, 팽창-수축, 빛-어둠, 에로스-타나토스, 아름다움-추함, 여름-겨울, 발전-쇠퇴, 상승-하락, 양전하-음전하 등 음양의 성질이 현상계에 무엇으로 나타나든, 세계의 존재와 생성에 필연적으로 상대적(모순적) 대응을 이루는 정신, 물리력, 가치, 이념 등을 모두 포괄한다.

노자가 제기하는 42장의 존재론적 도식 또한 궁극적 실재와 현상적 세계를 총괄하는 음양의 이치를 나타낸다. 그리고 도덕경의 도는 초월적 성격과 내재적 성격을 함께 지닌다. 이런 논의를 받아들인다면 초월로서 도는 무라고 할 수 있고, 내재로서 도는 유이며 우주적 하나라고 할 수 있다. 하나로서 발현된 도는 우리가 경험할 수 있고 인식할 수 있다. 그것은 형이하적形而下的 그리고 물리적 존재로서의 유이기 때문이다.

마지막으로 "둘은 셋을 낳는다"는 구절을 살펴보자. 이에 대해 천지인天地人, 즉 하늘·땅·사람이라는 삼재三才나 다른 유형의 삼재로 풀어내는 해석이 많았다. 그런데 나는 그러한 해석에 동의하면서도 약간 관점을 달리한다. 음과 양의 대극을 통해 만물이 운행된다고 하더라도, 그 음과 양의 조합 자체는 또 다른 제3의 성질을 파생한다고 보기 때문이다. 우리가 그것을 제3의 극極으로 부를 수 있을 것이다.

---

27 이정용/이세형 역, 『역의 신학: 동양의 관점에서 본 하느님에 대한 기독교적 개념』(서울: 대한기독교서회 1998), 16.

음과 양이 병존하면서 대립하거나 조화될 때, 음양이 아닌 제3의 성질과 현상이 출현하는 것은 분명하다.

마침 42장의 "충기이위화^{沖氣以爲和}"라는 구절과 거기에 나오는 어휘 '충기'를 살펴볼 필요가 있다. 이에 관련하여 다양한 해석이 있어 왔는데, 우리가 '충^沖'의 의미를 음과 양 사이에 '솟구치는 움직임' 또는 그 사이의 가운데[中]로 상정할 때, 음과 양과는 다른 그 중간의 성질이나 제3의 기^氣로 읽을 수 있다. 실제로 후한 시대에 지어진 것으로 알려진 『한서^{漢書}』의 「율력지^{律曆志}」에 "태극 원기는 셋을 함유하고 있으면서 하나가 된다"[太極元氣, 函三爲一][28]라고 쓰고 있다. 특히 중앙아시아로부터 우리나라에 이르기까지 공유되는 고유의 삼태극^{三太極}도 그와 유사한 존재론을 표상한다. 그러므로 『도덕경』 42장을 「율력지」와 같은 방식으로 독해한다고 하더라도 전적으로 틀리지 않을 것이다. 말하자면 여기에 나오는 '셋'은 분명히 음기^{陰氣}, 양기^{陽氣}, 충기^{沖氣}[29]로 해석될 여지가 있다. 그리고 그 셋이 모든 만물을 조성한다는 것이 도덕경의 형이상학이라고 해석할 수 있다.

이제 40장이나 42장 이외에 노자가 무에 관해 기술하는 구절들 가운데 중요한 것들을 살펴보겠다. 도덕경에 쓰인 문장들과 한자들이 워낙 압축적이고 난해하기에 현재에도 연구자마다 본문을 제각각 달리 해석하는 실정이다. 다만 아래의 구절들은 내가 신학적 관점에서 여러 해석을 참고하여 정리해 본 것임을 밝힌다.

무는 천지의 시작을 부르는 것이고, 유는 만물의 어머니를 부르는 것이다. 영원한 무에 대해서 그 오묘함을 보아야 하고, 영원한 유에 대해서도 그 미

---

28 『漢書』, 卷21上, 「律曆志」, 第1上.
29 채수한, "도가의 무와 불교의 공," 8.

묘함을 보아야 한다. 이 둘은 함께 나왔지만 이름을 달리한다. (이 둘을) 동일하게 일컬어 '현'(玄, 가물가물한 신비로움)이라고 한다. 신비롭고도 또 신비로우며 모든 신비로운 것들의 문(門)이 된다. (1장)[30]

노자는 위와 같이 만물을 생산하는 본체의 모성 또는 여성성을 부각하고 칭송하는 입장에 있다. 왜냐하면 도는 만물을 낳고 기를 뿐만 아니라 그 성질에 있어서 '물처럼' 아래로 흐르듯 겸비하고 특별히 낮은 것들을 살피고 기르고 돋우기 때문이다. 이는 권력자의 리더십, 가부장적 질서, 차등적 계급을 옹호하는 유가나 법가 등에 비해 매우 상반된 입장이다.

도덕경의 기본적 사유로 진정한 도 혹은 무 자체는 음과 양이 미분화된 상태다. 그런데 노자는 의도적으로 도를 음, 특히 여성성과 모성에 연관시킨다. 이는 노자에게 평등주의, 평화주의, 여성주의 등의 이념적 지향이 내재하고 있는 방증이다. 여러 본문에서 노자는 도의 모성 및 여성성을 부각하여 사회를 지배하는 부성 및 남성성의 폐단을 반박하려는 의도를 노출한다.

천하가 모두 아름다움으로 알고 있는 그것만을 아름다움으로 삼으면 이것은 나쁘다. 모두가 선으로 알고 있는 그것만을 선으로 삼으면 이것은 선이 아니다. 그러므로 유와 무는 서로를 생기게 하고, 어려움과 쉬움은 서로를 성립하게 하고, 긴 것과 짧은 것은 서로를 드러나게 하고, 높음과 낮음은 서로를 기울게 하고, 가락과 소리는 서로를 조화시키고, 앞과 뒤는 서로를 따른다. (2장)[31]

---

30 "無 名天地始 有 名萬物母 常無 欲觀其妙 常有 欲觀其徼 此兩者 同出而異名 同謂之玄 玄之又玄 衆妙之門."

이 2장은 앞서 설명한 만물의 상반상성의 원리에 관한 예를 잘 보인다. 대극이 없이 하나만 있을 경우 막상 그 하나가 성립되지 않는다는 역설을 설명하기 때문이다. 이것은 유와 무의 관계에서도 그렇다. 어떠한 충만한 존재가 있어 그 안에 모든 것이 내재한다면, 그것은 무와 같아지기 때문이다. 특징을 지니고 현상의 세계에 나타난다는 것은 곧 '차이'를 두고 존재한다는 의미다. 그런데 사물 가운데 차이, 차별된 성질, 소외된 여지 등이 없다면 특정 사물로 존재하는 것이 불가능하다.

도덕경에서 무는 우주의 본성 또는 성인^{聖人}이 지닌 성품을 지칭하기도 한다. 대표적으로 그러한 무는 행동 또는 '함'(doing)을 뜻하는 '위^爲'와 결합해서 '무위無爲'라고 제기된다. 노자는 말한다. "도는 언제나(인위적인) '함'이 없지만, 못하는 것은 없다"(37장).[32] 즉, 일체의 위압, 억지, 인위, 작위가 없지만, 도는 '스스로 그러함', 즉 자연을 따라 순조롭게 모든 것을 이룬다. 노자『도덕경』이 인류에게 가르치는 최고의 가치 및 실천 지침이 바로 이 무위 또는 무위자연이다. 25장에서 노자는 자연에 관해 이렇게 쓰고 있다. "사람은 땅을 본받고, 땅은 하늘을 본받고, 하늘은 도를 본받고, 도는 스스로 그러함(자연)을 본받는다"(25장).[33] 이렇듯 '스스로 그러함'의 순리를 따라 사는 방식이 곧 '무위'다. 요컨대 노자에게 무위는 작위적이지 않고 인위적이지 않은 '함'이고, 무구한 순리에 조화롭게 따르는 사는 길이다. 노자는 참된 성인군자라면 어떻게 일하고 처신하는지 다음과 같이 예시한다.

---

31 "天下皆知美之爲美 斯惡已 皆知善之爲善 斯不善已 故有無相生 難易相成 長短相形 高下相傾 音聲相和 前後相隨."

32 "道常無爲而無不爲."

33 "人法地 地法天 天法道 道法自然."

그러므로 성인은 무위의 일에 처하고, 말 없는 가르침을 행한다. 많은 일을 하면서도 떠들어대지 아니하고, 낳았으면서도 소유하지 아니하고, 일하면서도 으스대지 아니하고, 공을 이루나 그것을 차지하지 아니한다. 대저 차지하지 않을 뿐이므로 이로써 영원해진다. (2장)[34]

반면 인간만이 도의 무위자연을 어그러뜨리고 억지스러운 일들을 도모한다. 거창한 명분을 붙여 예의범절이라고 강요하고, 기득권자에게 유리한 법률을 제정하여 민초를 억압하고, 성전聖戰이라는 명목하에 양민의 자식들을 징용하는데, 노자가 보기에 그러한 작위적인 일들은 세상을 평화롭게 하는 것이 아니라 더욱 불행하게 만들 뿐이다. 그래서 노자는 마치 물이 낮은 곳을 찾아 흐르며 대지를 적시고 만물을 키우듯, 수레바퀴가 제 길로 잘 다닐 때 자국이 남지 않듯 무위자연으로 살라고 독려한다.

반복되는 맥락이지만 『도덕경』에서 무위의 가치는 비어 있는 것으로 표상된다. 도덕경에서는 '없음', '비어 있음'이 존재의 실제를 지시함과 동시에 다음과 같이 당위 · 실천의 근거가 되는 특징을 보인다.

30개의 바퀴살이 하나로 모여 바퀴통을 함께 사용할 때 (그 가운데가) 아무것도 없기[無] 때문에 수레의 쓸모가 생긴다. 흙을 빚어 그릇을 만들 때도 (그 가운데가) 아무것도 없기[無] 때문에 그릇의 쓸모가 생긴다. 문과 창을 뚫어 방을 만들 때도 (그 가운데가) 아무것도 없기[無] 때문에 방의 쓸모가 생겨난다. 따라서 유의 이로움은 무의 쓰임이 있기 때문이다. (11장)[35]

---

34 "是以聖人處無爲之事 行不言之敎 萬物作焉而不辭 生而不有 爲而不恃 功成而弗居 夫唯弗居 是以不去."

35 "三十輻 共一轂 當其無 有車之用 埏埴以爲器 當其無 有器之用 鑿戶牖以爲室 當其無

노자 도덕경은 심오한 존재론과 더불어 생존과 처세를 위한 격언을 함께 구사하는 경우가 적지 않다. 이상의 11장도 유비를 통해 처세술과 형이상학적 통찰을 함께 선보이고 있다. 바로 뒤에 소개할 장자에서 더 자세히 나오지만, 대체로 노장의 인생관은 야망과 욕심이 크고 재능과 지식에 있어서 꽉 차 '있는' 인재는 스스로 화를 자초할 경우가 많다고 경종을 울린다. 실로 노자와 장자가 활동했던 당대는 중원에 소요와 전쟁이 극심했던 춘추 전국 시대였다. 세상을 평정하겠다고 전장에 나서거나 출세를 노렸다가 제 명을 누리지 못한 인재들이 부지기 수였다. 그로 인해 노자와 장자는 독자에게 역발상을 독려했다. 차라리 쓸모 '없는' 인재가 되라고! 그편이 너를 지키고 네 집을 지키는 길이라고!

3. 장자의 무

노자와 마찬가지로 장자도 역시 그 실존 여부가 의심되고 있으나, 대체로 춘추전국시대 송나라의 하급 관리로서 어려운 생활고를 겪은 지식인으로 추정되고 있다. 동명同名의 책『장자』는「내편」7편,「외편」15편,「잡편」11편으로 구성되어 있는데, 그 가운데「내편」만이 장자의 직접적 저작에 가까운 것으로 알려져 있다. 노자『도덕경』에는 주로 철학적인 내용의 시적 경구와 직설적 문장에 간혹 정치사상이 담겨 있다면,『장자』에는 기발한 신화, 우화, 예술론을 비롯해 여러 인물의 신변잡기적 일화들로 채워진 특징을 보인다. 말하자면 당대인이 상상할 수 있는 온갖 종류의 이야기들이 쓰여있는 것이다. 거기에는 장자 자신과 친우 혜시뿐만 아니라, 심지어 유가의 인물인 공자와 안회

有室之用 故有之以爲利 無之以爲用."

등이 가상적으로 등장하여 흥미를 더한다.

　인생론과 처세술에 관한 심오한 금언으로 독자의 마음을 사로잡는 장자는 다른 한편 도덕경 못지않게 우주 본체에 관한 형이상학적 설명도 제공한다. 말하자면 『도덕경』의 후속편처럼 『장자』 역시 도에 관한 이론이며, 곧 무에 대한 담론이다. 아래에 장자의 한 대목을 보자. 이것은 장자의 「제물론」 편에서 가장 난해하고 심오한 가르침으로서, 현대의 기호학記號學(semiotics)에 닿으면서 극단적인 존재론으로 나아가는 특징을 보인다.

　　손가락으로써 손가락이 손가락 아님을 깨우치는 것은, 손가락 아닌 것으로써 손가락이 손가락 아님을 깨우치는 것만 못하다. 말[馬]로써 말[馬]이 말[馬] 아님을 깨우치는 것은, 말[馬]이 아닌 것으로써 말[馬]이 말[馬] 아님을 깨우치는 것만 같지 못하다. 천지는 하나의 손가락이며 만물은 하나의 말이다. 가능한 것은 가능하다고 하고 가능치 못한 것은 가능치 못하다고 한다. 길은 (사람들이) 다니면서 이루어지고, 사물은 그렇게 일컬어져서 그렇게 된다. 사물은 본래 그러한 바가 있고, 사물은 본래 가능한 바가 있다. 사물마다 그렇지 않은 것이 없고, 사물마다 불가능한 것이 없다. 그러므로 이를 위하여 풀줄기와 큰 기둥, 문둥이와 (미녀) 서시, 광대하고 괴상한 것 등에 이르기까지 도는 통하여 하나가 된다. 그 나뉨은 이룸이 되고 그 이룸은 허묾이 된다. 대체로 보아 만물에는 이룸과 허묾이 없고 다시 통하여 하나가 된다. 오직 통달한 자만이 통하여 하나가 됨을 안다. (「제물론」)[36]

---

36 "以指喩指之非指 不若以非指喩指之非指也 以馬喩馬之非馬 不若以非馬喩馬之非馬也 天地 一指也 萬物 一馬也 可乎可 不可乎不可 道行之而成 物謂之而然 惡乎然 然於然 惡乎不然 不然於不然 物固有所然 物固有所可 無物不然 無物不可 故為是舉莛與楹 厲與西施 恢恑憰怪 道通為一 其分也 成也 其成也 毀也 凡物無成與毀 復通為一 唯達者 知通為一."

위 본문에서 장자는 '남곽자기'라는 인물의 입을 빌려 존재론적·인식론적·기호론적 난점을 짚고 있다. 문장의 표면에 직접적으로 드러나 있지 않지만, 도에는 절대부정의 차원에 있다. 손가락으로써 손가락이 손가락 아님을 깨우치는 것은 손가락 아닌 것으로써 손가락이 손가락 아님을 깨우치는 것만 못하고, 말[馬]로써 말[馬]이 말[馬] 아님을 깨우치는 것은 말[馬]이 아닌 것으로써 말[馬]이 말[馬] 아님을 깨우치는 것만 같지 못한데, 과연 그 어떤 언어의 형용이나 사물의 유비나 기호로써 인식되거나 말해진 도가 영원하고 진실된 도가 아님을 깨우치는 것만 할 수 있겠느냐 하는 취지다. 그 어떤 사물로써 깨우친 도가 있더라도 그것은 잡다한 사물들을 통해 왜곡되어 부분적으로 알게 된 것일 뿐이고, 그 무엇을 통해 알게 되고 설명되었든 그것은 오히려 도가 아님을 깨우치는 것만 못하다는 주장이다.

그에 더해 장자는 사물이나 도에 대한 인식과 언표는 관습적이고 임의적이라는 사실을 덧붙인다. "길은 다니면서 이루어지고, 사물은 그렇게 일컬어져서 그렇게 된다"라는 진술이 바로 그것이다. 즉, 지표면에 길이 날 수 있는 경우의 수가 무한하며, 사물에 이름이 붙여질 가짓수도 무한하고, 땅 위에 길이 나는 것도 우연적인 일일 뿐인데, 인간은 필연적으로 그러하다고 간주한다. 그리하여 사람들은 전수되거나 국소적으로 관찰하고 알게 된 제한된 정보를 믿고 그것이 보편적·본래적 진실인 양 혹은 그것이 전체인 양 착각하고 산다. 장자는 그러한 편향된 인식과 관습의 맹점을 간파했다. 그리고 아이러니하게도 사실을 사실 되게 하는 것, 진리를 진리 되게 하는 것은 오히려 인간이라고 통찰했다.

이어서 장자는 대립의 일치, 상반의 해소를 언급했다. 그것은 궁극적 도의 차원에서 가능한 것이다. 인간은 그 차별적 인지 방식으로 귀한 것과 천한 것, 높은 것과 낮은 것, 못난 것과 잘난 것, 추한 것과 아름다운 것 등을 나눈다. 그러나 궁극적 차원에서 도는 그 차별을 모르고 하나로 포괄한다. 이에 대한 예로서 장자는 서로 대비되는 '풀줄기'와 '큰 기둥', '문둥이'와 '서시'(중국의 4대 미녀 중 하나)를 예로 든다. 그리고 현상 세계 가운데 '이루어지는 것'이나 '허물어지는 것'이 서로 반대되어 보일지라도, 도 안에서 통하여 하나이고 도를 통달한 자는 이러한 궁극적 포용과 일치를 본다고 말한다. 그러면서 "이렇게 함으로써 성인은 옳고 그름을 조화시키고 하늘의 균등^{天鈞}함에 머무는데, 이것을 일컬어 양행^{兩行}"[37]이라고 결론 내린다.

'양행'은 존재와 가치에 있어서 장자의 핵심어이다. 양행은 만물의 상반상성 및 대립전화의 원리를 인식하고 거기에 부합하여 행동하는 실천적 삶이다. 앞서 소개했듯이 음과 양처럼 상반되는 것의 대립·조화가 세계의 운행 원리로 보고 이것을 긍정하는 철학이 대표적으로 역학^{易學}과 음양론이다. 역학의 이론과 실제는 노장과 공맹 이전에 이미 주역에 정립되어 있었고, 현재에 이르기까지 동아시아의 전통 철학을 관통하고 있다. 장자 역시 이를 따라 남곽자기의 입을 빌려 대립하는 두 기운, 두 상태, 두 사물 등이 오히려 의존하면서 존재한다는 이론을 개진했다.

사물은 저것 아닌 것이 없고, 사물은 이것 아닌 것이 없다. (즉, 만물은 반드시 서로 대립하는 것으로 구성되어 있다. _ 인용자 주) 저것으로부터는 보이지 않을지 몰라도 (이쪽에서) 스스로를 알려고 하면 그 사실을 알게 된다. 그러므로 말하기를, 저것은 이것에서 나오고 이것도 저것이 원인이 되어

---

37 "是以聖人和之以是非 而休乎天鈞 是之謂兩行."

나온다고 하는 것이다. 이는 '방생의 설'(함께 생겨남에 관한 설)이라고 한다. 그렇게 삶이 있으므로 죽음이 있고 죽음이 있으므로 삶이 있다. 가능함이 있으므로 불가능함도 있고 불가능함이 있으므로 가능함이 있다. 옳은 것으로 인해 그른 것이 있고 그른 것으로 인해 옳은 것이 있다. (「제물론」)[38]

장자는 상반상성의 원리를 '방생지설放生之說'이라고 다르게 표현하는데, 그것이 통용되는 현상의 세계보다 더 깊고 신비한 차원이 있다고 덧붙인다. 상반·대립되는 것들이 융합되거나 해소되는 보다 심원한 차원 말이다. 이어지는 다음 설명에서는 성인의 차원, 즉 '조지어천照之於天'과 '이명以明'의 경지를 들어 바로 그 점을 논한다.

그래서 성인은 그것을 따르지 않고 하늘에 그것을 비추어 본다[照之於天]. 이것 또한 (상대적인 옳음이 아닌 절대적인) 옳음에 말미암는 것이다. (성인의 견지에서 옳음과 그름의 구별이 해소된다면) 이것 또한 저것이 되고, 저것 또한 이것이 된다. (결국) 저것 또한 하나의 시비이고, 이것 또한 하나의 시비이다. 과연 저것과 이것이 있겠는가? 과연 저것과 이것이 없겠는가? 저것과 이것이 그 짝(반대편)을 얻지 못하는 경지를 일컬어 '도의 돌쩌귀'[道樞, 지도리]라고 한다. 처음으로 도의 돌쩌귀가 그 돌아가는 가운데를 얻음으로써 무궁함에 응하게 된다. (그렇게 되면) 옳은 것 역시 하나의 무궁이고, 그른 것 역시 하나의 무궁이다. 그래서 이르기를, (시비를 초월한 절대적인) '밝음으로써'[以明]만 같지 못하다는 것이다. (「제물론」)[39]

---

38 "物无非彼 物无非是 自彼則不見 自是則知之 故曰彼出於是 是亦因彼 彼是方生之說也 雖然 方生方死 方死方生 方可方不可 因是因非 因非因是."

39 "是以聖人不由而照之於天 亦因是也 是亦彼也 彼亦是也 彼亦一是非 此亦一是非 果且 有彼是乎哉 果且無彼是乎哉 彼是莫得其偶謂之道樞 樞始得其環中以應無窮 是亦一 無窮 非亦一無窮也 故曰 莫若以明."

(성인은) 해와 달과 벗하고, 우주를 허리에 끼고, 그것과 합한다. (도의) 혼
돈 속에 (자신을) 두고, 노예일지라도 서로 존중한다. 대중은(세속적 욕망
을 위해) 힘쓰고 힘쓰지만 성인은 우둔하게 살고, 만년의 세월에 참여하여
순수함을 하나로 이룬다. 만물은 본연을 다하고 그것으로써 서로 포용한
다. (「제물론」)[40]

장자에 의하면 상반·대립하는 사물과 사태로 운행되는 이원적
현상 이면에 근원적이고 일원적인 본질의 세계가 있다. 성인은 양극
또는 대극의 모든 현상을 인정하고 수용하면서 그 일원적 차원으로
나아간다. 장자의 「제물론」 편에서 이를 두고 '고기양단和其兩端', 즉 "양
끝을 친다" 또는 "양쪽을 다 흔든다"고 하는 것이다. 특별히 위의 인용문
안에서 성인은 그 심연의 경지를 하늘에 비추어 보거나 밝음으로써
본다고 묘사된다. 여기 이 '하늘'과 '밝음'은 하나의 은유(metaphor)로서
상반·대립하는 것들이 분화되기 이전의 원점이나 그것이 해소된 통합의
상태를 보는 차원이다. 이것은 양극단 사이에 중도를 취하거나 분별지分
別智를 극복하는 불교의 '불이법不二法'과 통한다. 대립하는 둘이라 할지라
도 실제로 '둘이 아니다' 하는 존재의 실상을 밝히기 때문이다. 이처럼
장자에서도 무로서 도가 지닌 궁극적 차원은 현상 세계에 난립하는
이항 대립, 즉 시비, 진위, 선악, 이해, 득실, 미추 등을 포용한다.
　「덕충부」 편에서도 장자는 공자의 입을 빌려 "그 다르다는 점으로
그것을 보자면 간과 쓸개가 초나라와 월나라 같고 (아득히 멀다는 뜻)
그 같다는 점으로 그것을 보자면 만물은 모두 하나"[41]라고 가르친다.

---

40 "旁日月 挾宇宙 爲其脗合 置其滑湣 以隸相尊 衆人役役 聖人愚芚 參萬歲而一成純 萬
　物盡然 而以是相蘊."
41 "自其異者視之 肝膽楚越也 自其同者視之 萬物皆一也."

반면에 대중들은 눈 앞에 펼쳐진 사태를 두고 시비와 이해득실의 판단을 한다. 그러한 판단은 절대적이지 않을 뿐만 아니라 치우쳐 있다. 장자는 이에 관해 흥미로운 우언을 짓고 왕예의 입을 빌려 이렇게 꼬집는다.

> 모장과 여희를 사람들은 아름답다고 여기지만, 물고기는 그들을 보면 물속으로 깊이 들어가고, 새는 그들을 보면 하늘로 높이 날아가고, 사슴은 그들을 보면 재빨리 달아난다. 이 네 가지 중에서 누가 천하의 올바른 아름다움을 아는가? (「제물론」)[42]

요컨대 장자의 '양행兩行'은 상반된 양면 또는 대극을 치우침 없이 모두 관찰하고 고려하는 태도라 할 수 있다. 상반되는 것을 포용하면서 일치시키는 도의 본성은 성인으로 하여금 양행의 가치를 실천하게 만든다. 이에 관련해 장자는 고기양단敲其兩端, 조지어천照之於天, 이명以明, 만물제동萬物齊同, 천예天倪, 천균天鈞, 영녕攖寧, 조철朝徹, 견독見獨, 현해縣解, 좌망坐忘, 박朴 등의 개념을 제시하고 있고 이러한 경지에 도달한 사람을 지인至人, 진인眞人, 무방지인無方之人, 방외자方外者 그리고 성인聖人으로 칭했다.
「제물론」에 등장하는 남곽자기의 주장을 더 살펴보자. 양행에 관한 부연 설명으로서, "번잡한 시비와 차별적인 사랑이 등장하는 이유는 무엇일까?" 하는 내용이다. 남곽자기는 그것이 도로부터 만물이 분화되고 조성되어 나감으로 인해 나타나는 현상이라고 말한다.

옛사람들은 그 지혜가 지극한 곳까지 이르렀다. 어디까지 이르렀던가? 처

---

42 "毛嬙麗姬 人之所美也 魚見之深入 鳥見之高飛 麋鹿見之決驟 四者孰知天下之正色哉."

음에 사물이 아직 존재하지 않는다고 한 자가 있었다. (이러한 깨달음은) 지극하고 극진하여 이보다 덧붙일 것이 없다. 그다음으로 사물이 존재하지만, 아직 구별이 있지 않다고 했다. 그다음으로 사물에 구별이 있지만, 아직 옳고 그름이 있지 않다고 했다. 옳고 그름이 드러나는 것은 도가 이지러진 까닭이다. 도가 이지러진 것은 (차별적이고 사사로운) 사랑이 이루어진 까닭이다. (「제물론」)[43]

이 문장을 읽자면 언뜻 도덕경 40장과 42장과 유사한 내용이다. "처음에 사물이 아직 존재하지 않은" 무의 단계가 있었고, 그다음에는 무가 일원적一元的으로 발출한 단계가 있었고, 그다음에는 이원적二元的으로 분화된 단계가 있다고 설명하고 있기 때문이다. 장자에 의하면 인간사의 시비의 문제나 사사로운 애증의 문제는 바로 도의 '휴虧' 때문이다. 이 휴는 이지러짐, 모자람, 줄어듦, 기욺, 저버림 등을 의미한다. 곧 포용적인 도(무)로부터 인간의 인식과 가치가 얼마나 동떨어져 있는지 드러내기도 한다. 만물이 조성되고 분화되고 운행되기 위해 도로부터 사물이 이지러지고, 줄어들고, 기울고, 저버려지는 것은 어쩔 수 없지만, 그로 인해 인간의 시비와 애증의 문제도 발생한다. 계속하여 남곽자기는 난해한 형이상학적 진술을 이어간다.

시초가 있으며 시초가 아직 있지 않았을 때가 있고, 시초가 아직 있지 않았을 때가 아직 있지 않았을 때가 있었다. 유가 있고, 무가 있다. 무가 아직 있지 않았을 때마저 아직 있지 않았을 때가 있었는데, 갑자기 무가 있게 되었다.

---

43 "古之人 其知有所至矣 惡乎至 有以為未始有物者 至矣盡矣 不可以加矣 其次以為有物矣 而未始有封也 其次以為有封焉 而未始有是非也 是非之彰也 道之所以虧也 道之所以虧 愛之所以成."

유와 무 가운데 과연 어느 것이 있고 어느 것이 없는 것인가? (「제물론」)⁴⁴

　　장자나 당대인이 아닌 한, 이 대목에 관해 완전하게 해석할 사람이 있을지 모르겠다. 장자도 답을 건넨 것이라기보다 물음을 던진 것으로 보인다. 현대물리학계에서도 '시간을 해명하는 것이 가장 어려운 과제'라고 하는데, 누구인들 여기서 언급되는 세계의 시초와 그 이전의 시간 등을 설명할 수 있을까? 물론 시간에 관한 고대인의 추측과 현대물리학을 나란히 비교하는 것은 무리다. 다만 지금으로서 우리 우주와 그 이전의 시간을 해명하는 일이란 실험적으로 불가능하고 또 이론적으로도 다양하다는 난점은 분명하다. 그렇다. 물적 존재자의 근원에 대해서도 우리는 답을 못한다! 우주의 기원과 그 이전의 시간에 대해서 인류가 말할 수 있는 몫은 겨우 "알지 못한다"뿐이다. 역설적이게도 이것이 세계에 관한 진정한 지식이다. 장자 역시 "육합(우주)의 바깥에 관하여 성인은 그냥 둘 뿐 말하지 않고, 육합의 안에 관하여 성인은 말을 하지만 따지지 않는다"(「제물론」)⁴⁵고 했다. 그리고 "삶의 이유를 알지 못하고, 죽음의 이유를 알지 못한다. 무엇이 앞서는지 알지 못하고 무엇이 뒤에 오는지 알지 못한다. 변화에 따라 만물이 되니 그 자기는 알지 못하는 변화를 기다린다"(대종사)는 식으로 정리한다.⁴⁶ 「제물론」의 또 다른 우언 가운데 설결과 왕예 선생의 대화를 읽어보자.

　　"설결이 왕예에게 물었다. "선생께서는 만물이 모두 옳은 것에 관하여 아십

---

44 "有始也者 有未始有始也者 有未始有夫未始有始也者 有有也者 有無也者 有未始有無
　　也者 有未始有夫未始有無也者 俄而有無矣 而未知有無之果孰有孰無也."
45 "六合之外 聖人存而不論 六合之內 聖人論而不議."
46 "不知所以生 不知所以死 不知孰先 不知孰後 若化爲物 以待其所不知之化已乎."

니까?" 왕예가 대답했다. "내가 어떻게 그것을 알겠는가?" "선생께서는 선생이 알지 못한다는 것을 아십니까?" 왕예가 대답했다. "내가 어떻게 그것을 알겠는가?" "그렇다면 만물에 관해 무지하십니까?" 왕예가 대답했다. "내가 어떻게 그것을 알겠는가? 비록 그렇지만 시험 삼아 말해보겠다. 내가 안다고 하는 것이 실은 모르는 것인지도 모를 일이며, 내가 모른다고 하는 것이 실은 아는 것이 될지도 모를 일이지 않느냐?" (「제물론」)[47]

이렇게 장자는 곳곳에서 우주 본체에 대해, 존재의 이유에 대해 알 수 없음을 아는 것이 최고의 앎이라고 시사한다. 실제로 유사 이래 다양한 종교의 현자들은 "나는 모른다"는 깨달음으로부터 정신적 시금석을 마련했다. 내가 무엇을 알고 무엇을 모르는지 바로 아는 것이 대자유를 얻을 수 있는 근본적 지식이기 때문이다. 가령 고대 그리스의 델포이(Δελφοί) 신전 입구에 새겨진 세 가지 명언 "너 자신을 알라"(ΓΝΩΘΙ ΣΕΑΥΤΟΝ), "지나치지 말라"(MHΔEN AΓAN, 過猶不及), "확실한 것이 망친다"(EΓΓΥA ΠAPA ΔATH, 확실하다고 생각하지 말라)도 결국 '무지'만이 확실하다는 진실을 전한다. 그리고 인도에서 중국으로 불교를 전파한 보디다르마(Bodhidharma)도 "오직 모를 뿐"이라고 선언했는데, 그 외 우리나라의 승려 경허, 만공, 숭산 등도 이 깨달음을 중시했다. 그리고 요한복음 중 "예수께서 이르시되 너희가 맹인이 되었더라면 죄가 없으려니와 본다고 하니 너희 죄가 그대로 있느니라"(9:41) 하는 대목도 이 맥락에서 해석될 수 있다.

장자는 알 수 없고 말할 수 없는 것에 대해 입을 다무는 '침묵'을

---

47 "齧缺問乎王倪曰 子知物之所同是乎 曰 吾惡乎知之 子知子之所不知邪 曰 吾惡乎知之 然則物无知邪 曰 吾惡乎知之 雖然 嘗試言之 庸詎知吾所謂知之非不知邪 庸詎知吾所謂不知之非知邪."

제안한다. 만에 하나 심오한 진리를 알게 되었어도 답하지 않는 것이 오히려 그것을 보존하는 길이다. 언어로써 해명하고 전하는 것이 대개 도와 멀어질 수 있기 때문이다. 그래서 장자는 "고로 (도를) 분석하는 것은 (오히려) 분석하지 못하는 것이고, (도를) 조리 있게 말하는 것은 (오히려) 조리 있게 말하지 못하는 것이다"(「제물론」)⁴⁸라고 했다. 그리고 "성인은 그것(도)을 마음에 품지만, 대중은 그것을 조리 있게 말하여 서로 드러내고자 한다"(「제물론」)⁴⁹고 했다. 이런 맥락에서 "개념적 분화를 떠나는 상태가 무다. 무는 곧 개념적 자유"⁵⁰라는 해석은 적절하다. 거창하고 심오한 설명을 바라는 입장에서는 이렇듯 고대의 현자들이 취하는 태도가 허무하기 이를 데 없을 것이다. 그런데 종교적 차원에서 인간은 개념의 확정과 분석과는 별개로 언어가 끊긴 경지에서 존재의 심연 혹은 무를 통찰하거나 체험한다. 이 때문에 이성의 시대에도 종교가 가능한 것이고, 각양 침묵과 묵언을 가르치는 영성 수련에 진정성이 있는 것이다.

장자에는 인식할 인식의 주체가 없다면 세계가 존재한다고 할 수 없다는 철학도 있다. 가령 장자의 「제물론」을 보면 "천지는 나와 나란히 났고, 만물은 나와 함께 하나가 되었다"라고 적고 있다.⁵¹ 이 문장은 "내가 있어야 천지가 존재하고, 나는 만물과 하나"라는 존재론적 해석이 가능하다. 실제로 장자 본문의 전반을 관통하는 존재론은 "우주와 내가 별개처럼 보이지만 궁극적으로 하나다", "하나이면서 분리되어 있다. 분리되어 있으면서 하나다", "서로 신묘하게 분리되고 소외됨으

---

48 "故分也者 有不分也辯也者 有不辯也."
49 "聖人懷之 衆人辯之 以相示也."
50 이광세, "로티와 장자," 「철학과 현실」 겨울호 (1995): 262.
51 "天地與我並生 而萬物與我為一."

로써 하나로 존재한다", "분리는 궁극적으로 하나 가운데 해소된다" 하는 내용을 함축하고 있다. 마침 "천지가 나와 나란히 났다"는 대목을 풀이함에 있어서 조선의 박세당은 "내가 태어나기 이전에는 천지가 있는 줄 모르고, 내 삶이 끝난 뒤에도 또한 천지가 있는지 알지 못하니, 이것이 천지가 나와 끝과 시작을 나란히 하는 것"[52]이라고 해석한 사례도 있다. 이 내용은 철학적으로 칸트의 인식론이나 불교의 유심론 과 비교할 논제이기도 하다.

이제 장자가 시사하는 도의 부정성否定性을 고찰하겠다. 「대종사」 편을 보면 "무릇 도는 실상이 있고 정보가 있지만, (작위적인) 행위가 없고 형체가 없다"[53]고 소개되어 있다. 여기서 도의 부정성에 관해 몇 가지 단서를 얻을 수 있다. 곧 무위와 무형無形이다. 앞서 『도덕경』에서 강조되었던 무위가 다시금 장자에서 언급되고, 도에 형체가 없음을 재확인하고 있다. 이렇게 장자에서도 도덕경 이상으로 도와 관련한 부정어, 즉 무無 또는 불不 등의 접두어를 붙여 다양한 개념을 제기한다. 우리가 이것을 부정신학이 취하는 '부정의 길'(via negativa)과 유사하다 고 볼 수 있는 이유는 긍정적 기술이 아니라 부정적 기술을 통해 존재의 실제를 언표하는 방식이기 때문이다. 다른 예를 찾아보면 다음 과 같다: "무릇 큰 도는 일컬어지지 않고[不稱], 큰 변론은 말해지지 않고[不言], 큰 어짊은 (막상) 어질지 않고[不仁], 큰 청렴은 겸손하지 않고[不嗛], 큰 용기는 해치지 않는다[不忮]. 도가 밝게 드러나면 도가 아니며[不道], 말이 조리 있으면 이르지 않는다[不及]"(「제물론」)[54] 그리

---

52 "我生之先 不知有天地 我生之後 亦不知有天地 是則天地終始 與我竝也." "장자(1), 第2篇, 齊物論, 제1장, 역주 243," 「동양고전종합DB」, 2022년 1월 3일 검색, https://db.cyberseodang.or.kr.

53 "夫道 有情有信 無爲無形."

54 "夫大道不稱 大辯不言 大仁不仁 大廉不嗛 大勇不忮 道昭而不道 言辯而不及."

고 "무언無言으로 말을 하면, 평생토록 말을 하여도 일찍이 말을 하지 않은 셈이며, 평생토록 말을 하지 않아도 일찍이 말하지 않은 바가 없게 된다"(『잡편』, 우언).55

그런데 장자는 절대적 침묵만을 지지했을까? 도에 관해서 일언반구 말을 하지 않는 편이 낫다고 보았을까? 꼭 그런 것만은 아니다. 왜냐하면, 그의 담론을 전체적으로 살피자면, 대안적 언어 사용도 인정하고 있기 때문이다. 이것은 모순적으로 보이지만, 사실 상반된 극단을 모두 긍정하거나 모두 부정하는 동양적 사유 전통에 부합하는 태도이기도 하다. 장자의 직접적 저작이 아니지만, 사상적 연계를 갖는 장자 『잡편』을 참고하자면, 세계의 진상에 관해 말과 침묵이 모두 긍정되면서 모두 부정될 수 있음을 시사한다. 가령 "도는 사물의 극치라서, 말로도 침묵으로도 담기에 부족하다. 말하는 것도 아니고, 침묵하는 것도 아니라야 그 극치를 풀어 밝힐 수 있다"(칙양)라고 보는 것이다.56

장자는 사물의 실제를 언급할 방법이 없지 않다고 밝힌다. 가령 도가 대립전화對立轉化하듯이 언어가 사물의 운행과 변화에 상응한다면 거기에 적절한 효용이 있다는 것이다. 그런 언어는 바로 '치언卮言'이다. 치언은 무언의 진정성과 효용에 버금간다. 사실 치언은 '이랬다저랬다 하는 말', '앞뒤가 맞지 않는 말', '바뀌는 말'을 뜻한다. 언어가 사물의 변화에 따라 의미를 취하게 되면 치언처럼 모순적·역설적·비논리적 성격을 갖게 된다. 곽상郭象의 해석에 의하면, '치卮'는 술잔이나 술그릇을 뜻한다. 그러니까 술잔처럼 "가득 차면 기울고 텅 비면 위를 보게 되는" 반전反轉의 성질을 닮아있기에 도를 표현하는 말로 적합한 셈이다.57 이처럼 유전流轉하고 변동하는 세계에 대응할 경우에서라야 언어

---

55 "言無言 終身言未嘗言 終身不言未嘗不言."
56 "道 物之極 言默不足以載 非言非黙 議有所極."

는 도를 전달할 방편이 될 수 있다. 그것은 사물의 운동과 변화를 간과하여 특정 양태만을 기술하는 것이 아니라, 시간과 역사의 진행에 따라 변동하는 도를 따르는 말이기 때문이다.

장자의 무에 관련하여 또 한 가지 중요한 가치가 있다. 그것은 곧 '무용無用의 용用', 즉 '쓸모없음의 쓰임'이다. 이것이 전국시대의 생존술이나 처세술처럼 해석되곤 하지만, 보다 근본적으로는 무용은 무로서 도가 지닌 성격이다. 그리하여 귀천, 우열, 시비, 고하, 손익 등의 기준으로 판단 받지 말아야 할 만물의 존재 의의가 된다. 이 역시 노자가 앞서 주장했지만, 장자는 더 풍부한 예시를 보인다. 그렇다면 '유용有用', 즉 '쓸모'라는 것은 실제로 무엇인가? 대개 그것은 인간의 이해득실과 욕망과 편리에 관한 것이다. 도의 본성이 반드시 인간의 필요에 부합되어야 한다고 생각하는 것은 우리의 커다란 착각이고 단견이다. 그런데도 많은 사람이 도에 관한 진리값을 실용적 가치에서 찾는다. 또는 신 또는 진리란 반드시 인간을 이롭게 해야 하며 인간에게 친절해야 하고, 인간이 원할 때 호출할 수 있어야 한다는 식으로 사심을 투사한다. 그러나 도의 냉엄한 실상은 그러한 인간의 추구와 기대를 거부한다. 많은 경우 도는 쓸모없고 어질지 않기[不仁] 때문이다.[58]

그런데 '무용'을 따르는 길이 딱히 손해만 볼 방식만은 아니다. 무용은 우리의 삶을 위태로운 환경으로부터 보호하고 생존을 보장하기 때문이다. 장자는 건장한 장부들과 빼어난 군웅들이 추풍낙엽처럼 스러지는 전국 시대 한복판에서 인재의 '쓸모 있음'이 도리어 파탄을

---

57 "장자(4), 第27篇, 寓言, 제1장 역주 3." 「동양고전종합DB」, 2022년 1월 3일 검색, https://db.cyberseodang.or.kr.

58 도덕경 5장에는 "천지는 어질지 않다"(天地不仁)라고 했는데, 이 문장은 천지를 빌려 도의 성격을 환유(換喩)한다고 할 수 있다.

초래하는 현실을 눈여겨보았을 것이다. 그렇게 아이러니한 현실을 성찰한 장자는 쓸모 있는 나무들을 예시하며 그것들과 전혀 다른, 쓸모없는 나무의 '무용의 용', 즉 쓸모없음의 쓸모를 주장한다.

산의 나무는 스스로 자신을 해치며 기름 등잔불은 스스로를 태우며, 계피는 먹을 수 있기에 사람들이 베어가며, 옻나무는 쓸모가 있기에 사람들이 잘라 간다. 사람들은 모두 쓸모 있음의 쓸모만을 알고 쓸모없음의 쓸모는 아무도 알지 못한다. (「인간세」)[59]

이와 비슷하게 '지리소'와 같은 심각한 장애를 지닌 자를 우화에 등장시켜 못나고 약하고 쓸모없는 자가 오히려 난세에 생존한다는 역설적 사실을 피력했다. 이미 장자의 첫 장인 「소요유」 편에서도 "장을 담았더니 너무 무거워 들 수가 없고 바가지로도 평평하고 얕아 소용이 없는" 큰 박의 무용 그리고 "울퉁불퉁하여 먹줄을 칠 수 없고, 굽고 꼬여 자로 잴 수 없는" 큰 나무의 무용에 관한 이야기를 적은 바 있다. 그처럼 장자의 본문은 상식에 허를 찌르는 혜안이 있다. 다시 다음을 보자.

아서라, 아예 말하지도 말라. 몹쓸 나무다. 그것으로 배를 만들면 가라앉고, 관을 짜면 이내 썩어 버리며, 그릇을 만들면 쉽사리 깨어지고, 문짝을 만들면 진이 배어 나오며, 기둥을 세우면 좀이 슬어 버릴 것이다. 그렇게 쓸모가 없으니 오래 산 것뿐이다. (「인간세」)[60]

---

59 "山木自寇也 膏火自煎也 桂可食故 伐之 漆可用故 割之 人皆知有用之用而 莫知無用之
　用也."
60 "日已矣 勿言之矣 散木也 以爲舟則沈 以爲棺槨則速腐 以爲器則速毀 以爲門戶則液樠

가령 호랑이나 표범의 무늬는 사냥꾼을 불러들이고 원숭이의 날램이나 살쾡이 잡는 개는 줄에 매이게 된다. (응제왕) 61

마지막으로 장자가 말하는 '정情'이 없음, 즉 '무정無情'을 살펴보기로 하자. 정은 사랑, 감정, 욕망 등 인간의 심리작용을 망라하면서 다른 한편으로 뜻, 인식, 판단력 등을 의미한다. 장자는 세상이 온갖 시비와 분쟁에 처하게 되는 이유를 바로 인간의 '정' 때문이라고 반성한다. 그러면서 정이 없는 성인이 어떠한 존재인지 구체적으로 예를 든다.

그러므로 성인은 노니는 바가 있다. 그래서 지식을 번거롭게 보고, 약(約, 공자가 주장하는 博文約禮 _ 인용자 주)을 아교풀로 보고, 덕을 (비굴하고 인위적인) 접붙임으로 보고, 공예를 장사하는 것으로 본다. 성인은 모사를 꾸미지 않으니 어찌 지식을 쓰겠는가? 쪼개지 않으니 어찌 아교풀을 쓰겠는가? (자기의 고유한 덕을) 잃지 않으니 어찌 덕을 쓰겠는가? 재화를 갖지 않으니 어찌 장사를 하겠는가? (중략) (성인은) 사람의 형체가 있으나 사람의 (자질구레한) 정(情)이 없다. 사람의 형체가 있으므로 사람들과 어울리지만, 사람의 정이 없으므로 그 자신에게 시빗거리를 얻지 않는다. (「덕충부」)62

사람들은 지혜와 지식의 중요성에 눈을 뜨고, 그것을 얻기 위해

以爲柱則蠹 是不材之木也 無所可用 故能若是之壽."

61 "且也虎豹之文來田 猨狙之便執氂之狗來藉."

62 "故聖人有所遊而知爲孼 約爲膠 德爲接 工爲商 聖人不謀 惡用知 不斲 惡用膠 無喪 惡用德 不貨 惡用商 四者 天鬻也 天鬻者 天食也 旣受食於天 又惡用人 有人之形 無人之情 有人之形 故群於人 無人之情 故是非不得於身 眇乎小哉 所以屬於人也 謷乎大哉 獨成其天."

기나긴 배움의 길을 걷는다. 잘 배워 출세를 위해, 치부致富를 위해, 명예를 위해 잘 써먹겠다는 의도가 있다. 이는 바로 '정'과 멀지 않은 동기이다. 물론 사랑하는 것도 정이지만, 대개 그것은 자신이 사랑하고자 하는 것만 사랑하는 이기적·차별적 선호選好다. 장자는 이 문제를 간파하고 있다. 그래서 차라리 사사로운 정이 없음 혹은 시빗거리를 만들 정 자체가 없는 것이 오히려 성인의 삶이고 주장한다. 이에 대한 근거는 "내가 말하는 무정無情이라는 것은, 사람들이 좋아하거나 싫어하는 것 때문에 안으로 그 몸을 상하지 않게 하고, 언제나 스스로 그러함을 따르면서 삶을(구차하게) 덧보태려 하지 않는 것"(「덕충부」)63이라고 쓴 대목에서 확인된다.

성인은 '스스로 그러함'[自然]의 질서에 따라 이끌려 살기만을 바란다. 또한 성인은 유유자적 노닐 뿐, 왜곡된 동기로 취해진 지식 따위를 번거로운 것으로 본다. 그리고 '약約'이 함의하는 바, "지식은 넓게 가지고 행동은 예의에 맞게 하라"64는 유가의 교훈을 겨냥하여 그것이 억지로 사람 사이를 이어 붙이는 아교풀일 뿐이라고 평가절하한다. 이렇게 노자처럼 장자 역시 도를 따르는 성인이란 세간에서, 심지어 유가에서 훌륭한 인재에게 부과하는 가치들을 초월한다고 가르친다.

인간에게 가장 크고 웅장한 소리는 지구가 이동하는 소리, 즉 지구가 공전하고 자전하며 내는 소리일 것이다. 그러나 그 소리는 오히려 인간의 귀에 들리지 않는다. 작은 풀벌레 소리, 옅은 바람 소리는 들려도 지구가 움직이는 소리가 들리지 않는다. 진화생물학자들은 인간이 생존하고 생식하는 데에 필요한 소리만 듣기 위해 가청주파수대가 형성되었다고 설명할 것이다. 그런데 장자의 「제물론」을 보면 세

---

63 "吾所謂無情者 言人之不以好惡 內傷其身 常因自然而不益生也."
64 『논어』의 옹야(雍也) 편 가운데 "博學於文 約之以禮"라는 대목에서 유래한 것이다.

종류의 소리, 즉 인뢰人籟·지뢰地籟·천뢰天籟에 관한 이야기가 나온다. 여기에서 장자는 근본적이고 높고 무한한 소리에는 "소리가 없다"는 사실과 피리나 통소 같은 악기는 그 소리가 '텅 빈' 공간에서 나온다[樂出虛]는 사실로 도의 유비(analogy)를 제시한다. 그리고 장자는 남곽자기를 통해 묻는다.

> 무릇 불어대는 소리가 만 가지로 같지 않지만, 그 모든 소리는 제각각 자신의 구멍으로부터 말미암는 것인데 모두가 다 그 스스로 취하는 것이다. 그렇다면 (그 구멍으로 하여금) 힘찬 소리를 내게 하는 것은 그 누구인가?[65]

그것은 곧 천뢰다. 인뢰와 지뢰보다 더 거대하며 더 깊으면서 그 모든 소리를 가능케 하는 소리이지만, 정작 인생은 그 소리를 들을 수 없다. 무로서의 도는 그렇게 소리가 없다는 말이다. 소리가 없을 뿐만 아니라 감각되지 않고 인지되지 않고 형언되지 않는다.

4. 죽음, 무, 혼돈 그리고 자유

「덕충부」에서 장자는 노담(노자)의 입을 빌려 도의 본성인 '만물제동萬物齊同'의 개념을 제기한다. 만물제동이란 문자적으로 만물이 차별 없이 모두 '동등하다' 또는 '동일하다'는 의미인데, 장자는 이로써 모든 상반되는 현상 및 가치가 궁극적으로 하나라고 주장한다. 특히 "죽음과 삶이 한 줄기이고, 옳고 그름이 하나로 꿰어져 있다"[66]고 한다. 이것은 노자와 장자의 텍스트가 단순히 아포리즘으로 채워져 있는 것이 아니라, 종교

---

65 "夫吹萬不同 而使其自已也 咸其自取 怒者其誰邪."
66 "以死生爲一條 以可不可爲一貫."

적·근본적 물음에 관해 나름의 해답을 말하고자 한다는 방증이 된다. 부정성을 통한 도의 긍정성을 발견하는 것 또는 도의 적극적 무성을 깨닫는 것이라면, 인간이 생사의 문제를 초월할 수 있음을 시사하는 것이다. 실제로 여러 종교들이 최종적으로 제공하고자 하는 것은 의연한 생사관이다. 바울이 "죽는 것도 유익하다"(빌 1:21)라고 했듯이, 죽음의 극복은 전적 타자에게나 심원한 법열法悅에 귀속된다. 심지어 죽음을 대자유를 얻는 계기로 가르치는 종교상의 교리도 없지 않다. 이점에 있어서 장자도 마찬가지다. 장자에서는 도를 체득한 성인을 '지인至人'이라고 칭하는데, 이러한 유형의 인물들은 다음 인용문에서 엿볼 수 있듯 한결같이 생사의 문제를 초탈한 자이다.

> 지인은 신묘하다. 큰 늪지가 타올라도 (그를) 능히 뜨겁게 하지 못하고, 황하와 한수가 얼어도 (그를) 능히 춥게 하지 못하고, 사나운 벼락이 산을 부수어도 (그를) 능히 상하게 하지 못하고, 바람이 불어 바다를 뒤흔들어도 (그를) 능히 놀라게 하지 못한다. 이런 사람은 구름을 타고 해와 달에 올라 사해 밖에 노닌다. 삶과 죽음도 그를 변치 못하는데, 하물며 이로움이나 해로움이 대수겠는가? (「제물론」)[67]

> 옛날의 진인은 삶을 기뻐할 줄 모르고 죽음을 싫어할 줄 모른다. (세상으로) 그 나옴을 기뻐하지 아니하고, 그 들어감(돌아감)을 거부하지 않는다. 유유자적하게 가고 유유자적하게 올 뿐이다. 그 시작을 잊지 않으면서도 그 종말을 구하지 않는다. (삶을) 받고서 그것을 기뻐하지만, (삶을) 끝내고서는 되돌려 준다. 이것을 일컬어 마음으로 인해 도를 잃지 않음이라 하고, 인위

---

[67] "至人神矣 大澤焚而不能熱 河漢沍而不能寒 疾雷破山而不能傷 飄風振海而不能驚 若然者 乘雲氣 騎日月 而遊乎四海之內 死生無變於己 而況利害之端乎."

로써 하늘을 돕지 않음이라고 한다. 이것을 진인이라고 한다. (「덕충부」)[68]
사람에게 있어서 음양(陰陽)은 부모보다 더 크다. 그것이 나에게 죽음을 가까이 가져오는데 내가 듣지 않는다면 나는 곧 나쁜 자가 된다. 그것에 어찌 죄가 있겠는가? 무릇 우주가 나에게 형체를 주었고, 삶으로써 수고하게 하고, 늙음으로써 나를 편안케 하고, 죽음으로써 나를 쉬게 한다. 그러므로 삶이 내게 좋다고 한다면 이에 죽음도 내게 좋다고 하는 것이다. (대종사)[69]

장자의 관점으로는 죽음이 찾아오는 과정에 육체적 고통이 수반될지언정 죽음 자체가 고통일 수 없다. 그런데 살아있는 자들은 본능적으로, 감정적으로 죽음을 꺼린다. 그러나 장자는 죽은 자가 얻는 죽음의 역설을 보라고 권한다. 그에게 있어서 죽음이란 고통스러운 경험과 잡다한 번민을 끊어 버리고 고생을 종식시키는 대단원이기 때문이다. 더더욱 죽음은 무로 귀환하는 일로서 삶이 나기 전에 상태이며 삶이 회귀해야 할 본향이다. 무는 세계의 원점이며 존재가 회귀할 처소다. 이 주제에 관해 장자의 『외편』에서는 매우 대담한 사생관이 드러난다. 제법 잘 알려진 한 우화를 통해 말이다. 그 내용인즉 장자의 아내가 죽었다는 것으로 시작된다.

장자는 아내가 죽은 직후 항아리를 두드리며 노래를 부르자 그 황당한 모습에 친구 혜자가 의아해한다. 그리하여 친구 혜자가 묻자 장자가 아래와 같이 대답한다. 어떤 의미에서 이 대목은 도가사상에 깃들어져 있는 '무' 철학의 절정이다.

---

68 "古之眞人 不知說生 不知惡死 其出不訢 其入不距 翛然而往 翛然而來而已矣 不忘其所始 不求其所終 受而喜之 忘而復之 是之謂不以心損道 不以人助天 是之謂眞人."
69 "陰陽於人 不翅於父母 彼近吾死 而我不聽 我則悍矣 彼何罪焉 夫大塊載我以形 勞我以生 佚我以老 息我以死 故善吾生者 乃所以善吾死也."

그렇지 아니하네. 내 아내가 죽고 처음에는, 내가 홀로 어찌 슬픔이 없었겠는가? 그러나 그 시작을 살펴보니 본래 생명이 없었다네. 생명이 없었을 뿐만 아니라, 본래 형태도 없었네. 형태가 없었을 뿐만 아니라, 본래 기(氣)도 없었네. 황홀의 사이에 섞여 있다가, 변하여 기가 되었고, 기가 변하여 형체가 되었고, 형체가 변하여 생명이 되었고, 이제 다시 변하여 죽음이 되었네, 이것은 서로 더불어 봄, 여름, 가을, 겨울이 운행하는 것과 같네. 이 사람이 이제 누워 큰 방에 잠들었는데 내가 계속 애곡하고 운다면, 내 스스로 천명과 통하지 않게 되네. 그렇기에 나는 애곡하기를 그만두었다네.[70]

죽음을 떠올리자면 우리는 사별의 슬픔, 절대적 단절, 싸늘한 시체, 그 끔찍한 부패 등 부정적 현상과 경험에 연관시킨다. 그런데 장자에 의하면, 죽음에 처한 당사자는 세상의 잡다한 고통과 번민과 결별하여 절대적 평정平靜의 세계로 갈 뿐이다. 도의 심연에서 죽음은 '큰 방[巨室]에 누워 자는 것과 같이 자연스럽다. 산 자들은 혹여 망자가 가게 될 내세나 초월적 세계를 알고자 발버둥 치지만, 정작 큰 방에 누워 잠자는 사람은 그것에 무관심하다. 말하자면 죽은 자는 죽은 채 그대로 편안하고 온전한데, 이에 대해 산 자들이 부자연스럽게 보고 금기시하고 슬퍼하고 거리낄 뿐이다.

이제 복과 화에 대한 장자의 가치관을 고찰하겠다. 삶과 죽음의 문제를 초월하거나 죽음을 담담히 받아들이는 만물제동의 경지라면, 그 외에 다양한 실존적 상황들에 대해서도 마찬가지다. 좋거나 싫거나, 옳거나 그르거나, 얻거나 잃거나, 건강하거나 병약하거나, 성공하거나

---

70 "不然 是其始死也 我獨何能無概然 察其始而本無生 非徒無生也 而本無形 非徒無形也 而本無氣 雜乎芒芴之間 變而有氣 氣變而有形 形變而有生 今又變而之死 是相與為春秋冬夏四時行也 人且偃然寢於巨室 而我噭噭然隨而哭之 自以為不通乎命 故止也."

실패하거나 그 모든 것은 동일하다. 이항 대립하는 것의 경계를 허물고 현상의 세계의 사태를 상대적인 것으로 관조할 수 있다면, 인간은 도의 실제를 접하게 된다. 다음 인용문을 보자.

> 고로 좋아하는 것도 하나요 좋아하지 않는 것도 하나다. 하나가 되는 것도 하나요 하나가 되지 않는 것도 하나다. 하나라는 것은 하늘과 한 무리가 되는 것이고, 하나가 아니라는 것은 사람과 한 무리가 되는 것이다. 하늘과 사람이 서로 이기려고 하지 않는 경지에 이른 사람을 일러 진인(眞人)이라고 한다. (대종사)[71]

도(무)의 심연에 조우한 자라면 인간의 수완을 떠난 환경에 대해 일희일비─喜─悲하지 않는다. 장자의 「양생주」 편에는 형벌을 받아 한쪽 발이 잘려진 우사를 보고 그 친구인 공문헌이 놀라 이렇게 묻는 장면이 나온다. "이게 누구인가? 어쩌다가 발이 잘려졌는가? 하늘이 그랬는가? 사람이 그랬는가?" 그때 우사는 담담하게 대답했다. "하늘이 한 것이지 사람이 한 것이 아니다. 하늘이 (나를) 낳을 때 외다리가 되도록 한 것이다. 사람의 모양은 주어지는 법이다. 그러므로 하늘이 그랬다고 아는 것이지 사람이 그랬다고 알지 않는다."[72] 우리는 이러한 대답을 숙명론으로 비판하기 쉽다. 그러나 장자는 무의 자리에서 얻어지는 긍정과 자유와 자족을 말하는 셈이다. 그것은 생사, 귀천, 이해利害에 구애받지 않는, 만물제동 또는 양행兩行의 '영성'이라 할 수 있다.

---

71 "故其好之也一 其弗好之也一 其一也 其不一也 其一與天爲徒 其不一與人爲徒 天與人 不相勝也 是之謂眞人."

72 "是何人也 惡乎介也 天與 其人與 曰 天也 非人也 天之生 是使獨也 人之貌 有與也 以是 로 知其天也 非人也."

대립전화의 운동처럼 현재의 비참한 상황이 훗날 만족스러운 결과를 가져오는 세상사의 아이러니도 고려할 필요가 있다. 「제물론」에서는 '여희'라는 인물을 들어 불가해한 인생의 유전流轉을 소개한다. 여희는 포로가 되어 공녀貢女로 진晉나라에 끌려갔지만, 왕궁에서 부드러운 잠자리와 산해진미를 즐길 수 있게 된 이래, 고향을 떠날 때 울고불고 했던 것을 후회했다는 것이다. 그렇듯 인간에게 당면한 처지에 대한 섣부른 판단은 항구적이지 않다. 변화하며 돌고 도는 세상을 대할 때 우리는 자기 수완을 벗어난 일에 관조하는 일이야말로 평온을 누리는 길인 것이다.

다음으로 유와 무에 관한 이야기를 보자. 장자『외편』또한『내편』처럼 넘치는 상상과 과장으로 주제를 드러내곤 한다. 비록 그것이 장자의 이름을 빌린 익명의 저자에 의한 것이라 해도 내편과 연결고리가 적지 않다. 상상과 과장이라는 문학적 기법을 감안하고 읽는다면 여기에도 재미와 더불어 깊은 통찰을 얻게 된다.『외편』의 '지북유'에서 그려내는 '무유无有'라는 사람을 보자. 이미 그의 이름부터가 '없음 있음'이다.

> 광요가 무유에게 물었다. "대저 당신은 있습니까, 없습니까" 무유는 응답하지 않았다. 광요가 대답을 얻지 못하자, 무유의 모습을 자세히 살펴보았다. 아득하고 비어 있어서 하루 종일 보려 해도 보지 못했고, 듣고자 해도 들을 수 없었고, 얻고자 해도 얻을 수 없었다. 광요는 말했다. "지극하구나. 그 누가 이러한 경지에 이를 수 있을까? 나는 무가 있는 것을 알 수 있지만, 무가 없는 것은 알 수 없다. 무와 유에 빠져있는 자들이 어찌 이러한 경지에 이를 수 있겠는가?" (지북유)[73]

---

73 "光曜問乎无有曰 夫子有乎 其无有乎 无有弗應也 光曜不得問 而孰視其狀貌 窅然空然 終日視之而不見 聽之而不聞 博之而不得也 光曜曰 至矣 其孰能至此乎 予能有无矣 而

우리가 무유라는 인물을 도에 관한 의인화로 이해하면, 위 이야기는 우화로 읽는 형이상학적 텍스트가 된다. 무유는 그 이름처럼 없음과 있음을 겸하는 도를 가리킨다. 보다 근원적 차원에서 도는 무에 해당하지만, 한편 그것은 유의 발출 근거이기도 하다. 그런데 "있느냐? 없느냐?" 하는 물음을 제기할 경우, 도는 응답하지 않는다. 그리고 아무것도 보이지 않고 아무 말도 건네지 않는다. 공을 말하는 불교의 중도나 불이사상처럼, 노장철학도 무를 절대무로 설명하면서도 또 한편 완전히 없는 것을 의미하지 않는다. 즉, 무위가 아무것도 하지 않는 것을 의미하지 않듯이, 무 역시 아무것도 없음을 의미하는 것이 아니다. 불교에서 '진공묘유眞空妙有', 즉 "참된 공은 묘하게 존재한다"고 했고 "형상이 있는 것은 곧 공이고, 공은 곧 형상이 있는 것色卽是空 空卽是色"이라고 했듯이, '없음으로 있고, 있음으로 없는' 실재가 노장의 도다.

이제 도와 혼돈의 관계를 살펴보기로 한다. 우리의 세계에는 정밀한 질서가 있는 듯하지만, 다른 한편으로 불가해한 혼돈이 존재한다. 가령 현대 이론물리학계에서도 뇌신경학계에서도 결정론과 비결정론 사이에 논쟁을 끝내지 못하고 있다. 철학계에서도 결정론과 우연론, 신학계에서도 예정론과 자유의지론 사이 명쾌한 답을 내리지 못하고 있다. 우주도 일견 질서정연해 보이지만 구체적으로 관찰하자면 꼭 그렇지만도 않다. 가령 행성들은 오차 없이 정확히 공전하고 있는 듯 보이는 한편, 불규칙적으로 지구 위로 운석들이 떨어진다. 4계절은 규칙적으로 순환하는 한편, 태풍이나 가뭄 따위는 불규칙적으로 발생한다. 기상청에 슈퍼컴퓨터를 들여놓고도 전문가들은 고작 몇 시간 후의 날씨를 정확하게 예측하지 못한다. 앞으로 컴퓨터와 시뮬레이션 기술이 발달함

未能无无也 及爲无有矣 何從至此哉."

에 따라 기상예보가 전보다 정교해질 수 있겠으나, 끝끝내 인간은 천기天氣의 불규칙성을 따라잡는 데에는 한계가 있을 것이다. 관측 가능한 우리 우주에 '숨겨진 질서'(implicit order)가 있다고 주장하는 이론물리학의 가설까지 고려한다면, 과연 세계가 인간이 신뢰할 질서정연한 결정론에 의거한다고 단정하기가 더더욱 어려워진다.

최소한 우리는 현상의 우주에 질서와 혼돈이 병존한다고 보아야 할 것이다. 고전 물리학이 가리키는 바는 우리 우주가 제법 질서정연하다는 점인데, 양자물리학이 밝힌 "미시 세계의 우주는 그야말로 혼돈과 광란의 도가니 그 자체다."[74] 그렇듯 우리가 세계를 알면 알수록 혼돈의 현실을 부정하기가 특히 어렵다. 인간의 실존 및 인간의 역사 가운데 발생하는 혼란은 또 어떠한가? 개인에게나 공동체에나 예기치 못한 상황에 갑작스럽게 엄습하는 사건, 상실, 죽음, 재난 등은 힘겨운 삶 위에 더 큰 고난을 더한다. 그러니 혼돈을 선호할 인생은 없다. 그리고 대다수 생명체에게 있어서도 마찬가지다. 우주가 생명을 내고 기른다 하더라도, 우주는 개체들에게 반드시 우호적이지 않다. 실제로 현대 과학은 우주가 생명을 생성하기 위해 설계되어 있지 않고, 인간을 비롯한 모든 생명체에 무관심하거나 적대적이라는 국면도 주장한다.[75]

혼돈에 관한 주제를 인간의 정신으로 가져와 보자. 모든 문명권에서 추앙되는 고상한 인격이란 곧 교양과 예절로 수양된 인격이다. 그리고 그것은 갖은 감정적 동요가 없는 평정심과 항상성을 지녔을 때 빛을 발한다. 예법을 중시하는 유가에서도 '희노애락애오욕喜怒哀樂愛惡欲'의 칠정七情을 경계했던 까닭도 거기에 있다. 그리하여 유교의 군자는 감정을 적나라하게 표현하는 것을 삼간다. 오늘날에도 모든 종교인, 모든 성직

---

74 브라이언 그린/박병철 역, 『엘러건트 유니버스』(서울: 승산, 2005), 197.

75 James Jeans, *The Mysterious Universe* (New York: Macmillan, 1948), 15-16.

자에게 있어 단정한 인격은 수양의 척도가 되고 난잡한 인격은 범속함의 증거가 된다. 그리고 대개 고등종교의 제례나 전례典禮는 정교하게 짜여진 절차와 질서에 따라 진행되어야 한다.

그런데 도가사상은 혼돈이 질서에 앞설 뿐만 아니라 우주 실재의 본질이며 궁극적인 도의 본성이라고 본다. 반면에 질서는 그저 인간이 요청하는 가치라는 점을 암시한다. 앞서 언급했듯이 순환과 주기를 지키는 듯한 자연현상도 때때로 인간에게 불가해한 무질서를 보인다. 20세기에 시작된 양자역학은 만물의 기초를 이루는 것들은 이미 불확정적이고 확률적이라는 사실을 입증했다. 어떻게 보면 이러한 혼돈은 우주가 지닌 생기발랄한 모습 자체다. 노장사상에 적용하자면, 그것은 도의 민낯이라고 말할 수 있을 것이다. 노자 『도덕경』 25장을 보자.

> 천지가 생기기 전 모든 것이 섞여 있었다[混成]. 고요하고 비어 있었고 홀로 존재하면서 변하지 않았다. 두루 행하나 지치지 않으니, 천하의 어머니라고 할 수 있다. 나는 그 이름을 알지 못한다. 억지로 '도'라고 쓰고 억지로 이름 붙여 '크다'라고 한다. (중략) 사람은 하늘을 본받고 땅은 하늘을 본받고 하늘은 도를 본받고 도는 스스로 그러함을 본받는다.[76]

위의 문장들을 추론하자면 도가 본받는 '스스로 그러함'[自然]에는 혼돈이 더불어 있다고 해석할 수 있다. 즉, 인식 불가능한 도의 정체는 간혹 인간에게 혼돈으로 현상된다. 만약 도의 질서를 추정할 수 있다면, 이미 인간 측에서 도를 합리적으로 수용할 가능성이 있다는 방증이다.

---

[76] "有物混成 先天地生 寂兮寥兮 獨立不改 周行而不殆 可以爲天下母. 吾不知其名 字之曰道 强爲之名曰大 大曰逝 逝曰遠 遠曰反 故道大 天大 地大 王亦大 域中有四大 而王居其一焉 人法地 地法天 天法道 道法自然."

그러나 그것은 결코 가능하지 않다.

인간은 변화무쌍하고 압도적인 혼돈에 맞서 이름을 붙이고, 질서를 부여하고, 양적으로 파악하여 개념화하고 지식과 정보를 축적하려 한다. 말하자면 '스스로 그러함'을 점거하고 지배하려는 것이다. 그러나 종교적 혜안으로 보자면 우리는 세계 자체가 불가해한 혼돈과 이율배반의 신비로 점철되어 있음을 각성하게 된다. 노자와 장자는 인류 문명이 이 진실에 다가가도록 돕는다. 그리하여 그 자신이 혼돈에 처해 있거나 혼돈에 부대끼며 사는 군상들, 즉 어린아이, 여자, 꼽추, 난쟁이, 외발이, 추남, 광인狂人 등 이른바 주변부에 소외된 사람들이 오히려 자연에 가까운 삶을 살고 있다고 주장한다. 왜냐하면 이러한 사람들은 도의 본질을 자신의 실존으로 살아내는 사람이기 때문이다. 장자의 『내편』은 마침내 아래와 같이 혼돈에 관한 우언으로 마친다.

남해의 제왕을 숙이라고 하고, 북해의 제왕을 홀이라고 하고, 중앙의 임금을 혼돈이라고 한다. 숙과 홀이 서로 시간을 들여 혼돈의 땅에서 만났다. 혼돈이 그들을 아주 좋게 대접하여 숙과 홀은 혼돈의 덕을 보답하기 위해 모의하기를, "사람은 모두 일곱 개의 구멍이 있어 보고 듣고 먹고 숨 쉬는데 (이 혼돈만 그것들이) 유독 있지 않다. 시험 삼아 그것에 구멍을 뚫어보자"고 했다. 하루에 하나의 구멍을 뚫었는데 일곱 날이 지나 혼돈은 죽고 말았다.[77]

여기에서 장자는 세계의 실제란 혼돈과 모순을 배제할 수 없음을

---

[77] "南海之帝爲儵 北海之帝爲忽 中央之帝爲渾沌 儵與忽時相與遇于渾沌之地 渾沌待之甚厚 儵與忽謀報渾沌之德 曰 人皆有七竅以視聽食息 此獨無有 嘗試鑿之 一日鑿一竅 七日而渾沌死."

극적으로 형상화했다. 대중들이 용인하기에 어렵지만, 종교적으로 명석한 자라면 이러한 국면을 그대로 받아들일 경우 부조리한 세계와 화해를 이룰 수 있다. 참된 도란 모순되는 것들이 양립하면서도 하나가 되는 것이기 때문이다. 단견으로 분별한 것들이 막상 근원적으로 하나임을 이해하며 그저 '여여如如하게', 즉 '있는 그대로' 용납하라는 것이 노장이 제시하는 지혜로운 길이다. 기실 불교에서도 인간의 얄팍한 '알음알이'로 사물과 현상을 재단하는 것을 자신과 세상을 해치는 미망迷妄이라 하여 경계한다. 혼돈은 도와 만물이 지닌 자연스러운 여여한 본성이다. 그런데 거기에다가 인식과 판단을 가하기 위해 인위적으로, 작위적으로 질서의 구멍을 뚫어버리니 혼돈이 죽을 수밖에 없던 것이다. 본문에서 묘사된 일곱 구멍이란 눈·코·귀·입 등의 감각기관을 뜻할 뿐만 아니라 이성적 판단을 위한 지각 능력까지 포함한다.

마지막으로 장자가 지닌 가장 중요한 주제인 자유에 대해 살펴본다. 종교상 자유는 구원과 동의어이다. 그렇다면 노자와 장자는 자유를 어떻게 얻을 수 있다고 볼까? 『장자』의 「추수秋水」편에는 한 국가의 고위 관료가 되느니 "살아서 진흙 속에 꼬리를 끌며 다니고 싶어 했던 거북이"처럼 재야에서 낚시나 하는 삶이 더 자유로운 삶이라고 우연한 바 있다. 사회심리학자 에리히 프롬(Erich Fromm)의 진단처럼, 소유가 존재의 자유와 기쁨을 보장하지 않는다는 사실을 일찍이 노자와 장자는 간파한 것이다.

그렇다면 인생을 끊임없이 괴롭히는 불안과 공포로부터 인생은 어떻게 탈출할 수 있을까? 모든 불안과 번민의 뿌리는 죽음에 맞닿아 있지 않던가? 그 죽음에 대해 두려움을 느끼지 않는다면 인생이 짊어진 고난의 무게 가운데 상당 부분이 경감되는 것이다. 이에 관련하여 노자의 도덕경은 이렇게 쓰고 있다.

(사람은) 삶으로 나와 죽음으로 들어간다. 산 무리가 열에 셋이고, 죽는 무리가 열에 셋이고, 살다가 죽을 자리로 이동 중인 사람도 역시 열에 셋이다. 왜 그러할까? 살고 또 살려고 하는 집착이 두텁기 때문이다. 대개 섭생을 잘하는 자는 뭍으로 다녀도 외뿔들소나 호랑이를 만나지 않고, 군대에 들어가도 갑옷과 무기를 착용하지 않으니, 외뿔들소의 뿔이 받힐 일이 없고 호랑이의 발톱에 당할 일이 없고, 병기에 베일 일이 없다. 왜 그러할까? 그에게 (딱히) 죽을 자리가 없기 때문이다. (50장)[78]

노자는 섭생攝生, 즉 오래 살기를 꾀하는 일이란 도리어 '살고 또 살고자 하는' 두터운 집착을 내려놓는 일이라고 제안한다. 장자의 「대종사」편에 나온 진인처럼 "그 태어남을 기뻐하지 않고 그 돌아감을 거부하지 않는"[79] 자세로써 살아남기만을 꾀하지 않고 죽음을 꺼리지 않는 마음이 오히려 위험을 피할 수 있는 방도라고 말한다. 사실 죽으나 사나 마찬가지인 자에게 죽을 자리 또는 죽을 때라는 것 자체가 있을 수 없다. 바울이 "나는 날마다 죽노라"고 고백했던 것처럼(고전 15:31), 살아있어도 매 순간 죽고 있으며, 사는 것이나 죽는 것이 마찬가지라고 생각하며 죽음도 불사하는 자에게는 죽을 위협이나 위험은 크게 문제가 되지 않는다. 이처럼 대자유는 죽음과 고통을 불사不辭할 수 있는 영성에서 온다. 이것이 말처럼 쉬운 것은 아니지만, 고대의 모든 종교의 현자들이 한결같이 이 역설적 진실을 보았다.

---

78 "出生入死 生之徒十有三 死之徒十有三 人之生動之死地 十有三 夫何故 以其生生之厚 蓋聞善攝生者 陸行不遇兕虎 入軍不被甲兵 兕無所投其角 虎無所措其爪 兵無所容其刃 夫何故 以其無死地."
79 "其出不訴 其入不距."

III. 유교(성리학)

"궁극의 이론은 장(field)이나 시공(時空)이 아닌 정보로 설명할 수 있어야 한다."

_ 야콥 베켄슈타인

유교는 2천 년간 동아시아의 문명을 지배한 고대 사상으로서 춘추시대의 중국 산동성에서 태어난 공자孔子에 의해 개창되었다. 학자들은 공자의 생몰연대를 대략 BC 551~479년으로 추정한다. 그리고 노자가 실존 인물이라고 한다면 공자는 그보다 약간 늦게 태어난 것으로 보고 있다. 유교를 흔히 유학 또는 유가儒家라고 지칭하고, 공자의 후예인 맹자孟子를 아성亞聖으로 추앙하기에 그 둘을 함께 묶어 '공맹지교孔孟之敎'라고 일컫기도 한다.

모든 고대의 사상이나 종교가 그렇듯, 유교 또한 시대별로 큰 변화와 발전을 이루었고 후학들에 의해 정교하고 복잡한 이론들을 갖추어 나갔다. 본래 공자의 사상은 우주 본체의 원리를 해명하는 형이상학이라기보다 개인 수양, 생활 윤리, 정치, 교육 등에 집중한 현세적이고 실천적인 철학이었다. 그러므로 공자의 어록이나 초기유학을 살펴보자면, 무에 관한 이론이라고 특정할 내용이 없다.

그러나 송대宋代의 주희, 정호, 정이, 주돈이 등에 의해 재탄생한 신유학(성리학)에 있어서는 '무극無極'이라는 개념으로 본격적으로 다루어진다. 당나라 시기에 융성했던 불교를 타파하고 극복하기 위해 유교를 재정립하는 과정에서 형성된 것이 바로 성리학인데, 반박하고자 하는 불교의 체계를 염두에 두고 다듬어 나가서 그랬는지는 몰라도 여러 철학적 주제가 내용상 불교와 겹치는 것을 볼 수 있다.

1. 성리학의 무

　학자들은 고대 중국을 최초로 통일한 진秦나라 이전의 유학을 이른바 선진유학先秦儒學이라고 칭하는데, 공자·자사子思·맹자·순자 등 유가 성인들의 가르침에 충실한 초기 유학자들의 사상이라고 할 수 있다. 그런데 천년이 지나 송대에 출현한 신유학은 그 성격이 선진유학과 매우 달랐다. 이 신유학을 주로 성리학이라고 칭하며 또한 주자학朱子學, 이학理學, 정주학程朱學이라고 한다. 이 중 정주학은 성리학을 실질적으로 수립한 정호(정명도)·정이(정이천) 형제와 주희(주자)의 성姓을 딴 호칭이다. 그 외에 성리학의 형성과 발전에 영향을 미친 학자들로서 소옹(소강절), 주돈이(주렴계), 장재(장횡거) 등이 있다. 초기 성리학자들은 고대로부터 전수된 철학 개념인 태극·이·기·태극·음양·오행五行 등을 심화시켜 우주의 발생과 운행을 해명했고, 이것들을 근거로 인간의 성정을 규정하고 도덕 실천 방안을 제시하고자 했다.

　성리학은 고대 그리스의 자연철학과 유사하게 어떤 근본 이치로 우주가 조성되었는지, 사물의 근본 질료가 무엇인지 집요하게 궁구했다. 사물을 깊이 살펴 지식을 확고하게 한다는, 이른바 '격물치지格物致知'의 기획을 지녔기에 실질적으로 성리학은 윤리학에 자연학을 겸하고 있었다. 현대 과학의 견지에서 성리학자들의 이론들을 판단하자면 실험적 근거가 부족하고 다소 황당무계하지만, 그들은 나름대로 이론적 정합성을 구축하기 위해 힘썼다는 사실만큼은 분명하다. 그리고 기본적 착안점에 있어서 현대물리학과 상통하는 측면도 없지 않은데, 이에 대해서는 차차 다루도록 하겠다.

앞서 살폈듯 무를 논함에 있어 불교와 도교는 그에 관한 명확한 인지와 언표가 불가능하다고 보고, 특히 불교는 사물의 실재성[自性] 자체도 부정한다. 반면에 성리학은 그것들이 가능하다고 보는 입장에 선다. 즉, 성리학은 존재의 근원, 궁극적 실재로서 태극이 곧 무극이라고 상정하고 귀납과 추론을 통해 이를 해명해 가며 다양한 방식으로 이론화한다. 그리스도교 신학의 입장에서 성리학을 평가하자면, 적극적으로 '긍정의 길'(via positiva)을 걸어 나간다고 할 수 있다. 이러한 태도는 유교의 '격물格物' 및 '궁리窮理'와 같은 방법론에 잘 드러나는데, 여기에는 인간이 객관적으로 존재하는 궁극적 실재에 대해 인식할 수 있으며 말할 수 있다는 신념을 시사한다.

주희에 의하면 '격물'은 "사물로 나아가 그 이치를 궁구한다"[卽物而窮其理]는 의미다. '궁리'도 외적으로 넓게 사물의 이치를 궁구하여 정확한 지식을 얻는 것 또는 그것을 위해 사리를 깊이 연구하는 일을 뜻한다. 성리학자들은 형체가 있는 사물뿐만 아니라 형체가 없는 것들도 합리적으로 설명될 수 있다고 믿었다. 주희는 「대학장구서大學章句序」를 쓸 때 무에 대한 잘못된 교설을 전하는 도교와 불교를 지목하여 "이단의 허무虛無·적멸寂滅의 가르침은 그 높음이 『대학大學』보다 더하였으나 실체가 없었다"[1]고 비판한 바 있다. 다시 말해 그 철학적 수준이 매우 높을지라도, 한마디로 도교는 허무한 종교이고 불교는 적멸(죽음)의 종교라는 것이다. 이는 성리학이 다른 사상적 전통처럼 '공허'만을 숭앙하거나 긍정하는 입장이 아님을 방증하는 사례다. 물론 이러한 평가는 주희를 비롯한 성리학자들이 도교와 불교의 사상을 의도적으로 폄하했기에 가능한 말이기도 하다.

---

1 "異端虛無寂滅之敎 其高過於大學而無實."

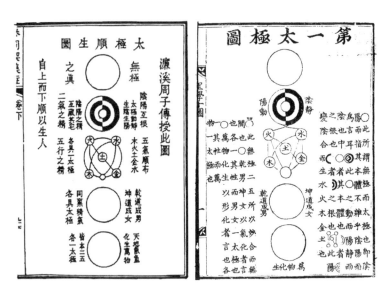

〈참고 자료 4〉 태극도설

　　성리학을 본격적으로 이해하기 위해 우선 태극 그리고 이와 기의 개념과 상호관계를 알아볼 필요가 있다. 성리학자들이 매우 중시하며 자주 인용하는바, 만물의 근원과 조성에 관한 대표적인 전거典據는 바로 주돈이가 지은 「태극도설太極圖說」이다. 실질적으로 주돈이는 신유학의 형성에 매우 큰 영향을 미친 유학자다. 장재, 정호와 정이 형제 그리고 성리학의 개창자인 주희도 주돈이에게 사상적으로 큰 빚을 지고 있다. 비록 「태극도설」은 249자字로 작성된 짧은 글이지만, 초기 성리학자뿐 아니라 이후의 수많은 유생 그리고 이황을 비롯한 조선조 유학자들도 이에 큰 영향을 받아 태극도설을 근거로 자신의 사상을 정립하고 주장했다.

　　주돈이의 「태극도설」의 첫 구절은 "무극이면서 태극"[無極而太極]이라고 시작된다. 여기에서 '무극'이라는 어휘는 처음으로 『도덕경』 28장에 나오고 『춘추좌씨전』, 『장자』, 『열자』 등에도 등장하지만, 본격적으로 깊이 다루어진 텍스트가 바로 이 태극도설이다. 그리고 태극도설에서 향후 수 세기 동안 동아시아 형이상학을 지배했던 중요한 개념이 제기되었다. 또한 "무극이면서 태극"이라는 표현은 (송대 신유학의 발흥 시기보다 1500년 앞선 시기부터 유가나 도가를 막론하고 존중했던) 『주역』의 「계사전」의 구절, "역易에 태극이 있으니, 이것이 양의兩儀를 낳고, 양의가 사상四象을 낳고, 사상이 팔괘八卦를 낳으니, 팔괘가 길흉을 정하고, 길흉이 대업을 낳는다"(11장)[2] 하는 대목과 노자 『도덕경』 40장의 구절, "천하 만물은 유에서 생겨나고, 유는 무에서 생겨났다"[天下萬物生於有, 有生於無]라는 대목과 유사하다.

그런데 주희는 '무극'의 '무'를 형체·소리·냄새·방향 등이 없다는 뜻으로 이해하며 무극과 태극을 '무형이유리無形而有理', 즉 '형체가 없으나 이치는 있는 것'이라고 해석했다. 또한 태극의 '극'이란 '지극至極'이라는 뜻이기에 우리가 이를 무극이라고만 하면 '공적空寂'(공허와 적멸)으로 빠져서 만물의 근원이 될 수 없고, 태극이라고만 하면 '일물一物'(일종의 사물)처럼 오인될 소지가 있다고 하여 결론적으로 '무극이태극'을 본체本體의 서로 다른 면으로 설명했다. 이에 관련하여 태극도설 가운데 주목할 부분은 아래와 같다.

무극이면서 태극이다. 태극은 운동하여 양을 낳고 운동이 극에 달하면 고요에 이르고 고요로써 음을 낳는다. 고요의 상태가 지극하면 다시 운동하게 된다. 한 번 운동하고 한 번 고요한 것이 서로 그 뿌리가 되어 음과 양으로 나뉘어, 양의(兩儀, 음과 양을 통틀어 칭하는 말)가 되어 맞선다. 양(陽)이 변하고 음(陰)이 합하여 수(水), 화(火), 목(木), 금(金), 토(土)를 낳는데, 이

---

2 "易有太極 是生兩儀 兩儀生四象 四象生八卦 八卦定吉凶 吉凶生大業."

다섯 가지 기(五氣)가 순차로 퍼져 네 계절(四時)이 돌아가게 된다. 오행은 하나의 음양이고, 음양은 하나의 태극이며 태극은 본래 무극이다.[3]

이와 같이 주돈이는 『주역』의 계사전을 원용하되, 그 가운데 사상팔괘四象八卦를 오행으로 변용하고 있음을 볼 수 있다. 그런데 주희는 주돈이의 "무극이 곧 태극"이라는 주장에 대해 다음과 같이 주를 달았다.

무극은 다만 지극함(궁극)이므로, 가는 곳이 없다. 지극히 높고, 지극히 묘하고, 지극히 깨끗하고, 지극히 신비로우므로 가는 곳이 없다. 염계(주돈이)는 사람들이 태극에 형체가 있다고 말하는 것을 꺼려서 무극이면서 태극이라고 말했다.[4]

무극과 태극이 같은 것이라고 긍정한 주희는 다른 본문에서 태극을 이理로 동일시했다. 대표적으로 "태극은 다만 천지만물의 이"[5]라고 했고 또 "운동과 고요함이 있기 위해서는 반드시 운동과 고요함의 원인이 되는 이理가 있어야 한다. 이것이 곧 태극"[6]이라고 쓴 사례가 있는 것이다. 말하자면 주희는 무극·태극·이를 같은 것으로 보았고, 곧 이 셋을 형이상학적 근본원리로 규정한 것이다.

기본적으로 성리학은 만물의 발생에 있어 두 요건으로 꼽는데,

---

3 "無極而太極 太極動而生陽 動極而靜 靜而生陰 靜極復動 一動一靜 互爲其根 分陰分陽 兩儀立焉 陽變陰合 而生水火木金土 五氣順布 四時行焉 五行一陰陽也 陰陽一太極也 太極本無極也."

4 "無極 只是極至 更無去處了 至高至妙 至精至神 是沒去處 濂溪恐人道太極有形 故曰無極而太極." 『朱子語類』, 券 94.

5 "太極只是天地萬物之理." 『朱子語類』, 卷1.

6 "其動其靜則必有所以動靜之理 是則所謂太極也." 『性理大全』, 卷1, 太極圖의 주(注).

그것이 이와 기다. 그런데 이가 만물을 생성·운행하는 원리라면, 기는 만물의 물질적 형체를 구성하는 원질原質이라고 할 수 있다. 이 관계에 대해 주희는 다음과 같이 요약했다.

> 하늘과 땅 사이에 이가 있고 기가 있다. 이(理)라는 것은 형이상(形而上)의 도(道)이며 만물을 생성하는 근본이다. 기라는 것은 형이하(形而下)의 그릇(器)이며 만물을 생성하는 재료(具)다. 그러므로 인간과 만물이 생성될 때 반드시 이(理)를 품수한 연후에야 본성을 가지며, 기를 품수한 연후에야 형태를 갖는다.[7]

위의 인용문은 이를 '형이상의 도'[形而上之道]라고 밝히고 있다. 이처럼 주희 이래 거의 모든 성리학자에게 있어서 이는 형체나 물질을 주관하며 그것들에 내재한 '법칙'이다. 인간의 본래적 성품과 윤리도 바로 이 존재의 법칙을 근거로 한다. 말하자면 이는 자연의 질서이면서 동시에 실천의 원칙이다. 이러한 점은 자연 질서를 곧 인간 실천의 원칙으로 보지 않는 그리스도교의 계시와 다른 특징이다.

다른 한편 기는 만물을 구성하는 내재적 재료로서 모이고, 응축되고, 생성되고, 변화되고, 소멸되고, 흩어지면서 물적 우주를 이룬다. 그런데 기가 아무렇게나 모이고 흩어지는 것이 아니다. 기가 만물을 구성하고 운행하게 하는 일에는 분명한 법칙이 주재하는데, 곧 그것이 바로 이인 것이다. 이러한 관계에 대해 주희는 다음과 같이 정리했다.

> 기는 그 작용을 위하여 이에 의존하는 것 같다. 그리하여 기가 모이고 흩어

---

7 "天地之間 有理有氣 理也者 形而上之道也 生物之本也 氣也者 形而下之氣也 生物之具也 是以人物之生 必稟此理 然後有生 必稟此氣 然後有形." 『朱子文集』, 卷58, 答黃道夫書.

지고 할 때 이도 역시 거기에 있다. 대개 기는 응결하여 사물을 만들 수 있는 데 반해, 이는 감정도 없고 사려도 없고 짓고 만드는 일도 없다. 단지 기가 모여 있는 곳이면 이가 그 속에 있을 뿐이다. (중략) 이는 단지 깨끗하고 텅 빈 넓은 세계로서 형태나 흔적도 없고 짓고 만들지 않는다. 그러나 기는 한 데 엉겨 모여 사물을 생성시킨다. 그러나 기가 있으면 이도 곧 그 가운데에 있다.[8]

이상과 같이 성리학이 해명하는 사물의 발생은 이기理氣의 불가분의 관계를 근거로 하고 있다. 특히 주희는 이가 각 사물의 본래적 성품으로 품수稟受(선천적으로 타고남)되었다면 그것을 두고 '성性'이라고 칭했다. 그리하여 정이가 '성은 곧 이'性卽理라 주장한 내용을 주희가 다시 지지하면서 '성리학性理學'이라는 명칭이 생긴 것이다. 다음 인용문은 성과 이 사이의 관계를 하늘의 달과 땅의 강과 호수들을 통해 쉽게 비유하고 있는 대목이다.

본래 단지 하나의 태극이다. 그런데 만물이 제각기 타고난 것이 있으니 또 그 각각이 하나의 태극을 온전히 갖추고 있을 뿐이다. 마치 하늘에 있는 달은 오직 하나뿐이지만, 강과 호수에 흩어져 있어 가는 곳마다 보인다고 하여 달이 나뉘어졌다고 일컬을 수는 없는 것이다.[9]

---

8 "疑此氣是依傍這理行 及此氣之聚 則理亦在焉 蓋氣則能凝結造作 理却無情意 無計度 無造作(중략) 若理則只是個淨潔空闊的世界 無形迹 他却不會造作 氣則能醞釀凝聚生物也 但有此氣 則理便在其中."『朱子語類』, 卷1. 번역은 다음을 인용하였다. 주희/허탁 역주, 『주자어류 1』(서울: 청계, 1998), 97.

9 "本只是一太極 而萬物各有稟受 又自各全具一太極爾 如月在天 只一而已 及散在江湖 則隨處而見 不可謂月已分也."『朱子語類』, 卷94.

요약하자면 주희에게 있어서 궁극적 실재란 곧 만물을 생성·주재·운행하는 '이理'이고, 그 이는 '무극'으로서 끝이 없는 무한자이며 '태극'으로서 거대한 궁극자다. 그러니까 주희가 집대성한 성리학의 체계에서 도는 곧 태극 또는 무극이며 이라는 연관을 갖는다.

이와 기의 관계를 구체적으로 알아보자. 모든 작은 미물로부터 인간과 천체에 이르기까지 이가 다스린다. 그래서 '다스릴 이/리理'라고 새기는 것이다. 비물질적 법칙이기에 흔히 "소리와 냄새가 없고, 부피가 없고, 겉과 속이 없고, 감정과 뜻도 없고, 측량될 것도 없고, 조작도 없다"[10]고 설명된다. 이러한 내용은 고대로부터 감각적으로 경험될 수 없고 관측될 수 없는 초월적인 실재인 도, 태극, 천天 등의 형이상자形而上者[11]에 관해 공통적으로 상정되는 것이기도 하다. 간혹 인격적 존재자처럼 언급되기도 하지만, 대개 사물의 생성 원인과 세계의 필연적 이치나 법칙으로 설명된다.

그런데 이에는 두 가지 차원의 근거가 내재한다. 그 하나는 현상세계에 존재하는 것들이 조성되고 변화하고 운행하는 질서를 제공하는 궁극적 실재로서 '그렇게 되는 까닭'인 '소이연所以然' 또는 '소이연지고所以然之故'이다. 그리고 다른 하나는 사물과 인간이 '마땅히 그래야 하는 준칙'인 '소당연所當然' 또는 '소당연지칙所當然之則'이다. 이렇게 이는 자연적 원리일 뿐만 아니라 동시에 실천적·도덕적 원리가 된다. 그러므로 유신론자들이 인격신을 간절히 예배했던 것처럼 성리학의 유생들이 이를 얼마나 숭상했을지 우리는 어렵지 않게 추측할 수 있다.

본래 '氣'는 밥을 지을 때 김이 모락모락 올라가는 모습을 표현한

---

10 "無聲臭 無方體 無內外 無情意 無計度 無造作."

11 주역의 「계사전」의 "형이상자를 일컬어 도라고 하고, 형이하자를 일컬어 기라고 한다"(形而上者 謂之道 形而下者 謂之器)라는 대목에서 유래하는 말이다.

상형문자로서 공기의 흐름이나 구름을 뜻했다. 숨·공기·바람·기체 등에는 보이지 않으면서 작용하는 힘이 있다고 간주되었기에, 훗날 '눈에는 보이지 않으나 작용하는 기운' 따위를 통칭했다. 그 구체적인 운행 양태는 '모이고 흩어지고 굽히고 펴지고'[聚散屈伸] 또 '날고 뛰는' [其飛其躍] 것 등이었다. 현대에 이르러서도 '전기電氣'나 '자기磁氣' 등의 용례에서처럼, 과학이 발달함에 따라 규명되는 다양한 힘과 현상을 설명하는 개념에도 응용되고 있다. 그리고 논자에 따라 기가 현대적 개념의 '에너지' 또는 '장場'(field)과 유사하다고 설명하기도 한다. 요컨대 기라고 하는 것은 물질의 원료이면서도 응축되지 않으면 형상이 없고, 만질 수 없고, 잡아 담을 수 없다. 그리고 보이지 않는 힘으로서 생명으로 부터 구체적인 사물에 이르기까지 물질계를 구성하면서 생성·소멸하는 순환운동 중에 있다.

만물을 이루는 물질적 근거가 기이지만, 적지 않은 성리학자들은 기보다 이에 대한 편향된 선호가 있었다. 주희 이래로 이와 기를 대등하게 보지 않는 관점 때문이었다. 강직한 도덕주의자라고 할 수 있는 주희는 변질되지 않는 비물질적인 법칙이자, 잡스러운 변덕과 감정이 없는 이가 도덕 원칙으로서 완전하다고 생각했다. 반면에 기는 이를 "통하고 열게 하면서도 막고 가릴 수 있다"[通蔽開塞]고 추정했다. 말하자면 때때로 좋기도 하고 나쁘기도 하다는 뜻이다. 결국 성리학은 차츰 '본연지성本然之性'은 이로부터 오고, '기질지성氣質之性'은 기로부터 온다는 관점으로 흘러갔다. 여기서 본연지성은 보편적이고 근원적이므로 이에 가까운 성품이고, 기질지성은 기의 '통함과 막힘'[通塞], '치우침과 바름'[偏正], '맑음과 탁함'[淸濁], '아름다움과 추함'[美惡] 등의 편차로 인해 사물과 사람이 제각각 갖추게 된 개성과 감정이라 할 수 있다.

본래 성리학 태동기의 이기론理氣論은 기 자체를 열등한 것으로 인식하지 않았다. 고대로부터 전래한 중국 철학 전통은 오히려 기를 만물의 본원이자 재료로 규정한 반면, 이를 기가 대동하는 무형적 질서로 간주했다. 그러한 관념을 이어받아 성리학 초기에는 이와 기가 구별되고 그 역할이 다르지만 결코 서로 떨어질 수 없다는 이른바 '이기불상리理氣不相離' 및 '이기불상잡理氣不相雜'의 대전제를 지켰다. 즉, 이와 기는 따로 떼어놓을 수 없으나 서로 혼잡되지도 않는다는 교리였다. 이와 기는 둘이면서도 하나이고 하나이면서 둘이라 해서, '이이일二而一' 그리고 '일이이一而二'이라고 표현하기도 했다. 그러나 점차 성리학은 이를 격상시키면서 이理 일원론으로 나아갔다. 말하자면 성리학 내에서 이와 기의 균형으로부터 이 편중의 사유 전통으로 전회가 이루어진 것이다. 성리학을 연구하는 경우 이러한 궤적을 추적하는 작업이 중요한 관건이다.

2. 이기론이 유발하는 논쟁들

앞서 살펴본 것처럼 현상 세계를 이루는 요건으로서 이와 기는 나누어질 수 없다. 그러나 학구적인 유생들에게 있어, 특히 서구의 근대 문물이 전래되기 이전에 그 둘의 관계는 깊이 분석하고 해명해야 할 학문적 주제였다. 이와 기로써 만물 발생과 운행 그리고 인간의 성품을 해명하고자 했던 동북아시아의 이기론은 현재 우리의 시각에서 근거 없는 지적 유희나 허황한 장광설처럼 읽힐 수 있겠다. 그러나 이와 기를 마치 대수학代數學에서 수를 대신하여 잠정적이지만 요긴하게 사용하는 미지수나 부호처럼 받아들여 사유 실험을 해나간다면, 전적으로 무의미하지도 않고 무익하지도 않다. 그리고 이와 기에 관한 대의를 따라 읽고 이해하자면 여전히 우리 시대에서도 사유하고 연구할 주제들을 직면하게 된다.

　주희의 저작을 보자면 이와 기가 "하나이면서 둘이며, 둘이면서 하나"[一而二 二而一] 또는 "서로 섞이지 않고 서로 떨어지지 않는다"[不相雜 不相離] 하는 이기론상의 전제를 지키고자 했던 의도가 분명했다. 그런데 다른 한편으로 주희는 이가 기보다 앞서거나 우월한 것이라는 논지로 한 걸음 더 나아갔다. 즉, 주희는 태극도설의 첫 구절 "'무극이면서 태극'이라는 말은 아무것도 없는 가운데 지극한 이가 있다는 것"[12]이라고 해석하며, 형체가 없는 비물질의 이가 근원적 실재라고 시사한 것이다. 우선 앞서 인용한 것을 다시 한번 고찰해 본다.

> 하늘과 땅 사이에 이가 있고 기가 있다. 이(理)라는 것은 형이상(形而上)의 도(道)이며 만물을 생성하는 근본이다(인용자 강조). 기라는 것은 형이하(形而下)의 그릇(器)이며 만물을 생성하는 재료(具)다. 그러므로 인간과 만물이 생성될 때 반드시 이(理)를 품수한 연후에야 본성을 가지며, 기를 품수한 연후에야 형태를 갖는다.[13]

　고대로부터 중국인들은 만물을 구성하는 재료로서 기를 우주 생성의 근원과 근본적인 활력으로 간주했고, 태극마저 기, 특히 원기元氣로 이해했다. 대표적으로 후한 시대에 반고가 지은 『한서』 「율력지」나, 당나라 때 공영달이 지은 『주역정의』를 보자면 오히려 "태극은 천지가 분화하기 전의 원기를 말한다"[太極謂天地未分前之元氣]라고 적고 있다. 그렇듯 성리학 이전의 태극론 및 음양론이나 노장 계열의 본체론도

---

12 "曰 無極而太極 是無之中有箇至極之理." 『朱子語類』, 卷94.
13 "天地之間 有理有氣 理也者 形而上之道也 生物之本也 氣也者 形而下之器也 生物之具也 是以人物之生 必稟此理 然後有性 必稟此氣 然後有形." 『朱子文集』, 卷58, 答黃道夫書.

기를 위주로 사유하는 주기론主氣論에 가까웠다. 공자 이전에 형성된 『주역』에도 "한번 음이 되고 한번 양이 되는 것을 일러 도라고 한다[一陰 一陽之謂道]고 기록되어 있다. 이러한 자료들을 참고하자면, 세계는 음과 양이라는 '기'가 움직이고 정지함에 따라 생성과 변화를 이룬다는 내용의 우주관이 본래 우세했다고 평할 수 있다. 다시 말해 태극이 움직이면 양의 '기'가 되고, 태극이 멈추면 음의 '기'가 된다는 설명이며, 만물을 조성하고 운행하는 궁극적 원인은 '기'로서의 태극이라는 이론 이다. 태극에서 음양이라는 기가 생기고, 음양에서 오행이 생기고, 오행에서 만물이 생기는 과정은 곧 기가 전변轉變하며 이루어지는 일들 이다. 따라서 고대 동아시아의 형이상학 전통에서 이라는 것은 단지 기가 변화 · 운행되는 법칙과 질서였다.

그런데 송대 신유학에 와서는 이러한 기 중심의 세계관이 이 중심의 세계관으로 변천하기 시작했다. 물질이 아닌 원리 · 법칙이 오히려 존재의 근원이라는 우주론으로 나아가게 된 것이다. 주희에 의하면, 이에는 감정 · 사려 · 형태 · 흔적 · 조작造作이 없다.14 즉, 이란 비인격적 법칙이다. 기와 불가분의 관계에 있다고 하지만, 주희는 궁극적으로 이가 기에 우선하는 것으로 추정했다. 더욱이 극단적으로 가정하여 기가 없다고 해도 이만은 존재한다고 생각했다. 다음 인용문을 보자.

> 이와 기는 결단코 두 개의 어떤 것(二物)이다. 사물의 차원에서 보면 그 둘은 섞여 나누어지지 않은 채 각자가 한 곳에 있다. 그러나 그 둘은 각각 하나임 을 해치지 않는다. 만약 이의 차원에서 보면, 아직 사물이 없다 하더라도 사물의 이는 있다(인용자 강조). 그러한 고로 역시 단지 그 이만 있을 뿐, 이 사물이

---

14 "疑此氣是依傍這理行 及此氣之聚 則理亦在焉 蓋氣則能凝結造作 理却無情意 無計度 無造作." 『朱子語類』, 卷1; 주희/허탁 역주, 『주자어류 1』(서울: 청계, 1998), 97 참조.

실제로 있는 것은 아니다.[15]

위와 같이 주희는 이와 기의 불상리·불상잡을 말하면서도 다른 한편에서 이의 선재先在와 초월을 주장하여 후대 성리학에 혼선을 유발했다. 사실 그는 다른 저작인『주역집주周易集註』5장에서 "음양이 번갈아 운행하는 것이 기이고, 그 이理는 도라 하는 것"이라고 밝힌 바 있다. 즉, 선대의 이기론을 충실히 받아들인 셈이다. 그러나 간혹 주희는 부가적인 논리를 전개함에 있어서 이理 위주의 생각을 간헐적으로 드러내었다. 가령 그는 주돈이의 태극도설을 해석하면서 "'무극이면서 태극'이라는 말은 다만 형체가 없고 이가 있음을 말하는 것이다"[16], "아무것도 없는 가운데 지극한 이가 있다"[17] 하는 식으로 풀이하면서 이理를 궁극자로 보는 주리론主理論의 씨를 뿌린 것이다.

반면 주희의 해석으로 인해 주기론자들은 다음과 같은 의문을 품었을 것이다: "태극도설은 기가 움직임[動]과 고요[靜]를 지닌 물질임을 시사하는데, 그러한 기가 어떻게 이로부터 유래할 수 있단 말일까?" 또는 "기 없이 이는 어떤 방식으로 존재할 수 있을까?" 하는 식의 의문 말이다. 이가 선재한다는 논리가 물질주의의 견지에서 해석되자면 그야말로 무(이)로부터 물질(기)이 출현한다는 뜻이다. 그런데 이러한 이론은 그리스도교처럼 창조주를 인정하지 않는 성리학에서는 납득하기 힘든 가정이다. 태초부터 기가 이와 함께 영원히 혹은 무시간적으로 존재했다고 한다면 의문이 없겠는데, 물질의 근거인 기가 이로부터

---

15 "所謂理與氣 此決是二物 但在物上看 則二物渾淪不可分開各在一處 然不害二物之各 爲一物也 若在理上看 則雖未有物 而已有物之理 然亦但有其理而已 未嘗實有是物也." 『朱子文集』, 卷46, 答劉叔文.

16 "無極而太極 只是說無形而有理."『朱子語類』, 卷94.

17 "曰 無極而太極, 是無之中有箇至極之理."『朱子語類』, 卷 94.

어떻게 출현하는지 설명할 방도가 없는 것이다. 물질 없이 물리법칙이 있을 수 없듯, 기 없이 이가 존재한다는 관념론적 도식은 오랫동안 기 중심의 세계관을 지녔던 식자들이 받아들이기 어려웠다. 실제로 기 중심의 전통적 존재론은 일종의 유물론이었기 때문이다.

주리론자들은 이의 우위성을 인성론 및 가치론에까지 적용하고자 했다. 그리하여 인간 내면의 고매한 성性은 이로 말미암고, 잡다한 감정이나 욕망은 기로 말미암았다고 구별했다. 특히 성리학을 국시로 삼은 조선에서는 주자의 주리론적 경향을 보다 심화시킨 사례가 나타났다. 그 대표적인 당사자가 바로 영남학파의 퇴계 이황이다. "리理 밖에는 기가 없고 기 밖에는 리가 없으니 진실로 잠깐이라도 떨어질 수 없으나, 그 분수인즉 또한 서로 섞이어 분별이 없을 수 없다"[18]고 쓰기도 했으니, 사실 이황에게 '불상리·불상잡'에 관한 의식이 없던 것은 아니었다.

그러나 이황은 주돈이의 태극도설의 둘째 구절, "태극은 운동하여 양을 낳고 운동이 극에 달하면 고요에 이르고 고요로써 음을 낳는다"는 부분을 극단적으로 해석했다. 즉, 이황은 운동과 고요 모두가 태극, 곧 이理 자체의 것이라고 보며 "태극에 동정動靜(운동과 고요)이 있음은 태극이 스스로 운동하고 정지하는 것"[19]이라고 말한 것이었다. 그리고 이와 기가 나뉘지 않는다(함께 한다)는 원칙에서 벗어나 기에 앞서는 이의 선재성을 다음과 같이 주장했다.

주자가 말하기를 "리(理)는 정의(情意)도 조작(造作)도 없다" 하였는데, 이미 정의도 조작도 없다면 또한 음과 양도 낳지 못할 것입니다. 그러나 만약에 낳을 수 있다고 말한다면, 이것은 애당초에는 기가 없었으나 일단 태극

---

18 『국역 퇴계집 II』(서울: 민족문화추진회, 1977), 58.
19 『국역 퇴계집 I』, 224.

이 음과 양을 낳은 연후에 그 기가 비로소 있게 된 것이 아닙니까?[20]

곧 이 말은 이가 기를 낳았다고 해석되는 대범한 주장이었다. 이황은 우주의 궁극적 본체로서의 이를 주장할 뿐만 아니라 기의 속성인 활동과 기능성[用]까지 이로 수렴하려 했다. 중국 철학의 전통에서 만물의 본체를 대개 기로 간주했다는 사실 혹은 기와 이의 '불상리'로 설명되었다는 사실을 고려하자면, 조선의 이황은 현저하게 주리론의 방향으로 나간 것이었다. 다시 다음 인용문을 보자.

주자가 일찌기 말하기를 "리에 동과 정이 있으므로, 기에 동정이 있는 것이다. 만약에 리에 동정이 없으면 기에 어찌 스스로 동과 정이 있으랴"[21]하였으니, 이것을 알게 되면 이러한 의심이 없을 것입니다. 대저 정의(情意, 감정과 뜻_ 인용자 주)가 없다고 한 것은, 본연의 체(體)가 능히 발하고 능히 낳는다는 지극히 묘한 작용(用)을 말한 것입니다. 리에 스스로 작용(用)이 있는지라, 자연히 양을 낳고 음을 낳는 것입니다.[22]

이렇게 이에 활동이 있다고 주장하는 것은 기의 특성을 아예 이에게로 가져오는 셈이다. 본래 이는 형체·물질·운동과 무관한 관념적·추상적 원리였던 반면, 형체·물질·운동은 오히려 기의 결과나 작용들이었기 때문이다.

이황처럼 주희의 이론에 영향을 받은 후학들은 인간의 성정론性情論 또는 심성론心性論에 있어서도 이를 우월한 것으로 보는 관점을 견지했다.

---

20 앞의 책, 389.
21 "理有動靜 故氣有動靜 若理無動靜 則氣何自而有動靜乎."『朱子全書』, 卷56, 答鄭子上.
22 『국역 퇴계집 I』, 389-390.

가령 "심성은 곧 이"[心即理]라 하여 인간 마음의 본성[仁義禮智]은 이에 의거하는 '본연지성本然之性'이므로 선하지만, 넘치거나 모자란 잡다한 감정들[喜怒哀樂愛惡慾]은 기에 의거하는 '기질지성氣質之性'이기에 악할 수 있다고 보았던 것이다. 결국 이를 본위적으로 사유하는 성리학자들은 관념주의와 도덕적 엄숙주의를 지닌 이기이원론理氣二元論, 즉 이와 기를 따로 보는 관점으로 흐르게 되었다. 그러나 이와 기가 하나임을 주장하는 이기일원론의 입장에서 또는 기를 중시하는 주기론主氣論의 입장에서는 이기이원론과 주리론은 문제가 있어 보였다.

우리는 이상에서 성리학은 이를 형체와 물질을 갖지 않는 궁극자라고 규정하고 있다는 사실을 확인했다. 그렇다면 도가철학에서 도를 무로 설명하는 것처럼, 성리학에서 이를 무로 설명한다고 볼 수 있을까? 애초에 기를 근거로 하는 물질주의적 존재론을 지닌 중국 고대 철학을 고려하자면, 무로서의 도를 이理로 치환해도 크게 다를 것이 없다고 본다. 이점에 대해서는 차차 고찰하기로 한다. 다만 각각의 사유 전통들로부터 유래한 개념과 철학소哲學素(philosophemes)에는 그 나름대로 독자적인 기의記意, 맥락, 콘텍스트 등이 포함되므로 간단히 뭉뚱그릴 사안은 아니다. 왜냐하면 도를 무로 상정하듯 이를 무로 취급해 버린다면, 이기론의 역사가 지닌 세부 사항을 놓치게 되고 각자가 사유하고자 하는 독특한 주안점을 잃을 수 있기 때문이다.

선대의 학자에게는 애초에 그럴 의도가 없었지만, 이들로부터 사유의 전승을 이어받아 발전시키는 후예들은 지엽적인 주제를 확대하여 논쟁을 일으키는 경우가 적지 않다. 성리학에 있어서 이와 기의 선후·우열의 문제가 그랬거니와, '무극'(무)의 논제도 꼭 그렇다. 이제 그 이야기를 해보고자 한다. 사건의 시작은 이렇다. 『주역』의 「계사전」의 내용을 주돈이가 이어받아 태극도설을 지었고, 이것을 다시 주희가 주석하면서 무에 관한 논쟁이 촉발된 것이다. 「계사전」에는 "역易에 태극이 있으니, 이것이 양의를 낳고, 양의가 사상을 낳고, 사상이 팔괘를 낳으니, 팔괘가 길흉을 정하고, 길흉이 대업을 낳는다"[23]라고 되어 있다. 여기에서 역은 변화의 질서를 뜻하는데, 이는 본래 중국 고대인들이 우주를 이해하는 기본 법칙이었다.

송대에 이르기까지 유가는 '무극'과 같은 용어를 잘 다루지 않았으나 성리학자의 출현 이후에는 사정이 달라졌다. 주돈이 외에 주희가 "천지만물의 이를 총괄하는 것이 바로 태극"[24]이라고 주장한 이래, 성리학의 후예들에게 있어 무(무극)가 주목되는 논제로 부상했다. 성리학자들은 크게 두 가지로 무극을 이해하게 되었다. 하나는 도가에서 말했던 무나 불가에서 말했던 공에 가깝게 이해하는 방식이었고, 다른 하나는 도가와 불가를 '허무적멸지교虛無寂滅之敎'(허무와 죽음을 추구하는 가르침)라고 비판했던 만큼 '새롭게' 이해하는 방식이었다. 사실 후자가 대두된 이유는 전자처럼 불가와 도가에 가깝게 해석하는 유생들이 적지 않았기 때문이었다.

왜 주돈이가 태극을 무극이라고 했는지, 그에 대한 주희의 해석은 이것이었다. "무극은 다만 지극함(궁극)이므로, 가는 곳이 없다. 지극히 높고, 지극히 묘하고, 지극히 깨끗하고, 지극히 신비스러우므로 가는 곳이 없다. 염계(주돈이)는 사람들이 태극에 형체가 있다고 말하는 것을 꺼려서 무극이면서 태극이라고 말했다."[25] 그러니까 태극이라는 실체는 분명히 있지만, 그것에 형체가 없고 존재하는 처소나 가는 방향이

---

23 "易有太極 是生兩儀 兩儀生四象 四象生八卦 八卦定吉凶 吉凶生大業."

24 "總天地萬物之理 便是太極." 『朱子語類』, 卷 94.

25 "無極 只是極至 更無去處了 至高至妙 至精至神 是沒去處 濂溪恐人道太極有形 故曰無極 而太極." 『朱子語類』, 卷 94.

없는 초공간적 존재이고, 만물의 근본이지만 형용할 수 없이 신묘하고 신비로운 존재이므로 무극이라고 했다는 해석이다. 다만 주돈이나 주희 이후 성리학자들은 도가 사상가들과는 다르게 태극·이·역 등의 궁극자의 법칙을 궁구하면 인간이 인식하고 언어로 전달할 수 있다고 보았다.

조선조의 장현광張顯光의 경우 "무극이면서 태극"이라는 구절에 있어서 이·태극·무극의 관계를 다음과 같이 해석한 바 있다. 우선 "태극은 리理로써 천지만물의 원두元頭(으뜸)가 되는 지고한 것이다. 즉, 무극은 리로써 전후에 걸쳐 궁진窮盡(다하여 없어짐)할 바가 없는 것을 말한다." 그러면서 무극과 태극이 서로 다른 이름으로 불리는 이유에 대해 이렇게 부연했다.

> (상략) 다시 더할 수 없는 바와 궁진할 바가 없다는 것은 다른 뜻이 아니다. 스스로 다시 더할 것이 없기에 궁진할 바가 없는 것이요, 능히 궁진할 바가 없기에 드디어 다시 더할 것이 없는 것이다. 무극이 바로 태극이라는 것은 이 때문이다. (중략) 무극도 역시 두 가지 뜻이 있다. 그 하나는 형상이 없음이요, 다른 하나는 궁진함이 없음이다. 기(氣)에 속하는 것에는 반드시 청탁 (淸濁: 맑음과 흐림 _ 인용자 주)이 있고, 형에 속하는 것에는 반드시 방원 (方圓: 모남과 둥긂 _ 인용자 주)이 있다. 그러나 리(理)인 경우 청탁으로 말할 수가 없고 방원으로도 말할 수가 없다. 이것은 곧 모상이 없기 때문이다. 또, 기에 속하는 것은 반드시 소장(消長, 사라짐과 자람 _ 인용자 주)이 있고, 형에 속하는 것은 반드시 취산(聚散, 모임과 흩어짐 _ 인용자 주)이 있다. 그러나 리인 경우 소장과 취산이 있지 않다. 이것은 궁진함이 없기 때문이다. 리가 모상이 없고 궁진함이 없음은 곧 극(極)이며 무(無)인 것을 말한다.[26]

이상을 요약하자면 태극과 무극은 같으나, 자기 충만과 무한성을 지니기에 '클 태太'를 써서 태극이라고 칭하고, 형상이 '없고' 다함이 '없기' 때문에 '없을 무無'를 써서 무극이라고 칭한다는 것이다. 그리고 이理 역시 맑고 탁한 성질과 모나고 둥근 형상과 쇠하고 자라는 성질과 모이고 흩어지는 성질 등이 '없고', 다함이 '없으므로' 무라고 한다는 것이다. 즉, '태'는 충만성 · 무한성 · 영원성을 의미하고, '무'는 무형상 · 무형체 · 무성질 · 무운동을 의미함으로써 성리학의 궁극적 실재인 이를 설명한 것이다.

그런데 성리학자 가운데 간혹 무극에 대한 인식과 언어적 전달 가능성을 부정하는 부류가 있었다. 그들의 견해는 도가와 비슷하여 무극에서 음양이 분화되기 이전에 혼돈과 모호성 가운데 있다고 상정하고, 그 온전한 인식과 적절한 언표가 가능하지 않다고 본 것이다. 특히 무극으로서 태극 또는 이는 사물이 있는 것처럼 존재하는 것이 아니고 유무를 판단하거나 말할 수도 없다는 관점을 시사했다. 그리고 무극을 아는 방도란 신비적 직관이나 통찰을 말미암아야 한다고 믿었다. 물론 이러한 태도는 불가의 반실재주의나 도가의 허무주의와 유사하다고 해서 성리학 내에서 비판받았다.

3. 기철학의 도전

사실 주희에게 큰 영향을 준 장재나 정호는 이와 기를 차등하여 사유하지 않았다. 그리고 주희의 이기론으로부터 이기이원론으로 나아가지 않은 후예들은 이기일원론이나 오히려 주기론으로 흐르는 경향도

---

26 "무극(無極)," 『한국민족문화대백과사전』 (서울: 한국정신문화연구원, 1995).

있었다. 심성론에 있어서도 그들은 이의 초월성과 선재성을 부정하고 오히려 기로부터 말미암는, 이른바 '기질지성'을 인간의 본성으로 솔직하게 긍정했다. 명대의 유학자인 나흠순羅欽順은 기를 떠난 이가 없다고 주장한 대표적인 논자로서 '이기일체론理氣一體論'을 주장했는데, 이것은 읽기에 따라 주기론으로 해석될 수 있다. 이후 그의 기철학을 이어받아 완성시킨 청대의 대진戴震도 인간의 본질이 오히려 기로부터 연유한 혈기血氣의 욕慾이기에, 우리는 이것들을 인정해야 한다고 한다고 주장했다. 대진에 의하면, 이理는 실체가 아니다. 반면에 실체로 존재하는 것은 자연이고 이 자연에는 '잃음'[失]이 있는데, 이 잃음이 없는 이상적인 상태가 곧 '필연'이고, 곧 그것이 이理다. 그리고 대진은 유교의 최고 덕목인 '인의예지'라는 사단四端을 이의 발현으로 보려 했던 주희식의 설명을 거부하고, 사단이 오히려 기와 정情으로부터 성립한다고 주장했다.

이기론에 관련하여 논쟁의 당사자들은 스스로 주리론자 혹은 주기론자라고 자처하지 않았지만, 후대의 학자들은 상호 구별되는 논자들의 차이와 맥락을 판별할 수 있었다. 그리고 2,400년이 넘는 유교의 역사 가운데 유일한 성리학의 나라 조선에서 펼쳐졌던 주리론과 주기론 사이의 논쟁은 특히 현저한 구별을 보였다. 이제 수백 년간 지속된 조선 이기론 논쟁사의 서막을 연 서경덕과 이언적 사이의 논쟁을 살펴보기로 한다.

조선 초·중기에는 주희식의 이기이원론이 주류를 이루었다. 예를 들어 정도전과 권근은 "이가 앞서고 기가 뒤를 따른다"는 '이선기후理先氣後'를 주장했고, 영남학파의 퇴계 이황 역시 '이가 존귀하고 기가 낮다'는 '이존기비理尊氣卑'마저 주장했다. 이황의 영향으로 이의 능동성과 주도성主導性이 더욱 강조되어 훗날 조선에는 '이일원론'이 등장한다.

그런데 이 우위의 담론과는 정반대로 일찍이 서경덕은 기를 중심으로 우주의 질서를 궁구했다. 그의 이기론은 소강절의 수리數理와 장횡거의 기철학을 근거로 하는 기일원론이라 평가되곤 한다. 이와 기에 관한 서경덕의 이론은 인간의 심성론으로부터 추론하기보다 우주의 본체론으로부터 근거하는 것이었다. 어렸을 적부터 사물의 이름을 벽에 써 붙여 두고 부단히 궁리하는 방식을 취해온 서경덕은 세계의 기원과 운행에 대한 관심이 매우 컸다. 그리하여 일찍이 기호와 수를 통해 세계의 운행을 해명하는 고대 중국의 하도河圖, 낙서洛書, 상수象數 등을 깊이 연구했다고 알려져 있다.

우선 서경덕은 만물 발생의 추이에 따라 우주를 선천先天과 후천後天으로 구분했다. 그리고 선천을 '크게 비어 있다'는 의미에서 태허太虛라 칭했다. 그런데 태허는 문자 그대로의 아무것도 없는 상태가 아니라, 오히려 무형의 기가 충만한 상태다. 그리고 후천으로 진입하게 되면 선천이라는 한 덩어리의 기, 즉 '일기一氣' 가운데 잠재한 음양의 이원성이 '움직임과 고요'[動靜]를 통해 드러나는데, 그 원인으로 작용하는 것이 태극이다. 주돈이나 주희와는 다르게 서경덕은 태허, 선천, 태극 등의 사물의 근원을 기로 파악하는 특징을 보인다. 곧 그에게는 이가 아닌 기가 오히려 존재의 근원이자 불멸의 실재다. 다만 기의 취산聚散, 즉 '모이고 흩어짐'에 따라 무형의 기와 유형의 기로 나눌 수 있다. 기가 응집하여 쌓이면 유형의 기가 되고 흩어지면 무형의 기가 된다는 것이다(이 가설은 아인슈타인이 물질의 정체를 에너지로 밝혀낸 '질량-에너지 등가원리'와 비교할 만하다). 기는 영원 전부터 영원히 존재하기에 창조된 시작도 없고 소멸할 종말도 없다. 비록 개개의 사물이 소멸되어도 그것을 이룬 기는 흩어질 뿐 기 자체가 소멸되지 않는다. 이것을 이른바 '일기장존설一氣長存說'이라고 한다(이 또한 1840년대에 서양에서 밝힌 에너지 보존법칙, 즉 열역학 제1 법칙과 비교할 수 있겠다). 또한 서경덕은 인간 육체뿐만 아니라 인간의 정신과 지성까지 기의 취산에 의해 이루어지는 것으로 보았다. 주리론자는 숭고한 도덕성과 지성은 이의 속성이라 주장했지만, 서경덕은 그것들마저 기의 작용으로 간주한 것이다.

　그렇다면 서경덕은 이를 어떻게 이해했을까? 그는 기 안에 기 스스로 주관할 수 있는 원칙인 '기지재氣之宰'(기를 주재하는 것)가 있고, 그것이 곧 이라고 했다. 말하자면 이가 기에 내재하고 있으며, 기가 운행하는 현상을 통해 이가 드러나는 격이다. 우리는 서경덕이 설명하는 이를 기의 자기통제 원리로 이해할 수 있다. 서경덕에 의하면 기와 별도로 혹은 기에 선행하여 기를 초월하는 이라는 것은 존재하지 않는다. 이는 기의 주재이지만, 기 바깥에 이가 존재하는 것은 아니다. 기의 운행이 이를 따른다고 보는 서경덕은 이의 정당성을 가리켜 '기지재'라 한 것이다. 그러므로 서경덕의 기일원론에서는 이가 기보다 선행한다고 할 수 없다. 단지 이와 기 모두 시작이 없는 것이다. 서경덕에 의하면, 우주에 충만하여 있는 원기原氣 또는 기의 본질이 태허다. 만물을 형성하는 유형적 기도 있지만, 태허는 시원적인 기로서 감각으로 느낄 수 없는 무형적 기다. 태허는 허하고 고요한, 기의 시원이다. 이를 다시 선천이라고 하는데 그 시·공간상의 규모는 무한하다. 비록 태허, 즉 '큰 빔'이라고 불릴 수 있지만, 오히려 실재한다.

　앞서 우리는 성리학이 이와 기를 해명하는 데에 있어 원칙상 "그 둘이 서로 섞이지 않으며 나뉠 수도 없다"고 하거나 "하나이면서 둘이요 둘이면서 하나"라는 대전제를 지키고자 했다는 사실을 누차 살펴보았다. 그리고 그 대구對句 가운데 어느 쪽에 강조점을 찍느냐에 사유의 전통이 달라졌던 사례들도 일별했다. 그러니까 이와 기가 '하나가 아니다'라는 계통(이기이원론)이 있었고, 이와 기가 '둘이 아니다'라는 계통

(이기일원론)이 있었다.

　흥미로운 것은 주리론자들이 이가 만물의 근원적 실재라고 주장하는 입장은 이를 '허무공적虛無空寂'으로 취급한다는 식으로 주기론자가 비판했다는 사실이다. 그것은 정작 성리학을 개창한 당사자들이 불가의 공 그리고 도가의 도(무)를 비판했던 맥락이다. 결국 주리론이 불교의 공, 도교의 도와 함께 유교의 이가 '무'로 동일시될 여지를 남긴 것이다. 이를 변론하기 위해 이황의 '이기호발설'27을 이어받은 이현일이나 이진상 같은 경우, 주기론자들의 비판에 반발하여 오히려 이가 작용이 없는 정태적 존재가 아니고 능동적 본체임을 주장하려 했다. 그런데 또 그렇게 변증하게 되니 아이러니하게도 이가 기의 성질에 가깝게 되고 이와 기의 구별이 모호해지게 되었다.

　기 위주의 본체론을 고수하는 논자들에게 성리학의 교조인 주희의 주장은 오히려 편벽한 이해였다. 이미 공자가 중시했던 주역에는, "한번 음하고 한번 양이 되는 것을 일컬어 도라고 한다"[一陰一陽之謂道]고 명기했고, 이것은 사물의 작용을 뜻하고 있으므로 궁극적 본체(도 또는 태극)를 이가 아닌 기로 보는 것이 온당했다. 음과 양은 이미 물질과 그 성질을 뜻하기 때문이었다. 대개 중국의 고ㆍ중세 철학에서 이는 기 가운데 작용하는 원리였다. 가령 『정몽正蒙』, 『경학리굴經學理窟』, 『역설易說』이라는 저작으로 성리학의 형성에 큰 공로가 있는 장재에 의하면, 태극 자체는 이가 아닌 기이고, 음과 양은 기의 양면이었다. 다음 인용문에 이 내용이 잘 드러나 있다.

---

27 이기호발설(理氣互發說)은 이황이 주장하는 성리학의 심성론(心性論)이다. 이황은 고상한 사단(四端), 즉 인의예지(仁義禮智)를 이의 발현으로 설명했고, 상대적으로 저급한 칠정(七情), 즉 희노애락애오욕(喜怒哀樂愛惡慾)을 기(氣)의 발현으로 설명했다.

하나의 물질(物)이면서 두 형체(體)로 있는데, 그것이 곧 기다. 말하자면 하나로 있으므로 신(神)이라 할 수 있는데, (동시에) 둘로 존재하므로 헤아릴 수 없다. 둘이므로 변화를 일으키는 데 일치를 위해 옮겨 행한다. 이러한 하늘의 이치가 (세계의 운행에) 참여하는 것이다.[28]

원문으로 보자면 장재는 일물一物, 신神 등을 기와 동일한 것으로 설명하고 있다. 말하자면 만물의 궁극자는 하나이며 정신적 존재이자 동시에 물질적 근원으로서의 기라는 뜻이다. 바로 그러한 기가 다양한 사물이 되고 변화의 운동을 해 나아간다. 앞서 본 주리론자들이 기를 열등하고 잡스러운 것처럼 간주했던 시각과 달리 성리학의 태동기에 오히려 장재는 이렇게 말했다: "천지의 기가 비록 모이고 흩어지고 배척하고 취함이 숱한 방식으로 나타나는데, 그것은 이가 되며(이를) 따르고 어그러지지 않는다."[29] 이렇듯 동시대에 주돈이와 주희와 함께 성리학을 이룬 장재는 오히려 기 중심의 형이상학을 통해 세계의 발생과 운행의 이치를 해명한 것이었다.

조선 성리학은 주희를 공자의 적통으로 받들고 그가 이룬 유가의 경전 해석 이외의 것들을 이단사설로 간주했다. 말하자면 주희의 학설을 심화·발전시키는 작업에 골몰했던 것이 조선의 학문적 분위기였다. 그리하여 조선 초기 정도전의 『심기리편心氣理篇』에서나 권근의 『입학도설入學圖說』에서 "이가 앞서고 기가 뒤를 따른다"는 '이선기후理先氣後'에서 주리론의 싹을 엿볼 수 있고, 특히 이기이원론의 편에 선 이황 이후 영남학파에서는 이를 존대하고 기를 낮게 보는 '이존기비理尊氣卑', '이귀

---

28 "一物兩體 氣也 一故神 兩在故不測 兩故化 推行於一 此天之所以參也." 『正蒙』, 參兩篇, 第二.

29 "天地之氣 雖聚散攻取百塗 然其爲理也順而不妄." 『正蒙』, 太和篇, 第一.

기천理貴氣賤' 식의 해석이 심화되었다. 이러한 조선의 학풍은 중국의 송대 성리학으로부터 몇 걸음 더 나아간 결과라 평가될 수 있다.

그런데 이기이원론이나 주리론과는 반대로 기 중심으로 세계의 본체와 운행을 해명한 또 다른 흐름, 즉 이기일원론이나 주기론 역시 설득력 있다는 사실도 간과할 수 없다. 그러한 이론에 관한 선구적 논자는 서경덕이었고, 이후 율곡 이이가 기 본위로 심성론을 재해석하여 이기론의 균형을 잡고자 했다. 그리고 율곡을 따르는 기호학파에서 주기론적 학풍이 심화하며 이를 허무공적虛無空寂한 것으로 취급하고 오직 기만을 우주 본체의 실질적인 근거로 보는 이론으로 나아갔다.

마지막으로 조선조 성리학을 비판적·창조적으로 극복하고자 했던 19세기 최한기崔漢綺의 '기학氣學'을 살펴보기로 하겠다. 사실 최한기가 서경덕, 이이, 기호학파 등의 영향을 받아 그의 사유 체계를 이룬 것으로 보이지는 않는다. 다만 그가 재산을 팔아치우며 엄청난 분량의 서책을 수집했고 서양의 과학 번역서까지 탐독했었다는 점을 고려하면 최한기는 왕성한 연구에 줄기찬 노력으로 독자적인 철학을 창안했다고 평가할 수 있다.

최한기의 철학을 간단히 정리하자면 '기일원론'이다. 그 이론에는 있음과 없음, 선과 악, 삶과 죽음, 옳음과 그름 등의 고착된 구별이 부정되는 특징이 있다. 대립하는 것들은 기가 활동하고 운행하며 변화하는 가운데 나타날 뿐이다. 인성론과 관련하여서 그의 기학이 강조하는바 우주 만물과 인간 사회가 바른 자리에서 기능하는 일은 바로 기가 만물에게 부여한 본래적 독자성을 따라야 한다는 점이다. 그의 기학 역시 유가 철학이 그 사유의 배경이기에 최한기 역시 간혹 천天을 궁극적 보편자나 만물의 근원으로 칭했다. 단, 천의 정체는 곧 기였다. 그는 이렇게 설명했다: "천은 기가 이룬 거대한 몸[大體]이고, 기는 천에 충만한 형질"로서 "천은 곧 기이고, 기는 곧 천"이다. 기가 만약 사물에 채워지면 그것을 '천'이라고 할 수 없지만, 사람에게 채워지면 인기人氣, 사물에 채워지면 물기物氣라 할 수 있다.[30]

최한기의 기학이 선대의 성리학과 매우 다른 이유는 기의 주재자로서 이를 상정하지 않는다는 사실에 있다. 반면에 그는 기가 모든 것의 근거이며 본원이라고 한다. 하늘(하느님)도 단지 '거대한 기'[大氣]와 다르지 않다. 이러한 설명으로 인해 후대 학자들은 최한기의 기학이 중국의 기철학이나 도가의 형이상학에 상당한 영향을 받은 것으로 추정하기도 한다. 실제로 장자의 「인간세人間世」 편에는, "기는 텅 비어 있어서 모든 사물을 받아들이는데, 오직 도는 텅 빈 곳에 이른다"[31]고 했다. 다시 말해 형체를 이루는 기본적인 질료가 기라고 할지라도 그 근본적인 양상은 허하며 도 역시 허하다는 말이다. 단 최한기 역시 도·기·허 이 모두를 일원적으로 간주하였고, 기가 유뿐만 아니라 무로 나타날 수 있다고 추정했다.

최한기는 기가 운행하고 다양한 사물과 생명체로 분화·생성·운동하는 현상을 "운화運化" 또는 "활동운화活動運化"라고 지칭하며, 이 개념으로 자신의 기학 전반을 해명했다. 즉, 활동운화는 형이상과 형이하 그리고 존재론과 실천론을 망라하는 핵심어인 셈이다. 아래는 기학의 서문에 있는 문장인데, 여기서 우리는 최한기가 우주 본체를 사유하는 기본적인 태도를 엿보게 된다.

무릇 기의 성(性)은 본래가 활동운화(活動運化)하는 물건(物)이다. 이것이 우주 안에 가득 차서 터럭 끝만큼의 빈틈도 없는 것이다. 이러한 기가 모든

---

30 최한기/손병욱 역, 『기학』(서울: 통나무, 2004), 160.
31 "氣也者 虛而待物者也 唯道集虛."

천체를 운행하게 하여서 만물을 창조하는 무궁함을 드러내지만 그 맑고 투명한 형질(形質)을 보지 못하는 자는 공허(空虛)하다고 하고, 오직 그 생성의 변함없는 법칙을 깨달은 자만이 도(道)라고 하고 성(性)이라고 한다. 또한 그 까닭을 궁구하고자 하는 자는 이(理)라고 하고, 신(神)이라 한다.[32]

위 인용문이 보이듯이 최한기는 성리학의 이기理氣에 관한 이원적 도식도 해체한다. 최한기에게는 선대의 유학자들이 구별하여 논했던 이理·성性·물物·형질·공허·도道·신神 등도 모두 기에 관한 부차적 개념이었다. 주리론자들은 이를 우주의 근원적 주재로 간주하고 작용[用]하는 기를 이에 종속된 것으로 보았지만理主氣用, 최한기는 이러한 발상을 부정했다. 위의 인용문이 시사하듯 유와 무, 기와 이, 형질과 공허 등의 상반된 개념도 근본적으로 기를 통해 하나가 된다. 최한기는 운화하는 기가 보이는 신神이요 보이는 이理이고 신과 이가 귀속할 수 있는 명백한 증거이기에, 오래되고 시끄럽고 어지러운 논쟁들을 종식시킬 수 있다고 확신했다.[33]

최한기의 신관에 대해 좀 더 알아본다. 그의 기학에 의하면 기의 활동운화가 태양·비·구름·바람·사람·동식물 등의 가시적 사물에만 해당하는 것은 아니다. 신·귀신·영혼 등의 무형적 존재자로 상정되는 것들조차 기의 활동운화의 일환으로 나타난다. 이 점에 있어서 이미 성리학의 기초를 놓았던 장재가 귀신에 대해서 기 일원적으로 설명한 사례가 있었다. 즉, "음과 양의 두 기의 양능"二氣之良能이라던가, 기의 돌아감歸과 펼침伸이 곧 '귀신'이라는 설명이 그것이었다.[34]

---

32 최한기, 『기학』, 26.

33 앞의 책, 63.

34 "물(物, 만물)이 처음 생겨날 때는 기가 날로 불어나서 자란다. 만물이 자라서 이미 가

최한기에게도 "기가 드러나 펼쳐진 것이 신이요, 돌아가는 것이 귀"[35]였다. 이것에 더해 최한기는 다음과 같이 보충했다. "대개 기의 밝은 것을 영靈이라 하고, 기의 능한 것을 신神이라고 표현하고, 기의 조리條理를 리理라 하고, 기의 경험을 지知라 하고, 기의 순환활동을 변화變化라 한다."[36]

위와 같은 맥락에서 인간의 인식 작용 역시 기의 활동운화에 의한 것이고, 꿈과 같은 무의식도 끊임없는 기의 활동운화의 결과다.[37] 최한기에 의하면, 그동안 귀신이라고 불렀던 것도 기의 정령이라고 인식해야 의혹을 해소할 수 있다는 것이다.[38] 그간 인간이 신비하게 느껴 '신통하다', '신이하다', '신기하다', '신묘하다' 하는 것들도 실제로 우리가 측량할 수 없는 기의 성질을 알지 못하여 일컫는 것일 뿐이다.[39] 그는 신을 이렇게 정의했다. "신이란 것은 운화의 능함을 가리키는 것이니, 운화의 기가 곧 신인 것이다."[40] 그리고 기로부터 말미암는 신과 귀에 대한 정체를 밝힌다면 의혹이 해소되어 제사 및 기도의 행위가 불필요해질 것이라고 단언했다.[41] 다만 기의 운화가 드러날 것을 기다리지 않고 억지로 통달하려고 할 때 미신[術]에 빠진다는 것이다.[42]

득하게 되면 기는 날마다 되돌아가 흩어진다. 이르는(至) 것을 신(神)이라 함은 그것이 펴지기(伸) 때문이며, 되돌아가는(反) 것을 귀(鬼)라 함은 그것이 돌아가기(歸) 때문이다"(物之初生 氣日至而滋息 物生旣盈 氣日反而游散 至之爲神 以其伸也 反之爲鬼 以其歸也). 『正蒙』, 動物篇.

35 최한기, 『기학』, 205.
36 앞의 책, 38.
37 앞의 책, 297.
38 앞의 책, 233.
39 앞의 책, 292.
40 "神者 乃指其運化之能 故運化之氣卽是神也." 앞의 책, 50.
41 앞의 책, 295.
42 앞의 책, 314.

최한기의 기학에 따르면, 존재적 근원이라 할 수 있는 '무'라는 것은 없다. 그에게 있어서 무를 보편적 궁극자로 말하는 것은 헛된 관념이고, 그렇게 사유하는 거창한 형이상학적 논변들은 헛소리일 뿐이다. 최한기는 사람들이 만물의 근거를 공허하다고 말하는 이유는 기가 본래 형상이 없다는 점을 고려하지 못한 결과라고 비판한다. 다음 그의 글을 보자.

> 형질의 기는 사람이 쉽게 보는 바이나 운화의 기는 사람이 보기 어려운 바다. 그러므로 옛사람은 유형, 무형으로써 형질과 운화를 분별했다. 노 씨(노자)의 공과 불 씨(붓다)의 무는 모두 무형으로써 도와 학을 삼았고,[43] 심학·리학에 이르러서는 마음속에 습염된 바를 무형의 리라고 여겨서 깊이 궁구했고 또 무형과 유형의 사이를 오락가락했다.[44]

그러니까 기가 우주에 가득 차 있음에도 불구하고 그것에 형태가 없고 감각되지 않는다고 하여 '없다' 혹은 '공허하다'고 단정하지 말아야 한다는 뜻이다.

최한기에 의하면, 우리가 기의 특성을 알 때 무엇이 "있느냐? 혹은 있지 않느냐?" 하는 양자택일의 관점에서 벗어날 수 있다. 기라고 하는 것은 어떠한 국면에서는 없어 보이지만 실질로 분명히 존재하기 때문이다. 이러한 점에 있어 기는 유와 무를 겸하고 있기에 논리적 모순율을 초월하는 특징을 보인다고 말할 수 있다. 실재하는 기의 활동운화를 우주의 원리로 믿었던 최한기로서 그리스도교의 창조 이론인 "무부터

---

43 이 부분은 최한기가 오기(誤記)한 것으로 판단된다. 본래 '노 씨의 무와 불 씨의 공'을 의도했을 것이다.
44 앞의 책, 44.

의 창조"(cretio ex nihilo)를 지지할 리가 없었다. 실제로 그는 청나라에서 활동하던 천주교 선교사에 대해, "공허하고 무형한 추측으로 천지가 창조되는 이야기를 꺼내서 후세 사람들의 이목을 현혹시키는 사람"[45]이 라고 비판할 정도였으니 말이다. 이것은 마테오 리치가 최한기를 대면 했다면 펄쩍 뛸 만한 비판이다. 오히려 마테오 리치는 그리스도교가 실유實有를 근거로 한 참된 진리라고 강변했기 때문이다.

결론적으로 최한기는 형이상자와 형이하자를 나누었던 고착된 분 류법을 깨뜨린 우리의 근대 철학자다. 그가 『기학』의 서문에서 기가 곧 도, 성, 리, 신이라고 말하는 것은 (앞서 살핀 노장철학과 성리학의 사유 전통을 참고하자면) 유와 무를 하나로 보고 있는 방증이다. 단적으로 "신리는 사물을 형용한 것이고, 사물은 신리를 형용한 것"[神理形事物 事物形神理]이라는 진술에서 그 특징이 잘 드러난다.[46] 어떻게 평가하자 면 최한기는 기존하는 동양적 사유 가운데 무 담론이 지닌 약점을 잘 간파하고 있었다. 없는 것을 있는 것으로 인식하는 것도 오류이지만, 반대로 있는 것을 없는 것으로 인식하는 것도 오류이기 때문이다. 유무의 문제를 기일원론으로 정립한 최한기는 각각 유 또는 무를 철학적 으로 숭상하는 문제에 관해서 다음과 같이 흥미로운 평가를 남겼다. "유를 숭상함이 극에 이르면 마침내 무로 돌아가고, 무를 숭상함이 극에 이르면 또 반대로 유로 돌아간다."[47] 우리는 이러한 최한기의 기학을 통해 동양에서 전개된 무에 대한 사유 전통과 그 맹점들을 점검해 볼 기회를 얻게 된다.

---

45 앞의 책, 116.
46 앞의 책, 28.
47 앞의 책, 78.

4. 현대로 연장되는 이기론의 질문

20세기 중국의 대표적 철학자인 풍우란馬友蘭은 주희가 논한 태극은 아리스토텔레스가 말했던 '부동의 동자'(Unmoved Mover)와 유사하다는 식으로 해석한 바 있다.[48] 다른 한편에서 우리는 주희의 이기론을 심화한 주리론이 플라톤의 이데아론과 유사한 구도를 지닌다는 점도 생각해 볼 수 있다. 이기이원론 또는 주리론은 무형체·비물질의 궁극적 실재인 이理의 선재(preexistence)와 완전성 그리고 초월성을 시사하고 있기 때문이다. 본래 이와 기에 관한 불상잡 및 불상리의 관점은 이의 내재성을 강하게 시사하는데, 이것이 극단적 주리론자에게는 초월성으로 옮겨진 것이다. 후자를 그리스도교의 신론과 비교하자면, 그것은 초월적 신론과 유사한 구조를 가진다. 즉, 물질적 세계 이전에 비물질적 하나님이 존재했고, 그로 인해 물질적 세계가 조성되었다고 설명하기 때문이다. 물론 그리스도교에 있어서 창조의 주체는 인격적 존재이지만, 주리론이 창조의 주체로서 인격적 조물주를 인정하는 것은 아니다. 그러나 이러한 몇 가지 상이점을 제외하고, 그리스도교의 창조주 하나님과 주리론의 이는 비물질적 실재이면서도 세계의 궁극적 원인으로서 몇 가지 술어를 공유한다.

주리론자로 평가되는 이황이 이(태극)에서 음양이 나와 사물이 발생하는 과정을 해명하는 방식은 고작 이의 "지극히 묘한 작용"[49] 때문이라고 언급할 정도였다. 이, 즉 무로부터 어떻게 사물들이 나타나는지 설명하는 절차에 논리적 또는 경험적 설명을 생략한 것이다. 결국 기와 이의 공존을 전제하지 않는다면 상식적으로 주리론은 설득력이

---

48 풍우란/정인재 역, 『한글판 중국 철학사』(서울: 형설출판사, 1999), 368 참조.
49 『국역 퇴계집 I』, 390.

떨어진다. 그렇기에 물질의 근거인 기의 발생을 밝히지 못하니 주리론은 역사상 지속적으로 주기론의 반박에 직면해 온 것이었다.

유물론자일수록 이기일원론이나 주기론이 주장하는바, 기라는 원질에서 만물이 조성되었다는 가설을 어렵지 않게 수긍할 수 있을 것이다. 반면에 물적 조건과 별개로 선재하는 이 또는 추상적 법칙으로부터 기와 만물이 등장했다고 보는 주리론에 대해서는 좀처럼 이해하기 어려울 것이다. 오히려 이기일원론, 주기론 그리고 세계 자체를 신으로 간주하는 범신론 등이 더욱 설득력 있다고 생각할 것이다. 이러한 맥락에서 신학적으로 제안하건대, 앞으로 이기 불상잡 및 불상리의 전제를 지닌 보편적 이기론을 근래 주목받는 그리스도교의 신론인 만유재신론(panentheism)과 견주어 연구하는 것도 의미 있으리라고 본다. 하나님이 세계를 초월하면서도 세계 안에 있다고 설명하는 만유재신론은 하나님과 세계 사이에 이율배반적 진술을 하는 셈인데, 본래 성리학자들 역시 이와 기를 분리시키지 않고 일치시키지도 않는 편이 더 설득력 있다고 보았기 때문이다. 물론 그 사유의 맥락과 배경의 차이를 더불어 비교해야 할 것이지만 말이다.

이기론과 그것에 관한 논쟁사가 보이는 다양한 담론들은 과학이 발달하지 못한 시대에 동아시아의 지식인들이 우주의 생성과 세계의 운행 질서를 탐구하는 진지한 태도를 엿보인다. 다만 논쟁의 당사자들이 자연법칙뿐만 아니라 인간의 본성과 윤리가 연유하는 도덕법칙도 이와 기의 개념을 통해 해명하려 했다는 점은 그리스도교 신학과 다른 특징이다. 그리스도교 신학은 세계와 질적으로 다른 초월적 하나님으로부터 윤리와 실천의 지침이 계시될 뿐이지, 세계(자연)에서 그것들이 기인하지 않는다고 주장하기 때문이다. 그러나 도교, 유교, 힌두교, 불교를 망라하여 대체로 동양에서는 자연과 윤리, 존재와 당위, 형이상학과 도덕법칙이 서로 분리되지 않고 하나의 근거 위에 정초되어 있다. 성리학 또한 이와 기를 토대로 자연의 본성과 인간의 본성 또는 소이연^所^{以然}과 소당연^{所當然}을 함께 논했다.

우주물리학, 양자역학, 뇌과학, 인공지능 등이 전례 없이 발전하는 우리 시대에 성리학, 특히 이기론의 발전은 더 이상 가능하지 않을 것이다. 그러나 앞서 언급했듯 이와 기를 우주의 얼개와 인간의 본성을 탐색하기 위한 사유 실험을 위한 대수^{代數}나 메타포로 간주한다면 쉽게 간과하지 못할 철학소^{哲學素}로 기능할 수 있다. 예를 들어 우리는 이기론의 골자를 보존하면서 지금도 자연과학, 수학, 철학, 신학 분야에서 다음과 같은 질문을 제기할 수 있다.

"물질적 우주의 생성 이전에 우주에 관한 물리가 존재했을까?"
"세계 없이 수학적 법칙이 존재할까?"
"정보는 매체 없이 존재할 수 있을까?"
"정보는 해석자 없이 존재할 수 있을까?"
"지식은 정신 없이 존재할 수 있을까?"
"지식은 육체 없이 존재할 수 있을까?"
"하나님은 순수하게 비물질적 존재일까?"
"물질이 존재와 비존재를 나누는 기준일까?"

이기론이 현대 과학과 멀어 보여도 막상 관련된 질문들을 위와 같이 바꾸었을 경우 연구해야 할 주제들이 이기론 논쟁사 속에서 중첩된다는 것을 알 수 있다. 가령 첫 번째 질문, "물질적 우주의 생성 이전에 우주에 관한 물리가 존재했을까?"의 대답에 있어서 "그렇다"라고 답할 경우 그것은 주리론의 입장이 된다. 그러나 "아니다,

물질과 물리는 늘 함께 있다'라고 주장한다면 '불상리'의 원칙을 고수하는 이기일원론이 되고, "물리는 물질에 부속하는 것이지 그것은 물질과 대등한 실체가 아니다"라고 주장한다면 주기론이 된다.

내친김에 이기론식의 사유 실험을 더 해보기로 하자. "세계 없이 수학적 법칙이 있다고 할 수 있을까?" 이에 관하여 누군가는 "인간이 수학을 발견하고 발전시키므로 인간이 없으면 수학이 있을 턱이 없다"라고 대답할 수 있겠지만, 내가 기대하는 것은 그런 유형의 대답이 아니다. 수학을 할 수 있는 지적 존재가 우주에 있고 없고를 떠나서 수학적 법칙, 즉 수리數理가 세계의 유무를 떠나서 존재한다고 할 수 있느냐 하는 물음이다. 흔히 수학을 '우주의 언어'라고 하는데, 과연 우주가 부재하는 경우 '사칙연산'이나 '근의 공식'(quadratic formula) 등등이 존재하겠느냐 하는 질문이다. 어떠한가? 물리적 무의 상황 속에 사칙연산과 근의 공식이 존재한다고 할 수 있을까?

정보에 관한 질문으로 옮겨 보겠다. 무엇이 정보 또는 지식이라고 할 수 있을까? 정보는 실재하는 것일까? 수학적 구조나 물리적 법칙에 국한될까? 혹은 인간이 유의미한 것으로 간주하여 임의적으로 한정한 관념이나 상징일까? 유명론자(nominalist)들이 주장하듯이 명칭이나 개념적 언어에 불과할까? USB 메모리에 들어있는 e-book 파일의 내용과 고객명단 파일의 내용이 정보라고 할 경우 정보는 매체 없이 존재할 수 있을까? 메모리나 컴퓨터 CPU 안에 있는 전하의 배열이 정보일까 또는 뇌 안의 생화학적 반응과 프로세스가 정보일까? 아니면 그 이상일까? 정보는 작성자와 해석자가 꼭 필요할까? 하드웨어 없이 소프트웨어가 존재할까? 인간이 지닌 지성, 추억, 신념, 의지 등은 실재하는 것일까? 감정이나 기분은 정보와 무관할까? 존재한다고 한다면 그것의 존재 양태를 어떻게 규정할 수 있을까?[50]

신학자인 나의 입장으로부터 제기할 질문도 여럿 있다. 물질적 세계를 창조한 하나님은 세계 창조 이전에 하나의 물物로서 존재하지 않았다고 단정할 수 있을까? 최근 이론물리학자들은 물질이 발현할 수 있는 무한한 경우의 수를 인정한다. 그리하여 서로 다른 물리법칙이 지배하는 우주들은 중첩되어 있어도 상호 없는 것 같이 간주된다고 한다. 그러면 하나님은? 전적으로 비물질적 존재라고만 할 수 있을까? 혹 창조 이전에 하나님이 순전히 비물질적 원동자로 존재했다면 그에 관하여 우리는 세계 가운데 유사한 존재자나 유비를 들어 형용하거나 말하는 것이 의미 있을까? 창조주와 만물의 관계는 주리론이 주장하는 내용과 유사할까? 말하자면 창조 이전에 하나님은 인격을 겸비한 이理와 같은 위상을 지닐까? 아니면 하나님 자체가 물질 우주의 원질原質로서 인격을 겸비한 기와 같은 위상을 지닐까? 아니면 이理이면서 동시에 기氣와 비슷한 위상을 지닐까?

또한 '무로부터의 창조' 교설은 그리스도교의 창조신학 중에 대표 격이자 거의 그리스도교만이 주장하는 것인데,[51] 이것은 다음과 같은 질문에 어떠한 대답을 할 수 있을지 모르겠다. 첫째, 무의 정황 가운데 하나님만이 존재했다면 어떻게 '무로부터의 창조'라는 말이 가능할까? 최소한 무를 배경으로 하여 하나님이라는 창조의 원인은 존재하지 않는가? "~가 있으라!" 하는 하나님의 말씀만이 창조의 원인이라면,

---

50 물리학과 신학(종교)에 걸쳐 연구했던 이언 바버(Ian G. Barbour)는 다음과 같이 정보에 대해 예시한 바 있다: "정보란 알파벳 문자, 음성, 2진수, DNA 염기들, 조합 가능한 요소들로 구성된 한 시스템의 가능한 여러 가지 결과들 또는 상태들 가운데 하나인 정연한 양식이다. 정보는 독자, 청취자, 컴퓨터, 살아 있는 세포 등이 선택적으로 반응할 때, 다시 말해 정보가 암호화되어 전성되고 다시 해독될 때 전달된다." 이언 바버/이철우 역, 『과학이 종교를 만날 때』 (서울: 김영사, 2002), 184. "정보는 어떤 식으로든 응답이 있을 때만 전달되므로 정보는 상황 의존적이다." 같은 책, 187.

51 John D. Barrow, *The Book of Nothing*, 291.

'하나님으로부터의 창조' 또는 '말씀으로부터의 창조'라는 표현이 더 정확하지 않을까? 둘째, '하나님으로부터의 창조'와 '무로부터의 창조'가 함께 진정성이 있다면 그리스도교 신학은 이것을 어떻게 해석할 수 있을까? 셋째, 인간이라는 인식주체에게 현상되지 않는다면 인간이 하나님을 존재한다고 주장하는 것에 어떤 의미가 있을까? 혹은 하나님을 인식하거나 사유할 수 있는 인식적 타자로서 '의식'이 부재한다면 하나님이 객체적으로, 보편적으로 존재한다고 확정할 수 있을까? 넷째, 이에서 기가 말미암을 수 있다고 보았던 주리론자들의 사유와 '무로부터의 창조' 이론에는 공통적인 취약점이 없을까?

위에 제기한 질문들에 대한 답은 본서 가운데 계속 모색하기로 하겠다. 다만 내가 이해하는 여러 이기론은 유와 무, 물질과 정신, 매체와 정보, 육체와 정신 사이에 관련하여 최소한 다음 세 가지의 큰 줄기 가운데 하나로부터 해답을 줄 것으로 기대하게 한다. 물론 그 어떤 것이라 할지라도 인류의 역사 속에서 얻을 수 없는 명쾌한 답은 아니겠지만 말이다.

첫째, 물질만이 존재의 근거라고 보는 입장이다. 이것은 근대 서양의 포이어바흐(L. A. Feuerbach)나 마르크스(K. H. Marx)뿐만 아니라 우리 조선에서 기 중심의 본체론을 견지했던 서경덕, 주리론자 그리고 최한기에게서 보이는 사유 방식과 유사하다. 무형의 기가 '무'로 이해될 소지가 없지는 않지만, 기본적으로 기는 사물의 형체·구조·성질·관계를 이루는 근본이자 근거다. 주기론자들에게 있어서 세계에 존재하는 것은 오직 기(물질)뿐이고, 그것이 생성·운행되는 질서나 법칙은 물질에 따르는 부수적 특성이다. 그리고 관념론자들이 존재한다고 상정하는 정신, 의식, 마음 등도, 주기론자가 판단하자면, 기에 따르는 부차적인 현상이다. 이런 관점은 현대에 보편적인 상식으로 된다고 할 수 있겠다. 그런데 경험적으로 명확하고 공적으로 수용되기 쉬워도, 이 역시 "형이상학의 한 형태"다.[52] 관찰 범위가 달라지면 물질이라는 것도 객관적이지 못하고 검증하고 규정하는 것이 얼마나 모호한지 드러난다.

둘째, 물질과 (물질에 내재한) 질서는 분리할 수 없다고 보는 입장이 있다. 이와 기는 "서로 나눌 수 없고 또한 섞일 수 없다"는 원리를 표명했던 초기 성리학의 주장이 바로 그것이다. 이것은 신을 곧 우주로 또는 우주를 곧 신으로 보는 범신론적 사고와 유사하다. 세계 또는 사물에 내재하는 생명·법칙·질서 등을 인정하면서 그것을 사물과 분리시키지 않는 관점을 지니기 때문이다. 현대의 자연 이론 가운데에는 우주의 물질 자체에 생명의 출현을 유도하는 모종의 질서·이법·유인력이 있다고 보는 이론이 있는데, 그러한 것들도 이러한 유형에 속한다고 할 수 있겠다. 최소한 창조자와 창조물을 분리하지 않고 궁극적으로 하나로 보는 유형이다.

셋째, 물질로 환원시키거나 물적 속성으로 설명할 수 없는 실재가 선재했고 또 그것이 더 근원적인 근거라고 보는 입장이다. 주리론과 비슷한 사유 방식이 물적 우주의 출현을 설명하는 논리로 설득력을 얻는다면 물적 우주에 앞서 존재하는 비물질적 실재, 가령 법칙·이법·수학적 구조·질서·정보 등을 상정하게 될 것이다. 내가 준별하기로 그리스도교의 전통적 창조 이론이 이와 유사한 구도를 지니고 있다. 다만 물질 우주에 앞서 '인격적' 창조자(신)가 존재했다는 점에서는 다를 뿐이다. 그리고 유신론은 아니지만 현대 다중우주론, 특히 홀로그램 우주론이나 시뮬레이션 우주론 등이 주리론과 비슷한 얼개로 설명될

---

52 이언 바버, 『과학이 종교를 만날 때』, 33.

여지가 있겠다. 그런데 예나 지금이나 이러한 생각은 공상이나 종교에 가깝지 과학일 수 있겠냐 하는 비판에 직면할 것이다. 이 문제에 대해서는 차차 더 알아보기로 하겠다.

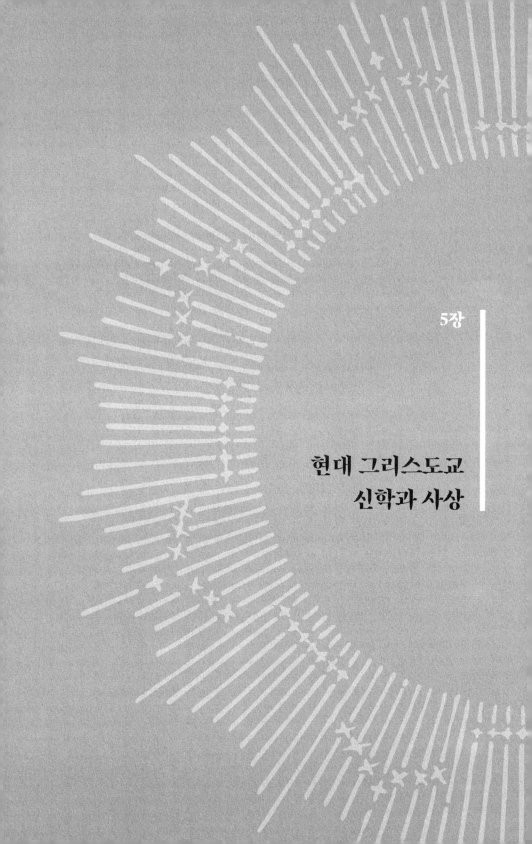

5장

현대 그리스도교
신학과 사상

I. 칼 바르트

"노동과 탈진에 미혹되지 말라. 무엇이 그대를 불안케 할 수 있는가? 그대들은 모든 짐승과 함께 죽는다. 그리고 그다음으로 무가 도래한다."
_ 브레히트(B. Brecht)의 시 〈유혹에 대항하여〉 중

플로티누스는 "악이 존재한다면, 그것은 비존재의 영역에 위치하고, 어떤 방식으로든 비존재의 형태여야 한다"[1]고 하여 비존재 혹은 무라는 것은 악한 것이라고 규정한 바 있다. 이후 중세 신학자 아우구스티누스 역시 비존재란 존재의 결핍으로서 악이라고 단언했다. 존재할 근거가 없기에 악 자체를 실체로 간주하지 않았지만, 존재하지 못하는 결함 자체를 지닌 비존재가 곧 악이라고 본 것이다. 이런 식의 발상은 "존재:비존재=선:악=하나님:무"라는 등식을 함의하게 되었고, 20세기의 교부라 칭해지는 칼 바르트에게도 유사하게 이어졌다.

바르트는 "하나님의 세계통치에 대한 반대와 저항"이자 "피조물을 지속적으로 위협하고 있으며 또한 사실상 지속적으로 파멸하게" 만드는 원흉에 대해 단적으로 '니히티게'(das Nichtige), 즉 '무'를 지목했다.[2] 바르트는 이를 헬라어 '마타이오테스'(ματαιότης, 공허)로부터 가져온 것으로 보이는데,[3] 저작 곳곳에서 이것을 '니히트자인'(Nichtsein), '니히티히카이트'(das Nichtigkeit), '운베젠'(das Unwesen) 등으로 달리 쓰기도

1 Plotinus, *The Enneads*, trans. Stephen McKenna (Harmondsworth: Penguin, 1991), Enn. I. 8. 3.
2 칼 바르트, 『교회교의학』 III/3 (서울: 대한기독교서회, 2016), 390-391.
3 칼 바르트, 『교회교의학』 IV/2 (서울: 대한기독교서회, 2012), 457.

한다(한국 신학계에서는 이것을 '허무', '무성', '비존재', '무가치한 것' 등으로 다양하게 번역하는데, 대의에 있어서 모두가 큰 차이는 없는 것으로 보인다).

바르트 신학에 있어서 무는 하나님과 세계에 반항하고 대결하는 모든 부정적 힘과 사태를 포괄하는 상위 개념이다.[4] 성서상의 "악마와 악령들의 유래와 특성"을 바르트는 무로 언표하기에, 우리는 무를 그것들보다 포괄적 개념으로 받아들일 수 있다. 현대인들은 전통적으로 죄, 악, 악마, 혼돈, 죽음, 거짓으로 지목되었던 것들을 아우르는 근원 또는 출처로서 무를 이해해도 된다. 나의 지도교수이셨던 김명용 박사는 '칼 바르트 신학'을 강의할 때 이 '무' 또는 '무성'이란 바르트가 성서에서 일컬어지는 사탄과 마귀에 대해 '비신화화'(Entmythologisierung)[5]한 용어라고 소개하곤 했다. 실제로 바르트가 새로운 어휘를 고안할 필요가 있던 이유는 그 스스로 마귀, 사탄, 바알세불이라는 성서적 명칭이 오히려 "페르시아적이고 여타의 열방에서 유래했다고 추정"할 수 있는 여지가 있기 때문임을 밝혔다.[6] 여기서 바르트가 직접 무를 정의한 대목을 보자.

(상략) 무는, 하나님이 창조주로서 선택하지 않았고 원하지 않았던 것이며, 그가 창조주로서 간과하였던 것이며, 창세기 1:2의 서술에 따르면 그가, 그것에게 존재와 실존을 부여하지 않고, '혼돈'으로 뒤에 남겨두었던 것이다: 무는, 다만 하나님의 결정에 의하여 그것에게 할당된 이 '부정성'

---

4 바르트는 그의 화해론 가운데 "악은 무(Nichtige)의 한 형태(Gestalt)"로 밝히고 있다. 칼 바르트, 『교회교의학』 IV/1 (서울: 대한기독교서회, 2017), 660. 그리고 무라는 가능성 및 현실성에 악마, 악령들의 세계, 죄, 악, 죽음이 자리 잡고 있다고 설명한다. 칼 바르트, 『교회교의학』 III/3 (서울: 대한기독교서회, 2016), 110.

5 칼 바르트, 『교회교의학』 III/1 (서울: 대한기독교서회, 2017), 300 참조.

6 칼 바르트, 『교회교의학』 IV/2, 324-325.

(Negativität) 안에서만, 다만 창조됨으로부터 그것이 '제외'되는 것에서만, 이렇게 말해도 좋다면: 다만 하나님의 '왼쪽'에서만 실제로 존재하는 바로 그것이며, 그렇게, 그러나 여기에서 물론 그것의 매우 독특한 방식으로 실제로 존재하며, 중요하며(relevant), 더구나 활동적인 바로 그것이다.[7]

흥미롭게도 『교회교의학』 가운데 바르트는 '불교'를 언급한 적이 있는데, 그것 역시 무에 대해 설명하는 과정 가운데 진술한 것이다. 바르트는 불교가 '공' 개념을 중심으로 개진되는 사유 체계임을 인지하고 있었다. 그런데 그는 자신이 신학적으로 규명하는 무란, "즐거운 무, 불교와 모든 그것의 정신적 친족들이 예부터 꿈꾸었던 무가 아니라 매우 위험한 무, 하나님 앞에서 우리가 무가치하도록 자격 규정된 고통스러운 무"[8]라고 구별하고 있다. 말하자면 상호 간에 비슷한 어휘를 쓰고 있지만, 자신이 신학적으로 구사하는 '무'는 불교와 힌두교 등에서 쓰이는 긍정적 의미로 쓰이는 '무'가 아님을 분명히 밝힌 셈이다. 다만 바르트가 비록 "즐거운 무"라는 표현을 썼지만 그 즐거운 무, 즉 불교의 '공'(sunyata)이 지닌 정교한 함의를 얼마나 이해하고 있을지 모르겠다.

또한 바르트는 동시대의 철학자인 하이데거와 사르트르의 저작들을 읽고 있었으며 그들이 신학과 전통 형이상학에 대해 반성적으로 개진하는 존재론과 실존철학에 관해 나름대로 접하고 이해하고 있던 것으로 보인다. 그랬기에 『교회교의학』의 '창조에 관한 교의' 부분에서 하이데거와 사르트르가 헤겔 철학으로부터 취하여 응용하는 '무'의 철학적 · 신학적 함의에 대해 평가할 수 있었다.[9] 그런데 바르트가

---

7 칼 바르트, 『교회교의학』 III/3 (서울: 대한기독교서회, 2016), 110.
8 칼 바르트, 『교회교의학』 III/2 (서울: 대한기독교서회, 2017), 708.
9 적지 않은 지면을 할애하며 바르트는 하이데거와 사르트르의 철학에 관해 매우 인상적인

독특하게 '다스 니히티게'(das Nichtige)를 악마적 함의로 변용하여 쓰고 있을지라도, 하이데거의 '다스 니히트'(das Nichts)와 사르트르의 '르 네앙'(le néant)을 동일선상에서 악마시하지 않았음에 유의해야 한다. 더욱이 하이데거의 의도를 간파하며 그의 무가 그리스도교 하나님의 의미를 대체할 가능성도 엿보았다. 실제로 하이데거의 무에 관한 이론은 이후 신학계에서 폴 틸리히, 베른하르트 벨테, 알프레트 예거 등의 신학자에 의해 적극적으로 받아들여진 바 있다. 그렇다면 바르트가 하이데거의 무에 관해 어떻게 이해하고 평가했는지 아래에서 확인해 보자.

> 하이데거가 말하는 무는 똑같이 존재라고도 불릴 수 있으며 어떻게 불리든 간에 사실상 하나님의 기능을 떠맡을 수 있는데, 그의 무(das Nichts)는 그리스도교에서 이해하는 무(das Nichtige) 개념과 결코 동일할 수 없다. (중략) 그것은 그리스도교적인 의미에서 실제의 무가 아니며, 그것은 이 실제의 무에 비교하여 상대적으로 해가 없는 것이다.[10]

요컨대 바르트가 논하는 무(das Nichtige)는 불교의 공空(sunyata)과 하이데거의 무(das Nichts)와는 달리 절대적인 부정성을 표방하고 있다. 비록 우리말로 같거나 유사한 어휘로 번역되고 있지만 말이다.

바르트가 말하는 무는 하나님의 피조물이 아니다. 하나님이 창조할 때 의도한 것도 아니다. 그 나름대로 현실성과 위력이 있지만, 피조물들

평가하고 있다. 과연 바르트의 독해와 비판이 정당할지는 몰라도 필자는 이 대목이 신학적으로 매우 의미 있는 부분이라고 생각한다. 다음을 보라. 칼 바르트, 『교회교의학』III/3 (서울: 대한기독교서회, 2016), 455-479.

10 앞의 책, 479.

이 존재하듯이 존재하는 것이 아니다.[11] 그럼에도 불구하고 세계에 등장해 있으면서 항상 하나님과 피조물에 대적하고 있다. 바르트의 표현을 빌리자면, 그것은 "불가능의 가능성"이자 "존재론적 불가능성"이다.[12] 하나님이 거부하고 저주하고 배제함으로 인해 오히려 이 세상에 기이하고 불가사의하게 나타나 활동하고 있는 것이다. 하나님이 창조한 것들의 경우 그것들에 비록 부족하고 부정적인 국면이 있어도 온전하고 선하다. 그러므로 세계 가운데 부정적인 사건들은 임시적·잠정적일 뿐이며, 궁극적으로는 해롭지 않고 예수 그리스도를 아는 데에 도움이 된다. 그러나 무에 있어서는 사정이 다르다. 무는 하나님이 절대적으로 부정한 것이다. 이에 대한 바르트의 주장은 다음과 같다.

하나님의 세계통치에 대한 반대와 저항이 존재한다. 세상사 안에는 '지금까지' 서술된 의미에서 하나님의 섭리가 포함되지 않는 한 요소, 따라서 피조물의 사건처럼 그렇게 하나님의 전능한 활동에 의하여 보존되지도 동반되지도 통치되지도 않는 한 요소가—더구나 그 요소들로 구성된 완전한 암흑의 체계가 문제된다— 존재한다. (중략) 그것은 더구나 그것의 입장에서, 하나님 아버지에 의해 혹은 그 어떤 다른 의미에서 하나님에 의해 보존되고 동반되고 통치되는 것을 전적으로 저항한다. 하나님의 섭리가 통치하는 대상들 가운데 하나의 '낯선 요소'가 존재한다: 하나님의 섭리는 이 요소도 포함하기에, 그것도 섭리를 회피할 수 없기에, 섭리는 어쨌든 그것의 '특수한' 본질에 상응하는 방식으로 그것을 포함한다. (중략) 우리는 이 반대와

---

11 앞의 책, 730.

12 이러한 표현에 관해 베르까우어(Gerrit Cornelis Berkouwer)가 비판한 사례에 대해 바르트는 수세적인 자세로 해명한 바 있다. 칼 바르트, 『교회교의학』 IV/3-1 (서울: 대한기독교서회, 2017), 208.

저항을, 이 고집 센 요소, 이 낯선 요소를 (더욱 상세한 설명을 유보하고) 무 (無, das 'Nichtige')라고 부른다.[13]

그러니까 무가 하나님에게나 창조 세계에 긍정적 관련을 맺는 것은 없다. 그 이유는 무가 "하나님 자신에 대하여, … 하나님의 사역 전체에 대하여, 하나님의 창조 세계 전체에 대하여 저항하고 있기 때문"이다.[14] 무는 하나님의 선한 창조나 하나님의 섭리와 긍정적인 연관을 갖지 않는다. 하나님의 대적 또는 원수다. 바르트는 '결코'라는 부사를 반복하면서 다음과 같이 강조한다. 하나님은 무를 "그의 영원한 결의에서 '배척하셨으며, 따라서 '결코' 원하지 '않았으며', '결코' 원하지 '않으며', '결코' 원하지 '않을' 가능성"으로서 "하나님의 강력한 '거부'(Nein) 아래서만 현실성을 지닐 수" 있다고.[15]

하나님에게만이 아니라 피조물에게도 무란 불행과 사망을 초래하기에 대적이고 원수다. 세상의 타락이란 곧 "무(Nichts)의 나락으로 떨어지기 위하여 달려가고"[16] 있는 것이고, 하나님이 구원하고 지키지 않는다면 피조물은 "절대적인 무"에 예속될 수밖에 없다. 피조물에게 가해오는 위험, 죄, 악, 질병,[17] 죽음, 불행, 혼돈 등이 바로 무의 구체적 양상이다.

무의 출현에 있어서 바르트는 다음과 같이 구체적으로 설명한다. 무엇보다 무는 하나님의 피조물이 아니다. 하나님이 전적으로 부정하고 의도하지 않고 버리려 했기에 무가 생겨났다. 그러니까 하나님의 적극

---

13 칼 바르트, 『교회교의학』 III/3 (서울: 대한기독교서회, 2016), 390.
14 앞의 책, 408.
15 앞의 책, 110.
16 칼 바르트, 『교회교의학』 IV/1 (서울: 대한기독교서회, 2017), 343. 408 참조.
17 칼 바르트, 『교회교의학』 III/4 (서울: 대한기독교서회, 2017), 502.

적 창조가 아니라 적극적 거부로 인해 나타난 것이다. 바르트는 이를 "하나님에 의해서 부정되고, 거부된 것이, 극단적인 악(Böse)이, 하나님과 하나님의 사역에 정면으로 서로 대립되어 있는 것이, 자신들의 거역하는 통치권을 수립하는 것"이며 "진실하지 않은 존재의 더러운 시작"이라고 설명한다.[18] 이는 매우 아이러니하고 미묘한 기원이다. 하나님이 창조하고 부정하여 버리려 했기에, 등장했음에도 불구하고 그 나름대로 자율성과 독자성을 지니게 되었기 때문이다. 다음 인용문에서 우리는 바르트가 분명히 하나님과 무 사이의 '관계없음'을 역설하려는 의도를 읽게 된다.

> (상략) 바로 그 무의 실존과 현존과 작용은 또한 객관적으로도 창조주와 피조물 사이의 관계를 '단절'하는 것이다. 그것은 '한계'만이 아니라, 즉 양측으로부터 볼 때 이 관계의 본성에 속하며 창조주의 선함에 그리고 전적으로 역시 피조물의 선함에 근거를 두고 있는 그 '한계'만이 아니라 또한 이 관계의 본성에 역행하는 '단절', 즉 창조주의 선함과도 그리고 또한 피조물의 선함과도 일치될 수 없으며, 창조주의 선함으로부터도 그리고 피조물의 선함으로부터도 이끌어 내어질 수 없으며, 양측에 대하여 적대 행위로서 설명될 수밖에 없는 '단절'이다![19]

무는 여타의 존재물과 비교될 때 어떤 양태로 존재하는 것일까? 사실 바르트의 언어는 무의 존재성에 대해 명확하게 쓰고 있지 않다. 그는 무가 실질적으로 있다는 것인지, 아니면 없다는 것인지 모호한 주장을 하기 때문이다. 가령 무가 "존재하지 않는 것(was nicht ist),

---

18 칼 바르트, 『교회교의학』 IV/1, 706.
19 칼 바르트, 『교회교의학』 III/3 (서울: 대한기독교서회, 2016), 396.

오직 공허한(nichtig) 것" 또는 "아무것도 아닌 것"[20]이라고 하며 "허구"(Schein)와 "그림자"[21]로 격하하면서도, "'무'라는 것은 악마가 무이며, 전혀 실재하지 않음을 의미하는 것이 아니다"[22]라고 하며 "거짓으로 실존하며, 그것은 실체와 인격(Person), 생명력과 자발성, 형태, 권세와 경향성과 같은 어떤 것을 지니고 있다"[23]라고 적고 있다. 그러니까 바르트는 무를 '허구'라고 하면서도 다음과 같이 그것의 '현실성'을 일관되게 주장한다.[24]

> 바로 그렇게 무는 현실성을 지니고 있으며, 바로 그 현실성으로부터 또한 그것의 성격이 밝혀지며, 바로 그 현실성으로부터, 그것이 행하였고 행하고 있고 아직 행해도 되는 역할이 밝혀진다: 그것은, 하나님이 자신의 고유한 적대자로 간주하였고 공격하였고 격퇴하였던 바로 그 적대자이다.[25]

바르트가 서양 철학으로부터 가져오는 '현실성'(Wirklichkeit)의 개념을 물적 존재나 실체의 개념과 동일하게 받아들일 수 없다. 특히 헤겔에 의하면, 현실성이란 관념(Idee) 또는 정신(Geist)에 의해서 세계에 구현될 수 있기 때문이다.

무에 억압된 피조물의 수난을 드러내 보이기 위한 신학적 의도를 지닌 바르트이기에, 존재가 아닌 것이라고 말하면서도 다른 한편 무를 존재하는 것처럼 형용하는 당착을 자주 보인 것 같다. 그는 악령들과

---

20 앞의 책, 113-114, 499 참조.
21 앞의 책, 504.
22 칼 바르트, 『교회교의학』 IV/3-1 (서울: 대한기독교서회, 2017), 209.
23 칼 바르트, 『교회교의학』 III/3, 735.
24 앞의 책, 110 참조.
25 앞의 책, 504.

마찬가지로 무의 독특한 실존을 부정할 수 없다고 말한다. 다음을 보자.

> 그것들은 '존재한다'. 우리가 무의 독특한 실존을 부정할 수 없는 것과 마
> 찬가지로, 역시 악령들의 실존을 부정할 수도 없다. 그것들이 공허하게
> (nichtig) 존재하기는 하지만, 그럼에도 불구하고 아무것도 아닌 것(nichts)
> 은 아니다.[26]

바르트에 의하면 무 자체의 출현이 기묘하지만, 무의 활동과 기능도 신비로운 국면이 있다. 그것은 하나님과 선한 창조 세계에 대적하면서도 또 한편 하나님에 의해 정복된 실재로 존재하며 하나님의 자발적 용인(volutas permittens)과 하나님의 섭리와 의지 안에서 역사하고,[27] 궁극적으로 "하나님께 철저히 굴복되어" 있기 때문이다.[28] 하나님은 "무의 주도권적 주님"이시기도 하다.[29] 바르트는 분명히 하나님의 화해의 역사 가운데 무 또는 악이 수단(도구)으로 기용된다고 주장한다. 즉, "죽음과 무가, 하나님과 세상의 화해를 위한 하나님의 처분과 그에 대한 봉사 이후로 세상의 도착에 대하여, 인간의 죄에 대하여 하나님께서 계획하신 전략의 도구로 사용되었다"고 하거나 "무에게 하나님은 피조물에 대한 자신의 고유한 권한을 양도하였을 것"[30]이라는 표현을 쓰고 있는 대목에서 단적으로 드러난다. 심지어 최종 승리자와 심판자가 되기 위해 그리고 인간들을 긍정하고 도와주기 위해 "하나님께서 당신 자신을 피조물과 함께 저 허무한 것들에게 넘겨주도록 헌신하셨다

---

26 앞의 책, 730.
27 앞의 책, 390-391 참조.
28 칼 바르트, 『교회교의학』 IV/1, 660.
29 앞의 책, 302; 칼 바르트, 『교회교의학』 III/3, 505 참조.
30 칼 바르트, 『교회교의학』 IV/1, 498-499.

는 것, 곧 자기 자신을 허무한 것들이 문제 삼고, 고통을 주고, 방해하고, 괴롭히도록 허락하셨다"[31]고 쓰고 있다.

실제로 위와 같은 신학적 진술은 바르트가 '하나님-무' 이원론 또는 '선-악' 이원론에 빠지지 않게 만든다. 죄에 대한 이론에서도 마찬가지다. 바르트는 "긍정적으로는 선을 이루기 위하여 섬길 수 있을 뿐"이므로 "죄도 역시 하나님의 지배 아래 있다는 것과 죄도 역시 하나님을 섬겨야한다는 사실에 대해서는 '예'(긍정)만 있을 뿐, 그 어떠한 의심도 있을 수 없다"고 주장한 바 있다.[32] 마치 대하소설의 결말에 감동하는 독자처럼 바르트는 무에 관한 자신의 신학 이론을 다음과 같이 마친다.

즉, 그것도(무를 가리킨다 _ 인용자 주) 그의 말씀과 사역을 위해, 그의 아들의 영광을 위해, 복음의 선포를 위해, 신앙 공동체의 신앙을 위해 그리고 그와 동시에 하나님 자신이 피조물의 시간이 끝날 때까지 그의 피조물 한복판에서 그리고 그의 피조물과 함께 걸어가기를 원하는 그 길을 위해 헌신해야만 한다. 적대자로서 싸움터에서 격퇴되고 포로로 되고 길들여진, 하나님의 적대자 자체가 하나님의 종으로 되었다. (중략) 그것이 과거에 어떤 존재였으며 무엇을 하는 존재였는지를 잘 기억해 내도록 그리고 또한 우리가 그것을 바라볼 때 틀림없이 하나님에게로, 즉 홀로 그것을 극복했으며 그것의 감옥을 여는 열쇠를 홀로 손에 쥐고 있는 그 하나님에게로 몸을 피하지 않을 수 없다는 사실을 잘 기억해 내도록 배려되었을 것이다. (중략) 역시 무도 하나님을 사랑하는 이들을 위해 최선을 다해 봉사해야만 하는 것들이라고 불리는 것들에 속한다.[33]

---

31 앞의 책, 731; 칼 바르트, 『교회교의학』 III/3, 505 참조.
32 칼 바르트, 『교회교의학』 IV/1, 230.
33 칼 바르트, 『교회교의학』 III/3, 506.

사실 바르트는 신정론이나 마귀론에 있어서 철학자들의 형이상학적 접근 방식을 탐탁하게 여기지 않았다.[34] 그리고 죄악과 사망을 수단화하고 그것들의 파괴력을 간과할 수 있는 영지주의나 신비주의가 지닌 양상의 세계관을 옹호하지 않았다. 그러나, 내가 판단하기로, 위와 같은 진술들은 과연 그가 경계하는 형이상학적 논의 방식에서 얼마나 떠났는지 그리고 악을 영혼의 고양(훈련)에 기여하는 장치로 긍정하는 영지주의나 신비주의로부터 얼마나 큰 차이를 보이는지 모르겠다. 비록 바르트가 하나님은 창조 사역 가운데 무를 긍정하지 않고 악을 소유하지 않음을 진술했지만, 다른 한편에 하나님이 더 숭고한 목적을 위해 무 또는 악을 수단화한다고 설명하는 모순을 보이고 있는 것이다. 실제로 이러한 국면들 때문에 베르까우어(Berkouwer)에 의해 바르트 신학은 하나님과 무 사이의 관계, 즉 그 둘의 "투쟁을 단순히 가상의 투쟁 정도로 보는 위험성을 지니지 않는가" 혹은 "악의 의미와 힘을 너무 축소해 버릴 뿐 아니라 그 현실성을 부정하고 있다"고 비판받게 된다.[35]

여하튼 우리가 바르트의 창조에 관한 교리를 살필 경우, 무의 실재성에 관해서뿐만 아니라 무의 기원이 하나님의 창조 사역과 어떤 관련을 갖는지 일관되지 못한 모호성과 모순을 자주 접하게 된다. 많은 현대 신학자는 악·사탄·귀신·죄·지옥 등의 기원과 이유를 밝히는 것은 과거의 신화적 세계관으로 퇴보하는 것으로 여기며, 전통적 마귀론 또는 귀신론으로부터 심리학 및 정신의학 쪽의 연구를 참고하는 경향이 짙다. 문제는 그러한 신학적 태도가 하나님의 실재성도 더불어 약화시키고 세계의 악에 대한 하나님의 책임 소지를 흐리게 한다. 최소한

---

34 앞의 책, 421-480 참조.
35 칼 바르트, 『교회교의학』 IV/3-1 (서울: 대한기독교서회, 2017), 205.

하나님이 전능한 창조주이며, 그로 말미암아 모든 사물이 창조되고, 최초의 원동자 또는 제일 원인인 하나님으로부터 운행이 가능하게 되었다는 교리를 보존한다면, 하나님에게 악 또는 무에 관한 책임이나 수단화 및 방조를 따질 수 있다. 반면에 가공할 악에 관해 책임을 면피할 수 있는 하나님을 주장하는 일이라면, 결국 바르트의 신학도 기독교적 일원론을 지킬 수가 없게 된다.

바르트는 위와 같은 문제점에 논리적으로 명쾌한 대답을 제공하지 않았다. 그러나 누구든 바르트의 '무' 이론을 읽을 때 하나님에게 최소한 '미필적 고의'(dolus eventualis)에 의한 악 또는 무의 파생에 대해 책임을 물을 수 있다. 하나님의 '의도하지 않음'(non-willness) 혹은 하나님의 '거부'가 역설적이게도 무의 등장을 초래했으니 말이다. 이 점에 대해 로즈메리 류터(Rosemary Ruether)가 '신화적 신학자로서' 칼 바르트의 신론에 관해 다음과 같이 예리하게 지적했다.

> 만일 혼돈의 악이 본질적인 것이고 결코 하나님은 악의 창조자가 아니라 그저 악의 추방자라고 한다면, 하나님 외부의 악의 독자적 기원을 인정함으로써 악의 특별한 자율성을 인정하게 될 수밖에 없다.[36]

류터의 비판적 관점에 동의하며 나도 바르트가 하나님의 섭리, 정확히 말해 '허용적 의지' 안에서 무가 활동한다고 설명하는 방식은 곧 하나님에게 책임을 물을 수 있을 여지를 남긴다고 본다.[37]

---

36 Rosemary Radford Ruether, "The Left Hand of God in the Theology of Karl Barth: Karl Barth as a Mythopoeic Theologian," *Journal of Religious Thought* 25 (1968): 7.

37 정성민 역시 바르트가 "무성의 기원을 궁극적으로 하나님에게 되돌리고 있음을 알 수 있다고" 평가한다. 정성민, "하나님의 창조 질서와 무성(nothingness)에 대한 칼 바르트의 이해," 「한국기독교신학논총」 31 (2004): 288.

그런데 읽기에 따라 정반대로 바르트의 무에 관한 이론이 오히려 '이원론적' 구도를 가지고 있다는 국면도 남아 있다(이렇게 상반된 진술이 병존하는 특징은 바르트 신학이 보이는 미덕(?)이다. 내가 앞서 누차 언급했듯이 상호 모순된 진술은 언제나 근원적인 차원에서 통합을 예비하고 있으니 말이다). 우리가 분명하게 관찰하며 읽을 수 있는바, 바르트가 설명하는 하나님은 하나님이 무를 상대하여 싸우고 이것을 소멸하여 정복하는 사역을 한다. 하나님의 자비 역시 "무의 공격에 대해 자기 피조물을 보호하고 지키는 자, 무의 두려운 승리로부터 피조물을 구출하는 자"[38]로서 드러난다.

바르트의 교회교의학 III/3, 즉 창조에 관한 교의에 의하면 마침내 하나님은 그리스도의 성육신을 통해 무를 정복하고 승리한다. 하나님 스스로 피조물이 되어 무에게 고통당하고 굴욕당하고 십자가에서 죽는다. 나사렛 예수의 고난이란 "고통스러운 대결"인데, 그 대결이란 "단지 그 어떤 불행이나, 죽음과의 대결이 아니라 영원한 죽음과 허무한 것(Nichtige)의 힘과 철저히 대결하는 것을 의미한다."[39] 하나님의 분노 역시 분명하게 "혼돈(Chaos)의 세계와 허무한 것(das Nichtige)에 대항하는 분노다."[40] 그리고 예수의 부활을 통해 무를 제압하고 정복하여 하나님이 죄악과 사망을 극복하고 무 아래에서 신음하던 피조물들을 해방하여 새로운 질서를 이룬다.

위와 같은 진술들은 바르트가 하나님과 무 사이에 대립적 구도를 그리고 있음을 시사한다.[41] 그리고 그것은 섭리론 및 화해론의 차원에서

---

38 칼 바르트, 『교회교의학』 III/2, 671.
39 칼 바르트, 『교회교의학』 IV/1, 399.
40 앞의 책, 791.
41 앞의 책, 731 참조.

뿐만 아니라 신론 및 존재론의 차원에서도 발견된다. 이를 대립적이지 않다고 할 수 없는 이유는 논리적으로 A가 A와 대립하여 승리한다는 것은 있을 수 없기 때문이다. 오직 A는 not A와 대립하고 투쟁할 수 있다. 그런데 바르트는 정(These)과 반(Antithese)의 통일을 긍정하는 헤겔처럼 하나님과 무의 통일을 의도하지 않는다. 무에 대한 철저한 대적과 승리만 있을 뿐이다. 이것은 바르트의 창조 교의가 일원론으로 만 설명되지 않는다는 반례다. 바르트는 어쨌든 선악 이원론으로 흐르지 않으려 했던 것으로 보인다. 그러나 동양 형이상학에서처럼 상반상성이나 대극의 일치 또는 헤겔 철학에서처럼 존재와 무가 변증법적 운동을 통해 종합(Synthese)에 이른다는 식[42]의 화해론을 바르트는 의도하지 않았기에 최소한 무 이론에 관한 한, 바르트의 신학의 이원론적 성질은 간단히 해소되지 않는다.

일부 연구자들은 바르트 신학과 헤겔 철학의 관련에 대해 긍정하고 특히 바르트 신론의 '삼위성'(Dreiheit)을 비롯한 여러 주제에 정-반-합의 구도를 찾을 수 있다고 한다. 그렇다면 무에 관해서도 하나님 스스로 자기 소외를 일으키고 외재화(externalization) 및 대상화(objectification)를 도모한 결과라고 볼 수 있을까? 시한적이고 역사적인 자기 소외(분열)가 마침내 변증법적 운동을 이루고 결국 자기 복귀로 귀결되듯, 무도 하나님의 자기 소외나 자기 분열의 부산물이라고 평가해야 할까? 내가 추측하기로 바르트는 자신의 신학에 대해 이러한 해석을 참아내지 못할 것이다. 바르트의 무는 헤겔이 설명하는 '정신'(Geist)의 자기 소외, 자기 전개, 자기 복귀의 도식에 해당하지 않는, 철저하게 부정되고 유기된 절대적 입지를 지니기 때문이다. 헤겔 철학에서처럼 무가 최종

---

42 Georg Wilhelm Friedrich Hegel, *Phenomenology of Spirit*, trans. A. V. Miller (New York: Oxford University Press, 1977), 2.

적으로 하나님에게 복귀하거나 통일될 것은 아니다. 바르트는 무로부터 기인하는 죄의 파괴적 위력을 타협 없이 부정했다. 그렇기에 그 자신은 역사의 변화 가운데 죄의 필연성이나 도구성을 긍정했던 헤겔이나 죄악과 함께하는 하나님의 은총 및 선을 사유할 수 있는 기독교 의식을 주장하던 슐라이어마허(F. Schleiermacher)의 논리를 맹렬히 비판했던 것이다.[43]

무에 대한 바르트의 신학이 지닌 모호성은 신정론으로도 이어진다. 무가 하나님과 세계에 대적하지만, 하나님이나 창조물처럼 존재하는 것은 아니라고 설명하기 때문이다. 말하자면 바르트에게 있어서 무는 있는 것도 아니고 없는 것도 아니다. 이것은 바르트가 아우구스티누스가 악을 존재로 인정하지 않았던, 바로 그 전통에 서 있기 때문으로 보인다. 바르트는 무가 피조물이 아니며 시한적이고 허망하고 떠다니는 그림자라고 표현했다. 특히 예수 그리스도의 구속사로 인해 무는 굴복되어 이제 파편처럼 남아 있고, 환영幻影이나 메아리 같은 위상만 지닌다는 것이다. 따라서 인간은 무를 두려워할 필요가 없다.

그런데 신학적으로 하나님과 피조물이 대적하는 맞상대로서 무를 비실체 또는 공허한 것으로 취급하는 관점은 세계 역사가 견디어 내는 자연적 악과 도덕적 악에 비추어 설득력이 떨어진다. 말하자면 악(무)을 '여운', '환상' 또는 '그림자' 따위로 규정하는 방식은[44] 인간실존이 떠안고 있는 모진 고난과 죽음의 깊이 또한 추상적으로 만들 우려가 있기 때문이다. 하나님의 원수인 무로 인해 세계가 극렬한 고통과 심중한 파탄에 처해 있다고 한다면 어느 누가 무의 위력과 그 현실성을 부정할 수 있을까? 바르트가 무를 추상화한다면 이것을 너그럽게 용인할 독자

---

43 칼 바르트, 『교회교의학』 IV/1, 606-609 참조.
44 칼 바르트, 『교회교의학』 III/3, 505.

는 없을 것이다. 그게 아니라면 바르트는 무를 불우한 상황, 부정적 계기, 우발적 불운 등을 표상하는 메타포로 쓰고 있다고 해석할 수밖에 없다. 실로 바르트의 신학에서 무가 단지 환상으로 국한된다면 그것으로 기인하여 고통을 겪는 세계 역시 환상이라는 말일까?

한편 바르트의 무 이론은 그리스도의 구속사와 결부하여서 풀리지 않을 의문을 남긴다. 하나님의 역사를 그리스도의 십자가 및 부활의 사건 전후로 크게 나눌 때 과연 무가 가져오는 죄악과 고난의 질적 수준이 저하되었는가 하는 문제다. 바르트는 창조에 관한 교의 부분에서 분명하게 무는 "예수 그리스도 안에서 완성된 저 구원 사건 안에서 기가 꺾이고 심판받고 반박되고 파멸되었다"는 "사실"을 천명한다. 그것도 "객관적으로 제거되었다"[45]라는 표현을 쓰면서 말이다.

그런데 왜 인류는 이 사실을 보편적으로 경험하거나 인지하지 못할까? 이 의문에 대해 바르트는 "무가 파멸된 것을 보여주는 일반적인 '계시'가 아직 발생하지 않았"기 때문이고, "우리의 눈들이 멀었기 때문"이며 이미 도래한 하나님의 나라를 내다보지 못하게 방해하는 모종의 "덮개" 때문이라고 설명한다.[46] 다른 표현으로는 "인간들의 혼란"으로 말할 수 있을 것이다. 그 혼란이란 곧 "배제된 것으로 이해되지도 다루어지지도 않은 무"가 "신의 선한 창조에 대해 우위를" 가지게 되는 전도(顚倒)를 말한다.[47] 그리고 "우리가 그리스도교 신앙의 순종 안에서 생각한다면, 우리는 오직 한 가지 자유만을 지니고 있다. 즉, 무를 이미 '처리된' 것으로 간주하고, 그것을 처리해 버린 존재를 생각하면서 새롭게 시작할 자유만을 지니고 있다"[48]고 하며 그리스도인의 순종이 필요하다고

---

45 앞의 책, 같은 쪽.
46 앞의 책, 같은 쪽.
47 칼 바르트, 『교회교의학』 IV/3-2, 236.

제안한다.

　그러나 바르트가 하나님과 인간 사이의 객관적 화해 상태와 무의 객관적 파괴 상태를 주장하는 것을 읽을 때마다 누구든 비참한 현실에 비추어 불편한 의구심이 드는 것을 막을 수 없다. 그리스도의 구속 사역으로 인해 무가 굴복되었거나 파괴되었다고 인정될 만큼 또는 단지 환영·환상·그림자 따위로 간주될 만큼 무가 위축된 역사적 상황을 확인하기 어렵기 때문이다. 어찌 보면 그것은 그리스도의 탄생 시점으로 BC와 AD를 나누는 것보다 훨씬 더 모호하다. 기독교 세계의 종교전쟁, 가장 비참했던 두 차례의 세계대전, 홀로코스트, 핵 투하, 생태계 파괴 등은 십자가와 부활 사건 이후의 비극들이다. 최소한 그리스도인의 개인적 실존 가운데에서도 뼈저린 신정론적 의구심을 제기할 만큼의 무고한 고난은 지속되고 있다. 그로 인해 어떤 신학자에 게든 그리스도의 위대한 십자가와 부활의 사건에 후속하는 악의 후퇴나 소강에 대해 증언하는 작업은 쉽지 않다. 심지어 바르트의 무 이론을 충실히 따르자면, 인간의 질고와 죄악을 대속한 그리스도의 수난과 죽음의 의의가 실재가 아닌 '환영'일 뿐인 무에 되비추어 평가되어야 할 역설에 놓이게 된다. 말하자면 하나님의 아들이 감내한 대속의 죽음이 실체가 아닌 고작 "그림자" 때문이라는 어불성설이 성립한다.

　이상의 무 신학을 두고 평가하자면, 확실히 바르트는 무를 논리적으로 해명하려고 하기 위함도 아니고 세련된 형이상학을 개진하기 위한 목적을 갖지 않은 것처럼 보인다. 전통적인 속죄론 또는 화해론을 확장하고 구체화하여 교회의 신앙을 고취시키고 있기 때문이다. 이 때문에 바르트의 무에 관한 신론은 목회적 경험으로부터 연유하고

---

48 칼 바르트, 『교회교의학』 III/3, 501.

목회적 요청에 따른 것이라고 이해될 수 있다. 철학적 신학자인 로버트 샬러만은 바르트가 무를 이론화한 것은 목사로서 설교해야 할 이유 때문이라고 평가한 바 있다.[49] 주지하듯 바르트는 축귀逐鬼 사역으로 크게 각성한 블룸하르트(Johann Christoph Blumhardt) 부자父子로부터 영향을 받았던바, 실존에 침탈해 들어오는 악한 세력에 대한 경계와 극복을 목회적으로나 사회적으로 매우 필요한 과제로 본 것 같다.

결론적으로 말해 바르트가 전통 신학 내의 죄론·악마론 등을 비신화화하고 현대화하려고 했으나 그 대의에 있어서 크게 발전되지 않았고, 예로부터 내려오는 신정론 및 마귀론의 난제 또한 명쾌하게 해소한 것 같아 보이지 않는다. 물론 하나님의 섭리와 종말에 비추어 그것들이 하나님의 승리와 영광을 드러내는 수단으로 쓰인다는, 다소 일원론적 사유를 견지함에 있어서 현대적 적용으로 나아갔다고 할 수 있겠다.

49 Robert Scharlemann, "The No to Nothing and the Nothing to Know: Barth and Tillich and the Possibility of Theological Science," *Journal of the American Academy of Religion* 55 (1987): 64.

II. 토마스 머튼

"신을 파악한다는 것은 창조된 어떤 피조물에게도 불가능하다. 그러나
아우구스티누스가 말한 바와 같이 우리 정신이 어떤 방식으로도 하나님
을 접촉하는 것은 엄청난 행복이다."[1]
_ 토마스 아퀴나스

하나님과 무 사이의 관련을 사유하는 일에 있어서 우리는 20세기를
대표하는 영성가이며 수도자인 토마스 머튼(Thomas Merton)의 경험과
신학을 생략할 수 없다. 칼 바르트처럼 모차르트를 좋아했던 머튼은
공교롭게도 바르트가 죽던 1968년 12월 10일, 같은 날 세상을 떠났다.
토마스 머튼은 공식적으로 트라피스트(Trappist) 수도사로 알려졌지만,
몇 가지 면에서 우리가 주목해야 할 '신학자'이기도 하다. 사실 교의학
계통에서는 대개 영성가 혹은 수도자의 영적 경험이나 통찰을 학문적으
로 수용하기를 기피하는 경향이 있다. 그것이 교리나 성서적 근거들을
초월하는 경우가 있기 때문이고, 그들의 희귀한 신비 체험이 이론적으
로 공유되기 어렵기 때문이다.

실제로 토마스 머튼의 영적 직관들은 이른바 정통 교의학이 우회할
만한 내용을 지닌다. 머튼 자신도 하나님을 언어 또는 논리로써 설명하
는 일에는 한계가 있고 오히려 체험이 우선되어야 한다는 입장에 서
왔다. 다만 여타의 영성가, 관상가, 수도자와는 다르게 토머스 머튼이
신학 및 철학의 입장에서 접근할 수 있는 여지가 적지 않다. 그는

---

1 *Sth*., I, 12, 7.

작가, 시인, 반전 운동가, 교육자로서 명저『칠층산』(*The Seven Storey Mountain*) 이외에 70여 편의 저술과 수백 편의 시 그리고 많은 분량의 일기 및 편지 등의 자료들을 남겼기 때문이다. 따라서 우리는 그것들에 관해 얼마든지 신학적 텍스트로서 접근할 수 있다.

머튼의 초기 저술에는 가톨릭 전통에 대한 확고한 신념에 따라 전통적 '관상觀想'(contemplation)을 중심으로 하는 그리스도교의 주제들을 주로 다루었다. 그런데 후기 저작으로 갈수록 하나님의 은총이 다양하게 발현할 가능성을 긍정했고, 그것이 개인·문화·전통에 따라 상이하게 현상되고 수용될 수 있다는 입장으로 전회했다. 특별히 그는 일본의 불교학자 스즈키 다이세츠鈴木大拙의 영향으로 선불교와 장자莊子에 대한 깊은 관심을 견지했고,[2] 동양의 종교들뿐만 아니라 아메리카 인디언의 영성에도 깊은 이해를 갖추어 나갔다.

그의 일대기 가운데 주목할 일화는, 그가 스리랑카의 폴론나루와(Polonnaruwa)에서 불교 유산과의 접촉을 통해 심미적 희열을 느꼈을 뿐만 아니라 보편적 존재의 심연에 관한 체험을 얻었다는 사실이다.[3] 이것은 모든 곳에 임재한 하나님을 깨닫는, 일종의 비이원론적 체험(non-dual experience)으로 알려져 있다. 그는 한 저작에서 인간의 내면에서 함께 공명하는 하나님에 관해 다음과 같이 쓰고 있다. 단적으로 하나님은 '무엇' 또는 어떤 '것'이 아닌 하나님이자, 그리하여 다른 논자들이 간혹 '무'라고 형용한 하나님이다.

---

2 머튼은『장자의 도』(*The Way of Chuang Tzu*)라는 시집을 내기도 했다. 윌리엄 셰논/오방식 역,『토마스 머튼 생애와 작품』(서울: 은성출판사, 2005), 80.

3 월터 콘은 머튼의 이러한 경험이 불교의 해탈 경험과 비슷한 것으로 평가하고 있다. Walter Conn, *The Desiring Self: Rooting Pastoral Counseling and Spiritual Direction in Self-Transcendence* (Mahwah, N. J.: Paulist Press, 1998), 129 참조.

마침내 관상가는 하나님이 무엇인지 더 이상 알지 못함을 깨닫는 고통을 겪는다. (중략) 결국 이것은 위대한 이득이다. 왜냐하면 '하나님은 무엇도 아니고, 어떤 것도 아니'기 때문이다. 그것이 바로 관상적 경험의 핵심적 성질들 가운데 하나다. 그것은 하나님이라고 불릴 수 있을 '무엇'이란 없다는 점을 본다. 하나님은 '무엇'도 아니고 '것'도 아니라 그저 순수한 '누구'이기에, 하나님으로서 '그러한 것'이란 없다. 그는 (위대한) '당신'(Thou)이며 그의 존전에서 우리의 가장 내밀한 '나'(I)가 발생하여 의식된다. 그는 'I AM'이며 그의 존전에서 우리 자신의 가장 개인적이고 빼앗길 수 없는 음성과 더불어 우리도 'I Am'이라고 메아리치게 된다.[4]

위에서 머튼이 주장하는바, 모든 것이 아니면서 동시에 모든 것이고 나와 존재론적으로 연합된 하나님의 오묘한 신성은 기존 교의학으로 기술하기 어렵다. 혹자는 머튼이 일종의 종교적 혼합주의(syncretism)로 나아간 것 아니냐 의심할 수 있겠다. 그러나 여러 자료를 미루어 판단하자면, 머튼의 생각은 그리스도교와 타 종교의 전통, 가령 그리스도교와 불교가 내적 체험이나 영성을 서로 나눌 경우에 서로의 입장에서 더 풍성해질 가능성에 관한 신념으로 파악된다.[5]

머튼은 존재론적 중심에 '자기'(self)를 위치시키는 서양의 사유 전통이 과연 그리스도교에 부합하는지 반성했다. 바울의 시기부터 그리스도의 강림을 '케노시스'(κένωσις, 비움)로 이해했고, 예수의 교훈을 따라 신자는 자기 자신을 부정해야 할 제자도가 제시되었기 때문이다(마 16:24, 눅 9:23 참고). 그런데 머튼은 이러한 성서적 '비움' 또는 자기부정이

---

4 Thomas Merton, *New Seeds of Contemplation* (New York: New Directions, 1962), 13.

5 박재찬, "토마스 머튼의 영성 배우기 30 — 하느님 체험 표현하기에 인간의 언어는 부족하다," 「가톨릭평화신문」 1549호, 2020년 2월 2일 검색, https://www.cpbc.co.kr.

동양의 무 또는 공과 관련이 없지 않다고 여겼다. 특히 불교와 장자의 철학을 접한 후로는 이 케노시스가 불교의 '무아無我'와 장자의 '좌망坐忘'과 상통한다고 간주했다. 이를 심중히 고려함으로써 머튼은 서양인들이 '자기'를 향한 집착 때문에 그리스도교마저 하나님의 충만한 빛을 상실했다고 진단했다. 그리고 인간은 그리스도처럼 자기를 비워야 참된 본래성을 찾을 수 있다고 보았다. 우리의 정체, 진정한 자아란 무와 공허(nothingness and void)로 나타나 보이는 것 속에 감추어져 있기 때문이다.[6]

수도자로서 머튼이 그의 저작에서 케노시스·무·공 등을 다루는 것은 대개 기도에 관련을 맺는다. 그에 의하면 기도의 목적은 '참나' 혹은 '하나님의 형상'을 회복하고 하나님과의 연합을 목적으로 하는 것이다. 인간이 구가할 사랑과 자유 역시 하나님의 형상에 근거하고 있다. 자유는 사심 없는 사랑으로 말미암기에 사랑과 하나다. 머튼에 의하면, 사랑이야말로 무의 심연에서 가져오는 초월적이며 영적인 힘이다. 반면에 죄는 하나님의 형상을 훼손하고 하나님을 향한 인간의 근원적인 지향을 파괴한다. 하나님의 형상으로서 우리가 이미 존재적으로 하나님과 자연적인 연합 상태를 이루고 있다고 할지라도 신비적 연합(mystical union)으로 나아가야 한다. 그렇다고 해서 신비적 연합이 전적으로 새로운 연합은 아니다. 그것은 본래 있던 것이다.

머튼에 의하면, 기도는 크게 '묵상기도'(meditative prayer)와 '관상기도'(contemplative prayer)로 나누어진다. 여기서는 이 두 용어가 개신교를 비롯한 여러 교파 및 타 종교에서 쓰는 용례 및 번역과는 다소 다르다는 점을 전제하고 일부 소개한다.[7] 우선 묵상기도는 자연적

---

6 Thomas Merton, *New Seeds of Contemplation*, 281.

7 국내 번역자에 따라 오히려 meditation prayer를 묵상기도로, contemplation prayer를 명상

단계의 기도이자 능동적 기도(active prayer)로서 인간적인 감성, 이성, 의지, 상상을 사용하는 의식적(conscious) 기도다. 인간이 자기 정화를 목적으로 덕을 닦고 의식적으로 노력하는 수도처럼 그 동기가 '나'에게 있다.[8] 머튼은 이를 다른 말로 정신기도(mental prayer), 능동적 관상 (active contemplation), 마음의 기도(prayer of the heart), 명상(meditation) 이라고 표현하는데, 간단히 말해 생각하고 말하는 '내가' 주도하는 기도다. 이 묵상기도는 우리의 마음을 하나님께 집중시켜 하나님을 더 알아가고 하나님 안에서 안식을 취하고자 의도를 둔다. 하나님을 바라보기 위해 신학·철학·예술·음악 등을 활용할 수 있다. 그리하여 괴로움을 가져다주는 피조물과 현세에 대한 관심에서 마침내 자유로워 지고, 하나님의 진리 안에서 참된 정체성을 발견하고, 우리 안에 하나님 에 대한 지식과 사랑이 들어옴과 소망을 깨닫는다. 마침내 우리의 내면에서 하나님과의 만남을 이루고, 그 사랑을 느끼며 찬양과 감사를 돌리게 된다. 이렇듯 묵상기도는 기도자의 의지와 노력이 들어가기에 의식적이고 능동적이라 할 수 있다.[9]

한편 관상기도는 묵상기도보다 수동적인 기도(passive prayer)라 할 수 있다. 하나님과의 만남을 위해 내가 노력하는 방식이 아니라 노력 없는 노력으로써 '나'가 무화되는 기도다. 심지어 무엇을 목적하는 의중, 기도한다는 마음조차 비워야 한다. 그렇기에 관상기도는 초자연 적 단계의 기도이자 기도의 완성이라 할 수 있는 하나님과의 신비적 연합을 가능케 하는 것으로 소개된다. 인간적 의지와 목적을 내려놓고 수동적 자세에 임하는 하나님의 뜻밖의 은총으로서 하나님이 능동적으

기도로 옮기는 경우가 있다.

8 Thomas Merton, *The Ascent to Truth* (New York: Harcourt and Brace, 1951), 218.

9 Thomas Merton, *Contemplative Prayer* (New York: Image Books, 1971), 67.

로 개입하는 계기가 된다. 머튼은 이것을 '하나님의 직접적 개입'(God's direct intervention)이라고 표현했다. 기도가 깊어지면 묵상기도에서 수단이 되었던 인간의 언어·사유·개념 등이 불필요해지고, 우리의 의식이 광야처럼 되어 하나님에 대해 분명해 보였던 지식들이 이른바 '무지의 구름'(cloud of unknowing) 속에 숨겨지는 단계가 온다. 유용하게 쓰였던 감성·이성·의지·상상력 등도 필요 없는 황량함 가운데 우리는 하나님의 현존을 체험하게 된다. 그것은 수동적 자세로 기도하는 인간에게는 하나님이 능동적으로 베푸는 깨달음의 선물이라고 할 수 있다.

관상기도는 마음을 비우는 것으로 진행되고, 마음이란 역시 '빈 것'임을 불현듯 체험하기에 이른다. 머튼에 따르면 하나님은 우리를 비우는 '무'(emptiness)로써 우리를 접촉하고, '단순성'(simplicity)으로 우리를 감동시켜 모든 혼잡함을 종식시킨다. 이에 관련하여 저서 『관상의 새로운 씨앗들』에서 머튼은 다음과 같이 밝힌다.

한 문이 우리 존재의 중심 안에서 열리고 우리는 그것을 통해 어마어마한 심연들로 떨어지는 듯하다. 비록 그 심연들은 무한하고 우리가 접근할 수 있겠지만. 모든 영원성은 이 하나의 잔잔하고 벅찬 조우 가운데 우리의 것이 된 것 같다.

무(emptiness)이면서 우리를 비워내는 손길(touch)로써 하나님은 우리를 어루만진다. 그는 우리를 단순하게 하는 단순성으로서 감화시킨다. 모든 복잡성, 모든 혼잡성, 모든 역설, 모든 다중성은 멈춘다. 우리의 마음은 어둡고 고요하고 그 안에 모든 것을 포용하는 실제인 일종의 이해라는 공중에서 유영한다. 욕망할 것이 없다. 원하는 것이 없다.[10]

---

10 Thomas Merton, *New Seeds of Contemplation*, 227.

머튼에 의하면 이러한 하나님의 직접 개입을 통해 육적인 사람이 영적인 사람이 되고, 마침내 자연을 초월하는 하나님과의 합일까지 가능해진다. 그야말로 관상기도는 '밤'의 역설적 실제를 보인다. '보지 않으면서' 보고, '알지 못하면서' 알게 되는 영적 통찰력을 가져오기 때문이다. 가장 중요한 것은 하나님 앞에서 취하는 수동적 자세다. 그렇기에 관상기도를 다른 말로 수동적 관상(active contemplation), 주입적 관상(infused contemplation), 신비적 관상(mystical contemplation)이라고 일컫는다. 토마스 머튼은 영성가답게 관상은 철학적인 것도 아니고 형이상학적 본질에 관한 정적靜的인 인식도 아니라고 말한다. 그것은 종교적이고 초월적인 선물로서 하나님이 창조적이고 역동적으로 우리의 삶에 개입하시는 것을 깨닫는 직관적 인식이다. 우리 존재의 심연에서 언표할 수 없는 영적 접촉에 의해 의식된 우리 자신의 무(nothingness)와 하나님의 실재에 대한 실존적 인식이자 우리 영혼 안에서 사역하는 성령의 활동이다.

머튼은 관상의 과정과 결과가 과학적으로 분석되는 것이 아님을 분명히 했다. 과학적·형이상학적 접근은 오히려 명상의 내용을 없애버리는 반면, 관상은 이성적 사유도 불가하고 언어적 형용도 불가한 경험이다. 이를 확신하는 머튼은 데카르트의 "나는 생각한다. 그러므로 나는 존재한다"라는 명제를 비판한다. 머튼에 의하면, 생각함을 근거로 존재를 증명하고 위로를 얻고자 하는 일이란 소외된 존재의 선언일 뿐이다. 그것은 하나님과 자기 존재의 신비를 직접적·즉각적으로 체험하는 것을 불가능하게 만든다. 반면에 관상은 궁극적으로 하나님과의 직접적인 일치 또는 완전한 연합(perfect coalescence)을 가능케 한다. 그럼으로써 기도하는 자는 완전한 관상기도 가운데 무화한다.

머튼에 의하면, 역설적이게도 그리스도교 신앙 가운데 '무화'란 다른 말로 인간의 '신성화'(divinization)이다. 예수 그리스도는 돋보기처럼 하나님의 빛을 모아 사람의 영혼에 불을 붙이는 사역을 하는데, 인간이 그리스도를 받아들이고 우정으로 일치하면 그 안으로 끌어들여 하나가 되게 한다는 것이다. 그렇다고 육체를 버리고 세상을 등지라는 의미가 아니다. 우리의 무화는 새로운 존재, 새 사람, 새 의식으로서 나아가는 길이다. 우리의 자아를 떠나 "빔(emptiness)과 무(nothingness)의 기쁨으로" 나아가는 것이다. 거기에는 "특정한 사물들의 지식이 없으며 결점과 흠이 없는 무한한 하나님의 진리만"이 있다.[11] 이미 성서에서 인간을 두고 '하나님의 형상'이라고 했던 것은 인간이 순수한 사랑을 실천할 수 있는 존재임을 의미한다. 자아의 정서적 · 지성적 · 육체적 요건들이 통전적으로 회복되며 이기주의의 한계를 뛰어넘어 지구상의 전쟁, 기아, 불평등의 문제를 해결하려는, 하나님의 참된 자녀들로 변화하게 된다.

전통적으로 그리스도교의 신학이 인간을 바라보는 관점은 사뭇 부정적이었다. 타락하여 낙원을 잃은 죄인이 인간의 신분이기 때문이다. 그러나 머튼은 인간을 무능력한 존재로만 보지 않고 하나님의 형상을 지닌 낙관적 존재로 보았다.[12] 머튼에 의하면 인간은 원죄에 의해 하나님의 형상이 파괴된 것이 아니고 단지 약화된 것이다. 인간의 영혼은 여전히 하나님의 형상이다.[13] 그리하여 그리스도교의 주류 전통과는 다르게 머튼은 하나님의 형상을 '내적 자아'(inner self), '참 나'(true I), '깊은 자아'(inmost self), '깊은 성소'(inmost sanctuary) 등으로 불렀다. 그는 우리가 이미 육체적 생명의 원천으로서 우리 영혼 가운데

---

11 *Ibid.*, 232.

12 Thomas Merton, *Conjectures of a Guilty Bystander* (New York: Image Book, 1968), 149.

13 Thomas Merton, *The New Man* (New York: Farrah, Straus & Cudahy, 1961), 112.

존재하는 하나님과 선천적이면서 실존적으로 하나로 연합되어 있다고
보았다. 그 근거가 바로 하나님의 형상이다. 그는 이를 두고 바로
'자연적 일치'(natural unity) 또는 '자연적 연합'(natural union)이라고 칭했
다. 그리고 죄라고 하는 것은 바로 자연적 일치·본래적 연합으로부터의
타락이다.[14] 그런데 우리가 타락했음에도 불구하고 하나님의 형상이
보존된 이유는 죄가 비자연적이고, 비실제적(unreal)이며, 실질적 존재
(positive entity)가 아니기 때문이다. 반면에 하나님의 형상은 자연적이고
실제적이며 실질적 존재다.[15] 하나님의 형상 또는 참나로 인해 인간은
'하나님 같은'(God-like) 본질을 가지며, 개개인과 모든 존재는 둘이
아니고 하나로 일치되어 있다. 이에 대해 머튼은 다음과 같이 밝혔다.

> 우리는 새 일치를 발견한 것이 아니고 옛 일치를 발견한 것입니다. 나의 소
> 중한 형제들이여, 우리는 이미 하나입니다. 그러나 우리는 그렇지 않다고
> 상상하곤 합니다. 그리고 우리가 회복해야 할 것은 우리의 원래적 일치입니
> 다. 우리가 되찾아야 할 것은 우리의 본모습입니다.[16]

이렇게 이기적이고 소아적小我的 자아가 철저하게 비워진 인간 본성에
대해 머튼은 '원래적 일치'(original unity), '절대 결핍'(absolute poverty),
'사막'(desert) 그리고 '무'(nothingness)라고 칭했다. 머튼은 '무'라고 불릴
수 있는 하나님과의 신비적 연합을 위해서 기도하는 자신이 비워지는
방식, 즉 무가 되는 방식을 제안했다. 하나님의 직접적 개입을 소망하되,

---

14 Thomas Merton, *Thomas Merton on Mysticism*, ed. Raymond Baily (New York:
   Doubleday, 1975), 135.

15 Thomas Merton, *New Seeds of Contemplation*, 125.

16 Thomas Merton, *The Asian Journal of Thomas Merton*, eds. Naomi Burton, Patrick Hart
   and James Luaghlies (New York: New Directions, 1973), 308.

기도하는 의도와 듣고자 하는 욕심까지 부정해야 한다. 그것이 하나님의 형상으로서의 '참나'가 들음 없는 들음, 봄 없는 봄, 앎 없는 앎을 얻는 길이다. 역설적이게도 세상이 집착하는 것들에 대한 관심을 잃고 가난과 고독을 위한 원함을 발견하는 것이 가장 큰 은혜이고 특권이다. 그리하여 참된 기도자는 존재적으로 세상에 의해 무로 간주되고, 자신의 자기 의식적 고려로부터 사라지고, 하나님에 대한 흠모인 '엄청난 사랑'(immense poverty) 가운데 무(nothingness)로 사라진다.[17] 이것은 우리 존재의 무화가 아니라 '하나님에게 흡수되는 것'(become absorbed in God)이다.[18]

토마스 머튼이 집필하고 강의했던 내용들이 관상이나 기도를 통해 전적으로 '하늘'로부터 또는 '깊은 자아'(inmost self)로부터 얻어온 것만은 아니라면, 가톨릭의 수도원 전통을 바탕으로 동양 종교와의 접촉을 통해 더욱 풍성해진 결과로 평가되는 것이 온당할 것이다. 물론 수도원 운동 속에 면면히 흘러왔던 신비주의 및 부정신학의 전승에도 영향받았다고 평가하는 것도 생략할 수 없다. 그것들에 더해 머튼은 학구적 연구와 과감한 실험적 사유를 통하여 하나님 개념으로 포괄될 무(nothingness) 혹은 공(emptiness)에 더욱 깊은 통찰을 갖추어 갔을 것이다.

종교 간의 대화가 본격화된 20세기 중반에 동양 종교와의 만남으로 영성의 심화를 경험하고 점차 세계로부터 요구될 실천을 모색했던 토마스 머튼은 그리스도교의 미래 향방을 가늠하는 문제에 있어 의미 있는 자취를 남겼다. 매우 개성 있는 수도자인 머튼이 지닌 편견 없는 관용의 태도, 타자와의 스스럼없는 만남과 대화, 전방위적 실천은 오랫동안 교회 중심의 신학에 매몰되었던 그리스도교의 소극적 관행을

---

17 Thomas Merton, *New Seeds of Contemplation*, 173-174.

18 *Ibid.*, 182.

깨 세계로 개방된 신학으로 나아가는 선례가 되기 때문이다. 만약 그의 저서들이 일종의 '무에 관한 신학'을 남겼다고 평가받을 수 있다면, 그것은 단순한 가설과 이론에 그치지 않고 현대인에게도 호소할 수 있는 종교적 경험과 실천을 포함하고 있는 독보적 자원이 된다.

III. 베른하르트 벨테

"세계는 불안정 가운데 정지하고, 정지 가운데 움직이고, 존재하면서 동
시에 무에 접촉하고 있고, 무에 삼켜져 있지 않지만 무로부터 위협 받고
있고, 아직 무의 심연 위에 있다. 요컨대 세계는 절대적으로 존재하는
것이 아니지만, 무 속으로 추락하지도 않는다."
_ 빌헬름 바이셰델(W. Weischedel)

전통 신학의 견지에서 평가하자면, 하이데거의 철학은 탈형이상학
과 반신학反神學을 의도하는 대안적 존재론으로 해석될 수 있다. 그러나
존재에 관한 시원적인 체험을 중시하는 그의 사유를 이해해 나가자면,
하이데거가 무신론을 조장하는 것이 아니라 오히려 종교성과 신앙에
대한 본질적 질문을 견지하면서 그리스도교의 신론을 새롭게 정초할
동기를 제공한다는 점을 이해하게 된다. 하이데거가 말하는 진리란
사태를 망각과 은폐로부터 열어 밝히는 것, 곧 진리의 탈은폐이기에
우리로 하여금 언제나 이미 거기에 존재하는 하나님을 발견하도록
독려한다. 앞서 살펴보았듯이, 비록 하이데거가 존재를 '무'로 표현했지
만, 그것은 고매한 말장난이 아니었고 과거 형이상학이 저지른 오류의
덫에 걸리지 않기 위한 일종의 은유적 장치였다.
지배, 소유, 사용의 목적으로 존재자를 양화하여 개념적으로 장악하
려는 근대인의 인식론적 기획에 맞서서 존재자의 고유성과 존재의
신비를 회복하려 했던 하이데거의 철학은 현대 신학에 있어서 도전적
이면서도 대안적인 시도로 다가왔다. 말하자면 하이데거의 영향으로
서구 신학계에는 신 존재 증명이나 유신론 변증에 천착한 신학, 교리주

의, 문자주의, 정통주의 등을 반성하는 새로운 기류가 조성되었다. 그리고 존재를 무로 사유하듯 하나님을 무로 사유하는 신학이 등장하기에 이르렀다. 이것은 무신론이 아니고 '신 죽음'의 신학과도 궤가 다르다. 이에 우리는 그 대표 주자로서 베르하르트 벨테(Bernhard Welte)의 신학을 주목해 볼 필요가 있다.

칸트가 순수이성의 기능을 근거로 객관적이고 보편타당한 방법을 통해 인식론을 정초함에 따라 "객관적으로 확실하고 과학적인 신인식이란 존재하지 않게 되었다"[1]고 단언했던 벨테는 신학이 하이데거의 해석학적 존재론으로부터 하나님을 다른 방식으로 증명하고 사유하고 말할 수 있는 방식을 얻었다고 생각했다.

기실 칼 바르트도 동시대의 철학자 하이데거의 존재론, 특히 무와 불안 사이의 관련을 읽었을 때 그 신학적 가능성을 간파한 바 있다. 바르트 자신은 무(das Nichtige)를 악마적이고 파괴적인 현실성으로 규정하고 있지만, 그와 달리 하이데거의 무(das Nichts)는 존재 또는 하나님의 개념을 대체하고 보완할 가능성이 있다고 보았던 것이다. 그리고 하이데거를 따라 존재를 드러내는 근본 기분인 '불안'의 긍정적 역할도 제대로 이해하고 있었다. 바르트의 『교회교의학』의 한 대목을 인용해 본다.

> 그(하이데거 _ 인용자 주)에게는 무는 정말 결코 공허한 것(das Nichtige)이 아닌 것'이다'. (중략) 그러나 이미 그 불안은 (중략) 그것의 가장 본래적인 형태에서는 이미 극복된 불안, 즉 평온, 태연함, 심지어 대담함이다. 그리고 무가 불안 안에서 스스로를 드러내는 '것(was)으로서' 그것, 즉 하이데거

---

1 베른하르트 벨테/오창선 역, 『종교철학』 (왜관: 1998), 135.

가 말하는 무 자체는 정말이지 결코 불안을 자극하는 어떤 것을 지니고 있지 않다. 그렇지 않으면, 하이데거의 신화에서 어떻게 그것이 하나님의 기능들 안으로 들어갈 수 있으며, 그것 자체가 하나님을 대신하는 대용물로 될 수 있겠는가? 그렇지 않으면, 하이데거는 정말 바로 그렇게 함으로써, 악마가 참된 하나님이라고 말하기를 원했을 것이며 또 그렇게 말해야만 했을 것이다. 그러나 그는 결코, 그와 같은 것을 말하고 싶은 생각이 없다. 그에게는 무는 무시무시하고 소름끼치고 칠흑같이 어두운 심연이 아니라, 풍요롭고 유익하고 빛으로 가득 채워지고 빛을 방출하는 심연이다. (중략) 철두철미 긍정적인 의미에서 하나님을 대신하며, 하나님의 기능들을 떠맡고 실행할 수 있는 무(das Nichts)가 과연 '실제의' 무(das Nichtige)와 무슨 관계가 있겠는가?[2]

우리는 바르트와 하이데거가 무를 사유하는 작업을 관찰할 때, 무·무성無性·없음·빔·공허 등등 유사한 언어의 기표記標로 인해 의미의 차원에서 서로 간 동일시하는 오해를 범하지 말아야 한다. 똑같거나 비슷한 어휘를 통해서도 서로 간에 매우 다른 사유의 맥락을 지니기 때문이다.

그러므로 하이데거 이후 그 철학을 응용하는 신학자들의 저서를 읽는 독자라면, 무를 매개로 통찰하고자 하는 주제들이 대개 존재·의미·아름다움·진리·신에 연관을 맺는다는 점을 염두에 두면 용이하다. 물론 그것들은 곧 아우구스티누스나 바르트의 신학과 전혀 다른 관점을 지니고 있다. 특히 탈형이상학적 신학을 개진하는 일군의 신학적 저서들은 일반적·사전적 의미를 벗어나 은유와 시어詩語에 가까운 문장을

---

2 칼 바르트, 『교회교의학』 III/3, 477-478.

즐겨 사용한다는 점에 주의해야 한다. 또한 그것들은 불안이나 악 같은 무의 부정성을 존재에 관련시키는 예가 있어도, 최종적으로 진리와 삶의 긍정으로 나아가려는 기획이 있다. 예를 들어 독자가 벨테와 틸리히 등과 같은 신학자들의 저작 가운데 무에 관한 담론을 추적해 가면 그들이 논하는 하나님과 무 그리고 하나님과 비존재(악)가 존재의 궁극이나 의미의 심연에서 하나로 수렴되고 있는 양상을 발견하게 된다. 경건한 그리스도인으로 자처하는 독자라면 이러한 신학자들이 구사하는 이러한 식의 담론에 불쾌감과 불경스러운 느낌을 얻을 것이다. 그러나 그리스도교가 본질상 존재론적 선악 이원론을 용인할 수 없다는 전제를 인정하고 면밀히 읽어 나간다면, 그들 나름대로 무의 부정성을 경유하여 최종적으로 존재의 고유성, 의미심장한 삶, 아름다움의 증대, 생명에 대한 경외감, 모험적 세계의 체험, 일상에 대한 감사 등을 도모했다는 것을 알게 된다. 즉, 무가 대동하는 불안과 침묵, 무의 막막한 심연과 어두움, 악에 대한 대면으로 기인하는 동요와 혼돈의 계기는 오히려 존재의 긍정성을 밝히는 데에 기여하는 셈이다.

이제 베른하르트 벨테의 신학을 본격적으로 살펴보기로 한다. 그는 독일 가톨릭교회의 사제이며 종교철학자로서 하이데거와 개인적 친분을 갖고 그의 철학을 신학적으로 계승한 입지를 지닌다. 그리고 메스키르(Meßkirch) 지역 출신으로 하이데거와 동향인이기도 할 뿐만 아니라 그를 가장 깊이 이해한 사제로서, 하이데거가 자신의 장례식에 조사[弔詞]를 부탁했다고 알려져 있다. 그의 조사에는 벨테가 해석하는 하이데거의 존재론이 잘 요약되어 있기에 참고할 만하다. 다음을 보자.

(상략) 죽음은 무의 성궤(Schrein)다. 다시 말해 결코 하나의 존재자가 아니나, 그럼에도 불구하고 존재 그 자체의 신비로서 임재하는 그러한 무의 성

궤다. 무의 성궤로서 죽음은 존재의 임재를 자기 속에 숨겨 간직하고 있다. 무의 성궤로서의 죽음은 존재의 산맥이다. 존재의 산맥, 즉 죽음은 무엇인 가를 숨기고 있다. 그리고 무엇인가를 감추고 있다. 그의 무는 무가 아니다 (Sein Nichts ist nicht Nichts). 그것은 하이데거의 길 전체와 그 목표를 자기 속에 숨기고 있고 감추어 두고 있다. 그리고 그것은 바로 존재라고 칭해지 는 것이다.[3]

"예언적 사유"로 하이데거 철학을 평가하며[4] 그에게서 막대한 영향 을 받은 벨테의 신학은 하이데거의 존재론이 어떠한 신학적 기여를 할 수 있는지 정확하게 짚어주고 있다. 그만큼 벨테는 하이데거의 존재론에 깊이 경도되어 있었다. 그러나 우리는 벨테의 신학이 하이데 거 철학의 아류라고 평가할 수 없다. 아래에서 상술하겠지만, 그가 하이데거의 다양한 개념들을 차용하고 있다고 하더라도 『종교철학』과 같은 독자적 저술을 통해 그것들을 심화하고 응용하면서 독특한 신학적 세계를 열었기 때문이다.

벨테는 하이데거가 파악한 것처럼 자신의 시대를 '탈형이상학 적'(nachmetaphysisch) 시대로 보았다. 그리고 형이상학에 길들여진 전 통에서 벗어나 새로운 종교적 언어로써 신학을 재정립할 것을 제안했다. 그 역시 논리적 · 과학적 방법을 벗어나 존재가 시원적으로 드러나도록 하는 현상학적 방법을 추구했다. 이는 일찍이 하이데거가 "사상事象 그 자체로 돌아가라!"는 모토로써 "스스로 드러나는 것이 그것이 그 자신에게서 드러나듯이 그것 자체에게서 보여질 수 있도록 하는 것"을

---

3 Bernhard Welte, *Denken in Begegnung mit den Denkern II: Hegel - Nietzsche – Heidegger* (Freiburg: Herder, 2007), 188.

4 Bernhard Welte, *Zur Frage nach Gott* (Freiburg: Herder, 2008), 141.

목표로 한 방법론을 따르는 것이다.[5] 20세기 인류에게 여전히 존재, 죽음, 죄악, 무 등에 관련하여 근본 경험이 엄존하고 그것들에 대한 현상학적 분석이 필요하다고 판단한 벨테는 삶 가운데 내재한 종교적 요건들을 해명하고자 했다. 그러기 위해 벨테는 하이데거의 '존재'에 관한 의미 물음을 '구원'에 관한 의미 물음으로 확장시켰다. 그는 삶의 의미 물음과 분리된 존재론이 있을 수 없다고 보았다. 그리고 존재의 분열을 극복하여 존재의 의미가 충만해진 세계 또는 조화된 세계가 바로 구원된 삶으로 간주했다.

흥미롭게도 벨테는 현대인들이 갖는 종교적 무관심, 종교적 경험의 부재, 신존재에 대한 의혹 등이 오히려 중요한 경험으로서 인정되고 이해되어야 한다는 입장에 섰다.[6] 그리고 신존재 부정, 이른바 '신의 죽음', 무신론의 팽배 등의 상황이 오히려 새롭게 정초할 종교경험이라고 긍정했다. "없지 않고 왜 있는가?" 하는 고대의 존재론적 질문은 현대에 들어 "있지 않고 왜 없는가?"로 바뀌었기 때문이다. 벨테에 의하면, 이러한 시대적 사유의 조류가 이른바 무가 경험되는 자리다.

벨테에 의하면, 무의 위협에도 불구하고 사랑, 정의, 자유를 위한 참여를 감행할 수 있기에, 오히려 인간은 무를 거슬러 결단할 수 있다.[7] 인간은 무의 심연으로 모든 것이 침몰하기 전에 각자 의미를 구해야 한다. 그것이 무를 경험하는 인간이 무에 대한 용기를 취하는 길이다. 따라서 우리는 벨테가 무신론을 이야기하거나 아무것도 경험하지 않은 것을 단정하고 있다고 해석하면 곤란하다. 과학주의와 객관주의가

---

5 마르틴 하이데거/이기상 역, 『존재와 시간』(서울: 까치글방, 1998), 34.

6 Bernhard Welte, *Denken in Begegnung mit den Denkern II: Hegel - Nietzsche – Heidegger*, 189.

7 베른하르트 벨테, 『종교철학』, 65 참조.

팽배한 20세기 중 존재의 근본 경험을 교리로부터 혹은 실체화된 하나님으로부터 찾기 어려운 상황 가운데 "실증주의적 의식에 있어서 하나님은 불필요한 존재"라고 인정함과 동시에 어떠한 객관적인 대상에서 하나님에게로 이르는 방법이 있다면, 그것은 오히려 무와 무의 경험이라고 설명될 수 있기 때문이다. 벨테에 의하면 결국 무에 관한 부정적 경험이 오히려 새로운 종교경험을 가능케 한다.[8]

벨테는 무근거와 더불어 무한한 것과 무제약적인 것이 하나님의 이름으로 함께 경험될 수 있다고 긍정한다. 무는 사물이 아니면서 무한하고, 그 누구도 피할 수 없으며 한번 빠지면 그 심연에서 나올 수 없고, 모든 것의 배경이자 모든 것을 압도할 수 있으며 모든 것을 위협하기 때문이다. 말하자면 무라는 부정적 어휘가 역설적이게도 현대 상황에서 하나님에 관한 술어로 공유된다. 벨테는 근현대에 본격적으로 고찰되는 무에 대한 종교적 경험이 이미 고대로부터 신비주의나 부정신학의 전통에서 나타났던 종교적 경험과 유사하다는 점이라고 본다. 말하자면 니사의 그레고리우스가 모든 것을 무로 간주했던 사례와 위 디오니소스가 하나님의 정체를 '무명성無名性'(Namenlosigkeit)과 무로 말했던 사례 그리고 마이스터 에크하르트가 하나님을 무로 설교했던 사례, 십자가의 성 요한이 이른바 영혼의 '어두운 밤'이라는 종교경험을 기록한 사례 등이 교회사를 가로지르는 무의 경험들이다.[9] 이러한 근거를 통해 벨테는 하이데거의 철학을 원용하며 무와 하나님과의 관계를 유대교적 우상 파괴의 전통으로부터 재정립하고자 했다. 이는 가나안의 신들과 달리 야웨에게 어떤 상像을 돌리지 않으려 했던 유대교

---

8 Bernhard Welte, *Gott und das Nichts: Entdeckungen an den Grenzen des Denkens* (Frankfurt am Main: Josef Knecht, 2000), 41.

9 Bernhard Welte, *Zur Frage nach Gott*, 154-156.

의 특징을 적절히 해석하여 적용한 것이었다. 벨테는 아래와 같이 말했다.

> 오래전부터 유대 전통은 형상 금지(Bilderverbot)를 알고 있었다. 그것은 성서의 출애굽기 20장 4절에 근거한 것이다. 이러한 금기는 일찍부터 하나님의 이름을 입 밖으로 언급하는 것을 금기시했던 것과 관련 있다. (중략) 어떠한 상징도 없는 곳에서는 어떠한 특징들도, 어떤 것도 나타날 수 없으므로, 무가 드러난다. (중략) 어떠한 이름이 호명되지 않는 곳에서는 오직 침묵함만이 남게 된다. 이러한 침묵함은 무의 경험에 해당한다.[10]

직관적 언어와 은유적 언어를 구사하는 벨테에게 있어서 무란 일종의 막막한 심연으로 형용되는데, 이는 신이 존재하느냐 혹은 부재하느냐 하는 사안을 초월한다. 벨테에 의하면, 하나님이 사라진 곳 혹은 하나님을 추방한 곳에서 기이하게도 무가 등장한다. 말하자면 무를 깊이 사유해 보자니, 그것은 또 다른 무한자이며 무조건자다. 그리고 무가 오히려 완전한 존재와 상통한다. 벨테는 무가 존재하는 모든 것을 가리킬 수 있다고 생각했다. 특히 무한자와 무조건자를 무로 표현할 이유 가운데 하나는 무에 그 한계가 없기 때문이다. 그래서 무는 곧잘 바닥(근거)이 없는 심연(Abgrund)으로 말해질 수 있다. 무는 의미상으로 그 어떤 정의나 규정도 거부한다. 다른 한편에서 무는 결여가 아니라 완전한 충만이다. 있음의 정황은 특정 장소·시간·인식자 등을 요구하지만, 무는 모든 조건과 무관하게 절대적으로 드러날 수 있다.[11]

---

10 *Ibid.*, 157.

11 Bernhard Welte, *Das Licht des Nichts: Von der Möglichkeit neuer religiöser Erfahrung*

하나님의 존재 여부에 관련하여 논리 형식으로 해결될 수 있는 것이 아니라고 간주하였기에, 벨테에게 있어 무로서의 하나님은 "모든 대상의 부정"[12]이었다. 무에 대한 완전한 규정은 모든 존재자와 그 속성들을 무한히 부정해야 가능하다. 그렇게 무는 무한한 부정성이 된다. 이미 마이스터 에크하르트 또한 특히 하나님이 모든 것을 무한히 부정하는 무라는 점을 강조한 바 있었다. 에크하르트의 무의 신학에도 깊은 이해가 있던 입장이었기에, 벨테는 하나님이 그 어떠한 존재자처럼 있느냐 없느냐, 그 본질이 무엇이냐 하는 문제로 씨름하지 않았다. 다만 "서구 형이상학을 극복하기 위한 준비는 형이상학적 신을 극복하기 위한 준비이고 또한 이것은 아직 숨겨지고 따라서 결여된 신의 도래를 기대하며 준비하는 것"[13]이라고 보았다. 그는 과학주의·무신론·허무주의·실증주의의 조류로 인해 더는 신이 관심을 받지 못하는 시대 혹은 신을 논증할 수 없는 시대 혹은 신 존재 증명을 시도하지 않는 시대에도 인간이 다른 방식 및 다른 언어로 신을 사유하고 경험할 수 있다고 믿었다.

철학이 계시의 빛으로 이끌어 주는 길을 준비하는 데 기여한다고 생각했던 벨테는 무 경험을 통한 새로운 사유의 가능성을 타진했다. 벨테에 따르면, '절대적 은폐'(absolute Verborgenheit)인 무로 다가오는 하나님은 인간에게 의미를 가져다주는 원인이자 근거로서 실증주의나 무신론에 대한 대답이 될 수 있다. 무는 전적으로 허무한 것이 아니라 오히려 행위와 사유와 존재 전체를 의미 있게 할 수 있는 것을 보존하고 있다.[14] 이 점에 있어서 하이데거가 설명한 무와 불안 사이의 관계는

(Düsseldorf: Patmos Verlag, 1980), 44.

12 베른하르트 벨테, 『종교철학』, 57.

13 Bernhard Welte, *Zeit und Geheimnis* (Freiburg: Herder, 1975), 272.

벨테에게도 마찬가지였다. 벨테는 무란 불안 속에서 드러나는 현상 또는 우리 현존재의 입장과 목적이 불안의 양상 가운데 주어져 나타나는 현상에 관한 지칭이었다. 이 현상은 근원적으로 규정할 수도, 파악할 수도 없기에 무제한적으로 나타나며 존재자와 절대적으로 구별된다. 불안은 세계 안에 있는 어떤 대상으로 인해 얻게 되는 공포심(두려움)과 다르다. 존재자가 아닌 무 때문에 드러나는 불안이기에, 그것을 해소하기 위해 도울 수 있는 인간이나 사물이 있을 수 없다.

위와 같은 맥락에서 무는 전적 타자가 되고, 그것 가운데 인간은 전체로서 존재자의 '존재'를 맞닥뜨리게 된다. 그리고 인간이 갖는 순수한 의미와 목적이 존재론적으로 드러난다. 세계의 잡다한 존재자들로부터 연유하지 않는 무의 근원적 개시開示로 인해 기존하던 인식적 사유 방식인 마주 세우고, 지배하고, 규정하는 사유가 극복된다. 특히 무가 갖는 신적인 섬뜩함으로 인해 인간은 전적으로 이질적 힘을 느끼고, 그것으로 자기와 존재에 관한 이해가 전환되기에 이른다. 무를 경험하는 것은 아무것도 경험하지 않는 것을 뜻하지 않는다. 세계의 의미성은 유한하여 아무 힘을 쓰지 못하지만, 도리어 무는 무근거의 심연으로 우리를 떨어뜨림으로써 무의 어떠함을 만나고 경험하도록 한다. 그리고 그것은 무한성을 지닌다.

하나님에 관한 벨테의 진술은 어떠할까? 벨테는 하나님을 서구 로고스 전통 속에서 이해하는 것이나 논리적 분석으로 이해하는 것을 한사코 거부했다. 물론 그 이전에 하이데거는 근대까지 서구 지성이 주관 대 객관의 구도에서 사물을 파악하려던 기획을 비판했다. 말하자면 하이데거는 인간의 주관성이 이성(logos)의 담지자가 되어 존재자를

---

14 Bernhard Welte, *Auf der Spur des Ewigen* (Freiburg: Herder 1965), 34.

오직 주관의 대상 존재로 규정해 왔던 것을 통렬히 반성했다. 벨테 또한 이러한 로고스 전통을 극복하지 않으면 존재자가 고유성과 자유를 회복하는 존재의 개방성(Offenheit)은 불가능하다는 입장이었다.

인간과 하나님 사이에 있어서도 마찬가지다. 하나님을 이해하기 위해 역시 무의 경험으로써 존재의 사유 및 시원적 사유가 필요하고, 그것에 성공할 경우 하나님에 관한 진정한 은혜·감사·헌신이 수반된다고 보았다. 이것이 바로 벨테가 하이데거의 사유를 빌려 성스러움 또는 종교의 의의를 대안적으로 해명했던 방식이었다. 무가 인간에게 가해 오는 경험과 의미는 곧 무한성·무조건성·직접성·전체성 등인데, 이것들은 실제로 그리스도교 신학이 오래간 하나님을 조우하고 경험하며 부여한 속성에 해당한다. 다만 벨테는 무를 쉽게 하나님과 동일시하지 않았다. 대체로 그는 무를 하나님을 체험하고 조우하는 길로 사유했다. 이 점이 무에 관한 하이데거의 사유로부터 신학적 방향으로 더 끌고 갔던 특징이었다.

벨테는 기본적으로 하나님에 이르는 길로서 세 가지 '기본 사실'(Grundtatsache)을 제시한 바 있다. 첫째, 우리는 지금 여기 있다(Wir sind da). 둘째, 우리는 이전에 없었다. 우리는 이후에 없을 것이다(Wir waren nicht, Wir werden nicht sein). 셋째, 우리는 의미를 전제한다(Wir setzen den Sinn voraus). 이러한 기본 사실을 통해서 벨테는 새로운 신론을 개진했다. 이것은 현대 신학에 있어서 하나님을 무에 관한 술어로 묘사하는 중요한 사례가 된다. 이제 그 세 가지 기본 사실에 대해 조금 더 알아보기로 한다.

우선 벨테는 "우리가 여기 있다"는 자명한 사실은 현존재(Dasein)인 인간만이 경험하는 몫임을 밝힌다. 그리고 "우리는 이전에 없었고 이후에 없을 것"이라고 말한 둘째 기본 사실을 통해 첫째 기본 사실을 부정하면서 현존재(인간)를 무로 만든다. 말하자면 무란 과거에 존재하지 않았고 미래에 존재하지 않을 우리의 '바-현존재'이기도 하다. 이것은 현존재인 우리에게 하나의 경험이 되며 그 부정성 가운데 긍정적 의미를 얻게 한다. 무는 인간에게 경험됨으로써 자기 자신을 나타내기 때문이다.[15] "왜 없지 않고 있을까?" 하는 오래된 존재론상의 물음에 관해 우리는 오히려 무가 무한하며 무조건적이라는 사실을 각성하게 된다. 존재자가 무에 직면해서는 아무것도 아닌 것처럼 드러나게 되고, 무의 위협에서 벗어날 수 없는 불가피성을 알게 된다. 모든 것의 부정으로서 무는 말로 형용될 수 없다. 현존재에게 타자인 무는, 다른 한편에서 현존재 자체가 무의 경험이나 무가 주어지는 장소이기에 서로 겹쳐 있다. 인간은 무의 억압으로 인해 자신의 유한성과 무상성을 절감하면서도 그것들 극복하여 무한을 지향하려고 한다. 이 점에 있어서 벨테는 세 번째 기본 사실로서 인간은 의미를 전제하며 요청한다고 설명한다.[16] 인간이 무에 잠식되지 않고 끊임없이 무엇을 구상하고 기도企圖하며 자기 존재의 의미를 묻기 때문이다. 벨테는 그 요청되는 의미란 "전체적으로 그리고 그것의 개별 실행들에서 우리의 생을 정당화하고 성취시킬 수 있는 그것"[17]이라고 한다. 벨테에 따르면, 인간은 선험적으로 의미 요청(Sinnpostulat)을 하게 되어있으며, 곧 그것은 근본 요청(Grundpostulat)이다. 그는 의미 요청에 대해 이렇게 묘사한다. "조용하며 결코 강제하지 않지만, 언제나 자유에 호소하는 소리로서, 즉 '생은 의미를 가지고 있다'라는 신앙으로서 살아있다."[18]

---

15 베른하르트 벨테, 『종교철학』, 70.

16 Welte, *Zur Frage nach Gott* (Freiburg: Herder, 2008), 146 참조.

17 베른하르트 벨테, 『종교철학』, 71.

18 앞의 책, 77.

더 이상 하나님에 대해 말하거나 증언하기 힘든 시대에 현대인에게 무의 경험만큼은 종교적으로 유효하다. 하나님이 사라진 곳에 무가 나타나는데, 오히려 무의 경험에서 하나님을 사유할 수 있는 길이 개방된다. 무가 숨겨진 밤과 같은 힘, 은폐, 부정적 경험 등의 양상으로 수용될 수 있지만, 마침내 사랑의 의미, 선과 악, 정의와 불의 사이의 구별을 가능하게 한다.[19] 무는 여타의 경험에 선행하는 근원적 경험이기에, 무에 직면하게 될 때 인간은 크게 요동하며 세계나 자기 자신에 대한 부정성을 경험하고 혼란, 절망, 공허, 위압 등으로 고통당하게 된다. 그러나 고대에 신성과 조우한 사람들이 비슷하게 반응했듯, 무라는 것이 단지 죽어있거나 허무한 것이 아니므로, 우리는 오히려 살아있고 밝고 충만하고 창조적이고 역동하는 무로서 활동하는 힘(Macht)을 경험하게 된다.[20] 그리고 있음과 없음을 가로지르고 함께 포괄하여 거대한 긍정의 사유로 초대된다. 의미 요청이라는 것은 곧 무에 대결하고 무에 충돌하여 상처를 입기도 하지만,[21] 결국 무로부터 신성으로 전환된다면 세계 가운데 의미 있는 관계들을 경험하고 허무와 무의미를 극복할 수 있게 된다.

우리는 이상에서 탈형이상학을 주창한 하이데거의 존재론과 무에 관한 철학을 이어받아 현대에도 유효한 하나님 경험과 영성을 회복하고자 한 벨테의 신학적 노력을 엿보았다. 이것은 하이데거뿐만이 아니라 중세 후기의 신비주의 신학자인 마이스터 에크하르트(Meister Eckhart)의 무에 관한 경험 그리고 동양적 무 사유와 교차하는 사유의 국면을 내보이기도 한다. 그리고 인간이라면 어느 시대이든 체험하고 각성할

---

19 Bernhard Welte, *Zur Frage nach Gott*, 149-150.

20 베른하르트 벨테, 『종교철학』, 56, 70 참조.

21 Bernhard Welte, *Zur Frage nach Gott*, 147.

수 있는 근원적 종교성을 우리 시대에 대안적으로 추구하고 밝혀내었다고 평가될 수 있다. 이 점에 관련하여 나는 뒤에서 보다 포괄적으로 논의하겠다.

그러나 벨테는 문장의 난해함, 명제의 불명료성, 지시적 어휘의 기피, 메타포의 남발 등으로 인해 대중적 이해의 난점을 초래하고 있음에 아쉬움을 느끼게 한다. 그리고 벨테의 저작 전반에 걸쳐 그가 무를 하나님으로 설명하고 있는가 하는 질문에 관해서는 명백하게 "그렇다"고 밝히고 있지는 않다. 이에 관련하여 이기상은 "아무것도 없음"(무)이란 벨테에게 "결코 진정한 의미에서의 '아무것도 없음'인 것이 아니라 '신이 떠난 빈자리' 다시 말해 '신이 언제든지 다시 깃들일 수 있는 빈자리' 따라서 '신의 자리' 그것도 우리를 구원할 수 있는 '신'의 '자리'"라고 해석해 낸 바 있다.[22] 이는 딱히 그리스도교의 하나님을 위한 호교론적 해석은 아니다(다른 한편 하이데거 철학에 큰 영향을 받아 이어간 독일의 개신교 신학자 알프레트 예거는 무와 같은 전적 타자로서 "하나님은 무"라고 단언한 바 있다.[23] 그에게는 무에 대한 사유를 통한 대안적 신론의 수립으로써 호교론적 기획이 엿보인다).

벨테는 사유의 대상과 인격신으로 경배받았던 전통적 그리스도교의 하나님, 그 이상을 말하고자 무와 결부하여 노장사상·불교·힌두교 등 동양적 사유에 가까운 무의 철학을 논하고자 기획했던 것 같다.[24] 그러나 내가 준별하기에 그가 동양의 고전들의 핵심을 적확하게 읽어낸

22 이기상, "신이 떠나버린 자리, 언제든 다시 깃들일 수 있는 빈 자리," 「가톨릭프레스」, 2019년 9월 10일 검색, https://catholicpress.kr/news/view.php?idx=6131.

23 Alfred Jäger, *Gott. Nochmals Martin Heidegger* (Tübingen: Mohr Siebeck GmbH & Co. K, 1984), 453.

24 Bernhard Welte, *Das Licht des Nichts: Von der Möglichkeit neuer religiöser Erfahrung*, 61.

것은 아니다. 그 전통들의 텍스트들이 단순히 탈형이상학적 의도만을 지니는 것은 아니기 때문이고, 구태여 '하나님' 관념을 염두에 두고 씨름하고 있지 않기 때문이다. 그리고 그들 사유 전통에서 무의 심연에 도달하기 위해 전제되는 것은 '불안'이 아니다. 불안은 견성見性이나 깨달음을 위한 동양적 사유 전통에 크게 상관이 없다. 불안이 허무감, 경외심, 신비감 등의 정서를 포괄할지라도, 동양적 전통에서는 오히려 일체의 감정이나 의도가 없는 선정禪定, 좌망坐忘, 삼매三昧에 드는 것이 더욱 중요하기 때문이다.

IV. 폴 틸리히

"존재할 것인가 존재하지 않을 것인가 이것이 문제로다. … 죽는다, 잔다.
자면 꿈도 꾸겠지. 아, 이게 문제다. 생의 굴레를 벗어난 뒤 영원한 잠을
잘 때, 어떤 꿈을 꾸게 될 것인지, 이를 생각하니 망설여질 수밖에…."
_ 셰익스피어, 『햄릿』(3막 1장) 중

칼 바르트와 같은 시대를 살았고 그와 함께 변증적 신학 운동에
투신했던 적이 있던 틸리히는 비존재 혹은 무에 대한 신학 이론에
있어서 바르트와 사뭇 다른 궤를 걸었다. 틸리히의 신학은 성서 중심의
이원론적 특징을 지닌 전통적 신학과는 달리 키에르케고르와 하이데거
등의 존재론을 비롯한 여러 철학과 동양적 사유 전통을 원용하여 변증법
적 일원론적 신학을 추구했다. 그것은 곧 하나님과 무, 존재와 비존재,
선과 악 사이의 일치를 사유하는 작업이기도 했다.

나치의 박해를 피해 미국으로 건너온 이래 주로 영어로 저작을
낸 틸리히는, 그의 신학적 키워드인 '비존재'(non-being)를 독일어의
'무'(das Nichts)로부터 옮겨 썼던 것으로 보인다(이것은 에크하르트로부터
하이데거까지 이어지는 어휘인데, 상술했듯이 바르트는 이와 다르게 das
Nichtige를 썼다). 틸리히의 신학을 신학계에서 곧잘 '존재론적' 신학이라
고 명명하기도 하는데, 그것이 존재와 비존재의 상호관계를 밝혀내는
작업과 더불어 하나님·실재·본질·악·인간의 유한성·실존·죄·
소외 등을 마치 키에르케고르나 하이데거의 존재론처럼 현대적으로
해석하고 분석하는 특징을 보이기 때문이다.

개혁주의 전통을 따르는 바르트가 하나님을 대적하는 세계의 악과

죄의 원흉을 배격하고 하나님의 은총과 그리스도의 구원을 변증하는 의도로 무에 관한 신학을 개진했다면, 틸리히는 하이데거가 새롭게 정초한 존재론의 도전에 응답하여 역사와 문화가 지닌 인간의 실존적 관심을 결합하면서 '비존재'(non-being) 이론을 타진해 나갔다. 무가 바르트에게 있어 죄악이요 죽음의 원흉으로서 하나님의 대적이지만, 비존재는 틸리히에게 있어 하나님이 궁극적으로 통합되고 조화되어야 할 불가피한 사태였다. 비존재에 관해 그 두 신학자를 평가하자면, 상대적으로 바르트는 이원론적 사유를, 틸리히는 일원론적 사유를 진행했다고 할 수 있다. 그리고 바르트가 설명하는 무(das Nichtige)는 하나님으로부터 적극적으로 거부된 것으로서 하나님에게 원인을 갖지 않는 반면, 틸리히의 비존재는 하나님에게 원인을 갖는다. 물론 이것도 나의 상대적인 평가다.

우선 틸리히가 설명하는 비존재가 어떤 개념을 지니는지 요약해 보기로 하겠다. 틸리히는 플라톤을 비롯한 고대 헬라 철학의 유산에 따라 절대적 무와 상대적 무를 나눈다. 그것은 각각 '우크온'(οὐκ ον)과 '메온'(μή ον)이다. 우크온은 존재에 대한 완전한 부정이고, 그리스도교의 창조 이론은 바로 우크온이 뜻하는 무(nihil)로부터 하나님이 세계를 창조했다고 설명한다. 그런데 메온은 앞으로 존재가 될 수 있는 가능성을 지니고 있고, 존재의 한 부분으로서 존재와의 변증법적 관계를 지닌다. 틸리히는 존재의 잠재력을 지닌 메온으로서의 비존재를 주목한다. 존재에 의존하면서도 존재와 변증법적 관계를 지닌 비존재는 존재에 의존하고 있어 존재를 떠나서 존재할 수 없고 "존재는 그 자신과 비존재를 포함한다"[1]고 밝혔듯 비존재는 존재의 한 부분이 된다. 이

---

1 Paul Tillich, *The Courage to Be* (New Haven: Yale University Press, 1952), 34.

비존재는 존재와의 반대를 통해 그 질과 차별성을 얻는다.[2]

틸리히는 상대적 무로서 비존재를 세 가지로 나누어 설명한다. 그것들은 존재적인 비존재, 영적인 비존재, 도덕적인 비존재다. 이 모든 것은 존재에 의존하며 존재의 부분으로서 변증법적 기능을 하는 비존재라고 할 수 있다. 첫째, 존재적인(ontic) 비존재로서 대표적인 것은 바로 죽음 그리고 우연과 불확실성의 규칙으로서의 운명이다. 죽음은 모든 존재가 직면하는 보편적이고 근원적인 것이고, 운명은 인간으로 하여금 필연성을 갖지 못하고 우발적인 실존에 처하게 만든다. 둘째, 영적인 비존재로서 대표적으로 허무감과 삶에 관한 무의미성이다.[3] 이것들은 인간의 자기 긍정을 약화시키고 부정적인 성향을 양산한다. 셋째, 도덕적 비존재는 죄의식과 비난이다. 이것들은 자기 자신에 대항하여 반대하는 것으로서 완전한 자기부정과 절망을 가져온다. 틸리히는 특히 비존재의 위협에 대한 반응으로서 인간의 '절망'을 지적한다. 그것은 존재들이 넘을 수 없는 경계로서 이길 수 없는 궁극적 상황이기도 하다. 세 가지의 비존재는 공통적으로 인간이 극복할 수 없는 위협과 힘이고, 비존재의 힘으로 인해 인간은 자신을 긍정하지 못해 깊은 절망 가운데 처한다.

이상의 설명처럼 틸리히의 비존재에 관한 이론은 인간의 삶 체험 또는 실존을 떠나서 이해될 수 없다. 인간은 비존재로부터 엄습하는 실존 상황 가운데서 비존재를 의식하게 된다. 가령 존재의 '아직 아님'과 존재의 '더 이상 아님'인 비존재는 모든 존재자를 제한한다. 이런 점에서 "비존재는 존재와의 관계가 없다면 말 그대로 아무것도 아니다."[4] 하이

---

2 Paul Tillich, *Systematic Theology* I (Chigago: University of Chicago Press, 1951), 188.

3 Paul Tillich, *The Courage to Be*, 47-48.

4 Paul Tillich, *Systematic Theology* I, 189.

데거 철학에서도 마찬가지였지만, 틸리히의 비존재론은 현상학적 분석과 인간의 삶의 경험에 의거하는 것이지, 과학적·논리적 증명의 결과가 아니다. 즉, 인간의 유한성, 윤리적 파탄, 실존적 투쟁 등을 통해 존재와 비존재의 모순과 대립을 경험하며 비존재의 위력을 인지하고 절망하게 되는 일은 실험과 논리의 문제가 아니다.

불안, 절망, 소외감, 죄의식, 비난 등의 비존재의 위협을 절감할 때 인간은 비존재로부터의 구원에 대한 관심이 생겨난다. 바로 이것이 틸리히가 강조하는 "궁극적 관심"(ultimate concern)이다. 궁극적 관심이란 인간의 유한성으로 말미암아 혹은 "존재와 비존재를 결정짓는 것"[5] 때문에 생긴다고 할 수 있는데, 그것은 질문하는 인간에게 있어서 모든 것을 포괄하고 있는 상황이기도 하다. 그리고 궁극적 관심의 개념과 관련하여 틸리히는 종교의 본질에 관하여 이렇게 설명한다.

그 용어의 의미를 가능하도록 확장시키는 종교의 의미란 이렇다. 종교란 궁극적인 관심에 의해 사로잡힌 상태이며, 다른 모든 관심사에 예비적 자격을 부여하고 그 자체가 우리 삶의 의미에 관한 질문에 답을 포함하고 있다. 따라서 이 관심은 무조건적으로 진지하며, 상충하는 유한한 관심을 희생하겠다는 의지를 보인다.[6]

나는 앞서 틸리히의 비존재는 존재의 부분으로서 존재에 속한다고 설명했다. 이러한 특징이 잘 나타나는 대목이 "존재 자체로서 하나님은 비존재를 내포"하고 "비존재는 존재 자체 가운데 내포함으로써 마침내

---

5 *Ibid.*, 14.

6 Paul Tillich, *Christianity and the Encounter of the World Religions* (New York: Columbia University Press, 1963), ch.1, II.

하나님의 생명의 과정 속에서 영원히 극복된다"[7]는 주장이다. 그렇다면 우리는 이렇게 의문을 제기할 수 있겠다. 메온, 즉 상대적 비존재를 내포하는 존재 자체로서의 하나님은 비존재의 위험과 파괴력에 있어서 원인을 제공하느냐 하는 의문 말이다. 비존재의 가공할 만한 위협을 방임하기도 하며 그것을 해소하기도 하는 입지는 하나님 자신을 비존재의 출처나 일종의 비존재로 의심하게 만든다. 그러나 틸리히의 신학적 구조 가운데 존재로서의 하나님은 궁극적으로 상대적 비존재와 존재를 극복하고 선과 악의 이분법을 초월한다.

절대적 비존재이기도 한 하나님이 악을 포괄하지만, 예수 그리스도를 통해 하나님의 선과 사랑을 계시함으로써 악을 이용하고 제어한다는 골자를 지닌다는 점에 있어 틸리히의 신학은 기존 서구 전통 신학이 지닌 선-악 구별의 도식과 사뭇 다르다. 틸리히에 의하면 하나님은 존재 자체이기도 하지만 비존재를 통해 존재자들에게 유한성과 불안을 부과한다. 그러나 그것들은 결국 하나님의 무한성에 의해 영원히 극복된다. 이는 죄와 구원에 관련하여 전통적인 구원론을 변증법적으로 재해석한 것이다. 다시 말해 존재자들은 비존재의 위력으로부터 자유로울 수 없고, 그것으로 인해 유한성과 절망을 겪을 수밖에 없다. 즉, 만물은 예외 없이 소외 상태에 처할 뿐만 아니라 죽음과 우발적 운명에서 헤어 나올 수 없다. 그러나 이러한 비존재의 위력은 절대적 비존재이면서도 존재 자체인 하나님의 힘에 의해 무력해진다.

틸리히에 의하면 인간의 구원은 만물 가운데 본질적으로 내재하는 힘 또는 비존재에 대항할 수 있는 무조건적인 힘을 지닌 하나님에 대한 믿음을 가질 때 비존재의 위협에 대항할 수 있는 용기를 얻게

---

7 Paul Tillich, *The Courage to Be*, 34.

된다. 그 직접적인 방법은 우리 인간이 존재 자체로서의 하나님을, 유한한 인간을 억압하는 비존재의 위협을 물리칠 수 있는 존재의 힘으로서 믿는 일이다. 믿음으로써 유한한 인간은 존재 자체와 그 무한성에 참여하게 되고, 하나님은 존재의 힘을 우리에게 허락하게 된다. 그것은 특히 그리스도를 통해서 주어진다. 틸리히는 구원의 중재 자인 예수 그리스도가 실존적 분리의 상황하에 하나님과 인간의 영원한 일치이거나 본질적인 일치의 발현이라고 소개한다. 이런 신학적 진술에 서 그리스도론 중심의 루터교 신학자로서 그의 면모가 나타난다. 또한 틸리히는 영으로서의 하나님이 인간이 된 하나님(예수)의 생명 가운데 계시될 뿐만이 아니라 인간은 그 가운데서 다시 연합된다고 전망한다. 현대적 언어로 표현하는 것이지만, 결국 예수 그리스도가 죽음·무의미·모호성·불안을 망라한 인간 소외에 대한 구원이며 해답이라는 의미다.

이제 단도직입적인 질문을 해보자. 틸리히는 비존재 또는 무를 직접적으로 하나님으로 보고 있을까? 궁극적으로 비존재와 존재를 통합하는 하나님에게 있어서 그것이 상대적인 한 국면이라는 조건하에 서 "그렇다"고 할 수 있다. 그러나 틸리히는 빈번히 하나님을 존재 그 자체, 존재의 힘, 존재의 근원이라고 밝히고도 있다. 결국 우리는 존재 자체인 하나님 안에는 상대적인 무, 즉 메온으로서 비존재가 내포되어 있는 것으로 이해해야 온당할 것이다. 틸리히는 인간의 이성 과 사유의 한계를 인정하고 하나님 가운데 논리적으로 단정할 수 없는 불가사의한 두 국면이 존재와 비존재로서 변증법적으로 존재한다고 본다.

우리는 틸리히가 전통적인 신관을 넘어 모순된 두 실제를 통합하는 더 깊은 하나님의 차원을 사유했다고 볼 수 있다. 틸리히는 하나님 개념이 지닌 현대적 외연을 '존재'로 언급하면서도, 과거 부정신학 (apophatic theology)에서 일컬어졌던 비존재가 곧 존재 자체라고 설명하기도 한다. 틸리히에 의하면 부정의 신학에서 말하는 비존재는 "어떤 특수한 존재가 아님", 즉 모든 구체적인 술어를 넘어서 있음을 의미한다. 이와 같은 비존재는 모든 것을 포괄하고 있다. 그리고 이것은 역설적으로 모든 것임을 의미한다. 말하자면 이것은 존재 자체이다.[8]

틸리히는 살아계신 하나님이 생명의 창조적 과정들의 근거이고 악과 죄를 설명할 수 있는 부정적 원리가 하나님에게 첨가될 수 없다면, "우리는 어떻게 하나님 자신 속에 변증법적인 부정성을 위치시키는 것을 피할 수 있겠는가?" 하고 묻는다. 그러고서는 이렇게 곤란한 물음이 근래에까지 이르러 신학자들로 하여금 변증법적으로 비존재를 존재 자체와 연관시키도록 만들었고 또"결과적으로 하나님에게 연관시키도록 만들었다"고 변론한다.[9] 틸리히에 의하면, 하나님은 무한한 존재의 힘인 동시에 존재의 유한성을 위협하는 비존재가 되어 스스로를 드러낸다.

하나님에게 기인한 만물에는 시작과 종말이 있고, 비존재로부터 와서 비존재로 돌아가는 유한성을 보인다. 그렇게 존재자들의 유한성은 바로 비존재가 '존재한다'는 증거이기도 하다. 존재 자체와 비존재 사이 변증법적인 이해를 요구하는 하나님은 마치 비존재처럼 우리가 피할 수 없는 힘을 불러일으키고, 운명에 관한 엄청난 위압이고, 우리를 이 세계에 내고 또 우리를 이 세계로부터 거둘 수 있는 심연이다.

---

8 Paul Tillich, *Systematic Theology* I, 188.
9 틸리히는 그 구체적인 사례를 뵈메의 무근거(Ungrund), 쉘링의 제일 잠재성(first potency), 헤겔의 반립(antithesis), 베르자예프의 비존재적 자유(meontic freedom) 등을 꼽고 있다. Paul Tillich, *Systematic Theology* I, 189.

이러한 국면들은 실제로 언어적 표현만 달리했을 뿐, 고대 히브리인들로부터 현대 그리스도인들에게 이르기까지 깊은 종교적 체험을 통해 고백했던 바다. 그리고 예나 지금이나 인간은 자신의 유한함 때문에 실존적 분투를 함으로써 비존재를 고민할 수밖에 없다.

하나님이 "선에만 속하느냐?" 또는 "악에도 책임이 있느냐?" 하는 질문이나 "존재하냐?" 또는 "존재하지 않느냐?" 하는 이분법적 기준은 틸리히의 신론에 해당하지 않는다. 틸리히에 의하면 존재 자체로서의 하나님은 존재와 비존재를 모두 수용하고 있기 때문이다. 비존재는 하나님과 항구적인 대척 관계에 있지 않다. 마치 헤겔이 주장했던 것과 같이 비존재의 신비를 위해 변증법적인 사유를 제안하는 틸리히는 하나님 안에 있는 비존재 극복의 과정이 바로 비존재에 대결하는 존재의 힘으로 보고 있다. 하나님은 비존재의 측면을 지니면서도 그것을 극복하는 통합적 주체다. 비록 비존재가 세계의 파탄과 불행을 초래하는 악마적 속성과 역할을 가지나, 결국 그것은 하나님에 의해 종말론적인 화해 또는 완전한 일치를 위해 포괄되고 이용되는 셈이다. 다른 한편 틸리히는 인간 실존의 역사적 깊이를 무시하고 변증법적 관념운동으로 쉽사리 해소하려는 헤겔의 무에 관한 설명을 전폭적으로 긍정하지는 않았다. 비존재가 존재에 맞서는 위협과 공포라는 사실은 다른 국면에서 분명했기 때문이다.

V. 위르겐 몰트만

"하나님은 모든 유한한 피조물 가운데 계신다. 하나님으로부터 분리되어
존재하는 것은 없고, 하나님도 그 무엇 밖으로 존재하지 않는다."[1]
_ 샐리 맥페이그

　위르겐 몰트만의 무에 관한 이론은 그가 원용하는 유대 신비주의
'카발라'(Kabbalah)의 해석과 병행된다. 칼 바르트로부터 한 세대 이상
먼 신학자로서 한편에선 충실한 개혁주의 전통을 따르는 면모를 지녔지
만, 초기 화제작이었던 『희망의 신학』이 상당 부분 마르크시즘의 논제
들을 가져와 사용한 전례가 있는 만큼, 생애에 걸친 그의 신학적 모색은
성서와 교회 전통의 경계를 초월하여 이루어져 왔다. 가령 몰트만은
대범하게 과학, 서양 현대철학, 동양 고전철학, 타 종교, 신화, 예술,
놀이 등을 망라하며 개방적이고 창조적인 저작을 해오고 있다.
　몰트만은 '삼위일체와 세계' 사이의 관계를 궁구하는 일환으로 자족
하고 편재하는 하나님이 어떻게 창조물이 있는 공간을 마련했을까
하는 기본적인 물음을 제기했다. 말하자면 하나님은 자기 자신으로
만족하는 '내적인 삶'이 있는데 "창조는 그의 단일성 가운데 계신 하나님
이 밖을 향하여 행하시는 행동"이라고 한다면, "전능하시고 어디에나
계신 하나님이 하나의 '밖'을 도대체 가질 수 있는가" 하는 질문이 가능하
다고 본 것이다.[2] 이것은 단순히 공간에 대한 지각이나 물질 우주에

---

1 Sallie McFague, *The Body of God: An Ecological Theology* (Minneapolis: Fortress Press, 1993), 149.

2 위르겐 몰트만/김균진 역, 『삼위일체와 하나님의 나라』 (서울: 대한기독교서회, 2003),

관한 사안들만이 아니고, 하나님 바깥의 피조물이 지닌 자유·의지·자율성·우발성·악의 가능성 등을 망라하는 질문이기에 답을 마련하기 쉽지 않다. 가령 신학적 견지에서 하나님의 '밖'을 상정하자면 우리는 당연히 "밖에 있는 것으로 생각되는 비신적인 것 혹은 반신적인 것"을 인정할 수밖에 없기 때문이다.[3] 또한 "하나님 밖에 있는 것은 하나님에게 적대하는 것"[4]이라는 발상도 전적으로 틀리지 않다.

나 역시 하나님으로부터 독립하는 바깥이 있다면, 그것은 하나님의 존재와 사역이 닿지 않는 반신적·대립적 무일 개연성이 있다고 동의한다. 이미 바르트는 몰트만처럼 공간적 유비를 상정하지 않았지만, 하나님이 부정하고 거부하고 버린 것이 곧 무가 되었다고 주장한 바 있었다. 몰트만은 이러한 바르트의 관점에서 더 나아가 '벤 다이어그램'(Venn diagram)과 같은 도형을 그리는 듯 비신적 영역에 대해 구체적으로 묘사했다. 즉, 하나님은 모든 곳에 편재한 신이지만, 하나님 내부에 스스로 빈 공간을 만들고 자신과 다른 것을 거기에 둔다는 식으로 말이다. 자기를 거두고 물러남으로 자기 '안'에 자기가 아닌 '밖'을 만드는 셈이다. 이런 구도는 '밖'이 없이 편재하는 하나님의 속성과 더불어 (아우구스티누스 신학 이후에 줄곧 지지해 왔던) '밖을 향한 하나님의 행위'로서의 창조 사역을 함께 설명하게 돕는다.

몰트만은 이러한 아이디어를 카발라의 침춤(Tzimtzum) 이론에서 가지고 왔다. 기본적으로 침춤이란 창조를 목적으로 "신비적인 원초의 공간"[5]을 마련하기 위한 하나님의 자기 축소 및 물러남을 의미한다.

136.
3 앞의 책, 같은 쪽.
4 앞의 책, 같은 쪽.
5 앞의 책, 같은 쪽.

몰트만은 "자기 자신의 '밖에' 있는 창조를 이루기 위하여 무한한 하나님은 미리 '그 자신 안에서' 이 유한성에 대한 여유를 만들어 두었어야만 했을 것"이라 추정했다.6 또한 하나님이 "그의 창조(물)에게 자리를 만들어 주고 공간을 마련하기 위하여 자기의 편재를 제한"했고, 그 결과로 "하나님과 창조 사이에 간격이 생기며, 창조에 대한 하나님의 대칭(Gegenüber)이 생긴다"고 했다.7 피조물을 위한 공간이라는 것도 하나님이 자기 자신 속으로 제한·축소·후퇴해야만 이루어지는 셈이다. 혹시 우리가 이상의 설명 가운데 하나님 안의 빈 공간을 상상하기 어렵다면, 몰트만이 하나님 안에서 이루어지는 창조는 "여성적 표상"을 지닌다고 밝혔다는 점을 참고할 필요가 있다.8 태아를 자궁에 잉태하고 있는 어머니처럼 자기제한·자기 축소를 통해 마련해 놓은 빈 곳 가운데 하나님이 세계를 둔다는 식의 모성적 묘사에 가깝기 때문이다.

하나님의 자기 축소는 질적으로 하나님의 자기 충족 또는 완전을 양보하여 하나님과 다른 이질적인 바깥을 만드는 작업이다. 하나님의 바깥이 있다면, 그것은 유한하고 가변적인 공간일 수밖에 없다. 하나님의 바깥에서는 그의 전적인 통치와 섭리를 기대할 수 없다. 이미 이점에 관해서 중세의 독일 신비가 마이스터 에크하르트가 유사하게 통찰한 바 있다. 그의 설교의 일부를 인용한다.

하나님 바깥에는 아무것도 없습니다. 결코 없습니다! 그러므로 어떤 변화나 가변성이 하나님께 들어가 있다는 것은 불가능합니다. (그러나) 그분 밖에서 다른 여지를 추구하는 어떠한 것이든 가변적입니다. 하나님은 그분

---

6 앞의 책, 같은 쪽.
7 위르겐 몰트만/김균진 역, 『오시는 하나님』 (서울:대한기독교서회, 2004), 507.
8 위르겐 몰트만, 『삼위일체와 하나님의 나라』, 137.

안에서 만물을 충만하게 가지고 계시므로, 그 자신 바깥에서 아무것도 추구하지 않습니다. 그 안에서 그 자체로 충만할 뿐입니다.[9]

이상의 논지를 따르자면 하나님의 바깥은 하나님에게 속하지 않는 것들의 가능성을 배태한다. 또한 하나님의 바깥이라면 피조물들의 소멸 · 사망 · 타락뿐만 아니라 하나님에 대한 적대도 가능할 수 있다. 몰트만에 의하면, 바로 이 '바깥'에서 무가 활약한다. 그런데 역설적이게도 이 무는 "하나님이 그 속에서 창조적으로 활동할 수 있는 자유로운 영역"[10] 또는 유희의 가능성을 제공하기도 한다.[11]

몰트만은 하나님 안에 하나님의 바깥을 허용하는 침춤이 갖는 의미를 이렇게 설명한다: "그는 자기를 퇴각시킴으로써 또 (자기의) 자유를 취소하기에 창조한다. 카오스 안에서 그리고 무로부터의 창조는 하나님이 자신의 무력함으로 자기를 낮추는 행위이기도 하다."[12] 다시 말해 바깥을 만드는 하나님의 자기 후퇴란 창조에 앞서는 하나님의 겸손, 자기 단념, 자기 낮춤이라는 의미다. 대개 창조자이며 주재자라면 절대적 지위와 전제적 권력을 휘두르는 신으로 여길 수 있겠는데, 이렇게 몰트만은 창조하는 하나님은 오히려 자기를 제한하고 낮추는 겸비謙卑의 신이라고 규정한다. 또는 이렇게 하나님을 설명한다: "하느님의 '창조적인 사랑'은 그의 겸손한, 자기 자신을 '낮추는 사랑'에 근거되어 있다."[13]

비단 겸손의 차원만이 아니다. 몰트만은 하나님의 '자기 자신 안으로의 자기제한'은 하나님의 행위(actio)라기 보다 '하나님의 수난'(passio

---

9 Meister Echhart, *The Complete Mystical Works of Meister Echart*, 466.

10 위르겐 몰트만, 『삼위일체와 하나님의 나라』, 136-137.

11 앞의 책, 132 참조.

12 앞의 책, 138.

13 위르겐 몰트만/김균진 역, 『창조 안에 계신 하느님』 (서울: 한국신학연구소, 2002), 139.

Dei)이라고 본다. 창조라는 적극적 행위에 앞서 하나님은 계시가 아니라 은폐를, 제한의 극복이 아니라 제한을 경험했기 때문이다. 즉, 하나님의 창조란 하나님 스스로 자유와 능력을 제한하는 수난을 감당한다는 의미를 지닌다. 그러니까 하나님의 자기제한은 창조를 위한 원초적 공간만을 제공하기 위함이 아니다. "자기의 현존과 능력을 거두어들임으로써 그의 창조의 실존을 위한 전제들을 창조하는 것"[14]이기도 하다. 이러한 도식에 피조물의 자유와 변화가 허락된 세계와 능력과 편재를 스스로 제한한 하나님이 양립되면서 하나님의 선한 뜻과 배치되는 악이 어떻게 발생하였는지 해명할 수 있는 신정론의 단서가 있다.

이제 무에 관한 몰트만 신학에 대한 나의 해석을 개진한다. 하나님의 타자로서 피조물이 창조되고, 피조물들은 각자에게 부여된 자유를 구가함에 있어 하나님의 선한 의지와 멀어진 악이 파생할 수 있다. 그리고 하나님의 자기 축소로 마련된 원초적 공간 속에 피조물들은 자유를 얻는 대신, 그 자유로 인한 일탈과 타락의 가능성이 주어져 있다. 피조물에게는 하나님을 따를 선택지뿐만 아니라 거부와 비행非行의 선택지까지 가능하다. 물론 그 결과에 대해서는 선택과 행위의 당사자가 책임져야 할 몫이다. 하나님에게 있어서는, 피조물과의 관계 속에서 그 자신이 짊어질 수난의 운명이 '원초적 공간 안에 마련되었고, 하나님도 예상치 못할 도전과 모험 또한 본래적 가능성으로 구비되어 있다. 한편 자의식이 없는 피조물에게도 부과된 본래적 질서 외에 자기 조직화(self organization) 및 창발(emergence)이라는 자율성이 잠재된 상태다. 이러한 조건과 관계들은 세계에 도덕적 악과 자연적 악이 발생하게 되는 기본적 구조다.

---

14 앞의 책, 137.

하나님의 자기제한과 자기 단념, 창조를 위한 전제로서 준비된 하나님의 '바깥', 즉 원초적 공간은, 곧 '무'의 활동 공간이다. 근본적으로 '신적 존재의 부분적인 부정'이고 또 '하나님의 버림받은 공간'으로서 무는 절대적 죽음이기도 하다. 이에 대항하여 피조물, 생명, 그의 나라를 조성하는 하나님은 무를 부정하고 버리는 입장이다. 창조의 구조상 피조물들은 무의 위협을 받게 되어 있다. 그러나 하나님의 구원은 바로 이 무에 대항하는 하나님의 승리다. 몰트만은 이렇게 확신한다. "영광의 나라의 '종말론적 창조'는 죄와 죽음, 다시 말하여 파멸시키는 무를 극복함으로써 일어난다. 하나님은 피조물들의 운명을 스스로 짊어지고 죄와 죽음 속에 있는 무를 그의 영원한 존재 안에서 극복함으로써 그의 피조물들의 죄와 죽음을 극복한다."[15] 이미 '무로부터의 창조'가 구원을 일으키는 "무의 폐기"(annihilatio nihili)에 대한 준비와 약속을 포함하고 있다. 이 최종적 결말을 위해 바로 예수 그리스도가 사역했다. 십자가는 곧 그리스도가 자기 안에서, 자기 자신을 통해서 극복하는 방법이며, 이 방법으로 세계에 구원과 자유를 선사한다.

몰트만이 그려내는 하나님의 자기 축소를 통한 무의 등장 그리고 그 무로부터의 창조는 양가적·이중적 측면이 있다. 그것은 하나님이 창조자가 되기 위한 결단 및 겸비謙卑의 사역으로서 피조물이 존재할 배경을 만드는 긍정적 측면이 있는 반면, 창조된 피조물을 파괴와 죽음으로 위협하는 무를 허용하게 되는 부정적 측면도 함께 있는 것이다. 특히 몰트만이 말하는 무의 신학은 버림받은 그리스도를 통해 영원한 하나님이 무 속으로 들어가고, 자기의 현존으로서 무를 충만케 한다는 역설적 이론이다.

---

15 앞의 책, 141.

무에 관한 몰트만의 신학적 통찰은 분명한 성서적 근거를 지니고 있다. 말하자면 "하느님은 죄와 죽음의 버림받은 상태 안으로 들어가서 이것을 극복함으로써 버림받은 상태 곧 무를 그의 영원한 일부로 삼는다"고 했는데, 이것이 곧 시편 139:8의 "당신은 음부에도 계십니다" 하는 대목의 의미라는 것이다.[16] 종말론을 중심으로 전통 교의학의 모든 요건을 재점검하고 재정립한 몰트만은 이렇게 주장한다. 부활로 인해 무는 하나님의 새 창조의 빛 아래로 불려 와 서게 되며, 마침내 종말론적 귀결에서 하나님은 무를 그의 영원한 삶 속에 지양한다고[17]

---

16 앞의 책, 142.
17 앞의 책, 144-145.

VI. 다석 류영모

"초월한 네 자신을 깨달을 때 마음의 평화가 기다리고 있음을 발견하게
될 테지. 그리고 모두가 하나라고 깨달을 때가 올 거야."
_ 비틀즈의 노래, 〈Within You Without You〉 중

다석多夕 류영모 柳永模는 그리스도교를 배경으로 동서양의 종교와
고전들을 망라하고 자신만의 독특한 사유 체계를 세운 현대 철학자이며
동시에 토착적 신학자이다. 젊은 시절에는 개신교 계열의 오산학교의
교사로 재직하며 함석헌, 김흥호, 박영호, 이현필 등의 인재를 양성하기
도 했다. 그는 개인적으로 톨스토이, 간디, 우찌무라 간조 등의 사상을
연구한 이후 서구적 교리로 점철된 이른바 '정통' 신앙을 떠나게 되었다.
그러나 류영모가 그리스도교를 완전히 버리지 않았다고 평가할 수
있는 까닭은 그가 집필하고 강론하는 내용들이 대개 그리스도교의
신학적 주제에 관한 상황적 · 응용적 · 실천적 해석이었기 때문이다.
유구한 동아시아의 사유 전통을 그리스도교를 경유하여 재해석하고
융합하는 독자적 사상가로 변모한 류영모는 자신의 생애를 통해 YMCA
등 개신교 관련 기관에서 강연을 지속해 나갔다.
류영모는 특별히 대한제국의 멸망, 일제의 침탈, 한국전쟁, 군부독재
등 격동의 세월을 겪어낸 당사자로서 그리스도교 신앙과 동양 철학을
통해 대안적 세계관과 영성을 발전시켜 나간 사상가였다. 그리고 자신
의 독창적 사상을 나누어 가면서 많은 기독교인과 지식인을 비롯한
의식 있는 대중으로 하여금 전환기에 처한 세계와 한국의 상황을 바르게
이해하고 실천하도록 독려했다.

류영모가 순우리말로는 최초로 번역한 노자의 『도덕경』은 한글의 독창성과 한국어의 아름다움과 깊이를 확인한 기념비적 위상을 지닌다. 또 한 『도덕경』의 국역國譯 이후에도 그가 한글의 창제 원리와 형상을 근거로 한글을 파자破字하고 어근語根을 재결합하는 식으로 자신의 사상을 창의적으로 전달할 방법을 시도했던 것도 특기할 만하다. 그는 우리말과 우리글을 통해 하나님 및 존재의 실상과 인간의 본래성을 드러내는, 세계 사상계에서 매우 진귀한 방법론을 사용했다. 이러한 작업은 세종의 한글 창제 이후 우리말과 우리글을 두고 진행한 가장 독창적인 문화적·철학적 시도라 평가될 수 있다. 말하자면 류영모의 실험적 사상과 그 전달 방법은 철학·종교학·신학·문학·언어학 등의 영역에 두루 걸쳐 있다.

현실과 역사의 측면에서 평가하자면, 류영모의 신학적 철학은 서구 열강에 침탈당하는 아시아의 부조리한 사회상에 응답하고 건전한 실천을 이끄는 대안적 정치사상이기도 하다. 또한 그리스도교 신학의 입장에서 평가하자면, 그것은 한국의 역사적·종교적 상황에 호응하는 성서해석과 동양의 사유 전통을 응용함으로써 서구 전통 형이상학과 유착된 교리를 극복하고 대안적 성과를 낸 '상황신학'(Contextual Theology)이라고 할 수 있다. 류영모는 서구의 종교 신학(theology of religions)이 동양의 사유를 독해하는 오리엔탈리즘 및 타자적 관점을 뛰어넘어 동양 철학들의 정수精髓로 직행하여 그리스도교의 메시지와 함께 공명하도록 탁월하게 엮어내었다. 이런 강점과 함께 류영모의 사상은 그리스도교가 지닌 보편적 진리와 의미를 공적·역사적 현장에서 밝히며 전체 인류 문명을 위한 지혜와 영성을 추구하는 특징을 지닌다. 그리고 불가의 '공', 도가의 '도'(무), 유가의 '태극' 등의 개념을 '하나님' 개념과 더불어 사유의 기초로 원용하는 까닭에 특히 류영모의 "신학의 핵심은 신론"[1]이라는 평가가 따르기도 한다.

우리가 류영모를 한 사람의 상황신학자라고 인정할지라도, 다른 한편에서 그가 신론, 기독론, 성령론, 구원론 등의 영역에 매우 도발적인 이론을 펼쳐 놓았다는 사실을 부정할 수 없다. 그리하여 그리스도교로부터 불교, 유교, 도교 등의 경계를 넘나드는 자유분방한 그의 사상은 제도권 교회로부터 인정받지 못하는 문제를 자초했다. 오산학교에서 수학과 물리학 등을 가르쳤던 전력이 있던 류영모는 자연에 대해서도 깊은 이해가 있었는데, 우주 만물 역시 하나님에게로 이르는 신학적 근거가 될 수 있다고 보는 대범한 '자연신학자'이기도 했다. 그는 개신교 정통주의에서 '성서'를 하나님에 관한 주요한 진리의 출처로 보는 것과는 다르게 자연과학 역시 하나님의 신비를 찾을 수 있는 근거가 될 수 있다고 확신했다. 그는 특히 광활한 우주에 대한 관심이 컸고, 천문학으로부터 많은 영감을 받은 것으로 알려져 있다. 가령 류영모는 "우주를 묻는 것이 하나님을 아는 첫걸음"이고 "우주적 사실에서 하나님의 말씀을 찾자"고 제안한 적도 있다. 그렇게 그는 우주를 신론에 긴밀히 연결시켰다.[2]

류영모는 동서양의 사유 전통을 토대로 무의 형이상학을 정리하면서 무엇보다 신인동형동성론(anthropomorphism)을 극복할 신론을 제기했다. 그는 서구 신학이 '무' 또는 원대한 '하나'를 좀처럼 이해하지 못한다고 진단했다. 그가 보기에 서구인들은 존재나 유를 중심으로 사유해 왔을 뿐, 동양의 무·공·허 등의 개념이 자아내는 상대 세계에 대한 반성과 자아의 부정을 놓쳤기 때문이다. 이는 곧 하나님을 사유하는 것에 있어서도 한계를 가져오는 문제였다. 기본적으로 류영모는

---

1 김진희, "동양사상의 우주론에 입각한 유영모의 신학," 「신학사상」 131 (2005): 165.
2 김흥호, 『다석일지 공부 1』 (서울: 솔, 2001), 39.

하나님에 관한 존재 증명이나 감각적 경험에 대해 부정적이었다. 혹여 그것이 가능하다면 하나님은 "하나님이 될 수 없다"는 입장이었다. 그리하여 사물을 다루듯 하나님을 감각·실험 등으로 포착하고자 하는 시도 그리고 하나님을 이성적으로 증명하고자 하는 의도, 하나님을 언어로 전달하려는 자세에 대해 그는 다음과 같이 비판했다.

> 신이라는 것은 어디 있다면 신이 아니다. 언제부터 있었다고 하면 신이 아니다. 언제부터 어디서 어떻게 생겨 무슨 이름으로 불리는 것은 신이 아니다. 상대 세계에서 하나라면 신을 말하는 것이다. 절대의 하나는 신이다. 그래서 유신론이라고 떠드는 그 소리가 무엇인지 모르겠다. 무엇이 있는지 없는지를 알고 있는지 모르겠다.[3]

도가가 지닌 무의 형이상학뿐만 아니라 불가가 지닌 공 사상에 영향을 받은 그는 가령 '색즉시공 공즉시색'으로 대표되는 불이不二의 존재론을 긍정하며 하나님은 유와 무를 초월하는 분으로 사유했다. 그리고 '있음'에 집중하는 서구 신학을 반성하며 "참이란 허공밖에 없다. 없어야 참이고 있는 것은 거짓"[4]이라고 단언했다. 그런데 우리가 이러한 진술을 무신론으로 읽는 것은 성급한 단견이다. 그의 주장 가운데 무, 공, 허공 등은 결코 하나님의 부재를 뜻하는 것이 아니기 때문이다. 최소한 그것은 하나님의 무한성과 타자성을 드러내는 반어적 수사다. 그는 '빔'(무)이 하나님에게 적합한 술어가 될 수 있다는 것에 관해 다음과 같이 밝혔다. "빈다는 게 무엇인가 하면 지극히 거룩한 것이다. 지극히 거룩하다면 빈 것일 것이다."[5]

---

3 박영호 편, 『다석 류영모 어록』(서울: 두레, 2002), 98.
4 앞의 책, 219.

류영모는 일종의 사물 또는 실체로서의 신은 존재하지 않는다고 보았다. 서구 기독교적 신론을 받아들이지 않지만 그의 신론이 사뭇 부정신학과 유사하다고 말할 수 있는 이유는, 그는 알려질 수 있는 신, 명명될 수 있는 신, 규정될 수 있는 신을 부정하기 때문이다. 그러면 서도 하나님에 관해 '빔' 또는 '비움'의 술어를 꾸준히 제공하고 있다. 류영모의 독특한 표현에 의하면 하나님은 "빈 탕" 혹은 "빈탕한데"이다. 그의 말로 '빈 탕', 곧 무·공·허공은 무한하면서 하나이기에, 역설적으로 하나님의 무한성·절대성·존재성을 드러낼 수 있다. 이에 관련하여 다음 인용문을 보자.

> 무수한 은하 우주를 안고 있는 무한허공이 하느님이라 하느님 아닌 것이 없다. (중략) 하느님은 '없는 하나 오직 하나'다. 그래서 없이 계시는 빈탕한 데의 하느님이다. 아무것도 없는 하나만이 전체인 오직 하나다.[6]

> 우주만물이 전부 동원되어 겨우 허공을 나타내고 있다. 참되고자 하는 사람 은 아주 빈 절대를 사모한다. (중략) 무서운 것은 허공이다. 이 허공이 참이 고 허공이 하느님이다. 허공 없이 진실이고 실존이고 어디 있을 것이며 우 주가 허공 없이 어떻게 존재할 수 있는가? 허공 없이 존재하는 것은 없다. 우리가 반드시 알아야 할 것은 빈탕한데, 곧 허공이다.[7]

'빈 탕'은 무한한 가능성으로서의 '빔'이고 모든 것을 다 품을 수 있는 무진장無盡藏(다함이 없이 굉장히 많음) 그리고 '공'이다. 이러한 사유와

---

5 앞의 책, 218.
6 앞의 책, 67, 215.
7 박영호, 『다석 류영모가 본 예수와 기독교』(서울: 두레, 2002), 18.

표현은 동양적 사유 전통 가운데 특히 대승불교로부터 빌려온 것으로 보인다. 그 외에 류영모의 어록을 보자면 궁극적 실재의 참모습을 '참 그러함'의 뜻을 지닌, 이른바 '진여眞如', '여래如來' 등의 개념을 차용해 설명하는 사례를 발견할 수 있는데, 이러한 것들 또한 대승불교가 설명하는 '공'에 관련한 것들이다. 특히 류영모는 고대 인도의 논리학 가운데 '이도 저도'(both this and that) 및 '이도 저도 아닌'(neither this nor that)의 논법을 응용하여 하나님을 형용하면서 '있으면서도 없는' 혹은 '유이며 또한 무'인 하나님이라고 했다.

류영모가 비록 그리스도교 신조 및 교리상의 신 존재를 부정한 듯해도, 자신의 방식대로 하나님의 존재를 분명하게 신뢰했다고 여겨진다. 말하자면 그는 결코 신의 부재를 표방하지 않았다. 다만 "하나님은 존재한다. 다만 사물이 존재하듯 존재하는 것은 아니다" 하는 각성에서 물질과 표상을 초월한 하나님이 존재함을 역설한 것이다. 그리고 "더할 수 없이 온전한 것, 더할 수 없이 아주 큰 것"을 인간이 보지 못하니, "그래서 무다. 나는 없이 계시는 한님을 믿는다"[8]고 고백했다(여기서 류영모는 인격적 궁극자를 '한님'으로 표현했다. 그는 한글의 파자와 자모의 재결합 그리고 순우리말을 따라 지은 신조어를 통해 자신의 사상을 개진했다. 그리하여 무한한 하나님에 관해서 하느님·한님·한아님·한늘님 등등 문맥에 따라 여러 호칭을 구사했다). 류영모의 '무' 개념이 하나님을 설명할 수 있는 또 다른 이유는 그의 무한성과 영원성, 무한한 하나, 선재하는 영으로서의 비물질·비형체 등에 있다.

류영모는 '허공', 즉 하나의 공간적 관념에서만 하나님에 관한 설명을 가져오지 않았다. 시간적 관념으로도 하나님을 해명하고자 했다.

---

8 김흥호, 『제소리』, 290.

그는 "영원한 시간"9으로서의 하나님을 말하며 '시간적' 개념으로 하나님의 정체를 풀어내고자 했다. '영원함'이라는 것이 일견 과거나 미래로 무한한 확장 속에 하나님의 시공간적 무한성을 드러내며 우리의 관심을 '현재'로부터 떠나게 하는 개념일 듯하지만, 오히려 류영모는 '늘'로서의 하나님을 말했다. 그러니까 무한히 크고 하나인 '늘', 즉 '한 늘'이 곧 '하늘'이라고 말하면서 이것이 무·공·태공太空·허공 등과 더불어 모두 하나님을 지칭한다고 보았다. 이렇듯 류영모에게 있어 '빔'으로서의 공간과 '늘'로서의 시간은 하나님을 해명하는 단초이다. 부연하자면 '여기 지금'(here and now) 또는 영원한 현재(늘)는 동서고금을 통틀어 수많은 영성가와 신비가들이 궁극적 깨달음을 얻거나 하나님을 깊이 만남과 더불어 묘사되는 말들이다.

비록 류영모가 신존재 증명에 대해서 부정적 태도를 보이지만, 만약 그것이 가능하다면 인간 정신의 선험적 신의식神意識이 단서가 될 수 있음을 시사했다. 가령 하나님에 대한 일종의 선험적 그리움, 바람, 흠모, 욕망이 있다는 점은 하나님의 존재를 간접적으로 증명한다고 본 것이다. 이것은 '종교적 선험'(das religiöse Apriori)이 신존재 증명을 대신한다고 보는 슐라이어마허의 신학과 비교할 만한 발상이다. 실제로 슐라이어마허는 인간이 하나님을 사유하고 담지할 수 있는 고유한 능력을 소유하고 있다고 보았다.10 또한 현대 로마 가톨릭의 공식 교리서 제1편 1부 1장에서도 "하느님을 향한 갈망은 인간의 마음속 깊이 새겨져 있다"11고 주장되고 있는데, 이를 참고하자면 류영모의

---

9 박영호, 『다석 류영모가 본 예수와 기독교』, 54.
10 최신한, "해제," 슐라이어마허, 『종교론』(서울: 대한기독교서회, 2010), 256-257 참조.
11 주교회의 교리교육위원회 저, 『가톨릭 교회 교리서』(서울: 한국천주교중앙협의회, 2008).

생각이 딱히 독특한 것도 아니다. 이 문제에 관련하여 다시 다음 인용문을 보자.

> 하느님이 계시느냐고 물으면 나는 "없다"고 말한다. 하느님을 아느냐고 물으면 나는 "모른다"고 말한다. 그러나 사람이 머리를 하늘에 두고 산다는 이 사실을 알기에, 사람의 마음이 절대를 그린다는, 이 사실을 알기에 나는 하느님을 믿는다. 몸의 본능인 성욕이 있는 것이 이성(異性)이 있다는 증거이듯이 내 마음에 절대(하느님)를 그리는 형이상적인 성욕(性慾)이 있는 것은 하느님이 계시기 때문이다. 우리들이 바라고 흠모하는 거룩한 존재, 이 존재를 나는 하느님이라고 한다.[12]

류영모의 사유를 추적하다 보면 궁극적 실재에 대한 호칭이 다양하지만, 결국 모든 것이 하나님과 하나라는 것이 암시된다.[13] 류영모는 하나님 안에 우주가 있는데, 우주 만물에도 신적 속성과 신적 생명이 있다고 본다. 그렇기 때문에 창조자와 우주를 분리해서 생각하는 기존의 기독교 신학은 반성되어야 하며, 인간은 만물을 심중히 경외해야 한다는 것이다.

> 단일 허공이라고 이 사람은 확실히 느끼는데 한아님의 맘이 있다면 한아님의 맘이라고 느껴진다. 우주가 내 몸뚱이다. 우리 아버지가 가지신 허공에 아버지의 아들로서 들어가야만 이 몸뚱이는 만족할 것이다.[14]

---

12 박영호 편, 『다석 류영모 어록』, 15-16.
13 김흥호, 『다석일지 공부 1』 (서울: 솔, 2001), 401-403 참조.
14 『다석어록』, 154.

기독교인들은 유일신만을 생각하는 나머지 우주만물을 하나의 죽은 물질로만 취급하는 사람이 많은데, 나는 우주가 단순히 죽은 물질이라고 푸대접할 수는 없다. 내 몸의 살알(세포) 하나하나가 산 것처럼 우주만물은 하나하나가 산 것이며 이 우주에는 절대 의식, 절대 신격이 있는 것으로 느껴진다. 하느님을 섬기라는 것은 만물을 무시하라는 뜻은 아닐 것이다.[15]

그런데 류영모는 전형적인 범신론(pantheism)이 함의하는 것처럼 하나님을 꼭 우주로 등치시키킨 것은 아니었다. "억조창생이 뭉친 이 우주 위에는 하나의 인격이, 영원한 정신이 꼭 있다고 생각한다"[16]고 하면서 때때로 하나님을 초월적 존재로 묘사했다. 국내의 류영모 연구자 가운데 하나인 성공회 사제 윤정현은 "다석 류영모의 하느님 개념은 인격적이면서 비인격적이고, 초월적이면서 내재적인 존재다. 다시 말하여 인격적 하느님은 비인격적인 하느님이다. 동시에 초월적 하느님은 내재적인 하느님"이라고 적절히 평가했다.[17] 나도 류영모의 신론을 단순히 한 형태의 범신론으로 규정할 수 없다고 평가한다. 류영모는 "절대가 없이 상대만 있으면 죽은 상대가 되고 절대만 있고 상대가 없으면 절대는 빈 절대이다. (중략) 절대자가 계심을 아는 것이 인식"[18]이라고 주장했는데, 이를 범신론에 국한하는 것은 성급한 해석에 머문다. 분명히 그는 물질과 몸을 초월하고 선재하는 정신 혹은 마음이 있다고 믿었다. "마음의 본체는 무다. 마음은 시간을 초월해 있기에 생사를

---

15 박영호 편, 『다석 류영모 어록』, 198.

16 김흥호, 『제소리』, 178.

17 Jeong-Hyun Youn, "The Non-Existent Existing God: An East Asian Perspective with specific Reference to the Thought of Ryu Yŏng-mo,"(Th.D. diss. The University of Birmingham, 2002), 56.

18 김흥호, 『제소리』, 198.

초월하여 있기에 생사를 초월하여 영원히 살아있다"[19]고 밝힌 그에게 있어 마음·정신·얼 등은 곧 '초월적' 무였다.

류영모는 무를 하나님의 정체와 관련시키는 한편, 심지어 물질과 몸을 하위에 두고 인간이 몸의 본능과 물질적 제약을 초월하는 것을 일종의 종교적 성장으로 간주했다. 특히 그가 몸과 얼 사이의 질적 차이를 의식하며 때때로 물질과 몸의 무상성을 강조했다는 진술들도 간과할 수 없다. 이것은 "육체의 소욕"(갈 5:17)을 제어하라는 바울의 권면이나, 색온^{色蘊}이나 기질지성^{氣質之性}을 다스려야 한다는 동양의 인간관 및 가치관의 일환이었다. 다음은 그가 궁극적으로 우주 위에 초월자 하나님, 즉 세계와 동일시되지 않는 하나님을 높였던 진술이다.

> 힘의 근본은 신비요, 힘의 현상은 물질이다. 물질은 흑암이요, 물질의 근원은 힘이니, 힘은 은밀이요 깊이 숨어서 우주를 받들고 있다. 없이 계신 하나님이요, 은밀한 곳에 계시는 하나님이다.[20]

류영모의 신론은 곧 구원론과 일치되는 특징을 보인다. 이것은 그리스도론을 구원론과 연결하는 개신교 정통주의와는 사뭇 다른 입장이다. 류영모에 의하면 하나님은 그 자체로 곧 '열반'(nirvana)이다. 그리고 인간은 구도를 위한 정신적 정진을 통해 마침내 열반 곧 하나님에게 이르게 된다. 류영모의 어록에는 이런 기록이 있다.

> 영원히 갈 것은 오직 생각 하나만이다. 영원무한(하느님)을 아는 것은 생각 때문이다. (중략) 이런 물질(몸) 말고 오직 생각뿐인 데가 있을 것이라 해서

---

19 김흥호, 『다석일지 공부 2』 (서울: 솔, 2001), 399.
20 김흥호, 『다석일지 공부 1』, 407.

하느님, 니르바나님이라 한다. 우(위_인용자 주)로 올라가는 게 영원한 생명이지 그렇지 않으면 영원한 생명이 아니다. 영원히 가는 것은 하느님을 생각하는 얼나뿐이다. 참이라, 말씀이라 하는 게 이것이다.[21]

류영모에 의하면 진리를 알기 위해 자신의 마음으로 들어가 세상을 부정하고 '제나'(자아)를 초월한다면, 성령이자 '참나'인 "제속알이 밝아져 하느님의 얼나"를 깨닫게 된다. '나'라고 하는 존재는 "몸나와 맘나와 얼나로 되어 있다."[22] 이 가운데에서 몸나와 맘(마음)나를 '제나'라고 하는데 부모로부터 받았지만, 자연적·본능적 상태에 있어 극복해야 할 자아이다. 반면 얼나는 하나님의 '긋' 또는 '아들'로서 예수의 교훈처럼 세상을 미워하고 자기를 부정하고[23] "절대 진리를 위해서" 내버릴 것은 다 내버릴 경우, 특히 제나를 극복할 때 얻어진다.[24] 그 극복의 길이 이른바 '바탈타기'다. 여기서 '바탈'은 인간의 '생각 또는 천성天性'인데, 하나님을 알고 대자유를 얻기 위해서는 각자가 "자기 마음속으로 들어가는 길", 그렇게 하여 "영원한 세계로 직입하여 직관"하는 것이다. 류영모에 의하면 하나님은 초월적인 분이지만 또 한편 인간의 내면에 계신다. 따라서 구원이란 "깊이 생각하고 생각해서 자기의 속알이 밝아지고 자기의 얼나"를 깨달아 길을 찾는 것이다.[25]

류영모는 인간을 나타내는 말로서 '긋'을 쓰는 경우가 있다. '선線'을 긋다' 하는 경우 쓰는 바로 그 '긋'인데, 그는 일종의 상형문자처럼 이것을 풀어 말했다. 즉, 하늘에서 내려온 '정신'(ㄱ)이 땅에 부딪혀(ㅡ)

---

21 박영호 편, 『다석 류영모 어록』, 92.
22 앞의 책, 108.
23 다음을 참고하라. 눅 14:26; 마 6:24; 요 12:25 등.
24 박영호 편, 『다석 류영모 어록』, 41, 63 참조.
25 박영호, 『다석 류영모가 본 예수와 기독교』, 19-20.

생긴 것이 사람(人)이라고 전용하여 쓴 것이다. 그리고 우주의 끝을 '한긋'이라고 하면서 삶과 죽음을 '깨끗'이라고 표현했다. 또한 '긋'을 "영원한 생명이 시간 속으로 터져 나온 순간"으로 소개하기도 했다. 특히 "영원한 얼이 공간으로 터져 나와 몸을 쓰고 민족의 한 <u>끄트</u>머리로 이 세상에 터져 나온 것이 '나'라고 하는 제긋(얼나)"[26]라고 했다. 결국 이 '긋' 또는 '끗'은 영원과 종말적 완결이 현재의 역사적 공간 속으로 구현되는 것이다.

> 나는 생사를 깨끗이라고 한다. 깨어 시작하고 끝에서 마치기 때문이다. 인생은 언제나 깨끗해야 한다. 깨끗은 나 남 없는 이제다. (중략) 하루하루가 다 영원한 현재다. 오늘이요, 늘이다. 하루가 영원이란 말이다. 생사를 초월한 사람은 깬 사람이요 끝에서 사는 사람이다.[27]

류영모가 강조하는 구원은 개인의 종말이나 역사의 종말에 따르지 않는다. 그는 "제나의 삶을 마치고 얼나의 삶을 시작하는 종시"[28]라고 했다. 즉, 끝을 깨닫고 끝을 앞당겨 사는 것 혹은 세속적·본능적 상태인 자아(ego)를 부정·초극하여 영으로 거듭나 바른 지혜와 실천을 행하며 살 수 있는 것이 오히려 그리스도교의 종말을 앞당겨 사는 방식이다. 끝은 우주와 역사의 마지막에 있는 것이 아니라 매일, 매순간 가능하므로, 현재를 '얼나'의 시간이자 종말로 인식하고 살아야 한다. 그래서 류영모는 "육체로 사는 생은 무상하지만 정신으로 사는 명은 비상非常한 것"[29]이라고 주장했다.

---

26 류영모, 다석어록, http://www.dasuk.or.kr/saying(2021.11.11.).
27 김흥호, 『제소리』, 270.
28 앞의 책, 178.

류영모의 신론, 인간론, 구원론, 종말론을 포괄하는 개념에는 단연 '가온찍기'가 있다. 이에 관해 불교에서 가장 가까운 개념을 찾자면 이른바 '견성見性'인데, 역시 파자破字와 조어造語를 통해 자신의 사상을 도해하는 류영모는 가온찍기 개념을 다음과 같이 소개한다.

> 얼나라는 것의 무한한 가치를 자각하고 날아가는 새를 화살로 쏘아 맞히듯 이 곧이 곧고 신성하고 영특하고 영원한 나의 한복판을 정확하게 명중시켜 진리의 나를 깨닫는 것이 가온찍기「·」이다. 나의 마음속에 영원한 생명의 굿이 나타난 것이다. 기역(ㄱ)은 니은(ㄴ)을 그리고, 니은(ㄴ)은 기역(ㄱ)을 높이는데, 그 가운데 한 점을 찍는다. 가온찍기「·」란 영원히 가고 가며 영원히 오고 오는 그 한복판을 탁 찍는 것이다. 가온찍기「·」야말로 진리를 깨닫는 순간이다. 찰나 속에 영원을 만나는 순간이다. 그래서 생각하고 또 생각하고 하늘을 그리워하고 또 그리워하며 가온찍기「·」가 인생의 핵심이다. 그러나 깨닫는 가온찍기「·」로 끝나는 것은 아니다. 끝끝내 표현해 보고 또 표현해 보고 나타내 보고 나타내 보여야 한다. 내가 내 속알을 그려보고 내가 참나를 만나보는 것이 끝끝내이다.[30]

간단히 말해 존재의 깊은 차원에서 '나' 안에 있는 '얼나'의 발견과 각성이 가온찍기다. 그리스도교 전통으로 말하자면 내 안에 성령이 있음을 자각하고, 그 성령의 감화에 따라 하나님의 뜻을 실천하는 삶에 해당한다. 다만 류영모에게는 하나님과 인간의 '얼나'는 연속성이 있다. 류영모에 의하면, 얼나는 '영아靈我'라고 하는데, 그것은 처음과 끝이 되고, 마음 가운데 있는 얼나가 상대 세계 혹은 역사의 한복판으로

---

29 앞의 책, 172.

30 다석어록, http://www.dasuk.or.kr/saying(2021.11.11).

드러나야 한다. 그것이 가온찍기의 참된 의의다. 이에 류영모는 이렇게 주장한다: "우리 생명이 피어 한없이 넓어지면 빔에 다다를 것이다. 곧 영생하는 것이다. 빔은 맨 처음 생명의 근원이요, 일체의 근원이다. 하느님이다."[31] 즉, 지상의 생명, 영원한 삶, 빔과 하나님, 이 모든 것의 연속성을 말하는 류영모에게 얼나, 즉 인간의 본래성은 '신神'이다.[32] 류영모는 이를 때로 '속알'이라고 하는데, 인간의 내면에 있는 하나님의 형상으로서의 '씨'(얼)다. 이것은 유일신 하나님을 전적·초월적 타자로 믿는 신앙관습 안에서 이해될 수 있는 내용이 아니다. 인간이 찾고 회복해야 할 본성이 하나님과 연결되어 있다는 관점에서 인간의 본래적 위상을 신적 존재로 표현하는 것이다.

본서가 관심을 두는 분야가 신론이기에 나는 다석 류영모의 성령론과 그리스도론을 크게 언급하지 않았다. 그런데 실제로 류영모의 신론, 그리스도론, 성령론, 인간론은 하나의 줄기로 통합된다. 하나님의 긋 또는 끄트머리로서의 인간 그리고 참나(얼나)로 인간에게 오신 성령, 우리와 같은 인간의 몸을 갖고 살았지만 내재한 하나님의 얼(성령)로써 몸과 세상을 극복하고 아버지와 '부자유친父子有親'을 이룬 예수, 이 모두가 한 생명과 한 영성으로 이어져 있다고 보는 것이다. 류영모에게 예수는 인류의 죄악을 대속한 구주救主로서의 정체성 보다는 앞서간 스승으로서의 정체성을 갖는다.[33] 류영모에 의하면 스승 예수를 따라 십자가의 길을 향해 몸나를 죽이고 얼나를 고양하기 위해 걷는 길이 이 땅에서 취해야 할 참된 신앙이다. 누구든 참나의 가능성을 긍정하며 하나님의 뜻을 구현할 때 그리스도처럼 된다.

---

31 박영호 편, 『다석 류영모 어록』, 285.
32 김흥호, 『제소리』, 138.
33 박영호 편, 『다석 류영모 어록』, 138.

이상의 내용들은 기존하는 한국 개신교회에 매우 낯선 주장이다. 비록 낯설다 하더라도 심중히 류영모의 어록을 연구하다 보면 동양적 신학뿐만 아니라 목회적 대안을 마련하는 데에 선구적인 자취를 남겨 놓았다는 사실을 발견하게 된다. 곧 그것이 정통 교리와 유리되고 회중이 교회에서 들은 것과 다르다고 해서 쉽사리 간과할 사상이 아니라는 말이다. 류영모의 사상은 개인적 신앙과 칭의에 주로 방점을 찍어온 한국 기독교로부터 한 걸음 더 나아가 사회적 책임과 실천력 있는 성화(sanctification)를 지향하고 타자와 공동체, 더 나아가 세계와 창조 세계를 위한 성숙한 봉사를 독려하기 때문이다. 어느덧 류영모는 교계를 넘어 한국에서 출현한 현대 철학자로서 위상을 인정받고 있고, 해외 신학계 역시 그에 대한 깊은 관심을 갖게 되었다. 이러한 현실은 류영모의 사유가 그 지평과 깊이가 넓고 깊었으며, 동양적 상황 속에서 실천적 적절성이 유효하다는 방증이 될 것이다.

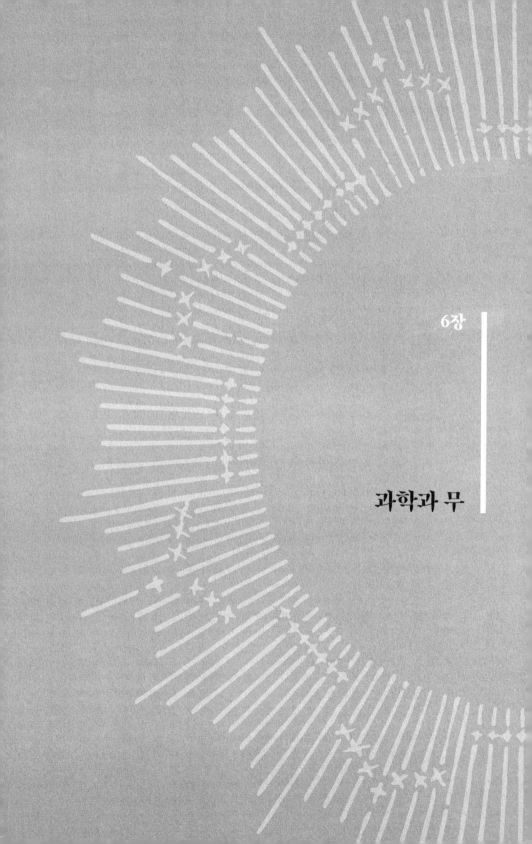

6장

과학과 무

신학으로 대변되는 서구 형이상학의 학문성과 가치가 자연과학에 의해 도전받은 지 수 세기가 경과하고 있다. 어느덧 철학의 각 분과는 그 앞마당을 여러 과학의 분과에 내주고 있다. 말하자면 형이상학은 물리학에, 인식론은 뇌신경학이나 인공지능학에, 윤리학은 진화생물학이나 진화사회학에 자리를 빼앗기고 있는 상황이다. 그렇다면 신학 또는 형이상학은 하나님에 대해, 제일원인에 대해, 세계의 기원과 운행 질서에 대해 마냥 입을 다물어야 할까? 그렇게 된다면 오히려 다른 학문분과들이 신에 대해, 존재에 대해, 초월에 대해 말할 것이다. 실제로 그러한 분위기는 이미 나타나 있다. "과학자들은 대중적인 책들을 쓸 때조차 실제로 과학의 일부가 될 수 없는 생각에까지 과학의 권위를 내세우려는 경향이 있다."[1] 그리고 대중적 강연에 나서는 이론물리학자들이나 생물학자들은 곧잘 '신학자'처럼 말한다. 세계가 무엇인지, 인간의 정체는 무엇인지, 때론 우리가 어떻게 살아야 할지 답을 서슴지 않는다.

하이데거에 의하면, 자연과학의 연구 방법은 전형적인 "계산적 사유"(das rechnende Denken) 또는 "정밀한 사유"(das exakte Denken)에 해당한다. 존재자의 물적 조건에 관심을 두어 그 근거·질서·외적 관계를 주로 따져 묻거나 존재자성을 계량화하여 지식으로 만들어

---

1 이언 바버, 『과학이 종교를 만날 때』, 38.

장악하려는 의도가 있기 때문이다. 하이데거는 그러한 사유 방식이 기술적이고 표상적인 사유에 머물 뿐, 정작 존재 자체를 소중히 여기지 않는 문제가 있다고 비판했다. 그것은 곧 존재자를 자기 앞에 몰아세움(Zustellen)이고, 포착함(Ergreifen)이고, 개념적으로 파악하는 것(Begreifen)이다.[2] 후설의 현상학과 하이데거의 존재론적 현상학의 궤를 따르는 논자들은 과학적 방법론과 '계산하는 사유' 및 '정밀한 사유'를 생략하고서도 얼마든지 '사태 그 자체로'(zu den Sachen selbst) 접근하거나 인문학적 사유 발전이 가능하다고 보곤 한다.

그러나 정작 우주와 자연을 연구하는 당사자들은 그러한 견해에 딱히 동의하지 않을 것이다. 1965년 노벨물리학상 수상자인 리차드 파인만은 "장미꽃 한 송이를 감상할 때도 물리적 지식을 떠올림으로써 자연의 아름다움과 웅장함을 한층 더 실감 나게 느낄 수 있었다"고 고백했는데, 이 말을 옮긴 이론물리학자 브라이언 그린(Brian Greene)도 칠판에 가득 적힌 복잡한 방정식과 씨름하며 대부분 시간을 보내고 있지만 "조금씩 발걸음을 내디딜 때마다 우주와 내가 긴밀하게 연결되어 있음을 느낀다"고 밝힌 바 있다.[3] 이른바 '계산적 사유'를 하는 이들도 개개인별로 세계를 신비롭게 직관하기는 마찬가지이며 광활한 우주를 떠올릴 때면 어떤 철학자 못지않은 외경畏敬을 지닌다는 사실을 폄훼할 수 없을 것이다. 행여 누군가 그들이 얻게 되는 우주와 존재에 대한 각성은 철학자의 그것보다 수준이 낮다고 평가하는 것은 단언컨대 '주제넘은' 언사다.

신학이 현상과 사태에 집중하고 과학을 도외시하는 것은 스스로 절름발이를 자초하는 일이다. 이언 바버의 경우 20세기 이후 일각의

---

2 Martin Heidegger, *Holzwege*, 108.
3 브라이언 그린, 『우주의 구조』 (서울: 승산, 2005), 51.

신학계가 과학의 언어와 신학의 언어가 각각 목적하고 실행하는 방법이 다르다고 상정하고, 종교는 신앙 공동체의 관습·예배·윤리를 망라한다고 주장하는 것, 그리하여 그 둘은 각각 독립적인 의의가 있다고 절충하는 것에 의구심을 표한다. 왜냐하면 "우리는 삶을 격리된 선실처럼 여럿으로 나누어 놓고 따로따로 살아가지 않"으며 "하나로 연결된 삶을 받아들"이기 때문이다.[4]

따라서 우리는 신학이 과학과 더불어 말하는 것은 서로를 심화시키는 방법이라는 점을 인정해야 한다. 이런 맥락에서 나는 "종교를 떠나 과학을 생각하는 것은 가능할지 모르지만, 과학을 떠나 종교를 생각하는 것은 모순이다"[5] 혹은 "신성이 자연의 지혜에 숨겨져 있다"[6]라고 시인하는 한 유신론적 물리학자의 견해에 공감한다. 물론 신학과 과학 사이에는 서로 다른 동기에 서로 다른 연구 분야가 엄존한다. 상호간에 시녀 노릇을 할 필요는 없다. 그 어느 시대보다 우리 시대에는 자연학과 및 인문학 사이의 소통이 용이한 만큼, 신학도 개방적 자세를 견지하여 다른 학문으로부터 배우고 적용함으로써 보다 타당하게 정초될 여지가 커지고 있다.

신학은 계시와 관련한 동어반복적·순환론적 권위주의를 내려놓고 과학의 연구 성과에 지속적으로 귀 기울여야 한다. 그것이 가능할 때 간학문적 연구와 통전적 사유가 심화하며, 신학이 궁구하는 고유한 영역을 반성하고 다듬으며 인간의 자유와 희망과 복지를 구현하는 일에 기여할 것이다.

흥미롭게도 현대물리학계는 인간의 능력으로 실험될 수 없는 것들

---

4 이언 바버, 『과학이 종교를 만날 때』, 52.
5 제럴드 슈뢰더/손광호 외 1인 역, 『신의 숨겨진 얼굴』 (서울: 하늘곳간, 2006), 30.
6 앞의 책, 32.

에 대한 이론들을 제기하고 있다. 그 내용과 성격을 보자면 자못 철학적이고 종교적이기까지 하다. 실험과 관찰에 의한 증명이 보편타당한 지식 입증의 방법으로 정착한 이후에도 과학은 여전히 우리가 거하는 우주를 해명하는 일에 있어서 가정과 추론을 피할 수 없는 것이다. 비록 그 가정과 추론에 정교하고 논리적인 이론과 수학식이 뒷받침하고 있어도 말이다. 이를테면 우주의 발생(빅뱅의 원인), 우주의 종말, 블랙홀, 미시적 아원자 세계, 암흑물질과 암흑에너지 등을 규명하는 분야에는 인류의 역사를 다 바치고서도 실험으로 입증될 수 없는 연구 주제가 쌓여 있다. 그러한 한계로 인해 특히 이론물리학계의 연구 과제, 이를테면 근래 주목받는 양자중력 이론, 끈이론, 초대칭이론, 차원론, 다중우주론 등을 일별하자면 과연 현대 과학자들마저 과학의 이름으로 모종의 형이상학을 하는 것이 아닌가 하는 의구심마저 들 정도다. 그 수학식과 논리가 세련되어졌을 뿐, '말할 수 없는 것'들을 말하는 사안에 있어서 특히 이론물리학은 신학이나 형이상학과 비슷한 국면이 있다. 사실 실험물리학계 측에서는 우주를 해명하는 일에 괴상한 상상을 장려하고 방정식 풀이를 위해 몇 장의 종이와 연필을 주로 사용하는 이론물리학을 일종의 철학이나 신학으로 취급하곤 한다.

이제 본서의 주제로 돌아와 일단락 짓겠다. 과학의 발전과 그에 따른 과감한 가설 또는 이론 역시 예상치 않게 금세기의 인류로 하여금 무를 사유하도록 재촉한다. 과연 '있다'는 것이 무엇일까, 무엇을 '무'라고 지칭할 수 있을까, 유와 무의 관계가 무엇일까, 물리학적으로 완전한 무가 가능할까 하는 등의 질문들이 우리의 예상을 깨고 최신 과학으로부터 제기되는 것이다. 앞서 내가 다룬 주제들은 신학이나 종교학 및 철학 등 인문학적 범위 안에 있지만, 우리 시대에는 무를 사유함에 있어 자연과학의 의견을 결코 배제하면 안 되는 실정이다. 이제 개략적으로 살펴보겠지만, 현대 이론물리학이나 우주물리학으로부터 우리는 수학을 근거한 과학적 실재론과 함께 존재와 무에 대해 흥미로운 사실로 안내받게 된다. 그 가운데 최고의 진실이라면 이것이다. 즉, 20세기 이후 물리학이 시사하는바, 인간이라는 존재자는 무엇을 두고 '있다'고 말할 자격이 없다는 사실! 그것이 입자가 되었든, 사과가 되었든, 우주가 되었든… 그리고 하나님이 되었든 말이다.

I. 고대 자연철학으로부터 근대 물리학

"한 가지 기본입자로부터 모든 물질을 쌓아 올리는 것은 철학자들의 오랜 꿈이었다."

_ 폴 디렉

이오니아(Ionia) 지방의 철인들로부터 시작된 고대 그리스의 자연철학은 인류의 문명 단계가 신화적인 세계관을 극복하는 과정에서 발전했다. 그것은 신이나 초자연적 힘에 근거하지 않는 우주에 내재한 질서를 규명하고, '로고스'로 대표되는 이성과 언어를 통해 보편타당한 지식을 전달하려는 시도이기도 했다. 소크라테스에 이르러 철학적 관심이 인간과 사회로 전환하게 되었다고 평가되지만,[1] 그의 제자 플라톤과 아리스토텔레스는 여전히 철학이란 현상의 세계에서 사물들의 근원적 질서와 법칙을 찾는 것이라고 믿었다. 사실 인류에게 있어 세계의 기원과 이유를 찾고자 하는 선험적 호기심은 현대에 이르기까지 크게 변하지 않았다. 말하자면 "세계는 어떻게 발생했는가?", "만물의 기초를 이루는 것의 정체는 무엇인가?", "우주에는 어떠한 운행 원리가 있는가?", "세계의 끝은 무엇인가?", "의식은 왜, 어떻게 출현했는가?" 하는 질문들이 바로 그러한 예다. 그리고 이에 관한 답을 얻기 위한 인류의 노력은 인류의 역사와 함께 해오고 있다.

고대 자연철학 이래 철학자들이 궁구했던 세계의 근원이란 대체로 코스모스의 세계를 구성하는 몇 가지 원소나 간결한 공리公理로 기대되

---

1 존 매쿼리, 『신과 인간 사이』, 129.

었다. 말하자면 "복잡한 것에 대한 간단 명료화!" 이것은 고대 형이상학으로부터 현대물리학에 이르기까지 편집偏執에 가까운 서구 지성들이 지닌 오래된 기획이었다. 예를 들어 뉴턴이 완성한 고전 물리학의 특징을 살피자면, 어지럽고 방만해 보였던 물리법칙들이 "F=ma"(가속도의 법칙)처럼 곧잘 간단한 방정식으로 표현되어 있다는 사실을 알 수 있다. 그리고 현대로 이행하여서도 전기력과 자기력처럼 서로 다른 힘으로 보였던 이치 또한 결국 하나라는 사실이 밝혀지며 계속해서 간결한 공식으로 묶여 왔다. 20세기에도 "E=mc²"로 대표되는 아인슈타인의 '질량 에너지 등가 법칙'도 물질의 질량과 에너지 사이의 관계를 명료하게 드러내는 전형적인 성공 사례였다. 지금도 물리학자들은 우리 우주의 기본적인 힘들인 전자기력, 강력, 약력, 중력을 하나로 통합시킬 수 있는 간결한 공식, 즉 이른바 '만물 이론'(Theory of Everything)을 찾는 중이다.

만물의 기초 또는 근원이 무엇인지 궁구했던 고대 자연철학자들의 답은 제각각이었다. 주지하다시피 밀레토스 학파(이오니아 학파)의 탈레스(Thales)는 세계의 원질原質을 '물'로, 아낙시만드로스(Anaximandros)는 흔히 '무규정자'로 번역되는 '아페이론'(apeiron)으로, 아낙시메네스(Anaximenes)는 '아에르'(aer)로 설명했다. 그렇게 밀레토스 학파는 기본적인 질료나 물질 중심으로 만물의 근원을 찾으려 했던 반면, 흥미롭게도 피타고라스 학파는 비형질인 '수' 또는 수적 구조에서 그것을 찾으려 했다. 그 외 엠페도클레스(Empedokles)는 '물·불·흙·공기'를, 아낙사고라스(Anaxagoras)는 신적인 높은 정신 또는 지성인 '누스'(nous)를, 레우키포스와 데모크리토스는 더 이상 쪼갤 수 없는 단단한 입자인 '원자'(atom)를 만물의 근원으로 지목했다. 그리고 원자는 2천 년이 지난 1803년 존 돌턴(John Dalton)에 의해 근대 과학의 장으로 다시 호출되었다.

그런데 당대 철학자들이 세계를 이루는 요건을 형질과 연장延長을 지닌 사물로만 추정했던 것은 아니었다. 다른 한편에서 그들은 무(진공)에 대한 관념으로 우주의 또 다른 요건을 사유했다. 레우키포스, 데모크리토스, 에피쿠로스, 루크레티우스 등에 이르기까지 원자를 상정했던 철인들에게 있어서 무는 물체가 존재하고 운동하게 할 필요 공간이자 빈 용기 같은 것이었다.

아리스토텔레스는 물체를 움직이는 기동자起動者(mover)가 접촉하여 직접적으로 작용하는 경우 물체가 운동하지만, 기동자가 없어진다든지 접촉하지 않게 되면 운동은 멈추게 된다고 생각했다. 관성을 생각하지 못한 그로서 물체가 운동 상태를 유지하기 위해서는 외부에서 물체에 접촉하여 끊임없이 힘이 제공되어야 한다고 본 것이다. 그러므로 아리스토텔레스는 물체와 물체 사이에 아무것도 없는 무(진공)를 인정할 수 없었다. 물체와 무가 공존한다면 직접적 접촉에 의한 운동은 불가능한 것이었다. 대신에 그는 하늘이나 대기에 가득 찬 에테르(ether)를 상정하여 이 문제를 해결하려 했다. 아리스토텔레스의 '천체론'에 따르면, 에테르는 일반적인 물질에 비해 선재하고 이질적이지만 숭고한 실체이고, 가볍지도 무겁지도 않고, 새로 만들어지지도 않고 소멸하지도 않으며, 증가하지도 않고 변하지도 않는다. 훗날의 논자들은 아리스토텔레스의 에테르에 관해 흥미로운 해석을 내놓기도 했다. 가령 에테르는 "진공의 또 다른 화신"[2]이라든지, 기독교 세계에서 근대의 시점에 이르기까지 "신성한 존재가 현실 세계에 현현한 것" 또는 "신의 또 다른 모습"[3]이라고 본 것이었다.

앞서 간략히 살펴본 고대 자연철학의 가설들은 크게 두 가지로

---

2 마르크 라시에즈 레/김성희 역, 『진공이란 무엇인가』 (서울: 알마, 2016), 21.
3 브라이언 그린, 『우주의 구조』, 83.

나눌 수 있다. 물질적 우주의 근원을 물질에서 찾는 방식과 비물질적 근거에서 찾는 방식이다. 후자에 관한 대표적인 예는 '수'를 지목한 피타고라스나 '누스'를 지목한 아낙사고라스의 경우다(아낙사고라스가 비물질적 정신인 누스를 주장했어도 실제 그것은 비인격적 원리였다). 그들에 의하면 물질 이전에 더 근본적인 것이 있으니 곧 수, 이치, 공리, 법칙 등이다.

위와 같은 가정들은 물질적 세계 이전에(즉, 물적 원질이 부재했던 단계에) 비물질적 인자因子 또는 궁극자로서의 무가 선재했다는 관념과 비교할 내용이다. 동양의 사유 전통에서는 이것을 도, 이, 태극, 무극 등의 '무'로 상정했음을 앞서 일별해 보았다. 이러한 종류의 무는 존재와 비존재를 모두 포괄하는 특징을 지닌다. 인간의 상식이나 유물론적 관점에서는 그것이 실체로 존재한다고 단정할 수 없지만, 다른 의미에서 전적으로 부재한다고도 할 수 없기 때문이다. 흥미롭게도 물질 우주 이전에 물질이 아닌 어떤 것으로서, 즉 수적 구조나 정보가 앞서 존재한다는 동양의 주리론과 같은 이론은 현대 이론물리학계에서도 찾아볼 수 있는데, 이에 대해 차차 살펴보기로 한다.

고대 그리스의 자연철학자 가운데 '아페이론'을 말한 아낙시만드로스와 '아에르'를 말한 아낙시메네스, '에테르'를 말한 아리스토텔레스의 예에 관해서도 주의 깊게 살펴볼 내용이 있다. 그들의 가설에는 동양의 주기론과 비교할 만한 국면이 있기 때문이다. 아페이론, 아에르, 에테르 등은 만물에 있어서 근원적 재료이거나 실재하는 것으로 상정되지만, 구체적인 사물로 조성되기 전까지 인간의 감각에 나타나지 않는다. 바로 이 점이 기, 서경덕의 '태허', '선천', 최한기의 '대기大氣' 등의 개념과 비슷한 함의를 지닌다.

여기서 사제지간이었던 아낙시만드로스와 아낙시메네스의 가설을 조금 더 알아보자. 스승 아낙시만드로스는 세계의 근원을 '아페이론'(ἄπ ειρον)이라고 생각했다. 이 아페이론은 언어학상 부정 또는 부재를 뜻하는 접두사 '아'(ἀ)와 끝 또는 한계를 뜻하는 '페이라르'(πεῖραρ)의 합성어로서 '무한정자' 또는 '무한'으로 번역된다. 아낙시만드로스에 의하면 아페이론은 특정한 것으로 정의되거나 규정될 수 없고, 시공간 상 비제한적이며 무한한 실재성으로서 그 안에 만유가 내포되는 가능성 이다. 만물의 운동을 일으키고 사물들을 발생시키고 유지하면서도 그 본질은 없는 것처럼 존재한다. 아페이론은 관찰될 수 없고 시간을 초월해 존재한다. 만물의 근원으로서 아페이론은 원초적 혼돈으로도 이해될 수 있다. 그것은 끝없는 생산성을 가지고 있고, 기본적으로 온냉溫冷 또는 건습乾濕과 같이 대립하는 성질뿐만 아니라 땅·물· 불·공기 등의 단순한 재료를 생성하기도 하고, 그것들의 운동을 일으키 고 다양하게 변화시키며 무수한 사물들을 만들어 낸다. 아페이론으로부 터 생성된 만물은 결국 아페이론으로 돌아간다. 그리고 '냉-온'과 '생성-소멸'처럼 상반된 사물과 사태는 임시적인 현상일뿐 궁극적으로 아페이론 가운데 하나다.

과학실증주의의 견지에서 보자면 아페이론에 관한 설명은 관찰된 근거가 없는 공상일 수 있지만, 당대 다른 자연철학자들과 비교했을 때 아낙시만드로스가 진일보한 가설을 제기했다고 평가할 수 있다. 다른 자연철학자들은 물, 불, 흙, 공기와 같이 비근한 자연적 원소를 지목했던 반면, 아낙시만드로스는 자연의 저변에 알 수 없는 원천적인 근거가 있다고 생각했기 때문이다. 그리고 아리스토텔레스나 아우구스 티누스에 의해 최초의 '카오스'(chaos)로 이해됐던 만큼, 노장이 말하는 혼돈의 도(무)와 비교될 수 있으며, 아페이론 가운데 상반·대립되는 것이 드러나고, 그 상반작용이 발전하여 땅, 불, 물, 공기의 재료뿐만 아니라 천체와 생물들을 생성한다고 주장한 내용은 동양의 태극 또는 음양과 비교될 수 있다.

한편 아낙시만드로스의 제자 아낙시메네스는 스승의 추상적이고 모호한 아페이론을 거부하고 보다 만물의 근원을 더욱 구체적으로 설명하고자 했다. 그것은 이른바 '아에르'(άήρ) 개념을 통한 가설이었다. 아에르는 일차적으로 안개, 증기, 공기, 바람, 공간, 하늘 등을 의미한다. 그런데 아낙시메네스는 그러한 구체적인 의미 이상으로 아에르가 무한 하고 신적인 것이라고 규정했다. 아낙시만드로스의 아페이론이 우주의 근원이라고 해도, 그것의 실질적인 상태는 모든 실체를 발출할 수 있는 아에르의 상태가 타당하다고 생각한 것이다. 아낙시메네스에 따르면, 아에르는 전 우주를 가로질러 있으며 모든 생명과 활동들을 규제하는 원리로 기능한다. 만물의 생성과 변화 역시 아에르의 응축과 희석을 통해 나타난다. 사실 이와 같은 가설에는 경험적·관찰적 근거가 없지 않다. 수증기를 예로 들자면 그 응결과 집적集積에 따라 구름이나 비처럼 가시적 형태가 나타나는 한편, 희석되고 흩어지면 습기와 같이 비가시적 상태로 변하기 때문이다. 이러한 이치에 따라 흙이나 돌과 같은 딱딱한 고체 역시 애초에는 아에르라고 추정될 수 있다. 내가 흥미롭게 여기는 것은 아낙시만드로스와 아낙시메네스 모두 아페이론 이나 아에르를 중심으로 일원론적 형이상학을 개진하면서도 그 가운데 대극적 구조를 가정했다는 사실이고, 본래 보이지 않고 만져지지 않는 물질적 재료가 존재하는데 오히려 이것이 만물의 재료가 된다는 발상이 다. 이러한 가설은 동양의 기 형이상학과 유사할 뿐만 아니라 근대의 에너지 개념과도 유사한 측면이 있다.

이제 주제를 근대 자연학으로 옮겨 살펴보겠다. 흔히 서구의 근대 과학, 아니 인류의 과학사 속에서 아이작 뉴턴만큼 탁월한 인물이 없다고 평가하곤 한다. 뉴턴은 무엇보다 앞선 세대의 모든 모호한 서술을 극복하고, 일상의 물체뿐만 아니라 거대한 천체도 예외 없이 수학적 법칙에 따라 운동하고 있다는 사실을 증명해 내었기 때문이다. 그것은 곧 고전 물리학의 근간을 놓았다는 사실을 뜻한다. 뉴턴 이후로 과학자들은 모든 운동법칙을 수학적으로 기술하고 예측할 수 있다고 확신했다.[4] 우주에서 발생하는 사건들을 원인과 결과로 구분하고 인과율에 따른 운동법칙을 해명함에 있어 고전 물리학은 최종적 결론을 낸 듯했다.

뉴턴 물리학이 형성한 조류로 인해 특별히 역학力學 분야에서 확정성과 결정론이 우세해졌다. 물론 뉴턴 이전에 코페르니쿠스, 갈릴레이, 케플러 등의 선배들도 복잡해 보이는 현상들이 인과관계를 지닌다는 것을 알았지만 뉴턴만큼 그것들을 공리로 만들지 못했다. 특별히 뉴턴은 미분법을 고안해 냄으로써 인과율에 대한 수학적 명료성을 입증했다. 아인슈타인은 뉴턴이 만든 미분법칙만이 인과율에 관한 근대 물리학자들의 요구를 철저하게 만족시키는 형태라고 평가할 정도였다. 실제로 뉴턴이 17세기에 발견하고 서술해 놓은 미분법과 운동법칙에 따라 20세기 이후 과학자들도 우주로 로켓을 보내는 것이 가능했다.

그런데 뉴턴은 물리학으로부터 형이상학을 배제했을까? 그렇지는 않았다. 물리학과 형이상학이 공존한다고 해도 그는 문제 삼지 않았다. 물리현상에 있어서 아직 설명되지 않는 것이 많았기에, 다른 원인과 질서를 가정하는 것은 오히려 타당해 보였기 때문이다. 어떤 측면에서 뉴턴이 전근대적 지식인이자 형이상학자로 평가될 수 있는 까닭은 물리학을 입증하는 데 필요한 전제로서 물리적으로 아무것도 없는

---

4 앞의 책, 32.

절대공간을 상정했기 때문이다.[5] 이 절대공간은 만물을 품는 허공(무)이라고 할 수 있다. 이것은 당대에 물질과 공간이 서로 구별될 수 없다고 보는 데카르트의 견해와 매우 다른 것이었다.

뉴턴의 절대공간은 오늘날 수학에서 쓰이는 3차원 좌표 개념과 흡사한데, 이로 인해 그는 후대 물리학자들의 비웃음을 사게 되었다. 뉴턴에 따르면, 절대공간은 어떠한 외적인 관련 없이 그 자체로 독립적이다. 그리고 고유한 본성으로서 어떠한 물질이나 운동이 없는 절대적 정지 공간이고 완전한 진공 상태다. 아무런 조건 없이 존재하며 항상 동일하고 정지해 있으므로 모든 물체의 위치와 운동의 기준이 된다. 물론 이런 절대공간은 모든 물질과 운동에 선행하여 존재해야 한다. 컵 하나가 한 공간을 점유한다고 가정해도 컵이 그 공간을 채운 것이 아니다. 컵이 그 공간을 잠시 빌리는 것이지, 컵 때문에 공간이 생기는 것도 아니며 컵이 공간 자체와 동화되는 것이 아니다. 이렇게 절대공간을 가정한 뉴턴의 사고는 물질이라는 구체적인 것 너머에 어떠한 형이상학적 보편자를 가정한 격이었다. 물론 절대공간은 경험적으로 이해할 수 있는 것은 아니고, 사유 실험으로 다다른 가설이다. 정통적인 그리스도교 신앙이 아니었지만, "우주가 하나님의 손길을 필요로 한다" 또는 "텅 빈 공간이라고 해도 거기에는 물리와 무관한 영적인 실체(spiritual substance)가 있다"는 식의 유신론적 신앙을 지닌 뉴턴은 신적 특질을 갖는 절대공간을 주장한 격이다. 다른 한편으로 절대시간도 가정한 그는 절대공간이나 절대시간 모두 하나님의 편재성으로부터 기인한다고 보았다.

물론 뉴턴의 절대공간 개념은 우리가 쉽게 반박할 약점을 보인다.

---

5 앞의 책, 94-95.

절대공간은 그 자체가 아닌 다른 것들로 영향을 받지 않는 중립적이고 독립적인, 그야말로 '절대적'인 공간이기에 그 어떠한 물질이 이 절대공간의 성질을 변화시키거나 간섭할 수 없다. 컵 하나가 절대공간을 점유할 때 절대공간은 그것이 있을 장소를 제공하게 될 뿐 아니라 또 다른 컵을 동시에 그 공간에 둔다고 가정해도 절대공간은 이에 영향받지 않고 모두를 수용해야 한다. 말하자면 절대공간 안에 동시에 여러 컵이 겹쳐 존재할 수 있어야 그야말로 '절대'공간이 되는 것이다. 그러나 그것은 불가능하다. 물론 현재는 물리학계가 뉴턴의 절대공간과 절대시간 가설을 인정하지 않는다.

다른 한편 뉴턴은 빛이 우주 공간으로 전달되기에 우주가 완전히 비어 있는 것이 아니라 매질媒質로 가득 차 있다고 추정했다. 그 매질이 곧 에테르인데, 뉴턴은 이 에테르를 통해 빛뿐만이 아니라 중력까지 전달될 수 있다고 보았다.[6] 말하자면 아리스토텔레스의 에테르 가설을 근대의 뉴턴이 다시 살린 셈이었다. 뉴턴에 의하면, 이 에테르는 무한히 탄력적이고 서로 분리된 아주 작은 입자로서 모든 물체에 스며들 수 있다. 그러나 1887년 '마이컬슨몰리 실험'(Michelson-Morley's experiment)을 통해 빛을 전달하는 매질로서 에테르는 실재하지 않음이 밝혀졌다.

그러나 에테르가 되었든 혹 뭐라 부르든, "공간 또는 진공에도 무엇인가 있다"는 가설을 폐기하기에는 섣부르다. 뉴턴식의 에테르 가설은 부정되었지만, 그 대체적 의미는 계속해서 사용되고 있기 때문이다.[7] 가령 20세기 이래 힉스장場(Higgs field), 암흑에너지와 암흑물질, 양자적 요동 등이 우주를 가득 메우고 있다는 이론들이 나오고 있다. 특히 우주 공간 안에 그 정체를 명확히 규명할 수 없는 이른바 '암흑에너

---

6 마르크 라시에즈 레, 『진공이란 무엇인가』, 33 참조.
7 제럴드 슈뢰더, 『신의 숨겨진 얼굴』, 50.

지'와 '암흑물질'이 철이나 수소처럼 확인된 물질보다 19배나 많은 것으로 추산된다. WMAP 위성이 관측한 자료를 분석하자면, 우리 우주는 대략 암흑에너지가 70퍼센트, 암흑물질이 25퍼센트 그리고 나머지 5퍼센트로의 일반적 물질로 이루어졌다.[8] 그러니까 인간이 관찰하고 경험하는 물질보다 훨씬 더 많은 모종의 물질과 에너지가 우주 진공에 가득 차 있는 것이다. 대표적으로 양자 요동(quantum fluctuation)이라는 현상도 우리 우주에 절대진공 또는 무라는 것이 불가능함을 시사한다. 우주의 진공 가운데 매우 짧은 순간 무한정의 입자-반입자가 거품이 끓어 넘치는 듯 쌍생성과 쌍소멸을 반복하기에, 그야말로 가득 차고 역동적인 공간이 바로 우리 우주의 진공이다. 결론적으로 말해 우리 우주의 진공은 반물질과 물질이 결합한 '충만의 상태이다.

---

8 브라이언 그린, 『우주의 구조』, 582.

II. 상식적 세계관의 붕괴

"이 우주는 무한 허공을 나타낸 것이다. 우주만물이 전부 동원되어 겨우
허공을 나타내고 있다."[1]

_ 류영모

뉴턴 물리학(역학)을 근거로 하는 근대 과학적 세계관은 인간의
경험이나 상식과 크게 벗어나지 않았다. 그리고 19세기 중반에 제임스
맥스웰이 발견한 전자기력의 법칙이 더 추가되었는데, 그것 역시 인간
이 우주와 물리를 사유하고 표상하는 방식에 큰 변화를 일으키지 않았
다. 어떤 시간에 물체의 위치와 속도를 알고 있다면, 그것으로부터
그 물체의 과거와 미래의 위치와 속도를 알 수 있다는 '확실성'은 뉴턴이
담보한 고전 역학의 대표적 원칙이었다. 뉴턴이 수학적으로 정밀하게
기술한 고전 역학의 효용으로 인해 우주 만물의 모든 법칙이 점차
해명될 것으로 기대되었다. 20세기에 들어와서도 그러한 신념은 여전했
다. 인류가 예견했던 세계상은 질서정연하고 확정적이며 동일률에
의거한 코스모스였다. 그러한 지적 풍토 가운데 "물리학에서 앞으로
새로운 발견은 없다"라는 말이 과학자들 사이에서 나올 정도였다.

그런데 20세기로 들어와 복사선을 포함하는 빛의 본질에 관한 연구
와 아인슈타인의 상대성이론에 이르면서 고전 역학에 기반한 우주관이
흔들렸다. 특히 상대성이론은 시간과 공간이 절대적이지 않으며 서로
불가분의 관련이 있다고 밝힘으로 중력 이론을 포함한 뉴턴 역학에

---

1 박영호, 『다석 유영모가 본 예수와 기독교』, 18.

한계를 그었다. 과거에 뉴턴에게는 절대공간이 물리적으로 존재하는 운동의 궁극적 기준이었다. 그러나 에른스트 마흐(Ernst Mach)가 우주 가운데 분포한 물체들이 오히려 운동의 기준이라는 상대적 관점을 밝힌 이래, 절대론과 상대론이 충돌하게 되었다. 그리고 이 상대론을 다시 아인슈타인이 심화했다.

아인슈타인의 상대론은 시간과 공간에 관한 상식을 완전히 붕괴시키고 전혀 새로운 개념인 "시공간"(spacetime)을 제기함으로써 우주를 전혀 다른 시각으로 접근하도록 촉진했다. 그가 발견한 시간의 상대성은 물리학을 그야말로 새로운 시대에 새로운 양상으로 "형이상학의 영역으로 이끈 첫걸음이었다."[2] 아인슈타인의 상대성이론은 특히 절대적 속도를 갖는 광속에 비해 시공간은 관찰자의 입장에 따라 늘어나기도 하고 줄어들기도 한다는 요술 같은 사실을 밝혀냈다. 이에 따라 우주의 확고한 기준으로 간주되었던 시간과 공간 자체가 다음과 같이 의문시되었다. "과연 시공간이라는 것이 객관적 실체로 존재하는 것일까? 인간이 수립한 편의상의 개념일까? 칸트의 말마따나 선험적 형식인가? 아니면 하나의 환상일까?"[3]

아인슈타인의 상대성이론이 도출한 성과는 바로 "E=mc2"로 대표되는 '질량 에너지 등가의 법칙'이다. 이것은 질량과 에너지는 상호 변환될 수 있으므로, 간단히 말해 본질상 질량은 곧 에너지이고 에너지는 곧 질량이라는 의미다. 사실 이전까지 과학계에는 질량과 에너지는 별개라는 관점이 지배적이었다. 물론 그것이 대중의 상식에도 부합했다. 그런데 이 등가법칙으로 입자의 생성 및 소멸에 관한 비밀이 풀렸다.

---

2 제럴드 슈뢰더, 『신의 숨겨진 얼굴』, 203.
3 시간과 공간은 물리량으로서 근본적이지 못한 개념이라는 의견이 현대물리학계에서 빈번히 제기되고 있다. 다음을 보라. 브라이언 그린/박병철 역, 『우주의 구조』, 637.

물질 입자는 에너지가 응축된 형식이었던 것이다. 단적인 예를 들어 우라늄(Uranium 235) 1g이 에너지로 변환될 경우, 석탄 3톤 정도의 발열량을 내며 사라진다. 고전적 세계관에 의하면 에너지는 물질에 부속된 하나의 현상이며 물질처럼 확고한 실체로 간주되지 않았다. 그러나 아인슈타인에 의해 에너지가 정작 물질의 정체임이 증명된 것이다. 마찬가지로 시간과 공간과 여러 물리량 그리고 상식적인 물질 이해가 절대적·정적 개념을 잃고 상대적·역동적 개념으로 수정되어 갔다. 그 후 대두된 양자역학으로 인해 더더욱 과학자들은 입자적· 객관적·결정적 세계의 상(像)을 포기해야만 했다.

현대물리학에 의하면, 우리 우주의 발생 사건인 빅뱅은 대략 138억 년 전에 원자보다 훨씬 더 작은 한 점, 즉 10^{-26}cm으로부터 시작되었다[4] (이 크기라는 것은 인간의 직관에 비추자면 '없다'고 치는 편이 낫다. 인체를 그대로 투과해 나갈 수 있을 정도이니까). 빅뱅 직전에는 우주의 온 물질을 구성할 수 있는 잠재적인 것들이 바로 이 작은 점에 모여 있었고 엄청나게 뜨거운 상태였다. 빅뱅이 시작되며 '인플레이션'이라고 부르는 급팽창 단계를 통해 천체를 이루는 물질들이 쏟아져 나왔을 뿐만 아니라 시공간도 시작되었다. 몇 분 후에 온도가 내려가며 전자, 중성자, 양성자 등의 소립자가 만들어졌고, 38만 년이 지나 단순하고 가벼운 수소와 헬륨 원자가 조성되기 시작했다. 그리고 그것들의 인력작용에 따라 모여지고 압축되어 폭발하며 은하, 별, 행성 등의 천체가 이루어졌다. 그 사이에 철이나 납처럼 무겁고 다양한 원소들이 등장했다.

무한대의 밀도와 온도로 우주가 한 점에 압축되어 있던 특이점의

---

4 빅뱅이라는 이름 자체가 그것을 비판하고 비아냥거리기 위해서 지어진 용어이지만, 과학 계에서는 입증된 사건으로 인정받는다. 브라이언 그린, 『멀티 유니버스』(파주: 김영사, 2012), 82 참조.

상태로부터 빅뱅 직후 10^{-43}초 사이에 벌어진 물리적 시간을 이른바 '플랑크 시간'이라고 하는데, 이때 일어난 물리적 사건에 관해서는 현대물리학이 미처 설명하지 못하고 있다. 특히 천체와 같이 거대한 규모의 물리법칙에 적용되는 일반상대성원리와 전자나 양성자 같은 아원자 이하의 극미한 규모의 물리법칙에 적용되는 양자역학이 서로 조화되지 않기에 빅뱅에 관련한 수식數式을 얻어내기가 매우 어렵다. 물리학적 견지에서 "무엇이 어떻게 폭발했는가?" 하는 관심뿐만 아니라 신학적·철학적 질문들이 빅뱅이론으로부터 도출되기도 한다. 그러니까 "빅뱅 이전에는 무엇이 있었느냐", "빅뱅이 왜 일어났느냐?" 하는 물음이 그것이다. 현대물리학이 그 원인을 명확히 밝혀내지 못한 빅뱅은 지극히 작은 점에서 이 거대한 우주가 발생한, 그야말로 마술과 같은 사건이었다.

다수의 물리학자들은 빅뱅 이전에는 "아무것도 없었다", "무(nihil)의 상태였다"고 말해도 무방하다고 본다. 우리 우주에 비하자면 빅뱅 이전에 아무것도 없었기 때문만이 아니다. 빅뱅 이전의 것에 관하여 묻는 것은 엄밀한 의미에서 질문 자체가 성립되지 않기 때문이다. 말하자면 기자가 한 피아니스트에게 지난 시즌에 오버헤드 킥으로 얼마나 득점했느냐 묻는 격이다. 빅뱅 이전의 세계라는 것은 실제로 인류가 가지고 있는 시공간의 개념, 존재 개념, 사물 개념, 직관, 경험, 상식에 해당하지 않는다. 빅뱅 이전의 세계는 분명히 존재하던 '어떤' 세계일 수 있으나, 인간에게는 물어질 수 없고 이해될 수 없는 세계다. 근래에는 이른바 초끈이론, M이론, 다중우주론 등으로 이 문제를 해결해 보려는 시도가 있지만, 과학자들 스스로가 이러한 연구 과제란 근본적으로 형이상학이나 종교와 닮아갈 뿐이라는 자조 섞인 말들을 한다.

이론물리학자인 미치오 카쿠(Michio Kaku)는 "가장 근본적인 단계에서 우주에 관한 모든 지식은 일반상대성이론과 양자역학에 담겨 있다고 해도 과언이 아니"라고 소개한다.[5] 그러니까 우리가 현대에 이르기까지 과학영역이 밝힌 세계의 실제를 알고자 한다면, 생물학이나 지질학 등의 부문보다 물리학 그중에서 상대성이론과 양자역학의 개요부터 살펴보는 것이 급선무라는 뜻이다. 물론 이것을 수리적으로 분석하고 이해하는 것은 나에게나 대중의 능력 밖이다. 그러나 다행히 근래에는 친절하고 유머러스하며 필력 좋은 물리학자들이 선보이는 저술들이 우리의 이목을 끈다. 우주의 발생과 존재의 사건을 알고자 하는 지성이라면 읽어야 할 도서 목록에서 이들의 저서들을 생략할 수 없다.

그렇다면 먼저 양자역학을 따라 우리 우주의 극히 작은 영역부터 알아보자. 원자의 세계, 그보다 더 작은 아원자의 세계 혹은 가능하면 그보다 더 작은 세계로!

무엇보다 인간의 보편적 직관은 세계의 모든 것은 입자로 구성된 것으로 간주한다. 모래알이 되었든, 자동차가 되었든, 롯데월드타워가 되었든, 그 모든 것은 우리의 경험상 입자·덩어리·고체로 보이기 때문이다. 그렇게 만물이 작은 입자들로 구성돼 있을 것으로 가정하는 이론을 입자설이라고 한다. 입자설은 우리 우주를 작은 레고(lego) 블록이 쌓인 것처럼 입자의 거대한 집합체로 여긴다. 고대의 우주론 중에서 특히 원자설은 그 어떤 자연철학보다 세련된 입자설을 보였다고 할 수 있는데, 주지하듯 BC 450년경 그리스의 데모크리토스가 '아톰'(atom)이라는 개념을 만들어 쓰면서 등장했다. 여기서 아톰이라는 용어는 부정을 뜻하는 '아'(ἄ)와 '자르다'를 뜻하는 '토모스'(τόμος)를

5 미치오 카쿠/박병철 역, 『평행우주』 (파주: 김영사, 2006), 296.

합성하여 '자를 수 없음'을 뜻하는 '아토모스'(ἄτομος)라는 말에서 왔다고 알려져 있다.

근대의 갈릴레오는 고대 데모크리토스의 원자설을 보완하면서 근대적 입자론의 기준을 세웠다. 이른바 본질적 성질과 더불어 무기적無機的 물질의 성질이라고 할 수 있는 형체·크기·위치·운동 등의 요건을 꼽은 것이다. 물론 이러한 것들은 계측될 수 있고 수학적 접근이 가능하다. 사제이면서 과학자였던 가상디(Pierre Gassendi)도 고대 유물론과 에피쿠로스의 원자론을 발전시켰다. 가상디에 의하면, 원자는 연장·크기·무게가 있으나 더 이상 쪼갤 수 없고 운동하는 기본적 입자였다. 반면에 데카르트는 물질이 무한히 쪼개질 수 있다는 가정을 지녔다. 실제로 원자 또한 '쪼개진다'는 사실이 밝혀졌기에, 지금으로서는 '화학적 성질을 가진 최소 단위체'를 의미하는 선에서 그 개념이 보존되고 있다.

20세기 초까지 과학계에는 입자가 우주를 이루고 있으며 힘을 전달하는 기본 물질이라고 보았던 만큼 입자설이 우세했다. 물론 대중적 세계관 및 사물관 또한 입자설과 멀지 않았다. 입자로서 사물이 지니는 개체성·독자성·존재자성을 당연시했다. 고대로부터 현대에 이르기까지 특히 서구인들은 세계를 입자의 조합으로 보는 조류 가운데 있었다. 그것이 우주를 이해하는 중요한 단초였다. 철학계도 오랫동안 세계의 실재가 어떠한 물질적 기초 위에 구성되었느냐 하는 문제에 관심을 두었다. 이 역시 '입자'에 대한 해명이었기에 이른바 '입자철학'(corpuscular philosophy)이라고 불리기도 했다.

그런데 20세기에 들어오면서 입자가 파동의 성질을 갖는다는 사실, 질량과 에너지가 상호 호환된다는 사실, 파동의 진동수가 에너지의 세기를 결정한다는 사실, 질량이 파동적 성질을 갖고 있다는 사실[6] 등이 속속들이 밝혀지면서 도대체 물질이나 입자로 존재한다는 것이 무엇인지 심각한 의심을 하게 만들었다. 그야말로 우리 우주의 정체가 매우 모호한 기초 위에 구성되었을지 모를 일이었다. 이러한 분위기는 1924년에 프랑스의 드브로이(Louis Victor de Broglie)가 전자의 파동성을 주장하고, 마침내 '회절 실험'으로 증명한 이래 양자역학이 본격적으로 발전하며 더욱 짙어졌다.

그렇다면 양자역학이 밝힌 원자의 정체를 살펴보자. 기초적으로 알아야 할 것은 원자는 꽉 차 있는 것으로 가정되는 것과는 달리 실제로 텅 비어 있다는 사실이다. 원자의 구조는 아래의 그림이 보이는 것처럼 양성자와 중성자가 '강한 핵력'에 의해 단단히 묶여 핵을 이루고 있고, 그 둘레를 전자가 회전하고 있다고 추정되어 왔다. 여기서 양성자, 중성자, 전자의 개수個數와 그 전자가 도는 궤도의 층위에 따라 산소, 규소, 철, 금 등으로 원자의 종류가 달라진다. 그렇다면 원자를 확대하자면 어떻게 보일까? 아래 그림은 인간의 직관에 걸맞은 원자모형이기에 지금도 간혹 쓰이는데, 1911년에 원자핵을 발견한 러더퍼드(Rutherford)가 제안했다.

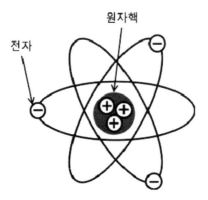

〈참고 자료 5〉 러더퍼드의 원자모형

6 브라이언 그린/박병철 역, 『엘러건트 유니버스』 (서울: 승산, 2005), 173.

그런데 원자를 설명하는 데에 있어 중요하게 언급되는 것이 바로 핵과 전자 사이의 거리다. 그러니까 원자핵과 전자는 실제로 어마어마한 거리로 떨어져 있기에, "쇠붙이도 99.99999999999퍼센트는 텅 빈 공간"[7]이라는 사실이다. 예를 들어 원자핵을 서울 잠실야구장 한가운데 야구공이라고 친다면, 전자는 서울과 구리시의 경계에 있는 모래알이라는 말이다. 그렇듯 우리가 딱딱하게 느끼는 것과 별개로 원자의 실제는 대부분 비어 있다.

훗날 입자물리학계는 러더퍼드의 원자모형에 결함이 있음을 밝혔다. 러더퍼드가 전자의 위치와 운동량을 계산하고 예측할 수 있다는 고전 물리학적 관점을 가지고 그려내었기 때문이었다. 다시 연구해 보니 전자를 비롯한 각종 미립자(아원자)에는 입자의 성질뿐만이 아니라 파동의 성질을 함께 지니는 '파동-입자 이중성'(wave-particle duality)을 지녔고, 전자의 위치는 '확률적으로' 분포했다. 처음에 과학자들은 아원자들이 '입자'로서의 속성을 깨는 희한한 현상을 어떻게 해석할 수 있을지 난감했다. 1927년에 시행된, 그 유명한 '이중 슬릿 실험'은 분명히 전자가 입자이면서 동시에 파동이라는 사실을 시사했기 때문이다.

이중 슬릿 실험을 간단히 설명하면 이렇다. 1) 실험자가 관찰하지 않는 조건에서는 전자 하나가 두 개의 슬릿(빈틈)을 통과하며 일종의 파동처럼(혹은 두 개로 쪼개지는 것 같은) 현상으로 나타났다. 그런데 2) 의도를 가지고 관찰하는 조건에서는 전자 하나가 오로지 하나의 슬릿만을 통과하며 전형적인 입자처럼 나타났다. 이 실험 결과가 시사하는 바는 전자, 즉 아원자(미립자)가 입자가 아닌 파동의 성격을 함께 지녔다는 의미였다. 그리고 파동을 입자로 변화시키는 중요한 요인은 관찰자

---

7 제럴드 슈뢰더, 『신의 숨겨진 얼굴』, 9.

의 관찰 또는 인간의 의식이 아닐까 하는 착안점이었다. 즉, 관찰되기 전에 전자는 여러 위치에 '서로 겹쳐짐'의 상태에 있으나 인간이 관찰하는 순간 '파동의 수축'이 일어나 한 곳에서만 발견된다는 해석이 제기되었다. 다시 말해 관찰 전에는 파동 상태로 서로 겹쳐 존재하다가 관찰되는 순간 파동의 성질이 사라지고 입자의 성질만 남는데, 관련 연구자들은 이것을 두고 '관찰자 효과'라고 칭했다.

실험 방법이 발전함에 따라 과학자들은 전자 같은 아원자의 수준이 아니라 원자 차원에서도 '파동-입자 이중성'을 관찰했다. 심지어 1999년에는 탄소 60개로 이뤄진 고분자 물질(Fullerene), 2003년에는 108개의 탄소 및 불소 원자로 구성된 물질(buckyball), 2013년에는 810개 원자로 이뤄진 분자를 대상으로 실험을 통해 물질의 파동성을 입증했고, 2019년 9월 말에는 2,000개의 원자로 구성된 분자를 대상으로 '파동-입자 이중성'을 입증하기에 이르렀다.[8]

전자를 비롯한 미립자들, 심지어 복잡한 분자들까지 인간에 의해 관찰되지 않을 때 파동처럼 행동했다가 관찰될 때는 입자처럼 행동한다는 현상은 "행여 관찰자의 의식이 파동을 입자로 만드는 중요한 요인이 아닐까?", "인간의 관찰 의도나 인지 활동이 세계를 구체적으로 드러나게 하는 요건이 아닐까?", "관찰자 없는 세계는 부재하는 것일까?" 하는 의문을 자아내게 했다. 물질이 인간의 관찰을 알아차리듯 반응하고, 우리의 인식 작용에 영향을 받는 듯 나타났기 때문이었다. 이로써 "과연 무엇이 진정으로 존재하는가?" 하는 의문에 대한 대답을 인간의

---

8 오스트리아 빈대학교 물리학과 연구팀이 실험에서 사용한 생체분자는 '그라미시 딘'(gramicidin)이라고 하는데 아미노산 15개로 이뤄진 물질로 자연계에 존재하는 항생물 질이다. 이 물질은 탄소 99개, 수소 140개, 질소 20개, 산소 17개로 원자가 총 276개 포함돼 있다. 논문 전문은 다음의 웹페이지에서 확인할 수 있다. https://arxiv.org/pdf/1910.14 538.pdf 또는 https://arxiv.org/abs/1910.14538.

의식 및 관찰의 문제와 관련하여 다시 정초해야 했다. 즉, "어떤 일이 일어난다는 것은 관찰이라는 행위와 따로 떼어 생각할 수 있는 객관적 사실이라고 할 수 없다"⁹는 추정이 가능해진 것이다. 이것이 양자역학계에 주류로 인정받는 이른바 '코펜하겐 해석'이다.

연구자들이 원자핵 주변을 돌고 있는 전자의 위치와 운동량을 측정하고자 해도 명확하게 산출할 수 없고, 확률적으로 추정할 수밖에 없다. 고전 물리학으로 해명할 수 없는, 이러한 미립자의 세계에 내재하는 모호한 현상에 물리학자들은 경악했다. 특별히 아인슈타인은 물리학에 '확률'을 들여오는 사안에 극렬히 반대했다. 그러나 점차 많은 과학자가, 아인슈타인과는 다르게, 양자역학에서 모든 물질은 관측되기 전까지 실재하는 것이 아니라는 함의, 불가피하게 확률로 운동을 기술할 수밖에 없다는 사실, 시간·위치·운동량·에너지 등 대부분의 운동량을 동시에 정확하게 측정할 수 없다는 '불확정성 원리'(uncertainty principle)¹⁰를 지지하게 되었다.

아원자의 실체가 속속들이 발견되면서 러더퍼드가 그려낸 원자모형은 실제 원자의 모습과 맞지 않는다고 평가되었다. 불확정성 원리에 따라 원자핵 주위의 임의의 어느 지점에 전자는 확률로 존재하니 말이다. 이를 해석하기에 따라 전자라는 것은 핵 주위 궤도의 모든 곳에 동시에 존재하면서도 존재하지 않는다고 볼 수 있다. 그야말로 잠꼬대 같은 발상이 과학계에서 가능해졌다. 다만 원자핵으로부터 멀수록 그 확률의 밀도가 낮고 가까울수록 확률의 밀도가 높아지는데, 슈뢰딩거(Erwin Schrödinger)의 제안 이후 원자모형은 다음과 같이 '확률 구름 모형', '전자구름 모형' 또는 '오비탈(orbital) 모형'이라고 불리는 것으로

---

9 곽경직, 『양자역학의 세계』 (파주: 동녘, 2008), 76.
10 앞의 책, 80.

바뀌었다. 이러한 모형을 두고 생각하자면, 미립자일지언정 과연 어떤 것이 '확률로' 존재한다는 의미가 무엇인지, 기존의 존재 관념이 뒤흔들리게 된다.

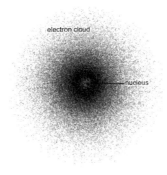

〈참고 자료 6〉 오비탈 모형(확률구름 또는 전자구름)

아인슈타인이 밝힌 특수상대성 원리에 의하면, 우주의 절대속도는 광속이며 어떤 것도 광속을 넘어 운동할 수 없다. 쉽게 말해 우주라는 고속도로의 부여된 제한속도는 광속(초속 299,792,458 m/s)이라는 뜻이다. 우리 우주에서는 어떤 사물도 그 이상으로 속도를 더할 수 없다. 그러나 양자역학이 밝힌 '양자 얽힘'(quantum entanglement) 현상은 광대한 시공간의 범위를 축소시키는 정도가 아니라 아예 없는 것으로 나타내기도 한다. 때문에 아인슈타인이 이것을 심각하게 의심했다.[11]

예를 들어 상반된 스핀(spin, 입자가 가지는 고유한 값)이 측정되는 한 쌍의 얽힌 입자를 측정할 경우, 측정 전까지는 두 입자 중 어느 입자가 '업 스핀'(up spin) 값을 가질지 '다운 스핀'(down spin) 값을 가질지 알

---

11 브라이언 그린/박병철 역, 『우주의 구조』 (서울: 승산, 2005), 39.

수 없다. 한쪽의 입자가 업 스핀 값을 갖게 되면 당연히 다른 한쪽의 입자는 다운 스핀 값을 갖게 된다. 그런데 쌍을 이루는 두 입자 중 하나를 수억 광년 밖에 두고 확인할 경우 하나가 업 스핀으로 밝혀지는 순간에 '그 즉시' 다른 하나는 다운 스핀으로 결정된다. 즉, 수억 년이 걸려야 할 반응이 광속의 제한을 넘어 시공간을 무화시키며 두 입자 상호 간에 정보를 전달하는 것이다. 이것이 뭐 그리 대단하냐고 생각하는 독자가 있을지 모르지만, 갑자기 태양이 사라질 경우에 지구는 공전 궤도를 8분 19초 후에나 이탈하게 된다는 사실을 염두에 두자면 쌍입자의 사례는 매우 신기한 것이다. 물리학자들은 이 현상이 우주의 '비국소성'(nonlocality)을 보이는 대표적 사례로 꼽는다. 이는 공간이라는 것이 과연 실재하기나 하는 것일까 하는 의심을 유발하는 현상이다.

앞서 원자의 내부는 실상 텅 비어 있다고 소개했는데, 그렇다면 우리는 어떻게 원자들로 이루어진 물질로부터 딱딱한 느낌을 얻는 것일까? 가령 박수를 칠 때라면 '텅 빈' 원자로 구성된 두 손이 서로 통과하지 않고 마주치면서 통증과 소리를 내게 되는 것일까? 그것은 살과 뼈를 구성하고 있는 원자들이 '전자기력'에 의해 서로 반발하고 밀어내기 때문이다. 실제로 우리 우주의 원자들은 대부분 전하를 띠고 있고, 그 안의 미립자들이 다양한 전기장 또는 자기장을 이루고 있다. 이와 같은 장(field)은 원자의 텅 빈 공간으로 하여금 입자의 성질을 띠게 하는 요건이 된다. 특히 장의 에너지가 높아질 때 입자적인 상태가 두드러져 텅 비어 있는 공간이 꽉 차 있는 물질처럼 기능하게 한다. 다음에 더 설명하겠지만 꽉 차 있는 것이라면 그것은 오히려 에너지의 장일 뿐이다. 우리가 세계 속에서 접하는 사물들은 바로 그렇게 구성된 것이다. 결론적으로 말해 신체의 감각 메커니즘과 인지구조에 의해 0.00000000001퍼센트일 뿐인 것이 마치 100퍼센트 꽉 차 있는 것처럼 느낀다고 해석할 수 있다.

그렇다면 누군가 물을 것이다. 그러한 효과는 결국 양성자, 중성자, 전자를 구성하는 극미한 입자, 즉 알갱이 때문에 일어나는 현상 아닌가? 어쨌거나 0.00000000001퍼센트의 양이지만 원자 가운데 '입자'가 없는 것은 아니지 않느냐? 서양에서는 가장 오래된 사물관인 만큼 일리 있는 의문이다.[12] 그렇다면 그 작은 입자의 정체를 더 알아보자. 원자 이하의 아원자, 즉 각종 미립자가 너비, 길이, 높이를 지닌 알갱이들일까? 실험물리학계의 가장 비싸고 강력한 실험 도구인 입자가속기를 통해 인간은 원자핵과 전자가 또다시 뉴트리노(neutirino), 쿼크(quark), 메존(meson), 렙톤(lepton), 하드론(hadron), 글루온(gluon) 등의 미립자로 구성되어 있다는 사실까지 밝혀냈다. 그렇다면 그 이하 또는 다시 그 이하에는 더 작은 알갱이가 있을까? 이에 관해 실험물리학계에서는 확실한 대답을 내놓고 있지 못하다. 인류가 현재까지 구비해 놓은 장비와 실험 방법에 제약이 너무 심하기 때문이다.

다만 실험이 아닌 수학식과 상상을 동원하는 이론물리학계에서는 혹여 '끈' 형태로 진동하는 에너지가 그 정체가 아니겠느냐 하는 추정을 내놓고 있다. 이것이 이른바 '끈이론'(string theory)이다. 끈이론은 우주를 이루고 있는 기본 단위를 점 입자 대신 1차원의 개체인 끈으로 본다. 입자물리학의 표준 모형은 우주의 기본 단위를 입자로 보고 있지만, 끈이론은 그동안 물리학이 그 끈을 '멀리서' 보아 왔던 것으로 해석한다.

근래 끈이론은 우리 우주의 미시적 세계를 해명하는 '양자역학과

---

12 BC 1세기 로마의 철학자 루크레티우스(Titus Lucretius Carus)는 사물들의 씨앗이며 끝내 돌아가는 것은 '알갱이'라고 주장했다. Rolfe Humphries, *Lucretius: The Way Things are* (Blumington: Indiana University Press, 1968), 21.

거시적 세계를 해명하는 '일반 상대론'을 통합할 수 있는 '만물 이론'(theory of everything)의 후보로 여겨지곤 한다. 끈이론은 넓은 의미에서 '초끈이론'과 'M이론'을 아울러 일컫는다. 특히 '초끈이론'(superstring theory)은 우리가 사는 시공간은 11차원이어야 한다는 점, 초중력 이론이 가진 한계와 끈 이론에 도입된 초대칭성에 의해 중력자가 설명된다는 점을 밝힌 발전된 끈이론이다.

초끈이론에 따르면, 바이올린의 현絃이 여러 음정의 음을 내듯 1차원의 끈의 진동 패턴이 다양한 미립자를 조성하고, 다시 그것이 다양한 원자들을 구성한다. 가령 쿼크가 전자보다 질량이 더 높은 까닭은 쿼크의 끈이 전자의 끈보다 더 심하게 진동하고 있기 때문이다. 그리고 끈들은 각기 서로 붙거나 떨어지는데, 이것이 물질 간의 상호작용을 이루게 된다. 비유하자면 현의 여러 음정처럼 끈의 다양한 진동 패턴이 물리법칙이고, 우주 만물은 그것들이 모인 웅장한 교향곡이라고 할 수 있다. 그리고 우리 우주는 우리 눈에 보이지 않는 아주 작은 영역에 여분의 차원을 더 갖는 10차원을 갖추고 있으며,[13] 모든 기본 미립자는 구체球體가 아니고 쿼크보다 1억 배가 작은 10^{-31}cm 가량의 크기로 부단히 진동하는 1차원의 끈이다.

다른 한편에서는 양자장(quantum field) 개념의 연장으로 초끈의 크기를 0으로 보기도 한다. 그러니까 수학적으로 크기가 없는 점點처럼 말이다. 그리고 "전자장의 양자가 전자, 쿼크장의 양자가 쿼크, 중력장의 양자가 중력자…" 하는 식으로 '크기가 없는' 초끈이 장(field)을 이루어 우주의 각양 물질과 운동을 가능케 한다고 추정한다. 여기서 장은 공간에 퍼져 있는 일종의 요동이자 파동이다. 다시 말해 장에서

---

13 여분의 차원에 관해 다음을 참고하라. 브라이언 그린/박병철 역, 『엘러건트 유니버스』, 281-314.

에너지 요동이 일어나면, 그것이 곧 입자처럼 나타나는 것이다. 결국 우리의 물질 우주는 입자처럼 보이지만, 실제로는 장들의 집합이다. 입자적 세계관으로 보자면, 그것은 곧 무로 쌓아 올린 세계다.

III. 이상한 우주

"하늘과 모든 하늘의 하늘과 땅과 그 위의 만물은 본래 네 하나님 여호와께 속한 것이로되…"(신 10:14).

앞서 살펴보았던 양자역학까지는 우리가 사용하는 라디오로부터 스마트폰에 이르기까지 현대의 과학기술문명을 떠받치고 있는 실질적인 이론이며 대개 실험과 관찰로 정리된 지식으로서의 성격을 지닌다. 그러나 초끈이론이나 이제 소개할 'M이론'(M-theory)과 '다중우주론' 등은 과학계에서 이단아로 취급되리만큼 실험과 검증이 어려운 분야다. 연구 당사자를 제외하고 대다수 물리학자는 이것들은 오히려 철학에 가깝고 과학답지 않다고 비판한다. 심지어 미친 소리나 헛소리로 간주하는 이들도 적지 않다. 설령 그렇다 치더라도 본서는 여태껏 고대 형이상학으로부터 근현대의 존재론까지 짚어가며 무에 대한 사고의 지평을 넓히고 있으니 새삼스럽게 그것들을 제외할 이유는 없다. 나는 초끈이론, M이론, 다중우주론을 정교한 수학식數學式이 곁들여진 현대적 형이상학으로 받아들여도 무방하리라 본다. 그것들은 그리스도교 신학과 대화를 나눌 만한 이지적이고 매력적인 데이트 상대가 될 것이기 때문이다.

뉴턴 물리학을 지나 아인슈타인의 상대론을 거치면서 과학 이론이란 명료하고 단순한 공식으로 정리되어야 한다고 기대되었다. 실제로 그것은 고대 그리스 전통을 비롯하여 서구 지성이 지닌 오래된 기획이자 이상이었다.[1] 그러나 거대한 천체를 기술하는 일반상대성이론과 미립자의 영역을 기술하는 양자역학을 통합시켜 기본 법칙을 깔끔하게 설명할 '통일장이론'(unified theory)을 수립하는 사안은 난제 가운데 난제였다.[2] 그러던 중 초끈이론의 출현으로 그 둘을 통합하는 것이 불가능한 일이 아닐 것으로 기대되었다. 그러니까 과학계의 숙원인 '만물 이론'(Theory of Everything)이 곧 정립되지 않을까 하는 기대가 팽배한 것이다. 그러나 연구자마다 서로 다른 끈이론이 난립했다. 각각 수학적으로 자체의 모순은 없지만, 절충해봤자 최소 다섯 개의 끈이론이라면 어디에서인가 잘못되어도 크게 잘못되었다는 방증이었다.

그렇게 끈이론이 한계에 부딪혀 좌초될 위기에 처했을 즈음, 1994년 이론물리학자 에드워드 위튼(Edward Witten)이 여러 끈이론을 일괄적으로 정리할 수 있는 방안을 내놓게 되었다. 다양한 끈이론이 그려내었던 10차원으로부터 수학적으로 한 차원을 높인 11차원의 모델을 제시해 보니, 여러 끈이론이 각각의 관점에서 하나를 보고 있었던 사실이 드러났다. 우리가 지각하는 3차원과 시간이라는 1차원 이외에 6차원이 아주 작은 공간 속에 똘똘 말려 있고 그 속에서 끈이 진동한다고 보는 것이 기존의 끈이론이었다. 그런데 에드워드 위튼이 11차원을 도입하여 서로 다른 끈이론의 부조화를 해결하게 되었으니, 그것이 이른바 M이론이었다. 이론물리학계 일각에서는 이 M이론의 'M'을 두고 각기 마술(Magic), 신비(Mystery), 모체(Matrix), 장엄한(Majestic), 어머니(Mother) 등의 약자^{略字}라고 말하는데, 이것을 '멤브레인'(Membrane), 즉 '막^膜'으로 받아들이는 편이 우리와 같은 대중들이 그 이론의 핵심을 짚는 데 용이하다.

M이론에서는 막을 곧잘 '브레인'(brane)으로 일컫는데, 특별히 미립자에 관련하여 M이론이 주장하는 내용은 이렇다. 즉, 아원자를 이루는

---

1 이언 바버, 『과학이 종교를 만날 때』, 99-100 참고.
2 브라이언 그린, 『우주의 구조』, 44-45.

기본입자들은 끈의 형태뿐만이 아니라 브레인, 즉 막의 형태이고, 이 역시 진동하는 패턴에 따라 여러 입자나 덩어리로 나타난다. 또한 우주 천체 및 우주 발생에 관해 M이론이 제기하는 요점은 다음과 같다. 곧 끈의 진동 패턴이 입자의 특성을 결정한다. 그런데 끈은 매우 세미한 여분 차원 속에서 진동하며 여분 차원의 형태가 진동 패턴을 결정한다. 그러므로 여분 차원의 형태에 따라 입자의 성질이 결정되고, 이 입자의 특성에 따라 우주의 물질적 특성도 결정된다. 이론적으로 계산하자면 가능한 여분 차원의 수가 최소 10^{500}가지다. 이는 우주가 잠재적으로 각기 다른 형태로 등장할 경우의 수라고 보면 된다. 그리고 이 정도의 수라면 인간의 직관에 있어서 거의 무한이다.

'우주 상수'(우주 진공의 에너지 밀도에 대한 상수)에 관한 한, 우리 우주가 공교롭게도 생명이 충만한 지구와 인간이 존재하게끔 할 만한 10^{124}가지 중 하나로 맞아떨어졌다고 설명된다. 로또와는 비교가 되지 않는, 그야말로 불가능에 가까운 확률로서 우리 우주가 등장한 것이다. 만약에 우주 상수가 우리 우주의 것보다 아주 조금 크거나 아주 조금 작아도 인류가 등장할 수가 없는데, 지금 우리는 이렇게 버젓이 존재하고 있다. $1/10^{124}$의 확률을 뚫고서 말이다. 그런데 천문학적으로 극미한 확률로 이처럼 정교하고 아름다운 지구와 의식을 지닌 인류가 등장했다고 설명하는 이론은 불가능한 도박과 요행을 바라는 것과 같은 방식이다. 그 때문에 한 학자는 우리 인간이 지구에 이렇게 존재한다는 사실로부터 역추적하는 방식으로 우주의 상수를 탁월하게 계산하기도 했다. 그가 바로 노벨 물리학상을 받은 스티븐 와인버그(Steven Weinberg)다.

와인버그는 대다수 과학자가 너무 '종교적'이라고 비판하는 '인류 원리'(anthropic principle)를 통해 역으로 우주 상수를 계산하여 성공했다. 여기서 인류 원리란 인류가 지구에 존재한다는 사실이 우주의 발생을 비롯한 물리계의 특성을 설명해 내고 있다고 추정하는 이론이다. 특히 하나님이든 그 누구든 어떤 지적 존재가 미세 조정을 통해 지구와 인간을 창조했다는 주장이 가장 과감한 인류 원리에 해당한다. 실제로 우리 우주의 허블 상수, 만유인력 상수, 전자와 양성자의 질량비, 태양으로부터 세 번째 행성인 지구와 그 정확한 위치(즉, 상호 간 1억 5천만Km라는 최적의 거리) 그리고 지구의 23.5도의 기울어짐, 진공 흡입기처럼 지구로 쏟아질 운석들을 받아내는 거대 행성인 목성의 도움 등등은 인류가 지구에 생존하게끔 우연치고 너무 신기하게 잘 맞아떨어진다. 단지 수조분의 1만 달랐어도 지성을 지닌 인간이 우주에 나타나지 않았을 텐데 말이다. 물론 우주의 '목적'이나 '설계'를 부정하는 과학자들에게 인류 원리란 어쩐지 종교적이어서 기피하고자 하는 가설이다.

그러나 인류 원리가 개연성과 근거 없이 대중들을 유신론의 미끼로 끌어당겨 교회에 앉히기 위해 등장한 것은 아니다. 지적 능력을 지닌 인간이 출현하기까지 완벽에 가까운 환경과 법칙들이 믿을 수 없는 정밀도로 우주를 옹립하고 있기 때문이다. 예를 들면 수억 년을 살수 있는 원숭이가 마구잡이로 타자기를 칠 때 우연히 소설 『토지』가 나오는 경우와 박경리가 직접 그 소설을 집필하는 경우라면 둘 중 어떤 편이 설득력이 높을까? 인류 원리를 제시하는 당사자들은 바로 그러한 맥락에서 우주가 지닌 초고도의 정밀성을 내세운다. 이러한 인류 원리를 초기의 피터 와인버그를 비롯해 다양한 학자들이 주장했었는데,[3] 흥미로운 것은 우주의 탄생부터 현재에 이르기까지 궁극적으로 우주는 '인식할 수 있는 존재'가 나타날 수 있도록 초고도로 조정되어 있다는 내용도 있다.

---

3 다음을 참고하라. John D. Barrow and Frank J. Tipler, *The Anthropic Cosmological Principle* (New York: Oxford University Press, 1986).

그런데 끈이론과 M이론은 위와 같은 인류 원리를 배제하고도 인류를 등장시킬 가능성은 충분하다고 설명한다. 우주가 나타날 10^{500}가지 경우의 우주들 가운데 우리 우주 같은 것 하나쯤이야 발생하고도 충분히 남으니 말이다! 즉 10^{124}의 경우의 수도 10^{500}에는 '새 발의 피'인 격이다.

레너드 서스킨드(Leonard Susskind)는 우주가 다양하게 발생할 수 있는 광범위한 상태 목록의 조합을 봉우리와 골짜기가 있는 자연에 비유해 '랜드스케이프'(landscape), 즉 우주의 '풍경'(경관)이라고 칭했다. 우주가 발생할 모든 가능한 경우를 고려하기 위해서다. M이론에 의하면 우리 우주는 11차원을 지니고 있으며, 공간의 세 차원과 시간의 한 차원을 제외하고 다른 차원들이 작은 영역 안에 숨겨져 있다. 그리고 우리 우주 역시 복잡한 구조를 덮고 있는 막(brane)에 불과하다. 이는 곧 공간의 실체가 막이라는 뜻이다.[4] 이것은 인간의 직관을 초월하는 내용이지만, 수많은 막들 가운데 하나의 막 속에 우리 우주가 있는데, 해석하기에 따라 그 수많은 막이 다중우주들이다.

M이론이 가운데 우리의 흥미를 끄는 것은 바로 '주기적' 우주의 탄생에 관한 가설이다. 이에 따르면 우리 우주가 속해있는 막이 수조 년마다 한 번씩 인접한 다른 막과 엄청난 '충돌'(Big Splat)을 한다.[5] 바로 이것이 빅뱅이다. 두 막의 대충돌로 인해 엄청난 에너지 요동이 일어나고 빛과 입자가 출현한다. 그리고 인류에게는 가장 이른 138억 년 전의 빅뱅 이후 에너지와 입자들의 진화로 현재의 우주까지 오게 되었다. 그러나 우리 우주의 70퍼센트를 차지하고 있는 암흑에너지에 의해 우리 우주는 계속하여 팽창하다 차갑게 식고 마침내 대폭발 이전의 상태로 되돌아간다. 우리 우주를 낳은 상위(혹은 근저)의 막들은 에너지

---

4 브라이언 그린, 『우주의 구조』, 557.

5 앞의 책, 550-553; 브라이언 그린, 『멀티 유니버스』, 21.

와 물질로 하여금 서로 상태를 바꾸어 가며 주기적 순환을 지속시키는데, 여기에 암흑에너지가 주된 역할을 하는 것으로 추정된다. 따라서 빅뱅과 같은 사건이 단지 한 차례가 아니고 무수히 발생했던 이유로 무한한 우주들 역시 꾸준히 있어 왔을 것이며, 앞으로도 무한한 우주가 발생할 것으로 추정된다.

이 지점에서 우리가 주목할 것이 있다. 만약에 우리 우주를 생산하는 데 직접적 영향을 끼친 막이 실재한다고 해도, 그것은 결코 우리 인간에게 드러나지 않는다는 사실이다. 다만 우주 초기의 중력파를 관측할 수 있다면 빅뱅 혹은 막의 충돌로 인한 우주의 발생을 증명하는 중차대한 성과에 한 걸음 다가갈 수 있다는데, 실제로 이것을 발견하기란 매우 어렵다. 막은 실제로 존재한다고 해도 인간의 인지구조에 현상되지 않을 뿐만 아니라 과학적 장비로도 관측되지 않기 때문에, 어떤 의미에서 '비물질적' 실체일 뿐이다. 그러한 한계 때문에 이론물리학자들은 이에 관하여 다양한 수학식으로만 접근하고 있다.

다시 숙고해 보자. 막이 실재한다고 해도 과연 인간이 이것들을 존재한다고 단정할 수 있을까? 그렇지 않다! 최근의 이론물리학은 물적 근원에 대한 접근을 시도할 때 존재해도 마치 없는 것과 같은 것을 다루기에, 의도치 않게 매우 종교적·형이상학적 특징을 띠게 된다. 그러므로 유와 무의 모호한 이중적 개념이 다중우주론에도 빈번히 등장한다. 그 점에 관하여 로버트 노직(Robert Nozick)은 이렇게 말했다. "궁극적 다중우주에서 유와 무는 차별의 대상이 아니기에, 그 차이를 설명할 필요가 없다. 유의 우주와 무의 우주는 둘 다 궁극적 다중우주의 한 부분이다."[6]

---

6 앞의 책, 468.

무에 관한 주제로 접근하자면, 막과 같은 상위(근저)의 우주는 무와 유의 성격을 함께 지닌다. 동아시아 형이상학의 관점에 의하자면, 이것을 두고 얼마든지 무라고 칭할 수 있다. 궁극적 실재는 곧 무이고, 무와 유가 서로 통하고, 공과 색이 하나이고, 이와 기를 분리할 수 없다고 하니 말이다. 다중우주론자들은 우리 우주와 다른 조건과 물리적 상수를 지니는 까닭에 우리 우주의 공간과 더불어 무수한 우주가 중첩되어 있다고 예상한다.[7] 이는 곧 같은 공간을 점유하고 있는 우주들 사이에 각각의 우주가 실존해도 막상 없는 것처럼 되어버리는 역설을 시사하는 것이다. 가령 흙, 공기, 물, 불, 쇠, 나무 등과 같은 우리 우주의 사물들이 몇 밀리미터 안에 인접한 다른 우주들에서는 관찰되지도 증명되지도 못한다. 그리고 그곳의 무수한 사물들도 우리 우주에서 관측할 수 없다.

이상의 내용들을 인정한다면, 우리가 존재의 기준으로서 천착해 온 물질성이라는 것이 얼마나 임의적이란 말인가? 우리가 존재한다고 확정한 것, 특히 객관적인 기준이라고 단정해 온 사물들이 여타의 우주에서는 없는 것과 마찬가지이므로 유와 무의 개념이 와해된다. 이렇게 다중우주론은 우주의 물리법칙이 임의적·우발적·상대적이라는 점을 시사하며 전통적 실재론과 유물론이 전유한 존재론적 근거를 과감히 해체한다. 고대로부터 철학자들은 기하학적 파악이 가능한 내용으로서 공간적 연장이라는 성질·형체·관성 그리고 비침투성이라는 근거로써 물질 및 존재자를 규정해 왔다. 그러나 그러한 조건과 근거들이 무효가 될 경우 사물이 존재한다는 의미는 정확히 어떻게 될까?

물론 다중우주론에 대한 비판도 만만치 않다. 우리 우주라는 복권에

---

7 앞의 책, 17.

당첨되기 위해 발행된 모든 복권을 죄다 구매하는 방식으로 설명하는 것이 곧 다중우주론인데, 과연 그게 과학적일 수 있겠느냐 하는 비판이다. 비판자들은 우리 우주와 인류의 등장을 설명하기 위해 지나치게 큰 스케일을 동원하고 있다고 지적한다. 무엇보다 유신론적 창조를 신뢰하는 신학은 "창조주가 그토록 엄청난 자재를 낭비하며 세상을 창조했을 리 없다"는 비판을 제기할 수 있다. 그런데 협소한 지구 위의 인간과 대비하자면 이미 너무도 광활한 단 하나의 우주가 낭비되고 있는 것도 사실이다.

대개 과학계에서 말하는 우주란 관측 가능한 우주다. 그런데 관측되지 않는 우주가 또 있다고 주장하는 것이 다중우주론이다. 이에 의하면 각각의 우주에 살고 있는 사람들은 "자신이 보고 듣는 것만이 유일한 실체라는 착각 속에서 살아간다. … 우리 눈앞에 보이는 하나의 실체를 제외한 모든 실체가 은밀한 곳에 숨어" 있음을 모른다.[8] 이러한 황당한 가설들이 즐비하니 실험물리학계에서는 다중우주론을 허구나 낭설처럼 여기는 경우가 많다. 그러나 정작 그것을 연구하는 입장에서는 다중우주를 긍정하는 것보다 회피하는 것이 훨씬 어렵다고 한다. 대중적으로 다중우주론을 소개하고 있는 브라이언 그린과 미치오 카쿠는 그것이 공허한 사변이 아니라 기존의 천체물리학 및 미시물리학이 심화하면서 얻어진 결과라고 단언한다.[9] 가령 그들은 "과학의 고속도로 중 통행량이 가장 많은 길을 골라 서서히 주행하다 보면 다양한 다중우주 후보들과 마주치게 된다. 이들은 찾는 것보다 피하는 것이 더 어렵다"[10] 혹은 "물리학이 잡고 있던 자동차의 운전대를 수학에게 넘겨주면

---

8 앞의 책, 19.
9 미치오 카쿠, 『평행우주』, 25; 브라이언 그린, 『멀티 유니버스』, 273-280 참조.
10 브라이언 그린, 『멀티 유니버스』, 491.

어김없이 다중세계로 접어든다"라고 역설한다.[11]

앞서 언급했지만 다중우주론이라고 하는 것도 단 한 종류만 있는 것이 아니다. 논자에 따라 각기 다른 모델을 가지고 주장하는데, 그 종류를 네 종류에서 아홉 종류 이상으로 추산한다. 여기에서 나는 맥스 테그마크(Max Tegmark)가 네 가지로 분류한 내용을 소개해 보고자 한다. 첫째, 인류의 관측 범위 밖에 우리 우주와 동일한 물리적 법칙을 갖는 무한한 우주가 존재한다고 보는 이론, 즉 우주가 무한하기에 생성되는 다중우주이다. 둘째, 영원히 지속되는 우주적 인플레이션이 무수히 많은 거품우주를 발생한다는 이론이다. 그러한 다중우주에는 우리 우주와 전혀 다른 물리법칙을 갖는 새로운 우주가 무한히 등장한다 (대표적으로 급팽창으로 만들어지는 다중우주). 셋째, 중첩 상태의 양자역학적 결정에 따라 무한히 서로 다른 우주로 갈라진다고 하는 다세계적 해석에 의한 다중우주론이다. 넷째, 마치 컴퓨터 프로그램과 같이 우리 우주에 광속과 플랑크상수라는 유한한 리소스(resources)를 갖는다는 사실을 들어 우주가 거대하고 최적화된 시뮬레이션이라고 설명하는 다중우주론이다(우주는 수학적 구조가 그 본질이라고 해석하는 궁극의 다중우주가 이에 속한다).

이제 지면을 조금 더 할애하여 네 번째로 시뮬레이션 우주론에 대해 알아보기로 한다. 다중우주론 중에 가장 파격적이지만, 영국의 왕립 천문학자이자 왕립학회 회장인 마틴 리스(Martin Rees) 경이 "우리가 다중우주에 살고 있다면 우리는 물리적 실체가 아니라 슈퍼컴퓨터가 시뮬레이션하는 매트릭스 속 가상 존재일 수 있다"[12]고 주장하리만큼

---

11 앞의 책, 434.

12 다음 책의 "8장 매트릭스 안에서"를 참고하라. 앨런 구스 외/김성훈 역, 『우주의 통찰』 (서울: 와이즈베리, 2016).

의외로 물리학계 석학들이 인정하는 우주론이기도 하다. 또한 이는 세계의 실재성을 부정하던 고대의 철학이나 종교를 연상시키는 흥미로운 이론이기에 본서가 지닌 '무'에 관한 주제와도 관련된다. 또한 이 우주론은 지난 수십 년 동안 영화나 소설 등을 통해 대중들에게 간접적으로 알려져 있다. 대표적으로 할리우드 영화 <매트릭스>(The Matrix, 1999)가 바로 이 소재를 다루었다. 브라이언 그린은 시뮬레이션 우주를 다음과 같이 소개했다.

> 만일 누군가가 당신의 뇌를 인공적으로 조작하여, 피자를 먹거나 책을 읽거나 스카이다이빙을 할 때 두뇌로 전달되는 전기 신호와 완벽하게 똑같은 신호를 주입한다면 당신은 그것이 현실인지 아닌지 구별할 수 없다. 우리의 경험은 그 과정을 활성화시킨 원인에 의해 좌우되는 것이 아니라 두뇌의 정보처리 과정에 의해 좌우되기 때문이다. (중략) 당신이 보고 느끼고 생각하는 모든 것이 초고성능 슈퍼컴퓨터로 보내진 한 묶음의 전기 신호일 수도 있다는 말이다.[13]

최고의 물리학자 치고는 잠꼬대를 하는 것 같다. 그러나 이론물리학계에서는 이러한 도발적인 가설에 전혀 근거가 없는 것이 아니라고 강조한다. 20세기에 컴퓨터가 발명되면서 예기치 않게 컴퓨터의 구조를 통해 인간의 뇌와 인지구조를 분석하는 일에 큰 도움을 받았다. 말하자면 인간이 자신의 뇌를 본떠 만든 컴퓨터는 아니었지만, 막상 만들어 놓으니 인간의 인지구조와 꽤 닮아있었던 것이었다. 마찬가지로 인간이 이용하고 즐기는 시뮬레이션 및 멀티버스와 이를 둘러싼 정황은 어쩌면

---

13 앞의 책, 446.

우리 우주와 존재를 해명할 유비가 될 수 있다.

가령 우리가 우주의 생성 과정과 컴퓨터 CPU(중앙 처리 장치)의 작동 사이에는 몇 가지 잠재적인 유사점이 발견된다. 첫째, 둘 다 정보처리와 관련이 있다. 컴퓨터에서 CPU는 명령을 실행하고 계산을 수행하여 정보를 처리한다. 마찬가지로 우주에서 기본 입자와 힘은 천체와 생명체를 포함하는 복잡한 구조와 현상의 출현을 허용하는 방식으로 상호작용을 한다. 이러한 상호작용은 매우 기본적인 수준에서 정보처리의 한 형태로 볼 수 있다. 둘째, 둘 다 복잡성의 출현을 포함한다. 우주는 단순하고 균일한 상태로 시작되었지만 시간이 지남에 따라 은하, 별 및 행성의 복잡하고 다양한 시스템으로 진화했다. 마찬가지로 처음에는 트랜지스터와 같은 간단한 구성 요소로 구성된 것이 CPU와 같이 엄청난 정보를 처리할 할 수 있는 복잡한 회로로 발전하고 결합된다. 셋째, 둘 다 물리적 법칙과 원리의 상호작용을 포함한다. 우주에서 물질과 에너지의 동작은 열역학 법칙, 상대성이론 및 양자역학의 원리와 같은 물리적 법칙과 원리에 의해 지배된다. 마찬가지로 CPU에서 전기신호의 동작은 옴의 법칙(Ohm's law) 및 키르히호프의 법칙(Kirchhoff's laws)과 같은 물리적 법칙의 지배를 받는다. 넷째, 둘 다 에너지 사용을 포함한다. 우주에서 에너지는 물질의 근본적인 요건이며 별에서 수소 원자의 융합과 같은 많은 물리적 과정에서 중요한 역할을 한다. 마찬가지로 CPU에서 전기신호는 계산을 수행하는 데 사용되는 에너지를 나타낸다. 이렇듯 우주의 생성 및 현상 그리고 컴퓨터의 얼개 및 내부 프로그램 사이의 유사성을 파헤쳐 보자면 아마도 더 있을 것이다. 결국 나는 우주, 존재, 무 등을 이해하는 사안에 있어서 시뮬레이션, 메타버스, 사이버 스페이스, 홀로그램 등은 현대 형이상학에 간과할 수 없는 착안점을 건넨다고 생각한다.

고대 그리스의 피타고라스가 "만물의 근원은 수^{數}"라고 주장한 이래, 컴퓨터 기술이 발달한 오늘날처럼 이 말이 재조명되는 시대도 없다. 우리가 물질적 우주라고 체험하는 것들이 일종의 프로그램처럼 수학적 구조로 되어있기 때문이다. 단적인 예로 수학계의 최대 난제인 리만가설(Riemann Hypothesis)이 포함하는 수식과 원자핵 에너지 분포식 사이의 유사성은 물적 우주의 본질이 어쩌면 수학적 구조가 아니겠느냐 하는 그럴듯한 유추를 가능케 한다. 혹여 수학적 구조로 구성된 인식주체(인간)의 인지구조에 들어오는 각종 신호(정보)를 우리는 '실체에 의거한 체험' 또는 '오관으로 관찰되기에 승인할 수 있는 실재'로 간주하고 있지 않을까? 사실 물리적 법칙들은 예외 없이 수학적 방정식이나 공리로써 기술된다. 이러한 요건들을 고려하자면 우리가 수학적 우주를 물질적 우주로서 경험하고 있다는 가설을 완전히 반박하기도 어렵다.

우리 우주가 작동되는 구조와 운동을 연구하다 보면 가장 황당무계한 다중우주론인 시뮬레이션 우주론으로 안내된다. 프로그램의 에러를 고치는 듯한 양상이나 한정된 '리소스'(resources)를 아끼려고 동원하는 '최적화' 기법이 우리 우주에도 사용된 것과 같은 단서가 보이기 때문이다. 앞서 소개한 '입자파동의 이중성'이 대표적인 증거다. 인간이 관찰하지 않을 경우에는 입자를 파동의 상태로 두어 우주 전체가 구동되는 리소스를 아끼는 것처럼 보인다. 이를 이해하기 위해 근래의 컴퓨터 게임을 떠올려 보자. 3D 게임에서 게이머가 조정하는 캐릭터가 공간을 이동할 경우 아직 나타나지 않는 공간들이나 사건들은 비^{非}입자 방식으로 뭉뚱그려 구동되고 있다. 그렇게 하는 방법이 컴퓨터의 온갖 연산과 리소스를 아끼고 과열을 방지하기 때문이다. 그러다가 그 캐릭터가 진행하며 접하는(관찰하는) 시점에 이르러서야 다른 캐릭터들과 배경들이 사물(입자)처럼 되어 나타난다. 실제로 프로그래머는 그러한 방식으로 게임 및 시뮬레이션을 짜야 한정된 리소스로 인한 과부하가 걸리지 않고 안정적으로 구동되는 게임을 창조할 수 있다.[14] 실제로 우리 우주는 광속이나 플랑크상수 등 여러 제한된 리소스를 지닌 것처럼 보인다. 입자-파동의 이중성과 더불어 이러한 우리 우주의 물리값들이 우리 현실의 '현실성'을 의심하게 만들 충분한 근거가 된다.

그런데 과연 어떠한 의식이 있는 존재, 지적인 존재가 우리를 시뮬레이션하고 있을까? 옥스퍼드의 철학자 닉 보스트롬(Nick Bostrom) 은 현대 컴퓨터 기술의 발달을 근거로 우리 세계가 확률적으로 시뮬레이션일 수 있다는 취지의 논문을 발표한 적이 있다.[15] 이 논문에서 밝힌 그의 시뮬레이션 가설(Simulation Hypothesis)의 요지는 이렇다. 첫째, 인류의 문명과 과학이 발전한다면 언젠가 우주 전체를 컴퓨터로 시뮬레이션할 수 있을 것이다(한창 연구 중인 양자컴퓨터의 위력을 아는 사람이라면 수긍할 것이다). 둘째, 그 정도로 발전한 인류가 고작 단 한 개의 시뮬레이션만 돌릴 이유는 없다. 수많은 우주 시뮬레이션을 동시에 이곳저곳에서 실행할 것이다. 셋째, 그 시뮬레이션 우주 속에서 발전한 인류 또한 유사한 발전을 거쳐 우주를 시뮬레이션할 것이다. 이러한 역사가 반복되면 시뮬레이션 된 우주는 무한히 많아질 것이다.

---

14 2016년에는 개최된 '아이삭 아시모프 기념 토론회'(Issac Asimov Memorial Debate)에서 미국 대통령 과학기술 자문을 역임한 제임스 게이트(James Gates)를 비롯해 현존 최고의 이론물리학자들이 "우주는 시뮬레이션인가?"(Is the Universe a Simulation?) 하는 주제로 토론을 벌인 적이 있다. 열띤 논의 가운데 제임스 게이트는 "우주를 깊이 연구하다 보면 에러를 스스로 고치는 코드가 있다는 걸 깨닫게 된다. 그런 원리로 입자와 우주는 작동한다. 이 우주 전체와 우리 인간은 누군가가 만든 초슈퍼컴퓨터상의 게임 캐릭터에 불과할 가능성이 있다"고 했고, 조레 다보우디(Zohreh Davoudi)와 테그마크 등도 동의했다. 그 근거로 제시된 것이 바로 우리 우주의 '양자 얽힘'(quantum entanglement) 현상이다.

15 Nick Bostrom, "Are we living in a computer simulation?," *The philosophical quarterly* 53.211 (2003): 243-255.

넷째, 그렇다면 우리가 살고 있는 이 우주가 이전에 발전한 문명에 의해 만들어진 시뮬레이션이 아니라고 확신할 수 있을까?

이상의 가설은 다음과 같은 몇 가지 결론을 추론하게 된다. 첫째, 인류는 지극히 높은 확률로 의식을 재현해 내는 수준의 기술력에 미치지 못하고 멸망할 것이다. 둘째, 만약 그런 기술력을 지닌다고 하더라도 의식을 재현해 내는 시뮬레이션을 진행할 확률은 희박할 것이다. 마지막 셋째, 이미 우리는 시뮬레이터 안에서 거주 중이다. 이 세 종류의 가정된 결론을 하나씩 고찰해 보자. 그 첫 번째 결론은 이미 "언젠가 우주 전체를 컴퓨터로 시뮬레이션할 수 있을 것이다"라는 전제와 위배되니 생략할 수 있다. 애당초 시뮬레이션을 할 수 있는 기술력을 전제했기 때문이다. 두 번째 결론을 따져본다. 높은 수준으로 발전한 인류가 시뮬레이션을 돌리지 않을 이유는 없다. 첫 번째 결론을 배제할 정도로 시뮬레이션을 만들 수준의 과학 기술에 도달하였다면, 그 시점에 인류는 동시다발적으로 우주의 발생이나 인류의 역사에 관해 흥미나 학문적 동기를 가지고 시뮬레이션을 구동하지 않을 이유는 없다. 그러므로 우리는 두 번째 결론도 배제할 수 있다. 그렇다면 남는 것은 마지막 세 번째이다. 즉, 이미 인류는 시뮬레이션 안에 거주 중이다.

이러한 사고실험을 통해 보스트롬은 우리가 실제의 우주나 역사가 아닌 가상의 세계에 존재한다고 시사한다. 만약 시뮬레이터 속의 우주가 10억 개 정도 있다고 가정한다면, 우리가 시뮬레이션 세상 속에서 살고 있지 않을 확률(진짜 세상에서 살고 있을 확률)은 단 한 가지, 즉 10억분의 1의 확률에 불과한 것이다.

이제 다른 화제로 옮겨 보자. 거의 모든 과학의 분과들은 자연에 어떠한 목적을 발견할 수 없다고 주장한다.[16] 혹은 자연에 목적과 설계를 부과하는 인격적 유신론은 터무니없고 인과론·유물론·확률론만 설득력이 있기에 우주에는 "목적을 가진 원리"라는 것은 없다고 주장한다.[17] 그런데 시뮬레이션 우주론은 자연발생적 상태도 긍정하지만, 또 한편으로 어떠한 초월적 존재가 우주를 조성하고 구동하고 있을 가능성을 부정하지 않는다. 만약 그렇다면 우주를 구성하는 모든 입자의 운동을 시뮬레이션할 컴퓨터가 존재할 수 있을까? 컴퓨터 발달의 추이를 참고하자면 불가능한 것은 아니라고 한다. 현재까지 지구에 존재했던 인구수를 1천억 명이라고 가정했을 때, 그들의 뇌로 연산했던 횟수는 1,035회 정도가 된다. 그런데 미래의 컴퓨터로 등장할 노트북 사이즈의 '양자컴퓨터'로는 그것이 단 몇 초짜리의 연산 거리이다. 그러므로 최소한 우리의 후손들이 양자컴퓨터로 즐길 미래의 시뮬레이션 속에는 분명히 자의식이 있는 캐릭터들이 등장하고, 그 자신의 존재 이유와 세계의 목적에 관해 고뇌할 것이라고 예견하는 게 자연스럽다.

우리 우주가 시뮬레이션 다중우주 가운데 존재한다고 한다면, 우리 우주가 원본이 아니라 시뮬레이션일 가능성은, 2012년 발견된 힉스입자가 사실일 확률과 동일한 99.9999퍼센트로 추산된다고 한다. 또한 원본보다는 복사본이 훨씬 더 많기도 하다. 만약 우주의 실상이 그러하다면 다시 한번 실체에 대한 관념 또는 물질적 우주라는 관념은 무너지게 된다. 이에 관해 브라이언 그린은 "시뮬레이션 다중우주는 더 이상 사변적인 세계가 아니라 그 자체로 '실체'가 될 것"이라고 평가했다."[18]

이미 고대로부터 우리 세계는 실체가 아니라 모사模寫된 세계, 꿈,

---

16 다음을 참고하라. Stephen W. Hawking, *A Brief History of Time* (New York: Bantam Books, 1988), 174.

17 William Provine, "Evolution and the Foundation of Ethics," in Steven L. Goldman, ed., *Science, Thechnology and Social Progress* (Bethlehem, Pa.: Lehigh University Press, 1989), 261.

18 브라이언 그린, 『멀티 유니버스』, 484.

환상, 공空이라는 세계관이 있었다. 이는 대표적으로 플라톤의 이데아론과 동굴의 우상론, 힌두교의 우주관, 불교의 본체론, 『장자』의 「제물론」과 「대종사」 등에서 찾아지고, 최근에는 할리우드 영화 <매트릭스>(The Matrix, 1999), <13층>(The Thirteenth Floor, 1999), <인셉션>(Inception, 2010) 등과 같은 영화나 소설 등에 쓰이는 소재이기도 하다. 그것들은 시뮬레이션 우주론을 직접적으로 밝히는 것은 아니지만, 상식적으로 실체로서 간주되는 것들의 정체와 존재의 근원을 깊이 숙고하도록 자극한다.

그런데 시뮬레이션 우주론은 우리가 이 시뮬레이션 우주에서 벗어나 봤자 이 환상에서 각성해 봤자 또는 이 꿈에서 깨어나 봤자 상황은 크게 달라지지 않음도 시사한다. 결국 깨어나봤자 또 다른 시뮬레이션 속일 가능성이 매우 크니까 말이다. 다중우주의 종류는 여기까지만은 아니다. 시뮬레이션 다중우주론의 인접 버전이라고 할 수 있는 홀로그램 다중우주론까지 알아볼 경우, 우리는 또다시 경악할 만한 현실로 안내받게 된다.

IV. 정보와 우주

"지금 이렇게 말하고 있는 것도, 깨어 있는 것인지 꿈꾸고 있는 것인지
알 수가 없지 않느냐."
_ 장자

다중우주론 가운데 이른바 '홀로그램 다중우주'는, 실체라는 것이
우리 우주가 아닌 곳(가령 블랙홀의 경계면)에 존재하고 있고 인간이
경험하는 것들 역시 3차원 공간으로 투영된 것으로 추정한다. 즉,
우리가 간주하는 실체라는 것은 정작 '홀로그램'이라는 뜻이다. 그리고
우리가 감각적 경험을 하는 "분명한 현실"도 사실 "멀리서 일어나고
있는 다른 현실이 반영된 결과"라고 해석한다.[1] 그렇다면 홀로그램이란
무엇일까? 간단히 말해 홀로그램은 2차원 평면에 기록된 정보가 3차원
으로 구현되는 이미지이다.[2]

지금은 다양한 기술을 통해 구현되지만, 초기에 홀로그램을 만드는
방법은 이러했다. 우선 레이저 광선을 분광기^{分光器}(beam splitter)를 통해
두 줄기로 나눈다. 그 하나는 사물에 쏜 후에 거기에서 반사된 빛을
모아 필름에 맺히게 만들고, 다른 하나는 단순히 거울로 반사되어 필름에
맺히게 한다. 그런데 육안으로 볼 때 그렇게 만들어진 필름에는 일반적인
필름에서 볼 수 있는 사물의 상^像이 아닌 '우글거리는' 이미지(간섭무늬)가
맺혀진다. 그리고 이 필름을 기록할 때 사용된 동일한 진동수의 광선을
쏘아주면 3차원으로 구현되는 입체적 이미지를 보게 된다.

---

1 브라이언 그린, 『멀티 유니버스』, 23.
2 브라이언 그린, 『우주의 구조』, 649-650.

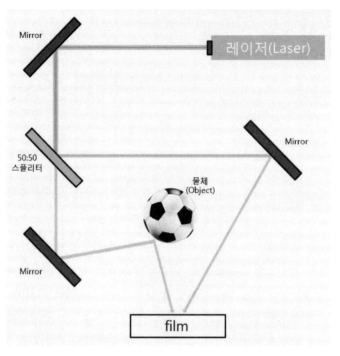

레이저(Laser)

Mirror

50:50
스플리터

Mirror

물체
(Object)

Mirror

film

〈참고 자료 7〉 홀로그램 필름을 제작하는 방법

홀로그램이라는 합성어는 고대 헬라어에서 유래한다. '전체, 완전, 모두'를 뜻하는 '홀론'(ὅλον) 또는 '홀록스'(ὅλοξ)와 '그림, 글, 문자, 책'을 뜻하는 '그람마'(γράμμα)의 조어로서, 이를테면 '완전한 그림' 또는 '전체를 보여주는 그림'의 뜻을 지닌다. 그렇게 홀로그램은 영상정보를 2차원의 평면에 기록할지라도 다시 3차원 입체로 구현한다는 신기한 특징을 보인다. 또한 필름을 조각내더라도 디테일이 다소 사라질 뿐 본래 담고 있던 전체 영상을 계속 보여줄 수 있다(일반 필름이라면 잘려진 부분이 담고 있는 영상만 보여줄 뿐이다). 또한 입사각을 달리한다면 한 필름 안에 다른 영상을 중첩으로 저장할 수 있다. 신용카드나 어린이용 완구에 이와 비슷하게 구현하는 경우가 있으니 어렵지 않게 상상할 수 있을 것이다.

아무튼 이론물리학계 일각에서는 3차원으로 보이는 우리 우주의 실제가 일종의 홀로그램과 같다고 말한다. 대중적으로 유명했던 물리학자 스티븐 호킹(Stephen Hawking)의 블랙홀 연구가 여기에 중요한 몫을 거들었다. 블랙홀은 엄청나게 강한 중력에 의해 시공간이 심하게 왜곡되어 빛조차 빠져나갈 수 없는 천체이다. 여기에서 그 무엇도 탈출할 수 없는 블랙홀의 안과 밖 경계면을 이른바 '사건의 지평선'(Event Horizon)이라고 한다. 혹자는 이 사건의 지평선을 소개할 때 그 내부에서 일어난 사건이 그 외부에 영향을 줄 수 없는 2차원의 경계면으로 설명한다. 그러니까 1차원의 '선'이 아니라 2차원의 '면'이 사건의 지평선의 본래 의미다.

블랙홀과 사건의 지평선에 관한 복잡한 방정식은 내가 소개할 몫은 아니지만, 이에 관련하여 이론물리학자들이 제기한 사고실험은 본서에서 소개할 만하다. 이런 질문이 던져진다. "어떤 우주 비행사가 블랙홀로 뛰어들면 어떻게 될까?" 아마 외부에서 그 우주 비행사를 관찰하자면 사건의 지평선에 닿기도 전에 복사열로 인해 그가 잿더미로 변하는 것을 보게 될 것이라 한다. 그러나 정작 그 우주 비행사 입장에서 자신은 멀쩡히 블랙홀 속을 유영하게 된다는 것이다. 말하자면 그 우주 비행사가 죽는 경우도 맞고, 살아 있는 경우도 맞다. 그러니까 사건의 지평선을 경계로 우주가 두 개로 갈리는 셈이다. '입자-파동'의 이중성처럼 여기에서도 모순된 두 경우가 다 맞다.

사실 블랙홀이 물체를 빨아들이고 내뱉지 않는다면, 우주의 가장 중요한 법칙 가운데 하나인 '엔트로피 법칙'(열역학 제2 법칙)이 무너진다. 이 엔트로피 법칙이란 "우주는 시간이 지남에 따라 그 무질서의 정도程度·또는 재생 불가능한 에너지가 증가한다"는 기본 법칙이다.

우주가 한 점에 모여 있던 빅뱅 직전에 질서의 정도가 가장 높았고, 그 이후로 계속해서 엔트로피, 즉 무질서도와 재생 불가능한 에너지가 증가한다.

그렇다면 빅뱅 이전의 상태와 유사한 블랙홀의 경우는 어떠할까? 블랙홀이 존재하며 모든 것을 빨아들이고 있다면 블랙홀이 엔트로피 법칙에 역행하는 셈이 된다. 따라서 우주의 기본적인 엔트로피 법칙이 지켜지려면 블랙홀로부터 무엇인가 빠져나와야 한다. 다행히 스티븐 호킹이 블랙홀은 복사 에너지를 방출한다는, 이른바 '호킹 복사'를 증명해 냄으로써 우리 우주에 엔트로피 법칙이 유효함을 확인해 주었다. 이는 또한 블랙홀로 들어간 물체의 정보는 사라지지 않는다는 점을 시사했다. 블랙홀이 정보마저 삼켜버리면 우주의 엔트로피 법칙이 깨지기 때문이다. 그러므로 잿더미로 타버린 우주 비행사의 모든 정보는 블랙홀의 사건의 지평선에서 열복사의 형태로 퍼져나감으로써 우주의 정보는 보존되며 엔트로피 법칙이 지켜지지만, 또 한편 우리 우주에서 죽은 우주 비행사는 블랙홀 내부에서 살아있어야 한다는 것이 스티븐 호킹과 베켄슈타인(Jacob Bekenstein)이 주장한 내용이었다.

그런데 호킹은 사건의 지평선과 엔트로피의 관계에 관하여 매우 흥미로운 가설을 제기했다. 블랙홀이란 그 내부에 가지고 있는 정보가 사건의 지평선이라는 2차원 표면에 저장된 데이터의 결과라는 것이다. 그리고 블랙홀이 삼킨 모든 정보는 그 표면에 흔적을 남기고 블랙홀이 가지고 있는 모든 정보는 사건의 지평선의 표면적에 비례한다고 추정했다. 그래서 블랙홀이 더 많은 물질을 빨아들일수록 정보가 증가하고, 이로 인해 사건의 지평선이 더욱 확장되게 된다.

이러한 가설은 무엇을 간접적으로 가리키는가 하면, 우리 우주의 3차원 물체들이 2차원 표면에 존재하는 정보에 의한 홀로그램이라는 가능성이다. 이것은 우리의 우주관 및 상식의 붕괴를 일으킨다. 2차원 필름의 표면에 담긴 정보가 3차원의 홀로그램으로 구현되듯, 우리 우주의 진정한 모습이란 어딘가 기록된 정보가 3차원으로 드러난 것일 뿐이라는 의미이기 때문이다. 달리 말해 어떠한 경계면에 존재하는 2차원의 픽셀(pixel, 컴퓨터 공학에서 사용되는 면의 단위)이 우주의 실체인 한편, 3차원 우주는 그 실체의 영상인 셈이다.

3차원 공간에서 살아간다고 의심치 않는 우리가 쉽게 수용할 수 없는, 이상과 같은 이론에서 더더욱 이해하기 어려운 홀로그램 우주론이 출발한다. 그 핵심은 "우리에게 친숙한 3차원 실체는 멀리 떨어진 2차원 표면에서 진행되고 있는 물리적 과정이 3차원 공간에 투영된 결과"[3] 또는 "우리에게 보이는 모든 현상은 멀리 있는 경계면에서 일어나는 사건들이 우리 세계에 투영된 결과"[4]일 수 있다는 것이다. 특히 '정보'라는 형식으로 말이다. 부연하자면 우주 안의 모든 물질과 물리량과 운동은 우주 밖 2차원 표면에 1'플랑크 길이'(Planck length)[5]당 1'비트'(bit)로 저장된 정보의 홀로그램이고, 우리 우주는 다른 우주의 블랙홀 안이고, 우리 우주와 같은 홀로그램 우주가 무수할 수 있다는 이야기이다. 또한 하나의 정보 세트가 하나의 우주에 대응하는 격이니 또한 미래에는 각각의 컴퓨터 속에서 구동되는 시뮬레이션의 개수가 곧 모든 우주의 개수가 되지 말라는 법이 없다. 그렇듯 홀로그램 다중우

---

3 브라이언 그린, 『멀티 유니버스』, 414. 일견 황당무계한 이 이론에 대해 브라이언 그린은 "yes라고 대답할 만한 논리적 증거는 충분하지만, 실험으로 확인할 수 없다는 것이 문제"(415)이며 "우주를 지배하는 기본 법칙의 부산물이 아니라, 기본 법칙을 정의하는 데 필요한 요소"(431)로 본다.

4 앞의 책, 430.

5 우리가 보통 알고 있는 공간이 더 이상 존재하지 않게 되는 크기로서, 1.616199×10^{-35}m 가량이다.

주와 시뮬레이션 다중우주는 유사한 점이 있다.

블랙홀이라는 말을 처음 사용한 존 휠러(John Wheeler)는 물질과 빛은 더욱 근본적인 무언가를 운반하는 수단에 불과하다고 보았다. 그것은 바로 '정보'다. 그의 착안점을 따르자면 우주는 일종의 거대한 정보처리 장치다. 그리고 '정보'야말로 존재하는 물질의 정체요 기원이다. 물질적 존재에서 정보가 나온 것이 아니라 정보로부터 물질적 존재가 나왔다. 이미 아인슈타인과 드 브로이(Louis de Broglie)의 연구 결과에 의해 "에너지와 물질 그리고 파동과 입자는 결국 입자와 에너지와 시간이 합쳐진 근원적인 실체에서 파생된 여러 모습"[6]이라고 제기된 바 있다.

이미 현대 과학은 무형의 에너지와 유형의 물질 그리고 파동과 입자 사이의 차별이 어렵다는 것을 증언하고 있다. 그리고 한 걸음 더 나아가 물질과 정보 사이의 구별이 모호함을 시사하고 있다. 우리 우주를 해명하는 데 에너지·물질·파동·입자 등을 망라하는 본원적 실체가 차라리 정보라고 해석하는 쪽이 우주의 실제를 설명하기에 용이하기 때문이다. 베켄슈타인의 경우 우주를 디지털화해서 0과 1의 조합으로 바꿔 표현하면 우주 전체의 정보가 10^{100}비트 정도가 될 것으로 계산했다. 그러니까 이 수치가 우리 우주가 시뮬레이션 또는 홀로그램이라고 가정했을 경우 컴퓨터나 사건의 지평선 표면에 입력해야 할 정보량에 해당한다.

20세기의 양자역학이 밝힌 바에 따르면, '딱딱한' 물질 입자로 여겨지는 것의 실체는 우리의 상식대로는 존재하지 않는다는 것이며, 실체

---

6 형이상학과 형이하학 사이의 접점을 이루는 예로서 드 브로이의 입자와 파동의 방정식 (hv=mc2)에서 찾는 경우도 있다. 즉, 파동과 입자의 등가란 우주의 근원은 정보라는 사실을 드러낸다는 것이다. 다. 제럴드 슈뢰더, 『신의 숨겨진 얼굴』, 52.

라고 해도 그것은 "관측된 현상을 계량적으로 표시하기 위한 편의상의 개념"으로서의 에너지일 뿐이다. 또한 "모든 존재는 정보에 불과한 양자 파동 함수가 형체로 표현된 것"[7]이므로, 다시 "에너지의 본질은⋯에너지를 만들어 내는 정보에 더 가까운 편이라고 해야 할 것"이다.[8] 이에 관해 존 휠러는 이렇게 표현했다: "비트에서 존재로"(It from Bit). 비트, 즉 정보로부터 만물이 창조되었다고!

---

7 앞의 책, 10.
8 앞의 책, 40-41.

V. 현대 우주론과 신학

"빅뱅과 같은 것으로부터 우리 우주와 같은 우주가 출현하는 데에는 상상할 수 없을 만큼의 기이함이 따른다. 내 생각으로는 우리 우주가 출현한 것에는 분명 종교적 의미가 들어 있다."[1]
_ 스티븐 호킹(Stephen Hawking)

우리는 현대의 '세련된' 형이상학이라고 할 수 있는 다양한 다중우주에 관한 모델들을 간략히 살펴보았다. 어떤 이에게는 황당무계한 소리, 일고의 가치가 없는 낭설로 여겨질 수 있겠지만, 정작 다중우주론을 주장하는 당사자들은 특히 이론물리학계의 최고 석학들이다. 그 가운데 닐 디그래스 타이슨(Neil deGrasse Tyson)은 우리가 살고 있는 이 세상이 현실이 아닐 가능성을 50퍼센트로 제시했고, 노벨물리학상에 버금가는 기초물리학상을 받은 안드레이 린데(Andrei Linde)의 경우 다중우주에 자기의 "목숨을 걸었다"고 했을 정도다. 그런데 독자들은 어떠한가? 인간에게 관측되지 않고 검증되지 않는 무한한 다중우주가 지닌 존재론적 의미가 쉽게 와닿는가? 물론 현단계에서는 다중우주론이 입증되지 못하는 한계로 과학계에서는 '인류 원리'(Anthropic Principle)와 함께 '뜨거운 감자' 취급을 받고 있지만, 내가 보기로 철학계와 종교계에 사뭇 즐거운 도전과 신선한 영감을 선사하고 있다.

그렇다면 다중우주론을 기독교 신학의 입장에서 어떻게 볼 수 있을까? 첫째, 하나님이 우리 우주를 창조한 사건이 완전하고 선한, 유일회적

---

1 이언 바버, 『과학이 종교를 만날 때』, 108-109.

인 사건으로 믿어온 입장에서는 일거에 무시하고 지나가고 싶을 것이다. 그리스도교의 전통적 교리는 하나님이 자신의 형상으로 지어진 특별한 인간을 지상에 두기 위해 단 한 차례의 정확한 사역으로서 '보시기에 좋은', 선하고 실질적인 천지를 창조하셨다는 요지를 지닌다. 따라서 전지전능한 하나님이 우주 상수를 설정하는 일에 실패하여 간혹 찌그러지고 붕괴해 버린 우주까지 창조 중에 남발했다고는 생각지 못할 것이다.

그러나 우주물리학의 발달은 인간중심(?)의 신학에서 벗어나 이른바 '코페르니쿠스 원리'(Copernican principle)를 거듭 확인해 나가는 과정이었다는 사실을 상기할 필요가 있다. 코페르니쿠스의 원리란 한 마디로, 우주적 규모에 비해서 지구와 인류가 그다지 특별하지 않다는 사실을 계속 확인하게 되는 원리다. 그러니까 고대나 중세의 우주관에 반하여 "지구가 우주의 중심이 아니다"로부터 시작되었다가 "태양계가 은하의 중심에 있지 않다"를 지나 다시 "우리 은하가 우주의 중심에 있지 않다"를 넘어 "우리 우주 이외에 무수한 우주가 있다" 하는 방향으로 계속 나아가고 있기 때문이다.

여기서 마틴 리스(Martin Rees)의 이야기를 참고해 보자. 그는 우주의 환경을 결정하는 것은 물리적으로 여섯 가지 조건으로 추렸다. 즉, 차원의 수, 물질의 밀도, 물질의 질량, 중력과 전자기장의 관계, 원자핵 결속력의 크기, 우주 상수다. 그리고 그는 이러한 조건들이 적절히 형성되고 조합되어 우리가 거하는 우주가 생겨날 가능성을 $1/10^{59}$로 산출했다. 마틴 리스에게 이런 확률로 우리가 존재할 우주가 단 한 번에 등장했다는 사실은 현실적이지 않다. 그런데 실제로 우리는 이 우주에 '이렇게' 존재하고 있다. 이런 사실에 대해 오히려 과학이 입증하고 해명하기 어려워한다는 사실은 피할 수 없는 비판 거리가 된다. 그래서 신학자 존 호트(John Haught)는 "우주의 기원의 특수한 특성이 무엇이든 과학은 왜 무언가가 존재하는 또는 우주의 궁극적 의미가 무엇인가라는 더 심오한 질문에 대해 아무것도 말할 준비가 되어있지 않다"[2]고 평가했다. 실질적으로 과학은 거의 불가능한 확률로 우리가 존재하게 된 이유를 어떻게든 설명할 수 없을까? 스티븐 와인버그의 말대로, 우리 우주를 계획한 존재가 있든지, 무한한 다중우주 가운데 하나이든지 둘 중 하나로 요약된다. 물론 무한한 다중우주가 사실이라면 간단하게 인류 원리를 제쳐버릴 수 있다(대개 과학계에서는 인류 원리를 언급하는 것을 금기시하는데, 그렇다면 그 대안으로 다중우주를 지지하느냐? 꼭 그렇지도 않다. 무한한 다중우주 가운데 인류가 존재할 우주 하나쯤은 존재할 개연성으로 인정할 법도 하지만, 다중우주론 자체를 언급하기 부끄러운 공상의 결과로 보는 분위기가 팽배해 있다).

둘째, 다중우주, 특히 인플레이션 다중우주나 궁극적 다중우주가 시작도 없고 끝도 없이 존재한다면, 창조주와 질적으로 다른 열등한 피조물로서 "세계는 유한하다"고 보는 그리스도교의 신앙과 조화되기 어렵다. 또 한편 그리스도교 종말론은 인류의 역사뿐만 아니라 우주에도 종말이 있다는 단회(單回)의 직선적 역사관을 지지하고 있다. 그러나 다중우주론은 우주를 발생시키는 근저의 우주 또는 상위의 우주가 하나님처럼 무한적이고 무시간적 존재임을 시사한다. 그런데 어떤 형식이든 우주가 무시간적으로 또는 영원히 존재했다고 하는 관점은 범신론의 혐의를 지니기 때문에 그리스도교의 전통 교리가 받아들이기 어렵다. 영원한 것이나 무한한 것은 전적으로 오직 하나님에게 돌려질 속성이지 덧없는 피조세계에게 부과될 속성은 아니기 때문이다. 더욱이 우리가 거하는 바로 '이 세계'(인류가 사는 이 우주)에 대한 하나님의

---

2 존 호트, 『과학과 종교, 상생의 길을 가다』 (파주: 들녘, 2005), 168.

배타적 관심과 은총에 대한 신뢰를 생략할 수 없다. 우리가 어쩌다 만들어진 것이 아니라는 신앙 혹은 '당신은 사랑받기 위해 태어난 사람'이라는 신앙이 다중우주론을 거리끼게 만드는 것은 당연하다.

그런데 제럴드 슈뢰더는 그 어떤 근저의(혹은 상위의) 우주 대신에 "가상 에너지" 또는 "잠재적인 힘"을 언급하는데, 그것은 우주에 대한 "친밀함과 관심"의 여부만 빼놓고는 "하나님에 대한 성경의 이야기와 유사하다"고 인정한다.3 그렇다면 혹여 어떤 이는 다중우주의 원리 혹은 어떠한 수학적 정보구조가 곧 가상 에너지나 잠재력의 힘보다 더 근원적이라고 주장할 수 있지 않을까? 마침 우리는 앞서 성리학자들의 주리론과 주기론을 살펴보았다. 주리론자에 따르면, 물질적 근거가 마련되기 전에 세계를 구성할 이치 또는 법칙이 선재한다고 보았다. 그것은 무극 또는 태극이라고 불리는 이理였으며, 이것을 다중우주론에 적용하자면 수학적 구조 혹은 정보라 할 수 있다.

셋째, 양자 다중세계 해석을 적용하자면(본서에서는 지면상 이에 관한 자세한 내용을 생략했다), '내가' 선택한 의지와 행동의 결과로 존재하는 이 세계만이 아니라 선택할 모든 경우의 수에 따른 무수한 평행우주가 가능하다. 각각의 우주에서 나는 각기 다른 모습들로 산다. 어떤 우주에서 나는 장로교 목사이지만, 어떤 우주에서 나는 감리교 목사다. 어떤 우주에서 나는 기독교인이지만, 어떤 우주에서 나는 무슬림이다. 그렇게 되면 다중우주론은 전통적 기독교 신학이 주장하는 개인의 정체성, 자유의지, 행위의 인과론, 사후 심판 등의 항목에 있어 심각한 난제를 던진다.4 나치 독일의 총통으로 사는 히틀러와 성공한 화가로서 파리에

---

3 제럴드 슈뢰더, 『신의 숨겨진 얼굴』, 60.
4 물리학계에서도 자유의지가 수많은 다중우주 가운데 특정 우주를 정한다는 식으로 인간의 의식, 관찰, 자유의지가 실재나 현실을 조성하는 문제가 제기된다. 브라이언 그린,

사는 히틀러 가운데 누가 진짜일까가 판정하기 어렵듯, 각기 다른 우주의 히틀러를 허용하는 하나님은 과연 "동일하다고 할 수 있을까?"에 답을 찾기 어렵다. 심각한 예를 들어보자. 히틀러에 의해 대량 학살이 벌어지는 세계의 하나님과 히틀러가 평화롭게 화가로 활동하는 세계의 하나님 가운데 어떤 하나님이 더 선하고 은혜로울까?

마지막으로 다중우주론은 우리 세계나 사물들을 분명한 '실체'로서 받아들이는 신학적 존재론에 도전한다. 성서에 의하면 실재하는 하나님은 세계를 분명히 실재하는 것으로서 창조했다. 그것이 이른바 '선한 창조'의 존재론적 의의다. 하나님은 실체로서 존재하는 세계를 대하고 있고, 실체로 존재하는 세계를 구원했다. 이러한 신론 및 창조론으로 인해 그리스도교는 세계를 환상(환영)이나 악한 것으로 주장했던 영지주의, 신플라톤주의, 마니교 등을 배격했다. 그런데 다중우주론 가운데 시뮬레이션 우주론, 홀로그램 다중우주, 수학적 다중우주 등은 우리가 당연시해 온 세계라는 것이 (인간이 임의로 규정해 왔던) '실체'가 아닐 수 있음을 시사한다. 아니, 근본적으로 무엇이 실재하는지 혹은 무엇이 실체인지 다시 정의하도록 만든다.

우리는 이렇게 다시 물어야 한다. 어떻게 존재해야 실재한다고 할 수 있을까? 무한한 발현 가능성 중에 하나의 임의적 속성을 갖는 물적 구조임에도 불구하고 반드시 우리 우주, 이 세계의 사물처럼 존재해야만 진정으로 존재한다고 할 수 있을까? 그렇다면 우리에게 현상되지 않고 파악되지 않는 여타의 물적 요소들은 존재하지 않는다고 규정해야 할까?(예를 들면 양자 요동이나 암흑 물질 등) 그렇게 된다면 현상되지 않는 신과 영혼의 존재를 오래간 믿어 왔던 그리스도교가 자가당착

『우주의 구조』, 616-617.

에 처하는 것이 아닐까? 다중우주론이 현대판 형이상학이며 황당무계한 가설로 평가받는다고 할지라도, 그것이 기여하는 신학적·철학적 도전과 가치는 무시할 만한 것이 아니다. 곧 그것은 세계의 의미, 존재의 의미, 실체의 의미, 물질의 의미를 근본적으로 다시 묻게 하기 때문이다.

아우구스티누스는 "천지창조 전에 하나님이 무엇을 하고 계셨을까?" 하는 질문에 대해 "그런 것을 캐묻는 사람들을 위해 지옥을 만들고 계셨다"라는 대답이 있다고 했다. 즉, 인간은 우리 우주의 창조에 관해서만 알면 족하다는 소리다. 그리고 아우구스티누스는 다른 한편에서 "하나님은 천지를 창조하시기 전에 아무것도 하지 않으셨다"고 답했다.[5] 그런데 오늘날의 신학도 그 지점에 멈춰야 할까? 나는 꼭 그래야 할 이유는 없다고 본다. 다중우주론이 현대판 형이상학이라고 쳐도 그것을 해석하고 적용하기에 따라 하나님의 무한한 창조성과 사역을 변증하는 신학적 논리로 사용될 수 있기 때문이다.

실제로 13세기 파리의 주교 에티안느 탕피에(Étienne Tempier)는 고대 아리스토텔레스가 우주가 하나뿐이라고 주장한 것은 오히려 하나님의 전능을 부정하는 이교도적 발언이라고 비판했다. 그리고 15세기 프란체스코파의 수사 기욤 드 보리용(Guillaume de Bourillon)은 "예수의 죽음이 다른 세계들의 주민들도 구원했는가?" 하는 물음에 골몰하다 결국 "그렇다"고 대답했다.[6] 16세기의 도발적인 사상가인 조르다노 브루노(Giordano Bruno)는 "세상이 하나님을 필요로 하는 것처럼 하나님도 세상을 간절히 필요로 한다. 세상이 없는 하나님은 아무것도 아니기에 하나님은 끊임없이 새로운 세상들을 창조하고 있다"고 주장했다.

---

5 *De Conf.*, XI, 12.

6 토비아스 휘르터·막스 라우너 공저/김희상 역, 『평행우주라는 미친 생각은 어떻게 상식이 되었는가』 (서울: 알마, 2013), 303.

그는 "하나님의 본질이 무한하다"는 인정된 원리(principia communia)로 부터 "우주가 무한한 수로 존재한다"는 결론을 끌어낼 수 있다고 보았다. 또 대표적인 근대 철학자 데카르트와 근대물리학자였던 리처드 블랙모어(Richard Black More) 그리고 영국의 시인 에드워드 영(Edward Yong) 등도 그의 저작에서 다수의 우주 또는 무한한 우주를 말한 바 있다. 하나님의 능력이 무한하다면 겨우 우리 우주만을 만들겠느냐 하는 추측이 가능했기 때문이었다. 그리고 뉴턴 역시 "하나님은 우주의 서로 다른 부분들에 각기 다른 종류의 세계들을 창조했다고 가정해 볼 수 있다" 또는 "우리의 것 이전에 다른 우주가 있었을 수 있다. 그리고 이 다른 것 이전에 또 다른 것이 있는 식으로 영원까지 이어질 수 있다"고 하는 다중우주론에 관한 전형적인 아이디어를 보인 적이 있다. 물론 이상의 논자들이 21세기의 다중우주론과 같은 가설을 세웠을 것 같지 않다. 그들 중 일부는 로마 가톨릭 교리에 의한 다층천多層天의 도식을 그렸을 것으로 보인다. 그러나 중세를 지나 16세기로 들어와 근대적 우주론이 정초되면서 또한 그 이후에도 신학자 사이에 '오직 하나뿐인 우주'라는 신념을 당연시하고 있다.

한편 신약성서는 이렇게 적고 있다: "가시적인 것은 비가시적인 것으로부터 만들어졌다"(히 11:3). 내가 준별하기로 이것은 나사렛 예수 이후에 그를 신앙하는 자들이 남긴 형이상학적 논의로서 가장 대담한 진술이다. 이것은 "말씀으로 세상을 창조했다"고 가르치는 성서 구절이나 '무로부터의 창조'를 재해석하게 하는 단초이기도 하다. 참고로, 앞서 살폈듯이, 동양에서는 노자의 『도덕경』이 "만물은 무(도)로부터 생겨났다"고 했고, 나가르주나의 『중론』도 "여러 인因과 연緣에 의해 생겨나는 것이 존재法인데, 나는 이것을 무라고 말한다"고 했다. 그리고 주돈이는 「태극도설」에서 무극에서 음양과 오행과 만물이 나온다는 취지의 도식을 남겼다. 그러니까 동서를 가로질러 고대의 주요한 종교적 통찰들은 보이는 세계가 보이지 않는 것을 근거로 하고 있음을 반복하여 주장하고 있는 셈이다.

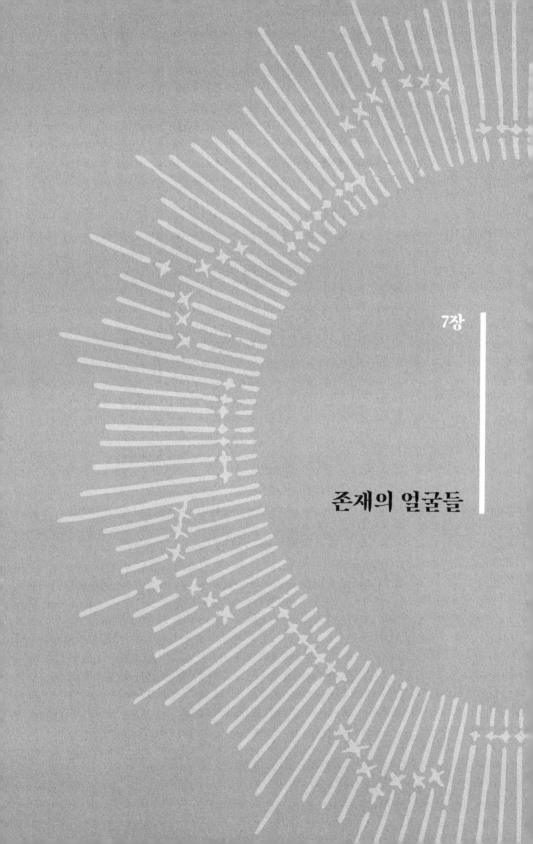

7장

존재의 얼굴들

I. 모순의 용인

"가능한 모든 것이 실제로 존재한다."
_ 스피노자

　20세기에 이르기까지 서양의 사유 전통은 논리적으로 동일률의 패러다임 가운데 진행되어 왔다. 플라톤과 그 제자 아리스토텔레스가 견지했던, 보편적 지식과 절대적 기준에 관한 신념을 따라 명제의 논증에 대한 방법을 추구한 이래, 20세기 상대론과 양자역학이 등장하기까지 모순을 배격하는 논리는 지식의 정립에 있어 확고한 원칙이었다. 다만 근대 형이상학의 완성자인 헤겔은 한 걸음 더 나아가 사변을 통해 "모순이 절대적 활동성이고 절대적 근원을 이룬다"는 것을 통찰한 바 있다.[1]

　아리스토텔레스가 고안한 연역법으로 이후 대체로 서양에는 세 가지의 논리적 원칙이 마련되어 있었다. 곧 그것은 동일률(principle of identity), 모순율(principle of contradiction) 그리고 배중률(principle of excluded middle)이다. 동일률은 "A는 A이다" 하는 형식으로 명제(개념)와 지시 대상의 동일성이 지켜져야 하는 원칙이고, 모순율은 "A는 not A일 수는 없다"는 형식으로서 어떠한 명제도 참이면서 동시에 거짓일 수 없다는 원칙이고, 배중률은 "중간(제3자)은 배제된다"는 형식으로서 "모순관계에 있는 두 명제가 모두 거짓일 수 없다" 또는 "A는 B도 아니고 또 B가 아닌 것도 아니다 하는 것은 없다"는 원칙이다.

---

1 G. W. F. Hegel, *Wissenschaft der Logik* II, Hegel Werke Bd. 6 (Frankfurt am Main: Suhrkamp, 1986), 79.

그런데 내용을 들여다보면 실제로 이 세 원칙은 서로 크게 다를 것이 없다. 즉, 서양의 논리학 및 사유의 전통은 "~거나 아니면 ~거나, 즉 상호 분리적인 '이것이냐 저것이냐'로 사유한다"고 정리할 수 있다.[2]

그런데 동일률 또는 "이것이냐, 저것이냐" 하는 논리는 비단 서양의 것만은 아니다. 그것은 우리의 경험과 상식에 맞기 때문에, 동서고금을 막론하고 보편적으로 통용되는 사고의 틀이다. 또한 일상생활뿐만 아니라 경제·법률·교육 등 다양한 분야에 필요한 원리다. 서양에서는 고·중세의 몽매한 사조를 극복하며 사물의 운동 및 자연현상을 기술함에 있어서 기초적인 지성의 도구가 되어 왔고, 특히 고전 물리학 또는 뉴턴 물리학은 이 논리에 철저히 부합하고 있다.

그러나 모순과 모호성을 허용하지 않는 동일률의 논리로는 세계를 이해하고 파악하는 데에 한계가 있다. 비근한 예로 우리 인생이 이 땅에서 고군분투하며 간혹 깨닫는바, 세상은 결코 '논리적'으로만 돌아가지 않기 때문이다. 인간의 정서와 욕망은 동일률에 근거하고 있는 것이 아니고, 자연마저도 코스모스(질서)와 함께 카오스(혼돈)를 보이고 있다. 우리는 동일률·모순률·배중률이 규제하는 방식으로 우주 만물과 세간사의 이치와 인간의 모호한 의식 구조와 문명의 성격을 정확하게 기술할 수 없다. 한 마디로 세계의 미시적 영역으로부터 거시적 영역에 이르기까지, 사물들의 현상으로부터 인간의 의식에 이르기까지 모순이 없는 곳은 없다.

동일률의 논리로 세계를 규제하고 재편하는 것은 작위적인 폭압이 되곤 한다. 논리적으로 판정하는 동일성의 영역이 확고할수록 배제와 알력이 발생한다. 말하자면 논리는 인간에게 사물과 사태에 관한 적확

---

2 Betty Heimann, *Facets of Indian Thought* (London: Allen and Unwin, 1964), 168.

한 인식과 판단을 돕지만, 사회적으로는 이른바 옳은 것으로의 강제, 타당성으로의 규제, 효율로의 강요를 유도한다. 특히 이성과 논리가 수단화(도구화)되면 빈번히 주객의 분리, 물아物我의 분리, 인간에 대한 차별과 계급화, 자연에 대한 지배와 이용, 문명과 야만의 이원화, 강자에 의한 약자 지배의 정당화, 인위적 질서의 고착화, 중심부와 주변부의 양극화, 규범에 따른 소수자 배제가 가능해진다.

우리는 지난 세기에 직면했던 인류사적 패착, 가령 두 번의 세계대전과 냉전 따위가 동일률의 논리에 근거하고 있다는 점을 각성해야 한다. 근대화에 열을 올렸던 20세기 문명의 폐단을 분석하자면, 양화된 가치 측정, 계산적 사고, 등급제의 효율, 우열의 판별, 이윤 추구 등의 활동에 철저한 논리적 사유가 지배적이었음을 알 수 있다. 거기에는 약하고 모자란 것에 대한 배려, 가난하고 소외된 자들에 대한 연민, 주변부에 대한 존중이 현저하게 결여되어 있다. 호르크하이머(Max Horkheimer)는 이러한 현실을 반성하면서 '모순율은 체계의 핵심'3이라고 말했고, 근대적 이성주의가 지닌 바로 그 '이성'을 '도구적 이성'이라고 비판했던 것이다. 여기서 호르크하이머가 논리의 맹점을 언급하는 부분을 보자.

논리 법칙의 배타성은 이와 같이 단지 기능만을 고려하는 것에서 발생하는 것으로서, 궁극적으로 자기 유지의 강제적 성질로부터 연원한다. 언제나 자기 유지는 다시 생존일지 파멸일지 선택해야 할 절체절명의 순간에 놓이는데, 이런 선택은 두 가지의 모순되는 명제 가운데 하나만 참이고 다른 것은 거짓이라는 원리에 반영된다.4

3 Max Horkheimer und Theodor W. Adorno, *Dialektik der Aufklärung* (Frankfurt am Main: Fischer Verlag, 1988), 89.

4 *Ibid.*, 37.

다른 한편 자연은 모순과 이율배반을 함유하고 존속해 왔다. 앞서 살펴보았듯이 상대론과 양자역학은 세계가 상대성, 불확정성, 중첩성, 상보성, 이율배반, 모호성, 확률성, 비국소성, 불가분성 등을 기반으로 하고 있음을 밝혔다. 특히 양자역학으로 기술되는 파동성과 입자성은 구별되어 보이는 현상을 상호보완적으로 기술할 수 있도록 했다.[5] 그 밖에 다양한 물리적 실제와 현상들은 인간의 관측 수단이 발달함에 따라 'A이면서 B', 'A와 B의 중첩', '예(1)와 아니오(0)가 함께 참', 존재의 확률적 분포, 의식과 관찰에 의한 실재의 형성,[6] 정보와 물질의 일치 등의 현상을 꾸준히 보이는 중이다.

혹여 우리는 세계의 실체성과 가상성이 함께 가능할 수 있다는 것을 심중히 따질 필요가 있겠다. 여러 이유로 인간에게 실체와 가상이 명확히 분리된다는 것이 가능할까 하는 의심도 가능하다. 어쩌면 가장 심오한 근원에서 그 둘은 분리되지 않거나 실체가 가상의 성질을, 가상이 실체의 성질을 가질 수 있는 것이다. 현대 과학이 건넨 몇 가지 사실만 예를 들어도 우리는 세계에 깃든 실과 허의 중첩 또는 유와 무의 이중성을 함께 보게 된다. 이 시대의 자연학은 세계의 실체 (substance)와 속성이 모호한 기반 위에 성립하고 있다는 점을 시사하고 있다. 가령 질량·시공간·입자 등등 우리가 '실제로 있다'고 확정한 것이라 할지라도, 정작 '있다'고 할 수도 있고 '없다'고 할 수도 있는 이중성을 띠고 있다. 물리적 대상뿐만 아니라 의미와 가치에 있어서도 마찬가지다. 우리 세계 안에서 '이러한' 양상도 삶의 진실이고, '저러한'

---

5 곽경직, 『양자역학의 세계』, 72-73.

6 이 점에 있어 존 휠러는 "관찰된 후 완전한 실재가 된다"는 식으로 해석한다. 다음을 참고하라. John Archibald Wheeler, "Bohr, Einstein, and the Strange Lesson of Quantum," *Mind and Naturem ed. Richard Elvee* (San Francisco: Harper & Row, 1982).

양상도 삶의 진실이다. 양쪽 모두 세계가 그러그러[如如]하게 보이는 참된 면모이다. 세계가 지니고 있는 이러한 종류의 진실을 관찰하거나 이해하기 위한 일차적인 접근은 상반된 것 또는 모순된 것을 선입견 없이 수용하는 것이다. 우리가 부지불식간에 습득하고 활용하고 있는 논리적 인식 구조를 일거에 개편하기 어려워도 말이다.

종교적 교리들과 신학의 경우도 마찬가지다. 궁극자와 세계의 본질 및 현상을 깨우친다는 것은 예외 없이 논리를 초월하는 각성과 사유를 요구한다. 그것들을 깊이 알아감에 있어서 이전의 지식과 각성은 후속 되는 것들로 전복되는 경우가 잦다. 섬세한 지성과 깊은 영성을 지닌 주체라면 궁극적 실재에 관해 상호 배치되는 진술도 가능하다는 점도 발견해 간다. 대개의 경우 변화·운행하는 세계로부터 관찰되기 때문이기도 하지만, 하나님 혹은 궁극자가 본래적으로 지닌 성질 때문에 그렇기도 하다. 동양의 사유는 이러한 성질들을 온전히 파악하는 데 유용하다. 이율배반적 진실을 전달하면서 모든 종교는 그 창건 당시부터 다양한 우화·우언·유비들을 구사하여야 했다. 표층과 심층이 일부 일치되면서도 갈라지는 알레고리, 중의적 메타포, 역설과 비약, 말장난 (pun), 언어의 왜곡과 파괴 등도 필요했다. 이러한 반논리적 진술이 아니면 그 고유한 진실을 전할 방도가 없는 것이 바로 종교의 본질이다. 이것은 비단 동양 종교에만 해당하는 것이 아니다. 그리스도교도 마찬 가지다.

과연 그리스도교가 증언하는 하나님도 모순을 허용하는 존재일까? 나는 그렇다고 생각한다. 성서를 면밀하게 읽어도 그 점을 찾아낼 수 있고, 전통 교리를 분석해도 어렵지 않게 발견할 수 있다. 예를 들어 하나님은 정의로운 심판자라고 하는데, 다른 한편 조건 없이 용서를 베푸는 구원자라고 한다. 강청强請하는 인생의 기도를 들어준다고 하는데(눅 18:7), 다른 한편 자기 뜻대로 기도를 응답한다고 한다. 변치 않고 후회가 없다고 증언되는데(민 23:19), 성서 도처에 변하고 후회하는 모습이 기록되어 있다(창 6:6; 삼상 15:11). 이사야는 그리스도의 신앙적 태도에 대해 이렇게 예언했다. "그가 여호와를 두려워함(fear)으로 즐거움을 삼을 것"(사 11:3)이라고 즉, 인간이 기피하는 부정적 심리 상태인 '이르아(יִרְאָה, 공포와 두려움)가 곧 즐거움이라는 모순 형용을 썼다. 지혜문학의 결정판인 전도서에는 "지혜가 많으면 번뇌도 많으니 지식을 더하는 자는 근심을 더하느니라"(전 1:18)고 적고 있다. 지혜가 장수와 부귀의 원천이라고 선언하는 다른 지혜의 문서(잠 3:16)와 다른 말이다.

복음서 기자에 의하면, 예수 역시 역설 및 모순의 언어를 다양하게 구사했다. 평화의 왕이라 칭해지는 예수 스스로 세상에 평화를 주러 온 것이 아니라 "칼을 주러 왔다"(마 10:34) 또는 "불을 땅에 던지러 왔다"(눅 12:49)고 했다. 그리고 "자기의 생명을 사랑하는 자는 잃어버릴 것"(요 12:25)이라 경고했다. 산상수훈에서는 "(심령이) 가난한 자는 복이 있다"(마 5:3; 눅 6:20)는 역설로 시작하며 역시 "박해를 받은 자는 복이 있다", "원수를 사랑하라" 등의 상식을 뒤집는 어법을 썼다. 바울은 어떠했을까? 그 또한 "내가 약한 그 때에 강하다"(고후 12:10) 그리고 "죽는 것도 유익하다"는 비논리적이고 비상식적인 고백을 했다(빌 1:21). 요컨대 이런 식으로 모순의 진술이 가득한 곳이 성서의 세계다.

사도 시대 이후 고대 교회의 지도자들은 어떠했을까? 그들이 구사하는 반어와 역설을 몇 가지 꼽아본다. 아우구스티누스 시대 이전에 형성되었던 '유월절 전야 미사 찬송'(Paschal Vigil Mass Exsultet)은 이른바 '복된 죄'(felix culpa)의 역설을 노래한다. 말하자면 "이처럼 위대한 속죄의 주를 가질 자격을 갖추었던, 오, 행복한 죄여!"[7]라고 했고, 아우구스티누스는 이에 대해 "하나님께서는 악이 존재하지 않게 하는 것보다 악으로부터 선을 가져오는 것이 낫다고 판단했다"[8] 하며 인간이 짊어진 죄악의 역설적 기능을 긍정했다. 교부 신학의 완성자 토마스 아퀴나스도 『대이교도 대전』 가운데 불행과 행복과의 관계에 대해서 이렇게 말했다. "불행은 그 자체로 사람들의 경멸을 야기하지 않는다. 오히려 불행한 이들이 행복을 추구하는 것을 보고 사람들은 경의를 표시한다."[9] 또한 종교개혁자 루터는 신학자의 운명에 대해 "이해도 독서도 사색도 아니라, 살다 죽고 정죄 받음으로써 신학자가 된다"[10] 하는 역설을 사용했다.

기실 그리스도교의 교리 형성사를 연구하자면, 명료한 진술과 신앙고백을 통해 그리스도교 신학의 정체성을 세우고자 했던 강한 동기를 쉽게 발견하게 된다. 이는 초기부터 현저한 신학적 특징이기도 했다. 가령 니케아 공의회, 콘스탄티노플 공의회, 에베소 공의회, 칼케돈 공의회 등등 거의 모든 공의회가 이단의 주장을 반박하며 교리를 확정할 때 현저하게 동일률의 논리를 사용하여 교리를 수립해 갔다. 어느 수준에서 그것은 당시 상황 속에 분명히 불가피한 작업이었다. 그러나 다른 한편에서 그것은 정확한 신앙고백과 분명한 언어로 짜인 교리를 수용하지 않으면 "너는 틀리다"는 식의 그리스도교 2천 년 역사를 관통하는 배타적 신조주의(confessionalism)가 정착되는 일련의 과정이

---

7 "O felix culpa, quae talem ac tantum meruit habere redemptorem." "Exultet," The Catholic Encyclopedia, https://www.newadvent.org/(2017.10.02).

8 "Melius enim iudicavit de malis benefacere, quam mala nulla esse permittere." *Enchiridion*, VIII.

9 *Summa contra gentiles*, III, 38.

10 "Vivendo, immo moriendo et damnando fit theologus, non intelligendo, legendo aut speculando." *Operationes in Psalmos*, WA 5, 163:28-29.

었다. 수 세기에 걸친 공의회 이후에는 그리스도교 맹아기에 보유했던 다양성과 자유분방한 변론을 위한 관용은 찾기 어려워졌다. 이는 동일률에 정초한 냉혹한 문자주의의 시작이었다.

다시 강조하지만, 우주와 역사와 세태는 분명히 중층적이고 이율배반적 현상들을 보인다. 종교적 각성과 인식은 바로 그러한 면면들을 섬세하게 포착하는 데에서 인류의 정신사에 기여한다. 그리고 그 모순들을 배척하지 않고 더 심오하고 초월적인 차원에서 용납하고 해소하는 데에서 영성과 신앙의 능력이 증명된다. 다시 말해 이원적·대립적 의식을 초극하여 간혹 구조악과 부조리와 박해까지도 더 높은 차원이나 더 깊은 심연에서 수용하고 긍정하는 태도로 신앙의 정수가 나타나는 것이다. 현실을 변혁하고 이상적 공동체를 형성하는 과제는 그다음으로 뒤따르게 된다. 이러한 선후 관계를 인정하지 못하는 논자들이 성급하게 종교를 '인민의 아편'으로 몰아세우는 일은 당연하다. 불공평한 사회적 현실, 전복해야 할 체제마저 더 큰 틀에서 용납될 수 있다고 종교가 주장한다면, 인문주의자나 혁명가들은 오히려 종교를 먼저 타파해야 할 반동이라고 지목할 것이다.

나 스스로가 칼 바르트와 위르겐 몰트만의 정치윤리학 및 정치신학으로 학위를 취득하였기에, 이 비판자들의 관점에 따라 신앙의 '사사화私事化'(privatization)가 얼마나 위험한지 충분히 인식하고 있다. 신앙의 사사화란 세계인이 직면하고 있는 각양 불공정과 구조악을 외면하고 개인의 안녕을 위한 방편으로 종교의 의의를 국한하는 태도이기 때문이다. 그러나 이와 반대로 정치적·경제적·사회적·문화적 불공정과 차별을 일소하는 사안이 1순위가 된 신학과 종교도 큰 문제를 지니기는 마찬가지다. 종교에는 정치 이데올로기나 혁명적 사회윤리로 환원될 수 없는 독자적 성격이 있기 때문이다. 종교가 지닌 풍요로운 정신적·

미학적·통전적 가치란 당장에 세계 변혁의 장에 당장 소용되지 않겠지만, '누룩'과 같은 점진적 변화를 일으키는 자원이 된다(마 13:33 참조). 혁명열革命熱은 대극의 일치를 도외시하겠지만, 종교가 대극의 일치를 위한 관용을 잃어버리면 곧 수준의 격하이며 타락이다.

신앙인의 정신과 양심은 세계에 관영한 악과 무고한 자가 받는 고난에 온몸으로 괴로워하면서도, 다른 한편 시비 간에 속단하지 않는 데에서 증명된다. 그것은 동일률의 논리로 하나님의 섭리를 재단하지 않겠다는 자세다. 성급한 판단은 유보하고 신앙적 인내로 우선 바라보겠다는 자세이기도 하다. "죄인은 마땅히 고난받는다"라고 주장하는 친구들의 인과론적 관점에 대하여 욥은 "내가 죄인이 아니지만 고난받는다"고 항변했다. 그러나 기나긴 변론이 끝나 갈 즈음 폭풍우 가운데 등장한 하나님의 엄위 앞에서 욥은 손으로 자신의 입을 가리고(욥 40:4) 자신을 거두어들이고 "티끌과 재 가운데에서 회개한다"(욥 40:6)고 고백하면서 물러났다. 그렇듯 오늘날에도 누구든지 하나님의 불가해성과 심연에 침잠한다면, 궁극적으로 "이것도 틀리고 저것도 틀리다", 즉 하나님 앞에서 "모든 것이 틀리다"는 사실을 각성하기에 이른다. 그리고 그렇게 깨닫게 된 자는 오직 침묵할 것이다.

종교학자인 윌프레드 캔트웰 스미스(Wilfred Cantwell Smith)는 "서구에 사는 우리 지성인들은 어떤 문제에 있어서든 이것이냐 아니면 저것이냐 하는 것을 택해야 한다"고 시인하면서 "모든 궁극적인 문제에 해당하는 진리는 '이것이냐 혹은 저것이냐' 하는 사고 가운데에 있는 것이 아니라 '이도 저도'의 사고 가운데 있다"[11]고 반성한 바 있다. 반면에 동양적 사유 전통은 서양의 그것과 비교할 경우, 동일률의 논리를

11 Wilfred Cantwell Smith, *The Faith of other Men* (New York: New American Library, 1963), 72.

포함하면서도 그 한계들을 극복하는 풍성한 혜안을 갖추었다. 그것은 단순히 문학적·수사적 기교의 차원이 아니다. 만물의 실제와 역사에 대한 면밀한 귀납적 관찰과 발견의 결과였고, 그에 따른 역설·모순·모호·상반·상충의 '그러그러함'을 긍정하는 직관으로 나아갔던 결과였다.

예를 들면 불교에서는 유와 무, 형체가 있는 것[色]과 비어 있는 것[空], 삶과 죽음, 번뇌와 해탈, 붓다와 중생은 서로 다른 법이 아니라는 방식으로 설해 왔다. 노자와 장자는 동일률을 기반하는 존재론과 가치론이 가져오는 차별과 배제와 잠재적 폭력을 간파했다. 그리하여 일정한 시비의 기준 아래 정비된 법도와 예절, 정착된 계급, 부과된 사회적 질서, 타율적 윤리가 오히려 인간의 자연스러운 삶을 해치고 작위적 억압으로 속박할 수 있다는 점을 비판했다. 반면에 문명적 질서와 강요된 법령 이전에 자연스럽게 구가했던바, 스스럼없는 무위와 유유자적한 삶이 지닌 역설적 가치를 대안으로 내세웠다.[12] 결국 이상과 같은 교설은 '이도 저도' 또는 '이도 아닌, 저도 아닌' 식의 논리를 기반으로 하고 있으며, 궁극적으로 세계와 삶에 대한 바른 이해를 추구하고 개개인의 대자유를 꾀하고 있다.

혼돈에 대한 접근 태도와 이해 방식은 각각의 종교 전통에 따라 다르다. 그리스도교 주류 신학은 혼돈을 무질서와 죄악을 상징하는 것으로 보지만, 노장의 혼돈은 동일률에 근거해 강요된 계급 질서와 부과된 본질을 부정하는 속뜻이 있다. 그러므로 우리는 같은 '혼돈'이라는 외연外延 아래 전혀 다른 가치를 의도하는 내포를 읽어야 한다. 우선 그 문자를 살피자면 혼돈이란, '섞다', '섞이다', '합하다', '흐리다'는 뜻의 '혼混'과, '엉기다', '어둡다', '어지럽다', '빙빙 도는 모양', '물결치는

---

12 Norman J. Girardot, *Myth and Meaning in Early Taoism: The Theme of Chaos* (Berkeley: Univ of California Press, 1988), 38-41.

모양'을 뜻하는 '돈(沌)'의 합성어다. "임금은 임금답고, 신하는 신하답고, 아비는 아비답고, 자식은 자식다워야 한다"는 인위적인 법도와 예절을 주장하는 공자와 다르게, 노자와 장자는 개개인에게 재단할 수 없는 가능성과 자발성으로서 혼돈이 주어져 있다는 관점을 가지고 있다. 그러한 혼돈은 근본적으로 인간의 자유와 개성과 존엄성의 근거가 된다. 혼돈은 사물들에게 작위적으로 부과되는 동일률을 거부하는 메타포다. 만약 도가적 사유 방식을 전용하여 해석하자면, 창세기 1장 2절에 나온 '혼돈'은 사물이 조성되지 않은 상태일 뿐만 아니라, 인식의 분별과 가치의 차별이 분화되지 않은 근원적 단계이며, 물아일체·주객일치·모순적 일치를 허용하는 미분화의 신적 세계이다.

아우구스티누스와 루터가 회복한 신적 은총의 의의는 동일률을 근거한 차별과 대립을 세우지 않는 방식으로 베풀어지기에 성립하는 것이다. 그것이 그리스도교 복음의 정수(精髓)다. 예수가 선언한바, 하나님은 근본적으로 의인과 죄인을 구별하지 않고 경건한 자와 그렇지 못한 자를 차등하지 않고 그저 자신으로부터 베풀 것을 베푼다(마 20:15). "이는 하나님이 그 해를 악인과 선인에게 비추시며 비를 의로운 자와 불의한 자에게 내려주심이라"(마 5:45) 하는 예수의 '신론'에서 잘 드러난다. 그리스도교의 복음은 매우 드라마틱하게 논리적·윤리적 동일률을 초극한다. 그리하여 인간에게 진실로 '기쁜' 소식이란 곧 하나님이 우리를 존재하는 그대로 용납한다는 말이다. 찬송가 가사처럼 "내 모습 이대로 주 받아주소서"(take me as I am) 하듯, 가리지 않고 분별하지 않고 인생에게 베푸는 하나님의 은총을 그대로 받아들이는 것이 또한 그리스도교 신앙이다. 십자가에 달린 예수는, 자신을 못 박은 원수를 위해 중보했던 예수는 바로 그 무조건적인 또는 비논리적인 환대의 영원한 확증과 표상이 된다. 그러므로 인간의 법리적·윤리적 판단

조건이 신적 환대와 용서에 미치는 영향은 결단코 없다.

인과응보적 가치관과 자기 검열적 편집증과 윤리적 강박증이 있는 자라면 부정하고자 할 교리이겠지만, 복음은 어쩔 수 없다. 복음은 신의 차별 없는 사랑을 선포하는 것이다. 도리어 율법의 행위와 실천의 공로에 따라 의인을 인정하지 않겠다는 것, 창녀와 세리가 먼저 하나님 나라로 불려 나오는 것, 그것이 복음이고 그리스도교다. 여기에는 하나님의 구원을 받는 "A는 A가 아니다"라는 모순을 내포한다. 가령 하나님의 구원을 받는 의인은 의인이 아니다. 그리스도의 대속을 믿는 죄인은 죄인이 아니다. 복음서에 의하면 하나님은 탕자와 죄인을 용납할 뿐만 아니라 오히려 자기의 의로움에 도취된 바리새인을 내친다. 예수는 분명하게 성전에 올라 하늘을 우러르지 못하고 눈물을 흘리며 가슴을 치다 돌아간 세리가 오히려 의로움이 인정되었다고 했다(눅 18:14). 특히 바울에 의하면, 율법적 실천이 하나님이 의롭다고 인정하는 조건이 되지 않는다(갈 2:16). 이것은 상식과 보편적 윤리의 견지에서 보자면 파탄이고 무질서다. 정교하게 쌓아 올린 인간의 도덕적·법적 체제에 대항하는 혼란이며 대혼돈이다.

그렇다면 죄인을 거저 받아들이고 용서하는 하나님은 불의한가? 아니다. 신구약 성서를 망라하고 다른 한편에서 하나님은 선하며 정의의 편에 선다고 했다. 보다 근본적으로 하나님 자체가 선과 정의의 원천이다. 그런데 그러한 하나님이 죄 없는 아들을 나무에 매달아 욕보이고 죽게 방치하여 죄인들을 속량했다. 그렇게 죄인이 살고 의인(예수)이 죽으니, 이것이 과연 우리가 보편적으로 상정하는 정의의 규범에 부합할까? 물론 아니다. 그래서 세인들은 곧잘 대속교리를 지목하며 "악하고 부조리하다", "도둑 심보다", "도덕률과 인과율 위배다", "인간의 선의지를 무효화한다", "신적 아동학대다" 등등 갖은 비판을 쏟아 낼 수밖에 없다.

이상에서 살폈듯 우리는 성서적 진술을 보존하고서도 하나님의 성품과 섭리에 관한 모순의 양립을 확인할 수 있다. 그러므로 세계에 드러난 선과 악의 문제 이전에 근원적으로 유와 무 그리고 질서와 혼돈을 망라하는 "존재 그 자체의 심연 속에서 존재와 비존재의 일치는 신적인 것(the divine)"13이라고 이해하는 편이 낫다. 일찍이 헤겔은 악을 하나님에 대해 적대적이고 부정적인 것으로 간주하면서 하나님을 악과 반대로 두어 오로지 선하고 긍정적이고 진실된 것으로만 규정하는 것에 문제가 있다고 지적했고14 슈버트 옥덴(Schubert Ogden)은 하나님 이해를 새롭게 하기 위해 새로운 논리와 사유가 필요하다고 밝힌 바 있다.15

앞서 살폈듯이 우리는 세계의 실제와 존재에 대한 각성을 동일률로써만 진술할 수 없음을 확인했다. 사물과 사태가 양자택일의 속성을 가지고 있다는 식으로 설명하는 존재론이나 이를 떠받치는 논리학은 존재론과 인식론에 있어 완전할 수 없고, 특히 대안적 신학을 마련하는 작업에 있어서 신론에 소용되기에 심각한 한계가 있다. 누군가 정립定立(These)에 의해 교리, 신조, 신앙고백을 수립했을지라도 머지않아 반정립(Antithese)과 반박에 봉착한다. 상반된 '둘 다'를 인정할 수 없는 한 혹은 '둘 다'를 부정하지 않는 한, 무한하고 불가해한 하나님에

---

13 Vermon R. Mallow, *The demonic: A selected theological study : an examination into the theology of Edwin Lewis, Karl Barth, and Paul Tillich* (New York: University Press America, 1983), 145.

14 Georg Wilhelm Friedrich Hegel, *Lectures on the Philosophy of Religion*, trans. R. F. Brown, P. C. Hodgson, and J. M. Stewart (Berkeley: University of Clifornia Press, 1988), 454.

15 Schbert Ogden, *The reality of God and Other Essays* (New York: Harper & Row, 1966), 48.

관한 바른 지식이나 교설이 가능할 수 없다. 예컨대 하나님은 '초월적' 존재냐 '내재적' 존재냐 하는 신론의 문제, 예수는 '사람'이냐 '하나님'이 냐 하는 기독론의 문제 그리고 하나님의 '예정'이냐 인간의 '자유의지'냐 하는 구원론의 문제는 결국 역사적으로 대립과 모순을 용인하는 사유를 통해 해결을 모색하고 있다.

2천 년 기독교 역사 가운데 교회의 분쟁과 소요는 교리에 있어서 동일률의 논리 또는 양자택일의 논법을 고집할 때일수록 극렬해졌다는 사실을 환기해 보자. 무고한 인명의 손실 및 숙청의 대가代價로 확정된 교리를 여전히 자랑스럽게 여기는 교파가 없지 않은데, 현단계에 와서 과연 그것이 얼마나 지속 가능하고 불가침적인지 평가하자면 딱히 그렇지도 않다. 교회가 처한 시대적 상황과 해석의 제한 가운데 확립된 옛 신조가 당시에는 적절해 보였어도 이내 균열의 위기를 보이곤 한다. 그리하여 "그때는 맞고, 지금은 틀리다"는 식의 볼멘소리를 내는 것이 곧 작금의 신학이 처한 상황이기도 하다.

세계의 실상과 궁극적 실재를 논할 때 우리는 앞서 '이도 저도'(both this and that)의 방식과 '이도 저도 아닌'(neither this nor that)의 논법이 필요함을 보았다. 상술했듯이 이에 관련한 고안은 고대 인도 철학의 여러 유파流派에서 그리고 고대 중국의 역易사상에서 뚜렷했다. 부연하자 면 역은 상반되는 대극이라 할지라도 상호적 긍정, 지지支持, 교류, 포괄, 보완 등의 질서로 운행하기에 '이도 저도' 및 '이도 저도 아닌'의 논리가 가능하다. 한국 철학사 중에는 대표적으로 원효元曉의 '불일불이不一不二, 즉 "하나가 아니면서 둘도 아니다" 또는 "같지도 않고 다르지도 않다"는 화쟁和諍사상에 나타난다. 다행히 그리스도교 신학 안에서 이와 관련한 반성과 착안은 20세기에 동양의 신학자들로 인해 부상했다. 대표적으로 신학자 이정용은 "역易 자체" 또는 "포괄성으로서의" 하나님을 주장했는데, 예를 들자면 "인격적이면서 동시에 비인격적인 신", "여성이면서 남성인 신", "초월적이면서 내재적인 신", "상호 보충적인 양극으로서 선과 악"을 포괄하는 신을 논하며 "이것도 저것도 모두"의 논리가 필요하다고 역설한 바 있다.16

거기에 더해 우리는 '이것도 저것도 아닌'(neither this nor that) 방식의 유효성도 짚어야 한다. 어찌 보자면 이정용이 제안하는 '이것도 저것도 모두'의 논리보다 더 근원적이다. 현상 이면에 관해 사유하자면 철저하고 정직한 논리이기 때문이다. 바로 나가르주나가 꾀한 사구부정四句否定이 그 대표적인 사례다. 앞서 소개했듯이 사구부정은 당대의 논법인 정립·반정립·긍정종합·부정종합의 네 가지 논리 모두를 부정하겠다는 의도가 담겨있다. 그리하여 결국 "모른다" 혹은 "할 말이 없다"고 선언하는 소극적 태도를 보인다. 이것이 일견 비겁하고 염세적으로 이해될 수 있겠지만, 역설적이게도 궁극적 실재에 대하여 가장 온당한 입장이다.17 그리스도교의 부정신학이 바로 이런 진실에 눈을 뜨고 있었다.

"이도 저도 아니다", "나는 내가 모른다는 사실만 안다", "말할 수 없다", "할 말이 없다" 하는 종교적 태도는 인식·개념·언어·논리 형식을 불신하기에, 마침내 궁극적 실재에 대해서 그 어떤 이론을 남기려 하지 않는다. 혹여 이것을 신적 계시의 부재로 인해 초래된 몽매한 인식주체의 패착으로 평가하는 시각이 있을 수 있겠다. 그러나

---

16 이정용, 『역의 신학』 (서울: 대한기독교서회, 1998), 81-105.

17 다음 예를 참고하면 도움이 될 것 같다. "비교적 초기에 성립된 어느 선불교 경전에서는 나가르주나의 사구분별(四句分別)을 다음과 같이 표현하고 있다. '깨달음이 존재를 통해서 얻어질 수 있습니까?' '아니오.' '비존재를 통해서 얻어질 수 있습니까?' '아니오.' '존재와 비존재를 통해서입니까?' '아니오.' '존재도 아니고 비존재도 아닌 것을 통해서입니까?' '아니오.' '그럼 우리는 어떻게 깨달음의 의미를 알 수 있습니까?' '어떠한 것도 알 수 없으며, 이것이 바로 우리가 깨달음을 얻는다고 하는 것이오.'" 베르나르 포르/김수정 역, 『불교란 무엇이 아닌가』 (서울: 그린비, 2011), 54-55.

그것은 편협하고 단순한 비판이다. 존재의 심연에 관하여 전혀 모르는 자가 그러한 반응을 보일 수는 없다. 도리어 궁극적 실재의 일부만이라도 깨달아 가는 만큼, 주어지는 신적 진실의 무게에 짓눌릴 때 지식과 언어의 허망함을 절감하는 양심이 취하는 자세다. 이는 그리스도교 전통 안에서 여러 부정신학자와 신비가들이 공통적으로 시사했듯 하나님의 실제에 대하여 인간 지성이 표할 수 있는 가장 진실무망하고 겸손한 반응이다. 궁극적으로 도달한 신적 심연에 반응한 인생을 가장 잘 묘사한 성서 본문은 욥기에 있다. 불가해한 고난에 절규하며 하나님의 섭리에 맞서 변론하고자 고집부린 욥이 마침내 하나님의 현현을 마주하고서 고백하는 대목이다. "보소서. 나는 비천하오니, 무엇이라 주께 대답하리이까? 손으로 내 입을 가릴 뿐이로소이다"(욥 40:4).

수도자가 깊은 기도와 관상의 적정寂靜에서 조우한 신성(Godhead)이라 할지라도, 그 어떤 사도가 삼층천에서 긴히 들은 계시가 있을지라도 그 양적·질적 수준은 하나님의 있는 그대로의 실제와 온전히 비견될 수 없다(고후 12:4 참고). 하나님은 근원적으로 그 모든 것을 부정하면서 영원한 현재 가운데 '나는 나', '나는 있음', 'I am that I am'이라고 선포하는 존재이기 때문이다. 이를 깨달은 위 디오니시우스나 마이스터 에크하르트는 순수하고 충만한 하나님을 무라고 일컬을 수밖에 없었다. 하나님은 완전하고 편재하는 충만이라고 하지만, 막상 인간의 신-인식과 신-언명은 필연적으로 하나님을 축소시키고 왜곡시킨다.

불가피하게 인간은 '오해'라는 도움닫기를 통해 지식을 취하므로, 하나님에 대한 부분적 지식과 교리와 교의학에도 분명히 의미가 있고 유익함이 있다. 그리고 성서 본문에 대한 문자적 독해, 신앙고백(신조)을 불가침의 존재론으로 취하는 독해, 교리를 초월적이고 영원한 진리로 읽는 독해가 반드시 틀린 것만은 아니다. 그러나 한때 어느 개인과 어느 신앙 공동체에게 맞았든 틀렸든, 상황적이든 보편적이든, 하나님과 계시에 관련하여 우리가 알고 말하는 것은 결국 임의적이고 임시적인 은유일 뿐이다.

하나님과 인간 사이에 가장 큰 애로隘路는 바로 이것이다. 하나님이라는 말이 하나님 자체에 앞섰다는 사실. 그것도 너무나 오랫동안 말이다. 하나님을 진정眞正으로 알아감에 있어서 방해가 되는 것은 도리어 하나님에 관한 말들이다. 하나님의 정체가 드러나기 전에, 하나님의 진면목이 드러나기 전에 하나님 개념이 너무 확정되어 있었다(바울에 따르면 인간이 인지할 하나님의 참모습은 종말론적 기약 아래에 유보되어 있지만 말이다). 이 근본적인 애로에 대해 다음 니사의 그레고리우스의 고백을 참고하자.

> 모든 것 저편으로! 어떻게 내가 달리 당신을 찬양할 수 있을까요? 어떻게 내가 당신을 말로 칭송할 수 있을까요? 당신은 모든 언어로써도 표현될 수 없기 때문입니다. 어떻게 당신을 볼 수 있을까요? 당신은 어떤 통찰로써도 파악될 수 없기 때문입니다. 당신만은 알려지지 않은 분입니다: 당신은 모든 단어를 창조하셨기 때문입니다. 당신만은 알려지지 않은 분입니다: 당신은 모든 통찰을 창조하셨기 때문입니다.[18]

위 인용문 가운데 하나님이 모든 종류의 언어와 통찰을 창조했다는 표현은 곧 하나님은 언어와 통찰을 통해 포착되지도 않고 그 어떤 개념에 종속되지 않는다는 의미다. 가령 성서가 하나님을 '아버지'라고 적고 있다 해서(신 1:31; 사 63:16), 우리가 그것을 전적으로 하나님에

---

18 다음에서 재인용. Albrecht Peters/김영한 역, "루터에 있어서 숨어 계시는 신: 삼위일체 하나님," 「성경과 신학」 3 (1986): 176.

대한 사전적 · 문자적 의미로 받아들일 수 없는 노릇이다. 그렇게 하면 하나님은 남자의 성기를 달고 아내를 두고 있어야 하기에, '비성서적' 하나님을 초청하게 된다. 그러니까 천상의 계시가 되었든 인간의 추론이 되었든, 하나님에 대한 모든 언표는 예기치 않은 국면들에서 틀릴 수밖에 없다. 그것들은 하나님의 본성과 실제로부터 '미끄러지는' 언어의 임의적 수단이라는 한계를 넘어서지 못한다. 그러므로 궁극적 실재 또는 하나님에 대한 모든 인식과 언표는 '이것도 저것도 아닌' 문제에 처한다.

하나님에 관한 그 어떤 교리든 하나님이라는 지시 '대상'에 제대로 유착되지 못하는 문제를 안고 간다(그런데 하나님은 결코 '대상'이 아니다. 우리가 그 안에 있고, 그가 우리 안에 있는 한, 그는 대상이나 객체가 될 수 없다. 그러므로 하나님을 아는 작업은 창조와 인간을 알아가는 작업과 함께 진행되어야 한다). 신학자나 신비가들이 그에 관하여 뭐라 말하든 임시적인 기표가 되고 또 한편으로 매우 맹랑한 낭설이 된다. 지금 나의 이 글도 마찬가지다. 말하자면 나는 이 저작의 모든 내용을 부정하고 완전히 포기할 의도가 있다. 그게 내가 일관되게 기술한 것들의 핵심이기 때문이다. 무엇보다 이를 두고 하나님이 비웃으시기 때문이다. "하늘에 계신 이가 웃으심이여 주께서 그들을 비웃으시리로다!"(시 2:4)

에크하르트는 "하나님은 부정마저 부정한다. 그는 유일한 분이시고 기타 모든 것을 부정한다. 왜냐하면 하나님 외에는 아무것도 없기 때문이다"[19]라고 선언했다. 그리고 비슷한 반성은 20세기의 변증법적 신학자 칼 바르트의 『로마서 강해』제2판의 정신에서 발견된다. 오직 하나님만이 모든 인간적인 것들과 지상적인 것들을 괄호로 묶고 부정해

---

19 Meister Echhart, *The Complete Mystical Works of Meister Echart*, 467.

버리는, 괄호 앞에 위대한 "마이너스 부호"를 붙이는 분이라고 주장했다. 그 대목을 인용한다.

> 괄호 앞에 있는 신적인 마이너스는 모든 인간적인 의식성, 원칙성, 독선, 원리, 어떤 주의 그 자체에 대해서, 모든 "통치와 권세와 능력"(롬 8:38; 엡 1:21) 그 자체에 대해서, 그것들을 끝내는 심판이 된다. (중략) 우리는 그 결정적인 마이너스 부호를 붙일 수 없다. 우리는 우리가 부가하는 플러스와 마이너스가 그 결정적인 마이너스와 만날 때 얼마나 부끄러운 것이 될 수밖에 없는지를 확실히 알 수 있을 뿐이다.[20]

내가 볼 때 가장 중요한 것은 이 신적인 마이너스 부호를 붙이시는 하나님이란 인간의 경험과 인식과 언표와 무관한, 그 자신으로서의 하나님이라는 점이다. 나는 바르트로부터 한 걸음 더 나아가 하나님은 인간이 부과하는 그 어떤 지식·표상·관념·언어 따위를 부정하시기에, 곧잘 어떠한 '것'(thing)이라 할 수 없는 존재, 즉 무(no-thing)라고 할 수밖에 없는 분이라고 본다. 물론 그 안에서 일체의 대립하는 것은 무효가 된다.

---

20 칼 바르트/손성현 역, 『로마서(제2판, 1922)』 (서울: 복 있는 사람, 2017), 958.

II. 인간의 인지구조와 사물

"만물은 순전한 무다." [1]
_ 마이스터 에크하르트

　세계와 사물에 대한 적확한 지식이 수립되기 전에 그와 관련된 개념들도 정해져 버렸다. 가장 신뢰할 수준의 지식이 속속들이 확정되는 작금의 환경이라 할지라도, 그것들을 인지하고 언어로 정립하여 전달하기 어려운 경우가 많다. 고대로부터 이런 애로는 늘 있었다. 그런데 오늘날과 같이 이 문제가 현저히 부각한 시대는 전에 없었다. 특별히 한 세기 전부터 인간의 인지구조와 직관과 언어에 배치되는 양상들이 곧 이 세계가 지닌 적나라한 본성임이 밝혀지는 중인데, 이 사실을 확인하는 전문가들조차 주저 없이 받아들이지 못하곤 한다. 우리는 인간이라는 종이기에 그리고 우리 종 사이에 통용되는 언어를 지식과 전달의 도구로 쓰고 있기 때문에 세계나 사물을 인지하면서도 일정 부분 곡해하게 된다. 프란시스 베이컨은 이미 이 문제에 관해 '우상론'을 통해 '종족의 우상'(Idola Tribu)과 '시장의 우상'(Idola Fori)이라는 개념을 세워 제기한 바 있는데, 여전히 현대인은 인간이라는 특별한 종의 한계와 잘 알지 못하고서도 떠들어 온 언어의 한계에 갇혀 세계를 살고 있다.

　지난 세기에 지성들은 우리 우주를 이루는 미세한 실체로부터 거대한 천체에 이르기까지 그에 관한 바른 지식을 구하기 위해서 모든

---

1 Meister Echhart, *The Complete Mystical Works of Meister Echart*, 226.

인식적 요건을 의심하고 재점검할 수밖에 없었다. 한 예로 어느 물리학자는 우리가 "물질을 이루는 그 작은 입자들도 물질이 아닌, 단지 물질이라고 느끼게 하는 에너지의 파동"임을 안다면 이제 우리는 3천 년을 향하는 물질주의 철학을 극복하게 될 것으로 전망한 예가 있다. 즉, "만질 수 없고 볼 수 없는 것이라면 그것은 존재하지 않는 것"이라고 집착한 편견에서 말이다.[2] 그렇듯 한 세기 동안 과학의 비약적 발전으로 이루어진 철학적 전회, 특히 상대론과 양자역학이 존재론과 인식론에 미친 영향은 그리스도교 신학에도 도전적인 착안점을 가져온다. 과거에 신뢰받던 모든 지식과 명제들이 근본적인 의혹과 재접근이 필요한 만큼, 그리스도교의 교리와 신조 역시 예외가 아니기 때문이다.

창조 세계에 관한 지식 중 문명사의 현단계에 가장 도발적으로 의미 있는 것은 단연 상대론과 양자역학이다. 그 둘은 우리 안에 인식적 우상과 언어적 우상을 깨는 데에 유용한 도구를 건네고 있기 때문이다. 그로 인해 신학에 가해오는 충격은 가공할 것이지만, 건전하게 극복한다면 하나님과 존재에 대한 타당한 지식과 온전한 영성 및 실천으로 안내된다. 독일의 저명 물리학자 막스 플랑크(Max Planck)는 과학이 결코 자연의 궁극적 신비를 해명하지 못할 것이지만, 인간이 자연을 탐색하다 보면 필연적으로 자연의 일부인 자기 자신을 탐색해야 할 때가 온다고 했다. 그러니까 우주나 외적 실재를 탐구하는 작업은 인간이 자기의 의식과 정신을 탐구하는 일환이기도 하다는 말이다.

고대 종교와 현대 과학에 이르기까지 세계의 본질을 가상(환영)으로 규정하는 이론들이 있었다. 말하자면 우리가 분명한 실체로 간주하는 세계가, 때로 우리에게 참기 힘든 고통과 절망을 가져다주는 이 세계가

---

2 제럴드 슈뢰더, 『신의 숨겨진 얼굴』, 53.

정작 꿈이나 환상과 같이 실체가 없다는 주장이었다. 이러한 세계관은 어느 시대에서든 상식적으로 받아들이기 어려웠다. 아주 허황된 소리로 취급하거나 정반대로 너무 심오하게 느껴 수용하려고 들지 않기 때문이었다. 가령 플라톤, 싯다르타, 장자와 같이 탁월한 현자가 내세우는 가르침이라 할지라도 일반 대중은 그에 관해서 귀 기울이지 않고 짐짓 무시해 왔다. 그렇다. 언제든 구체적 감각과 경험으로 느낄 수 있는 세계, 유구한 인간의 역사가 펼쳐진 이 세계가 어찌 실체가 아니라고 할 수 있을까? 이는 인간의 상식과 성정에 근거한 당연한 의심이자 배격이었다. 더욱이 이곳에는 우리가 즐기고 소유해야 할 것들이 널려 있는데 말이다.

이론물리학이 냉철한 수학식으로 추정해 놓은 이론이라 할지라도 실험적 증명이 이루어지지 않는 한 물질적 세계를 비실체로 간주하는 이론은 과학계에서도 낭설로 취급되곤 한다. 아무리 수학적으로, 정합적으로 옳다고 해도 말이다. 오죽하면 폰 노이만(John von Neumann)이 "수학에서 당신은 사물을 이해하는 것이 아니다. 단지 익숙해지는 것이다"(In mathematics you don't understand things. You just get used to them)라고 했을까? 이른바 객관적·보편적인 자연의 진실이라 하더라도, 그간 인간의 경험과 직관에 부합하지 않으면 간단히 무시되거나 신랄하게 거부되었다. 물리학자인 토마스 쿤(Thomas Kuhn)이 자세히 밝혔듯, 과학의 역사 속에서도 선행하는 정설이나 권위적 학설에 부합하지 않으면 아무리 합리적인 이론이라 할지라도 끈질기게 배척되는 일이 비일비재했다. 곧 객관적이라고 자처하는 과학 역시 심리적·인습적 영향을 받는다는 말이다. 그렇게 새롭게 밝혀진 진리를 수용하지 못하도록 기존의 지식에 집착하는 문제를 베이컨은 '극장의 우상'(Idola Theatri)이라고 명명한 것이다. 수학과 실험이라는 철저한 방법이 동원되는 분야인 과학계에서도 재래의 우상을 파괴하기란 쉽지 않다. 가령 유연하고 독창적인 사고를 해 왔던 아인슈타인도 죽을 때까지 새롭게 부상한 양자역학의 확률론을 받아들이지 않았다.

인간만이 수행할 수 있는 순수한 지적 활동이자 우주적인 법칙을 다루는 수학에서도 점점 상식과 동일률을 초월하여 수용할 수 없는 증명들이 나오고 있다. 예를 들어 19세기 최고의 수학자 힐베르트(David Hilbert)는 "아무리 어려워도 내용과 의미가 명확한 수학 문제는 언젠가 풀릴 수 있다"는 신념이 있었지만, 이른바 괴델(Kurt Godel)의 불완전성 정리가 등장하면서 "참이지만 증명할 수 없는 명제가 존재한다" 혹은 "공리계의 무모순성은 해당 공리계에서는 증명할 수 없다"는 사실이 확증되었다. 쉽게 말하자면 수학은 자체가 모순이 없는 체계라는 점을 스스로 증명할 수 없고, 수학 자체에도 참과 거짓을 정할 수 없는 명제가 존재한다는 의미다. 특히 무한집합의 크기에 관한 칸토어(Georg Cantor) 의 '연속체 가설'에 있어, 결국 참이라 해도 문제없고 또 거짓이라 해도 문제없다는 식의 증명이 도출되었다는 사실은 때로 수학도 어떤 국면에서는 논리 형식으로 진위를 판가름할 수 없다는 한계를 보인 것이다. 그 외에 퍼지이론(fuzzy theory)의 함수적 표현이나 무한의 영역 으로의 확장 과정에서는 이것도 참, 저것도 참이 가능해진다. 이렇듯 순수한 보편의 언어라 할 수 있는 수학마저도 간혹 참에 대한 동어반복 (tautology), '예'와 '아니오'의 이중성, '이것도 저것도'의 논법을 시사한 다는 것은 우리가 세계의 근원적 실재에 대해 무엇을 어떻게 말해야 할지 난감하게 만든다.

우리는 앞에서 칸트의 선험적 인식론과 동양의 인식론을 일별하며 존재와 인식 사이의 상관관계를 살펴보았지만, 인식 구조와 사물 사이 에 불가분의 관련성은 여전히 우리 세대에서도 상식 밖일 뿐이다.

진리라는 것은 객관적 사물에 대한 주관적 지성의 일치로 단정하는 관점이 여전히 지배적이기 때문이다. 특히 소박실재론(naive realism)에 가까운 기독교 창조론이 전제하는 존재론은 21세기에 이르러서도 고대의 사물관에서 몇 걸음 더 나아가지 못하고 있다.

칸트에 앞서 이미 몇몇 철학자들은 "무엇이 진리가 될 수 있고 또 인간은 어떠한 방식으로 지식을 얻게 되는가" 하는 인식론 문제에 골몰하다가 세계와 존재의 개념을 다시 정립할 계기를 얻곤 했다. 가령 고대 그리스의 데모크리토스(Democritos)는 감각기관으로 지각되는 것들의 관념성을 다음과 같이 지적했다. "관습에 의해(맛이) 달고 관습에 의해 쓰며, 관습에 의해 뜨겁고 관습에 의해 차갑다. 색깔 역시 관습에 의한 것이다."[3] 이를 발전시켜 근대의 데카르트와 로크 등은 인간이 인식하는 사물에 관하여 제1 성질과 제2 성질로 나누어 설명했다.

로크에게 있어서 제1 성질이란 물체가 어떤 상태에 있더라도 그것으로부터 결코 분리될 수 없는 성질이다. 구체적으로 고체성固體性·수數·연장延長·형形·운동·정지·관성 등이 여기에 해당하는데, 대체로 객관적·물리적 성질로 간주되었다. 그리고 제2 성질이란 색·향기·소리·맛 등 주관적인 것들로서 물체가 갖는 성질로 설명되었다. 이러한 제2 성질들은 인간의 인지구조에서 해석된 것들이므로, 인체 외부의 절대적·보편적·객관적 성질이라고 할 수 없으며 상대적·주관적·심리적 성질이라고 할 수 있다. 반면에 로크는 특히 제1 성질을 물질의 본질을 이루는 것으로 믿었다. 그가 신뢰했던 '고체성'은 뉴턴 물리학의 질량 개념에서 가져온 것으로 추정되는데, 고체성이야말로 일반인들이

---

3 다음에서 재인용. 김상욱, 『떨림과 울림』 (서울: 동아시아, 2018), 47.

존재 여부를 판단하는 기준으로서 인류 역사와 함께 한 오래된 유물론적 관점이었다.

그런데 미립자의 세계를 모르던 18세기에 순수한 사고실험으로 제1 성질마저 의심한 철학자가 있었다. 그가 바로 데이비드 흄이다. 다음 인용문을 보자.

> 근대 연구자들은 딱딱함, 부드러움, 뜨거움, 차가움, 하양, 깜장 등등 대상들의 감각적인 성질들 모두는 이차적인 성질일 뿐이며, 그것들은 대상들 자체에는 존재하지 않으며, 그것들이 나타내 주는 어떤 외부적인 원형이나 모델이 없어도 정신이 지각해 내는 것들이라는 것을 일반적으로 인정하고 있다. 만일 제이성질에 관하여 이것이 허용된다면, 연장이나 견고성 같은 제일성질이라고 생각되는 것에 관해서도 마찬가지다.[4]

실제로 현대물리학은 고체성 · 비투과성 · 연장 등을 비롯한 제1 성질마저 확고하지 않은 것이라고 밝혀 놓았다. 근본적으로 모든 종류의 입자는 에너지 또는 장(field)이 그 정체이고, 그것에 기인한 전자기력의 반발 때문에 생물들은 응집된 에너지를 고체나 입자로 느낄 뿐이다. 더욱이 오늘날에는 에너지, 장, 파동마저도 '정보'로 환원될 수 있다는 이론마저 부각하고 있다.

브라이언 그린은 현대 과학에 당도하기까지 인간이 자연적 실재에 대해 제대로 파악하지 못한 현실을 두고 "눈앞에 보이는 자연의 모습에 현혹되는 것"이며 "일상적인 경험만으로 이 우주를 이해하는 것이 콜라병을 통해 고흐의 그림을 바라보는 것만큼이나 부정확한 행위"라

---

4 윤선구, 『흄 인간지성에 관한 탐구』 (서울: 서울대학교 철학사상연구소, 2005), 75.

고 단언했다. "우리는 일상생활의 표면 안에 숨어 있는 세계를 쉽게 인지하지 못"하기 때문이다.[5] 이와 같은 그린의 언급은 인간이 본연적으로 지닌 감각 방식과 인식 방법의 한계를 정확하게 짚어내고 있다. 요컨대 근래의 물리학은 "세상은 인간이 본 대로가 아니다", "우주는 네가 느낀 대로가 아니다", "인간은 세계의 진상을 객관적으로 알 수 없다"는 메시지를 던지고 있다.

객관적인 실체로 간주되는 외부 세계(사물)와 인간의 주관적 인식 역할 사이의 관계에 대해 과거 철학자들의 이론은 크게 세 가지의 종류로 나뉜다. 첫째, 인간의 정신에 사물 혹은 존재의 관념을 만드는 것이 이미 외부에 보편적으로 실재한다는 주장이다. 아리스토텔레스의 형이상학에 영향을 받은 토마스 아퀴나스의 "진리는 사물과 지성의 일치"(veritas est adaequatio rei et intellectus)라는 정의가 전형적인 생각이다. 외부에 무엇인가 객관적으로 존재하니까 우리가 그것의 속성에 따라 인지할 수 있다는 관점이다. 데카르트와 로크 또한 이러한 입장에 서 있다. 둘째, 의식 외부의 물질적 세계는 존재하지 않고 오히려 존재하는 것은 의식 속의 관념이라는 입장이다. 사물들이 존재하는 것은 그것을 봐주는 '관측자'가 있기 때문이라고 주장한 성공회 신학자 조지 버클리(George Berkeley)와 라이프니츠가 이에 관한 대표적 이론가다. 그들은 물적 실체의 절대성을 부정하였고, 인간의 지각 내용은 신이 인간의 정신 속으로 넣어준 관념이라고 생각했다. 독특하고 흥미로운 관점이다. 셋째, 인간의 인식 능력의 특징과 한계로 인해 사물로부터 잡다한 인식 자료들을 얻어올지라도 그것들로 인해 정신 안에 존재하게 된 관념 또는 지각적 존재만 알 뿐, 정신 외부에 이에 꼭 대응하는

---

5 브라이언 그린, 『우주의 구조』, 29-30 참조.

사물이 존재하는지 알 수 없다는 관점이 있다. 흄과 칸트가 이러한 입장의 대표 이론가이다.

아무튼 치열한 생존 투쟁이 펼쳐지는 이 세계를 개념적으로 비실체로 묘사하는 것은 인간 본연의 관념과 정서에 부합하지 않는다. 우리는 인간이라는 같은 종으로서 살아가며 서로 공감하고 경험하는 대로 세계가 실재한다고 믿고, 현실이 객관적으로 주어져 있다는 사실에 견고한 신뢰를 보내며 산다. 그래서 이상의 두 번째와 세 번째 이론은 대중에게 딱히 알 필요가 없는 것, 알아도 숙고할 이유가 없는 것으로 치부된다.

세계와 인생에는 분명히 유한성과 죽음이라는 절대적 한계가 있고, 급작스럽게 찾아오는 무고한 고통 속에 잔혹성, 우발성, 모호성이 깃들여 있다. 아니 세계와 우주 전체에는 무질서, 무의미, 혼돈, 격변, 파괴가 가득 차 있다. 누구든 주어진 인생을 애써 경주하고자 할지라도 때때로 맞닥뜨리고 겪는 엄연한 실상이다. 사람이라면 안정과 풍요와 가치가 보장된 생활 속에서 질서정연한 미래를 전망하고 싶지만, 세계는 정작 그렇게 운행되지 않는다. 따라서 우리는 질서와 함께 세계의 부조리와 혼돈을 함께 보아야 한다. 존재하는 것으로 현상된 세계는 온통 상반되는 요건들의 조합임을 알아야 한다. 심지어 "존재하느냐? 혹은 존재하지 않느냐?" 하는 문제에서도 말이다. 이 점은 역시 성서에 분명히 증언되어 있다. 세계는 영원하지 않다고! 실제로 영원하지 않다는 것은 시간이라는 임의적 형식 속에 존재와 무의 이중성을 함께 지닌다는 의미다. 일찍이 고르기아스가 이 진실에 대해 시사했다. 곧 시작과 끝을 지닌 존재자는 다른 존재자로부터 기인했기에 본질상 무라고 할 수밖에 없다고 말이다. 우리는 이 점에 관해 깊이 사유하지 않은 것 같다. 장차 세상이 끝난다는 것은 단순히 "지금은 있고 나중에는 없게 된다"는 운명만을 가리키지 않는다. 그것은 세계와 사물의 '본질'을 드러내는 명확한 증거다. 그것은 곧 무다.

세계가 고체(입자)처럼 존재하는 것으로 드러나게 만드는 핵심적 요건이 '의식'의 활동이라는 사실을 확인하기 위해 다시 과학의 사례를 들어야 하겠다. 즉, 이 우주에는 양자화된 에너지 상태가 관측되는 순간에 단 하나로 결정되고 파동이 입자로 나타나는 현상이 있다. 가령 전자의 상태를 서술하는 파동함수가 관찰(측정)되기 전에는 확정되지 않은 상태이므로 확률적으로 중첩된 것으로 표현되지만, 관찰이 이루어지는 순간 이른바 '파동함수의 붕괴'(wave function collapse)로 인하여 하나의 상태로 결정된다. 간단히 말하자면 사람이 관찰하려고 시도할 때 파동이 입자가 된다는 뜻이다. 이것은 그야말로 과학을 빙자하면서 마술이나 기적을 말하는 것과 다름없다. 인간의 관찰 행위가 양자적 결과를 고정하거나, 사물의 양태를 규정하거나, 더 나아가 인간의 의식이 구체적인 세계를 등장시킨다는 함의이기 때문이다.[6]

고전 물리학의 마지막 대가라고 할 수 있는 아인슈타인은 절대적 진리가 인간의 관찰과 무관하게 존재한다고 굳게 믿었기에, 위와 같이 설명하는 '코펜하겐 해석'에 크게 반발했다. 그러면서 이렇게 반문했다: "저기 떠 있는 달을 좀 보세요. 쥐 한 마리가 달을 바라보았다고 해서 없던 달이 갑자기 나타났겠습니까?"[7] 그러나 코펜하겐 연구소의 닐스 보어(Niels Bohr)는 굽히지 않았다. 인간이 관측한 이후에야 비로소 진리라는 것이 존재한다고[8] 닐스 보어의 관점에 동조하며 훗날 물리학

---

6 다음을 참고하라. Eugene Paul Wigner, Walter John Moore and Michael Scriven, *Symmetries and reflections* (Bloomington: Indiana University Press, 1967), 172.

7 미치오 카쿠, 『평행우주』, 256.

자 안드레이 린데 역시 이렇게 주장했다.

> 우리 모두는 의식을 가진 인간이므로, 이 우주가 관측자 없이도 존재할 수
> 있다고 주장할 만한 근거는 없다. 우주와 우리는 의식의 세계 속에서 함께
> 존재하고 있다. 우주 안의 모든 것을 설명하는 만물의 이론에는 인간의 의
> 식이 반드시 고려되어야 한다. 영상이나 음향을 기록하는 장치는 관측자의
> 역할을 대신할 수 없다. 기록된 정보의 내용을 확인하려면 그것을 보거나
> 들어줄 관측자가 어차피 있어야 하기 때문이다. 우리가 어떤 사건을 목격하
> 고 그것을 다른 사람에게 전할 수 있으려면, 우리에게는 우주가 있어야 하
> 고 기록장치가 있어야 하며 다른 사람들이 있어야 한다. 관측자가 없는 우
> 주는 죽은 우주나 다름없다.[9]

'인류 원리' 개념을 처음 제기한 물리학자 브랜든 카터(Brandon
Carter)도 천문학적 발견이 진행될수록 인류 원리와 대척점에 놓이는
'코페르니쿠스의 원리'의 강화로 인해 인간의 지위가 예전 같지 않음을
인정했다.

그러나 다른 입지에서 인간은 여전히 우주 가운데 매우 중요한
위상을 지닌다고 주장했다. 그것은 바로 인간이 이 우주에 기여할
수 있는 관찰·측정의 역할 때문이다. 이런 맥락에서 미치오 카쿠는
"우주의 존재 여부는 '자신을 관측해 파동함수를 붕괴시켜 줄' 생명체
를 창조하는 능력 여하에 따라 달라진다"고 평했다.[10] 역시 유진 위그너
(Eugene Wigner)도 "사람이 우주에 적응하듯, 우주도 사람에게 적응

---

8 앞의 책, 251-252 참조.
9 앞의 책, 268.
10 앞의 책, 527.

중"11이고, 인간의 관찰 또는 인식의 참여가 없으면 실재란 창조될 수 없다고 단언했다. 그러니까 인간의 관찰이 파동을 입자로 화하게 하듯, 인간 의식이 이 세계를 '이처럼' 존재하게 한다는 것이다. 그리하여, 휠러의 주장처럼, 관찰자에 의존적인 우주 속에 인간은 그 중심에 존재한다고 할 수 있다.12

슈뢰딩거(Erwin Schrodinger)가 비꼬듯 제기한 '고양이' 사고실험13 의 문제를 해결하고자 일군의 물리학자들은 관찰자(인간)의 특별한 지위를 내세웠다. 가령 "관측자의 의식을 도입하지 않으면 양자역학의 법칙을 일관된 논리로 표현할 수 없다"고 하면서 "의식이 존재를 결정" 하고 "궁극적인 진리는 의식에 담겨 있다"고 말이다.14 유진 위그너가 제기한 대범한 표현, "관찰에 의한 발생"(Genesis by observation)이라는 말은 바로 이상의 맥락을 지니고 있다. 신학자 존 호트 또한 인간의 의식보다 물질을 우선하여 보았던 고전 물리학에 관하여 "물리적 결정론과 맹목적 우연에 의한 목적 없는 놀이가 오랜 세월 동안 지속된 후에야 마침내 물질은 위태롭게 마음을 탄생시켰다"고 하면서, 정작 양자역학의 시대에 와서는 마음이 "단지 무의식적 진화의 우연적인 부산물이 아니라 자연의 근본적인 측면"일 수 있으며 특수 상대론과

---

11 Gary Kowalski, *Science and the Search for God* (New York: Lantern Books, 2003), 50.

12 다음을 참고하라. John A, Wheeler, "Bohr, Einstein, and the Strange Lesson of the Quantum," *Mind and Nature*, ed, Richard Elvee (San Francisco: Harper & Row, 1982).

13 양자역학의 코펜하겐 해석을 비판하기 위하여 슈뢰딩거가 1935년 고안한 사고실험이다. 중첩으로 설명할 수 있는 양자 대상이 측정 장치(일반적으로는 인과적으로 연결된 고전 물리학적 대상)를 함께 고려하면 결국 측정장치도 중첩을 일으켜야 한다는 역설이다. 중첩된 파동함수가 측정하는 순간 환원된다는 것에 대한 문제 제기다. 한국물리학회,『물리학 백과』, http://www.kps.or.kr/(2021.11.10).

14 Robert Crease and Charles Mann. *The Second Creation: Makers of the Revolution in Twentieth-Century Physics* (New York: Macmillan, 1986), 67.

양자 물리학에 의해 "마음을 몰아냈던 과학인 물리학이 그 반대의 작업에 주도권을 쥐고 있다"[15]고 평가했다.

우리가 접하는 사물들이 인식과 무관하게 내 몸 바깥에 분명히 존재한다는 확신은 자연스러운 것이다. 실로 머리통으로 날아오는 야구공에 제대로 맞거나 피죽도 못 먹고 한 사나흘 굶으면, 누구든 자신 외부에 물질 존재한다는 사실과 그 위력이 얼마나 대단한지 절감한다. 그러나 인식의 대상으로서 실재의 본질의 미시적 차원으로 면밀히 접근하다 보면, 의식을 매개로 하는 존재와 무의 겹친 층위가 드러난다는 사실도 엄연하다. 그리하여 상식이 통하지 않은 미립자의 세계를 필두로 '객관적'으로 보이는 물적 대상에 접근할 경우, 우리는 '이도 저도'(both this and that)의 존재론적 성질과 인식론적 방법을 재확인하게 된다. 이미 우리 인류 앞에 제시되었던 고대 종교들의 통찰, 근대 인식론적 분석, 현대 과학의 실험과 해석을 통해 얻게 되는 세계의 진실이란 곧 "해석되지 않은 사실은 없다는 점" 그리고 "우리가 이전에 알아차리지 못했던 인간적 구성(construction)의 측면이 있다는 것"이다.[16]

근래 제기되는 과감한 가설 중 하나는 우주가 존재하도록 만드는 전 우주적 관찰자인 하나님을 요청하는 경우다. 우주의 본질이 무형의 수학적 구조나 2차원 표면에 기록된 정보라고 가정할 경우, 이것이 나타나게 만드는 중대한 요건이 바로 하나님의 관찰 또는 하나님의 인식이라고 연관 짓는 것이다. 이는 18세기 영국의 성공회 신학자 조지 버클리나 1950년대 성공회 사제이자 물리학자인 윌리엄 폴라드(William Pollard)가 주장한 내용과 유사한데,[17] 여기서 다시 물리학자

---

15 존 호트, 『과학과 종교, 상생의 길을 가다』, 184-185.

16 앞의 책, 32.

17 William Pollard, *Chance and Providence: God's action in a world governed by scien-*

미치오 카쿠의 다음 주장을 참고해 본다.

> 양자역학은 '우주에서 인간의 역할'이라는 문제를 다른 각도에서 성찰하고 있다. 슈뢰딩거의 문제와 관련하여 (중략) 위그너의 해석이 맞는다면, 공간상의 모든 곳에서 의식의 흔적을 찾을 수 있어야 한다. 관측자 A가 어떤 자연현상을 관측하고, 관측자 B는 관측자 A를 관측하고, C는 B를, D는 C를 관측하고… 이런 식으로 관측의 연결고리가 무한히 계속되고 있다면, 최후의 관측자는 아마도 신이나 조물주일 것이다. 그렇다면 우주는 '자신을 바라보는 신이 있기에' 존재하는 셈이다. 그리고 휠러의 해석이 맞는다면 우주는 정보와 의식으로 가득 차 있을 것이며, 의식은 모든 존재의 특성을 결정하는 가장 중요한 요인으로 작용할 것이다.[18]

이와 마찬가지로 우주를 기계로 보아왔던 앞선 시대의 실재관을 반대하며 제임스 진스(James H. Jeans)도 "이 우주가 거대한 기계가 아니라 거대한 의식에 가깝다"고 주장한 바 있다.[19]

과학은 세계라는 것이 혹여 유기체적 우주가 자신을 바라보는 '자기 지시(언급)'(self reference)의 결과가 아닌지 연구하기도 한다. 이론물리학자 폴 데이비스(Paul Davies)의 경우 역행하는 인과율에 기반한 자기 창조적 우주를 연구했는데, 그에 의하면 우주가 관측자를 낳고, 관측자가 정보를 구축하고, 다시 그 정보가 우주를 결정하기에 우주는 자기 설명적이라고 했다.[20] 다시 말해 우주라는 것은 관측할 수 있는 생명을

tific law (New York : Scribner, 1958).

18 미치오 카쿠, 『평행우주』, 525.

19 Gary Kowalski, *Science and the Search for God*, 49.

20 다음 저서를 참조하라. 폴 데이비스/이경아 역, 『코스믹 잭팟』 (서울: 한승, 2010), 10장.

필요로 한다는 것이다. 그 외에 전일적 생명으로 살아있는 우주가 스스로를 관찰한다고도 할 수 있고 또 우주의 구성 요소들이 서로 무관한 독립적 실재가 아니라 상호 의존하며 발생하면서 서로가 서로를 인식하면서 성립한다고 이해할 수 있다. 이처럼 현대물리학은 물질적 특질과 정신적 특질을 이원적으로 분리할 수 없음을 암시하고 우주를 조성하는 것에 작용하는 의식적·정신적 인자因子가 있음을 시사한다. 요컨대 데카르트 이래 근대인들이 물질과 정신을 이원적으로 생각했던 것과 달리 정신과 물질은 분리될 수 없는 것이며 우주의 탄생과 역사 가운데서 이미 의식과 세계는 하나였을지도 모를 일이다.

그리스도교 신학에서 응용하자면, 루아흐에 대한 신적 자기 인식이 곧 입자화 내지는 물질화를 일으킨다고 가정할 수도 있다. 이것은 인식(관찰)하는 신적 주체가 다시 인식(관찰)되는 객체로 분화하는 것을 의미한다. 그리고 이것은 루아흐 또는 파동 또는 장(feild)의 성질을 갖는 하나님의 잠재성이 실체화(substantiation)로 나아가기 위해서 단일신單一神으로 존재할 수 없다는 점도 시사한다. '하나'이면서 '하나가 아님'의 본성이 하나님에게 있어야 할 하나의 이유다. 그간 삼위일체의 하나님에 관해 우리는 유일신이면서 삼위의 신이고, 본질이 같지만 구별된 위격을 지닌다고 고백해 왔다. 논리적으로 구성하자면 'A'도 참이며 '~A'(not A)도 참인 특성을 그 자신이 지니는 것이다. 그러니까 '1'이면서 '~1'(not 1)이니, 유일신이면서 단일신이 아니고, 삼위의 하나님이면서 삼신三神이 아니다. 만물이 그 가운데 있지만, 그는 만물이 아니다. 초월이면서 초월이 아니고, 내재이면서 내재가 아니다. 관찰하는 하나님이면서 관찰되는 하나님이다. 그럼으로써 하나님의 파동은 입자가 되고, 하나님의 정보는 물질이 된다. 내가 그리스도교의 하나님이 높은 수준에서 계시된 하나님이라고 신뢰하는 까닭은 그리스도교의 삼위일체 하나님은 위와 같이 이미 모순성, 불가해성, 중첩성, 불가분성을 지닌 분으로 계시되고 있기 때문이다. 그것이 곧 삼위일체의 신비이고, 인간 종種의 단견과 직관을 무효화하고 말을 잃게 만드는 영원한 실재의 자격이다. 이에 대해서는 다음 장에서 더 풀어보기로 하겠다.

III. 기(氣)와 이(理)의 신학적 해석

"나는 이 스테이크가 존재하지 않는다는 것을 알아. 이것을 내 입에 넣으면 매트릭스가 나의 뇌에 육즙이 풍부하니 맛 좋다고 해주겠지."
_ 영화 〈매트릭스〉(The Matrix, 1999) 중

1. 주기론의 맥락을 따라

역설적이게도 무가 모종의 가득한 상태라는 견해는 고대 사유 전통 가운데에서 발견된다. 장자의 「인간세」 편에서는 "기가 텅 비어 있어서 모든 사물을 받아들이는데, 오직 도는 텅 빈 곳에 이른다"[1]고 했다. 조선의 서경덕 역시 '태허太虛'라 하더라도 무형의 기가 충만한 상태라고 했다. 그에 의하면 태허란 기의 충만이고, 무극으로서 태극이고, 만물이 조성되기 전의 선천先天이다. 단지 인간에게 현상되지 않는 무형의 기가 나중에 유형의 사물로 변화된다고 보았다. 그의 관점을 따르자면 우주가 조성되기 전에는 선천의 기, 즉 무한한 규모로서 충만하지만 응집·분화·사물화되지 못한 상태가 태허일 뿐이다.

조선 후기에 기학氣學을 궁구했던 최한기 역시 비슷한 생각을 했다. 최한기는 기만이 유일한 궁극적 실재이며, 그것이 곧 천天이며 신神이라고 말했다. 물론 유학의 전통에 서 있는 그가 언급하는 신이란 그리스도교의 하나님과 정확하게 합치되는 개념은 아니다. 그는 기의 '활동운화活動運化'가 신이 된다고 주장하며 온갖 정신현상, 심리, 감정도 기의 활동으

---

1 "氣也者 虛而待物者也 唯道集虛."

로 보았다. 최한기는 기가 형체가 없고 감각되지 않는 경우가 있을지라도, 그것은 분명히 존재하는 것이며 허무하거나 부재하는 것이 아니라는 입장의 강경한 실재론자이기도 했다. 비록 기가 무형의 것 또는 영적인 것으로 취급될 수도 있고,[2] 논자들에 따라 유와 무로 나누어 사유하는 일이 있어도 그들은 충만한 기를 발견하지 못했기 때문이라고 비판했다. 최한기에 따르면 기가 보이지 않고 감각되지 않을지라도 언제나 살아 움직여 순환하고 변화한다. 따라서 애초에 무는 없다. 유, 즉 기만 있을 뿐이다. 우리가 없는 것을 있다고 해도 오류이지만, 있는 것을 없다고 해도 오류다. 만물과 그 배경에는 기가 충만히 차 있는 것이다. 기가 제외된 허공은 없다. 누군가 허공이라 단정해도 거기에는 반드시 기가 존재한다. 이렇게 최한기의 사유에서는 이른바 영-육 이원론 또는 정신-물질 이원론 같은 것은 찾을 수 없고 '기' 일원론으로 수렴된다. 후학들은 기의 본성인 활活·동動·운運·화化에 관해 각각 생명성·운동성·순환성·변화성으로 해석하고는 하는데, 이것은 최한기의 기철학의 핵심을 쉽게 이해하는 데 도움이 된다.

현대물리학도 또한 '빈' 공간이라 할지라도 실제로는 비어 있지 않다는 설명을 한다. 대표적으로 진공으로 간주되는 지구 대기권 밖, 즉 우주 공간에서도 마찬가지다. 우주의 은하 사이 진공에는 평균적으로 1m³당 원자가 1개 미만이 있을 것으로 측정된다. 그런데 그 얼마 되지도 않는 원소를 완전히 제외한 진공이라 하더라도 끊임없이 쌍으로 생성 및 소멸하는 가상 입자들이 꽉 차 있으며, 이것들이 만든 장(field) 역시 격렬하게 요동하고 있다고 한다. 이러한 현상을 '양자 요동'(quantum fluctuation)이라고 하는데, 최소한 우리 우주에 있어서 진공이란

---

2 최한기/손병욱 역, 『기학』(서울: 통나무, 2004), 44 참조.

아무것도 없는 상태가 아니고 오히려 무한한 양 에너지와 음 에너지의 총합인 셈이다. 더 간단히 말해 우주의 진공은 평형의 상태요 또한 충만의 상태라 할 수 있다. 그러나 우리는 진공을 결여 또는 부재, 심지어 마이너스 상태로 간주하는 우를 범하곤 한다.

이제 그리스도교 신학의 전통으로 가서, 이른바 '무로부터의 창조'(creatio ex nihilo)라는 교리를 재고해 본다. 이와 관련하여 내가 조심스럽게 제기하는 사유 실험은 이 교리가 세계 창조에 관한 기사를 담고 있는 창세기 1장 서두 부분과 어울리는가 하는 의문에서 비롯된다. 말하자면 최소한 '무로부터의 창조'라는 명제를 문자적으로 보존한다 치더라도 그 무가 '절대무'일 수가 있겠느냐 하는 것이다. 유감스럽게도 현대 과학은 우리 우주가 무로부터 창조되었다기보다 어떤 것으로부터 재형성(재구성)된 것이고, "대개 혼돈 상태나 비구조적 공허(structureless void)로부터 만들어진다"고 한다.3 이렇게 과학과 신학이 벌어지는 지점에 그리스도교 유신론은 고민이 깊어진다.

성서의 진술을 보존한다고 하더라도, 최소한 창조의 유일한 인자因子로서 하나님은 무를 배경으로 존재한다. 그것이 아니라면 앞서 논했듯이 존재하지만 마치 없는 것처럼 현상되거나 없는 것으로서 가정되는 무, 그러나 실제로 어떠한 '존재 양태'인 무로부터 창조되었을 수 있다는 가능성이 남는다. 이것은 창세기 1장 1절과 2절을 해석하기에 따라 드러나는 착안점이다. 국내 개신교에서 쓰는 개역개정판은 그 대목을 이렇게 적고 있다.

태초에 하나님이 천지를 창조하시니라. (1절)

---

3 John D. Barrow, *The Book of Nothing*, 291.

땅이 혼돈하고 공허하며 흑암이 깊음 위에 있고 하나님의 영은 수면 위에 운행하시니라. (2절)

이 가운데 2절의 "땅이 혼돈하고 공허한"의 원어 'תֹהוּ וָבֹהוּ'(토후 와 보후)를 70인경(Septuagint, LXX)은 "아오라토스 카이 아카타스큐아스 토스"(ἀόρατος καὶ ἀκατασκεύαστος), 즉 (땅이) '비가시적이고 비형체인'(in-visible and unformed)으로 번역했다. 주지하다시피 70인경은 BC 3세기쯤 히브리어 성서를 국제공용어인 헬라어로 옮긴 것으로서, 당시 유대교인들이 히브리어 성서를 어떻게 이해하고 해석했는지 보이는 단서가 된다. 이를 다시 불가타역본(VUL)은 "inanis et vacua", "(땅이) 텅 비고 공허한"으로, 킹제임스역(KJV)은 "without form, and void", 즉 "(땅이) 형상을 갖추지 않고 공허한"으로 번역하고 있다. 즉, 이 구절은 앞뒤 문장을 함께 살피는 맥락에서 그리고 앞서 살펴본 바벨론 창세 설화의 영향사를 고려하자면 다음과 같이 해석할 수 있다. 땅(세계)의 형체가 구성되지 않아 혼잡스러운 상황으로 또는 창조 이전에 '땅'으로 표현된 모종의 원질原質이 형체를 갖추지 않는 비가시적 단계로 말이다.

창세기 1장은 법조문의 형식과 같기도 하지만, 다른 한편 시처럼 읽힐 수 있는 소지도 있다. 우리 시대에는 이 부분을 사전적·지시적으로 읽기보다 은유적으로 이해하는 편이 온당할 것이다. 그럼에도 이 대목은 하나님의 창조 사역의 실제를 추정하는 데 참고할 만한 소지와 영감을 제공하기 때문에 마냥 문학적으로만 읽을 수 없다.

우선 세계의 창조 이전을 묘사하는 2절의 '땅의 혼돈', '수면 위에 운행'은 창조 직전의 상황이 절대무를 함의하지 않음을 보인다. 피조물이 질서 있게 등장하기 이전이므로 혼돈 및 혼잡 상황으로 이해되는데, 우리는 여기에 등장하는 중요한 한 메타포에 주목할 필요가 있다.

그것은 바로 '바람(숨)'과 '수면(물결)'이다. 특히 2절에서 '영'으로 번역된 히브리어 '루아흐'(רוּחַ)는 본래 바람과 숨을 의미했는데, 이는 창세기의 창조론에서 가장 중요한 핵심어다. 그것은 보이지 않으면서 운동하는 것 또는 형체가 없지만 작용하는 그 어떠한 것을 표상한다. 이것과 관련하여 동아시아에서 가장 유사한 어휘를 찾는다면 단연 '기氣'가 될 것이며, 현대물리학에서는 '에너지'가 될 것이다.

흥미로운 것은 고대로부터 거의 모든 문명권에서 바람과 숨이라는 메타포를 생명의 원천이자 생명을 유지하는 근원적 힘[元氣]으로 간주했다는 사실이다. 우리 말에서도 '목숨', '신바람' 등의 단어에서 '숨'과 '바람'이 차지하는 의미소意味素로부터 그러한 관념을 찾아볼 수 있다. 물론 히브리어 '루아흐' 외에 '네페쉬'(נֶפֶשׁ), '네샤마'(נְשָׁמָה)가 그러하고, 헬라어 '프뉴마'(πνεῦμα)와 '프쉬케'(ψυχή)가 그러하고, 라틴어 '스피리투스'(spiritus)가 그러하고, 산스크리트어 '아트만'도 그러하다. 고대 인도-유럽 어족에 함께 속했던 관계로, 숨과 호흡을 뜻하던 인도 산스크리트어의 아트만은 수증기나 연기를 뜻하는 헬라어 '아트모스'(ἀτμός)와 '숨 쉬다'는 뜻의 독일어 '아트멘'(atmen)과 동계어로 서로 관련을 맺는다. 아무튼 이 모든 단어가 각각의 문화권에서도 '숨', '바람', '호흡' 등의 의미로부터 영혼, 신, 자아, 참나, 정신 등으로 변천했다는 흥미로운 사실이 있다.

그리스도교 신학 일각에서는 창세기 1장의 루아흐를 '성령'으로 간주하여 성령론을 발전시켜 왔는데, 만약 우리가 이러한 유형의 성령론을 긍정하되 창조의 물적 근거를 성령으로 상정하는 것이 가능하다면 '물질 대 영(정신)'의 이원적 구도를 재고할 여지가 생긴다. 이미 패러데이 이후 물체와 질량은 2차 현상들로서 힘이 장의 특정 위치에 에너지가 집중된 현상으로 인식되고 있다.[4] 곧 비가시·비형체의 에너지가 응축된 것이 물체라는 뜻이다.

마침 20세기 신학계의 거장 칼 라너(Karl Rahner)[5]나 판넨베르크(Wolfhart Pannenberg)는 성령을 에너지 또는 역장力場(force field)으로 해명하고자 했다. 판넨베르크의 경우 "신이 영이라는 말은 신이란 모든 것에 침투하는 바람, 때로는 조용한 숨결로 때로는 거센 폭풍으로 모든 것에 침투하여 지배하는 바람이라는 뜻"[6]이라고 했고, 더 나아가 성령을 "단순히 하나의 지성(nous)이 아니라 생명을 수여하는 창조적 활력(dynamic)"[7]이라고 주장했다. 이렇게 그는 성령을 지성을 넘어서는 하나님의 능력의 현존의 '역장'(force field)으로 보았는데, 이는 만물의 근거를 물질이나 입자가 아니라 하나님, 특히 성령으로부터 찾는 격이다. 판넨베르크 자신은 성령과 장의 관계를 장로교 신학자 토마스 토렌스(Thomas Forsyth Torrance)가 처음 인식했다고 시인했다(토렌스는 중국에 선교사로 파송된 아버지 때문에 중국에서 출생했고, 15년 이상 신학과 현대물리학 사이의 관계를 연구한 바 있다).

앞서 살펴보았듯 고대 지중해 연안의 자연철학자들 가운데에서 이와 유사한 발상들이 발견되고 있다. 그리고 스토아학파의 프뉴마 개념이 "모든 사물을 관통하는 힘으로서 세계의 서로 다른 부분들을 강한 장력을 통해 한데 엮어 전체 우주로 만들어 주는 가장 미세한 물질로 인식되"고, 이 이론이 "교부 신학의 성령론에 강한 영향을 미쳤고, 특별히 창조에서 영이 담당했던 우주론적 기능을 기술하는

---

4 볼프하르트 판넨베르그, 『자연 신학』, 71.

5 로마 가톨릭 신학자 칼 라너(Karl Rahner)도 이미 1970년대에 성령을 '에너지 장'(energy field)으로 논의한 바 있다. 다음 글을 참고하라. Karl Rahner, "Experience of Self," *Theological Investigations* XIII (New York: Seabury, 1975).

6 볼프하르트 판넨베르크 외 4/여상훈 역, 『신, 인간 그리고 과학』 (서울: 시유시, 2001), 35.

7 Wolfhart Pannenberg, *Systematic theology* Vol. 1, 382.

데 큰 영향을 미쳤다.[8] 다른 한편에서 고대 동아시아의 다양한 논자들의 기 형이상학 역시 비슷한 얼개를 지닌다. 이러한 자료들로 인해 20세기 이후 여러 동양 신학자 및 한국 신학자들은 성령론을 기와 연관하여 응용·개진하곤 한다.[9]

양자물리학자 데이비드 봄(David Bohm)에 의하면, 우리 우주의 공간에는 드러나지 않은 질서(implicate order)가 펼쳐 있다. 말하자면 고전 역학이 측정하는 물체의 운동량 그리고 상대성이론이 계산하는 시공간 그리고 양자역학이 해석하는 입자의 확률 등은 드러나 있는 질서이지만, 3차원 공간 안에서 드러난 일부만이 물질의 형태로 우리에게 경험된다. 다른 시간과 다른 확률들은 다른 차원으로 접혀 들어가는 것인 반면, 현재 3차원 공간은 이 접혀있는 전체 가운데 펼쳐진 일부이다. 그러한 공간 가운데 어느 위치에서 에너지가 응집되면 물질이라고 일컫는 것이 된다. 그런데 물리학에서 에너지 또는 장의 개념으로 물질을 이해하자면, 물질이라는 개념이 모호해지고 물질과 비물질의 경계가 느슨해진다. 근본적으로 그 어떤 물체, 물질, 동식물의 개체라 할지라도 우주 전체 에너지의 일부분일 뿐이기 때문이다. 만약 우리가 판넨베르크처럼 성령을 세계의 모든 현실을 포괄하는 장으로 이해할 수 있다면, 만물과 그 운동의 근거인 하나님이 모든 것에 함께 계신다는 하나님의 편재성(엡 4:6)을 지지하면서 보다 구체적으로 추정할 수 있다.

창세기 1장 2절의 루아흐 언급 이후 이어지는 어휘 '수면水面'이 문자적으로 물(H2O)을 뜻하는 것이 아니라고 인정한다면, 이 역시

---

8 볼프하르트 판넨베르그, 『자연 신학』, 72.

9 이와 관련하여 국내 연구에 관한 한, 다음 논문들을 참고하라. 신은희, "성령과 기(氣)의 에로스: 기성령론을 향하여," 「신학사상」 128 (2005); 이세형, "성령론에 대한 기철학적 이해," 「선교신학」 15 (2007); 권진관, "기(氣)에 대한 성령론적 고찰," 「종교연구」 32 (2003); 서창원, "성령론: 氣論的 전개 가능성," 「신학과 세계」 49 (2004).

은유적으로 해석할 수 있다. 예를 들어 '물들의 표면'(face of the waters, KJV)을 어떠한 유체流體의 '결' 또는 '파동波動'으로서 말이다. 실제로 만물을 포괄하는 성령이 그 어떤 피조물(H2O)과 질적 수준이 같을 수 없다. 우리는 루아흐로서 무시간적으로 존재하는 분이 '성령'임을 환기하면서, 그가 신의 독존성을 드러낸다고 말할 수 있다. 만물 이전에 참으로 존재하는 분은 영과 물질을 망라하는 성령 하나님이며 그 어떤 피조물의 위상도 결코 성령에 상응할 수 없다.

성서에 의하면 모든 피조물은 시한적이고 그 생명과 동력을 성령으로부터 빌려 쓰고 있다. 가령 욥기는 "하나님의 영(루아흐)이 나를 지으셨고, 전능자의 기운(네샤마)이 나를 살리시느니라"(33:4), "그가 만일 뜻을 정하시고 그의 영(루아흐)과 목숨(네샤마)을 거두실진대"(34:14)라고 쓰고 있다. 그리고 시편에는 "여호와의 말씀으로 하늘이 지음이 되었으며 그 만상을 그의 입 기운(루아흐)으로 이루었도다"(33:6), "주께서 낯을 숨기신즉 그들이 떨고 주께서 그들의 호흡(루아흐)을 거두신즉 그들은 죽어 먼지로 돌아가나이다. 주의 영(루아흐)을 보내어 그들을 창조하사 지면을 새롭게 하시나이다"(104:29-30)라고 노래한다. 이러한 사상들을 살피자면, 모든 생명은 그 기식氣息 및 생명을 루아흐로부터 빌려 쓰고 있음을 시사한다.

이상의 해석 가능성은 하나님 또는 무에 대한 파격적 이해를 조장한다. 인간은 자신의 인식 구조를 통해 눈앞에 있는 사물들의 고체성·수·연장·형·운동·정지·관성 등을 유有의 근거들로 설정해 왔지만, 어찌 보면 그것은 브라이언 그린의 표현처럼 "콜라병을 통해 고흐의 그림을 바라보는 것" 같이 매우 제한된 인식 방법이다. 그렇게 인류는 오랫동안 존재나 실재에 대한 기준 설정을 잘못해 왔다. 신학적으로 반성하자면 오직 루아흐 그리고 루아흐를 포함하는 삼위의 창조적 의지에 따른 자율적 발현이 진정한 존재의 형식이라 할 수 있겠다. 물론 발현하지 않은 루아흐, 관찰할 수 없는 루아흐는 피조물에게 있어서 얼마든지 '없는 것'으로 인식될 것이다. 그렇게 루아흐는 인간에게 유와 무의 이중성을 갖는다.

아서 피코크가 "하나님은 자신이 다양한 잠재적 가능성을 수여했던 이 현상 세계의 물질 속에서 그리고 그 물질을 통해서 지속적으로 창조하고 있다"[10]고 주장했듯이, 물질을 단순히 광물적·기계적 개념으로 접근하기보다 하나님의 육체로 또는 신적 유기체의 개념으로 접근해야 할 착안점이 남는다. 이에 '무로부터의 창조'라는 교리적 옥조玉條는 우리 시대에 전혀 다른 국면에서 접근할 여지를 갖는다. 만유의 물질적 출처와 근거는 오로지 하나님이고, 하나님은 만유에 편재한다는 주장(만유재신론)이 실재론적 명제로서 진리값을 갖는다면, 세계 창조의 근거는 무형식 및 불가시不可視의 원질로서 성령임을 생각해 보아야한다. 다만 성령은 우리 쪽에서는 그렇듯 '없이' 존재하는 분이다.

2. 주리론의 맥락을 따라

동아시아에서 만물의 근원을 기로 사유했던 전통을 깨고 성리학자 중에 주리론자들은 그것을 이理로 사유했다는 사실은 사뭇 흥미롭다. 창조신을 전제하지 않는 입장에서 왜 만물의 원질인 기를 뛰어넘는 무형 및 추상의 법칙과 질서로서 존재의 근원인 이理를 상정할 필요가 있었는가 하는 생각 때문이다. 인격신을 배제하면서 일종의 초월적 종교를 이루고 싶어서인지는 몰라도, 비물질적 이법理法을 물적 세계에

---

10 Arthur Peacocke, *Intimations of Reality: Critical Realism in Science and Religion* (Notre Dame, IN: Univ of Notre Dame Press), 66.

앞서 존재하는 실재로 간주하려 했다는 것은 무에서 유가 나왔다는 식의 발상이기도 한데, 그러한 비상식적 도식을 당연시했다는 것은 거듭 고찰해도 희한하다.

성리학의 창시자인 주희부터가 태극도설을 주해하며 "'무극이면서 태극'이라는 말은 아무것도 없는 가운데 지극한 이가 있다는 것"이라 했고, 이를 "형이상의 도이며 만물을 생성하는 근본"이라고 주장한 대목은 그의 후예들에게 이를 기보다 앞선 근원으로 사유하도록 빌미를 제공했다. 그리하여 이가 앞서 존재하고 기는 그 이후에 존재한다는 '이선기후理先氣後'의 설이 등장했었고, 점차 이가 더 귀하고 중요하다는 식의 '이존기비理尊氣卑' 또는 '이귀기천理貴氣賤' 또는 '이중기경理重氣輕' 등의 설이 후속했던 것이다. 그리고 마침내 조선에서는 이의 선재先在와 주재主宰를 주장하는 주리론자들이 확고한 학파를 형성하기에 이르렀다.

앞서 살펴보았듯이 주리론자들의 논리 맥락을 따라가자면, 이는 태극·역·도 등과 함께 무극, 곧 무로 해석될 수 있다. 이와 관련하여 현대물리학적 용어를 빌려 말하자면, 무로서의 이는 그 어떤 형체와 질료를 갖지 않는 순수한 법칙인 수학, 프로그램, 코딩(coding), 정보와 같은 것이다. '이러한' 무에서 기가 나오고 그 기로서 만물을 이루게 된다고 보는 입장이 극단적인 주리론이다. 그것과 유사한 발상은 노자 『도덕경』 40장, "천하의 만물은 유에서 생겨나고, 유는 무에서 생겨난 다"는 언설이다. 물론 노장사상을 이단시했던 성리학자들은 어떤 평계를 대며 같은 것이 아니라고 할 터이지만 말이다.

만약 주리론을 참고하여 요한복음 1장을 읽자면 어떠한 해석이 가능할까? 요한복음 1장은 신약성서의 '창세기'라고 할 수 있는데, 주지하듯 창조에 관하여 단호한 구절이 선언된다: "태초에 말씀이 계시니라. 이 말씀이 하나님과 함께 계셨으니 이 말씀은 곧 하나님이시니라. 그가 태초에 하나님과 함께 계셨고, 만물이 그로 말미암아 지은 바 되었으니 지은 것이 하나도 그가 없이는 된 것이 없느니라"(요 1:1-4). 이 구절은 오랫동안 신학계에서 하나님의 한 위격(ὑπόστασις)이자 창조에 앞서 선재하는 그리스도를 증언하는 중요한 구절로 인용되었다. 다시 말해 예수가 성육신하기 전, 정확하게는 영원 전부터(혹은 무시간적으로) 존재했던 그리스도의 신성을 계시하는 본문 그리고 성부와 동등한 영광과 권능을 계시하는 본문으로 해석된 것이다. 그러한 독해가 가능한 이유는 여기서 '말씀'과 예수 그리스도를 동일시하기 때문이다. 원어상으로 이 '말씀'에 해당하는 헬라어는 바로 '로고스'(λόγος)이다. 그리고 이 로고스를 히브리어, 라틴어, 독일어, 영어, 프랑스어, 일본어에서는 각각 'דָּבָר'(다바르), 'Verbum', 'Wort', 'Word', 'Parole', '言'(고또바)이라는 식의 '말씀'(말)으로 번역해 두고 있다.

그런데 우리는 이 로고스라는 원어의 의미 범위에 관해 깊이 고찰할 필요가 있다. 거기에는 '말(말씀)이라는 뜻 이외에 '이성', '이유', '원인', '계산' 등의 의미가 부가되어 있기 때문이다. 더욱이 현대물리학의 관점에서 "로고스에 대한 성서적 사고는 정보 개념과 닮은 점이 있다."[11] 이런 맥락을 고려하자면, 단연 한문(중국어) 성서가 요한복음 1:1-2에 있어 헬라어 원문과 대등한 격을 지니고 있다. 가령 중국 연합판 성서(Chinese Union Version)는 "태초에 도(道)가 있었다. 도가 신과 함께 있었고, 도가 곧 신이다"[太初有道 道與神同在 道就是神]라고 번역하고 있다. 실제로 도는 로고스와 유사하게 '말(말씀), '가르침', '이유', '원리', '교리', '진리' 등의 의미를 포함하고 있다. 단 노자에 의하면 도는 끝까지 인간에게 불가지 · 불가해 · 불가형언의 실재로 남지만, 로고스는 인간에

---

11 이언 바버, 『과학이 종교를 만날 때』, 283.

III. 기(氣)와 이(理)의 신학적 해석 | 537

게 논리와 순수사유를 유발하는 차이를 지닌다. 이에 성공회 신학자 존 매쿼리(John Macquarrie)는 상대적으로 로고스가 "더욱 신비적이고 이해할 수 없는 도의 성격에 속하지 않는 논리(logic)라는 함축적 의미를 갖고 있는 것으로 보인다"라고 하여 그 차이를 파악한 바 있다.[12]

오랫동안 동양에서 이, 도, 태극 등과 같이 무에 해당했던 것에 우리 세대에는 몇 가지를 더 추가하여 우주의 수학적 구조와 컴퓨터의 프로그래밍 언어 및 코드(code) 등의 유비를 지니는 '정보'로 치환할 수 있다. 그것은 형체와 질료가 없는 무이지만, 도 또는 이와 견줄 수 있는 존재론적 개념을 지니기 때문이다.

흥미롭게도 요한의 신학은 창조 이전에 '혼돈'이 먼저 있었다는 유대교식의 창조론과 다르게 물적 세계가 부재한 상황에서 비물질적 존재 근거가 선재했으며, 만물은 곧 그 비물질적 존재 근거, 즉 로고스에 의해 만들어졌다고 선언하고 있다. 사실 성서신학의 기본적 전제는 형성 배경이 다른 성서들을 고찰할 때 각각의 배경사와 맥락이 존재함을 인정해야 한다. 그러나 성서신학과 결이 다른 조직신학의 해석 방법론을 의존하는 나는 성서 전체를 유기체적 '한 권'으로 간주하고 로고스와 루아흐의 관계를 해석하고자 한다. 그것이 크게 틀리지 않는다면, 로고스는 성육신하기 전의 그리스도이자 루아흐와 더불어 하나님이었고, 만물은 아버지의 자발적 의지와 사랑에 의해 그리고 로고스와 루아흐를 말미암아 창조되었다고 해석할 수 있다.

공교롭게도 근래 이론물리학계에서도 물질, 복사輻射, 장(field), 힘(force)의 정체를 '정보'로까지 치환해서 설명하곤 한다. 정보가 물질계에 발현된 것이 물질과 복사이며, 정보야말로 물질의 본질을 이루는

---

12 존 매쿼리/연규홍 역, 『신과 인간 사이』 (서울: 대한기독교서회, 2013), 72.

가장 함축된 핵심 요소로 다시 규정하기 때문이다. 이렇게 되면 루아흐와 로고스의 관계가 별개이면서도 다를 수 없다는 국면을 무시할 수 없게 된다. 달리 말해 불상잡不相雜이면서도 불상리不相離라는 점!

일찍이 플라톤은 변화하고 유전하는 가시적 물질 세계와는 달리 영원히 변하지 않는 불가시不可視의 이데아가 진정한 '우시아'(οὐσία), 곧 '실체'라고 보았다. 이러한 존재론적 관점을 그리스도교가 받아들였고 또 근대 이후에는 지속적으로 반성하고 있다. 그러나 이지적으로 매력 있는 그 논의를 마냥 폐기 처분할 수만은 없다. 그러면 여기서 플라톤이 주장한 이데아가 갖는 비물질적·비가시적 성격에 대해 조금 더 살펴보자. 화이트헤드(A. N. Whitehead)의 말마따나 서양 철학 2천년사를 지배했다고 평가되는 플라톤의 철학, 특히 관념적이고 초월적인 이데아론이 주리론과 어떠한 면에서 유사하며 또 요한문서의 로고스 신학과 어떻게 비교될 수 있는지 살펴보는 것은 우리 시대에도 의미가 있다. 특히 이것은 존재의 유무를 물질성으로 국한하여 사고하는 대중들뿐만 아니라 종교인들, 심지어 신학자들의 뿌리 깊은 전이해를 재고하도록 돕기 때문이다.

플라톤은 지식의 대상에 대한 인식의 종류를 크게 두 가지로 나누었다. 참으로 존재하는 것에 관한 참 '지식'(gnosis)[13]이 있고, 반면에 참으로 존재하지도 않고 완전히 부재하지도 않고 생성 소멸하고 변화하는 것에 관한 지식인 '의견'(doxa 또는 억견)이 있다. 이 '의견'이라고 하는 것은 그 대상이 존재론적으로 모호한 상태에 있는 것이므로, 무지도 아니고 지식도 아닌 불명확한 상태에 있다. 다시 말해 의견은 전적으로 '무지'(agnonia)를 극복한 것이 아니다.[14] 사람들이 의견(doxa)

---

13 이 참지식인 그노시스(gnosis)가 이른바 영지주의의 신비적·구원적 지식으로서 종교적 함의를 띠기까지는 수 세기가 더 지나야 한다. 이 점에 대해 유의할 필요가 있다.

을 지니는 까닭은 그것이 각자의 인식능력의 한계에 기인하기 때문만이 아니라 근본적으로 인식 대상의 변화성·무상성 때문이라고도 할 수 있다.

플라톤이 말하는 '무지'는 어떤 방법으로든 인식될 수 없는 것 또는 어떤 식으로도 있지 않은 것을 대상으로 할 때 처하게 된다. 플라톤의 진리관은 기본적으로 완전하게 있는 것, 순수하게 있는 것, 실재하는 것(to on)을 인식하는 것에 목적을 둔다. 그러나 참으로 있는 것, 분명하게 있는 것, 영원히 있는 것, 변치 않게 있는 것이란 곧 세계 내에서 찾을 수 없다. 변화무쌍하고 흠결이 있는 사물들의 낱낱을 초월하여 완전하고 영원한 본성, 형상, 가치 자체로 존재하는 것을 지식의 대상으로 삼아야 바른 지식을 얻을 수 있다. 이는 곧 완전한 존재란 현상의 세계를 떠나 추상적·개념적·공리적으로 존재함을 뜻한다.

이상과 같은 이유로 플라톤은 존재 및 인식의 바른 근거가 되는 초월적 실재만을 신뢰할 수밖에 없었다. 그런데 세계에는 아름다운 사물도 많고, 정의로운 사건도 많고, 선한 것도 적지 않다. 즉, 우시아에 관련하는 무수한 구체적 사례들이 있는 것이다. 그런데 플라톤에 의하면 아름다움 자체, 정의로움 자체, 선 자체는 현상의 세계와는 별도로 존재하며 완전하고 단일하다. 그렇게 '각각의 것의(전형적) 그 자체', '각각 ~인 것의(원형적) 자체'가 '형상'(eidos)으로서 이데아다[15](플라톤은 간혹 이데아와 형상을 같은 의미로 쓴다). 요컨대 이데아는 단일할 뿐만 아니라 언제나 똑같은 방식으로 한결같은 상태로 영원히 존재해야 한다.[16]

14 플라톤/박종현 역, 『국가 政體』 (서울: 서광사 1997), 478b-d.

15 앞의 책, 493e, 490b, 533b.

16 앞의 책, 479a, 500.

플라톤에 의하면 참된 지성(noēsis)만이 이데아를 알 수 있다. 이데아는 가지적可知的인 것(noēton)으로서 긍정된다. 반면에 '의견'은 주로 가시적可視的인 것(horaton) 또는 감각에 의해 지각될 수 있는 것을 대상으로 한다. 따라서 의견은 그 안의 대립적인 성질을 구별하여 보지 못하고 혼잡한 것으로 보게 된다. 오직 이데아를 알 수 있는 참된 지성만이 상반된 것들을 구별하여 본다. 또한 이데아의 특징은 그것이 수학적인 공리公理의 영역을 지시한다는 점이다. 기하학의 경우 가시적인 것들을 그리며 계산하지만, 정작 중요한 것은 보이는 것들 이면에 추상할 수 있는 도형 자체다. 가령 원 자체, 정사각형 자체, 이등변 삼각형 자체 등등 오직 공식과 추상에 의해 도달할 수 있는 원리가 형상(eidos)으로서의 이데아다.[17] 결국 이데아란 생성·소멸하고 변화하는 세계가 아니고, 감각기관으로 경험하는 세계도 아니다. 단일하고 영원불변한 동일성으로서 세계 안에 존재하는 사물들의 원형이다. 이는 수학적 공리와 가장 유사하여 사물의 원리가 되며, 오직 지성 및 이성(로고스) 자체의 능력으로 그것에 도달할 수 있다.

여기까지 보면 플라톤의 이데아론이 성리학의 주리론과 얼마간 다른 국면도 엿볼 수 있다. 다시 말해 이理는 변화무쌍한 사물들의 내재적 원리인 반면, 이데아는 사물들의 구체적 현상을 떠난 초월적 원리이기 때문이다. 다만 극단적인 주리론이 기와 사물 없이 이의 독자적 존재가 가능하다고 했을 경우, 그 이理는 초월적 이데아와 흡사해진다. 그리고 이는 기의 구체적 활동인 사물들의 운행을 통해 파악될

---

17 앞의 책, 510d-511a 참조. 그런데 플라톤에 의하면 수학적 영역을 초월한 가지적인 영역으로서 이성(로고스) 자체가 문답할 수 있는 능력에 의해 포착할 수 있는 영역이 더 있다. 감각적인 것도 이용하지 않고 형상 자체만 이용하여 이성 자체가 변증적 논변의 힘에 의해 파악되고, '무가정(無假定)의 것'(to anmotheton)에 이르기까지 '모든 것의 원리(근원)'로 나아갈 때 포착되는 것이다. 앞의 책, 511b-c.

수 있는 귀납적 실재인 한편, 상대적으로 이데아는 이성(로고스) 자체가 그 어떤 감각적인 것을 이용하지 않고 형상(eidos)들 자체만을 이용하여 논변(dialegesthai)의 힘으로 포착하는 연역적 실재다.[18] 그러나 우리가 이런 차이에 주목하기보다 이데아와 이 모두가 주창자들에게는 비물질적·비형체의 실재이자 원리라는 점에서 나란히 고찰할 필요가 있다.

3. 이와 기의 불가분성

여기까지 오며 우리는 동서고금의 다양한 형이상학적 개념에 관한 이해와 그 해석을 통해 그리고 과학적 검증과 이론을 통해 무를 이야기하는 것이 단지 '없음' 또는 '부재'만을 의미하는 것이 아님을 알았다. 그리고 무를 둘러싼 이론에서는 모순이 용인되고 세계 가운데 상반된 현상·사태·성질이 양립하고 심지어 하나일 수 있다는 각성에 이른다. 그러므로 실재의 면면을 기술하는 언어는 동일률을 따를 수 없고, 확정된 언어로써 진술될 수 없다는 것을 진중하게 고려하게 된다.

반복되는 설명이지만, 초기 성리학의 이기론에서 기와 이는 분리되지 않았다. 분리되지 않지만 기와 이는 서로 구별되어 다른 역할과 속성을 가지는 것으로 상정된다. 즉, 기는 만물을 이루는 물질적 재료인 한편, 이는 기의 내재적 질서로서 비물질적 법칙이다. 그런데 이 둘이 궁극적 위상에 있어서 하나라는 함의가 이 둘은 별개라는 함의보다 근원적이다. 퇴계 이황의 이기이원론을 반박하며 이기일원론을 주창한 율곡 이이는 대체로 우주적 본체론이 아닌 주로 도덕적 성정론性情論에 의거하여 기와 이가 하나임을 주장한 것이지만, 오늘날 우리의 입장에

---

18 앞의 책, 같은 쪽.

서 본체론의 견지에서도 따져볼 만한 논제다. 이에 관하여 그리스도교 신학에도 '불상잡'보다 '불상리'가 근원적인 이유, 아예 기와 이는 하나라는 근거, 물질과 정보가 하나라는 논변에 관심을 가져야 할 이유가 많다.

한스 크리스천 폰 베이어(Hans Christian von Baeyer)는 물질이 컴퓨터의 데이터 단위인 '비트'(bit), 즉 정보로서 해명될 수 있다고 주장하는 대표적인 물리학자다. 베이어는 자신의 저서 『정보, 과학의 새 언어』 (*Information, the new language of science*)에서 '양자 정보'라는 개념을 들어 물리적 실재가 근본적으로 정보라고 주장하면서 객관적 물질세계는 정보를 통해 주관적인 인식 세계와 연결된다고 설명했다. 따라서 물리학은 인식과 정보를 함께 연구해야 물리적 실재에 바로 접근할 수 있다고 보았다. 아인슈타인의 공동 연구자였던 존 아치볼드 휠러 (John Archibald Wheeler)는 물리학계에 길이 회자되는 명언, "it from bit"을 남겼는데, 이를 의역하자면 "모든 것 정보(량)로부터 창조되었다" 쯤 될 것이다. 베이어 또한 '물리적 실재가 "'예 또는 아니오'(1-0 디지털) 식의 비트(정보)로서 해명될 수 있는가?' 하는 질문에 대해 "그렇다"고 대답했다. 즉, 에너지, 전자기장, 유전자 정보 등 우주의 물리적 실체의 정체가 궁극적으로 정보인데, 특히 디지털식으로 말하자면 0과 1이 조합되어 구축된 어마어마한 정보량으로 조성되었다는 말이다. 베이어는 이렇게 말한다.

"비트에서 존재로"라는 문구는 물리적인 세계의 모든 대상이 바닥에—대개 아주 깊은 바닥에— 비물질적인 원천과 이유를 가지고 있다는 것을 상징한다. 또한 우리가 실재라고 부르는 것이, 최종적인 분석에 의하면 예-아니오 질문을 제기하고 답하는 것에서 발생한다는 것을 상징한다. 간단히 말해

서 모든 물리적인 사물은 정보이론적이며, 이 우주는 동참하는 우주이다.[19]

양자컴퓨터를 연구하고 있는 근래에는 우주를 단순한 '비트'(bit)가 아닌 엄청난 정보량을 표기하는 '양자적 비트'(quantum bit)로 환산하기도 한다. 이 단위를 다르게 일러 '큐비트'(qubit)라고 하는데, 이 큐비트는 양자역학의 성격에 따라 상반되고 모순된 값들을 동시에 갖는 정보단위이다. 일반적 디지털정보의 단위인 비트(bit)는 0 또는 1로 나타내는 데에 비해 양자 정보의 단위인 큐비트는 서로 완전히 구별되는 두 양자상태, 말하자면 각 0 '또는' 1의 두 가지 값을 가질 수 있을 뿐 아니라 0 '그리고' 1을 동시에 지닐 수 있다. 이것은 양자역학이 초기에 밝힌바, 우주가 양자의 중첩 상태를 허용하므로 가능한 원리다. 이로 인해 비트만을 사용하는 일반컴퓨터에 비해 큐비트를 사용하는 양자컴퓨터는 지수함수적으로 어마어마하게 빠른 속도가 구현된다. 예를 들어 256큐비트 정도면 우주의 모든 정보를 연산할 수 있다고 기대하는 연구자도 있다. 만약 양자컴퓨터의 사용이 본격화된다면, 객체적 사물이라고 단정하는 우주의 모든 물질 그리고 그것들로부터 역사상 전 인류가 감각적으로 느껴왔던 것들, 그러니까 에너지의 응집을 고체로 느끼는 것, 전자기파를 빛과 색채로 느끼는 것, 생화학적 신호를 맛이나 냄새로 느끼는 것, 공기의 파동을 소리로 느끼는 것 등을 포함하여 관찰하고 실험하는 것들과 우리의 뇌에서 사유하는 것들의 알고리즘과 연산 등등을 모두 큐비트의 정보와 수치로 치환하여 컴퓨터로 시뮬레이션할 수 있게 된다.

브라이언 그린은 "정보가 '정확한 질량과 전하를 갖고 한 장소를

19 한스 크리스천 폰 베이어, 『과학의 새로운 언어 정보』 (서울: 승산, 2007), 320.

점유하고 있는 입자'의 형태로 우리 세계에 투영"되어 있는데, 정보가 현실을 이루는 과정은 마치 "설계도가 실제 건물로 지어지는 과정과 비슷"하고, "실제 건물은 건축가가 디자인한 내용이 물리적으로 실현된 결과일 뿐이며, 근본적인 정보는 건물이 아닌 설계도에 들어" 있고 "우주는 거대한 정보처리 장치"라고 해설한 바 있다.[20] 또한 그는 다음과 같이 대담한 주장을 한다.

> 수학이 모든 실체의 외형(지각 있는 마음과 무거운 바위, 힘찬 발길질, 바위에 부딪히는 발가락 등)을 나타낼 수 있다는 주장을 받아들인다면, 당신은 '우리'의 실체도 수학임을 인정하는 것이다. 이런 식으로 생각하면 우리가 알고 있는 모든 것(이 책을 손으로 잡고 있다는 느낌, 지금 머릿속에 떠오르는 생각 그리고 당신이 짜놓은 저녁시간 스케줄 등)은 수학적 경험의 산물이다. 실체란 다름 아닌 '수학에 대한 느낌'이다.[21]

이것은 어려운 설명이 아니다. 물질을 망라한 세계의 모든 구조, 사건, 경험, 느낌들이 마치 인간이 근래 가상공간이나 메타버스를 구축할 때 쓰는 수학적 구조 혹은 우주적 프로그래밍 언어와 매우 유사하다는 말이다.

매우 당혹스러운 세계관으로 안내하는 이상의 주장들에 어떤 증거가 있을까? 앞서 언급한 '양자 얽힘'(quantum entanglement) 현상을 재고해 보자. 양자 얽힘이란 서로 쌍을 이루면서도 회전(spin)은 반대가 되는 쌍입자 가운데 하나를 측정하게 되면 다른 하나도 그 '즉시' 반대의 회전을 보이는 현상이다. 측정 전까지 두 입자의 상태를 알 수 없으나,

---

20 브라이언 그린, 『멀티 유니버스』, 380.
21 앞의 책, 473.

측정할 경우 한쪽의 상태가 결정될 뿐만 아니라 둘 사이의 거리가 아무리 멀어도 그 즉시 다른 쪽의 상태도 결정된다. 우리가 주목해야 할 것은 '아무리 멀어도'와 그 '즉시'라는 특징이다. 1억 광년이 떨어져 있든, 400억 광년이 떨어져 있든 말이다. 그런데 우주에서 빛보다 빠른 것은 없다. 광속은 우주의 절대속도 또는 제한속도이다. 따라서 1억 광년 떨어진 한쪽 입자의 회전 방향이 결정되면 1억 광년 이후 다른 입자의 상태가 결정되어야 마땅하다. 그러나 우리 우주 안에서 양자 얽힘 현상은 항상 그 '즉시' 나타난다.

이에 대한 이론물리학자들의 해석은 이렇다. 우주를 이루고 있는 최소 단위는 원자 같은 입자의 형태가 아니라 '정보' 그 자체일 수 있다는 것. 곧 우주를 이루는 최소 단위가 정보 그 자체라면, 세상은 비트(bit)로 이루어진 모종의 컴퓨터로 만들어진 결과라는 유력한 증거가 된다. 물론 여기서 우리는 기상청의 슈퍼컴퓨터나 공부방의 PC 같은 것을 떠올리면 안 된다. 그 얼개나 형태는 결코 알 수 없으니 말이다.

컴퓨터공학과 소프트웨어의 기술이 발전될수록 가상현실에서 구현되는 물리적 양상과 현실의 물리적 양상의 차이가 부단히 줄어들고 있다. 그러니 "수학 자체가 어떤 실체일지도 모른다"[22] 하는 목소리가 근거 없이 이론물리학계에서 나오는 것이 아니다. 관련 연구자들은 연구할수록 수학적 구조나 프로그램 언어와 비슷한 얼개로 우주가 구성되어 있다는 사실을 발견한다고 고백한다. 리차드 파인만은 수학을 모르는 사람은 자연의 진정한 아름다움을 알 수 없다고 말했는데, 그 이상으로 테그마크는 수학적 구조가 "단순히 묘사하는 수준을 넘어

---

22 앞의 책, 472, 506.

바로 외적 물리 실체"라는 점 그리고 물리와 수학적 존재의 '동등성'을 단언한다. 그리고 우리 우주와 다른 성질을 가지는 우주에서 "수학적 구조 그 자체도 물리적 현실 우주에 존재하는 것으로 인식"하는 것이 가능하다고 한다.[23]

위와 같이 보자면 인간이 물질과 정보 또는 기와 이로 분리했던 상대적 관점이 애당초 틀렸을지 모른다. 즉, 무로 간주될 수 있는 이理는 세계의 물적 근거가 되는 기와 근본적으로 다르지 않고, 물질성은 인간의 감각기관을 통해 자의적恣意的으로 인식되고 해석된 결과이므로 인간에게 의심 없이 공유되는 경험과 개념일 수 있다는 말이다. 이미 물리적 구조와 수학적 구조가 가장 깊은 근원적 층위에서 하나일 수 있다는 점은 동양의 여러 본체론이 시사하는 바였다. 그리고 현대물리학 내에서도 기존에는 별개 또는 상반의 관계로 인지되었던 존재-사건, 정지-운동, 구조-기능, 입자-파동, 질량-에너지, 예측성-불확실성, 단일성-중첩성, 국소성-비국소성, 확률론-비확률론, 실재-관찰, 객관-주관, 존재-인식, 0-1 등의 요건들이 물리적 층위에 따라 둘 다 동시에 드러나 있고, 둘 다 맞고, 둘 다 중첩되는 것들로 관측되거나 해석되고 있다. 이러한 사물의 실제를 고려할 때 우리는 물질(에너지)-정보 또는 기-이가 과연 궁극적으로 다른 것인지 지속적으로 연구할 필요가 있다.

그리스도교 신학 역시 그 둘을 함께 살필 경우 존재에 관한 온전한 지식을 얻는 사안과 영성의 성장을 도모하는 일에 결코 손해는 없다. 전도서(Ecclesiastes)의 기록자처럼 고대 현자들은 곧잘 세계의 헛됨(무상성)과 비어 있음을 관찰했다. 그것은 인간의 생활세계나 실존에 할애된 아포리즘(aphorism)에 국한되지 않는다. "헛되고 헛되며 헛되고

---

23 맥스 테그마크/김낙우 역, 『맥스 테그마크의 유니버스』 (서울: 동아시아. 2017), 464.

헛되니 모든 것이 헛되도다"(전 1:2)로 선언하며 시작되는 전도서의 '헛됨'은 히브리 원어로 '헤벨'(הֶבֶל)을 사용하는데, 이것은 공교롭게도 '숨', '호흡', '증기', '기운' 등의 의미를 담고 있다. 해석되기에 따라 헤벨은 동양의 기氣, 아트만(atman), 태허, 선천 그리고 에너지에 관련한 술어와 비교될 수 있다. 그리고 동양적 관점에서 읽자면, '헤벨'은 세계의 유무 이중성을 드러낸다고 할 수 있다. 결론적으로 성문서의 이 유명한 진술은 인생론이나 가치론에 관해 다루는 것만이 아닌 존재론적으로 심중한 내용을 내포한 셈이다. 이런 이유로 고대의 현자들은 인간이 유한한 삶을 각성하고, 욕심을 버리고, 인애와 관용을 베풀며, 스스로 영원한 가치를 취하며 살 것을 독려했던 것이다.

결론적으로 말해 소박한 실재론과 강경한 유물론으로부터 정초할 세계관과 가치관도 진정성이 있고, 반대로 고대의 유심론과 근현대의 구성주의(constructionism)[24]도 진정성이 있고, 과학계에서 이와 유사하게 판명되는 상대론 및 양자역학상의 사물관도 진정성이 있다. 예를 들어 머그컵이 내 앞에 객관적으로 있다는 주장도 맞고, 그것은 인간이라는 종의 인지구조의 결과라는 주장도 맞다. 지구는 구체球體이지만, 집터의 측량을 위해 필요한 것은 평면 기하학(plane geometry)이지 구면 기하학(spherical geometry)은 아니다. 그러나 국토를 측량하듯 그 범위가 넓어지면 반드시 구면 기하학을 사용해야 할 상황이 온다. 이런 식으로 하나의 세계는 특히 규모와 차원과 관점에 따라 이율배반과 모순을 보인다. 그러므로 인간은 하나의 사물이나 사건으로부터 하나 이상의 진실을 얻어낼 수 있는 것이다.

---

24 사물에 관한 지식 내용이 인식주체와 별개로 외부에 존재하는 것이 아니라 인식 및 심리의 산물로서 인식주체가 결정한다는 관점이다.

IV. 존재의 층위

"그는 지금 우리에 조금 앞서 이 이상한 세계를 떠났습니다. 그것은 아무
것도 아닙니다. 물리학을 신뢰하는 우리에게 과거, 현재, 미래 사이의
구별은 그저 다루기 힘들도록 끈질긴 환상일 뿐입니다."[1]
 _ 아인슈타인

그리스도교 신론과 창조 이론을 정초하는 일에 있어 특별히 우리
시대의 신학은 "무엇이 있느냐?", "존재를 어떻게 정의할 수 있느냐?",
"존재와 무가 어떻게 다르냐?" 하는 근본적인 질문을 견지하고 가야
한다. 존재와 무에 관한 여러 사유 전통이나 종교 전통을 참고할 경우
그 필요를 느끼게 되거니와, 과학적 방법론으로 사물의 정체를 분석할
경우에도 더욱 그러하다. 데카르트가 명석 판명한(clara et distincta) 진리
를 추구해 온 이래 가장 신뢰받던 과학도 고전 물리학의 패러다임을
넘어서게 되니, 명석 판명한 것만이 사물의 진상이 아님을 발견하기에
이르렀다. 이제 인류의 지성은 더 깊고 집요한 탐구와 혁신적 사유를
요구받고 있다. 그리고 우리 시대의 과학은 고대 그리스에서처럼 존재
에 관한 규정에 있어서 철학적 · 신학적 관심을 공유하게 되었다.
　여전히 '근대' 물리학의 영향 아래에 있는 대중의 과학주의는 모든
분야에서 사상적 위력을 발휘하고 있다. 이미 최신 물리학은 그것을
극복하여 혁명적 사유를 재촉하고 있는데 말이다. 일반적 과학주의는
단 하나의 형식으로 이루어진 자연만이 존재한다는 신념을 지닌다.

---

1 Gary Mar, "Gödel's ontological dream," *Space, Time and the Limits of Human Understanding*,
　eds. Shyam Wuppuluri & Giancarlo Ghirardi (New York: Springer, 2018), 469.

그것이 지구 생태계이든 우리 우주이든 혹 현세이든 말이다. 그리고 경험과 실험으로 입증되지 않는 것들이라면 상상의 소산이나 자의적 가설로 배격하며 관찰 반경 너머에 있을 개연성도 과감히 부정한다. 과학계에서는 실험 및 관측으로 밝혀진 지식을 알아야 할 전체의 1~2퍼센트 정도로 추산하는 실정이다. 그리고 과학 자체도 기존 지식을 보완하거나 부정하면서 발전하고 있다는 사실은 분명하다. 그런데도 여전히 무수한 교양인들은 밝혀지지 않은 몫이 보유할 존재 형식의 다양성과 파격성을 염두에 두지 않는다. 그러니 현실의 세계 혹은 이 우주는 곧 '우리의 상상력과는 아무 관련이 없는 것'으로 취급할 수밖에 없다.[2] 이러한 과학주의는 종교적 신념과 크게 다르지 않다. 혹여 개방적이고 유연한 과학주의라면 존재함의 형식에 관해 섣부른 판단을 중지하거나 불가지론을 이야기할 것이다.

물적 세계에 존재론적 우위성을 확신하는 논자들은 정신 또는 의식의 출현이라는 신비를 간과하는 경향이 있다. 근대 유물론자들로부터 현재 대중적 세계관에 이르기까지 정신이란 물질적 토대를 근거로 하는 우연한 파생품이라고 여기는 풍조가 강하다.[3] 그러니 우리 두뇌가 형성하는 관념적·추상적 세계와 외부의 물적 세계를 과감하게 차별해 버린다. 신화, 전설, 종교, 형이상학, 소설 등 의식이 만든 어떤 창작품이나 세계관이든 물적 우주의 실제로부터 질적으로 다르다고 확신하는 것이다.

그런데 고생물학과 지질학을 겸비한 신학자 떼이야르 드 샤르뎅이

2 마르쿠스 가브리엘, 『왜 세계는 존재하지 않는가』 (파주: 열린책들, 2017), 168-171 참고.
3 노벨상을 수상했던 프랑스의 생화학자 자크 모노의 다음 주장을 참고하라. Jacques Monod, *Chance and Necessity: An Essay on the Natural Philosophy of Modern Biology* (New York: Vintage Books, 1972), 180.

논한 것처럼 물질적 구조 이상으로 의식이라는 비물질적 구조가 출현했다는 사실은 가히 놀라운 일이며 4 역시 물리학자 제럴드 슈뢰더도 다음과 같이 말했다.

원소의 모든 속성을 알고 자연법칙의 모든 변수를 안다면, 나트륨과 염산을 합하면 식탁용 소금인 염화나트륨이 된다는 것을 우리는 예측할 수 있다. 그렇다면 원자들이 모여 뇌를 만들고 생각을 만들어 내는 것도 예측할 수 있을까? 시스템 A는 자신보다 복잡한 시스템 B를 만들어 낼 수 있다. 그러나 시스템 A는 기본 인자가 전혀 다른, 새로운 시스템 B는 만들어 낼 수 없다. (중략) 그렇지만 생명체를 구성하는 물질에서 의식하는 생명의 지혜를 관찰하는 순간, 그 구성 물질에서는 볼 수 없었던 새로운 인자의 출현을 우리는 목격하게 되는 것이다.5

공교롭게도 과학계가, 특히 이론물리학이 점점 더 주장하는바, 자연은 인간의 관찰과 인식과 무관하지 않으며 더욱이 무엇을 상상하든 드러나지 않는 다른 차원에 그것이 존재할 수 있다고 한다. 그렇다면 그것들은 실재인가 혹은 관념 내지는 허상인가? 우리 우주의 측에서는 결코 볼 수 없고 만질 수 없는, 그야말로 무에 해당하지 않을까? 혹은 인간이 품고 있는 상상이나 이야기하는 서사물(픽션)과 크게 다를 수 있을까? 이러한 물음에 대한 답을 마련하자면 우리는 실재와 상상, 존재와 비존재, 유와 무의 경계를 의심하게 된다. 이미 시공간의 상대성, 양자 얽힘 현상, 관찰에 따른 파동의 입자화 현상은 존재와 비존재 사이에 그간 상반된 정의와 이해가 유효할지 그리고 물질과 관념,

---

4 Pierre Theilhard de Chardin, *The Phenomenon of Man* (New York: Harper & Row), 226-228.
5 제럴드 슈뢰더, 『신의 숨겨진 얼굴』, 23.

기와 이의 차이가 무엇일지 진지하게 질문하게 한다.

마침 수학적 우주론을 근거로 현실을 나눈 사례가 우리에게 흥미로운 착상을 일으킨다. 이것은 맥스 테그마크가 일별한 현실들의 종류인데, 금세기에 각양 형이상학과 신학이 그려내기에 머뭇거리고 있는 세계 형식의 가능성을 얼핏 보이는 듯하다. 나는 신학적으로 이 가설을 평가하는 것도 의미 있으리라고 보며, 여기에서 얻어지는 착안점들을 원용하여 사유 실험을 해볼 필요가 있다고 생각한다. 이를 실험물리학계에서 배제하는 일이야 이해가 가지만, 실험 불가의 담론을 생산하는 같은 처지(?)에 놓인 신학마저 주제넘게 이에 대해 냉소를 보낼 일은 아니라고 본다. 2천 년 동안 플라톤과 아리스토텔레스의 형이상학을 껴안아 왔고, 근대에는 칸트와 헤겔 철학을, 지난 세기에는 수학자 화이트헤드의 유기체 철학을 적용해 봤던 그리스도교 신학이 최근의 과학적 우주론을 도외시한다는 것은 균형 잃은 입장일 것이다.

이제 종교학과 신학 분야가 진중하게 참고할 세계관을 시사하는 테그마크의 우주론을 간단히 소개하겠다. 우리가 특히 주목할 부분은 테그마크가 레벨별로 나눈 현실이다. 그는 전체 우주가 어떠한 존재적 층위를 이룰 수 있을지 의미 있는 기준을 제시했다. 이를 소개하며 내 나름의 해설을 부가한다.

첫째, 내적 현실이 있다. "당신이 주관적으로 외적 현실을 지각하는 방식"으로서 대개 외부 세계와의 괴리, 즉 외부 세계에 존재하는 것을 부정확하게 인식하는 것, 외부 세계에 존재하는 것을 인식하지 못하는 것, 외부 세계에 존재하지 않는 것을 인식함으로써 나타난다.[6] 이 현실은 당신 이외에 다른 사람들과 같을 수도 있고 다를 수도 있다. 예를

---

6 맥스 테그마크, 『맥스 테그마크의 유니버스』, 343-345.

들자면 같은 학교, 같은 교실에서 한해를 지내면서도 학생들은 각기 다른 체험과 기억을 얻게 된다. 적록색맹으로 자라난 사람에게는 이 세계에 일반인들이 다 아는 그 '붉은' 장미란 없다. 청국장이나 고수(coriander)를 먹을 때 누구는 역겨운 맛으로 느끼고, 누구는 감칠맛으로 느낀다. 사람의 내적 현실은 매우 주관적이고 편파적이다. 더구나 개개 인은 독자적으로 남이 이해하지 못하는 세계를 체험하고 남이 알 수 없는 현실을 살 수도 있다. 종교현상학이나 민속학이 취합하는 사례에 의하면, 어떤 이들은 일상 가운데 망자의 사령死靈을 보거나 어떤 이들은 탄생 이전의 삶을 이야기한다. 그것은 그 사람들만의 세계로서 다른 사람들과 공유하기 어렵다.

둘째, 합의적 현실이 있다. 이것은 "물질적 세계에 대한 공유된 묘사로서 자각하는 관찰자들이 동의하는 것"으로서, "거시적 물체의 3차원적 위치와 운동, 기타 일상적 세계의 특성들로서 고전 물리학의 익숙한 개념을 사용한 공유된 설명(shared description)이 가능하다."[7] 대개 합의적 현실은 내적 현실과 달리 '공통적으로' 관찰하고 경험할 수 있기에 모두가 진실이라고 동의하게 된다. 과학적 연구 결과와 같이 인간의 집단적 지성에 의해 밝혀진 지식은 그러한 현실을 확고하게 구축한다. 직접 경험하지 못할지라도 누구든 실험 검증으로 판명된 현실을 부정하기는 어렵다. 그러나 "합의적 현실도 외적 현실과 비교할 때 공유된 착시에서 자유롭지 않다"는 한계가 있다.[8] 이러한 사례는 고전 역학이 전대미문의 상대론과 양자역학으로 이행할 때 후자를 인정하지 않던 과학자들 사이에서도 찾아볼 수 있다. 사물의 실제에 바르게 접근하기 위해 그간 공유된 관점을 대대적으로 바꾸어야 했는데,

---

7 앞의 책, 346-347.
8 앞의 책, 같은 쪽.

그것에 거센 저항이 있었던 것이다. 딱히 '공유된 착시'라고까지 칭할 필요는 없겠지만, 우리 우주에 대해 매우 거시적이고 미시적인 대상을 살피기 위해서는 기존했던 관점들을 포기하고 변경해야 할 일이 있다.

셋째, 외적 현실이 있다. 그것은 내적 현실과 합의적 현실의 근거가 되는, 외적으로 '있는 그대로'의 현실이다. 무제약자인 하나님과 영혼까지 사물자체로 간주했던 칸트와는 달리, 테그마크 자신은 물리학자답게 외적 현실을 "물질적 세계"로 국한했지만, 관찰·지각할 수 있는 "인간이 존재하지 않는다 하더라도 외적 현실이 존재한다고 믿는다"고 밝혔다. 즉, 인지적 존재에 의해 알려지거나 말거나 그 대상으로서의 객관적 현실은 존재하고 있다는 말이다. 내적 현실은 외부의 "유용한 정보를 요약해 놓은 것"이라면, 외적 현실은 요약되지 않은 광대무변한 정보의 총체라 할 수 있다.[9]

파악하기 어려운 외적 현실일지라도 인식할 수 있는 수단이 있다. 테그마크에 의하면, 그것은 바로 수학이다. 외적 현실은 곧 수학적 구조이기 때문이다. 수학적 구조가 외적 현실을 설명하는 정도가 아니라 수학적 구조 자체가 외적 현실이다. 인간이 수학적 구조를 발견하든 그렇지 않든, 외적 현실은 인간과 별도로 존재한다. 모든 수학적 구조는 존재할 가능성이 있는 모든 우주를 서술한다. 한 걸음 더 나아가 테그마크는 우리 우주를 만든 수학적 구조 안에 자체가 스스로를 인식할 수 있는 구조, 즉 '정신'이 만들어지도록 세팅되어 있다고 주장한다. 이러한 논의는 대다수 과학자가 기피하는 일종의 인류 원리다. 수학적 구조가 인간의 인식과 별도로 존재하지만, 그것을 이해하는 것은 인간이다. 그렇게 외적 현실과 인간은 긴밀히 연결되어 있고, 우주는 인간을

---

9 앞의 책, 342-347 참조.

필요로 한다는 것이다.

"세계는 무엇인가, 어떻게 이루어져 있는가, 어떠한 구조인가?" 혹은 "궁극의 절대자가 있는가? 그렇다면 어떠한 양상으로 존재하는가?" 하는 물음에 대한 답을 추구하는 과정에서 고대 종교와 형이상학으로부터 최근 이론물리학의 사유 실험까지 참고하자면 희미하나마 윤곽을 잡을 수 있을 것 같다. 이에 나는 잠정적으로 다음과 같이 추정해 본다.

첫째, 기의 유비로 포괄할 수 있는 것, 예를 들어 에너지, 역장, 파동, 파장 등이 있겠다. 이들은 만물의 원초적 상태를 형용하는 데 유용한 개념들이다. 예를 들어 에너지의 변형과 조합 및 이합집산으로 인해 다채로운 원소가 출현하고 시스템을 이루어 상호의존·상호 발생적 유기적 운동이 가능해진다.

둘째, 기를 운용하는 근원적인 질서로서 기에 내재하면서도 기를 초월하는, 말하자면 이理의 유비로 포괄할 수 있는 것, 가령 수학적 구조, 정보, 프로그래밍(코딩) 언어 등이 있겠다. 그런데 나는 극단적 주리론자들이 이를 궁극적 실재로 간주하는 사례 그리고 우리 시대에 정보나 수학적 구조를 물질 우주의 본래적 정체로 설명하는 이론을 신학이 지속적으로 주목할 필요가 있다고 본다. 그들의 말마따나 물질성은 임의적인 것이고 도리어 비물질적 구조나 질서가 의식 주체에게 임의적으로 고체성, 연장, 형체, 감각질 등으로 현상될 수 있기 때문이다.

셋째, 그 두 요건을 관찰하고 경험하고 인지할 수 있는 의식 또는 인격의 유비다. 양자물리학이 시사하는바, 측정 및 관찰이라는 의식의 개입은 파동함수의 붕괴로 인해 중첩된 물질의 상태를 단 하나의 고유한 상태로 변화시켜 구체적 사물로 등장시키는 이유가 된다. 또한 미립자의 세계에 국한하지 않고 거시 세계로 이것을 확대하는 해석도 있다. 중요한 것은 현실에 있어서 의식, 마음, 인격 등이 물질에 비해 상대적으로 부차적이고 부수적 현상이 아니라는 사실이다. 세계의 조성에 있어서 인격(의식)은 필수불가결한 요건이다. 다만 이 의식이나 인격은 꼭 우리 인간의 그것과 똑 닮아야 할 이유는 없다. 우주적, 아니 초우주적 의식은 이 땅 위 사람들의 정서와 인지력에 국한될 필요가 없다고 말해야 타당한 표현일 것이다. 세계가 구체성과 자질을 띠고 드러나게 하는 데에 있어 결정적 요건이라는 점에 의식이 전유專有하는 가장 중요한 독자성이 있다. 누군가는 의식이나 인격성을 기와 이에 비해 부차적인 것으로 격하할 수 있겠지만, 나는 관찰하고 의도하고 사유하는 의식(인격)은 기와 이 이상으로 중요한 요건으로 본다.

흥미롭게도 뉴턴 물리학을 지나 상대론과 양자역학의 연구 성과들이 나옴에 따라 고대의 철학, 특히 동양의 실재론은 공교롭게도 현대의 과학적 실재론과 부합하는 사례를 보인다. 혹자는 그것이 우연한 일이거나 고전 문헌에 대한 적극적인 해석의 결과라고 말한다. 그것이 아니라면 그 옛날에 명상과 기도를 통해 이른바 우주적 실상을 발견하는 경우나 혹은 종교적 직관으로 장래에 밝혀질 지식을 앞당겨 습득하는 방법이 있을지 모르겠다. 물론 아브라함 종교가 신뢰하는 바, 하나님의 계시에 의한 지식도 있겠다. 다만 그러한 신비적 경로들을 차치하고 우리가 추측할 수 있는 국면은 인간의 인지력이 크게 달라져 있지 않은 한, 고대인들 또한 자연에 대한 귀납적 관찰을 통해 우주의 법칙이나 사물의 질서를 발견했고 또한 현대인들과 함께 사유할 수 있는 통찰과 착안점을 남겼다고 할 수 있을 것이다.

고대 형이상학이 제기한 개념인 아페이론, 아에르, 에테르, 루아흐, 기 등은 공통적으로 구체적 사물들을 생성하면서도 그것들보다 앞서 존재하는 그 어떤 '근원적인 물질(또는 준물질)'을 상정한 사례다. 그리고 현대 이론물리학 역시 힉스장(Higgs field), 양자 요동, 진공에너지, 멤브레인 등을 추정하며 우주의 탄생 이전이나 배후에 존재하면서 관측되지 않는 실체를 계산하고 있다. 흥미로운 사실은 이러한 것들이 진실로 존재한다고 하더라도 마치 천사나 영혼처럼 실증적으로 증명해 내기에 어렵거나 불가능하다는 점이다. 물론 우리는 천사와 힉스장을 같은 카테고리로 놓을 수 없고, 루아흐와 멤브레인을 같은 것으로 볼 수 없다(다만 천사와 영혼 역시 현대적 맥락에서 다시 접근할 필요는 있다). 내가 말하고자 하는 것은 우리 세계의 존재를 이루는 근거가 고대의 형이상학적 가정이나 현대의 수학적 계산에 의하여 관찰자의 입장에서는 '있으면서도 없고, 없으면서도 있는' 양가적·모순적 실재라고 시사한다는 점이다.

가장 보수적인 그리스도교 전통에서도 하나님이라는 분은 인간 본위적으로 그 실체를 낚아챌 수 있는 지식의 객체가 아니다. 전적 타자나 낯선 나그네로 다가오시는 그는 오직 겸손한 신앙을 겸비해야 체험할 수 있는 예배의 대상이다. 그렇다면 신앙이란 무엇인가? 그것은 하나님 앞에서 인간의 모든 전이해, 이념, 종교, 경건성까지 부정하는 일이다. 그것은 결코 쉬운 작업이 아니다. 그것들은 종교적으로 우리를 보호했고, 심리적으로 유용하게 했기 때문이다. 그러나 모세가 그 자신에게 꼭 맞던 신을 벗고(출 3:5), 그에게 유용했던 지팡이를 던져버리는 대신에 위협적인 것을 집어 들었듯이(출 4:3-4), 하나님의 실제와 마주하기 위해서 우리는 때로 도전과 위협을 맞닥뜨려야 한다.

겨우 작디작은 미립자의 실제에 접근하기 위해서조차 인류가 지닌 모든 익숙한 개념과 경험, 심지어 동일률의 논리성까지도 내려놓아야 했다. 그리고 우리는 세계를 적확하게 파악함에 따라 가장 작은 것에서 가장 큰 것 그리고 전체나 근원적인 것을 포함하여 온갖 사물을 이해하기 위한 가장 필요하고 유효한 방식이 곧 모순과 이율배반을 받아들이는 것임을 새기는 중이다. 예를 들어 시간과 공간이 하나이고, 물질과 에너지가 하나이고, 입자와 파동이 하나이고, 에너지와 정보가 하나이고, 주체와 대상이 하나이고, 어쩌면 이 세상의 있음과 없음이 하나일지 모르니 말이다.

앞서 소개한 모든 실재론적 지식과 해석학적 가능성을 참작한다면, 신학적으로 말해 루아흐 안에서 만물은 하나다. 루아흐는 세계의 바탕이 되며 그 안에서 모든 것이 되고 세계 및 생명의 출처가 된다. 특히 유기체들의 기질과 속성을 부여하면서 세계를 감싸고, 다시 그 안에 생명으로 거하는 루아흐는 영-육 이원론이나 정신-물질 이원론으로 재단할 수 없다. 인간이 개념적으로 분석하여 인지하기 전에 루아흐는 전일적으로 존재했고 운동했다. 루아흐는 순전한 장이며 힘이지만, 현실로 전환할 때 자율적 계(system)와 생명을 조성하기 위해 그 자신의 충만하고 완전한 잠재력을 제한하면서 만물에 자유를 허락하며 창조 세계를 이루었다.[10]

만약 루아흐와 세계의 관계가 그러하다면, 그리스도인은 이른바 죽어서 천당 가는 구원을 탐닉하기 이전에 생명의 루아흐 가운데 드러나는 각양 생명 현상에 경외감을 느낄 필요가 있다. 냉랭한 광물의 세계로 치부되곤 하는 우리 우주라 할지라도 실로 생동감 넘치는 현상들이 즐비하다. 예를 들어 초전도체 안의 원자들이 함께 움직이는 미시 세계의 동조 현상, 같은 진동수의 물체끼리 감응하는 광범위한 공진(resonance) 현상, 심장 박동을 조절하는 세포들이 동시에 전기적 자극을 보내는 현상 등 전체와 부분 사이 상호 되먹임(feedback) 또는 자기 조직화(self organization)는 단적으로 근대 지식인들이 가정한 세계의

---

10 Donald W. Mitchell, "The Trinity and Buddhist Cosmology," *Buddhist-Christian Studies*, Vol. 18 (1998): 171 참조.

광물적·기계적 속성을 현저하게 넘어서는 것이다.

우주가 때론 잔혹한 환경으로 보일지라도 루아흐의 생명력으로 말미암기 때문에, 분자들은 적절한 기회에 생명체를 구성하고 생명현상을 일으키려는 지향성이 있다.[11] 이것은 우리의 우주 구석구석에서 발견되는 보편적 현상이다.[12] 날로 심각해지는 환경파괴로 인해 인류 존립의 위기를 감지했던 20세기 중반 이후 서구 지성들은 다행히 우리의 물적 세계를 다시 바라보고 반성했다. 그리고 유기체로서의 전일적인 세계상과 상호의존적 생태의 신비를 발견해 나가며 깊이 각성했다. 교계의 생태 신학은 그 안에 내재한 신성에 더 깊이 주목했다. 그것은 구약성서로부터 묘사됐던 하나님의 영, 즉 루아흐가 이루는 세계 전체로서의 생명과 그 안의 놀라운 상호 유대와 섬김과 조화였다.

20세기 이후 신학계는 세계에 내재하는 하나님 혹은 하나님의 내재성을 재조명하고 회복함으로써 초월적 신론으로부터 만유재신론(panentheism)으로 전회하는 사례들을 보인다. 앞서 언급했듯이 여기에는 자연과학의 발전과 생태계 파괴라는 주된 이유가 있을 것이다. 그런데 존재론상 더욱 의미 있는 것은 그리스도교가 만물 안에 거하는 하나님을 재발견하면서 루아흐 성령을 중심으로 하나님의 내재성을 회복하는 시도가 가능해졌고, 이러한 노력은 앞으로도 세계를 하나님과 더불어 전일적으로 보게 할만한 고무적인 작업이 될 것이다. 그것은 지적으로 더욱 설득력 있도록 신학의 위상을 세워줄 것이고, 그리스도인들에게

---

11 이언 바버, 『과학이 종교를 만날 때』, 279 참고.

12 1996년 미국항공우주국의 과학자들이 1984년 남극 앨런힐스에서 발견된 화성운석 'Allan Hills 84001'에서 생명체의 징후를 발견했다고 「사이언스」지(Science 誌)에 발표한 이래 여러 운석에서 탄소·유기물·아미노산 등 생명체를 이루는 요소들이 지구 바깥에 존재한다는 보고가 지속되고 있다. 이것들은 지구만이 아닌 다른 행성이나 은하에서도 조건만 주어지면 얼마든지 생명체가 발생할 수 있다는 증거가 된다.

교회 울타리를 넘어 세계 시민에 봉사하고 창조 질서의 보존을 위한 생태적 결단과 실천을 촉구하게 만들 것이다.

교계 안에서 만유재신론이 범신론과 비슷한 것으로 오인되게 하는 일은 신학적 기술의 잘못도 크다고 본다. 범신론은 그리스도교 신학의 입장에서 비판하자면, 하나님과 피조물의 질적 차이를 간과하거나, 세계를 하나님으로 등치시키거나, 물적 세계가 없다면 역시 하나님도 있을 수 없다는 본말전도의 함의를 갖기 때문이다. 만약 루아흐로만 하나님의 본성이 모두 기술된다면 그것은 충분히 범신론에 처할 것이다. 그러나 삼위 하나님에게 갖추어지는 '로고스'로서의 위^{位}(hypostasis)와 '인격'으로서의 위는 루아흐로 국한할 신학적 진술을 넘는다. 루아흐와 구별되는 하나님의 본질 및 실체가 별도로 더 있기 때문이다.

여기서 삼위일체 하나님의 초월성을 한 번 더 짚고 넘어가자. 만유재신론을 지지하는 필립 클레이턴(Philip Clayton)이 "우리가 우리 몸에 작용하는 것과 유사한 방식으로 하나님은 세상의 모든 부분에 작용할 수 있다. 그러면서 하나님은 세계를 초월하고 물질 우주가 존재하기를 멈추어도 계속 존재할 것"[13]이라고 말했듯이, 가령 우리 세계가 없다고 하여 하나님의 자존성과 창조성에 훼손이 올까? 혹은 우리가 거하는 바로 이러한 모양의 세계가 아니라면 하나님은 다른 형식의 세계를 창조하지 못하겠는가? 결코 그렇지 않다. 어떤 종류의 세계든 하나님의 창조력을 한정할 만한 절대적·필연적 형식을 갖는 것이 아니다. 앞서 다중우주론에서 살펴보았듯이 세계란 얼마든지 다른 물리적 규칙에 따라 다른 형태로 존재할 수 있고, 수많은 우주의 기원이 되는 근저 또는 상위의 우주가 존재할지도 모를 일이다. 그러한 근저/상위의

---

13 Philip Clayton, *God and Contemporary Science* (Grand Rapids: Wm. B. Eerdmans Publishing, 1997), 264.

우주가 곧 루아흐일지 모를 일이지만, 그리스도교 신학은 그것보다 더 깊거나 더 높은 방향으로 하나님, 즉 존재의 근원을 소급하는 것이 마땅해 보인다. 인류는 관측할 수 있는 우리 우주만으로도 얼마든지 경탄해 마지않겠지만, 그리스도교는 어떤 형식이든 우리의 세계(우주)를 바로 삼위일체로 등치하지 않을 것이고 또 그럴 필요도 없을 것이다.

루아흐는 얼마든지 다른 구조의 세계로 자신을 분여할 수 있고, 아예 자기 발현을 결단하지 않을 수 있다. 아리스토텔레스의 영향을 받은 토마스 아퀴나스는 여러 사물이 될 수 있는 가능태가 오히려 하나님의 완전성을 감소시킨다고 보았는데,[14] 이는 하나님이 반드시 '순수 현실태'(actus purus) 혹은 '순수 형상'(pura forma)이어야 한다는 관념 때문이었다. 내가 준별하기로 순수 현실태나 순수 형상은 곧 무와 다름없는데, 그것은 엄밀하게 말해 인간이 사유하고 말할 수 있는 차원이 아니다. 그리고 다양한 현현을 기대할 수 있는 가능태가 꼭 순수 현실태를 해치는 것도 아니다. 그것은 생각하기에 따라 무한한 능력을 폭넓게 시위할 수 있는 하나님의 속성이다.

루아흐가 살아있는 것들의 근원적 생명이 되며 만물에게 있어 일종의 장場으로 여겨질 수 있겠지만, 그 자신은 결코 하나님의 객체적 피조물은 아니다. 다만 삼위의 하나를 점하는 루아흐는 창조의 주체이며 동시에 창조의 객체가 되는 이중성을 지닌다. 이것이 삼위 중 루아흐만이 지닌 독자적 특성이다. 루아흐는 로고스와 마찬가지로 영원히 아버지와 함께했기에 피조물로 격하될 수 없다. 루아흐는 로고스(아들)로 말미암아 창조를 이루었고, 바라보며 사유하며 사랑하는 인격의 주체(아버지)와 더불어 창조를 이루었다. 루아흐로부터 반드시 '우리의

---

14 *Summa Contra Gentiles*, I.16.1.

이 우주'와 같은 세계의 형태가 발현되어야 할 필연성이 없다. 이 세계의 사물처럼 반드시 '이렇게' 존재해야만 전형적으로 존재하는 것이 아니다. 세계의 형태는 세 위位가 전유한 자유의 처분일 뿐이다. 하나님은 자존적·자족적 타자로서 우리 세계와 완전히 분리될 수 있는 분이고, 루아흐 역시 얼마든지 다른 형태로 화할 수 있다.

루아흐는 근저/상위 차원의 실재까지 모두 수렴하고 포괄하는 (삼위일체 하나님의) 한 위격이다. 다만 루아흐가 만물에게 가장 가까이 있다는 점이, 아니 만물에게 숨·몸·원기·원질原質이 된다는 점이 그를 다른 위격과 구별하게 만든다. 루아흐는 영이면서 동시에 만물의 몸이겠으나 엄밀히 말해 전통적 물질 개념에 수렴되지 않음으로써 유와 무의 구별을 초월한다. 무엇보다 인간의 대립적 물질-정신 관념 혹은 유-무 관념은 루아흐의 정체 앞에서 무의미해진다. 이미 우리는 앞서 다양한 사유 전통을 따라 유와 무에 접근했을 때 현상 세계의 상반적 사태가 존재의 깊은 차원에서 궁극적으로 하나일 수 있다는 통찰을 얻었다.

프랑스의 과학철학자인 장 스톤(Jean Staune)은 양자물리학이 상식적 수준의 실재를 넘는 상위 수준의 실재와 신의 존재를 암시한다고 말한다.[15] 그의 주장이 맞는다면 우리 세계와 질적으로 다른 근저/상위 존재의 층위는 인간의 상상과 투사를 무한히 뛰어넘을 것이다. 이것은 우리가 하나님의 초월성과 불가해성을 경외해야 할 또 하나의 참고가 된다. 상식적 수준의 실재를 넘는 범위란 인간이 무엇을 상상하고 추측하든 그 이상이다. 인간이 어떤 종교를 창건하고, 어떤 세계관을 세우고, 어떤 과학적 우주론을 추정하며, 그 가운데 어떠한 지상 및 천상의 세계를 기대하든, 그 모든 것은 루아흐의 발현 범위나 가능적

---

15 Jean Staune, "On the Edge of Physics," *Science and Spirit* 10. no.1 (Apr./May 1999): 15.

존재 층위 가운데 지극히 소소한 몫이다. 우주·존재·사물·생명 등등 인간이 무엇을 개념화하고 극단적으로 상상하든, 그 모든 것은 하나님의 창조력과 잠재성 아래에 놓인 극미한 존재 층위에 해당한다. 우리 시대에 괴상한 형이상학으로서 다중우주론이 건네는 신학적 착안점이 있다면, 그것은 하나님의 무한한 창조성에 관한 유비와 표지쯤은 된다는 내용이다. 요컨대 하나님의 창조성은 인간의 상상력을 넘어버리고 우주의 잠재적 형상이 취할 모든 경우의 수를 초월한다.

이제 다음 표를 보며 우리가 사는 세계 혹은 우리가 사유하고 상상하고 창조할 수 있는 존재의 범위와 층위에 대해 생각해 본다. 나는 우선 세계나 우주라는 말보다 '현실'이라는 말을 쓰겠다. 이 '현실'은 우리 인간이 인식하고 구성하고 살아가는 영역뿐만 아니라 그 바깥의 영역과 후속적으로 등장할 영역 등을 포괄하는 개념으로 다시 정의된다. 이 가운데(가장 상위의) 현실은 '있음'에 관한 사유가 가능한 범위일 뿐만 아니라 인간의 상상과 창작 능력이 도달하지 않는 범위까지 해당한다. 유신론적 입장에서 나는 그것을 하나님이 창조할 수 있는 모든 가능한 영역을 의도한다.

현실(신적 창조 현실)							
I. 불가지 현실	II. 인지적 현실						III. 불가지 현실
	A. 검증적 현실		B. 구성적 현실		C. 창작적 현실		
1. 검증 불가능한 배타적 현실	2. 검증 가능한 예비적 현실	3. 검증된 현실	4. 객관 구성적 현실	5. 주관 구성적 현실	6. 창작된 현실	7. 창작 가능한 예비적 현실	8. 창작 불가능한 배타적 현실

이 모든 구분을 설명하면서 가운데 부분의 'II. 인지적 현실'부터 소개하는 것이 독자의 이해에 용이하겠다. 이 인지적 현실은 인간의 인지구조 및 인식능력이 다룰 수 있는 현실이다. 이 현실은 단순히 지각과 경험의 대상이 되는 현실일 뿐만이 아니다. 여기에는 인간 외부의 인지적 정보 및 감각적 자료 등이 인지구조와 만나 구체적으로 구성되는 현실이 있고, 관찰과 실험 의도를 가지고 검증해 나가면서 차차 밝혀질 현실이 있고, 창작자로서 인간이 능동적으로 만들어 가는 현실이 있다(여기에 창작적 현실을 왜 포함했는지 후술하겠다). 이 인지적 현실은 의식적으로나 무의식적으로나, 선험적으로나 후험적으로나, 직관적으로나 논리적으로나, 수동적으로나 능동적으로나, 수용적이거나 창조적이거나 인간의 의식과 앎이 개입하는 현실이다.

"4. 객관 구성적 현실"은 인간이라면 보편적으로 세계, 자연, 우주, 삶의 환경 등으로 인정하는 현실이다. 그것은 인간 안에 내재한 인지구조에 의해 대개 부지불식간 "객관적으로 존재한다"고 파악되는 세계라고 할 수 있다. 여기서 다시 한번 칸트의 이론을 환기해야 하겠다. 칸트는 인간이 존재하는 것으로 인식하는 것들은 인간의 주관 또는 인식 작용을 통해 표상된 것이라고 주장했다. 인간은 외부의 '사물 자체'(물자체)는 알 수 없고, 감성의 선험적 형식인 시간과 공간 그리고 오성의 선험적 형식인 12개의 범주에 포착되어 드러나는 '현상'(Erscheinung)만을 알 뿐이라 했다. 이러한 주장은 인식론뿐만 아니라 존재론에 있어서도 엄청난 전환이었다. 인간 외부에 객관적·보편적·절대적으로 존재한다고 여겨지는 사물과 세계라는 것이 실제로는 인간의 인지구조에 승인된 산물이라는 함의를 갖기 때문이었다. 그러므로 그것을 벗어난 '사물 자체'를 인간이 알 수 없는 것이다. 인간은 선험적으로 주어진 인지구조나 인식능력에 따라 세계에서 인식적 자료와 정보를 얻어와 부지불식간 자동적으로 구성하고, 그렇게 구성된 것을 객관적 '실체로' 간주하며 그것을 세계로 알고 경험하고 살아간다.

이상의 관계를 살피자면, 인간은 존재의 리트머스(litmus) 종이 혹은 존재의 진단 키트(kit)와 같다. 최소한 인간의 인지능력이 인정해야 어떤 것이든 바로 그것으로 존재하는 것이 된다. 인간의 인지능력에 포착되지 못하기에 존재가 없는 것으로 간주되거나 가상의 것 또는 잠정적인 것으로 취급되는 것은 어쩔 수 없다. 단 인간이 세계와 사물을 인지하고 경험할 경우, 인간이라는 종種의 독특한 지적·감각적 양식을 따라 수용할 수밖에 없다.

"5. 주관 구성적 현실"은 동일한 현상과 자연을 감각하고 경험함에 있어서 개개인의 감각적·인지적 차이에 따라 달라져 구성되는 현실이다. 사실 칸트가 선험적 오성의 형식을 근거로 현상을 설명했을 때 그러한 편차를 크게 고려하지 않았다. 그러나 이 역시 간과할 수 없는 요건이다. 미국의 유명 영화감독이자 희극인인 우디 앨런(Woody Allen)이 "내 인생의 한 가지 유감은 내가 다른 사람이 아니라는 것"(My one regret in life is that I am not someone else)이라고 했듯이, 감각질(qualia) 개념이 전하는 역설을 생각하면 이러한 사실들을 더 깊이 사유하게 된다. 인간은 각자 그 세부에 있어서 다른 세계를 산다. 색맹처럼 오관에 의해 수용하는 세계의 내용이 다르듯, 칸트가 임의로 나눈 12범주의 형식에 있어서도 실질적으로 그 수준이 제각기 다르다. 다양한 착시 그림의 예(특히 개인에 따라 이렇게 보이거나 저렇게 보이는 그림)는 인간이라는 종이라 할지라도 서로 간 사물을 얼마나 달리 볼 수 있는지 방증한다. 감각과 정서뿐만 아니라 고도의 정신적 사유와 종교적 지향도 같은 세계를 달리 보게 만든다. 본서가 앞서 소개한 고대의 현자들 가운데 일부는 세계 자체를 아예 환상으로 보는 경우도 있다. 비근한 예를 더 들자면 맹인이 살아가는 세계, 망상장애를 지닌 사람의 일상, 우울증 환자가 접하는 봄날, 음모론 또는 시한부 종말론에 경도된 사람이 보는 문명 따위는 같은 현실을 살아가는 듯하면서도 서로 간에 사뭇 다른 주관적 현실을 살아가고 있는 예들이다. 주로 장애 · 착각 · 망상 · 지나친 기대 따위가 그런 것들을 조장하겠지만, 강한 종교열 · 정치적 이념 · 개인적 신념 등으로도 이러한 현실이 조성된다.

인간에게 수용된 현실들에 있어서 가설적 영역과 상상의 영역에 머물렀던 잠정적 현실이 분명한 인지적 현실 영역으로 편입되어 오는 추이를 고찰하는 경우 그 관성적 방향으로 추정되는 부분이 있을 것이다. 그리고 그 부분 역시 입증이 되곤 한다. 가령 입자-파동의 이중성이 처음에는 미립자에 국한되다가 나중에 원자의 수준에서도 가능했음이 밝혀졌다. 그 후 물리학자들은 그 이중성이 '분자'의 수준까지 가능하리라 전망했는데, 결국 그 가설도 맞았다. 이런 식으로 검증 수단이 발전하면서 추정과 예상은 간혹 공적인 영역에서 검증되며 보편적 현실로 인정된다. (물론 그렇지 않은 경우가 더 많지만) 나는 그것을 '인지적 현실'과 구별하여 '예비적 현실'로 칭한다. 아직 검증되지 않았지만 검증될 것으로 예비되는 현실 말이다. 인간의 투철한 지적 활동이 계속 보장되고 실험과 관찰 방법이 발전되는 한, 인간의 오관과 지력을 연장하고 강화하여 지금으로서는 황당한 상상이 점차 인지적 현실로 포섭될 것이다.

요약하면 "Ⅱ. 인지적 현실"은 인간이라는 생물학적 종이 반응할 수 있는 외적 자료들을 감각하고 반응하며 구성하는 현실 그리고 인간 본유의 감각기관이나 일상적 지성에 포착되지 않아도 관찰 · 실험 수단을 통해 검증된 현실이다. 그리고 한 가지 더하자면 예술, 연구, 유희 등의 동기로 인간의 창의력이 기술력과 만나 구현되는 현실이 있다.

이 역시 인지적 현실에 해당한다. 지금으로써는 주로 2차원 평면의 모니터에서나 VR(virtual reality) 기기로 시청각 상 조악한 3차원을 구현하는 단계에 머물고 있지만, 곧 인간의 오관과 밀접히 연결되어 현실과 가상의 경계가 허물어진 세상이 펼쳐질 것이다. 이러한 유형의 메타버스(Metaverse)의 위력을 비하하는 교양인이라면 안타깝게도 현세대의 과학기술의 잠재력에 대해 과문한 수준에 머물고 있다 비판받아도 될 듯하다. 단언컨대 곧 인공지능(AI)의 비약적 발전과 양자컴퓨터에 의한 메타버스의 첨예화로 인해 이러한 종류의 현실은 머지않아 우리 세계를 상당 부분 대체할, 가공할 현실로 다가올 것이다. 그리하여 나는 인간의 창조력으로 그것이 가능한 잠재적 최대치를 창작 가능한 '예비적 현실'로 칭해본다. 아무튼 이 모든 것은 인간의 인지구조, 의식, 창작적 동기와 능력이 없으면 있을 수 없는 현실이다.

"3. 검증된 현실"은 실험·관찰되었으나 일상적으로 경험하지 못하는 현실이다. 인간의 선험적 인지구조에 의해 일상적으로 감관·인지되지 않지만, 과학기술의 발달에 의해 현실로 인정되는 것이다. 앞서 언급한 칸트는 일상적·보편적 상황에서 인식주체에게 주어지는 '잡다한 것들'(Mannigfaltigkeit)이 감성의 일정한 틀인 시간 및 공간의 형식에 맞춰지고 12가지의 오성의 범주에 수용되는 것만을 순수이성의 지식으로 인정했다. 하지만 그는 제한된 선험적 인식능력을 확장·보완할 수 있는, 관찰 및 실험 수단을 크게 고려하지 않았다. 현대 과학기술은 얼마든지 인간의 선험적 인식능력을 넘어서는 사물의 실제일지라도 더 정확하게 포착하고 지식으로 확정할 방법과 계기를 폭넓게 제공한다. 이러한 관련 방법들에 의하자면, 우리가 '자연'(칸트의 말로 '현상'들의 총체)으로 확정할 영역은 지속적으로 넓어진다. 예를 들어 12가지 범주를 넘어서는 중력에 의한 시공간의 왜곡, 물질이 지닌 입자·파동 이중성,

양자도약, 양자 얽힘 등은 칸트식으로는 당대에 '지식'이 되지 않지만, 관찰과 실험을 통해 밝혀진 지식으로서 분명히 '검증된 현실'에 해당한다. 그리고 인류 문명이 퇴보하지 않는 한, 관측 및 실험 수단이 더욱 발전하여 '검증된 현실'은 지속적으로 확대될 것이다. 향후 이러한 잠재적 현실의 몫이 곧 "2. 검증 가능한 예비적 현실"이다. 예를 들어 우주의 진공은 정작 에너지(양자 요동)가 '가득한' 공간임이 입증될 것이고, 중력파 발견에 따른 다중우주의 간접적 증명도 가능해질 수 있겠다(사실 이 두 문제는 인류 역사상 밝혀지지 않을 수 있다). 이처럼 아직 검증되지 않았으나 장차 검증될 것으로 기대되는 현실이 '검증 가능한 예비적 현실'이다.

"6. 창작된 현실"은 주관 구성적 현실이 의도적으로 그리고 적극적으로 창조적으로 발전된 현실이다. 앞서 언급한 대로 주관적 현실은 간혹 편향적·병리적인 국면을 지니지만, 창작된 현실은 인간 본유의 모방·상상·추리·모험·유희의 동기가 생산적으로 발현한 것이다. 내가 여기서 쓰는 '창작'은 '구성'과 의미의 차이를 지닌다. 둘 다 인간의 의식이 '만드는 것'의 의미를 지닌다. 그러나 구성은 자동적·무의식적·보편적·일상적 성격이 있다면, 내가 말하는 '창작'은 의지적·의식적·개별적·미학적·유희적 성질이 있다. 인간은 창작하는 존재다. 인간성 안에는 하나님의 형상으로서 창조의 욕구와 창조의 유희가 내재해 있다. 그리고 모험을 마다하지 않는 기호가 있고, 권태를 견디지 못해 위험까지 자청하는 욕구가 있다. 내가 여기에서 특히 밝히고 싶은 '창작이란 이 세계를 모방하거나 그 이상으로 흥미롭고 경이로운 세계를 만들고자 하는 활동이며, 더 나아가 그것을 딛고 이질적인 환경 가운데 생경한 모험과 유희를 즐기고자 하는 행위다.

위와 같은 동기와 욕구는 소설이나 드라마의 창작, 영화 제작뿐만 아니라 1인칭 아바타 게임, 우주 및 역사 모방의 시뮬레이션, 메타버스 등에서 쉽게 찾아진다. 무엇보다 관련 시장의 가파른 상승세와 취미의 확장세는 인간 본유의 '창작' 욕구에 관한 충분한 증거가 된다. 소극적으로는 가상세계에서 또 다른 캐릭터로 살아가고자 하는 동기로부터, 적극적으로는 시뮬레이션으로 새로운 세상을 만들고자 하는 동기에까지 우리는 간과할 수 없는 인간의 본성을 엿보게 된다. 실제로 관련 전문가가 아니라면 이러한 종류의 창작된 현실의 위력에 대해 코웃음을 칠 수 있겠다. 그러나 인류가 곧 멸망하지 않는 한, 이 창작된 현실의 위력을 경시할 수 없는 세대가 도래할 것이다.

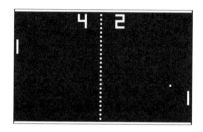

〈참고 자료 8〉 현재 3D 게임과 대조되는 초기 컴퓨터 게임 "퐁"(Pong, 1972년)

앞으로 창작된 현실은 점차 우리 세계나 일상과 매우 유사해지고 밀접해진다. 이미 시작된 분야도 적지 않지만, 점점 더 우리가 거하는 세계와 창조된 현실 사이의 차이는 더욱더 좁아질 것이다. 어디까지 창작된 현실이고 어디까지 진짜 현실인지, 그 경계를 심각하게 고민하게 될 것이다. 근래에도 적지 않은 사람들이 가상공간과 같은 창작된 현실에서 인간관계를 맺어가고, 시공을 넘나드는 즐거움을 즐기고 있다. 그리고 점차 은밀한 사생활과 사회생활뿐만 아니라 경제생활과 정치적 환경도 점유해 나갈 것이다. 앞으로 한 세기가 되지 않아 자의식과 개성을 지니고 자기의 존재를 고뇌하는 AI 캐릭터가 컴퓨터 시뮬레이션이나 CPU 안에 존재할지 모른다. 가상세계 혹은 시뮬레이션 안에 있는 캐릭터들 역시 고대의 철인들처럼 자기가 존재하는 그 세계가 실체일지 혹은 환상일지 고민할 수 있을 것이다. 때로 그것들은 우리의 대화와 교감의 상대가 될 것이다. 물론 그것들은 어디까지나 우리 인간의 피조물이다.

창작된 현실은 우리 세계가 그다지 확고한 본체에 기반하고 있지 않다는 고대 종교의 세계관 및 현대 이론물리학과 사상적으로 공명한다. 이러한 관점은 히브리 성서 역시 예외 없이 보유하고 있다. 대표적으로 이사야 40:17에서는, "그의 앞에는 모든 열방이 아무것도 아니라, 그는 그들을 없는 것 같이, 빈 것 같이 여기시느니라"고 했다. 여기에 쓰인 '없는 것', '빈 것'은 각각 히브리어 '토후'(תהו)와 '아인'(אין)을 쓰고 있다. '토후'는 창세기 1:2에서 '혼돈'으로 번역했는데, 본래 빈 것, 공허한 것, 허공을 함께 의미하는 것이다. 그리고 '아인'은 이사야 41:24에서 '아무것도 아님'(nothing)으로 번역했는데, 그와 비슷하게 공허, 진공, 빈 것 등을 뜻한다. 흥미롭게도 41:24, "보라 너희는 아무것도 아니며 너희 일은 허망하며…" 중에서 '허망하다'는 형용사 '에파'(אפע)를 쓰는데, 이것은 본래 '호흡하다'는 뜻에서 왔다고 알려져 있다.

삼위일체와 세계를 두고 숙고해야 할 관련 논제는 이상의 것만이 아니다. 이제 우리의 관심은 이쎄의 유비와 더불어 로고스로 향할 필요가 있다. 그리스도교 성서는 하나님이 로고스로, 로고스를 말미암아, 로고스와 함께 만물을 지었다고 증언하고 있다(요 1:1-3). 앞서 밝혔듯이 로고스는 이유, 법칙, 계산, 원리 등을 뜻한다. 현대적 관념으로써 다시 적용하자면, 세계가 일종의 비물질적 구조로 촘촘히 짜여있는 것을 부가적으로 의미한다고 해도 틀리지 않는다. 근래 이론물리학계의 수학적 우주 가설은 우리 우주가 정보 또는 수학적 큐비트로 치환할 수 있다고 추정한다. 그렇듯 우리는 우주 자체를 이미 이법적理法的 언어로 창조된 현실로 말하는 이론을 참고할 필요가 있다. 다만 그 원천이 되는 신적 지성과 능력은 인간이 필적하지 못할 수준이므로, 우리는 하나님이 창작한 현실을 공고한 실체로 받아들이고 그 안에서 치열하게 살 수밖에 없다. 물론 인간의 상식과 직관상 우리 세계를 수학적 구조나 시뮬레이션으로 치부하기 어렵다. 혹여 그러한 방식으로 세계가 창조되었을지라도, 하나님은 수학적 구조나 프로그램 언어를 통해 유한한 인생에게 생사고락과 역사적 쟁투를 맞닥뜨리게 했다. 온갖 영광과 오욕을 떠안고 사는 만큼 이 땅 위에서 진지하게 사는 사람들에게 세상과 자신은 꿈이나 환영은 아니고 분명한 실재다.

인간이 조성하고 있는 '창작된 현실'은 하나님이 창조한 그리고 하나님이 창조할 잠재적 세계의 극미한 부분집합이 된다. 루아흐의 무한한 창조력의 질적·양적 수준에 미치지 못하고 그 잠재성과 가능성에 조응되면서도 부속하기 때문이다. 인간이 무엇을 상상하든지 루아흐가 발현할 무한한 가능성의 세계 가운데 하나다. 인간이 무엇을 구상하고 만들려고 하든, 그것은 이미 루아흐의 총체 안에 소소한 부분이다. 루아흐가 로고스와 분리되지 않고 또한 정보 우주론이 시사하는 대로 물질성까지 로고스로 환원될 수 있다고 한다면, 루아흐가 부여한 기식氣息과 로고스의 정보로 창조된 인간이 도모하는 '창작된 현실'이란 하나님이 이미 창조한 세계로 지니고 있을 것이다.

"7. 창작 가능한 예비적 현실"은 지금으로서는 구현되지 않았지만, 인간의 구상과 활동으로써 앞으로 여러 양태로 등장할 여지가 있는 현실이다. 현재 대중에게는 그리 많지 않은 수량의 유희와 예술을 위한 가상현실이 제작되고 있는 정도이지만, 점차 실질적 세계에 준하는 매체 또는 '세계'로서 프랙탈 구조처럼 무한히 가지를 쳐 나가리라 예상된다. 우리 문명이 지속 가능하다면, 창작된 현실 안에 다시 창작된 현실이 그리고 다시 그 안에서 창작된 현실이 '마트료시카 인형'(Matryoshka doll)처럼 계속 확대될 것이다. 컴퓨터 게임의 세계관, 이야기나 플롯(plot), 모험과 유희의 소재에 국한되지 않고 천문학적 큐비트(Qubit)로 구성된 세상은 특별히 인공지능의 조력으로 가능한 영역을 넓힐 것이다. '창작 가능한 예비적 현실'은 어떤 의미에서 다중우주의 경우의 수 안에 들게 된다고 말할 수 있을 것이다. 즉, '창작된 현실'이 '창작 가능한 예비적 현실'에 해당하는 관계는 우리 우주가 다중우주에 해당하는 관계가 될 것이다. 지금도 많은 창작자의 펜 끝에서, 키보드에서, 프로그래머에 의해 짜이는 코딩 속에서 창작 가능한 현실이 창작된 현실로 옮겨지고 있다.

이상과 같은 전망을 고려하자면, 무엇인가 존재한다는 것은 근본적으로 창조자의 기획과 창작 의도에 기반하는 것임을 암시하게 된다. 특히 유신론적으로 접근하자면, 소설가의 머릿속 구상, 넷플릭스의 드라마뿐만 아니라 견고해 보이는 현실 세계, 치열한 인류사의 전개 등등 그 모두가 창조를 생각하는 하나님 앞에서 상호 간에 질적 차이가 없다. 현재로서 근엄한 식자에 의하여 헛소리로 간주될 수 있겠지만, 인공지능의 발전 추세와 양자컴퓨터의 폭발적 잠재력을 익히 아는 사람이라면 위와 같은 가능성에 대해 의혹을 거두고 오히려 두려움을 느낄 것이다. 결국 인류가 전례 없이 당면할 새로운 시대는 존재와 비존재, 물질과 정신, 실재와 허구, 역사와 픽션 등의 경계는 더욱 모호해질 것이다.

"8. 창작 불가능한 배타적 현실"도 있다. 하나님의 창조 가능성에는 놓여 있으되 인간의 상상력, 구상력으로는 결코 창작되지 못할 현실이다. 이에 대해서는 누구든 '가능하다' 또는 '가능하지 않다' 밝힐 입장은 아니다. 다만 하나님의 전체 현실은 인간의 상상과 구상력을 초월한다고 상정해야 할 것이다. 근래 다중우주론이 담지하는 존재의 무한한 양태 가능성은 곧 신적 창조 현실이 인간의 지식과 상상을 무한히 초월하고도 남는다. 이에 관해 인간은 실질적으로 무엇을 말하고 평할 입장은 아니다(욥 38-41장 참조).

인류의 역사를 통틀어도 접근하지 못할 현실이 있다. 바로 "1. 검증 불가능한 배타적 현실"은 인간이라는 종 사이에서 '검증되었다' 하는 공식적인 평가가 절대적으로 불가능한 영역이다. 현단계에서 인류는 '검증 불가능한 배타적 현실'과 '검증 가능한 예비적 현실' 사이의 경계조차 알 수 없다. 그럼에도 불구하고 종교, 신학, 형이상학은 이 검증 불가능한 배타적 현실을 직관하거나 지시해 왔고, 나는 이 현실이 가장 광대할 것이라고 믿는다. 어떤 학문적 방법론으로 접근하든, 이것은 일반적 의미에서 '존재한다'고 지칭할 수 없는 현실이다. 인간이 정해 놓고 공유하는 존재 관념에 의거한 판단이 결코 허용되지 않는 현실이다. 최소한 이론적으로나 사변적으로 접근하기 위해서라면 이 현실에 '특화된' 질문을 재구성해야만 한다. 이를 위해서 기존하는 관념·신념·언어를 허물고 재조직해야 한다. 대체로 구성적 현실에 사는 작금의 인류로서 이 작업은 불가능하다. 안타깝게도 현실을 알아가기 전에 주요한 개념과 말들이 너무 앞서 등장했다.

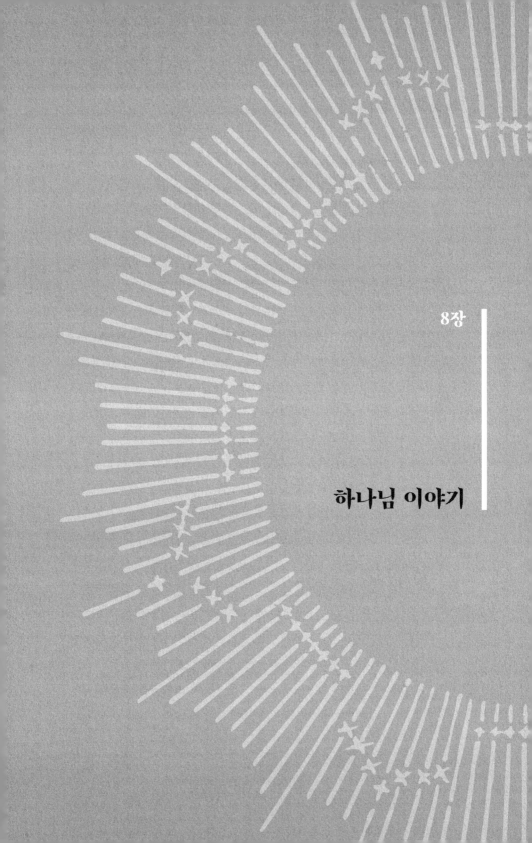

8장

하나님 이야기

이제 나는 우리 시대의 주어진 기회에 내 사유와 상상으로 간직한 하나님에 관한 작은 이야기를 풀어 놓을까 한다. 이것은 닫히고 완결된 교리를 지향함이 아니다. 누가 연구하고 정리하든 '이것이다' 하고 확정할 때 하나님의 실제는 '저것이다' 하며 나타나시기 때문이다. 이러한 통찰과 경험은 어느 전통에 선 신학자일지라도 솔직하게 인정했으면 한다. 위르겐 몰트만이 자신의 신학적 작업을 "전체 신학을 위한 기여"로 규정했듯, 보프(Leonardo Boff)가 말틀은 하나님의 실재를 온전히 드러내지 못하니 "가능한 한 적절하게 말하려 시도한 후에 침묵할 수 있다"[1]고 고백했듯, 누구든 하나님에 대해 논하는 모든 언설이 한계를 지님을 알고 겸손해야 한다. 나 역시 내 글이 더 진지하게 하나님을 찾고 알고 나누고자 하는 시도들을 위한 그리고 불가해한 하나님의 정체와 그에 대한 신앙의 무게를 견디며 고난을 감내하는 신자들을 위한 예비적 연구라는 분명히 밝히는 바다.

지난 20세기로부터 현재에 이르기까지 신학계에는 자연과 역사를 통해 전통 교리를 보완하거나 재구성하는 작업이 두드러졌다. 그 가운데 신론(the doctrine of God)도 예외가 아니었다. 성서와 전승을 토대로 특히 과학과 사회적 상황과 역사적 경험에 공명할 수 있는 하나님의 실제를 찾고자 하는 시도와 모색이 이어져 오고 있다. 그 가운데 그리스

---

1 레오나르도 보프/이세형 역, 『삼위일체와 사회』 (서울: 대한기독교서회, 2011), 25-27 참조.

도교의 전통을 전복시키는 급진적 이론도 적지 않았지만, 신학은 대체로 교회에 봉사하고 변증과 호교護敎의 역할을 지속하고 있다. 이를 지속하기 위해 후기 근대에는 하나님을 사유하고 진술하는 작업이 실험적일 수밖에 없다는 징후를 보였다. 폭발적인 지식·정보의 증가를 경험하는 오늘날 그리스도인들에게 16~17세기에 신조로 확정된 하나님 상像을 주입할 수 없는 노릇이다. 1900년까지 인간의 지식이 세기마다 두 배씩 증가했다가 제2차 세계대전이 끝날 무렵에 지식은 25년마다 두 배씩 증가했다. 그리고 2천년대를 넘어 인간의 지식은 13개월마다 두 배씩 증가해 왔고, 이제 12시간마다 지식이 두 배가 되는 시대를 살고 있다.[2] 이러한 현 문명의 단계에 와서 누구든 전근대적 인식과 언어로 작성한 전통적 신론에 이의를 제기하는 것은 자연스럽다.

적지 않은 신자들은 자신이 경험한 은혜로운 하나님과 고대의 전제군주적 하나님과의 불일치를 토로한다. 혹은 성서 시대에 고착된 계급 사회, 차별을 읽으면서도 우리 시대의 하나님은 민주주의와 인권의 가치를 지지하는 분이라고 믿곤 한다. 노예제와 성차별이 당연시되었던 고대의 성서 본문을 넘어 문자주의를 극복한 이러한 발전은 소수 신학자들의 노력의 결과라기보다 인류의 양심과 지성이 이룬 보편적 진보에 맞춰 부지불식간에 신관이 다시 정향된 결과라 해야 할 것이다. 이렇듯 지난 100여 년간 신론은 새 시대의 상황·경험·이성에 호응하도록 수정될 수밖에 없었고, 다양한 신론을 세워가는 사유 실험도 대담해졌다.

그러나 신론을 위한 모색과 변화는 결코 시대적 유행이라고 할 수 없다. 각자 삶의 자리에서 하나님을 대망하고 신앙하는 것 그리고 각자가 상이한 신앙고백을 할 수밖에 없는 것 등은 유행이나 투사投射가

---

2 David Russell Schilling, "Knowledge Doubling Every 12 Months, Soon to be Every 12 Hours," *Industry Tap News* (April 19th, 2013).

아니다. 각 세대별로 주어지는 환경을 살아가는 개개인과 공동체가 독특하게 직관하고 경험하는 하나님을 서술함에 수반되는 자연스러운 현상이다. 물론 그러한 경우에도 성서와 전승이 중요한 교의적 구심력을 행사했다는 사실은 틀림없다. 다만 하나님은 자기 충만의 주체이지만, 그 스스로가 세계의 운행과 역사의 진행에 따라 특별한 관계와 차이를 이루면서 그 현존을 내보이며 다원화된 세계를 향해서도 계시적 · 구속적 자기 비움(kenosis)을 행한다. 그것은 하나님이 스스로 신적 지위와 독존성을 내려놓고 인간과의 관계 속에서 질적 차이를 극복하거나 인간의 현존 안에서 그 자신을 나타낼 수 있음을 뜻한다. 살아있는 하나님의 역동적인 계시를 사유하는 자라면 하나님은 그의 자기 비움 속에 계시를 허락하고 있으며, 때때로 그것은 우리가 이전에 천착했던 신관을 해체하고 재구성하고 있음을 깨닫게 된다.

하나님을 만나고 알기 위해서는 인간이라는 인식주체에게도 겸손의 신앙과 자기 비움의 영성이 필요하다. 하나님의 존재는 인간의 신앙 · 순종 · 예배의 동기 · 인격적 친교 등을 결여하고는 심중한 몫의 정체를 내보이지 않기 때문이다. 나 자신의 실존이나 전인격과 무관한 객체로 하나님에게 접근하려는 것만큼 무모한 것이 없다. '나'의 존재 이유는 나의 삶 또는 나의 역사歷史를 경유하는 하나님 자신의 삶 체험과 모험적 경험과 미적 가치와 신적 유희의 증대이기도 하고, 헤겔의 말마따나 절대자의 자기실현을 위한 자기 전개의 외화이기도 하다.

판넨베르크가 "신적인 영은 자기 증여(self-giving)와 만족의 신비로 가득 찬 저 너머 세계와의 관계성 속에서 창조의 살아 있는 실재를 구성한다"[3]고 말했는데, 여기서 '자기 증여'라는 표현을 달리하여 나는

---

3 볼프하르트 판넨베르그/박일준 역, 『자연 신학』(서울: 한국신학연구소, 2000), 40.

세계가 루아흐의 자기 제한(self-limitation)과 자기 분여(self-division and self-sharing)로 존재한다고 말하고 싶다. 달리 말해 하나님 안에 우리가 있고, 우리 안에 하나님이 있다. 나와 분리된 하나님은 없다(그런데 또한 창조자와 피조물로서 하나님과 우리는 질적으로 분리되어 있다. 고로 철저한 분리도 맞고 비분리도 맞다!). 우리는 때로 하나님과 분리되지 않는 관계를 의식하고 교제를 나눌수록 하나님의 성품을 심중하게 알게 된다. 비록 우리가 죄악과 우둔함 가운데 침잠해 있다고 하더라도, 하나님은 인내와 관용 가운데 우리 안에 계신다. 우리를 그 형상으로 성장하게 이끄는 하나님, 아니 어쩌면 우리 안에 이미 주어진 성품과 진리로 계시는 하나님 그리고 우리가 영원히 돌아갈 품이 되는 하나님을 순수한 신앙과 기대와 사랑으로 청하고 교제해야만 신학은 온전히 증언할 경험과 언어를 갖춰나갈 수 있다.

우리가 어떠한 신앙적 전통 속에 있든지 인류 문명이 전례 없는 지식·정보의 폭발 시기에 이르렀음을 고려하자면, 하나님을 사유하고 하나님을 이해하고 하나님을 설명하는 작업에 있어서 포괄적인 반성과 새로운 방식에 의거해야 한다. 무엇보다 앞선 신앙적 전통뿐만 아니라 보편적 지식과 경험을 초월하는 하나님의 면면을 위해 전위적 사유와 중단 없는 반성이 필요하다. 물론 교회가 보유하는 교리와 신론이 하나님에 관한 지식에 다다르게 돕는 뗏목과 같은 매개가 될 수 있다. 그러나 명징한 언어로 표현되는 신조, 동일률을 극복하지 못하는 교리, 신적 역설의 몰이해, 인간성과 욕망에 결탁한 안일한 투사는 하나님의 본성에 대한 접근을 가로막는다.

이제 하나님을 경험하고 알고 말하기 위한 그 끝없는 길을 나대로 탐색하고자 한다. 앞서 말했지만, 이것은 대안적 신론을 위한 예비적 연구임을 분명히 밝힌다.

I. 하나님

"삼위일체적 연합의 신비 앞에서 우리는 침묵해야 한다. 그러나 우리는 인간의 말로 적절히 표현할 수 없는 그 실재를 가능한 한 적절하게 말하려 시도한 후에야 침묵할 수 있다. 나중에는 침묵하겠지만 처음부터 침묵하지는 말자."[1]

_ 레오나르도 보프

1. 하나님의 신비

하나님을 신앙하는 입장일지라도 신자는 타자로서의 하나님과 관계 맺는 삶 가운데 여러 갈등을 느끼게 된다. 그 심각한 갈등 가운데 하나는 신 자체가 내가 믿고 가정해 온 하나님이 아닐 수 있다는 의혹이다. 그것은 고된 인생을 감내할 때 갈등 이상의 고통으로 찾아온다. 가령 하나님은 내가 원하는 것을 원하지 않는다. 하나님은 내가 기대하는 길로 인도하지 않는다. 하나님이 내가 기피하는 가혹한 환경에 빠뜨린다. 하나님은 이 세상에 친절하지 않다. … 결국 하나님은 내가 기대하거나 내가 알아 온 그 하나님이 아니다.

'계시하는' 하나님은 다른 한편으로 '숨은 하나님'이다. 이는 신학적으로 매우 중요한 주제라서 많은 논자 사이에 언급되어 왔다. 드러난 하나님과 숨은 하나님이란 달리 말해 신인식에 있어 긍정성과 부정성이 양립한다는 의미다. 그리고 하나님을 '알 수 있고' 또한 '알 수 없는'

---

1 레오나르도 보프, 『삼위일체와 사회』, 27.

두 사태의 모순이 가능하다. 그처럼 알아 왔던 하나님의 정체에 대해 또다시 불가해한 의혹을 제기하는 것은 성서 도처에서 증언된다. 무엇보다 숨는 하나님에 대해서 말이다.

여호와여 어느 때까지니이까? 나를 영원히 잊으시나이까? 주의 얼굴을 나에게서 어느 때까지 숨기시겠나이까?(시 13:1).

주의 얼굴을 내게서 숨기지 마시고 주의 종을 노하여 버리지 마소서. 주는 나의 도움이 되셨나이다. 나의 구원의 하나님이시여, 나를 버리지 마시고 떠나지 마소서(시 27:9).

어찌하여 주의 얼굴을 가리시고 우리의 고난과 압제를 잊으시나이까?(시 44:24).

구원자 이스라엘의 하나님이여, 진실로 주는 스스로 숨어 계시는 하나님이시니이다(사 45:15).

성문서나 예언서뿐만 아니라 모세오경에 의하면, 첫 계시 당시부터 이미 하나님 스스로 자신을 숨기는 모티브의 서사를 기록하고 있다.

또 이르시되, 네가 내 얼굴을 보지 못하리니 나를 보고 살 자가 없음이니라. 여호와께서 또 이르시기를, 보라 내 곁에 한 장소가 있으니 너는 그 반석 위에 서라. 내 영광이 지나갈 때에 내가 너를 반석 틈에 두고 내가 지나도록 내 손으로 너를 덮었다가 손을 거두리니 네가 내 등을 볼 것이요, 얼굴은 보지 못하리라(출 33:20-23).

여호와께서 모세에게 이르시되, 네 형 아론에게 이르라. 성소의 휘장 안 법궤 위 속죄소 앞에 아무 때나 들어오지 말라. 그리하여 죽지 않도록 하라. 이는 내가 구름 가운데에서 속죄소 위에 나타남이니라(레 16:2).

그들은 잠시라도 들어가서 성소를 보지 말라. 그들이 죽으리라(민4:20).

그런데 히브리 성서에서 간혹 나타나는 '숨은 하나님' 모티브는 예수 그리스도를 통해 새로운 국면을 맞는다. 가령 신약성서 형성 이후 그리스도교는 예수가 하나님의 영광의 광채이며 그 본체의 형상이고(히 1:3)[2], 그 자신이 아버지와 동일성을 나눈다는 증언 등은 세상에 강생한 예수가 바로 '나타난 하나님'이라는 신조를 밝히는 것이다(요 14:9). 그럼에도 불구하고 '숨은 하나님'이라는 오래된 신학적 주제는 유대교를 관통하여 그리스도교 신학 전통 속에도 지속적으로 남게 되었다. 교회사를 통해, 즉 초기 교부들과 위 디오니시우스 등 신비가들 뿐만 아니라 마이스터 에크하르트, 니콜라스 쿠자누스, 마르틴 루터, 장 칼뱅을 거처 현대 신학에 이르는 것이다.

구약성서의 '숨은 하나님' 관념은 불우한 역사적 상황에서 인간 실존에 의해 각성되는 신 경험이라는 함의를 갖지만, 그리스도교의 제도적 교회가 정착된 이래 그것은 지중해권 철학의 영향으로 사변적인 내용을 더하게 되었다. 특히 하나님 인식과 그에 관한 언어 전달의 문제에 있어서 그렇다. 앞서 설명했듯이 그러한 신학적 주제를 보존하여 철저하게 사유한 사례가 부정신학자들의 '부정의 길'(apophatic way)이었다. 고대 그리스의 해석학과 플라톤 철학에 영향을 받은 부정신학

---

2 히브리서 기자는 광채에 대해 '아파우가스마'(ἀπαύγασμα), 형상에 대해 '카락테르'(χαρακτήρ)를 쓰고 있는데, 이것은 하나님의 분명한 드러남을 뜻한다.

은 하나님의 존재가 긍정될지라도 하나님의 실제는 하나님에 관한 인간의 인식과 언표를 부정한다는 일관된 주장을 했다. 그러므로 인간에 의해 가능한 서술은 하나님의 존재에 관련하여 피조물이 지닌 종개념(specific concept)을 지워나가야 하기에, 결국 '하나님은 ~가 아니다' 하는 진술만이 유효하게 된다.

일찍이 위 디오니소스는 하나님이 존재하는 비밀스러운 처소는, 곧 하나님에 관한 술어로부터 자유로운 부정성 및 타자성의 자리라고 했다. 그리하여 인간의 사유로 접근할 수 없는 처소이기에, 그것을 "신비로운 무지의 어두움"3이라고 표현했다. 물론 부정의 방법은 무신론이 아니다. 그것은 오히려 전적 타자로서 하나님의 위상을 인정하고 보존하고자 하는 강한 긍정법이다. 이에 관해 프랑스 철학자 자끄 데리다(Jacques Derrida)는 부정신학이 "모든 긍정적 술어를 초월하고, 모든 부정성도 초월하고, 존재도 초월하여 '초-본성'(Hyper-essentiality)의, 즉 존재를 초월하는 존재를 암묵 가운데 전제하는 것"4이며 "일종의 역설적인 과장법"5으로서 대상을 부정하는 듯하지만, 실제로는 그것을 부정하는 것이 아니라고 평가했다. 곧 부정신학의 부정의 길은 그 목적에 있어서 오히려 매우 '강한' 긍정의 길인 격이다.

부정신학의 전통이 비록 그리스도교 신학사에 주류가 되지 않았지만, 초기 교부들의 신학으로부터 부정신학과 공유할 문제의식이 엿보였고, 중세의 다수 신학자에게 간헐적으로 부각하는 신론의 논제로 남아 있었다. 가령 니사의 그레고리우스가 하나님은 "모든 언어로써도 표현

---

3 Pseudo-Dionysius, *The Complete Work*, trans. Colm Luibheid (New Jersey: Paulist Press, 1987), 141.

4 Jacques Derrida, "How to avoid speaking: Denials," *Derrida and negative theology* (New York: State University of New York Press, 1992), 90.

5 *Ibid.*, 305.

될 수 없고 어떤 통찰로써도 파악될 수 없다"고 고백했는데,6 이와 비슷하게 토마스 아퀴나스도 "하나님은 어떤 유개념에 속해 있지 않다" 또는 "하나님이 무엇과 같은 분이신지 알 수 없다"고 말했다.7 마르틴 루터도 하나님이 '숨은 하나님'이자 신자가 접하는 말씀과 성례전은 '하나님의 가면'(Larva Dei)이라고 했다.8

구약성서로부터 종교개혁자들에게까지 전달된 '숨은 신' 또는 하나님의 부정성 개념은 근현대의 인식론적·존재론적 반성에 부합되며 현대 신학에 이르고 있다. 앞서 살펴보았듯이 지난 세기에는 베른하르트 벨테가 특히 부정신학의 전통이 곧 무로서의 하나님 경험과 관련을 맺는다고 해석한 바 있다.9 벨테가 자신의 신학의 선구자로 삼은 그레고리우스, 위 디오니시우스, 십자가의 성 요한과 함께 마이스터 에크하르트는 또 어떠했던가? 여기서 에크하르트의 설교 한 대목을 인용한다.

당신은 하나님이 하나님인 대로 하나님을 사랑해야 한다. 즉, 그는 신이 아니다, 영도 아니다, 사람도 아니다, 상(像)도 아니다. 차라리 그는 순전하고 순수하고 투명한 분으로서 모든 이원성(duality)으로부터 초연해 계시다. 그리고 그 안에서 우리는 무로부터 무에게로 영원히 가라앉을지도 모른다. 그러니 하나님 우리를 도우소서. 아멘.10

긍정의 길을 취하는 전통 신학은 하나님을 인간의 의식과 경험에

---

6 "루터에 있어서 숨어 계시는 신: 삼위일체 하나님," 176.

7 "Deus non est in aliquo genre sicut species." *Sth*., I, 3, 5.

8 Paul Althaus, *The Theology of Martin Luther*, trans. Robert C. Schultz (Philadelphia: Fortress, 1966), 22.

9 Bernhard Welte, *Zur Frage nach Gott* (Freiburg: Herder, 2008), 154-156 참조.

10 Meister Echhart, *The Complete Mystical Works of Meister Echart*, 465.

앞서 객관적으로 존재하는 대상으로 전제해 왔다. 그리고 성서와 전승을 근거로 (그리고 이성적 작업을 더하여) 인간이 하나님으로부터 보편적 지식을 얻어낼 수 있다고 보았다. 그런데 이러한 신념에는 고대의 독특한 역사적 상황 속에서 하나님과 조우하고 경험한 이스라엘과 지중해 지역에 거하는 그리스도인들이 남긴 진술들이 배타적으로 최고의 지위를 차지하고 있다. 즉, 성서를 포함하여 교부들의 기록으로 남겨진 하나님에 관한 옛 기술과 옛 교리가 불가침적 권위가 된 형국이다. 이것을 확정적 계시로 국한하는 신념이 오늘날에도 여전하지만, 다른 한편에서 그것들은 그 나름대로 개별적인 역사와 상황 가운데 얻어진 특수한 신관임이 인정되어야 한다.

초기부터 그리스도교는 인간이 하나님의 모든 실제를 알 수 없다는 분명한 단서를 달았다. 더욱이 하나님에 관한 완전한 지식은 역사의 과정에 허락된 것이 아니라 역사의 끄트머리, 즉 종말론적 구원의 일환이라는 관점도 엄연하다. 대표적으로 바울은 "지금은 내가 부분적으로 아나 그때에는 주께서 나를 아신 것 같이 내가 온전히 알리라"(고전 13:12)고 했다. 즉, 세계 시간의 흐름 중에 신에 관한 궁극적 지식을 취득하는 것은 불가능하고, 역사의 대단원에 이르게 되어서야 그것이 가능하게 된다는 전망이었다. 이러한 관점에 동의하는 자라면 세계 종말에 이르기까지 명쾌한 신인식은 불가능하다는 자세를 지닐 것이다. 다시 말해 하나님의 불가해성, 하나님에 대한 미지의 영역은 세계의 끝 날까지 남게 되리라는 믿음이다. 따라서 바울의 진술은 신학의 전개 중에서 하나님에 관한 미지의 영역은 개방적일 수밖에 없고, 교리적으로 확정 지었을지라도 불충분한 국면이 있다는 전제가 된다.

누군가 보편적·공적 영역에서 하나님에 관한 논리적·경험적 증거를 요청할 때, 교회가 무엇을 내보이고 변증해도 회의론자의 수긍을 끌어

내기 어렵다. 신앙과 불신앙의 경계를 가르는 것은 대개 관습과 문화적 전이해를 포함하는 각양 기호^{嗜好}이기 때문이다. 만약 누군가 실험실의 비커(beaker)로 측량할 대상처럼 신에게 접근한다면 이로부터 얻을 지식은 없다. 근대의 이성주의에 영합하는 논리적 증명이나 수량화된 지식은 하나님을 밝히는 사안에 있어서 소용되지 않는다. 그러한 근대적 방법론이 여전히 맹위를 떨치는 작금의 지적 풍토에서 애석한 일이지만, 종교적으로 '조급한 자'들에게 내보일 수 있는 신론은 없다. 지적 대상으로서 하나님을 제시할 경우라면 정합성이 따르는 정의·논증·보편적 경험이라면 족하겠는데, 그러한 것들 위에 인격적 관계·의미·아름다움까지 망라하는 하나님을 밝히는 작업에 있어서 '합리적' 신론이라는 것은 미진한 부분밖에 되지 못한다. 그렇게 증명되지 못할 하나님에 대해 인류가 실망할 것도 없다. 일찍이 하이데거는 "신의 존재가 증명될 수 없다고 입증되는 것이 신에 대한 가장 큰 일격은 아니"라고 했다.[11] 오히려 더 큰 문제는 신학자와 신자가 어설프게 하나님을 형이상학적 신으로 둔갑시키는 것이다.

신앙적 '당신'(Thou)이야말로 인간이 경험하고 알고 말할 몫의 포괄적인 하나님이다. 여기서 '신앙적 당신'이라는 의미는 개개인이 하나님에게 자신을 전인격적으로 개방하고, 간절히 초청하고, 신실하게 청종하려는 자세가 구비될 때 가능해진다. 그리고 바르트주의자의 신념인 "하나님은 자신이 원하는 만큼 자신을 계시한다"는 신학적 반성도 염두에 두어야 한다. 그것은 인간 본위의 투사(projection)를 거부하는 하나님을 천명하기 때문이다. 하나님은 우리의 신앙과 순종을 전제로 관계를 맺을 수 있다. 그런데 그 '관계'라는 것도 역설적인 관계다.

---

11 Martin Heidegger, *Holzwege*, 239.

불가지·불가해·모호성·이율배반성·만족지연(delayed gratification) 등을 용인해야 하는 관계다. 그에 더해 완전하고 충만하고 순전한 하나님은 우리에게 오히려 텅 빈 심연이나 무시간·무공간의 무대상으로 비추어질 수 있다는 사실을 인정해야 한다.

일찍이 데카르트는 인간이 사유(생각)하는 존재이기 때문에 주체로 존재한다고 규정했다. 그러나 정신분석학자이며 철학자인 자크 라캉(Jacques Lacan)에 의하면, 오히려 생각의 주체는 '나'가 아니라 '언어'이다. 왜냐하면 유아기로부터 성장하면서 언어의 세계가 규약한 것들을 받아들이므로, 인간은 생각을 '하는' 입장이 아니라 생각을 '당하는' 입장에 처하기 때문이다. 이 말은 곧 대중은 예외 없이 기존의 사고 틀과 개념을 자동적으로 받아들이고 공유하고 있다는 뜻이기도 하다. 문제는 유무, 신, 존재, 사물 등과 같은 개념이 그 가운데 고착되면 거의 수정하거나 해소할 수 없는 지독한 편견이 된다는 사실이다.

과학적 진보로써 얻어오는 전위적 성격의 실재론을 참고하자면, 궁극자를 인지하고 이해하기 위해서 수천 년간 인류가 지녀온 모든 세계관·사물관·개념·논리·상식 등을 해체해야 하고 다시 수립해야 한다. 만에 하나 하나님을 보편적 실재로 전제할지라도, '그러한' 하나님을 알기 위해서라도 기존하는 모든 관념들을 다시 점검하거나 포기해야 한다. 앞서 살펴보았듯이 20세기 이후 과학적 실재론은 당연해 보였던 시간과 공간으로부터 극미한 소립자의 진상을 알기 위해 인류가 쌓아 올린 사물에 관한 전이해를 포기해야 했다. 아인슈타인도 자신의 시대에 와서 다시 점검해 보니 고통·목적·목표 등과 같은 심리학이 다루는 개념처럼 공간·시간·사건이라는 개념도 과학 이전의 사고, 즉 비과학적 사고에 속한다고 시인한 바 있었다. 즉, 시간과 공간이란 실체라기보다 인간 지성이나 심리의 창작물이고, 자연과학을 하는 데 유용한 개념으로 재규정한 것들이라는 반성이었다.[12] 사실을 확증하는 데 요구되는 '경험'의 문제도 마찬가지다. 사물의 실제를 공적으로 확정함에 있어서 인간의 감각 또는 경험만큼 신뢰할 조건은 없다고 여겨져 왔다. 그러나 "지난 한 세기 동안 인류는 과학을 연구하면서 '인간의 경험은 얼마든지 잘못된 결과를 낳을 수 있다'는 사실을 뼈저리게 통감하였다."[13]

신학은 인간이 지닌 본유적 질문과 그 대답을 향한 구도를 대표한다. 그리고 세계의 궁극적 실재로 상정되는 하나님에 관한 지식은 인생의 고통을 경감하고 죽음을 극복하게 할 능력을 가져온다는 식으로 구원론과 결부된다. 그리고 하나님은 우리 삶의 무상성을 극복하고 의미와 아름다움을 초청할 것이라고 기대된다. 바로 이것이 철학과 신학이 대체로 갈라지는 지점이다. 하나님을 궁구하는 것이 곧 구원(해방)과 직결된다는 신념을 갖는 일은 전형적인 유신론의 태도다. 가령 요한의 증언에 따르면, 예수는 인간이 진리를 안다면 진리가 우리를 해방한다고 선언했다(요 8:32). 그리고 진리를 자신의 인격과 신성에 관련시켰다(요 14:6). 이러한 예수에 관한 증언을 차치하고서라도, 흥미롭게도 어느 문화권에서나 궁극의 것을 아는 것은 곧 인간이 얻을 대자유를 제공한다는 관념이 있다. 이러한 사고 패턴은 무엇으로부터 연유했을까? 이것을 심각하게 의혹해 본 지성이라면, 인간의 선험적 '신(神) 의식'으로부터

---

12 실제로 그의 상대론은 시공간이 절대적으로 존재하거나 물질에 선행하여 존재하는 것이 아님을 시사한다. 즉, 시공간은 물질에 선행하기보다 오히려 물질이 시공간을 만들어 낸다고 해야 온당하다는 관점이다. 이에 관한 단적인 예로 빠르게 움직이는 물체의 시간과 느리게 움직이는 물체의 시간이 각각 다르게 흐르는 현상이나 무거운 천체에 의해 시공간이 왜곡되는 현상을 들 수 있다. 결국 시공간은 물질과 별개로 존재하는 것이 아니다. 신학적으로 말하자면 어떤 조건과 존재에 영향을 받지 않을 것 같은, 그리하여 일반인들이 하나의 빈 좌표와 같이 상정하는 시간과 공간은 '창조'에 종속되는 셈이다.

13 브라이언 그린, 『우주의 구조』 (서울: 승산, 2005), 29.

하나님을 이해할 근거를 얻을 수 있지 않을까 숙고하게 될 것이다.

신학계를 제외한 일반 학계에서는 2천 년간 그리스도교 신학이 지녀온 목적과 기획을 간단히 무시하는 분위기가 팽배해 있었다(사실 신학계에서도 그러한 분위기가 없지 않다). 그러나 내가 보기에 그러한 성급한 자세는 오히려 가장 심중한 것들에 대한 정신과학의 발전을 가로막는다. 이른바 타자적 계시를 수반하는 하나님의 자기 현현의 개연성, 그로 인한 신자 개인 및 신앙 공동체의 현상적 경험과 삶의 실존적 변화, 상황윤리를 초월하는 신적 명령들, 많지 않으나 세계 실재에 관해 시기적으로 앞선 정보들은 마냥 버릴 수 없는 학문적 가치를 지니고 있기 때문이다. 이렇게 간과할 수 없는 이유로 우리 시대에도 여전히 '형이상학적' 신학을 경주하는 신학자들이 있다. 다만 "사유할 수 있기에 존재한다"는 식으로 믿었던 전근대적 신학을 극복하려는 만큼, 다행히 작금의 방법론은 하나님 개념을 지속적으로 반성하면서도 보편성을 담지하기 위한 다각적인 탐구를 해나간다. 나는 어쩌면 우리 시대에 어울리지 않듯 평가되는 부류의, 즉 이성과 자연과 역사의 가치를 함께 견지하며 하나님·창조·구속·부활을 증언하고자 하는 신학자들의 노고에 찬사를 보내는 입장이다.

누구나 죽음과 고난으로부터 자유로워하고 싶어 하고, 삶의 무의미와 무상성을 극복하고 싶어 한다. 그리고 그리스도교는 분명히 하나님을 아는 것을 인간 실존의 문제를 해결하는 단초로 믿어 왔다(호 4:1, 6, 요 8:23 참고). 그런데 지금도 "형이상학이 가능하냐"고 묻는 지성인들이 적지 않겠지만, 어느 자리에서나 '하나님'이라고 운을 뗄 때는 발화 상황은 형이상학적 무드로 이끌린다는 점을 인정해야 한다.[14]

---

14 심광섭, 『탈형이상학의 하느님』, 23.

2. 하나님을 알기

과거 스콜라 신학에 큰 영향을 끼쳤던 아리스토텔레스의 형이상학은 제1 원인이 되는 하나님에게 만물이 종적으로 귀속되는 선형적 인과론을 이루게 했다. 그것은 존재를 계층적으로 인식하는 방법이자 만물에는 필연적으로 우열이 있다는 사물관이기도 했다. 그에 따라 그리스도교 세계에는 차등적 질서가 고착되고 기계론적 세계관이 형성되었다. 그리고 권력적 역학 관계에 따라 강자에 의한 약자의 지배가 정당화되었다. 근대 이후에는 하나님으로부터 존재론적 우위를 승인받았다고 자처한 서구의 식민지 탈취와 노예 매매까지 변명할 수 있었다. 아프리카와 아메리카 원주민이 과연 하나님의 형상으로 창조된 인간인지 혹은 그들에게 영혼이 있는지 판단해야 할 신학적 문제는 유럽 그리스도교 세계의 경제적 이해관계에 직결되는 복합적 문제이기도 했다. 기독교의 영혼관을 고수했던 데카르트의 이원론은 근대 시대를 견인했지만, 이성의 보유자가 행사하는 폭압적 지배권을 정당화했다. 그것은 지금에 이르기까지 인간에 의한 자연의 지배·이용·개발·변형을 가능하게 했다.

그러나 두 번의 세계대전과 냉전을 통해 전례 없는 대량 학살을 경험한 인류는 인간에게 내재하는 본유적 이성이란 선 의지와 동정(compassion)의 보완이 없이 정작 '이성적'으로 남아 있을 수 없음을 반성하게 되었다. 전근대의 몽매한 구습을 극복하게 도왔을지라도 이성은 다름 아닌 대상의 장악과 이윤을 위한 도구적 이성·폭압적 이성에 지나지 않기 때문이었다. 공교롭게도 가장 많은 인명이 희생되었던 20세기가 도래하기 직전 니체는 이미 '도덕 계보학'을 통해 인간의 진리가 '힘'(Macht)에 의해 규정되는 근대 문명의 맹점을 간파했다. 그에 의하면, 이성과 도덕의 지배 맥락의 배후에 '힘에의 의지'가 똬리를 틀고 있었다. 물론 인간의 자율과 주체성에 기여하는 '힘에의 의지'를 인정했지만, 그는 '힘'의 역학 관계를 고찰하며 숭고한 종교와 지배 이념이 가장假裝하는 기존의 진리관과 도덕관을 의심하지 않을 수 없었고, 근대화의 기획까지 불신했던 것이다.

한편 우리 세대의 그리스도교는 하나님을 빙자하는 당위적 질서와 소외를 집요하게 점검해야 한다. 이 문제점에 관해 지난 세기에 위르겐 몰트만과 레오나르도 보프가 예리하게 분석하고 비판했다. 단적으로 신자가 하나님을 어떻게 알고 믿느냐에 따라 신자 및 신앙 공동체가 세계와 창조 세계를 향하는 관점과 태도가 달라지기 때문이다. 몰트만과 보프는 하나님을 사회적 삼위일체로 믿지 않고 단일신론적 군주로 믿는 경우 교회가 수평적 질서와 연대가 어려운 공동체로 전락할 뿐만 아니라 전제적·폭압적 권력을 허용할 수밖에 없는 맹점을 파악했다. 아래 인용문이 역설하듯 그것은 특히 과거 그리스도교 세계에서 정치적 리더십이 꾀한 전략과 맞아떨어졌다.

> 시간이 지나면서 사람들은 절대 권력을 누리는 왕은 절대 하나님의 형상이며 모양이라고 말하면서 절대 군주들을 정당화하였다. 하나님께서 모든 법위에 존재하는 것처럼("Deus legibus solutus est"), 왕자도 역시 모든 법위에 존재하며("princeps legibus solutus est"), 법은 진리와 정의에 의존하지 않고 군주의 의지에 의존한다. 이런 이해를 통해 기독교 절대 군주들은 자신들의 권력에 대한 신학적 정당화를 제시하였다.[15]

---

15 레오나르도 보프, 『삼위일체와 사회』, 43.

이에 보프는 전제군주적 단일신론이 아닌 삼위일체의 신앙이야 말로 "억압당한 자들의 잠을 깨우는 참여, 평등, 연합의 요구에 응답하는 것처럼 보일 수 있다" 그리고 "모든 불의를 비판하고 기본적인 변화를 가져오는 영감의 근거가 된다"고 평가했다.[16]

이상의 문제를 염두에 두고 이제 하나님을 '아는' 문제에 대해 생각해 보고자 한다. 기실 교의학(dogmatics) 중에 하나님의 정체를 밝히고 변증하는 '신론'(the doctrine of God)이야말로 본래의 '신학'이었다.[17] 기독교가 황제와 군주의 보호를 받고 대학에서 최고의 대우를 받던 시절에 특히 그러했다. 말하자면 신을 구명하고 이론화하는 학문이 중세 유럽에 있어서 최고의 지위를 점했다. 그러나 시대가 달라져도 이렇게 달라질 수가 없다. 대다수 유럽 대학에서 신학이 퇴출된 지 오래되었고, 작금에 신학이 대중적으로 미치는 영향력은 거의 없다. 신학이 종교학·현상학·문헌학·해석학·윤리학·인류학·문화학 등과 파트너가 되는 경우에는 간혹 명맥을 유지할 수 있어도, 특히나 '순전한' 신론을 중심으로 신학이 존립하기에는 더더욱 어려운 시절이다.

더한 아이러니는 신학계 내에서도 상대적으로 신론이 도외시되고 있다는 현실이다. 자유주의 신학을 촉발했던 그리스도론은 지금도 교회 내에서 다양한 형태로 관심을 받고 있고, 20세기 이래 '은사주의'(charismatism)의 조류 덕택에 오랫동안 외면되었던 성령론 역시 각광받기도 했다. 그 외에 교회 제도 안에서 목회적·실천적 역할이 기대되는 분과 가령 설교학·목회상담학·영성 신학 등은 제법 건재한 상태다. 그렇듯 신학은 인문학에 포섭되거나 교회 제도를 위한 유용한

---

16 앞의 책, 31-32, 34.

17 Wolfhart Pannenberg, *Theology and the Philosophy of Science*, trans. Francis McDonagh (Louisville: Westminster John Knox Press, 1976), 298.

자료를 제공하는 선에 머물러 있다고 평가해도 과언이 아니다. 그러나 이것은 좋은 예후가 아니다.

어느 시대이건 교회와 신학은 인간이 하나님을 사유하도록 독려해야 한다. 성서는 하나님에게 생명과 빛과 존귀와 능력이 있다고 증언한다(딤전 6:16). 이것을 인정하는 자는 하나님을 통해 죽음과 절망을 극복했다고 증언하고, 이웃과 세계를 위한 봉사의 삶으로 나아가곤한다. 불행히도 근대 이후 미망과 맹목과 불합리의 대명사로 낙인찍힌 '하나님'이지만, 선험적 신망에 의해 인간은 하나님을 사유할 때 존재의의미와 궁극적 자유를 탐구할 계기를 얻는다. 최소한 이러한 '기능적' 부대 효과는 앞으로도 꾸준히 선뵐 수 있는 신학의 몫이다.

단언컨대 하나님을 잊어가는 데에 인간의 문제는 심각해진다. 신학이 경계하는, 어쩌면 인류가 경계해야 하는 사태는 신을 잊어버리는 것 또는 신을 잃어버리는 것이다. 이것은 무신론과는 별개의 문제다.

무신론에는 어쨌거나 하나님이라는 사유할 주제가 남아 있다. 그리고 무신론의 하나님은 최소한 무신론자들이 의식적으로 또는 부지불식간에 정의한 만큼이나마 하나님이라는 논제와 관심이 보존되어 있다. 말하자면 무신론도 하나님 개념을 먹고 자라는 사상이고 또 다른 형태의 신앙적 양상이라 할 수 있다. 무신론은 여러 국면에 있어서 유신론에 대립하면서도 데칼코마니와 같이 찍힌 종교다. 신을 논하는 다양한 이론과 전통에 대해서 단절하고자 하면서 그 스스로 신에 대한 '감추어진' 정의(definition)를 지니고 있다. 즉, 무신론은 그 스스로 가정하고 정의한 신만큼은 고집한다.

인간의 선험적 성향을 고려하자면 하나님이라는 사유의 주제는 그렇게 쉽사리 제거될 소지의 것이 아니다. 그리고 학문적으로 허용될 때 하나님은 세계 기원과 이유와 운행 그리고 인간의 실존에 관한 물음에 대한 답을 보유하고 있다고 기대되는 포괄적인 개념이다. 물론 유신론을 지지하는 어느 종교든 신이란 세계의 무상성과 무의미성을 극복할 으뜸 되는 근거로 대망된다. 현대에도 크게 다르지 않다. 다만 고대로부터 전승된 경전들과 권위적 교리를 통해 제공된 하나님에 관한 교설들 그리고 그리스도교의 성서를 비롯해 그 모든 고전적 문서의 내용이 "과연 하나님에 관한 정확한 지식을 전달하느냐?", "하나님과 세계 간의 관계를 바로 말하느냐?" 하는 의혹에 있어서는 언제든 열린 비판과 회의에 직면해 있다. 그 가운데 가장 극단적인 관점은 바로 "너희들이 믿어온 하나님은 없다"라는 단정이다. 이것은 유신론이나 무신론의 입장에서 함께 낼 수 있는 목소리다. 물론 그 배경은 다르지만 말이다.

무신론보다 유신론이 하나님 때문에 더 고충스러운 것은 당연하다. 구원의 수여자로서 하나님이 또 다르게 고통의 수여자가 되는 경우가 많기 때문이다. 시편·욥기·전도서와 복음서의 예수 수난 사화가 전하는 증언처럼, 하나님 때문에 오히려 고통에 처하고 깊은 한숨을 내쉬는 인생의 사례를 숱하게 찾아볼 수 있다. 무고히 겪는 고난 가운데 인생이 오히려 하나님에게 '면죄부'를 수여하려는 동기로 관대하게 이해해 보려 해도 이해할 수 없는 하나님, 찾으려 해도 숨은 하나님인데, 과연 누가 이런 하나님에 대해 명제상 정의 내리고 해명할 수 있겠는가? 그것은 불가능한 일이다. 이것은 비신앙적 언사가 아니다. 하나님을 깊이 신앙하며 삶의 내용을 그에 관한 희망으로 채워가는 자라면, 하나님은 항상 우리의 상상·욕망·추정·투사와 무관하게 멀어지는 분이라는 사실을 깨닫게 된다. 절실하고 순전한 신앙을 품은 자에게도 빈번히 그렇게 불가해한 하나님이다. 이에 칼 바르트가 하나님은 "모든 인간적인 것으로부터 무한한 질적 차이로 대립하고 있고, 인간이 하나님이라고 일컫고 인지하고 경험하고 예배하는 것과는 결코 일치하지 않는" 존재라고 일갈한 신학적 명제는 너무나 유명하다.[18]

고대 그리스의 자연철학 이래 2천 500년 이상 지속되었던 존재에 대한 이해가 전례 없이 해체되고 재구성되어 가는 우리 시대에 하나님에 대한 이해는 어떠한가? 사실 고대인들에게 있어서나 현대인들에게 있어서 하나님 상像은 크게 다르지 않다. 대표적으로 모세의 신인식과 신 경험에 기반한 것들은 지금껏 제법 잘 보존되고 있다. 교회의 설교단 으로부터 기독교 서점의 평신도 서적에 이르기까지 공유되는 하나님의 이미지는 두세 밀레니엄 전과 크게 다르지 않다. 고·중세 교회가 그리스 철학의 형이상학적 관념을 빌려 하나님에 관한 이론을 창안하려 했던 것은 나름대로 의미 있는 시도였지만, 후대의 적지 않은 신학자들은 바로 그 점을 비판하곤 한다. 그럼에도 불구하고 최초 원인(primum movens), 부동의 동자, 자기원인, 필연적 존재자, 존재의 근원 등과 같이 소개하는 아리스토텔레스 유형의 신관 역시 2천 년 기독교 역사 가운데 그 의의를 부정할 수 없는 신학의 궤적이다.

그런데 토마스 아퀴나스는 나지안주스의 그레고리우스의 다음과 같은 표현을 이어받아 하나님에 대해 형용한 바 있다. "자체 안에 전체를 포함하고 있으면서 한이 없고 규정할 할 수 없는 실체의 거대한 대양."[19] 시적 표현이지만, 그 원관념은 하나님에 대한 온전한 지식을 갖는 것이 인간에게 불가능함을 의미한다. 마치 대양大洋이 우리 앞에 펼쳐져 있거나 우리가 그 안에 있을지라도 말이다. 사실 세계 전체를 능가하는 하나님이 인간의 인식적 대상이 된다는 것은 어폐가 있다. 창조자에게

18 Karl Barth, "Das Wort Gottes als Aufgabe der Theologie," *Anfänge der dialektischen Theologie* 1, hrsg., Jürgen Moltmann (München: C. Kaiser, 1962), 315.
19 김용규, 『신: 인문학으로 읽는 하나님과 서양문명 이야기』 (서울: IVP, 2018), 158.

피조물이 인식 객체가 될 수 있어도 피조물에게 창조자가 인식 객체가 된다는 형국은 전통 신학적 관점을 빌려도 이미 인지 방식이나 지식의 한계를 명확히 드러내기 때문이다.

우리에게 인식되는 대상이란 곧 그것이 정의될 수 있다는 사실을 의미하는데, 정의는 종種(specie)이거나 유類(genus)로 알려져야만 가능하다. 이것은 고대로부터 현대에 이르기까지 인식의 기본적 원칙이다. 사물에 대한 정의는 그 사물이 속해 있는 유 그리고 동일한 유 가운데 있는 다른 사물로부터 구별시켜 주는 종차種差를 밝히는 작업이라고 할 수 있다. 그런데 하나님에게는 그것이 불가능하다. 여태껏 살펴본 것처럼 하나님을 탐색하려는 인간 편의 인식주체가 모호한 존재론적 위상을 가지고 있기에, 인간이 하나님에 대해 적립하는 지식은 원천적일 수 없고 완결적일 수도 없다. 하나님은 세계의 사물로부터 유비를 취할 수 없고, 어떠한 개념이나 상상으로부터도 빠져나간다. 그것이 본격적인 의미에서 하나님이다. 이런 한계로 인해 지식에 앞서 '신앙이라는 것이 필요하다. 그것은 인간에게만 필요한 것이 아니라 인간을 수용하는 하나님께도 소중하다.

교회사에 있어 하나님을 아는 것은 전부全部가 아니면 전무全無라는 식의 철저한 입장은 주된 흐름이 아니었지만, 끊이지 않고 면면히 흘러왔다. 가령 마이스터 에크하르트는 (하나님에 관해) "네 자신이 어떤 것에 관심을 갖든 그것은 참 하나님(Godhead 혹은 신성)에는 잡스러운 것이다. 그러므로 모든 잡스러운 것들을 하나님께 벗어 버리라. 그리고 그 자체로 그대로 벌거벗은 것을 취하라"[20]고 제안한 바 있다. 루터에게 있어서 '숨은 하나님'은 달리 말해 '불가해한 하나님'(Deus incomprehensibilis)

---

20 Meister Echhart, *The Complete Mystical Works of Meister Echart*, 264.

이었다.[21] 칼 바르트가 하나님을 '절대 타자'로 형용한 내용은 곧 그리스도 이외에 하나님과 세계 사이에 접촉점이 없다는 의미였다. 방대한 교의학을 지은 바르트가 대놓고 부정신학의 전통을 따랐다고 평가되지 않지만, 하나님은 "모든 인간적인 것으로부터 무한한 질적 차이로 대립하고 있고, 인간이 하나님이라고 일컫고 인지하고 경험하고 예배하는 것과는 결코 일치하지 않는"[22] 존재라고 쓴 대목들은 그 역시 부정신학이 지닌 문제의식을 공유한다고 보인다. 만약 신학이 하나님 개념에 관련하여 끊임없는 우상 파괴(iconoclasm)를 가한다면, 최후에 전적 타자로서 무(das Nichts)가 남지 않겠느냐 하는 생각에 아마 바르트도 동의할 것이다.[23]

서구의 사유 전통 가운데 하나님에 관한 이론은 크게 세 가지로 나뉜다. 첫째는 전통적 실재론을 신론에 적용하며 형성된 것으로서 하나님을 일종의 존재자(어떤 이/어떤 것)로 간주하여 인지 가능한 대상으로 기술하는 방식이다. 물론 여기에서도 하나님의 주도적 계시와 인간의 겸손한 신앙이 전제된다. 신자는 하나님이 자신을 드러내는 만큼 그리고 인간이 신앙과 이성을 통해 궁구하는 만큼 알 수 있다는 기대가 있다. 둘째, 세계 운행에 있어 주재자主宰者의 개입보다 인과율이나 자연적 질서를 더 정합적이라고 인정하거나 세계 안의 자연적 악과 윤리적 악과 같은 부조리를 들어 신존재를 부정하는 무신론이다. 무신론은 논리와 조리條理에 절대적 신뢰를 보낸다. 이에 관련하여 적절히 답을 할 수 없는 신관이라면 타협 없이 배격하는 조급함이 있다. 구체적

---

21 WA 3, 124, 32.

22 Karl Barth, "Das Wort Gottes als Aufgabe der Theologie," 315.

23 참고로 하이데거 철학을 비판적으로 수용했던 알프레트 예거는 무와 하나님이 동일하게 전적 타자 개념으로 묶일 수 있다고 말한다. 다음을 참고하라. *Alfred Jäger, Gott. Nochmals Martin Heidegger* (Tübingen: J. C. B. Mohr, 1978), 451-453.

으로 무신론의 배경에는 과학적 이유, 윤리적 이유, 논리적 이유 등 여러 가지가 있지만, 무엇보다 무고한 자가 겪는 고난에 대한 신정론적 질문이 해소되지 않을 경우 무신론으로 빠르게 흐른다. 셋째는 인지와 언표에 있어 인간의 능력을 벗어난 대상으로 하나님을 인정하고 적극적인 이론 작업을 하지 않는 태도다. 이것이 불가지론으로 정의될 수 있지만, 그 내적 태도에는 다시 유신론적 내연과 무신론적 내연으로 나뉠 수 있다. 단정만 하지 않을 뿐, "아마도 신은 존재/부재할 것이다" 하는 함의와 뉘앙스를 지니곤 하기 때문이다. 겉으로 불가지론을 표명하지만, 무신론자만큼 적지 않은 지성인들에게 그 두 형태를 간접적으로 엿볼 수 있다.

유신론적 확신 가운데 하나님에 대한 '이론'을 만들어 나간다는 것은 다른 두 관점에서는 우격다짐으로 보일 공산이 크다. 실로 인류의 지성사는 유구한 문명의 흐름 가운데 신의 흔적을 지워나가는 방식으로 발전해 오고 있다. 그런데 인간의 선험적 의식과 정서와 양심은 신을 완전히 지우는 것에도 한계를 보인다. 하다못해 신을 대체할 수 있는 운명의 외압, 불가시적 존재자에 대한 존재감, 명리命理, 타부와 징크스, 주물呪物 숭배에 이르기까지 다양한 양상의 믿음과 종교성이 우리 안에 가득하다.

인간 내면의 종교적 직관과 정서로부터 하나님의 존재를 추정할 수 있는 신학적 관점도 계속 보존할 가치가 있다. 류영모가 "형이상학적 성욕性慾"으로 표현했듯이 인간에게 내재한 신神 의식이나 하나님에 관한 직관은 하나님 존재에 관련한 무시 못 할 근거일지 모른다. 즉, 선험적으로 신을 상정하는 인간의 직관은 그에 대응하는 모종의 신적 존재를 배제할 수 없게 한다. 또는 슐라이어마허, 루돌프 오토(Rudolf Otto), 하이데거 등의 논자들이 제기한 바와 같이 하나님에 대한 귀의 감정, 거룩함에 대한 경외감, 존재(무)에 대한 근본기분 따위는 하나님에 조응하는 인간 내면의 간접적 증거될 수 있다. 다만 그 하나님이 과연 "보편타당한 대상으로서의 하나님이냐" 하는 철학적 물음이나 "성서적 묘사와 합치되는 하나님이냐" 하는 신학적 의혹은 비껴갈 수 없겠다.

다른 한편 하나님을 외적 실재로 탐구하려는 대담한 시도들도 간과할 수 없다. 이것은 대표적으로 신학적 '헤겔주의'(Hegelian) 계열로 묶이곤 한다. 물론 그러한 기획을 수행하는 신학자들 사이에 연구 방식이나 진술 태도에 있어서 편차가 작지 않다. 그런데 그들의 노력이 가상하고 고무적이라 할 수 있는 몇 가지 이유가 있다. 알 수 있는 것과 알 수 없는 것을 분명하게 가른 근대 인식론의 전회 이후 진위를 가릴 수 있는 명제만 인정하는 논리실증주의 그리고 관찰과 실험에 따른 조작적 정의를 신뢰하는 과학주의의 도전에 직면하여서도 그들은 하나님의 현실성을 신뢰하며 변증법적 이성의 운동에 과학과 역사가 건네는 사실들을 신론으로 종합하려는 노력을 그치지 않기 때문이다. 가령 자연과학과 성서의 하나님 사이의 관련을 연구했던 판넨베르크는 "성서의 하느님이 우주의 창조자라면, 그 하느님을 언급하지 않고 자연 과정들을 완벽하게 혹은 적절하게 이해한다는 것은 가능치 않다"고 평가하며 "하느님의 실재는 자연 과정들의 규칙성들과 관련된 추상적 형태의 지식과 양립 불가능한 것이 아니다"라는 신념하에 신학적 작업을 감행했다.[24]

나는 하나님에 관한 한, 주체와 객체 또는 실험과 대상으로 나누는 방법론의 한계를 인정하는 편에 서면서도, 다른 한편에서 주객 분리의 상태에서 인간이 하나님을 알고 진술하기에 매우 중요한 문제를 생략하

---

24 볼프하르트 판넨베르크, 『자연 신학』, 37.

게 된다는 의혹을 갖는다. 우리가 인식 문제에 있어서 하나님을 객체화하는 것에 그친다면, 하나님을 매우 중요한 조건인 '일치'(혹은 종합)의 계기를 빠뜨리고 만다. 헤겔의 말마따나 하나님은 자기 소외의 단계에서 오히려 자기 객관화가 용이할 수 있겠다. 그러나 그것은 존재와 지식의 통일이 아닌 단계이기 때문에 완결된 영구한 지식으로 취할 수 없다. 종합만이 정반합의 관념 운동 또는 해체와 수립을 반복하는 부단한 변증법적 정신 운동을 통해 도달할 수 있는 완전한 지식으로 기대된다. 그러나 그 원대한 지식에 누가 도달할 수 있을까? 불의 티끌같이 짧은 생애를 사는 인간에게(욥 5:7) 그러한 학문적 기획은 근대 버전의 신비주의라는 비판에 직면할 수 있다.

전통적인 신비주의는 시간의 추이를 고려하지 않고 시간 대신에 무시간을, 이성 대신에 직관과 통찰을 통해 하나님의 앎을 체득하는 방식을 기대한다. 여기서 내가 하나님'에 대한' 앎이라 하지 않고 하나님 '의' 앎이라 한 것은, 이것이 대립을 고정하는 이원적 방법이 아니기 때문이다. 그리고 이성 본위적 앎이 아니기 때문이다. 여기에 신비적 경험과 불가형언적 정서의 요건이 함께 한다. 언뜻 몽매하고 미신적인 동기로 보이지만, 감정·기분·정서·느낌·분위기 등은 의외로 많은 정보를 포함하고 있다. 그리스도교 2천 년 역사 가운데 많은 신비가와 영성가는 이른바 하나님과 합일의 체험을 겪고 나서 하나님에 관해 말하곤 했다. 그리고 우리 중에 있는 교우들도 간혹 하나님의 '어루만짐'(touch)을 겪고서 그것이 일반적 경험이나 지식과 다르다는 점을 증언한다. 이와 관련하여 아우구스티누스가 영혼의 상승을 통해 하나님을 인식했다고 술회한 『고백록』의 한 대목을 참고해 보자.

(상략) 나는 점점 물체에서부터 육체의 감각을 통하여 물체를 지각하는 영

혼으로 올라가고, 거기에서부터 혼의 내적 지각에 다다랐습니다. 이 혼의 내적 지각에서 육체의 감각이 밖에 있는 사물들을 전달해 주는 것입니다. (중략) 그리고 내 안에 있는 이성의 사색력까지 변한다는 것을 스스로 깨달아 자신 위에 있는 지성의 원리(intelligentia)에 올라갔습니다. 거기에서 서로 모순된 여러 가지의 혼잡한 환상의 무리들을 떨어뜨리고 내 마음의 생각들을 습관의 세력에서 벗기어 그 생각들을 적시어 주는 그 빛을 찾고자 했습니다. (중략) 이리하여 눈 깜빡할 순간에 "존재 자체"(quod est, 스스로 계신 존재자)에 도달하게 되었습니다. 그때 나는 당신의 보이지 않는 것들(invisibilia tua, 신성과 능력 등)을 창조된 것들을 통하여 알게 되었습니다. 그러나 나는 계속해서 바라다볼 수는 없었습니다. 또다시 나의 약함으로 격퇴되어 나는 보통 하는 일들의 세계(일상성)로 되돌아왔습니다.[25]

위와 같이 그리스도교의 한 신인식이란 단순히 오성의 범주나 이성의 종합에 의하지 않는다. 현대 정신의학이나 뇌과학은 이것을 정신착란이나 신경전달물질의 교란 혹은 측두엽 뉴런이 일으키는 망상으로 규정할 수 있겠다. 한편에서 나도 일각의 의학계가 그렇게 판단할 수 있는 소견들을 존중한다. 실제로 우리의 실존을 극적으로 변화시키는 신인식과 신체험이 평상적 뇌의 활동을 넘어설 수 있다. 그러나 인간의 의식이 신을 경험하는 것을 단순히 병리적 현상으로 치부하기에는 너무 성급한 사안이다. 가령 정신착란이 개인의 통전적 변화와 전인격적 성숙을 일으킨다는 것은 오히려 용이한 설명이 아니기 때문이다.

지적 사유의 정진을 통해 신인식에 이르고자 한다면, 누구든 전례 없는 과감한 상상과 시공을 뒤집는 파격적 사유가 요구된다. 거기에

---

25 *De Conf.*, VII. 23. 번역은 성한용 역, 『고백록』(서울: 대한기독교서회, 1990)을 사용했다.

고요의 관상, 침묵과 기다림, 자기 극복과 내려놓음을 통해 하나님의 임재를 맛보았던 영성가들의 수양법은 요긴한 보완이 될 것이다. 하나님은 만유와 평상에 계시지만, 간혹 하나님은 평범함을 깨고 우리와 만난다. 그 조우는 우리가 사물을 아는 것과 같은 성격의 것이 아니다. 그것은 평정과 격정을 넘나들며, 감각과 이성을 포괄하고, 간혹 열락悅樂과 망아忘我를 수반한다.

3. 하나님을 말하기

본서를 여기까지 읽어 온 독자라면 하나님이 왜 무라고 칭해질 수 있는지 혹은 하나님의 술어와 무의 술어가 어떻게 호환 가능한지 이해할 수 있으리라고 본다. 그러나 대체로 일반 신자들은 하나님을 무라고 말하는 것에 대해 불경스러움과 불쾌감을 느끼기 마련이고, 심지어 비기독교인들도 어리둥절하게 느낄 것이다. 그 주된 이유는 고착된 언어에 머물러 있는 인간의 고정관념 때문이고 또 부정적 개념을 거룩한 하나님에게 덧씌우는 것에 관한 교리적 금기 때문이다. 그러나 하나님을 무 또는 부정적 언어로 소개할 수밖에 없는 이유들이 있다.

위 디오니소스가 "하나님은 하나님에 관한 그 어떤 긍정적 설명이나 그것을 부정하는 것도 넘어선다"고 했듯이,26 그리스도교 전통에 있어서 하나님을 언어를 통해 전달하는 것은 근본적인 한계가 있다. 감히 무로 말하려 하는 것은 무엇보다 하나님의 충만과 완전을 반어적으로 드러내는 언어적 전략이다. 그리고 임의적 유비와 성급한 규정을 원천

---

26 Pseudo-Dionysius, *The Complete Work*, trans. Colm Luibheid (New Jersey: Paulist Press, 1987), 101.

적으로 막고자 하는 반우상적 혹은 우상 파괴적 도모다. 실제로 인간이 임의적으로 지어낸 하나님 상像이나 관습적으로 제시된 신관은 향후 깨뜨리기 어려운 우상으로 전락한다. 이 점과 관련하여 성찰하자면, 유감스럽게도 우상을 금지하는 아브라함 종교 역시도 하나님에 관하여 이념적 우상, 관습적 우상, 정치적 우상 따위를 숱하게 만들어 왔다. 그러나 하나님을 무로 표현하는 기획만큼은 부실한 신관이 고착되는 것을 원천적으로 막는다.

신학사에 있어서 파르메니데스의 정태적靜態的 실체 중심의 존재론이 플라톤에 의해 확정되어 그리스도교 신학에 유입·유착된 일은 일종의 교리적 우상이 발생한 셈이다. 최소한 헤라클레이토스 유형의 동태적動態的 사건 중심의 존재론이 부분적으로 보완해 왔더라면, 사뭇 균형 잡힌 신학 전통이 섰을 것이다. 물론 뒤늦게 헤겔이나 화이트헤드 등의 철학이 일부 기여했으나 이미 그것은 휘어진 고목 줄기를 곧게 세우는 것만큼 어려운 일이 되었다.

아무튼 파르메니데스와 플라톤의 영향 아래 수립된 정태적·실체적 존재론은 아리스토텔레스의 영향에 더해 외부의 객관 존재에 대해 주관이 지닌 사유의 일치가 곧 참된 지식이라는 중세의 인식론적 기준을 낳았고, 지시적 언어에 대한 능력을 과신하게 만들었고, 문자와 대상의 일대일 대응을 당연시하는 신조의 전통을 공고히 했다. 이를 위해 사용되는 언어도 동사나 술어보다 명사나 개념어 위주였다. 결국 신학 은 사물들로부터 가정된 항구적 본질과 선형적 질서를 위주로 존재를 확정 짓는 관습을 유지했다. 그리고 그와 관련된 존재론·인식론·의미론은 끊임없이 변화하는 세계와 그 세계에 응답하는 하나님의 역동적 성질과 활동을 놓치게 했다.

이제 하나님을 무로 말하는 것이 그리스도교 신론에 있어서 어떠한 타당성이 있는지 요약해 보기로 한다. 우선 무는 존재의 맞상대 또는 반대가 되면서 사물 개개에 관련을 맺을 수 있다. 단적으로 말해 "A가 존재한다"는 의미는 A가 존재하지 않을 무를 배경으로 있다는 뜻이다. 그렇게 무는 예외 없이 사물과 함께 있다. 그 무엇도, 그 누구도 무의 배경을 피할 수 없다. 무처럼 사물에게 절대적 관계를 맺는 것도 없다. 무는 우리의 인식, 태도, 기대, 신앙 따위와 무관하다. 또한 아이러니하게도 무는 무한을 내포한다. 그 한계를 설정할 수 없고, 그 종말을 설정할 수 없다. 피조물의 유類에 포함되는 모든 것은 시공간의 한계를 갖고 최후에 소멸하지만, 무는 어떤 유類에도 속하지 않고 생성과 소멸과 무관하다. 무의 시한적 범위와 공간적 범위는 추정할 수 없다. 없기 때문에 (역설적이게도) 그 자체로 영원하고, 없음인 그 자체로서 완전하고 충만하다. 매우 역설적이지만 그것이 무의 성격이다. 그러므로 간혹 논자들이 무를 무규정적 무근거 또는 심연이라고 일컬을 수 있는 것이다. 그 자체이면 됐지 거기에 어떠한 정의·규정·수식修飾·한정사限定詞를 덧보태는 것은 전적으로 무의미하다. 그리고 무가 있기 위해 어떤 조건이 필요한 것은 아니다. 무 그 자체가 무의 근거가 된다. 또한 무는 분할될 수 없는 하나의 전체성을 표상한다. 무를 쪼갤 수 없다. 무는 완전한 일체로서 모든 것을 덮고 있다. 무 가운데에는 이중성·대립성·모순 등이 다 융해된다. 이것들은 상대적이지만 무는 절대적이기 때문이다. 동일률로 무를 설명할 수 없다. 이미 그 자체가 '없음으로써' 그리고 '없음으로서' '있기' 때문이다. 따라서 '무가 있다'는 모순적 진술이 가능하다.

엄정하게 말해 무는 사유될 수 있을지라도 존재자나 주체가 아니라 사건이다. 주어가 아니라 술어이고, 명사라기보다 형용사나 동사다. 대개 없음은 있음에 앞선다. 무는 있음과 없음을 사유하고 묻는 인격적 존재에게 심중한 번민을 촉구한다. 인간 실존에 대하여 가장 큰 위력을 발휘하기 때문이다. 지구상에 인간만이 무를 사유한다. 역설적이게도 무는 존재자에 가해 오는 엄중하고 맹렬한 위기로 삶의 모든 양식에 반성과 전향을 촉구한다. 존재를 발견하게 하고 존재의 의의를 묻게 재촉한다. 때로 무를 묻는 자로 하여금 죽음을 선구先驅하게 하고, 범속하고 비본래적인 욕망으로부터 자유하게 만든다. 존재함의 가치를 깨우치게 하여 더불어 있는 모든 이들과 함께 허락된 시간과 공간을 선용하여 현재(present)를 무의 선물(present)로 받아들이도록 독려한다(전 9:7-10 참고). 무 앞에서 혹은 무를 배경으로 우리가 왜 존재하는지 묻는 물음은 사유할 주제 중에서 가장 근원적인 물음이다. 유신론적 진술을 차치한다면, 무는 모든 것이 돌아갈 귀환처다. 무에 관한 적절한 표현 수단은 그에 상응하는 침묵·묵언이다.

다음으로 하나님과 존재 사이의 관계를 숙고해 보자. 13세기의 토마스 아퀴나스는 어릴 적부터 "하나님은 누구(무엇)인가?" 하는 의문을 견지하고 그 대답을 한평생 추구한 것으로 알려져 있다. 그리고 로마 가톨릭교회 내에서 하나의 기적으로 추앙받는 방대한 저서 『신학대전』을 집필하며 그는 답을 내렸다. 그는 8세기의 다마스쿠스의 요한의 표현을 원용하면서 하나님을 가리키는 가장 근원적 명칭으로서 "있는 자"(Qui est) 그리고 "존재 자체"(ipsum esse)로 표명했다. 그는 말했다. "하나님을 가리키는 어떤 명칭보다 더 근원적 명칭은 '있는 자'이다. 이 명칭, 즉 있는 자는 그 자신 속에 전체를 포함하며 무한하고 규정할 수 없는 실체의 광대한 바다처럼 존재 자체를 지니고 있다."[27] 토마스 아퀴나스가 주장하는 이 내용은 곧 출애굽기 3장을 배경으로

---

27 *Sth.*, I, 13, 11.

하고 있다. 그것은 곧 하나님을 어떻게 부를 수 있는가 또는 하나님의 호칭을 둘러싼 존재론적 의미이기도 하다.

출애굽기 3장 14절을 보면 떨기나무 가운데 불꽃으로 임하신 하나님께 모세가 하나님의 이름을 물었다. 그때 돌아온 대답은 히브리어로 이러했다. "에흐예 아셰르 에흐예."(אֶהְיֶה אֲשֶׁר אֶהְיֶה) 현재 우리말 성서에서 이것을 "나는 스스로 있는 자"(개역개정), "나는 곧 나다"(새번역, 공동번역)로 번역하고 있다. 그런데 고대 번역을 참고하자면, 70인경의 경우 헬라어로 "에고 에이미 호 온"(ἐγώ εἰμι ὁ ὤν, I am the being)으로, 불가타 역본의 경우 라틴어로 "에고 숨 퀴 숨"(ego sum qui sum, I am who I am)으로 각각 번역했다. 이것들은 당대 인접 문화권에서 출애굽기 3장에 나타난 하나님의 이름을 어떻게 이해했는지 엿보이는 사례이기에 매우 중요한 번역이다. 대개 고대어가 그러하듯 이 히브리어의 번역을 중세·근대·동양의 언어적 배경으로 재해석하면 다양한 변이를 보인다. 예를 들어 영어로는 "I am that(who) I am", 독일어로 "Ich werde sein, der ich sein werde"(I will be who I will be), 프랑스어로 "Je suis celui qui suis"(I am who I am), 중국어로 "我是自有永有的"(나는 스스로 있으며 영원히 있는 자), 일본어로 "私は有って有る者"(나는 있음으로 있는 자) 등으로 다양해지는 것이다.

"에흐예 아셰르 에흐예"에 관하여 우리가 만족할 만한 해석은 위의 모든 번역을 다 포괄하는 것일 터이다. 각 문화권의 사유 전통과 언어 맥락 가운데 번역된 하나님의 지칭은 그 나름대로 하나님을 직관하는 진정성을 지니면서 하나님의 내연內延을 풍요롭게 밝히기 때문이다. 그렇게 말할 수 있는 근거 가운데 하나는, 여기에 쓰인 '하야(הָיָה, hayah) 동사의 다의성에 있다. 구약성서에 나타나는 '하야'의 용례를 꼽아보자면, '~이다' 및 '~있다' 외에 '있게 하다', '있게 되다', '되다',

'발생하다', '생기다', '달성되다', '되게 하다', '가지다', '지속하다', '사용하다', '유하다' 등 다양한 활동까지 포함한다. 정태적인 존재의 양상이 아닌 역동적인 사건도 담지하고 있다. 즉, 출애굽기의 신명神名은 애초부터, 앞서 언급한 파르메니데스나 플라톤 철학의 정태적 실체론이 담지할 수 없는 역동적인 신성을 보존하고 있다. 이 명칭을 두고, "중세 신학자들이 이해한 '존재 자체'라는 개념은 불변하는 존재가 아니라 역동하는 존재"이며 "명사라기보다 동사"[28]에 가깝다는 주석에 관해 나는 동의한다.

우리가 히브리어 '하야'의 시제까지 참고하자면 그 '무시간적' 성격도 새겨볼 필요가 있다. 실제로 히브리어에는 뚜렷한 현재시제가 없다. 그리하여 "에흐에 아셰르 에흐예"가 유럽어로 번역될 때, 현재시제뿐만 아니라 곧잘 미래시제로 표현되곤 했다. 즉, 하나님은 현재에 있고 과거로부터 있어 왔을 뿐 아니라 미래에도 있을 것 혹은 영원한 현재로 있을 것이라는 의미 그리고 이에 더해 부단한 과정의 사건으로서의 있음이라는 뉘앙스도 포함한다. 더 깊이 따지자면 하나님은 시공간의 창조 이전에 '무無시공간적으로' 존재한다는 의미도 가능하다. 따라서 이 구절에서 표현된 것은 "의도적 모호함을 자아내는 언명으로, 신의 이름을 이해하는 것은 너의 몫이 아니니, 내가 누구인지 알려 하지 말라"[29]는 경고가 나타난다. 실로 "명명 불가능한 것에 대하여 한계를 넘지 않으면서 명명하는 일은 가장 위험하고 어려운 시도"다.[30]

오로지 존재하되 어떠한 사물에 견주어 사유하거나 상상하거나 투사할 수 없는 존재, '나는 나'일 뿐이기에 본질상 이름 붙여질 수

---

28 김용규, 『신: 인문학으로 읽는 하나님과 서양문명 이야기』, 158.
29 카렌 암스트롱/배국원 외 1인 역, 『신의 역사』 (서울: 동연, 1999), 57.
30 심광섭, 『탈형이상학의 하느님』, 88.

없는 존재, 모든 발생과 사건과 사태를 이루며 스스로 있는 이, 그 앞에서 만유가 마른 풀과 그림자 같을 수밖에 없는 존재 자체, 거기에 다 '무시간적 있음'으로 존재하는 영존하는 이. 우리는 이러한 하나님의 실제에 관해서 "나는 있다", "나는 나다", "나는 있음이다", "나는 존재다" 라고 번역의 차꼬를 채우지만, 언제든 하나님은 그것을 끊고 스스로 자유한 자가 된다. 본질상 하나님은 어떠한 '것' 또는 있는 '것' 또는 존재자로서 어떠한 본질을 부여받고 사물화된 그 '무엇'일 수 없기에, 그저 스스로 있는, 그러그러하게 있는, 불가식으로 말하자면 '여여如如'하게, 도가식으로 말하자면 '스스로 그러하게'[自然] 있는 '참 있음' 자체이다. 여기에다 하이데거의 '생기'(Ereignis) 개념을 함께 견주자면 하나님과 존재에 관한 적절한 술어에 한 걸음 더 가까이 다가갈 듯하다. 이에 관해 심광섭의 저작을 인용한다.

> 생기는 존재도 아니고 무도 아니며 오히려 독일어 중성 대명사 "Es"로 하이데거는 표시한다. Es는 생기로서 존재와 무를 선사한다. 생기는 빛을 비추임(Lichtung)이고 개명으로서의 존재와 무의 '사이 공간'(Zwischenraum)이다. (중략) 생기의 이유(Warum)에는 이유가 없다. 따라서 생기는 무근거한 근거, 무근거 바로 無이다. (중략) 오히려 "생기는 생기한다"라는 동어반복적 문장이 가장 사건에 맞갖은 표현이다. 존재와 시간의 진리를 드러내는 생기는 무근거한 놀이에서 일어난다. (중략) 근거를 찾으려는 모든 의지는 무근거한 놀이의 신비 앞에서 무너지고 만다. (중략) "존재 — 그것은 무엇인가? 존재는 존재 자체이다"(Doch das Sein — Was ist das Sein? Es ist Es selbst).[31]

---

31 앞의 책, 65.

이상의 해석의 근거들을 포괄적으로 참고하자면, 오직 "나는 있다 (이다)"라고 할 수밖에 없는 존재라는 의미가 하나님의 "에흐예 아셰르 에흐예"라는 명명에 담겨 있다. 이는 곧 표상적 사유나 이유로부터 떠난, 하나님의 심연으로부터 돌출하는 무근거의 거룩한 침입이고, 함부로 규정하고 재단할 수 없으나 그 현현과 신비와 현실성만큼은 보장하겠다는 약속이다.

하나님의 형상으로 지어졌다는 인간을 위와 같은 신성에 대입하자면, 우리의 존재 의미와 삶의 방식에 관한 영성을 얻게 된다. 곧 인간 또한 하나님처럼 그저 있음(존재)으로서 하나님의 형상이다. 우선 그것이면 다이다. 하나님이 스스로 '나는 나'라고 하듯, 우리 역시 '나는 나일 뿐' 하면 그만이다. 거기에 소유와 계급 따위의 차별적 관심이 개재할 당위는 없다. '나는 나'라는 것이야말로 하나님에게나 만물에게 나 근원적인 위상이다. 그리고 때로 'I AM'으로 옮겨지는 하나님의 현재와 현존, 영원한 지금은 인간이 어떻게 자신의 삶을 영위해야 할지 시사한다. 하나님에게나 인간에게 있어서 '현現-재在'만이 존재의 정수精髓이다. 그러므로 우리는 현재를 살 필요가 있다. 과거나 미래는 추상이요 오직 주어진 선물(present)로서 지금의 구체성과 고유성을 '나'가 만끽해야 한다.

II. 하나님과 모순

"하나님 자신 외에 누구도 하나님과 대립하지 않는다."
_ 괴테

우리는 신앙의 여정을 따라 하나님을 알아가는 것에 있어서 이성적 · 경험적 접근이 불가결하지만, 다른 한편 그것이 때때로 장애가 된다는 사실을 직시해야 한다. 모든 실재의 현상과 실존적 사태들이 동일률을 초월하는 면면을 보이고 있는 것 이상, 존재 자체인 하나님은 그 이상으로 어떤 개별적 사물이지 않기에 정리된 지식과 경험의 객체가 될 수 없다. 혹여 하나님을 경험하는 문제도 개인이나 공동체가 지닌 특수한 상황, 전통과 전승, 전이해, 역사, 언어 등에 따라 달라진다. 그럼에도 하나님과 대우주 및 대자연에 관한 기분 · 느낌 · 정서 등은 오히려 관념이나 언어로 분화되지 않은 채 더 풍요로운 것들을 포함하고, 우리의 전인격에 도전하고 심오한 각성을 일으키곤 한다. 말하자면 하나님 또는 존재/무에 관한 정서는 복잡다단한 정보를 대신하고, 세밀한 분석에 의한 결론을 미리 보유하고 있기도 하다.

유신론적 전통 안에서 간혹 고백되는 바, 존재와 인식과 발화의 주체가 되는 '나' 자신 그리고 그것의 배경이 되는 세계가 부정되는 관계 속에서 하나님이 드러난다. 유한한 인간의 존재론적 입지, 인간의 지적 왜곡과 제한, 그 두 조건에 유착된 인간의 언어 그리고 이와 대조되는 입증과 실험이 불가능한 신의 심층적 영역 등을 고려하자면, 그 무엇도 내재성과 초월성을 함께 지니는 전일적 하나님과 비견할 수 없다. 인간은 우리 안에 계시면서도 우리를 월등히 초월하는 하나님이 그 자신을 드러내는 한에서 그리고 그의 조력으로써 그를 알게 되고, 하나님을 말하는 사태에서는 고작 불완전한 분절分節을 말하게 된다.

인간의 인지구조에는 누락·착각·왜곡 따위가 내재하고 있고, 기호嗜好와 관점과 이해관계와 권력관계에 의해 자연과학적 이론마저 취사선택된다. 그러한 인간이 대상에 대한 분석과 논증에 있어 모순과 모호성을 제거하는 일은 지식 정립의 대원칙으로 만들었다. 근대 이후 지성인들이 편집증적으로 종교에 요구하는 정합성이 그러하며, 정통주의자들이 각양 교리를 확정하는 작업에 있어서도 그러하다. 그리하여 신학계 내부에서도 하나님 개념을 세우는 작업에 있어 "반드시 논리적 일관성이라고 하는 시험을 통과해야만 한다",[1] "종교가 주장하는 교리들 사이에 일관성이 있어야" 하고 "교리들 사이에 모순이 많다면 진실한 신앙체계를 이루기 쉽지 않다"[2]는 식의 주장도 즐비하다. 말하자면 긍정의 길(via positiva)을 이어가는 주류 전통적 신론에서 하나님은 정합적으로 설명될 수 있는 객체로 간주되곤 한다.

그러나 논자에 따라, 전통에 따라, 시대에 따라 달라지는 신론의 세부 내용과 교의를 확정 짓지 못하는 '당착'의 한계에 관해 서구 신학이 얼마나 진지하게 성찰하고 있는지 의구심이 든다. 나는 이러한 문제에 유독 관심을 두어 왔고, 그 내용을 밝히기 위해 지금껏 많은 지면을 할애해 왔다. 이제 신학적 입장에서 하나님이 인간의 지성과 경험에 대해 '양립 가능한' 모순을 지니는 내용들에 관해 열거하고자 한다. 이를 위해 나는 기본적으로 그리스도교의 성서·신학·전승을 우선할 것이고, 역사·과학·인지이론 등의 조건들을 두루 고려하겠다. 특히

---

1 로날드 내쉬/박찬호 역,『현대의 철학적 신론』(서울: 살림, 2003), 9.
2 유진열,『신과 진리를 찾는 인간』(서울: 대한기독교서회, 2007), 282.

이 작업을 위해 원용하는 논법은 신학자 이정용이 강조했던 '이도 저도'의 논리이고, 그것에 더해 다석 류영모가 함께 고려했던 '이도 아니고 저도 아닌' 논리를 부가할 것이다.[3]

최소한 성서로부터 전거를 취하자면, 하나님은 스스로 계시하는 자이면서 스스로 숨는 자다. 철저한 공의를 요구하면서도 조건 없이 용서하는 사랑이다. 또 후회가 없다고 하면서(민 23:19), 때때로 후회한다(창 6:6; 삼상 15:11). 그 아들은 생명이라고 자처하면서 스스로 죽는다. 수고하고 무거운 짐을 거두어 쉬게 해준다면서도, 제자에게 십자가의 부담을 지운다. 대승적으로 그 이름을 부르는 자는 구원을 얻으리라 약속했으면서도, "주여, 주여" 하는 자마다 천국에 들어가는 것이 아니고 좁은 문으로 들어가라 한다. 이처럼 성서에는 상반된 내용이 적지 않다. 물론 이상의 메시지마다 특수한 맥락이 있다. 그런데 보다 더 근원적인 것은 상반된 형용의 대상이 되거나 양가적 교훈을 하는 하나님 자신의 모순성에 가로놓여 있다. 우리는 이 모순성이 하나님을 욕되게 한다고 단정할 수 없다. 오히려 그 반대다.

내가 여기서 환기하고자 하는 것은 우리가 일목요연하게 형식적 논리를 따지자면 하나님으로부터 기계적인 동일률을 찾을 수 없다는 점이다. 모순 없는 단일한 속성이나 사태를 진리값으로 쳐준 서구 전통의 논리학으로 하나님은 해명이 불가능한 대상이다. 양자택일의 진술로 논리적 정합성을 의도하는 방식의 실재론이라면, 그것은 하나님에게 적용되지 않는다. 하나님은 대극을 포괄하여 A와 not A를 함께 또는 1과 0을 함께, 1과 ∞를 함께 갖기 때문이다. 탈형이상학 시대의

---

3 Jeong-Hyun Youn, "The Non-Existent Existing God: An East Asian Perspective with specific Reference to the Thought of Ryu Yŏng-mo," (Th.D. diss. The University of Birmingham, 2002), 56-59 참조.

하나님 의미를 추적하는 한 철학자의 글이 하나님의 이중성에 관한 핵심을 적절히 짚어주기에 아래에 인용한다.

> 신에 대한 이해는 인간의 자기 이해와 존재론적 근거 정립을 위해서는 필연적인 과제다. 신이란 말은 변하지 않는 관념이라기보다 모순되거나 상호배타적이기까지 한 의미를 총체적으로 포함하고 있다. 인간이 초월을 경험하는 것은 삶의 진리이며, 이 초월성을 유일신론자들은 신이라 이름한다.[4]

인간의 진술은 하나님의 본성에 대해 직접적 지시일 수 없다. 결단코 그것은 불가능하다. 무엇을 발화하든 그것은 은유적이고, 기껏해야 현상적 의미다. 그리고 그것마저 다양한 맥락과 배경에 의해 한정되고 굴곡된다. 우리는 이 점을 주지하고 하나님에 대한 다음의 개념을 고찰할 필요가 있다: 1) 있음과 없음, 2) 인격과 비인격, 3) 선과 악 그리고 능력과 무능, 4) 초월과 내재 그리고 불변과 변화 등.

1. 있음과 없음

예를 들어 로마 황제의 박해 시기에 사형집행관이 어느 그리스도인의 목에 칼을 겨누고 "하나님이 있느냐 없느냐?"고 겁박하며 물었다고 치자. 그런데 그 사람이 "하나님은 없이 계시는 이"라고 말했다고 한다면, 그 장면을 바라보는 자들은 그 신자가 교묘한 말로 목숨을 구걸하고 있다고 비난할 것이다. 사실 그리스도교 초기 박해 시기부터, 아니 예수 당대부터(마 10:33) 하나님의 존재를 믿고 그 섭리를 시인하는

---

4 신승환, "탈형이상학 시대의 신 개념 해석," 「동서철학연구」 54 (2009): 31.

일은 구원받는 일에 있어 중차대한 조건이었다. 물론 오늘날에도 마찬가지다. 예외 없이 어느 환경에서나 살아 계신 하나님을 고백하고 증언하는 일은 신자의 사명이다. 나 역시 한 사람의 그리스도인으로서 그러한 신앙고백을 숭고하게 본다.

그런데 교양인의 소양이 되어야 할 오늘날의 존재론과 인식론과 화용론話用論은 어떠한 궁극적 보편자의 존재 유무를 단정하는 것이 근본적으로 어렵다는 사실을 공통적으로 가리킨다. 이를 극복하기 위해 신학적으로 적절한 수사법修辭法을 찾는다면, 단연 '역설'(paradox) 또는 반어反語다. 그리고 언어에 의도적으로 폭력을 가하거나 비틀어서 외연外延과 논리를 초월하게 하여 청자/독자로 하여금 스스로 존재의 실상에 직접 접근하게 이끄는 언어적 장치가 있을 수 있겠다. 대표적으로 이는 은유, 상징, 중의重義, 과장, 생략 등을 구사하는 시적 표현들 가운데 엿보인다.

그런데 더 근원적인 진실은 종교적 교설을 말하는 수단으로서 역설과 반어가 유효하다는 사실에 그치는 것이 아니라, 종교나 신앙 자체가 역설이고, 더 근본적으로 하나님 존재 자체가 역설이라는 것에 있다.

가령 루터는 시편 117편에 관한 주석 가운데 다음과 같이 매우 기이한 문장으로 하나님이 인간의 실존에 어떻게 현상되는 분인지 인상적으로 예시한 바 있다.

(상략) 하나님의 진실과 진리는 진리가 되기 전에 먼저 큰 거짓이 되어야만 한다. 왜냐하면 세계에 대하여 그것은 이단이기 때문이다. 그러므로 우리는 하나님이 우리를 유기하고 그의 말씀을 지키지 않고 우리 마음속에 거짓말쟁이가 되도록 독려한다고 생각하게 된다. 요컨대 하나님은 하나님일 수 없고 먼저 마귀가 되어야 한다. 우리는 천국으로 갈 수 없고 먼저 지옥으로

가야 한다. 우리는 하나님의 자녀가 될 수 없고 먼저 마귀의 자녀가 되어야 한다.[5]

여기서 루터가 짚어내는 은혜의 실제란, 그것이 표면적으로 하나님의 진노처럼 나타날 수 있다는 점 그리고 본성과 다른 식으로 은폐될 수 있다는 점을 뜻하고 있다. 그리고 하나님의 심원한 사랑과 구원을 시위하기 위해, 마치 우리를 유기하고 죄악에 빠뜨릴 수밖에 없는 것처럼 보이는 하나님은 행여 '마귀' 같다는 표현을 쓰고 있다. 그러나 결론적으로 부정적 함의를 지닌 그 모든 표현은 곧 하나님 은총의 무한함과 놀라움을 표방하는 역설이 된다.

1956년 9월 25일 아라우(Aarau)에서 "하나님의 인간성"이라는 제목으로 칼 바르트가 한 강연의 일부를 눈여겨보자. 여기서 바르트는 40년 전에 자신이 『로마서 강해』 제2판에서 강조한 하나님의 타자성에 관해 이렇게 자평하면서 흥미로운 표현을 하고 있다.

여기서 신성은 인간과 세계에 대한 신적 관계에서 절대적으로 유일무이하고, 압도적으로 고매하고, 멀리 있고, 낯설고, 나아가 전적으로 다른 하나님을 가리켰다. 인간이 하나님의 이름을 입술에 올릴 때, 하나님이 인간과 만날 때, 인간이 하나님과의 관계 안으로 들어설 때 인간이 대면해야 했던 것은 바로 그런 하나님이었다. 그런 신성 안에서 우리는 오로지 뚫고 들어갈 수 없는 죽음의 어둠에만 비유될 수 있는 신비와 마주쳐야 했다. 그 신비 안에서 하나님은 인간에게 자신을 드러내어 통고하시고 계시하시는 바로 그 순간에 또한 자기를 은폐하신다. 이 신비 안에서 우리는 인간에게 은혜를

5 WA 31, I, 249.

베푸시는 (중략) 그분을 반드시 그분의 심판(은폐성)을 통해서 경험해야 한다.[6]

초기 신학을 보완하는 이 유명한 강연은 바르트 연구자들에게 잘 알려져 있다. 중요한 것은 바르트에게 있어서도 하나님은 역설적인 존재다. 물론 바르트는 부정신학자도 신비주의자도 아니다. 그러나 하나님이 인간에게 자신을 빛으로 계시하고 은혜를 베풀며 만나주면서도, 다른 한편 '죽음의 어둠'으로 비유되는 신비요 은폐요 심판이라는 역설을 밝히고 있다.

주제를 달리해서 하나님의 존재 여부를 말한다 해도 우리는 위와 같은 모순된 진술을 계속 감행할 수 있다. 즉, "하나님은 없게 계신다", 심지어 "존재하는 하나님은 또한 부재한다" 하는 식으로 말할 수 있다. 이러한 파격적 진술이 가능하다는 것은 이미 우리가 앞서 여러 사유 전통과 논자를 통해 전달받은 대로다. 가령 완전한 충만 또는 순수존재는 무로 현상될 수 있다는 점, 절대적으로 독존하는 하나님은 무가 되고 만다는 점 그리고 신앙하고 인식하는 인간이 없이 하나님은 존재하지 않는 것처럼 된다는 점 등등 여러 이유가 있다.

하나님이 완전히 충만한 존재이므로 결국 그가 무로 현상된다는 것은 어떤 의미일까? 다시 한 가지를 예시해 본다. 모든 존재 양상을 동시에 지니고 모든 속성과 자질을 모든 갖추고 발생할 사태와 운동을 한꺼번에 이루고 있는 하나님이라면, 그 하나님은 육하원칙에 따라 존재할 수 없다. 사물은 그 안에 부족분과 배타적 특질과 차이를 지녀야 존재의 사태로 나아올 수 있다. 가령 어떠한 것이 양·질·관계 등등

---

6 칼 바르트/신준호 역, 『하나님의 인간성』 (서울: 새물결플러스, 2017), 56.

모든 인식론상의 범주적 규정으로부터 초월해 있다면 혹은 어떠한 규정·한정·특질을 지니지 않거나 모든 것을 포함하고 있다면, 역설적으로 그것은 너무도 가득해서 결국 없는 것이 되고 만다. 어떤 이는 이를 '순수존재'라고 할 수 있겠고, 어떤 이는 '범실체凡實體'(pan-substantia)라 할 수 있겠다.

무엇을 규정하고 한정한다는 상황은 무한한 잠재태나 성질들 가운데 일부만 인지하고 일부만 언표한다는 격인데, 무규정적·직접적 존재가 있다면 그것은 무 자체다.7 역시 노자의 도덕경도 "거대하게 찬 것은 빈 것과 같다"[大盈若沖]라고 했다(45장). 그리고 빔(무)이 곧 만물의 출처라고 주장했다. 참고로 도덕경 41장을 보자면, 무로서의 도를 빗댄 내용이 나오는데, 이 역시 충만한 무의 역설을 보인다. "거대하게 모난 것은 구석이 없고, … 거대한 음音은 희미하게 소리 나고, 거대한 형상은 모양이 없다"[大方無隅, … 大音希聲, 大象無形].

요컨대 사물은 성질과 형태 등에 있어 배타적으로 분화한 것들을 속성으로 지님으로써, 즉 서로 간에 차이를 지님으로써 존재한다. 구비할 수 있는 모든 잠재적 속성 가운데 겨우 일부의 속성만을 지니는 방식이어야만 사물은 존재의 사태로 드러난다. 존재의 사태는 곧 상대성이 마련되어야 하는 것이고 또 어떠한 성질을 갖추기 위해 다른 성질을 포기하는 것이다. 사물은 불가피하게 결여 및 차이의 사태를 지님으로써 존재한다. 음각陰刻이 양각陽刻의 형상을 드러내듯, 골짜기가 산을 세우듯, 결여는 현상의 세계 가운데 존재를 가능케 한다. 그런데 음각, 골짜기, 차이, 결여가 없는 완전한 충만의 존재라면? 충만이 곧 존재를 지운다. 나는 이것을 존재론적 '화이트아웃'(whiteout)이라고

---

7 G. 헤겔/전원배 역, 『논리학』 (서울: 서문당, 1978), 212 참조.

부르고 싶다. 역시 충만하고 완전한 하나님은 너무나 가득해서 '없이' 존재하게 된다. 류영모와 마이스터 에크하르트 역시 이 점에 대해 바르게 통찰했다.

> 하느님이 없다면 어때, 하느님은 없이 계신다. (중략) 절대 큰 것을 우리는 못 본다. 아직 더할 수 없이 온전하고 끝없이 큰 것을 무(無)라고 한다. 나는 없는 것을 믿는다. 인생의 구경(究竟)은 없이 계시는 하느님을 모시자는 것이다.[8]

> 하나님은 무이고 또 하나님은 무엇이다. 무엇인 것은 또한 무다. 하나님은 곧 그가 완전히 존재함이다. 이 점에 대해 디오니시우스(위 디오니소스 _ 인용자 주)가 조명하며 하나님에 관해 이렇게 썼다. "그는 존재 너머에 있고, 삶 너머에 있고, 빛 너머에 있다." 그는 이것이나 저것도(neither this nor that) 그에게 귀속시키지 않는다. (중략) 당신이 보는 어떤 것이든, 당신이 앎에 들어오는 어떤 것이든, 그것은 하나님이 아니다. 왜냐하면 하나님은 이도 저도 아니기(neither this nor that) 때문이다.[9]

그렇게 하나님이 무일 수 있다는 점은 하나님에 대한 신비 중에 정수精髓이다. 하나님은 사물이지 않고 엄밀히 말해 지식의 대상일 수 없기 때문이다. 따라서 무는 하나님의 신비와 충만을 언표함에 있어서 꽤 쓸만한 말이다. 우리는 상대적 지식이 불완전하다는 점을 각성하고 절대적 충만을 밝히기 위해 무라는 부정적 표현을 사용할 수밖에 없다. 이때 무는 유와 대립되는 상대적 무 개념을 지니는 것이 아니다. 오히려

---

8 박영호, 『다석 류영모의 생애와 사상(하)』 (서울: 문화일보, 1996), 321.

9 Meister Echhart, *The Complete Mystical Works of Meister Echart*, 140.

이론적 · 경험적 언어로 온전하게 밝힐 수 없는 절대자를 지시하는 방안이다.

그리스도교 신학은 창조와 관련해서 자신의 존재를 위해 아무 결여가 없는 자기 충족적인 하나님을 찬양해 왔다. 말하자면 창조는 하나님의 결여에 의함이 아니다. 혹은 세계는 하나님이 존재하기 위해 반드시 선결되어야 할 조건이 아니다. 창조는 오직 하나님의 본질로부터 자율적 결단에 의한 것이다. 그런데 하나님 이외에 그 어떤 것도 존재하지 않는다는 상황을 그려보자. 문제는 이 경우에도 역시 하나님은 존재하지 않는 것과 다름이 없게 된다. 절대적 독존 상황에서 하나님이 무화되는 역설이다. 이것은 하나님이 모든 속성을 지니고 있을 경우를 고려하는 앞의 추론 방식이 아니다. 이를 위해 하나의 사유 실험을 제안하겠다.

여기 세상에서 유일한 210g짜리 빨간 당구공이 있다고 치자. 그것 외에 아무것도 없다. 당구장도 없고, 큐대도 없고, 저울도 없고, 인간도 없고, 지구도 없고, 우주도 없고, 하나님도 없고, 나나 당신도 없다. 다만 그 자체로 시속 100km/h로 날아가고 있다. 중요한 것은 그 빨간 당구공은 그 무엇과도 관계 맺지 않고 홀로 존재한다는 사실이다. 그 자체 외에 아무것도 없으니 유와 무의 사태가 아예 없다. 그 외부에 여타의 사물이 없어 유무의 개념과 언어가 주어질 수 없다. 이러한 경우에 빨간 당구공에게 존재(있음)란 무엇일까? 이제 물리적 관심으로 접근해 보자. 이 당구공이 실재할지라도 질량이 측정될 방법이 없다. 중력질량이나 관성질량 모두 불가능하다. 질량 측정도 상대적 관계 가운데 얻기 때문이다. 또한 파랑, 노랑, 녹색 등등이 없는데 빨강이 빨강으로 있는 양상이 과연 무엇일까? 그리고 육면체나 원뿔 등 여타의 형체가 없는데 구(球)의 형체란 또 무엇일까? 기준점 또는 상대적 사물이 없는데 시속 100km로 날아가는 운동은 어떻게 입증될까? …

그렇게 절대적인 독존의 상황 속에 유일한 무엇이 있다면 혹은 절대적인 선공간적(prespatial)·선시간적(pretemporal)인 사물이 홀로 존재한다면, 그것은 있어도 없게 된다. 독존하는 그 어떤 것에 모든 존재론적·인식론적 조건과 언어적·유비적 근거가 몽땅 부재하기에 유와 무를 겸한 상태를 지닌다. 실제로 동아시아의 언어에도 마주할 수 없는, 즉 대^對함이 없는, 대^對함이 끊긴 상태가 곧 끊을 절^絶, 대할 대^對를 써서 '절대'라고 칭한다. 절대의 상태는 곧 무의 상태다. 이것은 영원히 혹은 무시간적으로 독존했다고 믿어지는 하나님에게도 해당한다.

앞서 소개했듯이 중국 당조^{唐朝}에 선교했던 네스토리안 사제 경정^{景淨}은 "대진경교유행중국비"에서 진적^{眞寂}, 무원^{无元}, 영허^{靈虛}, 묘유^{妙有} 등을 들어 하나님을 형용한 바 있다. 이 개념들은 불교와 도교에서 유래한 것들로서, 해석하기에 따라 유와 무에 걸친 하나님의 무성^{無性}을 드러내는 말이기도 하다. 나는 앞서 이것들을 그리스도교 전통에 입각하여 해석했지만, 달리 보자면 하나님은 진실로 홀로 존재하는 분이기에 무이고, 없이 존재하시기에 으뜸이고, 영이기에 물적 세계의 시각으로는 비어 계시다고 읽어낼 수 있다. 토마스 아퀴나스가 "하나님은 어떤 유^類(genus)에도, 어떤 종^種(species)에도 속하지 않는다"[10]고 했는데, 이 말은 곧 완전한 존재이자 동시에 무로서의 하나님을 간접적으로 증언하고 있다. '빨간 당구공'처럼 하나님을 일종의 존재자나 사물로 가정할지라도 상대적으로 구별할 수 없고 비교할 수 없이 자기 외에 아무것도 없이 홀로 존재한다면, 그는 없는 것과 마찬가지다.

다시 고대 플라톤의 존재론을 참고해 본다. 인간을 비롯한 사물의 속성은 만물에 앞서 존재했던 이데아 또는 형상(eidos)에 의거한 것이다.

---

10 *Sth.*, I, 3, 5.

각 사물은 이데아 또는 형상이 우리 현상의 세계에서 불완전하게 모사된 채로 존재한다. 현상계의 사물들은 존재론적 우위에 있지 않기 때문에 우연적·임의적 존재라고 평가될 수 있다. 여기서 무상하고 흠결이 많은 사물의 지위에서 이데아나 신을 두고 "존재하냐 또는 부재하냐" 판별할 자격은 없다. 혹여 사물이나 인간 측에서 하나님은 없다고 해도, 그 입장에서만큼은 전적으로 틀린 말은 아니다. 그 자신의 모사적摹寫的이고 가변적인 존재론적 위상으로 인해 그렇게 말하는 것이 차라리 진정성이 있기 때문이다.

이상의 고대 서양 존재론의 영향을 받은 전통 신학의 관점에서 하나님은 피조물과 대조적으로 결핍과 무상한 본질을 갖지 않는다고 설명된다. 무엇보다 하나님에게 본질을 내어줄 다른 상위의 존재자가 없다. 하나님은 토마스 아퀴나스의 표현처럼 '존재 자체'(ipsum esse)이기에, 우리는 또 한편에서 그를 무라고 칭할 수 있다. 유한성·모사성에 근거한 사물들이 지닌 임의적 본질이 없는 이유로, 즉 피조물이 아니라는 의미로 무가 된다. 자존자 하나님에게는 수여된 본질이 없기에 혹은 사물의 속성이 부재하기에, 하나님은 '~임/있음'(Being)일 뿐이다. 영원한 '~임/있음'인 하나님은 모든 것일 수 있으면서도 그 모든 것이 아닌 모순을 지닌다. 결론적으로 하나님은 존재와 비존재를 초월하는 유 그리고 동시에 무다.

문제를 그리스도론으로 가져오면 또 다른 국면에서 무로서의 그리스도가 증언된다. 바울의 증언에 의하면, 성부는 "모든 충만으로 예수 안에 거하게"(골 1:19) 하셨지만, 성자 예수는 자기를 비우는 것으로 자기의 동일성을 세웠기 때문이다(빌 2:6-8). 이에 관한 아베 마사오의 독특한 해석을 인용한다.

하느님의 아들은 하느님의 아들이 아닌바(왜냐하면 그분은 본질적이고 근본적으로 스스로 비우므로), 정확히 그는 하느님의 아들이 아니기에 그는 참되게 하느님의 아들인 것이다(왜냐하면 그는 원래부터 그리고 언제나 자기 비움의 구원적 역할에서 그리스도로서, 메시아로서 활동하시기 때문이다).11

아베 마사오는 성육신을 위해 임시적으로 그리스도가 '자기 비움'(κενοσις, 케노시스)을 감당했다는 식으로 설명하지 않는다. 오히려 그리스도는 본질적으로, 근본적으로 스스로를 비우는 자라고 말한다. 즉, 그리스도는 무로서, 아베 마사오의 표현을 따르면 '공'으로서 존재해 왔다. 그러한 그리스도의 본래성이 인간을 구원할 수 있는 역할을 가능하게 했고, 인간도 그리스도처럼 '자기 에고'(ego-self)의 죽음으로 새로운 생명을 얻게 된다는 주장을 편다. 그것은 바울의 다음과 같은 고백을 근거로 한다: "내가 그리스도와 함께 십자가에 못 박혔나니 그런즉 이제는 내가 사는 것이 아니요 오직 내 안에 그리스도께서 사시는 것이라. 이제 내가 육체 가운데 사는 것은 나를 사랑하사 나를 위하여 자기 자신을 버리신 하나님의 아들을 믿는 믿음 안에서 사는 것이라"(갈 2:20).

한편 충만하고 무한한 하나님을 그 무의 심연에서 불러 모시는 것은 경험자 또는 인식자로서의 인간이다. 완전한 순수존재 혹은 영원히 불가해한 주체로서가 아니라 인간의 정서와 체험에 대응하는 '당신'으로서 하나님이 된다. 이와 관련하여 모세 마이모니데스(Moshe ben Maimon)는 "우리는 하나님이 어떤 분인지는 알지 못하여도, 그분이

---

11 아베 마사오, "자기 비움의 하느님과 역동적 공," 46-47.

하나님이심을 알 수 있다"고 했다.[12] 인간이 비록 유한이며 이 유한은 하나님의 무한을 담을 수 없을지라도, 유한이 무한을 인격적으로 관계할 경우 하나님이 특별한 '당신'으로 존재할 수 있다. 인간의 신앙과 순종으로 만나면서 하나님은 우리와 더불어 존재하는 분으로 나타난다. 고루한 전통적 관점이라 비난받을지라도 기실 신앙과 순종이라는 것 없이 인간이 하나님으로부터 객관적으로 취할 존재론적 증거는 마뜩잖다. 앞서 충분히 살펴보았듯 홀로 완전하게 존재하는 하나님이란 이미 무다. 그러나 인간의 의식과 정서에 '전인격적으로' 마주하는 상대가 되고서야 비로소 하나님은 존재의 무대, 역사의 무대, 삶의 무대에 등장한다.

인간이란 어떤 의미로는 무한한 바다에서 한정된 시료를 검출하면서 그것의 존재를 확인해 주는 존재의 진단 키트 같은 것이다. 인간이 사라지면 세계도 사라진다. 하나님에 관해서도 그러하다. 순수하고 충만한 존재의 우물에서 인간이 제 몫의 신앙과 인식과 경험의 두레박으로 길어 올릴 때, 우리가 칭하는 바로 그 하나님은 마주 선 이웃으로 존재한다. 인간이 만나야 하나님이고, 우리와 더불어 살아야 하나님이다. 이런 맥락에서 칼 바르트가 "하나님의 신성의 의미와 능력이 오로지 그분의 역사, 인간과 나누시는 그분의 대화, 그분이 인간과 함께하시는 사건 안에서만 발견될 수 있다"[13]고 말한 것이 아닐까. 비록 하나님을 두고 전적 타자라 칭할 수 있지만, 다른 한편 노아·아브라함·모세·아브라함·사무엘·베드로·바울 등과 인격적으로 관계 맺는 '당신'(Thou) 혹은 친구가 되어 그들과 함께 인간의 역사를 써나가며 '세계의' 하나님으로 존재했다.

---

12 제럴드 슈뢰더, 『신의 숨겨진 얼굴』, 210.
13 칼 바르트/신준호 역, 『하나님의 인간성』, 70.

2. 인격과 비인격

하버드의 신학자 고든 카우프만(Gordon Kaufman)은 성서 가운데 하나님의 은총과 구원을 가장 극적으로 선포하는 요한복음 3장 16절에 관해 다음과 같이 너스레를 떤 적이 있다.

즉, 그런 표현은 비록 아름다운 시적인 표현이기는 하지만, 과연 우리가 매일 더불어 씨름해야만 하는 현실 세계에 대해 무엇인가를 말해주고 있는지가 도무지 의심스럽기 때문이다. 다음 문제들을 고려해 보자.

신이 세상을 '사랑한다'는 말이 무슨 뜻인가? (중략) 자연을 '이빨과 발톱에 피가 흥건한'(red in tooth and claw) 것으로 받아들인다면, 신의 사랑이란 과연 어떤 사랑일지에 대해 의문을 갖지 않을 수 없다. (중략) 우리는 진정 '사랑'이라는 단어를 신비롭고 알 수 없는 실재인 우주의 창조자에게 적용할 수 있는가? (중략) 이런 언어는 신이 기본적으로 상상할 수 없이 크고 강력한, 인간과 비슷한 존재라는 것을 전제하고 있지 않은가? 이것이 도대체 이해할 만한 말인가?[14]

예리하게 찔린 유신론 및 은총론의 약점이다. 여기에는 무신론자의 입장뿐만 아니라 신자의 입장에서도 동감되는 측면이 없지 않다. 인격신을 신앙하는 차원에서 혹여 변론하자면, 하나님이 인간에게 근본적으로 낯선 타자로 자기를 계시하면서 숨기 때문이라고 할 수 있다. 참하나님은 우리의 기대 · 원망顯望 · 투사를 거절할 수 있는 분이다. 그렇지

---

14 고든 카우프만/김진혁 역, 『예수와 창조성』 (고양: 한국기독교연구소, 2009), 7-8.

않으면, 이른바 '만들어진 신'이 되어버린다. 혹은 하나님은 본래적으로 세계와 더불어 있는데, 우리의 임의적 표상과 욕망 때문에 오히려 그의 부재감이나 낯섦을 체험할 뿐이다.

인간의 실존 가운데 하나님은 매우 이질적인 나그네로 찾아오곤 한다. 심지어 도저히 맞이할 수 없고 환대할 수 없는 타자로서 말이다. 종말론적 목적을 지니고 가버나움에서 성도聖都 예루살렘을 향해 가는 나사렛 사람 예수가 전형적인 예였다. 당시에 베드로와 귀신들을 제외하고 그를 하나님의 아들로 인정하는 이는 없었다. 하나님의 타자성은 그 자신의 자유와 결의로써 자신의 방식으로 나타날 때 인간에게 매우 생소하고 도발적으로 체험된다. 더욱 중요한 사실은 그가 우리의 요청이나 바람이 없었음에도 찾아온다는 것이다. 심지어 신의 존재에 관해 암시받지 않았고 일정한 유신론적 문화적 배경이 없는 자에게도 하나님은 찾아온다. 모세나 바울에게처럼 우리의 경험과 전이해와 신념을 초월한 주체로 하나님은 자신의 독자적인 현실성을 나타내 보인다.

다른 한편 "종교는 그 자체로부터만 이해될 수 있다"는 슐라이어마허의 정서의 신학이나 루돌프 오토 및 나탄 셰데르블롬(Nathan Söderblom)의 종교 현상학은 하나님이 인간의 감정과 의식에 얼마든지 인격으로 드러날 수 있음을 긍정한다. 수많은 신자의 마음과 실존에 드러나는 하나님은 대체로 은혜로운 존재다. 특히 그리스도교가 전유하는 복음은 경건치 못한 자의 삶을 용납하고 조건 없는 은총을 베푸는 하나님의 사랑을 증언하면서 어느 시대에나 놀라운 회심을 일으킨다. 교회는 이를 두 밀레니엄을 두고 증언하고 있다. 그러나 회의론자들은 그러한 사례가 보편적 경험이 아니라고 말한다. 많은 이들에게 무엇보다 '인격적' 하나님의 존재를 인정하는 것이란 매우 어렵고 부자연스러운 일이다. 나의 한 지인은 책상에 성적 매력을 느끼기가 어렵듯 은혜로운 하나님을 믿는다는 것이 어렵다고 말한다. 특히나 근대 이후 인류 문명이 지속적으로 탈종교화되며 지정의知情意를 갖춘 신을 믿지 못하겠다고 하는 사람들이 증가하니, 그리스도교 신학은 이를 두고 하나님의 '예정' 탓만 할 수 있을까 싶다.

하나님에 관한 불확실한 신념은 대개 하나님의 인격성에 관한 개념 및 전이해의 문제에 달려 있다. 특히 악과 고난에 처해 있는 세계의 현실과 은총·능력을 지닌 하나님 상像 사이의 불일치는 신앙을 뒤흔든다 (이 문제에 대해서는 바로 다음 절에 논의하겠다). 도대체 선과 사랑이 충만한 전능한 하나님이 존재한다면 세상은 왜 이렇고, 나는 또 왜 이러한가? 이런 의구심은 생존과 안정을 확보하고 존재의 의미를 얻고자 하는 우리를 끊임없이 괴롭힌다. 유사 이래 인류의 위대한 지성들은 자연과 우주를 두고서 유신론에 관해 비슷한 회의를 지녀 왔다. 가령 아인슈타인은 스스로 '종교적인 사람'이라고 자처했지만, '인격신에 대한 신앙'이 과학과 갈등을 일으키는 요인이라고 평했다.[15] 합리적이고 냉정한 지성인들이라서 모두 종교를 부정하는 것은 아니지만, 특히 인격신을 부정하는 타당한 이유들은 언제나 신학을 곤혹스럽게 한다.

근래 교양인들은 생명의 자기 조직화, 범주주적 의식, 물질을 초월하는 영성 등을 인정하나 창조하고 섭리하는 신 또는 목적을 갖는 신은 필요치 않다고 보는 경우가 많다. 또한 산업화된 사회에 거주하는 이들은 일상적·보편적 환경 가운데 신과 대화하거나 정서를 교감할 수 있는 성스러운 환경을 갖기 힘들다. 꽉 짜인 일과를 수행하고 난 후에 빠르고 짜릿한 즐거움으로 스스로를 보상하는 세태가 되니, 기도나 묵상 같은 '심심한' 시간을 선호하는 사람은 더더욱 많지 않다.

---

15 Albert Einstein, *Ideas and Opinions* (New York: Bonaza Books, 1954), 11.

그런데 이와 반대로 영성가들은 우리에게 훈련된 기도와 묵상(명상)이 인격적 신에게로 안내한다는 식으로 강조하곤 한다. 이런 유형의 대답은 오히려 신의 보편성을 폄훼하고 매우 폐쇄적인 착각이나 망상의 산물로 비치게 할 우려가 있다. 한 사람의 그리스도인으로서 나 또한 기도가 하나님의 자애를 경험하게 할 좋은 계기라고 믿지만, 기도 자체가 인류 보편에 일상적이며 일반적인 행위로 간주되지 않는 한, 그 특별한 방식이나 계기 때문에 매일 매 순간 만유에 충만한 하나님 상을 지울 수 있다고 본다.

이상과 같은 난점에 대해 그리스도교 신학은 하나님의 인격성에 관해 어떻게 변론해야 할까? 하나님의 '인격성'이 그에게 무시간적으로 내재한 본성이며 피조물인 인간이 지닌 인격의 원본이라면, 우리가 하나님의 인격을 알고 경험하는 일이 이토록 어려워야 할까? 혹여 인간의 지적·윤리적·정서적 수준을 넘는 하나님의 인격이라면 구태여 그것을 인격이라 할 수 있을까?

유신론적 사유, 특히 인격신에 관한 신뢰가 어려운 교양인들은 곧잘 과학주의, 유물론, 환원주의에 곧잘 의탁하여 그리스도교의 신관을 비판한다. 아니, 신존재 자체를 부정한다. 여기서 과학주의는 실재를 탐구할 때 얻을 수 있는 지식이란 오직 과학적 방법론, 즉 실험·관찰·증거를 통해야 검증 가능하며 그것을 통해 대상의 보편적 지식을 얻을 수 있다는 입장이고, 유물론은 보편적 실재라는 것이 단지 물질뿐이며 정신·이성·가치·아름다움·목적 등은 물질 또는 육체를 토대로 파생된 생화학적 신호의 다발에 불과하다는 입장이고, 환원주의는 실험과 증명이 어려운 종교적 교설·초자연적 현상·신앙 공동체의 경험 및 전승 등일지라도 반드시 자연과학적 정보나 양화된 자료로 환원하여 설명해야 한다는 입장이다. 특히 환원주의는 분자가 되었든 기계가 되었든 인체가 되었든, 전체를 부분으로 나누어 먼저 부분을 탐구한 후에 이것들에 관한 지식을 종합하여 전체를 규정하는 방법을 쓴다. 대개 이 셋은 신이라는 모호한 주체를 용인하지 않는다.

보편타당해 보이는 위 세 가지 관점에는 숨겨진 의도, 즉 무신론적 태도가 내포된 경우가 많다. 물론 그것 역시 일종의 형이상학적 태도이다. 우주와 의식과 생명 현상을 해명하는 데에 있어 딱히 하나님·목적인目的因·인류 원리·배후 질서 등을 배제해야 할 이유가 없는 지점에서도 애써 그것을 지우려는 강박을 보이기 때문이다. 엄밀히 보자면 19세기 이후 "논증의 명증성과 설득력이 점점 상실되어 가고 있으나 무신론적 세계관은 생활 세계적으로 이미 자명한 것이며 일상적인 삶의 분위기가 되어가고" 있는 현실이다.[16]

가령 같은 결과를 가져오는 몇 가지 가설이 제기되고 있을 때 대체로 단순한 쪽이 낫다는 '오컴의 면도날'(Ockham's Razor) 법칙은 신을 부정하는 데에 사용되기도 하지만, 오히려 신을 긍정하는 데에 사용할 수 있다. 우주의 발생과 운동에 관한 복잡한 설명 체계에 오히려 하나님 개념이나 인류 원리를 가지고 오면 간단해지기 때문이다. 리처드 스윈번(Richard Swinburne) 같은 현대 철학자도 하나님의 존재를 인정하는 편이 현상 세계의 질서와 의식의 출현을 설명할 수 있기 때문에 무신론보다 유신론이 더 그럴듯하다고 주장한 바 있다.[17]

우리 시대에 과학주의, 유물론, 환원주의에는 오래전부터 그것들이 근거했던 입자성, 인과율, 확정성, 동일률, 국소성, 가분성可分性 등 기존하는 자연법칙의 패러다임이 변천했음에 따라 근본적인 검토나 반성이 필요했다. 그것도 매우 철저하게 말이다. 그러나 대중의 상식을 점거한

---

16 심광섭, 『탈형이상학의 하느님』, 493.

17 Richard Swinburne, *The Existence of God* (Oxford: Clarendon Press, 1979), 291.

과학주의, 유물론, 환원주의 등은 몇 세기가 지나도록 일상적 직관과 경험 또는 고전 물리학이 조성한 세계관에 잘 들어맞기에 큰 전회를 이루고 있지 못하다. 다시 말해 종교가 강한 신조주의에 머물고자 하는 것처럼, 이들 역시 스스로 천착하고 있는 이상의 신념을 떠나기 어려워 보인다. 토마스 쿤이 밝힌 것처럼, 기존하는 유력한 학설에 대한 반대 증거가 제기되어도 예외적인 것으로 간주하거나 임시적 가설을 도입함으로써 의문을 덮으려 하는 일은 과학계에서도 비일비재한 것이다.[18]

단 20세기에 약진했던 자연학은 유사 이래 인류가 쌓아 올린 존재 관념을 흔들면서 물질이라는 토대 및 시공간적 기준이 얼마나 모호하고 모순적인지 증명해 냈다. 앞서 살펴보았듯 상대론은 동시간의 절대성과 공간의 유클리드적 성격을 부정해 버렸고, 서로 별개로 보였던 질량과 에너지의 등가성을 밝혔고, 휘어지는 공간과 시간을 증명하여 그 개념을 해체하여 새로운 시공간 개념을 선보였다. 사실 이 정도만 되어도 인간의 지성이 물적 우주의 '존재성'을 확고하게 규정하기에 불가능하다는 것을 시사하고도 남았다. 그리고 상대론에 뒤따른 양자물리학은 우리 우주의 실제에 있어서 비연속성(discreteness), 파동과 입자의 이중성(duality), 양자상태의 중첩성, 측정에서의 양자상태의 붕괴 현상, 불확정성(uncertainty)과 확률론, 이른바 '디랙의 바다'(Dirac sea)로 대변되는 에너지 충만 상태의 무(진공), 양자상태의 얽힘(entanglement)에 따른 비국소성과 비분리성 등을 설명하며 유와 무, 물질과 의식, 정합과 모순 사이에 심각한 혼란을 일으켰다. 그리고 이른바 '관찰자 효과'라는 의식 현상으로 인해 정신·마음·의식·영·하나님 등 그간 종교가

---

18 Thomas Kuhn, *The Structure of Science Revolution*, 2nd ed. (Chicago: University of Chicago Press, 1970).

뜻해 왔고 가리키는 것이 무엇인지 되돌아보게 할 여지를 남겼다. 곧 전통적으로 하나님·영혼·정신·마음이라고 칭했던 것들에 대해 열린 사유와 접근이 필요하다는 것, 광물과 생명 또는 물질과 마음을 양분하기 어려운 국면이 있다는 것, 물적 우주에 선행하여 수학적 얼개나 정보가 선행할 수 있다는 것, (지금으로서 실험적으로 입증할 수 없지만) 그 어떤 무형질의 실재가 근원적일 수 있다는 것을 재론해야 할 시대가 도래한 것이다.

인격신을 지지하는 전통적 신학은 대개 다음과 같은 방식으로 하나님의 인격성을 변론할 것이다. 즉, 하나님은 분명한 주체이자 타자이며 인간의 의식과 경험에 앞서 존재하는 보편적인 존재다. 인간이 하나님을 만나는 경험의 사건은 소수 개인의 정신착란이 아니라 분명한 신앙 공동체의 역사다. 그리고 그 역사는 성서적 증언 및 교리적 조명과 더불어 지금까지 유사하게 공유하고 있다. 무엇보다 신자들이 믿는바 예배하고 기도하는 대상으로서 절대자는 인간이 신뢰할 만한 지혜와 자비와 의지가 있고, 그런 이유로 인격적 대상으로 조우하고 관계할 수 있는 계기를 가져올 수 있다. 그리고 그것을 경험한 이들은 인격적 실재로서 하나님이 우리 안에 마련한 영성과 종교적 감수성을 불러일으키고 삶에 부과된 의미와 목적에 눈을 뜨게 한다.

누군가 하나님으로부터 인격적 함의를 제거해 버리려는 시도란 오히려 존재의 근원에게 다가가는 경로에 있어서 장애를 만들 수 있다. 근대의 신학사 가운데 심각하게 비판하고 반성해야 할 내용도 하나님의 인격성과 관련한다. 유신론의 입장에서조차 하나님의 인격성을 거세하여 보다 설득력 있게 만들고자 하는 전략이 유효했던가 돌이켜 보면 딱히 그렇지도 않았다. 대표적으로 17~18세기에 지적으로 유행했던 이신론理神論(Deism)은 지금 가냘픈 명맥만 유지하고 있고, 교회 내의 회중들에게는 더더욱 잊히었다. 확실히 그리스도교는 사랑과 은총을 베푸는 하나님에 대한 공동체의 신앙 고백과 간증과 더불어 그 인격성을 신뢰하며 진행하는 종교가 맞다. 비록 교세가 후퇴하고 신자들이 줄었다고 해도, 다시 이신론의 기치를 올린다 한들 반전은 있을 수 없다.

그러나 그리스도교 신학 가운데 하나님의 인격성을 재론해야 할 몫은 무엇보다 신인동형동성론(anthropomorphism)에서 현저하게 나타난다. 앞서 일별했듯 이것은 하나님이 인간과 같은 모습과 성정을 지녔다고 믿는 고대의 신관이다. 물론 모세오경의 일부 묘사나 그리스도론을 적용하는 신론이 간혹 이를 지지하기도 한다(구약성서에서 신인동형동성론의 관점에서 가시적 하나님을 서술한 곳이 여럿 된다. 즉, 창 18-19; 출 33:11, 23; 민 12:6-8; 단 7:9 등. 그러나 신약성서에서 혹은 그리스도교의 형성기에는 하나님의 불가시성을 오히려 강조했다. 요일 4:12; 딤전 6:16 참조. 참고로 고든 카우프만은 특히 예수의 성육신 사상은 "(1) 신은 행위자라는 신인동형론적 개념과 (2) 인류에 대한 신의 특별한 사랑이라는 인간중심적 사고 모두를 전제하고 있다"고 분석한 바 있다).[19]

그런데 신인동형동성론에는 근본적으로 해결하기 어려운 점이 있는데, 즉 사람에게서 추출되는 '인격' 개념을 무한한 하나님에게 기대·투사하는 억측과 피조된 인간성을 창조주의 타자성보다 우선하여 신성을 해명하려 드는 본말전도本末順倒에 있다. 이런 이론적 입장은 하나님의 본성이 인간의 본성에 '부분집합'이나 '교집합'쯤 되는 꼴을 보인다. '하나님의 따뜻한 품', '아버지의 손길', '주님의 큰 걸음' 등 신인동형동성론은 신앙고백적 수사修辭에 쓰일 수 있겠지만, 존재론적 명제로 자리잡기에는 문제가 있다. 개인적으로 나는 '하나님의 형상(imago Dei)에

---

19 고든 카우프만, 『예수와 창조성』, 42.

대해 가시적 형체로 이해하지 않고 비가시적 성품과 능력으로 이해하는 편에 선다. (물론 그리스도론을 경유한다면 불가능한 것도 아니다.) 바울 역시 이렇게 선포했다. "오직 그에게만 죽지 아니함이 있고 가까이 가지 못할 빛에 거하시고 어떤 사람도 보지 못하였고 또 볼 수 없는 이시니 그에게 존귀와 영원한 권능을 돌릴지어다"(딤전 6:16).

다음으로 신인동감설神人同感設(anthropopathism) 문제로 넘어가 보자. 고대에는 어느 문화권에서든 사랑하고 기뻐하고 미워하고 질투하는 등 사람과 다름 없는 신들을 숭배했다. 그리고 초기 유대교도 크게 다르지 않았다. 그러나 진지하게 하나님의 성품을 묻는 자들이 출현했다. 말하자면 들은 대로 배운 대로 고분고분 믿지 않겠다는 종교적 반골들이었다. 간혹 이들로부터 무신론적 종교[20]와 철학이 발전했다. 그런데 신자가 하나님의 비정非情과 비인격성에 번민하는 것은 신앙적 타락일까? 그렇지 않다. 하나님에게 인간의 정서 그 자체를 기대하는 것은 오히려 신학적 비판이 가해져야 할 지점이다.

이미 성서에서는 "그의 앞에는 모든 열방이 아무것도 아니라, 그는 그들을 없는 것 같이, 빈 것 같이 여기시느니라"(사 40:17)고 했고 또 "땅의 모든 사람들을 없는 것 같이"(단 4:35) 여긴다고 기록하고 있다. 이러한 진술을 받아들인다면, 인격 또는 인간성은 하나님에게 필연적이지 않고 우연적·임의적인 성격이다. 그러니 인간의 감정이라는 것은 하나님이 자신을 표현할 수 있는 무한 가지의 존재 방식 가운데 하나라고 할 수 있다. 더욱이 인간이 본래적으로 지닌 생로병사에 관한 번민과 불안, 권태감과 허무감, 우울과 무기력, 생존과 생식을 위한 욕망 따위가 인간의 정서나 인격을 구성하는 매우 큰 몫인데, 이것을 제외하고

---

20 대표적으로 싯다르타에 의해 개창된 원시 불교가 그러하다.

고매한 인격만 하나님에게 돌린다는 것도 공평치 않다. 그렇게 되면 이미 하나님의 인격은 인간의 인격으로부터 분리되고 이상화된다. 결국 우리는 고전적 신앙을 고수할지라도 하나님의 성격이 사람의 인격과 근본적으로 다름을 인정해야 한다.

우리에게 침입하듯 다가오는 하나님의 인격 체험이 없는 한, 개인별로 하나님의 인격성을 긍정하지 못하는 것은 자연스럽다. 우리 세대에 이성주의와 분석적 진리관이 심화할수록 그러한 경향은 더욱 짙어진다. 단 이러한 현실은 반드시 그리스도교 신학에 난제만을 드리우는 것이 아니다. 베른하르트 벨테가 적절히 파악했듯이 새로운 지점에 다다른 현대인들의 종교적 무관심, 신 부재의 경험 등은 오히려 신학이 새롭게 정초할 중요한 시대 상황으로 인정될 수 있다. 바로 우리 시대의 실증적 신이 추방된 상황이 곧 '무'로서의 하나님이 드러날 자리이기 때문이다. 역설적으로 우리는 존재의 무근거(심연)·무한성·무제약성이 팽배한 사태를 지내고 있고, 탈형이상학적 신학은 오히려 이러한 것들을 하나님의 이름으로 경험되고 있다고 진단할 수 있다. 어떤 의미에서 우리는 협소한 체험이나 부분적 계시에 환호했던 시대를 배웅하고, 무한히 충만하고 완전하여 무로 현현하는 하나님을 모든 현실에서 경험하는 중이다. 그것이 비록 즐거운 일은 아닐지라도.

신학은 친절한 하나님을 대망하다 좌절하는 인생에게 그것이야말로 우리가 누려야 할 또 다른 차원의 하나님 경험이라고 증언할 수 있어야 한다. 만물을 낳고 만물을 기르는 도의 겸손과 부드러움과 비움을 칭송했던 노자는 다른 한편 천지를 통해 드러나는 '불인'(不仁, 인애하지 않음)을 통찰했다. 매우 양가적인 관점이다. 이와 유사하게 그리스도인 또한 하나님의 조건 없는 은총에 감사하는 한편, 하나님의 침묵과 무응답에 번민하게 된다. 그것 역시 우리가 감내해야 할 신경험이며 우리가 하나님을 신앙하는 한 가지 방식이다. 하나님의 온정과 친절만을 향유하겠다는 것은 신앙을 유아적이거나 망상적인 것으로 만들게 된다. 시편의 탄식시와 욥의 고뇌가 시사했듯 그리고 십자가에 달린 예수 그리스도가 아버지의 유기遺棄에 절규했듯, 가장 높은 단계의 신앙과 영성은 하나님의 비정非情에 직면하면서도, 이를 수용하고 극복하는 것이다. 분명히 아브라함 계열의 유신론적 전통에서도 하나님의 인애와 더불어 그의 비정을 함께 증언하고 있다.

하나님의 비정은 하나님의 인격이 곧 우리와 같지는 않다는 대전제를 드러내는 증거다. 한스 큉은 하나님을 "인격, 인격적, 심지어 인격을 넘어서는 초인격적이라고 칭해지는 당신(Thou)"[21]이라고 언급한 바 있다. 이 점에 관하여 우리는 명료한 신앙고백을 통해 나누고 있지는 않지만, 평신도라 할지라도 하나님은 인격적인 분이면서도 동시에 인간적 수준의 인격을 넘어서는 분이라는 점을 깨닫곤 한다. 하나님의 그러한 성격에 관해 혹자는 '탈인격적이다', '초인격적이다', 심지어 '비인격적이다'라고 언명할 수 있을 것이다. 결론적으로 앞서 소개한 모순 허용의 논리를 가져와 요약해 본다. "하나님은 곧 인격적이면서도 비인격적 존재다. 그러므로 우리에게 인격으로 그리고 비인격으로 나타나고 경험된다."

하나님의 인격성과 비인격성의 이중성은 지난 세기 칼 바르트의 신학적 전회가 적절히 예시하고 있다. 바르트는 1차 세계대전의 참화와 인류 문화의 파탄 가운데 인간의 윤리적 유한성과 죄악에 몸서리쳤다. 그리하여 근대인들이 추구했던 인간 본위적 유토피아와 세계 개조 그리고 그것들을 떠받치는 각양 이념들을 철저히 부정하고자 했다.

---

21 Hans Küng. *Does God exist? An Answer for Today* (New York: Random House, 1981), 635.

당시 바르트가 조명한 신론은 홀로 거룩하고 정의로운 타자로서 인간의 문화와 이데올로기뿐만 아니라 교회와 성직, 심지어 문서로서의 성서까지 깡그리 부정해 버리는 '전적 타자'(der ganz Andere)로서의 하나님이었다. 하나님은 세계와 인생과 인간성과 인격성과 무관했다. 플라톤 철학 및 초월적 존재론의 구도가 농후하게 보이는 그 당시 바르트는 전적 타자로서 하나님이 파괴와 학살로 세계를 엉망으로 만들어 놓는 인간과 유사할 이유가 없어 보였다. 대신 완전하고 선한 하나님은 죄악이 관영한 세계와 인간성을 부정함으로써 그 독보적인 신성을 시위하는 분이었다.

그러나 그 후 수십 년을 지낸 후 바르트는 이전에 신학적 관심사로서 치워놓았던 '하나님의 인간성'이라는 주제가 본래 자신이 주장하고 싶었던 신론이었다고 변명했다. 비록 무한성과 유한성, 신성과 인간성 사이에 접점이 되는 '예수 그리스도'를 통해 도출하는 신학적 논리였지만, 사랑하고 아파하고 심지어 죽는 인간성이 하나님에게 있다고 주장한 것이다. 사실 바르트 스스로 과거에 강조했던 초월적이고 거룩한 하나님은 아리스토텔레스 이후 지양된 비인격적이고 형이상학적 성격을 지닌 신개념에 가까웠다.[22] 그런데 차츰 바르트는 예수 그리스도의 인격과 사역과 십자가에서 발견할 수 있는 하나님이 인간적 성품을 지닌다고 각성했다. 그는 하나님의 사랑과 은총은 고대 그리스 철학 전통이 드러내지 못하는 독특한 하나님의 인간성을 드러낸다고 주장했다. 바르트에 의하면, 하나님의 신성은 인간성의 성격을 같이 가지고 있고, "하나님의 신성이 하나님 자신의 인간성을 배제하는 것이 아니라 오히려 포함한다"는 것이다.[23]

---

22 헬라인의 경우 아리스토텔레스의 시대가 와서야 신인동형설의 신관에서 벗어날 수 있었다. 김용규, 『서양문명을 읽는 코드, 신』, 48 참조.

이에 우리가 숙고할 것은 바르트의 하나님이 지닌 '전적 타자' 개념과 하나님의 '인간성' 개념이 무시간적으로 양립 가능하다는 점이다. 바르트의 신학이 공교롭게도 '비인간적' 전적 타자로서의 하나님으로부터 '인간적' 하나님으로 전회했다 치더라도, 우리는 그 두 가지 신론의 진정성을 모두 보존해야 하고 그중 하나를 배제할 수 없다. 그것이 인간에게 현현하는 하나님의 양면이기 때문이다. 그러므로 나는 바르트가 기나긴 신학적 작업을 통해 하나님의 인격성과 비인격성의 중첩을 통찰했다고 평가한다.

바르트와는 다른 신학적 노선에 선 입장이지만 마지막으로 아베 마사오의 말을 인용하며 하나님의 인격성과 비인격성의 문제에 대한 결론을 대신하고자 한다.

나는 하느님의 자기 비움을 통해 '하느님은 참으로 하느님'이라고 주장한다. 이것은 죄 많은 인간을 포함하여 모든 것과 동일한 참으로 인격적인 하느님, 바로 그렇기에 하느님은 자기 긍정적 하느님이 아닌(하나의 실체가 아닌), 완전한 자기 비움의 하느님임을 가리킨다. 내가 보기에 완전한 자기 비움의 하느님은 내재적 또는 초월적이지만도 않은, 철저하게 내재하면서 그와 동시에 철저하게 초월한다. 완전한 비움의 하느님은 불의하고 죄 많은 이들을 포함하여 예외 없이 모든 것을 구원하는, 하느님의 무조건적인 사랑을 실현하는 자기 비움적이라는 점에서, 비인격적이기만 한 것이 아니라 오히려 깊이 인격적이기도 하다. 완전한 자기 비움의 하느님 안에서 인격성과 비인격성은 역설적으로 같다.[24]

---

23 칼 바르트, 『하나님의 인간성』, 71, 78.
24 아베 마사오, "자기 비움의 하느님과 역동적 공," 59.

3. 선과 악 그리고 능력과 무능

한 사내가 우주에게 말했다

한 사내가 우주에게 말했다.
"이보시오, 내가 존재하고 있소!"
"그렇다 해도" 우주가 답했다.
"그 사실이 내게 의무감을 만들지 않는다네."[25]
_ 스티븐 크레인(Stephen Crane)

위 작품은 스티븐 크레인이 쓴 시의 전문이다. 그는 19세기 말 미국에서 감리교 목사의 아들로 태어났지만, 그다지 신실한(?) 신자로 살지 않고 여러모로 도발적인 시 · 소설 · 희곡 · 수필을 남기다가 29세로 요절한 풍운아라 할 수 있다. 이 시의 밑바탕에는 "과연 하나님이 자비롭다면 내가 이렇게 고통스러울 수 있을까?" 하는 의혹이 깔려 있다.

시인이 아니라 누구든 하나님을 신앙하는 입장에서 예기치 않은 환란과 고난에 처했을 때 하나님의 현존과 능력과 선에 의구심을 표하곤 한다. 말하자면 "내가 이렇게 힘겨운데 과연 하나님은 무엇하는가?" 혹은 "하나님은 왜 자신의 자녀를 돕지 않는가?" 하는 의문 때문이다. 화이트헤드가 "종교적 교리의 모든 단순화 작업들은 악의 문제라는 암초에 걸려서 난파되었다"[26]고 평한 바 있듯이, 이러한 신정론적 의혹

---

25 원작(영문)으로는 다음과 같다. A Man Said to the Universe // Stephen Crane // A man said to the universe: / "Sir, I exist!" / "However," replied the universe, / "The fact has not created in me / A sense of obligation."

26 Alfred North Whitehead, *Religion in the Making* (New York: Macmillan Company, 1926), 77.

은 유신론의 근간을 허물 수 있는 소지가 있다. 그리스도교의 '은혜롭고 정의롭고 선하고 전지전능한' 하나님을 고수하는 신론에 대항하는 가장 치명적인 논박은 세계 내에 가득한 악과 모호한 고난에 관해 하나님의 책임을 묻는 것이다.

스티븐 크레인의 시에서 '우주'는 하나님과 같은 섭리자를 환유換喩하고 있다. 그래서 시적 화자는 우주를 향해 자기의 고단한 삶의 고충을 털어놓고자 한다. "내가 (이 힘겨운 세상에) 존재하고 있습니다!" 즉, 자신의 딱한 처지를 알아달라는 뜻이다. 그럼에도 불구하고 돌아오는 대답은 싸늘하기 그지없다. "너희들이 이 세상에 존재해도 나는 너희에게 친절을 베풀거나 보호할 의무를 느끼지 않는다"는 식이다. 이 시는 도덕경 5장, "천지는 어질지 않으니 만물을 (제사용으로 쓰다 버리는) 짚강아지처럼 여긴다"[天地不仁 以萬物而爲芻狗]는 대목을 연상시킨다. "우주가(너를 돌볼) 의무감이 없다"는 대답은 정확히 "천지는 어질지 않다"[天地不仁]는 사상과 일치되기 때문이다. 그리고 만물의 주재가 언제나 인생을 도와줄 의향이 있으리라는 기대는 인간의 착각일 뿐이지, 빈번히 돌아오는 것은 무관심과 냉대라는 것을 풍자하고 있다.

그렇게 비인격적 이법理法이나 자연적 법칙으로 궁극적 실재를 해명하는 방식이라면, 세계에 차고 넘치는 악과 고통 그리고 무고히 고난받는 의인이 던지는 의혹을 비켜 갈 수 있다. 거기에는 따스한 마음을 지닌 섭리자가 배제된 채 인과율과 그에 더해 자연의 폭력을 야기하는 우발성27과 인간의 비도덕적 자유가 가능하기 때문이다. 또한 악에

---

27 판넨베르크는 우발성을 하나님의 역사적 활동 및 하나님의 돌봄과 관련짓지만, 이신론이나 무신론에서 우발성을 해명할 수 없는 것은 아니다. 단적으로 유신론을 차치하고서도 질서 속에서 우발성이 출현하는 이유를 초기 조건의 민감성, 상호작용과 자기조직화, 비선형 동적 시스템, 에너지와 엔트로피 등 다양한 요인에서 찾을 수 있다. 물론 이러한 복잡한 상호작용은 예측과 제어를 어렵게 만든다.

대한 정의는 그것을 인지하고 경험하는 인간성을 전제로 하는 경우가 많다. 때문에 스피노자는 악의 개념이 이미 신인동형동성론에 근거하고 있다고 생각했다. 그러나 유신론자가 신인동형동성의 신을 지지하지 않아도, 세계를 향한 신의 목적·섭리·화해 등을 신뢰하는 이유로 무고한 의인이 당하는 고통과 불특정 다수를 향한 재난의 이유를 신에게 제기하지 않을 수 없다. 최악의 경우 신의 무능이나 비정을 의심하지 않을 수 없고, 개인의 실존 가운데 신의 유무에 관해 나름의 결론을 내릴 수 있다.

국민학교 재학 시절 같은 반에 심각한 하체 장애를 안고 사는 친구가 있었다. 휠체어를 타고 다니지는 않았지만 차갑고 무거운 보철기에 의지해서 걷는 모습이 항상 불편해 보였다. 어느 날 나는 용기를 내어 그 친구에게 함께 교회를 다니자고 했다. 하나님을 믿으면 나을 수 있을 것이라는 소박한 약속과 함께 말이다. 친구는 비아냥거리듯 대꾸했다. "내가 교회를 안 다녀 본 것 같냐? 기도를 안 해본 것 같냐? 열심히 기도해도 하나님이 안 들어주더라. 하나님은 없는 거야." 나는 그 친구를 전도할 수 없었다. 하루하루 힘겹게 버티는 친구의 절망과 슬픔이 자욱하게 느껴졌다. 지금 내가 그 친구를 찾아가는 일이 있어도 뾰족한 수가 없을 것 같다.

인간이 하나님을 신앙하고 의지할 때 하나님의 막대한 능력과 자애를 기대한다. 인간의 내면에 그러한 기호의 선험적 종교심이 있기 때문이라고 할 수 있겠지만, 다른 한편에서 신에 관련한 온갖 전승과 기록이 그의 전능과 자비를 증언하기 때문이다. 그런데 전지전능함과 선한 성품을 지닌 하나님이 세계에 가득한 악과 고통에 속수무책이라면, 우리가 그를 믿고 예배할 필요가 있을까? 구원과 도움의 출처가 되지 못하는 신에게 인간은 종교적 매력을 느낄 수 있을까? 아니, 우리는 존재하지도 않은 신 때문에 괜한 기대와 오해를 하고 있는 것이 아닐까? 이러한 의혹은 매우 오래되었다.

고대 그리스의 에피쿠로스는 하나님의 능력, 하나님의 선 그리고 세계의 악, 이 세 요건 사이의 '삼도논법三刀論法'(trilemma)을 제안한 바 있다. 다시 말해 "신은 전능하다", "신은 선하다", "악이 존재한다"라는 세 명제 사이에 둘이 맞을 때 반드시 하나가 틀려야 한다는 '삼자택일의 궁지'였다. 훗날 데이비드 흄은 그것을 다음과 같이 풀어 유신론을 냉소적으로 공격했다. "하나님이 악을 막고자 했지만 그럴 수 없었다? 그렇다면 그는 전능하지 않다. 그는 막을 수 있었지만 막지 않았다? 그렇다면 그는 악하다(malevolent). 그가 할 수 있었고 막을 수도 있었다? 그렇다면 악은 어떻게 나타난 것인가?"[28]

이후에도 신정론에 관심을 가진 철학자들은 이상의 문제를 보다 세밀하게 나누었다. 대략 그것은 다음과 같다.

1) 신은 존재한다.
2) 신은 전능하고, 전지하고, 전애全愛(omnibenevolent)하다.
3) 전능한 존재는 악이 발생하는 것을 막을 능력을 지닌다.
4) 전애한 존재는 모든 악을 막기를 원할 것이다.
5) 전지한 존재는 악이 발생하는 모든 방법을 알고, 악이 방지될 모든 방법을 안다.
6) 악이 발생하는 모든 방법을 아는 존재, 악을 막을 모든 방법을 아는 존재는 악을 막기를 원하고 또 악의 발생을 막을 것이다.

---

28 Michael W. Hickson, "A Brief History of Problems of Evil," *The Blackwell Companion to The Problem of Evil*, eds. Justin P. McBrayer & Daniel Howard-Snyder (New Jersey: Wiley-Blackwell, 2014), 6–7.

7) 만약 전지하고, 전능하고, 전선한 신이 존재한다면, 악은 존재하지 않는다.

8) (그런데) 악은 존재한다.

이상의 논증은 하나님의 존재와 악의 존재가 상호 양립하지 못함을 시사한다. 이것은 고전적인 관점에 국한되지 않는다. 현대에도 여전히 "하나님이 전능하다면, 그는 자기의 능력으로 다른 존재들의 모든 행동을 완전하게 결정할 수 있다"[29]는 사고가 가능하다. 그러나 우리가 마주하는 세계에서 그러한 신적 사역이 보편적으로 인정되지 않는다. 현대에는 전례 없이 강화되는 악의 현상, 특히 창조 세계의 파괴와 같은 자연적 악과 과거와 비교하자면 전혀 규모가 다른 대량 학살이나 핵전쟁 같은 가공할 만한 도덕적 악이 대중의 의식에 인애하고 전능한 하나님의 존재를 지우고도 남는다.

아인슈타인이 "신은 미묘하지만 악의적이지 않다"(Subtle is the Lord, malicious He is not)고 말한 바 있는데, 더더욱 대다수 그리스도교의 이론가들은 "악의 실재는 기독교가 거짓 종교라는 것을 보여 주지도 않는다"[30]는 입장에 선다. 이제 그 이야기를 조금 더 해보도록 한다.

기본적으로 그리스도교의 세계관은 과거로부터 선악 이원론이 아니라 하나님의 섭리 아래 일원론이다. 이점에 있어서 구약성서가 더욱 대담하게 하나님과 악의 미분화를 묘사하는 부분이 많다. 몇 가지를 꼽아보자면 다음과 같다. "나는 죽이기도 하며 살리기도 하며 상하게도 하며 낫게도 하나니 내 손에서 능히 빼앗을 자가 없도다"(신 32:39),

---

29 Nelson Pike, "Process Theodicy and the Concept of Power," *Process Studies* (Fall 1982): 154 참조.

30 존 힉/김장생 역, 『신과 인간 그리고 악의 종교 철학적 이해』 (파주: 열린책들, 2007), 13.

"여호와는 죽이기도 하시고 살리기도 하시며 스올에 내리게도 하시고 거기에서 올리기도 하시는도다. 여호와는 가난하게도 하시고 부하게도 하시며 낮추기도 하시고 높이기도 하시는도다"(삼상 2:6-7), "나는 빛도 짓고 어둠도 창조하며 나는 평안도 짓고 환난도 창조하나니, 나는 여호와라 이 모든 일들을 행하는 자니라 하였노라"(사 45:7), "여호와께서 온갖 것을 그 쓰임에 적당하게 지으셨나니, 악인도 악한 날에 적당하게 하셨느니라"(잠 16:4), "고난 당한 것이 내게 유익이라 이로 말미암아 내가 주의 율례들을 배우게 되었나이다"(시 119:71)가 대표적이다. 그 외에 출 4:21; 7:3; 9:12; 10:1, 20, 27; 11:10; 14:4, 8, 17; 수 11:20; 삼상 16:14-16, 23; 삼하 17:14; 왕상 22:22 등이 있다.

성서는 하나님의 선한 성품을 신뢰하면서도 선과 악을 사용하고 초월하는 하나님 상을 제시하고 있다. 그리하여 주석자에 따라 악 혹은 악마도 하나님이 부리는 도구이고 신의 궁극적 목적을 위해 기여한다고 말할 수 있다. 가령 욥기의 "사탄은 완전히 비이원론적인 형태로 신성(Godhead)과 통합"되어 있다는 해석도 가능하다.[31] 이러한 유형의 이해는 하나님을 지혜롭고 능숙한 인격으로 보는 방식이자 서사적 미학을 신학적으로 수용한 결과이기도 하다. 그러니까 이것은 마치 드라마 작가나 소설가가 독자의 미적 감동과 의식의 성장을 위하여 플롯(plot) 가운데 갈등·박탈·이별·소외 등의 장치를 의도적으로 심어 놓는 이유와 비슷하다. 그러므로 하나님이 세계에 파탄과 고난을 허용하는 이유란 또는 사탄의 활동을 용인하는 이유란 하나님의 형상으로 창조된 인간에게 영원한 신적 지혜와 지식, 감사, 궁극적 아름다움을 나누며 고양하기 위함이라고 이해해도 좋을 것이다.

---

31 월터 윙크, 『사탄의 가면을 벗겨라』 (고양: 한국기독교연구소, 2005), 61.

우리는 악의 파괴력과 고통의 깊이로 인해 자주 간과하는 악의 국면이 있다. 세계의 역사 가운데 악 또한 변화하는 현상, 과정 중의 현상이라는 사실이다. 세계에 고정불변하는 사물·사태·사건이란 존재하지 않는다. 그러므로 동서고금을 막론하고 정태靜態와 항존恒存의 기준으로 사물의 정체를 구명하기보다 변화와 전변轉變을 추적하는 존재론이 더 강한 설득력을 보였다. 이것은 단순히 존재의 사안에 국한되지 않는다. 인간 사이에 통용되는 가치 개념에 있어서도 마찬가지다. 바이스마르(Weissmahr)는 "악을 자립적인 어떤 적극적인 것으로 보지 않고 존재자의 한 성질로서 보는 설명만이 가능하다"[32]고 했는데, 악이 되었든 선이 되었든, 가치나 도덕적 판단이 개재한 개념은 어떤 존재자가 항구적으로 지닌 하나의 성질일 수만은 없다. 대개 인간이 시한적으로 포착하여 명명한 임의적 개념일 경우가 많다. 인간의 인지력은 어떤 것을 대상화한 후 개념과 언어로 담아 고착화하는 것에 편의를 느낀다. 그러나 의식적이든 무의식적이든, 그러한 인지 방식은 사물과 현상을 온전히 이해하는 일에 있어 한계를 지니게 된다.

근현대의 형식논리학 또는 기호논리학의 경우 주로 명제의 동일성과 정태성을 전제로 하기 때문에 세계의 변화와 상황의 전복顚覆을 충분히 고려할 수 없었다. 운동 및 변화를 함께 사려하자면 대개 논리는 무너지기 때문이다. 마침 아리스토텔레스의 논리학에 흥미로운 삼단논법이 소개되어 있어 인용해 본다.

병자가 나았다.
나은 사람은 건강한 사람이다.

---

32 B. 바이스마르/허재윤 역, 『철학적 신론』(서울: 서광사, 1994), 205.

그러므로 병자는 건강한 사람이다.[33]

어떠한가? 물론 궤변이지만, 이 논법이 틀렸다고 할 이유 중 하나는 핵심 개념을 사용하는 데에 있어 시간의 추이에 따른 변화가 고려되어 있지 않기 때문이다. 이처럼 서구적 논리 형식은 현상의 변화를 연속적으로 고려하지 않을 때 의미상 의도치 않은 오류를 보일 수 있다. 대안적으로 논리는 시간 또는 변화라는 요건을 겸비해야 한다. 우리가 악과 고난의 문제에 관련하여 하나님의 선과 능력 그리고 그의 존재를 용이하게 판단할 수 없는 이유는 유구한 세계 역사나 개인사의 조류를 통시적으로 관찰할 수 없고 부정적 현상의 실제를 종말까지 추적할 수 없기 때문이다. 따라서 하나님과 그의 활동은 논리로 파악하기 어렵다.

앞서 살펴보았듯이 세계의 운행에 있어서 상반된 양단兩端·대극對極이 대립 전화를 갖는다는 사실은 동양 형이상학이 탁월하게 관찰했다. 서양에서는 헤라클레이토스의 근대적 후예인 헤겔이 역사상의 변증법적 관념 운동을 해설함으로 그리고 그의 현대적 후예인 화이트헤드가 과정(process) 개념을 통하여 인류의 지성사에 적절히 선보였다. 신정론상의 관점에서 평가하자면 그들의 기여는 존재의 의미, 사건의 의미 그리고 악과 고난의 개념 전회 등을 시간과 역사의 경과 속에서 성립할 수 있도록 적절히 서술한 것이다.

대중들은 정태적 존재론과 고착된 개념을 통해 선과 악을 판별하려 든다. 이 점에 있어서 서구 그리스도교 신학도 예외가 아니다. 그러나 존재·사건·사태에 부과하는 개념이나 가치 판단에 있어 어떤 논자든지

---

33 *Organon*, VI, 165b-166a.

시간·변화·과정·역사 등의 동적 요건을 고려하지 않으면 존재의 실상을 인지할 수 없고 가치의 문제를 해명할 수 없다. 그러나 통시적으로 관찰하자면 역동적인 운행 가운데 있는 세계나 개인이 당면한 사건이란 과거에 악이었지만 지금은 선이고, 과거에는 선이었지만 지금은 악이고 또는 동시에 선이면서 악이거나 궁극적으로 선도 아니고 악도 아닐 수 있다. 이렇게 복잡하고 모호하니 현명한 신자는 그저 당면한 이 상황이 무엇인지 '모르겠다'고 해야 할 것이다. 내가 목회했던 교회에서 1년 사이에 남편과 아들과 사별하여 깊은 고통의 수렁에 빠졌던 한 교인은 펜데믹 시기에 의외의 고백을 한 바 있었다. 그녀는 전염병(Covid 19)의 창궐과 자영업 붕괴, 청년실업률과 비혼의 증가, 기후 위기를 바라볼 때 오히려 세상을 떠난 자들이 복을 누린다고 생각하게 된 것이다. 전혀 예상치 못한 고백에 나는 짐짓 당혹스러웠다. 그가 뼈저린 아픔 속에 그렇게 자기 위안거리를 만들어 냈는지 몰라도, 실제로 이처럼 나와 당신이 처한 뼈아픈 현실이 향후 어떻게 평가될 수 있을지 혹은 성취와 만족을 위해 어떠한 창조적 역동을 일으킬지 모를 일이다.

그런데 이론적으로 정교한 신정론의 완수는 필연적으로 악과 고난을 지나치게 추상화한다. 세계에 가득한 악과 재난 그리고 무고히 아파하고 죽어가는 사람들을 두고 하나님의 선과 정당함에 집중하여 변론하자면, 어떠한 논자도 현재의 악과 고난의 실질적 깊이를 간과할 수밖에 없다. 이것은 도로테 죌레(Dorothee Sölle)가 "비참을 정당화시키는 하느님", "하느님과 비참을 화해시키는 것", "역설의 모델로 설명되는 위로"라는 비판했던 지점이다. 2차 세계대전의 참상을 회고하며 통렬한 신학적 반성을 감행했던 죌레는 "하느님의 영광, 그의 광채, 계시되는 명예와 행복은 삶의 파괴와 불구화라는 무시무시한 역설을 '필요'로

하지 않는다", "사랑은 고난을 만들거나 산출하는 것은 아니다"라고 단언했다.[34]

나는 신학석사 학위를 위해 신정론에 관한 논문을 제출한 적이 있었는데, 심사위원 가운데 한 분인 윤철호 교수가 내게 그 점을 꼬집었다. "전쟁으로 참혹하게 죽어가는 아이들에게 이런 신정론이 의미가 있을까요? 고난 당하는 사람들에게 하나님을 잘 변론하는 것이 무슨 위로가 될까요?" 사실 그렇다! 신정론의 기획이 성공할수록 인간이 겪는 고난의 깊이와 처절한 현실을 간과하게 된다. 그야말로 지옥과 같은 현실을 살아내는 사람들에게 세련된 신정론이 무슨 소용일까? "고난은 사유와 행위보다 선행한다."[35] 그러므로 이론적 신정론은 반드시 '실천적' 신정론으로 보완되어야 한다. 실천적 신정론은 이론의 정교화보다 고난 중인 이웃을 위한 긴급한 실천을 통해 우리 안에 있는 하나님의 긍휼을 확인하도록 촉구한다. 악의 현실과 고난의 깊이를 추상적으로 처리하는 문제점을 보이는 것이 곧 신정론이라면, 지금 나 역시 거기에 빠져 있는 셈이다. 누구든 이론적 해명과 더불어 세계가 처한 극렬한 고통에 대한 동정(compassion, 함께 아파함)과 참혹한 악의 위력을 막기 위한 저항과 연대를 결여한다면, 신정론이 성공한 만큼 도리어 하나님은 욕먹는다.

그리스도교 신학 안에서 신정론이 밝혀야 할 주제는 또한 종말론적 정의와 회복이다. 주지하듯 종말론은 최후에 새 하늘과 새 땅이 완성되고, 하나님의 공정한 심판과 신원(伸寃), 보상과 보응이 이루어질 것을 전망하는 이론이다. 비록 학문적 종말론을 몰라도 신자는 세상 끝날에 영원한 안식과 기쁨과 평안을 얻을 것이라는 마지막 희망을 지닌

---

34 도로테 죌레/채수일 역, 『고난』 (서울: 한국신학연구소, 2002), 166-168.
35 심광섭, 『탈형이상학의 하느님』, 503.

다. 신정론과 결부하여 보자면, 세계의 종말에는 우리가 흘렸던 피땀과 눈물 이면에 하나님이 도모했던 선과 정의가 있었다는 확증이 나타나야 한다. 다만 이것은 공적 담론의 장에서 입증될 수 없는 한계가 있다. 말하자면 이 역시 믿음의 영역에 귀속되지, 현실에서 고난 받는 자를 당장 위로할 수 있는 지식의 영역에 속하지 않는다.

성서는 인간도 신적 존재라고 선포하곤 하는데(시 2:7; 요 10:35), 여기에 종교적 혜안을 더해 반성하자면, 인간에게는 하나님의 진선미 수준에 필적하는 정신적 여정이 거저 이루어질 수 없다고 첨언해야 할 것이다. 말하자면 존재의 참지식과 바른 실천적 지침과 경이로운 아름다움들을 얻는 것에는 모종의 반대급부가 있을 수 있다. 여기서 다시 한번 세계에 불가피한 악과 고난이 허용될 이유가 있다는 신정론이 가능해진다. 인간이 비록 하나님의 형상으로 창조되었으나 하나님의 성품에 이르지 못하게 막는 욕망과 미숙함과 어리석음은 그야말로 '필요악'을 극복하고 '아픈 만큼 성숙'해짐으로 극복된다. 이러한 신학적 사유 유형은 근래의 것만이 아니다. 소박한 형태일지라도 초기 교부시대부터 엿볼 수 있다.

여기서 우리는 존 힉(John Hick)이 지지한 이레니우스(Irenaeus) 유형의 신정론 또는 '영 형성'(soul-making) 신정론을 참고할 필요가 있다. 아담과 하와가 의롭고 성숙하게 창조되었지만 그들의 범죄로 인해 세계에 악이 발생했다고 설명하는 아우구스티누스 유형의 신정론과 달리, 아담과 하와가 애초에 미숙한 피조물로 창조되었기에 죄악을 저질렀고 그것은 불가피한 신적 훈련의 여정 속에 있다고 설명하는 이레니우스 유형의 신정론은 또 다른 각도에서 설득력을 얻는다. 이레니우스에 의하면, 첫 인류는 비록 하나님의 형상(image)으로 창조되었으나 하나님의 모양(likeness)에는 이르지 못한 불완전한 존재다. 미숙한 존재들이 범죄하고 타락하는 것은 있을 수 있다. 그리고 그러한 파탄에 하나님의 책임이 없는 것은 아니다. 다만 죄와 악이 인간에게 최종적으로 성숙과 지혜를 얻게 하는 수단적 기능을 한다면 아담과 하와를 어리숙하게 만들고 세계에 악을 허용한 하나님에게 무능과 냉정의 혐의를 가하지 않아도 된다. 아래 인용문은 존 힉이 직접 설명하는 이레니우스 전통에 속한 신정론의 의의다.

> 타락에 대해 이레니우스는, 아우구스티누스 전통에서는 신의 계획을 완전히 파괴하는 극히 해로운 재앙 사건으로 받아들여졌던 아담의 타락 대신에, 그것이 연약함과 미성숙으로 인해 벌어진 일로 형상화한다. 타락을 영원한 벌을 내재한 것으로서 악의에 가득 찬 다 자란 어른의 범죄가 아니라, 인류의 어린 시절에 일어난 이해할 수 있는 일로 그리고 있는 것이다. 그리고 이레니우스는 아우구스티누스가 말하는 아담의 죄에 대한 신의 벌로서의 고난이 아닌, 인간을 위한 신의 선한 목적의 완성을 이루기 위한 인간의 발전을 위해 신이 마련해 놓은 환경으로서 선과 악이 섞여 있는 세계를 본 것이다.[36]

존 힉은 근대 자유주의 신학을 개창한 슐라이어마허 역시 이상의 설명 도식을 따른다고 평가한다. 슐라이어마허도 인간의 타락이 마치 어린아이가 정신적 발전 과정 중에 있을 법한 불가피한 사건이라고 보았기 때문이다. 슐라이어마허는 인간이 하나님과 순수한 인격적 관계를 나누기 위해 자유를 보장받아야 했고 그것이 범죄와 타락을 일으킬 수 가능성을 지님을 긍정했다. 이상의 논지를 확대하면서 존

---

36 존 힉, 『신과 인간 그리고 악의 종교 철학적 이해』, 229.

힉은 죄악과 고난에 대항하고 극복한 인간을 목적하는 하나님의 '영 형성'을 변론하고자 했다. 하나님은 자신과 인격적으로 교제할 인간의 질적 고양을 목적으로 하고 있고, 곧 그것은 인간이 하나님의 형상으로부터 하나님의 모양에까지 이르게 만드는 하나님의 계획인 것이다. 결국 "이러한 신정론은 도덕과 자연 악을, 비록 그 악의 형태는 다양한 것일지라도 완성된 유한한 인간들을 창조해 가는 과정에서, 현 단계에서는 필연적으로 본다."[37]

위와 같은 '영 형성' 신정론도 일종의 미학적 신정론 또는 미학적 신학을 겸비한다. 말하자면 그것은 위기와 갈등을 필연적인 요건으로 전제하고 개인과 공동체의 완성을 그려내는 대하 서사(narrative)에 가깝기 때문이다. '영 형성'을 위한 노정은 필연적으로 인간의 범죄, 타락 · 분리 · 박탈 · 추방 · 방랑을 경유하여 회복 · 화해 · 복귀 · 복권 · 성취 등에 이르는 역동적인 이야기가 된다. 대단원에 이르면 그것이 창작자와 수용자가 함께 나눌 흥미롭고 멋지고 의미 있는 삶 체험으로 남듯이, 하나님의 우주 드라마도 마침내 원숙해진 인간과 더불어 향유하고 즐겁게 복기復棋할 위대한 작품이 되는 것이다. 따라서 미학적 신정론은 음악이나 미술 등의 장르보다 주요하게 '드라마'의 요소를 지닌다. 영원히 향유해야 할 평화, 사랑, 기쁨, 용기, 창조력, 아름다움 등을 마련하기 위한 하나님과 하나님의 형상으로서 인간의 자기 확인을 위한 서사적 노정이기 때문이다.

세계의 사물들은 완전하고 충만한 자질을 보유함으로 존재하지 않는다. 완전하고 충만한 빛은 무색이듯이, 완전하고 충만함으로 존재하는 하나님은 존재자들에게는 무로 파악될 수밖에 없다. 반면에 불완

---

37 앞의 책, 393.

전하고 부분적인 존재자들은 다른 속성들을 배제하고 차이를 지니는 형식으로 현상 세계에 드러난다. 곧 단맛은 신맛이나 쓴맛을 배제함으로써 단맛이 되듯, 사물들은 발현 가능한 모든 속성과 질료 가운데 지극히 적은 일부를 취함으로써 등장한다. 이것이 피조물의 유한성이 갖는 중요한 국면이다. 모든 것을 다 가지게 되면 사물은 존재의 현장에 나타나지 않는다. 마치 부조浮彫처럼 부분적으로 취하고 부분적으로 버렸기에 각자의 개성으로써 나타나 있다. 이러한 이치로 창조된 것들에 관해 하나님이 "좋았더라"(창 1장)라고 찬탄했던 만큼, 그것은 창조주가 의도한 창조의 얼개다.

그런데 이러한 존재론적 부족과 차이는 필연적으로 위기를 배태하게 된다. 하나님의 완전함에 필적하지 못하는 모든 속성과 계기는 때때로 악으로 현상되는 혼돈과 소외를 초래한다. 하나님의 완전성으로부터 멀어진다는 것은 실질적으로 '세계'와 '사물'이 된다는 의미이자, 다른 한편 결여로 인해 발생할 잠재적 위기와 타락과 도전을 받아들일 준비가 된다는 의미다.

더구나 우리 세계는 온갖 종류의 대극對極 사이에 조화·반발·균형·전화轉化 등으로 기본적 운동을 갖는 것으로 질서 지워져 있다. 이것은 하나님이 만유에 부과한 존재의 구조 그리고 만유의 내적 법칙이 성립하기 위한 배경·조건이다. 또한 그 가운데에는 기계론적 인과율을 벗어난 자기 변형·자기 결정·창발 등이 일어날 여지까지 내포되어 있다.[38] 쉽게 말해 세계와 사물들은 하나님의 의지와 별도로 스스로 길을 정해 진행할 능력과 권리를 행사한다. 그것은 곧 만물이 하나님으로부터 받은 은총을 누리는 방식이기도 하다. 이에 관련하여 일부

---

38 Donald W. Mitchell, "The Trinity and Buddhist Cosmology," 171-172 참조.

과정신학자들은 "하나님이 세계의 사건들을 통제하지 않을 뿐만 아니라 원칙적으로 통제할 수 없다"[39]고 설명했다.

세계 또는 피조물이 자유를 구가하는 것은 루아흐가 만유에 자신을 분여한 것만큼이나 중요한 '사랑'의 사건이다. 신적 사랑을 단순히 기호적·감정적 수준이 아니라고 할 수 있는 까닭은, 하나님은 그 사랑의 표식으로 피조물에게 자유를 허락했고, 그로 인한 상호 간의 위기와 파탄의 가능성까지 허용했기 때문이다. 이것은 하나님의 신비로운 지혜이자 고난을 배태하는 신적 사랑의 특징이다. 하나님과 피조물 사이에 이러한 존재론적 관계는 결과적으로 하나님의 의지와 무관하게 세계에 악과 불화가 일어날 가능성을 열어 놓음을 의미한다. 이 내용에 관하여 한 물리학자는 하나님이 무능해서가 아니라 의도적으로 '적절한 수준의 불확실성'을 도입하여 세상이 주어진 범위 내에서 자유로이 운용되도록 허용하였고, 인간에게는 자유의지를 따라 선택할 수 있는 능력을 부여했다고 해설한다.[40]

세계 안에 본질적으로 내재하는 대극과 악에 대해 조금 더 생각해 보겠다. 세계 운행에 관여하는 두 상반된 성질에 있어 생산·발산·능동·전진이 한 극이라면, 소멸·수렴·정지·후퇴가 다른 극이 된다. 그런데 이 두 극 가운데 딱히 어떤 쪽이 악이라고 규정하면 안 된다. 그리고 세계의 진행 가운데 그 우열을 논할 수 없다. 그것은 독특한 상황과 변화 과정에 따라 전혀 다른 가치와 이유를 지닌다. 인간이 호불호를 따지기 전에 세계에 펼쳐지는 사건들은 이 두 극 사이에서 일어나는 현상들이다. 최소한 두 극이 잠시 평형을 맞추는 일이 있어도,

---

39 David Ray Griffin, *God, Power, and Evil: A Process Theodicy* (Philadelphia: The Westminster Press, 1976), 275-276.

40 제럴드 슈뢰더, 『신의 숨겨진 얼굴』, 16.

상반되는 성질과 사태는 서로 구별되는 양상으로 현상 세계의 처처에서 찾아볼 수 있다.

신정론 문제에 있어 하나님이 긍정과 부정 또는 선과 악의 대극을 허락했다 하더라도, 피조물이 때때로 그 한편을 선택하고 취하는 사안이란 대개 피조물의 의지와 선택에 맡겨져 있다. 다시 말해 부정적 사건이나 위기가 발생할 수밖에 없는 세계의 구조는 창조주 하나님이 허락했지만, 그 입지에 처하여 그 역할을 행사하는 것은 당사자(선택자)의 자유요 책임인 것이다. 물론 하나님이 어떤 행위의 주체에게 악행을 유도했거나 교사敎唆했다면, 하나님에게 그 책임을 강하게 물을 수 있다. 예를 들어 바울이 동쪽으로 갈 것을 막고 마케도니아로 올 것을 유도한 성령(행 16장)은 당연히 로마 제국의 기독교화에 책임이 있다.

구체적인 사건과 사물이 보이는 대극적 위상 가운데 그 하나를 취하는 것은 피조물의 자유에 의한다. 그런데 피조물은 존재론상 부분적 결여와 차이를 통해 그렇게 드러나 있다. 이는 곧 세계 내적 사물들이 모두 예외 없이 존재적으로, 인지적으로, 윤리적으로 미흡한 위상에 처해 있다는 뜻이다. 그러니 대극이라는 근본적인 존재론적 구조에 더하여 개개 사물의 결여와 차이는 세계에 다양한 사건과 다채로운 사태를 이루기도 하고 예기치 않은 악과 고난을 파생하게 된다.

위와 같이 나는 또다시 악과 고난을 추상적으로 기술하는 우를 범하였다. 여태껏 개진한 나의 지론이 피조물이 겪는 고통의 깊이와 무게를 경감시키지 못하는 사변적 가설로 주저앉았다. 전쟁, 대량 학살, 전염병 창궐, 천재지변, 핵 위협 등 가공할 파탄들은 인간에게 절대악으로 간주되는데, 하나님이 이것들을 사용하고 극복하여 최후에 숭고한 선을 창출할 것이라고 해명하는 일이란 인간의 성정을 넘어버린다. 가령 죽어야 할 혐의가 없는 아이들이 비참한 희생자가 되는 일은 과연 후속하는 어떤 높은 차원의 선을 위해 기여할 수 있을까? 과연 그것이 역사의 대단원에 하나님의 영광을 송축할 이유가 될까? 무고한 희생자가 된 우리 이웃들이 이 '유일한' 인생 가운데 어떤 신원과 보상을 받지 못하고 사라졌다면, 보편적 담론의 장에서 하나님의 존재나 그 선의가 부정되어도 어쩔 수 없을 것이다. 세계의 개혁과 개조를 가로막는 '아편'으로 작용한다고 함께 혐의를 받을지언정 카르마(karma)와 윤회를 주장하는 종교들은 최소한 또 다른 삶과 형평의 기회를 주장하기에, 신정론의 난점을 면피할 여지가 있지만 말이다.

위와 같은 난점들을 떠안고 마지막으로 하나님의 능력과 선을 위한 일말의 희망적 변론을 하고자 한다. 반복되는 말이지만, 불가해한 하나님에게 그나마 적절히 다가가기 위한 방법은 인간이 지닌 존재 관념에 대한 전위적 수정이 이루어질 경우라야 가능하다. 그것도 중단 없는 사유의 전복과 파격적 기술을 두려워하지 말고서 말이다. 그런데 이렇게 되면 또다시 대중들에게 하나님은 하나님이 아닌 것처럼 드러나게 된다. 그리고 선·정의·자비 등의 개념이 필연적으로 인간의 상식과 경험으로부터 멀어지고 만다. 이는 내가 꼽는 가장 심각한 신학적 딜레마다. 그러니 모든 이들을 만족시킬 만한 완전한 신정론은 불가능하다.

어떤 의미에서 신정론은 하나님에게 일말의 신앙과 희망을 둔 신자에게 유효한 것이지, 성급한 논리적 결론을 원하는 자들에게는 항상 미진할 뿐이다. 하나님을 신앙하는 자에게 하나님을 변론하려는 시도는 실존의 근간에서 치솟는 고통스러운 인내를 수반할 수밖에 없다. 그 인내란 궁극적으로 종말론적 기대를 위한다. 그리스도교는 소박한 형태의 신정론이나마 역사적 실존 이후 해원된 삶과 만유의 회복을 약속하지 않는 한, 하나님의 선과 정의를 변증하기 매우 어려워진다.

몰트만이 대범하게 주장하는바, 그리스도의 지옥 강하의 결과로 돌아오는 세계의 완전한 회복과 화해는 확실히 이 문제에 있어서 강점이 있다.[41]

그러나 근대의 합리주의와 실증주의의 간섭을 받은 서구 신학은 오래간 부활과 내세에 대해 주장하기를 기피했고, 세련된 신학일수록 역사적 삶 이후의 영원한 삶에 관해 웅얼거리고 모호한 소리를 내곤 했다. 안타까운 일이다. 지난 세기에 그리스도교 신학에 외적 충격을 준 사상가들은 인류의 지성과 양심에서 특히 타계적他界的 희망을 지워버리는 데 큰 역할을 했다. 물론 인문주의자들에게는 그리스도교의 종말론을 비신화화해야 할 이유와 전략은 분명해 보였다. 하나님의 심판과 신원 그리고 내세의 복락이라는 신조를 지닌 기독교는 사드(Marquis de Sade), 노발리스(Novalis), 마르크스의 말마따나 인류에게 세계 개조에 대한 열망을 억제하는 강력한 진통제나 아편으로 지목되었다. 종교가 사후 이상향과 내세의 삶을 말할수록 현세의 부조리와 구조악이 고착될 수 있기 때문이다. 그러니 특히 역사의 진보와 세계의 개조를 위해 그리스도교가 포기해야 할 것은 무엇보다 영원한 삶이나 종말론적 보상이었다. 모더니즘 시기 이후 대다수의 지식인과 그들에 호응하는 신학자들은 죽은 자가 살고 개인의 정체성이 영원히 유지될 수 있다는 신념 등은 내려놓았다.

그런데 오늘날 우주의 실제와 존재의 신비를 밝히고 있는 수많은 자료는 우리 우주가 삶과 죽음을 분명하게 나눌 수 없을 정도로 모호하다는 점을 시사하고 있다. 물질과 정보가 둘이 아닌 것처럼, 유와 무가 둘이 아니고, 처절한 고난과 짜릿한 모험이 둘이 아니고, 사는

---

41 20세기 신학계에 종말론으로서 주요한 궤적을 남긴 몰트만의 다음 저서를 참고하라. 위르겐 몰트만/김균진 역, 『오시는 하나님』 (서울: 대한기독교서회, 1996).

것과 죽는 것 역시 둘이 아닐 수 있다. 종교적 통찰과 더불어 더 대담히 말하자면, "삶과 죽음에 대한 비개념적이고 실존적인 이해 속에 삶과 죽음은 두 개의 분리된 사건이 아니라 역동적으로 하나다."[42]

흥미롭게도 동양의 일부 종교는 존재 문제에 있어서 세계의 심중함과 동시에 세계의 허구성을 함께 관찰해 왔다. 현대 과학이 선보이는 실재론과 우주론을 참고하자면, 현대 서구 또한 세계의 존재성과 실존의 의의를 이율배반적으로 접근하는 것이 가능해졌다. 종교적 차원에서만이 아니라 '과학적' 견지에서 지상에서 살고 죽는 문제란 매일 고군분투하는 우리 인생이 느끼는 것과 달리 의외로 가벼운 것일 수 있다. 가령 불가능하게 보이는 부활과 영생의 문제는 중학생 아들이 어젯밤 엄마의 잔소리에 그만둔 시뮬레이션 게임을 다시 하기 위해 '세이브 파일'(save file)을 불러오는 것처럼 간단한 일일 수도 있다. 참 흥미롭다. 왜 캐릭터의 연속성을 담지한 저장 파일이 곧 '구원'(save) 파일일까? 그야말로 우리 우주가 큐비트로 조성된 정보의 집합체라면, 진공이 입자와 반입자의 쌍소멸이 일어나는 에너지가 충만한 곳이라면, 어느 호숫가에서 한 목수가 물고기 두 마리와 떡 다섯 덩어리로 수천 명을 배 불리는 일이나 죽은 지 사흘 만에 지인들 앞에 서는 일은 기이한 일도 아닐 것이다. 더욱이 시뮬레이션의 주재자는 자신만의 비밀스러운 '코딩'이나 '치트키'(cheat key)가 있을 테니 말이다.[43]

그리스도교의 종말론이 양보되면 하나님의 궁극적 선과 정의를

---

42 Masao Abe, "Transformation in Buddhism," *Buddhist-Christian Studies*, Vol. 7 (1987): 6.
43 참고로, 천문학자 휴 로스는 하나님에게 추가적인 차원이 있는데, 인간에게 불가능한 일이라 할지라도 하나님의 특별한 차원성에서 가능하다고 보았다. 이렇듯 유신론적 관점으로 우주론을 개진하는 로스의 다음 저서를 참고하라. Hugh Ross, *Beyond the Cosmos*, 2nd ed. (Dolorado Springs: Navpress, 1999); *The Creator and the Cosmos* (Colorado Springs:Navpress, 1995).

변증할 큰 몫의 자원이 포기된다. 또한 그리스도의 수난과 십자가와 지옥 강하와 부활을 통해 전망하게 되는 종말론은 단순히 신자의 영적 구원과 영생을 주장하는 수준에 그치지 않는다. 세계의 무게를 짊어진 그리스도의 대속의 사역은 세계의 비참을 앞지르고 넘어야 한다. 그렇게 이루어질 것, 곧 무한자가 유한자의 짐을 담당함으로써 얻어질 것은 세계의 악과 고난을 압도하고, 유사 이래 인간이 흘린 피와 눈물과 한숨을 상쇄하고, 모든 원망과 의혹과 불의를 일소해야 한다. 그 자신이 하나님인 그리스도의 흘린 피와 죽음은 반대급부로 '썩어짐의 종 노릇'(롬 8:21)에 상처받은 모든 피조물에게 복락원復樂園을 가능케 해야 한다.

하나님이 인간 죄악의 저주를 자기에게 돌리고, 자기 의와 승리를 인간에게 허락했다는 취지로 루터가 '즐거운 교환'(fröhlicher Wechsel)을 설명했지만, 세계와 인생을 위한 하나님의 죽음은 '1:1' 식의 교환가치가 개재되어 있지 않다. 몰트만의 표현에 의하면, 그것은 '긍정의 불균형(Asymmetrie)'[44] 혹은 비대칭이다. 말하자면 하나님의 수난과 죽음은 창조 세계의 모든 죄악과 파괴를 덮고도 남는다. 이에 관련하여 나는 한국 교계에서 창작된 <주의 인자하신 그 사랑이>라는 CCM에서 공감할 시어를 접한 바 있다.

주의 인자하신 그 사랑이 내 생명보다 나으며
위로하시는 주 손길이 내 눈물보다 귀하다
변함이 없는 주 임재가 내 근심보다 가깝고
주님 흘리신 그 보혈은 내 상처보다 진하다

---

44 위르겐 몰트만, 『오시는 하나님』, 430.

위의 시어처럼 하나님의 사랑과 그리스도의 피는 세계와 인생의 그 무엇 '보다' 낫고 귀하고 진하다. 그리고 하나님의 의와 승리는 인간의 모든 유한성과 죄의 비참을 덮고도 남을 것으로 전망된다. 또한 그것이 모욕과 채찍과 십자가와 죽음을 감내한 하나님의 사랑의 무게로 가져온 무한한 현실(Wirklichkeit)의 증정품이다. 따라서 어떤 방법, 어떠한 절차를 막론하여 어떠한 제한, 어떠한 의혹이든 분쇄시키고 하나님의 무한한 치유와 생명의 능력으로 현세의 역사는 마감될 것이다. 선과 악, 생명과 죽음, 순종과 타락 등은 창조주의 차원과 종말론적 신원 가운데 해소되고도 남음이 있다. 개인, 영혼, 인간, 현세라는 편협한 항목에서 공동체, 영육 또는 전인격, 창조 세계, 내세라는 보다 광대한 항목을 아우르는 충일充溢한 하나님의 구원과 화해로 영원을 이끌게 될 것이다. 그것이 오직 그리스도교가 천착하는 언약이다.

4. 초월과 내재

인류는 오래간 질문해 왔다. "신은 어디에 계시는가? 하늘에 계시는 가? 아니면 이 땅에 계시는가?" 지금 내가 하늘이라고 언급하는 것은 대체로 천국, 신들의 세계, 우주 바깥, 이데아의 세계 등을 포괄하는 것이다. 한국어로 '하나님'이라는 명사는 '하느님'과 더불어 본래 '하늘 님'(하늘님)에서 유래했다고 보는 것이 정설이다.[45] 그리고 한국 가톨릭 교회에서 쓰는 '천주天主'의 의미 또한 '하늘'과 결부되어 있다. 그렇듯

---

45 만주에서 조선 선교를 준비하던 존 로스(John Ross) 목사는 1877년 이후 평안도 사람인 백홍준, 이응찬 등의 도움을 받아 성서를 한글로 번역했다. 당시 평안도 사람들은 중세 국어에서처럼 '하늘'을 '하늘'이라고 부르던 시기였는데, 이러한 시대적 배경에서 번역 자들은 '하늘님'을 'ㄹ'이 탈락한 형태의 '하ᄂ님'으로 적었다. 그 후 이것이 '하나님'과 '하느님'으로 분화되어 쓰이고 있다.

신의 정체를 이 땅과 이 땅의 자연·역사를 초월하여 가정하는 것이 동서고금을 막론하고 주신主神을 지정하는 큰 흐름이었다.

원시 시대에 인간은 신의 하늘을 창공으로 간주했다. 그러다가 점차 대기권 바깥의 우주를 관찰하면서 그 하늘의 범위를 확대해 나갔다. 그러면서 초월적 세계를 우주 바깥에 있는 것으로 추측하기도 했다. 흥미롭게도 '다층천' 또는 'n층의 세계'를 가정하는 것은 고대로부터 여러 종교에서 공통적으로 보이는 우주관으로서 혹여 집단 무의식(collective unconscious)의 소산일지 모를 일이다. 현대인에게도 천국 또는 하나님이 계신 곳이라면 흔히 우주 너머라고 생각하곤 한다. 그런데 그와 같은 방식으로 믿는다면 실질적으로 하나님과 천국은 일개의 사물과 같은 유형으로 전락한다. 그 좌표가 우주 안에 찍히느냐 아니면 우주 바깥에 찍히느냐 하는 문제만 중요시될 뿐이다. 그것이 아니라면 조금 더 반성적으로 전향하여 인간 내면 안에 계시느냐 아니면 밖에 계시느냐 하는 착안으로 묵상할 것이다. 사실 후자의 물음은 사물화된 하나님에 대한 양적·공간적 기준을 극복하여 질적·심리적 기준으로 하나님의 현존을 사유하는 방식으로서 좀 더 진일보한 신관이다.

지난 세기에 '비국소성의 원리'(non-locality principle)로 밝혀진 세계의 실제를 참고하자면, 공간의 이격과 인접, 심지어 안과 밖의 개념은 인간의 상식과 경험을 떠날 뿐만 아니라 아예 무효화된다. 우리 우주는 간혹 공간과 거리 자체가 부재하는 것과 같은 현상을 보이고 있기 때문이다. 일찍이 아리스토텔레스가 궁구했던 자연학 이래 고·중세의 물리학적 기본 원리는 이격된 사물들의 상호작용은 불가능하다는 입장이었다. 즉, 원동자(prime mover)로부터 마지막 물체에 이르기까지 중간에는 운동이나 정보를 전달하는 매체가 존재해야 했다. 그러한 물리적

이치는 토마스 아퀴나스에게 부동의 원동자(the unmoved mover) 개념을 천착하도록 만들었다.[46] 그것은 일종의 선형적 인과율의 개념이다. 여기서 토마스 아퀴나스가 주장했던 논리를 인용한다.

> 차가운 쇳덩이는 스스로 열을 내지 못한다. 누군가가 열을 가해야지만 달궈지게 된다. 그러므로 운동 상태에 있는 모든 것은 움직여진 것이다. 그렇다고 무한히 원인을 소급해 올라갈 수는 없다. 이것은 실제로 설명함이 없이 자꾸만 설명을 미루는 셈이 될 것이다. 그러므로 '제일 원동자'(primum movens)를 인정하지 않을 수 없다."[47]

이런 유형의 사고를 형성하는 것이 곧 '국소성의 원리'(locality principle)였다. 그러나 지난 세기에 양자의 속성은 국소성의 원리가 절대적이지 않다는 점을 밝혔다. '양자 얽힘'이라는 현상이 사물들 사이의 엄청난 거리를 무효화시키는 '비국소성'을 보였기 때문이다. 이격된 거리가 수백억 광년이 될지라도 제한된 광속을 뛰어넘어 즉각적으로 반응하는 사건, 즉 매개도 없이 동시적으로 반응하는 쌍입자의 움직임은 도대체 공간이 무엇인지, 거리가 무엇인지, 기본적인 우주관에 심각한 의문을 제기하게 만들었다. 결국 비국소성의 원리는 사물들 사이 상호작용이란 연속된 작인(作因)의 매개가 존재하지 않아도 가능하고, 한 공간에서 발생하는 현상이 천문학적으로 먼 다른 공간에서도 동시에 일어나는 불가분의 상호성을 증명하고 있다.

생물학계에서도 간혹 동물들이 얻는 정보·학습경험이 공간을 뛰어넘는다는 사례를 보고하기도 한다. 가령 생물학자 라이얼 왓슨

---

46 *Sth.*, I, 3, 1.
47 *Sth.*, I, 2, 3.

(Lyall Watson)이 보고한 '100마리째 원숭이' 연구를 참고해 보자. 일본의 규슈 지역의 코시마라는 섬에 서식하는 마카원숭이 무리 중에 한 원숭이가 흙이 묻은 생고구마를 물에 씻어 먹는 '신기술'을 보였는데, 그 후 다른 원숭이들이 그것을 배우게 되었다. 5년쯤 흐른 후 섬 전체의 원숭이들이 고구마를 물에 씻어 먹게 되었다. 이때쯤 몇몇 원숭이들이 고구마를 바닷물에 씻어 먹기 시작했는데, 그 방법이 고구마 맛을 더 새롭게 한다는 것을 알게 된 것이다. 그런데 다시 그 수가 100마리에 이르자 갑자기 섬 전체의 원숭이들이 하루 만에 거의 알게 되었다. 더욱 놀라운 것은 "서로 교류가 없는 이웃 섬의 원숭이들과 멀리는 혼슈의 다카사키 산에 살고 있던 원숭이들까지도 거의 동시에 바닷물에 고구마를 씻어 먹는 방법을 알게 되었다는 것"이다. 이와 비슷하게 영국의 텃새인 푸른 박새가 우유병의 뚜껑을 부리로 쪼아 우유를 먹는 방법을 알게 되자 "금세 대륙의 박새들에게 전파되어 전 유럽에서 우유병 쪼는 소리가 들리게 된 일"이 나타났다.[48]

위와 같은 물리학적·생물학적 사실로부터 거리의 양화가 언제나 유효한 것인지, 공간 자체란 무엇인지, 정보의 전달에 인접한 매개가 반드시 필요한지, 각 개체의 분리가 절대적인지 심중하게 물어야 할 숙제를 떠안게 된다. 이는 데이비드 봄이 추정하듯, 우리 우주의 시공간을 초월하는 '드러나 있지 않은 질서'가 존재할 수 있다는 함의이기도 하다. 혹은 홀로그램 우주론이 시사하듯 세계 만물이란 드러나지 않은 전체 가운데 3차원 공간에 드러난 일부 패턴일 수 있다.

여하튼 이 신비로운 우주 속에 사는 인간이 과연 하나님이 있는 자리와 위치를 묻는 물음이 타당할까? 하나님이 내재하시느냐 아니면

---

48 방건욱, 『신과학이 세상을 바꾼다』 (서울: 정신세계사, 2007), 122-123.

초월하시느냐 하는 이분법적 물음 자체가 가능할까? 더욱이 이러한 물음의 본질이란 하나님의 존재 위상을 판별할 기준으로서 이 '협소한' 세상을 기준으로 하는 우를 범하고 있는 격이다. 세계는 하나님의 무한한 신적 창조성과 루아흐의 발현 잠재성의 극히 일부를 얻어 여기에 있을 뿐인데 말이다. 그리고 사물이 점하는 공간이란 그 정체조차 완벽하게 해명되어 있지 않을 뿐만 아니라, 가장 심각한 경우라면, 그것이 그렇게 보이는 방식으로 실재하지 않을 수 있는데 말이다. 결국 상대론과 양자론이 주창된 이래 언제 무효화 되어도 이상하지 않은 개념인 공간을 기준하여 하나님의 내재와 초월을 말할 수 없다.

이미 아인슈타인을 비롯한 여러 물리학자가 시공간을 심리적 개념으로 해석할 수 있다고 밝혔다. 그리고 사물의 이격 및 연장延長은 특정 공간에 집중된 에너지에 대한 감각기관의 반응 결과이고, 인간에게 가정된 것이나 혹은 인식 구조에 나타난 편의적 표상일 수 있다. 앞서 살펴보았듯이 최근 과학계에 던져진 파격적인 우주론은 고체성·형체·운동 등의 물상物像을 비트(bit)와 수數로 환원할 수 있음을 시사한다. 그러므로 우리는 무한히 먼 하나님을 곧 세계 안에 우리 안에 계시는 하나님으로 사유할 이유는 넘친다. 공간과 거리라는 조건을 전제로 하나님의 본성을 따지는 것은 무익하기 때문이다.

결이 다른 주장이지만, 류영모는 "하느님 신비의 가장 깊은 차원에서 절대 내면과 절대 외부는 역설적이고 역동적으로 동일하며, 따라서 이원성을 넘어선다"[49]고 통찰한 바 있다. 에크하르트 또한 "하나님은 만물들로부터 분리되어 존재하지 않으신다. 왜냐하면 하나님은 만물 안에 계시고, 그들보다 더 내밀하게 그들 안에 계시기 때문"이라 하면서

---

49 아베 마사오, "자기 비움의 하느님과 역동적 공," 71.

그것이 곧 "하나님은 만물로부터 분리될 수 없다는 이유"[50]라고 설교한 바 있다. 그들의 사유를 따라 이제 공간적·물리적·양적 관념을 차치하고 다른 관점으로 하나님의 내재성을 생각해 보자.

공간 관념을 떠나 하나님의 내재를 찾는 범위는 다음과 같다. 첫째, 인간의 의식과 양심, 둘째, 자연과학이 밝힌 사물의 질서, 셋째, 문화와 역사와 종교들. 많은 경우에 그리스도교 신론에서 다루는 하나님의 '내재성'은 그리스도교의 전파 이전에 세계에 본유적으로 존재할지 모를 신적 진리의 편재성과 그에 관한 인지 가능성을 함의해 왔다. 구체적으로 예를 들자면 그리스도교 선교가 이루어지기 전에 세계에 흩어져 사는 모든 인간의 마음에, 자연의 법칙에, 인간의 역사와 문화에, 심지어 타 종교들에 "하나님의 진리가 있었느냐?" 혹은 "성령의 사역이 있어 왔느냐?" 하는 질문에 직결되는 것이다. 그러니까 공간적 영역을 나누어 하나님이 어느 편에 존재하느냐 하는 문제가 본질이 아니다. 전통 신학이나 근본주의 신학이라 할지라도 결코 하나님의 무소부재 및 편재를 부정하지 않는다. 하나님의 초월성과 더불어 하나님은 우주에 편재해 계신다는 것을 부정하는 것은 그리스도교가 아니기 때문이다.

우리가 관심을 두어야 할 문제는 계시의 본질이 무엇이며, 그것과 구별되는 하나님의 '내재성'이 계시와 얼마나 상응하는지 판별해야 하는 질적 내용이다. 그런데 실질적으로 우리 중 누가 계시를 규정하고, 다양한 종교적 언설로부터 계시를 구분하고 하나님의 내재성의 범위를 정할 수 있을까? 또한 계시가 객관적으로 주어진다 해도 무상하고 제한된 상황 속에 놓인 수용자의 지적·심리적 수준에 간섭받지 않을 계시가 있을까? 말하자면 무한자의 계시가 유한자에게 전달된다고

---

50 Meister Echhart, *The Complete Mystical Works of Meister Echart*, 263.

해도, 이미 거기에는 계시의 파편적 수용의 한계가 있고 수용자의 경험과 인지적 수준에 맞춰 계시가 굴절되는 문제가 있다. 이에 관해 찰스 하트숀(Charles Hartshorne)은 "계시 과정에 있어서 어떠한 한계도 있을 수 없다고 한다면, 절대 불완전한 인간과 절대자인 신과의 구분은 없어지게 될" 당착을 간파했다. "왜냐하면 완전한 신의 계시를 받으려면 그 인간 또한 완전해야 하기 때문이다."[51]

흥미롭게도 역사의 발전에 따라 계시도 점차 진보(?)하는 형국을 보여 왔다. 정말 계시가 그러해야 할까? 변천하고 있는 2천 년 교리의 역사가 이미 완전하고 무시간적이고 탈상황적인 계시라는 것은 불가능함을 방증하고 있다. 심지어 모세가 전달한 율법이나 예수를 전하는 복음서의 증언 안에는 역사·문화·정치에 관련하여 계시의 상황적 굴절을 찾아볼 수 있다(가령 예수의 여러 비유는 군주제, 계급제 따위를 전제하곤 한다. 혹시 또 모른다. 작금의 Political Correctness와 달리 예수도 차별을 인정했을지). 또한 계시는 수용자, 특히 신앙 공동체의 인준 없이 성립하지 못했다. 수용자의 동의 없는 계시란 독자적으로 존속할 수 없는 것이다. 안타깝게도 과거에는 정치적 권력자/승자와 더불어 종교적 권력자/승자가 공동체를 대변하여 계시나 그에 필적할 만한 것들을 한정했다. 그러니 계시가 교회의 정치 및 권력과 유착 관계에 놓여 왔다는 비판도 피할 수 없다. 요컨대 객체적으로 온전한 계시가 존재한다고 쳐도, 인간에게 수용되는 순간 우리의 역사·상황·문화·언어·상식뿐만 아니라 권력과 이해관계의 간섭을 받는 것이다.

철학적 신론을 강의하는 바이스마르는 인간 오성에 의해 도달한 신인식도 신에 의해 주어진 인식으로 보아야 하고, 신의 계시로부터

---

51 찰스 하트숀/홍기석·임인영 역, 『하나님은 어떤 분이신가?』(서울: 한들, 1995), 22.

나오는 신인식도 오성의 사용에 의해 생겨난 신인식을 포함한다고 주장한다. 그리고 자연적 신인식, 즉 세계 내에서 피조물로부터 전개되어 나오는 신인식과 계시에 의해, 즉 초월적으로 주어지는 신인식은 서로 배척하지 않고 서로 제약한다고 본다.[52] 나의 지론도 초월 대對 내재 혹은 계시 대對 자연/역사/양심 사이에 명징한 분리는 어렵고 또 그것이 가능하더라도 대립적으로 사유할 수 없다는 입장이다. 호주머니를 뒤집듯 자연/역사/양심의 내용을 역으로 진술한다고 해서 순수한 계시가 드러나는 것은 아니다. 계시 중에도 상당한 국면들이 자연의 이치와 인간의 보편적 성정 및 상식에 호소하고 있지 않던가?

칼 바르트가 하나님의 타자성 또는 초월성을 고려하여 거대한 마이너스 부호로 언표했을지라도, 그 마이너스는 어떤 경우라도 인간이 희구하는 생명과 평화와 복지를 부정하는 것은 아니다. 혹자는 계시의 위상이란 아버지로 하여금 딸의 살을 각 뜨고 불태우라고 할 수 있고(삿 11장), 철없는 아이들을 찢어 죽일 수 있게 하고(왕하 2장), 떨어지는 성물聖物에 반사적으로 손을 댄 사람을 즉사시킬 수 있는(대상 13장) 절대성과 배타성을 지닌다고 주장할 것이다. 그러나 그러한 발상은 선교적 목초지牧草地를 깡그리 불태울 수 있다는 점을 직시해야 한다. 무엇보다 죄인을 위해 예수가 담당한 십자가의 수난과 희생이 계시의 클라이맥스라고 인정한다면, 그 수준에 필적하지 못하는 불완전성 및 임의성이 성서에 잔존하고 있다는 것을 인정해야 한다.

우리가 칭하는 내재와 초월의 개념이 조건과 상황에 따라 적용되는 문제도 짚어보자. 그리고 조건과 상황에 따라 둘 다 옳고 또 다른 한편에서 그 둘 다 틀리는 경우도 있다. 초월과 내재의 이분법에 근거한

---

52 B. 바이스마르/허재윤 역, 『철학적 신론』 (서울: 서광사, 1994), 216-217.

계시 개념이 있다면 그것은 완전하고 영원할 수 없다. 그리스도교 신학은 유통 기간이 지난 고루한 신조를 붙들고서 '여기에 지금' 살아계신 하나님의 현존과 능력을 제한하고 재단한다는 것은 매우 난처한 일이다. 내재와 초월의 이분법이 여전히 가능할까 의구심을 갖는 우리 시대에 '계시' 대對 '자연/역사/양심' 사이에 상반은 있을 수 없다.

　루아흐의 발현 형태가 다양하고 서로 이질적일지라도, 세계와 우리의 삶에 드러난 그의 아름다움과 지혜를 신성으로부터 분리시킨다는 것은 반신적反神的인 태도가 된다. 어떤 신학적 관점에 의하면, "작가의 작품이 작가의 의도를 드러낼 수는 있어도 곧 작가는 아니지 않느냐? 작품을 통해 작가를 아는 것에 한계가 있듯, 피조물을 통해 창조주를 아는 것에도 한계가 있지 않겠느냐?" 하며 반문할 수 있겠다. 훌륭한 유비적 질문이다. 다만 만유에 그 몸을 나누어 주는 루아흐를 상정하는 입장에서 나는 조각가와 조각을 분리하는 식의 유비에 크게 동의하지 않는다. 대안적으로 말하라 하면 그 자신이 곧 작품이 되는 무희(dancer)나 마이머(mimer)가 차라리 적절하지 않을까 한다. 그의 춤/마임은 곧 그 무희 자신과 구별되면서도 전적으로 분리할 수 없기 때문이다. 다만 성령은 한 몸이나 곧잘 수많은 몸으로서 무한한 춤을 추는 것이겠지만.

　계시론은 항상 루아흐 성령과 짝지어져야 한다. 성서에서 성령은 예수로 하여금 진리를 말하게 했고, 제자들을 모든 진리 가운데로 인도하고, 그 자신이 아버지의 진리를 전하는 주체로 소개되어 있다(요 16:13). 그러면서도 성령은 그리스도를 세상으로부터 구별하여 배타적이고 고압적인 군주로 승격시키지 않는다. 성령은 예수가 이룬 케노시스 및 성육신의 겸손과 세상을 향한 섬김을 부단히 증언한다. 만약 그리스도 중심의 계시가 지니는 '독보적' 지위를 주장하고자 한다면,

신자는 예수가 십자가 위에서 확증한 무차별적 환대와 차별 없는 사랑을 따르겠다는 신앙고백에 더해 타자와의 경계 없는 친교와 실천적 연대를 통해 그것을 입증해야 할 것이다. 그것이 아니라면 케노시스의 예수를 증언할 자격이 없다. 계시로서의 예수를 참답게 따르고자 하는 자는 낯선 모습으로 등장하는 타자들의 언어와 사유와 전통을 존중할 수 있어야 하고, 그 기저에 루아흐가 이룬 진실과 아름다움과 가치를 파악할 수 있어야 한다.

오늘날에는 특히 하나님을 세계로부터 분리하여 해명하려는 신학이 온당한지 심중하게 고민해야 한다. 신론에 있어 고전적 진술인 "하나님은 영이다", "하나님은 어디에나 계신다", "하나님은 보이지 않는 분이다" 하는 예들은 달리 말해 이 세계에서 하나님에 관련하는 어떤 개념이나 유비를 찾지 못하겠다는 의미를 지닌다. 다행히 이러한 신관에 의거하여 신학은 신인동형동성론을 극복해 왔다. 그러나 이러한 진술들로 모두 해명될 수 있는 것이 하나님의 면면은 아니다. 신학은 세계와 '분리된' 하나님의 존재론적 입지를 말하는 초월적 신론을 지속적으로 반성해야 한다. 성서가 분명하게 하나님의 편재를 밝히며 그 내재성을 함께 말하고 있음에도 불구하고 초월적 신론의 일변도는 무엇보다 세계 보편의 지성과 선한 양심의 신적 기원을 부정할 수 있기 때문이다.

과거 스피노자에 의해 촉발된 유럽 지성계의 범신론(pantheism) 논쟁의 여파는 애석하게도 그리스도교 세계에 하나님을 구명하기 위한 부단한 사유 실험에 커다란 금기를 만들어 놓아 버렸다. 당시 보수적 신학자들은 스피노자가 하나님을 세계로 격하시킨 것으로 이해하여 맹공을 가한 바 있다. 유대교 공동체에서 파문을 당하기도 한 스피노자는 사적 편지에서 자신의 주장이 크게 오해받고 있다고 항변했지만,

실제로 그의 저서 『에티카』(*Ethica*)에는 현저하게 유대-기독교의 신론을 반박하고 도발하는 내용도 적지 않다. 그런데 스피노자의 범신론이 문제가 되는 국면은 그가 단순히 세계를 하나님과 동일시했던 것에 있는 것이 아니다. 그는 하나님의 인격성을 부정하여 하나님을 자유의지도 없고 목적과 의도도 없는 냉담하고 무관심한 형이상학적 신으로 그려냈기 때문이다. 혹자는 스피노자가 동양 종교와 철학에 영향을 받은 것이라 평가하는데, 나 역시 그의 신관을 분석하자면 그런 추측도 가능하다고 본다. 다만 그리스도교 역사에는 유일신론 전통 가운데 고대로부터 근대에 이르기까지 다양한 신론이 경합해 왔던 것도 사실이다. 애석하게도 시대가 무르익지 않아 스피노자는 학문적 차원에서 보장받아야 했을 관용을 얻지 못했다.

스피노자에 앞서 스콜라 철학을 열었다고 평가받는 11세기의 안셀무스는 그의 명저 『모놀로기온』(*monologion*)에서 하나님을 고려하며 "최고 존재는 만물 가운데 그리고 그것들을 통해 존재한다. 그리고 만물은 그로부터, 그를 통해, 그것 안에 존재한다"[53]고 기술한 바 있다. 이는 하나님이 초월적 존재이며 동시에 내재적 존재이고, 세계보다 광대하면서 세계를 감싸고 있으면서도 동시에 세계 안에 존재하고, 세계의 생명과 의식의 근거가 된다는 설명이다. 이와 관련한 성서의 본문을 보자.

> 만물을 그에게 복종하게 하실 때에는 아들 자신도 그 때에 만물을 자기에게 복종하게 하신 이에게 복종하게 되리니, 이는 하나님이 만유의 주로서 만유 안에 계시려 하심이라(고전 15:28).

---

[53] *Monologion*, Ch.14.

하나님도 한 분이시니 곧 만유의 아버지시라. 만유 위에 계시고 만유를 통일하시고 만유 가운데 계시도다(엡 4:6).

거기에는 헬라인이나 유대인이나 할례파나 무할례파나 야만인이나 스구디아인이나 종이나 자유인이 차별이 있을 수 없나니, 오직 그리스도는 만유시요 만유 안에 계시니라(골 3:11).

전통적 신론이나 초월적 단일신론에 문제를 느껴 대안에 골몰하던 신학자들은 이른바 만유재신론(panentheism 혹은 범재신론)의 기치 아래 하나둘씩 모였다. 본래 만유재신론은 독일 철학자 크라우스(Karl Christian Friedrich Kraus)가 제안한 용어였는데, 20세기 화이트헤드의 유기체 철학을 응용한 신학자 찰스 하트숀(Charles Hartshorne)를 비롯한 여러 과정신학자와 판넨베르크 · 몰트만 등의 독일 신학자 그리고 과학자이자 신학자인 존 폴킹혼(John Polkinghorne) · 아서 피코크(Arthur Peacocke) · 이언 바버(Ian G. Barbour) 그리고 샐리 맥페이그 같은 여성 신학자들이 이에 동조했다. 나는 이들의 만유재신론이 과학적 실재론과 호응할 뿐만 아니라 공동체적 윤리와 영성을 갖추고 있다고 보며, 오늘날의 신학이 결여하지 말아야 할 생태적 감수성과 미의식을 겸비하고 있다고 평가한다. 물론 재래의 초월적 신론은 하나님이 자유로운 창조의 주재라는 점과 절대적 타자라는 점을 훌륭히 조명하고 있다. 그러나 초월적 신론은 부단한 고난에 직면하는 세계에 대한 비정한 감독(감시자)의 상에 가까우며, 심지어 고난 겪는 세계를 수수방관하는 구경꾼의 상도 자아낼 수 있다. 반면에 만유재신론은 하나님의 타자성과 초월성을 보존함과 동시에 세계의 역사와 고난에 동참하고 있는 하나님의 연대를 드러낸다.

실제로 히브리 성서(구약)로부터 그리스도교 성서(신약)에 이르기까지 성서는 인간의 역사에 동참하는 하나님에 대해서 드라마틱하게 묘사하고 있다. 몰트만이 적절히 예시한 것처럼, 기나긴 유랑길을 걸어가는 이스라엘의 진중陣中에 함께 하는 하나님 그리고 성막 제사의 현장 가운데 독특한 '셰키나'(שכינה, Shekhinah)로 나타나는 하나님은 결코 방관자나 구경꾼이 아니라 밀접한 동반자라는 점을 밝히고 있다. 예수를 통한 하나님의 완성된 계시는 곧 "하나님이 우리와 함께 하신다"는 '임마누엘'(עמנואל, Immanuel)로 정점을 찍었다. 물론 셰키나나 임마누엘은 신이 세계와 더불어 그 어떤 물리적·공간적인 교집합을 이룬다는 의미라기보다 역사와 인간의 삶에 하나님이 함께 한다는 실존적·역사적 의미가 더 크다.

만유재신론은 우리가 하나님을 사유하는 방식뿐만 아니라 우리 자신, 더 나아가 세계를 이해하는 데에 중요한 착안점을 주는 내용이기도 하다. 말하자면 하나님이 어떠한 방식으로 존재하느냐, 원동자로서 하나님은 세계를 어떻게 운행하느냐, 하나님이 어디에 위치하느냐 하는 질문에 관련된 것만이 아니다. 즉, 인생 및 세계와 함께하는 하나님 자신이 이들을 통해 무엇을 느끼고, 무엇을 체험하고, 어떻게 반응하느냐 하는 관심사로 옮기도록 만든다. 더 나아가 우주에 허락된 무수한 생활세계나 고유한 역사들을 각각의 방식으로 경험하도록 창조된(비유컨대 삶 체험을 희구하는 신의 觸手가 되는) 신묘한 존재로서 인간을 이해하게 해준다. 가령 위풍당당한 가이사의 영광으로부터 순장殉葬되는 이름 모를 여종의 비련에 이르기까지 하나님은 그 모든 것을 세계 역사의 진행 중에 자신으로 수용하고 느껴워한다.

또한 만유재신론이 시사하는 하나님은 정적인 하나님이 아니라 증대하는 하나님이다. 이 증대란 역사의 체험, 실존적 모험, 유희와 아름다움, 사랑의 교제와 관련한다. 하나님에게 무엇이 모자라서가 아니다. 그에게 모험적 창조성과 미학적 동기, 심지어 유머와 호기심이 충만하고 넘치기 때문이다.[54] 체험과 모험과 교제의 증대를 위해 하나님은 인간을 내세웠다. 하나님과 차별된 듯하나 신성의 연속성에 놓여 있는 고유한 존재자가 하나님의 형상으로서의 인간이다. 역동적인 역사의 노정과 생활세계의 삶 체험을 인간과 함께 겪는 하나님은 특히 깊은 실존의 차원에서 우리 안에 있다. 이러한 주제는 우리가 하나님의 내재성을 하나님의 초월성과 함께 사유할 작업 중에 간과하지 말아야 할 요건이다.

다른 한편 하나님의 초월과 내재를 창조 이론과 결부하여 재고할 문제가 있다. 이를 위해서는 '무로부터의 창조' 이론과 더불어 그에 비견할 만큼 오래된 '유출설流出說'(emanationism)을 재평가해야 한다. 기실 유출설은 오래전부터 교회 신학으로부터 헬라 및 동양의 세계관에 영향을 받은 이교적인 것으로 간주되어 배격된 역사를 지닌다. 그러나 그것은 명칭만 다를 뿐, 고대 영지주의로부터 플로티누스 이래 신플라톤주의 및 중세 신비주의를 걸쳐 현대 이론물리학에까지 그리고 지중해 연안에서 인도를 거쳐 중국에 이르기까지 광범위하게 발견되는 우주론이기도 하다. 그 핵심 내용은 만물이 신적 본질과 다른 것처럼 간주될 수 있어도, 정신적 존재로부터 미물에 이르기까지 모두가 신적 근원으로부터 유출되었다는 것이다. 가령 헬라권의 유출설은 존재의 근원이자 원리인 일자一者(ἕν)로부터 계층적으로 다양한 영적 존재, 생명체, 광물 등이 나왔다고 주장한다. 다만 일자로부터 가까이 있는 것일수록 일자

---

54 참고로 고든 카우프만은 하나님을 창조성 개념으로 치환하는데, 그것은 인간이 결코 알 수 없는 신비라고 단언한다. Gordon Kaufamn, *In the Beginning... Creativity* (Minneapolis: Fortress Press, 2004), 55-58.

와 유사한 성질을 지니는 한편, 멀리 떨어져 있는 것일수록 큰 차이를 보인다.

그런데 "아우구스티누스가 은총론을 설명할 때 유출설의 설명 양식을 차용했고, 중세에는 존 스코투스 에리게나(John Scotus Erigena), 근세에서는 조르다노 브루노(Giordano Bruno)가 이 설을 채용"[55]하기도 했는데, 유출설이 그리스도교 신학의 창조 이론으로 적용될 경우에는 다소 다른 함의를 지니게 된다. 고대 유출설은 사물들이 하나님으로부터 흘러넘치거나 불꽃이 튀어나오는 것처럼 출현한다고 설명했다. 그 다양한 유형에 따라 만물의 조성이 급작스럽게 되는 것이 아니라 기나긴 시간을 필요로 한다는 진화적 관점 및 순환적 세계관을 내포하기도 한다. 그리고 존재론적 해명에 있어 각 계층을 이루는 다양한 사물들이 하나님으로부터 연유했음에도 불구하고 신성보다 낮은 질적 수준을 지니며 피조물로서 독특한 유한성을 갖는다는 이율배반적 도식을 갖추고 있다. 그러므로 유출설이 지닌 특징은 일자(또는 하나님)와 만물들의 관계가 질적으로 다르다고도 할 수 없고 또 전적으로 같다고도 할 수 없는 모순성과 이중성을 허용한다.

그리스도교 전통 가운데 유출설이 공격당하는 지점은 또 다른 데에 있다. 즉, 하나님의 창조가 그 의지와 무관하게, 말하자면 어쩔 수 없는 본질이나 '생리'에 의한 것처럼 해석되기 때문이다. 그런데 우리 시대의 개혁주의 신학자 몰트만은 유출설이 지닌 대안적 의의와 정통주의 신학에 내재한 그 자취에 대해 다음과 같이 평가한 바 있다.

그(성부 _ 인용자 주)는 성령을 통하여 창조한다. 제사장 문헌의 표현이 암

---

55 백민관 편, "emanationism," 『가톨릭에 관한 모든 것』 1 (서울: 가톨릭대학교출판부, 2007).

시하는 바와 같이 그는 명령의 말씀 한마디로 세계를 카오스로부터 또는
후에 예수 시락(Jesus Sirach)[56]이 말하는 바와 같이 무로부터 세계를 창조
하지 않는다. 그는 그 자신의 영의 힘과 능력으로부터 창조한다. 아무 관계
도 없어 보이는 창조와 피조물, 행위자와 행위, 전문가와 사역의 차이가 성
령의 힘과 능력을 통하여 극복된다. 이를 통하여 창조 자체가 신적인 것으
로 되지 않는다. 그러나 그것은 성령의 능력의 영역 안으로 포괄되며 삼위
일체 자신의 내적 삶에 참여하게 된다. 삼위일체적인 창조론은 창조를 하나
님의 '사역'으로 생각하는 표상과 창조를 하나님의 '넘침'(유출)으로 보는
표상이 가진 진리의 요소들을 받아들일 수 있다. 성령은 '부어진다'. 성령론
의 언어는 '유출'의 은유를 사용한다. 그러므로 기독교의 창조론에 있어서
신플라톤주의의 유출설을 항상 공박하는 것은 좋지 않다.[57]

덧붙여 몰트만은 하나님과 창조 사이에 두 가지 창조 이론을 비교하
며 정리한 바 있는데, 이를 참조하면 도움이 될 것이다. 그 하나는
'본질에 의한 창조'이고, 다른 하나는 '결의에 의한 창조'다. 몰트만은
본질에 의한 창조에 관해 신플라톤주의의 유출설을 대표적인 것으로
지목하고, 개혁교회 신학이 창조를 설명하는 '결의론'(Dekretenlehre)을
그것과 비교하며 평가한다. 그렇다면 '본질에 의한 창조'와 '결의에
의한 창조'는 이론상 어떻게 다를까? 본질에 의한 창조를 주장하는
이론은 창조를 위한 하나님의 활동과 본질을 동일시한다. 그러니까
창조를 할 수도 있고 안 할 수도 있는 선택지 사이에 자유로운 결단이
개재하는 자의적(willkürlich) 결정이 아니라, 창조가 하나님의 본질적인

---

56 구약의 외경 「집회서」의 저자로 알려진 예수 벤 시라크(Jesus ben Sirach)이며, 영어권
   에서는 벤 시라(Ben Sira)라고 한다.
57 위르겐 몰트만, 『삼위일체와 하나님의 나라』, 141.

속성으로 말미암는다는 의미다. 물론 이런 주장은 완전하고 자기 충족적이고 무한히 자유로운 인격적 하나님 상을 허물 수 있는 소지가 있다. 그 자신의 자유와 의지보다 더 강한 비인격적 원리에 떠밀리듯 하나님은 창조할 수밖에 없다고 해석되기 때문이다.

다른 한편 결의에 의한 창조는 창조를 위한 하나님의 자유와 의지의 결과다. 몰트만은 우선 "하느님은 먼저 그의 나라를 세우기로 결정하며 그다음에 창조를 위하여 결정한다"고 긍정한다.[58] 그리고 소유에 대한 절대적 지배권을 뜻하는 '형식적 자유의 개념'에 더해 '선한 것의 자기 전달, 즉 사랑과 자유라는 '내용적 자유 개념'으로써 결의에 의한 창조를 설명한다. 그렇게 몰트만은 하나님을 단순히 '최고의 실체'라고 규정하는 형이상학적 창조 이론을 극복하고자 하는 결의론의 의의를 인정한다. 그러면서도 다른 한편에서 '신적 본질의 넘쳐흐름'을 말하는 유출설의 의의를 훼손하지 않으려 한다. 그는 "유출설에는 하느님의 창조를 완전히 이해하는 데에 없어서는 안 될 진리의 요소들을 포함하고 있다"[59]고 밝히면서, 폴 틸리히가 '신적인 삶'과 '신적인 창조'가 하나라고 보며 창조는 하나님의 삶과 동일하고 하나님의 운명이라고 주장한 것에 동의를 표한다.

또한 몰트만은 "결의론에 의하면 하느님은 자기를 창조에로 '떼어낸다'(ent-schließt), 유출설에 의하면 신적인 삶은 자기를 '개방한다'(er-schließt)"고 구분하면서 결의론과 유출설을 혼합시키지 않고 두 이론을 통해 창조적인 하나님을 깊이 이해해야 한다고 제안한다. 그러면서 창조의 결정이 '본질상의 결정'이라면 다음과 같이 종합할 수 있다고 말한다.

---

58 위르겐 몰트만, 『창조 안에 계신 하느님』, 127-128.
59 앞의 책, 131.

하느님은 그가 행하는 결단(Entschluß) 속에서 자기를 개방한다. 그의 신적인 삶은 그의 결단 속으로 흘러들어 와 이것을 통하여 그의 피조물에게로 넘어간다. 결단을 통하여 그는 자기를 피조물에게로 넘어간다. 결단을 통하여 그는 자기를 피조물들에게 나누어 준다. 하느님에게 적절한 형태로 창조에 대하여 말하기 위해서 결의론은 하느님의 결단을 '본질상의 결정'이라고 표현할 수밖에 없다면, 거꾸로 유출설은 오해를 일으킬 수 있는 원천과 그것의 흘러나옴에 관한 자연주의적 유비를 피하기 위하여 하느님의 '결정된 본질'에 대하여 말할 수밖에 없을 것이다. 신적인 삶은 그의 결정을 통하여 창조적으로 되며 바로 그 속에서 전적으로 자기 자신을 활동하게 하며 자기 자신을 전적으로 활동하게 한다.[60]

'결의에 의한 창조'는 '본질에 의한 창조'의 성격과 중첩되어 있다는 말이다. 양자택일이나 동일률의 문제가 아니다. 요컨대 하나님에게 있어서 결의는 곧 본질이고, 본질은 곧 결의다. 여기서 우리는 다시 '이도 저도'(both this and that)의 논법이 다시 하나님에게 적용됨을 확인하게 된다.

몰트만이 원용하는 유출설은 단지 창조의 구조에 관한 함의만 있지 않다. 그것은 세상을 사랑하는 하나님의 성품에 관한 것이기도 하다. 몰트만은 결의에 의한 창조가 하나님이 세상을 사랑하지 '않을 수 있다' 하는 가능성을 담지한다는 약점을 간파한다. 즉, 그것은 요한일서 4:16의 "하나님은 사랑이다"라는 양보할 수 없는 선언을 후퇴시킬 우려가 있다. 십자가와 우리의 구원 경험에 비추어 모자람이 있는 설명이다. 이에 대해 몰트만은 이렇게 보완한다.

---

60 앞의 책, 134.

하느님의 의지와 본질의 일치는 '사랑의 개념'을 통하여 적절하게 파악될 수 있다: 하느님은 그가 영원히 자기인 바의 바로 그 사랑을 가지고 세계를 '사랑한다.' 이것은 하느님이 세계를 영원히 사랑한다는 것을 뜻하지 않으며, 그가 세계를 사랑할 수도 있고 사랑하지 않을 수도 있음을 뜻하지 않는다. '하느님은 사랑이다'라는 신약성서 최고의 명제는 우리가 하느님을 최고의 실체로 이해할 뿐만 아니라 주체로 생각하며 절대적 주체로 이해할 뿐만 아니라 최고의 실체로 생각할 때만이 이해될 수 있다.[61]

다시 말해 '결의에 의한 창조'만 강조하게 되면 성서가 증언하는바 세계를 사랑하지 않을 수 없는 사랑, 죄인을 위해 피 흘리고 죽어야 할 사랑, 곧 "하나님은 사랑이다"라는 선언과 호응할 수 없다. 그리하여 몰트만은 하나님의 결의에 의한 창조와 사랑이 아니라 하나님의 본질로부터 연유한 창조와 사랑이 세계를 구원하고 세계의 고난에 참여하는 하나님을 보다 온전히 설명한다고 본다.

우리는 앞서 과학적 정보들을 일별하면서 우리의 물적 우주가 매우 기이하고 모호한 기반 위에 있다는 사실을 거듭 확인했다. 일상적 경험과 너무 유리된 세계의 실제는 우리의 직관과 경험으로부터 크게 벗어난다. 전통적으로 서로 별개로 간주되었던 성질들이 의외로 같은 것의 다른 국면이었거나 공속 관계였다. 그리고 창조된 세계의 본모습은 창조주 자신에게 있어서는 인간에게 현상되는 것과 전혀 다른 양상일 것이다. 가령 우리 우주를 관찰하는 창조주는 세계 만물을 요동치는 에너지 파동이나 그 자신이 짜놓은 무형질의 코딩 언어와 같은 것으로 볼지 모를 일이다. 무엇보다도 하나님 자신은 우선 세계 내의 어떠한

---

61 앞의 책, 같은 쪽.

개념이나 유비를 비껴간다. 하나님은 존재자들 이전에 존재이고, 전체로서 하나가 되기 때문이다. 모든 것에 앞서 모든 것이 되고, 모든 것 안에 모든 것이 되는 하나님을 주제 삼아 초월과 내재를 말하는 것은 "콜라병을 통해 고흐의 그림을 감상하는" 방식과 마찬가지다. 전통적 신학에서는 초월과 내재가 신성과 인간성의 질적 차이를 가르는 중차대한 기준이 되어왔지만, 근본적으로 하나님 안에 인간, 인간 안에 하나님이라는 관계 속에서 초월과 내재는 하나님의 자기제한 및 자기분여로 말미암은 차이와 함께 하나이다.

마지막으로 하나님과 관련하여 변화와 불변을 숙고해 보기로 한다. 성서는 하나님의 불변성을 강하게 증언한다. 그러나 우리는 간단한 사고실험을 통해 이 개념을 검토해 볼 필요가 있다. 세계는 늘 변화·운동 중인데, 그 변하는 세계로부터 하나님이 고정불변하는 모습으로 보인다면 과연 그 하나님이 불변하는 존재일까? 변화하는 존재일까? 초등학생도 알아맞힐 이 질문을 던진 나는 독자들을 우롱하는 것이 아니다. 다음 '그림자'라는 메타포를 사용하고 있는 구절을 통해 이 문제를 다시 따져보기로 하자.

그는 변함도 없으시고 회전하는 그림자도 없으시니라(약 1:17).

하나님은 변함이 없되 그 불변의 견고함의 수준이 회전하는 그림자가 없을 정도라는 것이다. 그러나 이 진술은 오히려 하나님의 변화를 반증하는 근거로 해석될 수 있다. 아인슈타인의 상대성 원리가 등장하기 전에 본래 '상대성 원리'(principle of relativity)란 운동의 절대적 기준, 즉 "움직이지 않고 정지해 있다는 데 대한 절대적 기준이 없다"는 원리를 의미했다.[62] 가령 우주 공간 속에 정지해 있는 우주 비행사는 그에게 다가오는 동료 때문에 반드시 정지해 있다고 할 수 없다. 이와 비슷하게 하나님이 변화·운동하는 세상으로부터 불변하는 하나님으로 보인다면, 하나님은 변화하는 세상 속에서 모종의 변화 중에 있는 것이다(유영하는 우주 비행사로부터 움직이지 않는 것처럼 보이는 동료는 정작 함께 움직이고 있다). 따라서 위 구절에는 하나님의 역설적 정체가 암시되고 있다. 이와 비슷하게 변화와 불변에 관한 통찰을 보인 류영모의 다음 진술이 설득력 있다.

> 대우주, 대전체를 장자는 대괴라고 했다. 대우주는 언제나 자기가 아니면서 자기다. 대우주를 자기가 아니라는 것은 계속 변해간다는 말이다. 계속 변하여 자기가 없어지는데, 대우주는 여전히 대우주라는 것이다. 곧 변하는 것이 변하지 않는 것이다. 변하지 않는 것을 상(常)이라고 하면 대괴는 변(變)을 가지고 상을 삼는다. 변하면서도 변하지 않는 것이 된다는 것이다. 이것을 이변위상(以變爲常)이라고 한다. 그렇기에 자꾸 변해야 한다. 자꾸 변하면서 불변이 된다.[63]

빈번하게 과정신학자들도 하나님은 "시간적이고, 상대적이고, 의존적이고, 부단히 변화한다"[64]고 주장한다. 다만 성서가 하나님은 변치 않다고 말하는 이유는 우리를 향한 사랑과 화해를 위한 의지에 있어 항상성을 갖는 분이라는 것을 증언하기 위함일 것이다. 그 '변치 않는' 하나님의 은혜로운 역사를 경험한 자는 삶의 현장 가운데 하나님의

---

62 한국물리학회, 『물리학 백과』, http://www.kps.or.kr/(2021.11.10).

63 박영호 편, 『다석 류영모 어록』, 203.

64 John Cobb, Jr., and David Ray Griffin, *Process Theology: An Introductory Exposition* (Philadelphia: Westminster, 1976), 47.

신실함을 찬양한다. 그렇듯 그리스도교 신론은 그 세부 각론에 있어서 하나님과 관계를 맺는 인간의 실존을 떠나 수립될 수 없다. 신자의 개인사에 있어 여기까지 성실하게 도운 하나님은 언제든 변치 않을 것이라고 믿어지고, 다시 장래의 삶까지 의탁할 수 있는 분으로 예배된다. 그러나 인간의 신인식과 신 경험이 확장되고 깊어짐에 따라 유아적幼兒的이고 유아적唯我的인 기대를 버릴 이유는 많다.

하나님이 불변하면서 변할 수 있다고 말해야 할 또 한 가지 이유는 '변하는' 하나님 개념에 인류의 정신과 의식을 성장하게 할 도전이 풍성히 예비되어 있기 때문이다. 이 사실을 인지하기 위해 우리는 과거의 교리가 당착한 지점을 직면해야 하고 허름한 전승과 타성에 젖은 해석에 대해 정직한 판단을 해야 한다. 가령 율법과 복음의 차이만큼이나 큰 교리 변개의 역사, 세속적 인문주의 및 민주주의 운동에 발맞추는 기독교 윤리의 발전, 생태 문제의 부상으로 인한 성서의 재해석, 차별과 착취로 점철된 식민 시대를 반성하며 등장한 상황신학 등 우리가 인지했든 그렇지 못했든 2천 년 신학사는 그렇게 과감한 변화를 보이고 있다. 다행스럽게도 이런 현상은 그리스도교의 진리가 폐쇄적 완결 상태에 머물고 있지 않다는 반증이다. 변화는 계속될 것이다. 변치 않는 것은 변함으로 그 영원성을 입증하기 때문에!

III. 삼위일체론을 위한 보완적 제언

"만물은 하나님의 본질인 신적 지성 가운데 그것의 제일원인 안에서처럼 선재한다. 그러므로 신적 지성은 잠재성 안에 있는 것이 아니라 순전한 행위이다."[1]

_ 토마스 아퀴나스

1. 대안적 신론을 위해

전통적 신론에 의하면, 오직 하나님만 유일하고 필연적이고 본래적인 존재다. 그 외의 사물들은 창조된 존재로서 필연적 존재는 아니다. 또한 하나님만 완전하고 충만하고 순수한 존재이고, 피조물들은 불완전하고 가변적인 존재다(창 3:14-18). 그런데 하나님의 완전과 충만과 필연에 집중하다 보면 하나님 자체를 이 세계로부터 철저히 분리하여 타자화하게 되고 마침내 무화되는 역설에 처하게 된다. 즉, 하나님은 나와 다르고, 저것과 다르고, 세계와 다르고…, 이런 식으로 그 무엇과도 다르기 때문에 전통적 신론의 논리 속에서도 하나님은 결국 '아무것이 아님'(Nichts)이 된다. 혹은 잘해야 "하나님은 하나님이다"라는 동어반복에 머문다. 그런데 하나님에 관해 말할 것을 무효화시키고 동어반복을 쓰게 되면, 일반적 담론의 장에서 하나님에 관해 이야기하는 것이 불가능해진다. 그리스도교는 이러한 불가능과 제약을 돌파하여 하나님을 말해온 역사를 지닌다. 그것이 인식의 한계를 자각하지 못한 전근대

---

1 *Sth.*, I, 79, 2.

의 형이상학적 기획이었어도 '하나님'을 말하는 발화 상황을 포괄하는 용도로 필요했고 그 나름대로 의미가 있었다. 더욱이 교회는 하나님을 말하지 않는 방식으로 신앙을 지킨 것이 아니라 하나님을 말하는 방식으로 신앙을 전수하고 지켰다. 반면에 심오한 '부정의 길'은 실질적으로 대중과 아득히 멀었고, 일종의 종교적 엘리트주의였기에 보편적 상식에 호소하지 못했다.

오늘날 신학은 역사상 '전례 없던' 도발적 상황 속에서 하나님을 '말해야 할' 입장에 처해 있다. 사물과 사건과 정보 사이의 경계가 모호해진 사실을 받아들여야 할 이 시대에도 꾸준히 하나님을 묻는 자, 하나님을 떠나는 자, 하나님을 불신하는 자에게 하나님에 관해 변론해야 할 사명은 여전하다. 이 점을 고려하자면, 그리스도교 신학에 있어 하나님 증언의 기술 방식은 전폭적으로 달라져야 한다. 본서가 앞서 소개한 장황한 선행연구와 인접 학문에 관련한 참고는 바로 그러한 동기로 이루어진 것이다. 그러나 포이어바흐, 다윈, 니체, 마르크스, 프로이트, 하이데거, 비트겐슈타인, 리차드 도킨스 이후 오늘에 이르기까지 그 어떤 세대보다 신학계에는 형이상학적 신학을 포기해야 한다는 강박이 심한 상황에 처해 있다. 신학이 무엇인가 '사실'을 말하는 것처럼 보여도 대개 선언적·규정적 명제일 뿐이지, 인류가 보편적으로 신뢰할 객관적 지식이 없다는 비판은 뼈저리다. 그리하여 해석학적 신학이 아니라면, 의미와 감정의 신학이 아니라면, 세계와 교회에 봉사할 실천적 신학이 아니라면 신학을 터무니없는 옛 형이상학의 잔재나 사이비 학문으로 규정하는 목소리가 크다.

그렇다면 신학은 근대 이후 하나님에 관한 '이론'을 만드는 것을 포기해야 할까? 나는 그렇게 생각하지 않는다. 의미와 가치와 아름다움을 추구하며 살던 인생도 갑작스러운 질병을 얻는다면 비로소 생물학과

의학에 의거하여 신체 구조를 살필 수밖에 없게 된다. 즉, 당면하는 계기에 따라 자연적 지식과 과학적 사실에 눈을 돌리게 되는 것이다. 그렇듯 삶의 무의미성, 정신세계의 황폐, 윤리적 공황뿐만 아니라 환경 파괴에 따른 전 지구적 위기에 직면하는 이 시대에 그리고 존재나 사물이라는 개념 자체가 심각하게 의혹받는 이 시대에 신학이 세계의 정체와 더불어 다시 하나님이 누구인지 묻고 신 경험을 나누고 종교적 통찰에 비추어 변증하는 것은 누구라도 반드시 해야 할 일이다.

엄청난 자연학적 지식정보들이 축적되고 있지만, 신학이 갈무리하지 못해 하나님의 우주와 하나님의 의미가 접촉점을 찾지 못하는 현실은 씻기 힘든 불신과 혼선을 배태하는 일이다. 유사학문 또는 유사과학이라는 혹평이 따르더라도 신학이 형이상학의 외투를 입고 존속해 왔다는 사실은 부끄러워할 것이 아니다. 어느 시대에든 절실히 청하는 자들이 있기에, 자처하여 신과 창조 세계를 말해야 할 과업은 신학에 주어져 있다. 하나님과 세계의 정체에 대해 말해왔던 독특한 지위를 스스로 내려놓으면 곤란하다. 인류는 마지막까지 하나님과 세계의 근거 그리고 정신과 영원의 정체에 관해 물을 것이다. 그리고 그것은 신학이 대답해야 한다.

나는 20세기 이후 신학계에서 만연한 탈형이상학의 흐름을 깊이 존중한다. 지식이 될 수 없는 것과 말할 수 없는 것을 함부로 떠드는 것을 멈추고, 죽음을 의식하는 유일한 존재인 인간이 삶에 드리운 존재의 신비와 의미와 아름다움이 발현되도록 하자는 취지도 십분 존중한다. 그것은 오랜 세월을 신 존재 증명이나 세계 질서로서 하나님의 입지를 입증하려 했던 데에 필요 이상 힘을 소모했던 우를 극복하도록 하기 때문이다. 정작 현실을 살아가는 자신이 존재의 이유도 밝히지 못하고 생명에 대한 경외심도 고양하지 못하면서 보편적 실재에 관해 사이비 지식만을 양산하는 신학이라면 얼마든지 무용론에 직면할 수 있다. 그러나 과도한 탈형이상학·반형이상학의 신학으로 나아간다면 그리스도교는 삼위일체, 그리스도의 대속, 희망의 대단원 등 그리스도교의 정체를 수립하는 교리까지 희석하며 익명의 종교로 변모될 우려가 있다. 그것이 장차 그리스도교가 처할 자연스러운 현실이 될 것으로 전망하는 논자들도 많다. 그러나 나는 그리스도교 안으로 제공된 계시가 있고 거기에 양보 못할 진실이 있다고 믿는다. 물론 이는 증명의 주제가 되지 못할 듯싶다.

내가 다양한 담론을 소개하며 '무로서의 하나님'을 제기하는 것은 "하나님이 존재하지 않는다"라는 무신론적 입장을 표명하는 것이 아님을 반복하여 밝혀 왔다. 오히려 그 반대다. 하나님 존재에 대한 강한 긍정이다. 첫 장*에서부터 여기까지 함께 해온 독자라면 다양한 사유 전통과 과학이 말하는 무가 단순히 '없다'는 사태를 가리키지 않는다는 점을 숙지했을 것이다. 오히려 대립적 관념인 유와 무가 근원적 차원에서 일치를 이루고, 서로 속하고, 때로는 무가 유의 충만한 상태를 뜻하는 언표임을 간파했을 것이다.

고든 카우프만은 "하나님을 체험한 것을 재구성하는 작업이 신학"[2]이라고 했다. 이 말을 조금 보완하자면 우리가 '인간으로서' 하나님을 체험한 것을 재구성하는 작업이 신학이다. 그 '인간'이라는 것은 부단한 정신적·문화적·사회적·정치적·과학적 변화 도상에 있다(때로는 진보하고 때로는 퇴보한 몫이 있다). 그렇게 변화하는 맥락에 처한 인간이 체험하는 하나님은 항상 재구성될 수밖에 없다. 그러므로 신학이 이 세대의 자녀들에게 하나님에 관해 궁구하는 것을 나누되, 보다 설득력 있도록

---

2 Gordon D. Kaufman, *An Essay on Theological Method* (Atlanta: Scholar Press, 1995), x.

하기 위해서는 정체된 전통으로부터 나와서 전위적으로 상상하는 작업이 도움이 된다. 카우프만은 신학함에 있어서 초래되는 혼란은 하나님 개념이 "다양한 면에서 이해되는 상상의 작업이라는 점을 외면하는 데에서 온다"[3]고 적절히 지적했다. 우리가 하나님을 낯설게 체험하고 상상함에 있어 특별히 무로 깨닫는 과정은 깊은 영성과 공동체성과 미적 즐거움으로 안내되는 길이기도 하다. 만유 안에 거하는 하나님을 다양하게 체험하고 상상하되, 그 충만을 무로 깨닫는 것은 하나님과 자신 사이의 연합뿐만 아니라 나와 너, 나와 타자, 나와 자연, 나와 세계를 일치시키는 영성적 감수성과 평화와 섬김을 이루게끔 한다.

이제 본서의 핵심이라고 할 수 있는 이 장^章에서는 하나님에 대한 나의 지론을 펼쳐 보이기로 한다. 이것은 내가 고집하는 신론이 아니고, 내가 자신하는 교리도 아니다. 나는 여기서 다루는 모든 내용을 현대에 적합한 신론 또는 삼위일체론을 위한 보완적 제언으로, 특히 보다 더 탁월한 견지를 지닌 신학자들을 위한 예비적 연구로 남길 뿐이다. 나는 '이도 저도'와 '이도 저도 아닌' 그리고 그 '모두가 아닌'의 논법을 의탁하기에, 여기서 제기하는 모든 가설과 제언을 깔끔하게 포기할 용의가 있다.

우선 그리스도교가 독보적으로 보유한 삼위일체론의 구도에 맞추어 이 장^章에서 진행할 신학적 기준을 먼저 소개하고자 한다. 나의 신론 또한 삼위가 합해서 하나가 되거나(fused) 혼합(mixed together)되지 않는다는 점 그리고 아버지·아들·성령은 각기 다른 독특성을 지니고 영원히 구별되는 위격(ὑπόστασις)이면서 하나의 동일 본질(οὐσία)을 가

---

3 *Ibid.*, 82-88.

진다는 점을 전제로 하여 구성된다. 삼위일체의 이러한 성격은 흥미롭게도 창조 세계에서 혹은 하나님과 창조 세계의 관계에서도 찾아지는 패턴이다.

이성과 자연과 보편적 역사를 기독교 신학 안으로 적극 원용했던 신학자 판넨베르크의 경우, 모든 물질적 현상을 보편적 장(field)으로 해석하면서 그것을 다시 성령의 활동이 갖는 보편성과 연결 지은 바 있다. 부연하자면 그는 대범하게 물질을 역장(force field)으로, 다시 그 역장을 하나님의 보편적 사역으로 그리고 물질적 실재를 성령의 양태로 해명하였다. 성령에 관해서는 성서적 진술과 교부 신학은 간혹 일치되지 않는 문제가 있는데, 판넨베르크는 구약성서의 루아흐가 스토아 철학의 프뉴마(pneuma) 개념과 "분명한 유사성"이 있다는 점을 긍정한다.4 다른 한편 초기 그리스도교로부터 현대에 이르기까지 신학에 헬라적 영 개념을 극복하지 못한 전통이 뿌리 깊은 것도 사실이다. 가령 3세기 초에 활동했던 오리게네스의 성령 이해를 보자면, 플라톤이나 아리스토텔레스가 이해한 비물질적 누스(nous), 즉 원리 · 지성 · 정신 · 이성의 개념에 크게 영향을 받았다는 것을 알 수 있다. 그리고 이러한 영 개념은 현대에 이르기도 한다.

판넨베르크는 스토아 철학의 프뉴마 개념을 응용하는 신학적 시도가 자칫 범신론으로 읽힐 수 있다는 소지를 인지하고 있다. 그럼에도 불구하고 그는 물리학계의 '장이론'(field theories)이 고대 프뉴마 개념과 유사하다는 사실과 그것을 신학적으로 적용할 수 있다고 보았다. 프뉴마 개념과 장이론은 하나님의 영원성에 우주의 시공간을 어떻게 관련시킬 수 있을지 혹은 성령으로서의 하나님 개념이 구체적으로 무엇일지

---

4 Wolfhart Pannenberg, *Systematic theology* Vol. 1 (New York: T&T Clark, 2004), 382.

이해시킬 수 있기 때문이었다.

그런데 누군가 성령을 장 개념을 들어 설명한다고 하더라도, 애초에 삼위일체의 구조를 갖는 그리스도교 신론이 근본적으로 범신론으로 규정될 수 '없는' 이유가 있다. 그것은 루아흐 성령과 구별되고 혼잡되지 않는 아버지의 사랑과 의식 그리고 성자의 로고스가 만물로부터 구별되는 초월성 때문이다. 이제 그 점을 더 이야기하고자 한다.

삼위일체 안에서 서로 다른 위격의 구별이란 성령을 제외하고는 초월적 인격과 비물질적 법칙이 신성에 내재하고 있음을 시사한다. 가령 성령을 기氣의 유비로 설명하는 것이 가능하다면, 그와 다르게 아버지와 아들을 각각 인격(사랑)과 이理의 유비로 설명할 수 있을 것이다. 이理 개념은 요한 신학의 로고스 개념과 상호보완적으로 검토할 필요가 있겠는데, 중요한 것은 이理 개념이 장 혹은 기와 함께하면서도 본질상 구별되고, 장과 기를 초월할 수 있는 정체를 갖는다는 점이다. 나는 앞서 살펴본 극단적 주리론자들의 논지가 결국 세계를 생략할 수 있는 초월적 실재를 적절히 통찰하고 있다고 평가하는 입장이다. 기 없는 이의 선재先在와 주재主宰를 주장하는 발상에는 이의 강한 자존성·타자성을 내포하고 있기 때문이다. 다만 그리스도교 신학은 삼위의 동일 본질과 동등한 영광과 능력을 주장하므로 오히려 성부의 우월성을 표방하는 것을 경계하지만, 흥미롭게도 주리론은 이의 우위를 시사한다. 그것이 차이다.

여기서 하나님과 창조 사이의 문제를 다시 생각해 본다. 전통적으로 신학은 하나님과 세계의 관계를 창조자와 피조물 또는 제작자와 제작품의 관계로 설명했다. 물론 창세기를 비롯한 성서를 살피자면 그러한 전거를 찾을 수 있다. 신약성서에 다음가는 권위를 지닌 초기 교부들에게나 내로라하는 중세 신학자들에게도 역시 마찬가지였다. 단적으로 아우구스티누스는 세계를 하나님의 예술 작품으로 보았다. 그는 세계라는 작품으로써 예술가인 하나님을 인식할 수 있다고 생각했다.[5] 훗날 칼뱅 역시 이 세계를 "가장 아름다운 극장" 또는 "웅대하며 화려한 저택"이라고 언급했다.[6] 건축가와 건물이 나누어지듯, 장인(匠人)과 공예품이 나누어지듯, 화가와 그림이 나누어지듯 하나님과 세계를 분리하여 보는 관점은 하나님의 자존성(aseity)과 초월성을 드러내는 고전적 유신론의 주된 입장이었다. 이 경우에 하나님은 세계에 대한 제작자·통치자·감독 등으로 표상될 수 있지만, 세계의 동반자나 참여자로서 대망되기 힘들다. 그런데 근·현대기의 그리스도교 신학자들이 성서를 다시 독해하면서 세계가 처한 고난의 문제와 예수의 '자기비하'(kenosis)라는 모티브를 다시 해석하면서 만물에 함께 하고 인간과 함께 고난을 나누는 하나님에 대한 각성을 얻기에 이르렀다. 곧 그것은 앞서 언급한 만유재신론이 부각된 이유 중 하나였다.

신약성서에는 아테네의 아레오바고(Areopagus)에서 바울이 연설한 내용, "우리가 그를 힘입어 살며 기동하며 존재하느니라"(For in him we live, and move, and have our being. 행 17:28)라는 선언이 있다. 이러한 사상에는 우리의 삶·행동·존재 등이 (전통적 창조론과는 다르게) 하나님과 분리된 것이 아니라는 해석학적 단서가 있다. 인류를 포함한 만물은 하나님과 완전히 단절된 것도 아니고 완전히 일치된 것도 아닌 존재론적 양가성을 지닌다는 것이다. 마침 수학자 화이트헤드와 과학자 샤르뎅(Teilhard de Chardin) 등에 영향을 받은 일군의 신학자들이 우주 자체의 유기체적 본성과 신적 유사성을 적극적으로 검토해 왔고, 논리적·과학적 요청에 따라 우주를 구성하는 구성원으로서 하나님을 인정하기

---

5 *Sermons*, 141, 2.

6 *Institutio christianae religionis*, I, 14, 20.

도 했다. 기실 화이트헤드는 우주를 구성하는 것들로서 '현실적 존재들'(actual entities), '영원한 객체들(혹은 목적들)'(eternal objects), 창조성(creativity) 그리고 하나님(God)을 들었던 사례는 매우 인상적이었다. 즉, 화이트헤드는 하나님을 세계의 사건과 운행을 이루는 우주의 '내적' 요건으로 본 것이다. 그러나 거기에는 하나님 자체가 세계의 만물의 존립 근거가 된다는 함의는 희박하다.

그런데 과정신학으로부터 얼마간의 영향을 받은 샐리 맥페이그(Sallie McFague)는 보다 과감하게 이 세계를 '하나님의 몸'으로 이야기하기를 택했다.[7] 생화학자이자 신학자인 아서 피코크 또한 그런 관점을 피력한 바 있는데, 단지 맥페이그는 이 주제를 형이상학 및 실체론의 견지에서 해명했던 것이 아니라 주로 은유적 표현으로 구사했던 것으로 보인다. 그럼에도 불구하고 그녀가 그리스도교의 하나님을 우주라는 육체를 입은 영으로 재해석하여 다른 한편에서 과학과의 조화를 도모한 것도 부정할 수 없다. 맥페이그는 하나님을 초월적 행위자일 뿐만 아니라 유기적 내재자로 보도록 제안했다. 그녀의 신학적 견지에서 세계(우주)는 출산 또는 유출된 하나님의 몸으로서 하나님 자신과 분리되지 않는다. 이러한 맥페이그의 신학적 시도가 시의적절한 이유는 생태·환경 문제가 지구의 존립을 위협하는 시대에 세계를 단순히 기계나 작품 같은 피조물로 보게만 하지 않고 우리와 생명을 나누는 신비롭고 거룩한 하나님의 연장으로 눈을 뜨게 하기 때문이다.

비단 동양 종교들만이 아니라 우리 시대의 그리스도교 또한 생명의 신적 출처인 창조 세계에 더 깊은 경외심을 가지고 대해야 한다는

---

7 Sallie McFague, *The Body of God: An Ecological Theology* (Minneapolis: Fortress Press, 1993), 143-149; Sallie McFague, *Models of God: Theology for an Ecological, Nuclear Age* (Philadelphia: Fortress Press, 1987), 60.

당위성은 부정할 수 없다. 우주는 냉랭한 광물 덩어리로 이루어진 것이 아니라 신묘하고 기이한 생명원리가 그 안에 있다는 사실들이 속속들이 밝혀지고 있다. 맥페이그에 의하면, 이 세계, 즉 하나님의 몸에는 피폐해지고 오염되는 모든 피조물도 포함되어 있다. 그러므로 인간은 문명과 자연의 구별 그리고 하나님과 피조물의 구별을 극복하여 성육신한 예수에게만이 아니라 피조물로 성육신한 하나님의 몸에까지 '사랑 어린 눈'을 가져야 한다. 이렇게 도전하는 맥페이그의 신학은 더욱 엄중하고 긴박한 만유재신론의 모델을 제시하면서 초월과 내재 또는 창조주와 피조물 사이의 위험한 이분법을 극복하고,[8] 우리 시대에 얻는 과학적 정보에 상응하도록 신론을 보완하고, 세계를 향한 존중과 섬김을 고양한다.

맥페이그가 하나님의 몸으로 접근한 세계, 화이트헤드가 살아 있는 유기체로 해명한 세계는 실제로 한두 가지 자연적 사실에 근거하는 것은 아니다. 20세기 이후 과학이 증명해 낸 사실들은 우주가 상식을 넘을 정도로 기이한 질서를 갖고 있을 뿐만 아니라, 차갑고 딱딱한 광물로 환원하기에 간과할 수 없는 신비로운 생명 현상을 보이고 있기 때문이다. 소우주인 지구 생태계와 인간의 몸이 그러한 특징을 가장 잘 예시한다. 부분에 대한 환원적·미분적·분석적 방법론으로 이를 해명할 수도 없고 치유할 수도 없다. 반면 전체에 대한 종합적·현상적 방법론을 사용하는 연구자들이라면, 이 우주 안에 모종의 유인력이 있어 물질과 생명의 영역에서뿐만 아니라 아름다움과 가치 등의 정신적 영역에 속한 것까지 추동하는 힘을 관찰할 수 있을 것이다. 이러한 주제에 큰 관심을 보인 당사자가 화이트헤드였는데, 그의 철학이 강조

---

8 Sallie McFague, *The Body of God: An Ecological Theology*, 140.

하는 바, 세계는 기계적·선형적·불가역적 인과율에 의한 사건의 전개만 가지는 것이 아니라 유기체적·비선형적·가역적 질서에 더해 가치와 아름다움을 증대하기 위한 유인력이 작용하고 있다는 점이다.

지난 1세기 동안 일어난 과학의 약진을 참고하자면, 과연 우리가 생명과 비생명을 나눌 수 있는 근거가 어디에 있을지 심중히 고민하게 만든다. 가령 물리학·화학·분자생물학이 관찰하는 대상들의 '자기 조직화'(self organization) 현상은 자기의 조건을 자기 스스로 구성한다는 점에서 외부의 작용에 의해 만들어지는 질서와는 다름을 보인다. 그것은 곧잘 전체와 부분 간의 상호 되먹임(feedback)의 결과라 설명되곤 하는데, 말하자면 처음에는 어떤 부분이 인접한 다른 부분에 자신을 동조시킴으로 계(system)의 일정한 특성을 만들고, 이것이 다시 부분들에 작용함으로써 그 계의 특성을 강화하는 현상이라 할 수 있다. 이러한 되먹임 현상은 자체가 자체를 만드는 촉매의 기능을 하고 있다는 의미에서 '자기촉매성'(autocatalysis)이라고 불린다. 과거에는 이런 현상이란 생명체가 보이는 전형적 특성으로 여겨왔지만, 이제는 우리 물적 우주의 곳곳과 사회 시스템 안에서도 찾아볼 수 있는 현상으로 관찰된다.

그 외에 과거의 고전적·상식적 세계관을 뒤엎어 버리는 상대성·불확정성·중첩성·상보성·이율배반·모호성·확률성·비국소성·불가분성 등을 내보이는 우주의 실제는, 존재라는 것이 독립적·배타적 실체가 아니라 부분들의 상호작용에 의한 '사건' 또는 그 사건들의 '전체'라는 점을 시사하고 있다. 그것도 끊임없이 변해가는 생성 과정 또는 운동으로서의 사건 말이다. 그러므로 사물과 구조를 쪼개어 분석하여 개념화하거나 고착화하는 방식으로 본체와 실재의 지식을 얻고자 하는 방법론은 존재나 세계를 제대로 관찰하는 방식일 수 없다. 우리는 전체 세계 속에서 나무·새·바위·산·바다라는 소소하게 나타난

'사건'에 대해서 인간의 감각 및 경험을 의거하여 그 양상을 명사로 지정하고 고정적 개념으로 담아 쓰고 있지만, 실제로 사물들은 생성·운동·변화하는 우주 안에서 상호 대등한 위상을 지닌 수많은 구성 요소가 서로 관계하고 참여하고 구성하며 드러나는 임시적인 구조나 현상일 뿐이다. 앞서 소개한 비국소성 원리는 만물이 개별적·지엽적으로 존재하지 않으며, 시공간이나 물질의 속성으로 환원되지 않는 다른 조건과 연관 있을 가능성을 드러냈다. 시공간의 제약과 조건 가운데 처하는 사물들 그리고 입자 및 기계식의 운동으로 해석되는 우주를 전제한다면 비국소성은 도저히 설명되지 않는다.

신학적으로 평가하자면 이상의 실상들은 우리 세계에 일어날 수 있는 현상 가운데 매우 신비로운 표식을 갖는다. 우주 자체가 단순히 신이 제작한 기계, 화가가 만든 그림일 수 없음을 시사하는 것이다. 어떠한 물리적 수준에서는 물질이 물질이 아닌 것처럼, 피조물이 피조물이 아닌 것처럼 현상된다. 따라서 과거에 사물 혹은 존재자들을 파편적이고 독립적으로 봤던 시각은 우리 시대 이후로 반드시 유기적인 전일체로 바라보아야 한다. 하나님을 모든 존재자의 근거가 되며 포괄하는 존재(존재 자체)로 말하는 것도 의미가 있지만, 실로 하나님의 존재 자체는 '생명'과 다름이 없다.

한 물리학자는 우리 우주 배후의 차원과 더불어 모든 존재는 하나라고 추정한 바 있다. 다음 인용문을 보자.

감지할 수 없는 차원에서 일어나는 사건들이 우리에게 영향을 미치고 있다. 실험실에서 이러한 실험 결과를 볼 수는 있지만, 그런 결과로 이끈 반응을 추적할 수 없다. 그러한 반응의 결론은 길이, 너비, 높이 시간의 물리적 차원 바깥에 존재하는 것일지도 모른다. 이제 물리학은 물리적인 인식 너머의 초자연적인 세계로 들어서고 있는 것이다. 무한성은 우리의 영역 안에 있지 않으므로 철학적인 사고를 통해서나 실험실의 연구를 통해서 알 수 있는 대상이 아니다. 그렇지만 우주의 모든 존재를 포용하고 하나로 묶는 그 무한한 단일체는 우리 영역 안에 있다. 이 우주는 그 '하나됨'이 표현된 것이다.[9]

이상의 글을 쓴 슈뢰더는 성서에서 하나님의 유일성을 선언하는 구절, "오직 유일한 여호와시니"(신 6:4; 막 12:29) 하는 구절이나 심지어 "다른 신이 없음"(신 4:35, 29)을 의미하는 구절이 모든 존재가 "유일신의 표현이라는 사실"로 해석한다. "우리가 전체와 밀접히 연결되어 있는 일부분"이라는 의미에서 말이다.[10] 유신론자로서 매우 대범한 생각이다.

다양한 국면에서 우리 우주가 속속들이 노출하는 신비는 그간 하나님과 창조를 단정했던 신조와 교리보다 양적으로나 질적으로 엄청난 도전을 가하고 있다. 모더니즘 중기까지 인류는 세계를 유물론적·기계론적·환원 및 분석적·국소적으로 바라보았지만, 우주에 관한 엄밀한 정보와 자료를 얻어가는 우리 시대에 세계를 유기체적·정신신체적(psychosomatic)·전일적·비국소적으로 보아야 할 이유가 넘친다. 그야말로 우주는 차갑고 잔혹한 측면도 있지만, 곳곳에서 마치 한 몸으로서 서로 의지하고 존중하며 살아있는 사랑의 질서를 보이고 있는 것이다.

---

9 제럴드 슈뢰더, 『신의 숨겨진 얼굴』, 28-29.
10 앞의 책, 29.

2. 루아흐의 성령

아우구스티누스는 창세기 1장 2절, 즉 "땅이 혼돈하고 공허하며"에 매우 흥미로운 주석을 덧붙인다. 천지를 창조하기 전에 있던 '땅', 과연 그것이 무엇일까 하는 질문 때문이다. 아우구스티누스는 그것을 일러 '형상 없는' 땅이라고 했고, 만유를 창조할 때 쓰이는 근원적인 물질로 보았다. 하나님은 모양도 없고 특성도 없는 이것에 형상을 부여해 우리가 경험하고 지각할 수 있는 천지를 창조했다는 것이다. 그리하여 완성된 피조물과 절대무 사이에 있는 그 어떤 것, 곧 무라고 단정할 수 없지만, 아우구스티누스에 의하면 "거의 무에 가까운 무형적인 것"이다.[11] 말하자면 그는 하나님이 "무로부터 무에 가까운 것을 만들고 나서 이 무형적인 질료로부터" 세상을 만들었다고 해석한 것이다.[12]

내가 아우구스티누스로부터 차용하고 싶은 개념은 바로 이 '무가 아니면서 무 같은 것'이다. 국내의 한 논자는 "무와 물질의 중간에 있는—따라서 무는 아니지만 거의 무에 가까운— 이 무형의 원물질이 아우구스티누스가 말하는 '형상 없는 땅'이고 물리학자들이 말하는 퍼텐셜"이라고 할 수 있다고 소개하며, 아우구스티누스의 고백을 다음과 같이 패러디했다. "이 불가시적이고 형상 없는 퍼텐셜로부터, 거의 무에 가까운 이 퍼텐셜로부터, 주님은 변화 가능한 만물을 지어내셨으니 이로 말미암아 변화하는 우주가 생기게 되었나이다."[13]

여기서 퍼텐셜의 개념을 잠시 살펴보자. 본래 퍼텐셜(potential)은 장(field)을 기술하는 데 중요한 구실을 하는 개념으로서, 공간에서

---

11 De Conf., XII, 8.
12 De Conf., XII, 3.
13 김용규, 『신: 인문학으로 읽는 하나님과 서양문명 이야기』, 160.

그 위치에 따라 값이 정해지는 양을 뜻한다. 퍼텐셜로부터 공간의 많은 물리적 성질이나 값들을 도출할 수 있다. 문자적으로 퍼텐셜은 잠재적이라는 의미를 지녔고 운동의 힘으로 나타나는 운동 에너지에 대응한다. 예를 들어 정전기장靜電氣場에서의 퍼텐셜은 전위에 해당하며, 힘의 퍼텐셜인 경우는 위치에너지에 해당한다. 부연하자면 입자도 되고 파동도 되는 미립자의 실제에 관해 그리고 그 잠재성과 경향성을 일컬어 현대 양자물리학자 하이젠베르크(Werner Karl Heisenberg)는 '포텐티아'(potentia)라고 했고, 한스 페터 뒤르(Hans Peter Duerr)도 우주를 구성하는 것은 물질이라고 하기보다 장이며 일종의 비물질적인 퍼텐셜이라고 설명한 바 있다.

그 용례의 맥락을 함께 고려하자면 퍼텐셜은 입자·물질·운동의 개념뿐만 아니라 존재의 의미를 재정의하는 기능을 한다. 고전적 실체론의 견지에서는 퍼텐셜이 존재한다고 규정하기에 모호한 위상을 지니기 때문이다. 물론 그것으로부터 에너지와 질료가 출현하니 무라고 할 수도 없다. 퍼텐셜이 기존하는 고전적 개념으로부터 유사성을 찾는다면 동양에서는 기氣를 들 수 있겠다. 여기서 신유학을 열었던 주된 유학자 가운데 탁월한 통찰을 남긴 장재의 기 이론을 인용해 본다.

> 태허(太虛)는 형체가 없으니 기의 본래 모습이며, 기가 모이고 흩어지는 것은 변화의 일시적인 모습일 뿐이다. (중략) 태허에는 기가 없을 수 없고 기는 모여서 만물이 되지 않을 수 없으며, 만물은 흩어져 다시 태허가 되지 않을 수 없다. (중략) 허공이 곧 기인 줄 알면 있음과 없음, 은미함과 드러남, 신과 화(化), 성과 명(命)이 하나이며 둘이 아님을 깨닫게 된다. (중략) 기가 모이면 우리 눈에 뚜렷이 보여 사물의 형상이 있다고 일컬어지고, 기가 흩어지면 뚜렷이 보이지 않아 형상이 없다고 일컬어진다. 그러나 기가 모였다 하

더라도 그것은 일시적인 모습일 뿐이며, 기가 흩어졌다 하더라도 성급하게 무라고 말할 수는 없다. (중략) 태허가 곧 기임을 알면 무라고 하는 것이 있을 수 없음을 이해하게 된다. (중략) 두 가지가 있지 않으면 그중 하나를 볼 수 없으며, 그 하나를 볼 수 없으면 이들 둘의 작용이 그치게 된다. 두 가지란 곧 허와 실, 움직임과 고요함, 모임과 흩어짐, 맑음과 흐림을 말하는 것이나, 궁극적으로 이들은 하나다.[14]

이상에서 엿볼 수 있듯이 장재의 기본적 본체론은 "유는 오직 유에서 나온다"는 관점이다. 다만 "유는 무처럼 간주될 수 있다"는 단서가 따른다.

아주 오랫동안 인류는 물질이 없어도 그 배경이 되는 공간은 그 자체로 항상 있었다고 생각해 왔다. 그리고 그 공간은 앞으로 사물들이 거하는 빈방과 같은 장소가 된다고 믿었다. 이러한 생각은 뉴턴의 '절대공간' 개념으로 발전되었을 정도로 뿌리가 깊다. 우리의 '무'에 관한 관념도 "물질이 없어도 공간은 있다"는 인류의 오래된 상식에 근거하는 것이다. 그러나 아인슈타인의 상대론에 의해 공간은 시간과 분리될 수 없을 뿐만 아니라 물질과도 분리할 수 없다고 밝혀졌다. 그렇다면 그리스도교 신학이 보유해 온 '무' 관념은 이러한 공간 관념과 어떻게 다르다고 할 수 있을까?

현대의 자연과학에 있어서 물적 우주의 원형을 추정하고자 하면 확실히 우리의 직관에 어긋나는 정체가 기다린다. 그 가운데 가장 특이한 것은 인간이 확정해 온 유와 무의 경계가 허물어진다는 사실이다. 아인슈타인의 '질량 에너지 등가의 법칙'(law of mass-energy equivalence)이 그러한 발견의 그 서막을 알렸다. 그리고 노벨 화학상 수상자

---

14 장재/장윤수 역, 『정몽』(서울: 책세상, 2002), 「태화」 편.

인 일리야 프리고진(Ilya Prigogine)은 에너지장이 자기 조직의 능력이 있음을 발견하고 에너지장을 이른바 카오스 수학으로 해석한 바 있다. 이러한 연구 결과들이 신학에 가해 오는 도전이 작지 않다. 무엇보다 우리가 하나님을 창조와 관련하여 원용하자면, 그동안 모호하게 말해 왔던 창조의 얼개를 보다 구체적으로 진술해야 할 이유를 얻게 된다. 가령 "현대물리학자들이 말하는 퍼텐셜(potential)처럼 — 그 자신은 무형이지만 모든 유형적 존재물이 생성하고 소멸하는 장(filed)라는 점에서 형체가 없는 신이 만물의 창조주라는 교설을 이해"[15]할 수 있다. 이제 우리는 하나님과 세계 사이의 관계에 관한 기존의 교리와 신조들을 심중히 반성하게 된다. 어쩌면 '무로부터의 창조'라는 표현보다 '하나님으로부터의 창조'가 더 타당할 수 있다.

'하나님으로부터의 창조'를 구체적으로 밝힐 수 있는 단서는 성령에 있다. 앞서 개괄하고 살핀 과학적 지식과 종교적 통찰과 문헌들을 개방적으로 해석하자면, 오늘날 창조 이론의 '풍향계'는 꾸준히 성령의 '바람'을 가리키고 있음을 엿보게 된다. 화재 현장에서 소방관들이 사고원인을 찾기 위해 먼저 해야 할 일은 타버린 재들의 방향을 살피는 것이라고 한다. 대개 그것들이 발화지점을 향해 쓰러져있기 때문이다. 그처럼 우리는 고대의 철학적 유산으로부터 종교적 메타포와 과학적 실재론에 이르기까지 신학적으로 원용할 만한 소재로부터 성령이라는 사유 주제를 자주 맞닥뜨리게 된다. 다시 말해 무로부터의 창조, 무로서의 하나님, 영으로서의 하나님, 불가시적 하나님, 불가시적 힘과 능력, 세계의 근원, 생명의 원천, 아페이론, 아에르, 에테르, 에너지, 기, 퍼텐셜 등등 다양한 논제와 관념들이 곧잘 관련되는 대상이 곧 성령이다.

---

15 김용규, 『신: 인문학으로 읽는 하나님과 서양문명 이야기』, 171.

그러나 나는 장, 퍼텐셜, 에너지, 기와 같은 기존의 개념을 가지고 성령론으로 직행하고 싶지는 않다. 그러한 개념들이 출현한 문화적 배경과 학문적 소이(所以)와 논자의 지시(指示) 및 뉘앙스가 제각각 다르기 때문이다. 그 개념들은 성령에 관한 신학적 해명을 설득력 있게 만들어 주는 메타포나 서술어로 기능할 수 있을 것이다. 오늘날 학문적 분위기를 염두에 둘 때, 신학은 그것들을 서로 간에 조심스럽게 견주며 해석학과 실재론 사이에 개연성 있는 가설을 취하는 정도에 국한하는 편이 낫겠다.

　　다행스럽게도, 앞서 여러 차례 밝혔듯이, 히브리 성서(구약성서)에는 이상에서 열거한 개념이나 메타포와 연관되면서 포괄할 수 있는 고전적 어휘가 마련되어 있다. 물론 그것은 '루아흐'(רוח)이다. 그리스도교는 구약성서의 "루아흐 엘로힘"(רוח אלהים)이라는 관용어를 '하나님의 영' 또는 '하나님의 신'이라 번역한다. 그런데 구약성서에 350회 등장하는 루아흐에 관한 그리스도교의 해석을 두고 유대교 학자들과 그리스도교 내부의 성서학자들은 이의를 제기하곤 한다. '루아흐'라는 원어 자체를 온전한 인격체나 하나님의 인격에 결부하는 해석은 비약이라는 것이다. 즉, 중근동의 고대 언어학, 전승사, 히브리어 문법과 용례, 역사적 해석학 등의 연구로부터 고찰할 경우, 루아흐를 삼위일체 하나님으로 격상하는 것은 무리가 있다는 것이다. 즉, 문맥에 따라 비인격적 힘으로 읽어내는 편이 자연스러운 경우도 많다고 한다. 그야말로 나 같은 조직신학자가 민망해지는 지점이다. 그럼에도 불구하고 조직신학자들은 성서의 여러 어휘를 두고 이상과 비슷한 확대해석(의도확대)의 오류 속에서 이론을 세워 왔다.[16]

---

16 계몽주의 이후 고고학, 인류학, 문헌학, 종교학의 발달로 더불어 발전한 성서의 고등 비평학은 지금껏 전통적 교의학, 교리, 신조, 조직신학에 큰 도전을 가해 왔다. 성서 텍

그런데 대다수의 종교는 해석학적 관용을 통하여 당대에 발전하는 학문과 변천하는 상황에 응답해 왔고, 타 문화권에서 교리의 저변을 넓혀 왔고, 보편적 지성의 진보 중에 변증을 시도해 왔다. 그리스도교 신학사를 되돌아보자면, 원시 기독교 시기부터 교리 형성을 위해 히브리 성서(구약성서)의 과감한 해석을 주저하지 않았고, 교회 외적인 철학적·상황적·문화적 해석도 마다하지 않았다. 대표적인 예로 교회는 히브리 성서의 본문을 해석하는 데 역사적·원어적(문자적) 해석을 극복하여 예수 그리스도의 강생과 신성을 증언하고 삼위일체에 관한 교리를 확립하는 방향으로 주해했다(눅 24:44 참고). 요컨대 본문에 관한 전통적·문자적·역사주의적 해석을 넘는 방식이 곧 초기부터 취했던 그리스도교의 성서 해석 방법이었다.

오늘날에도 그리스도교 신학은 반성적인 실재론과 자연과학적 정보를 참고하여 루아흐 개념을 삼위일체론의 구도 아래 해석할 수 있으리라 본다. 무엇보다 루아흐가 성령론의 변증적 발전에 기여할 의미의 폭이 넓으니 말이다. 이제 루아흐의 원어적 의미부터 그 변용의 가능성까지 타진해 본다.

우선 루아흐는 호흡, 숨(창 6:3), 바람(창 8:1)으로부터 파생하여 기운(사 40:7), 생기(겔 37:9), 능력(창 41:38) 등의 의미까지 포괄한다. 특히

스트의 언어학, 문화적·종교적 배경사, 전승사, 양식사, 편집사 등에 의거하면, 교의학 또는 조직신학이 성서 텍스트를 해석하고 응용하는 데에 엄청난 큰 제약이 따른다. 원칙상 조직신학자들은 성서신학자들의 연구 결과에 항시 주의를 기울여야 하고, 그것들을 기초로 기존의 교의를 보완해야 하지만, 그러할 경우 대개 당대의 문화적·언어적 해석에 갇힐 한계와 우려가 크기에, 그러한 당위를 짐짓 외면하는 현실에 있다. 단적으로 조직신학계에 현대 성서비평학을 정확히 적용하자면, 아우구스티누스, 토마스 아퀴나스, 루터, 칼뱅 등 주요한 교의학자들의 저작들은 원천적으로 해체되고 재구성되어야 할지 모른다. 반면에 현대 조직신학은 철학, 자연과학, 역사학 등과 간학문적 연구를 추구하는 경우가 많으므로 오히려 성서신학 보다 변증적·호교적 기능을 원활하게 확대할 수 있다.

인간에게 적용되었을 때 생명의 기운(창 6:17)을 뜻했다. 앞서 언급한 내용이지만, 바람 또는 숨이라는 메타포가 생명과 기운을 뜻하게 된 이유를 추정하기 어렵지 않다. 보이지 않는 것이지만 사물을 움직이고 파문을 일으키고 거대한 폭우까지 대동하기 때문이다. 인간의 생리에 있어 그것(숨)이 그치면 생명이 끊기는 것으로 현상되므로, 본원적 생명력이나 활동의 원동력을 상징했다. 이 때문에 히브리 문화권에서만이 아니라 헬라 문화권에서 '프뉴마'나 '프쉬케'라는 어휘로 그리고 인도 문화권에서 '아트만' 그리고 우리 문화권에서 '목숨'이나 '신바람' 등의 용례로 나타난다. 여기서 루아흐를 비인격적 명사로 국한하면 그리스도교 성령론의 근간을 해치게 된다. 실제로 루아흐는 여러 용례에서 '인격적' 신(영)의 함의를 지니고 있다. 대표적으로 "루아흐 야웨"(여호와의 영)으로 표현되는 용례에는 힘, 장, 에너지, 기 등으로 환원될 수 없는 신적·인격적 요소가 엿보인다. 예를 들어 창세기 41:38; 이사야 40:13; 에스겔 37:1, 14; 요엘 2:28-29 등에서 이 사실을 찾아볼 수 있고, 심지어 악한 '인격'으로서의 영이라는 의미를 표현할 때 쓰이기도 했다(사 37:7). 결론적으로 말해 루아흐는 그의 인격적 본성이 있으면서도 다른 위격과는 다르게 창조의 물적 근거로서 생명·활력·기운·능력뿐만 아니라 기체基體·원질原質이 된다.

운동하고 작용하지만 보이지 않는 것으로서 '바람'(숨)을 의미하는 루아흐의 용례가 구약 안에서 대략 117회이고, 그 외에 모양·외양·태도·기상 등까지 포괄하는 원기·생명력을 의미하는 용례가 있다. 다음 구절들이 대표적이다. 단 루아흐만 번역하지 않고 그대로 두기로 한다.

주께서 낯을 숨기신즉 그들이 떨고, 주께서 그들의 루아흐를 거두신즉 그들

은 죽어 먼지로 돌아가나이다. 주의 루아흐를 보내어 그들을 창조하사 지면
을 새롭게 하시나이다(시 104:29-30).

마침내 위에서부터 루아흐를 우리에게 부어 주시리니, 광야가 아름다운 밭
이 되며 아름다운 밭을 숲으로 여기게 되리라(사 32:15).

너희 위에 힘줄을 두고 살을 입히고 가죽으로 덮고 너희 속에 루아흐를 넣으
리니, 너희가 살아나리라(겔 37:6).

그런데 가장 중요한 해석적 문제는 루아흐가 등장하는 최초의 본문,
창세기 1:2에 있다. "땅이 혼돈하고 공허하며 흑암이 깊음 위에 있고
하나님의 영(루아흐 엘로힘)은 수면 위에 운행하시니라."[17] 이 구절에
관해 근동의 고대인은 자신의 문화 배경 속에서 읽고 이해하기 어렵지
않았을 것이다. 그러나 언어적·문화적 단절이 있는 유럽인들에게
그리고 오늘날 세계 교회에 이 구절은 교의적 정립을 거치며 엉성하게
꼬인 번역을 파생했다.

성서비평학과 고대 문헌학이 20세기 이전에 이미 밝힌 바, 창세기
1장은 고대 바벨론의 창세 서사시 '에누마 엘리쉬'(enuma elish)에 영향

---

17 창세기 1:2에 대한 중요 본문들은 다음과 같다. 전근대인들이 본문을 어떻게 이해했는
지 단서를 얻을 수 있다. BHS(히브리어): "וְהָאָרֶץ הָיְתָה תֹהוּ וָבֹהוּ וְחֹשֶׁךְ עַל־פְּנֵי תְהוֹם וְרוּחַ אֱלֹהִים
מְרַחֶפֶת עַל־פְּנֵי הַמָּיִם:"; Septuagint, Editio Altera(70인역, 헬라어): "ἡ δὲ γῆ ἦν ἀόρατος
καὶ ἀκατασκεύαστος καὶ σκότος ἐπάνω τῆς ἀβύσσου καὶ πνεῦμα θεοῦ ἐπεφέρ
ετο ἐπάνω τοῦ ὕδατος"; BSV, Editio Quinta(불가타역, 라틴어): "terra autem erat
ināins et vacua et tenebrae super faciem abyssī et spīritus Deī ferēbātur super aquās";
KJV(흠정역, 영어): "And the earth was without form, and void; and darkness was upon
the face of the deep. And the Spirit of God moved upon the face of the waters."; 공동번
역(한글): "땅은 아직 모양을 갖추지 않고 아무것도 생기지 않았는데, 어둠이 깊은 물
위에 뒤덮여 있었고 그 물 위에 하느님의 기운이 휘돌고 있었다."

을 받은 것으로 추정된다. 에누마 엘리쉬는 고대 바벨론의 주신主神 '마르둑'(Marduk)이 바다와 혼돈의 여신 '티아마트'(Tiamat)을 죽여 그 사체를 이용하여 세상을 만들었다고 적고 있다. 말하자면 주신이 강력한 '바람'을 보내어 온갖 흙과 물이 뒤범벅된 바다를 제압하여 땅과 물을 구별시킴으로 세계 창조를 시작한 것이다. 이러한 고대 바벨론의 문헌적·문화적 전승사를 참고하자면, 창세기 1장의 창조 서사도 어렵지 않게 읽어낼 수 있다. 실제로 창세기 1:2에 '운행하다'로 번역된 원어 '메라헤페트'(מְרַחֶפֶת)은 (그리스도교의 일부 번역인) 하나님의 영이 한가하게 '배회하다' 또는 '맴돌다'(hover) 하는 심상과 맞지 않는다. 오히려 그것은 격앙된 바다와 혼돈을 잠재우기 위하여 통제·제어를 의도하는 하나님의 강력한 위력을 표상한다. 실제로 유대교의 영문판 성서인 NJPS(New Jewish Publication Society of America Version)는 이를 "휩쓸다"(sweeping)로 번역하고 있다. 그렇듯 하나님의 바람이 거친 요동으로 대적하는 혼돈의 바다를 휩쓸어 통제함으로써 조화로운 창조 세계의 기초를 놓는 것으로 해석해야 기록자의 첫 의도에 가까워진다.

'루아흐 엘로힘'(하나님의 바람)은 일차적으로 세계에 작용하는 비가시적 힘과 위력을 의미한다. 이러한 해석에 대해 혹자는 성령의 인격성을 부정하는 비기독교적 입장이 아닐까 하는 의구심을 표할 수 있겠다. 그러나 꼭 그렇지는 않다. 성령의 인격성을 루아흐만이 보장하는 것은 아니기 때문이다. 삼위가 또한 '일체'라는 대전제 가운데 루아흐는 아버지와 아들과 더불어 사회적으로·공동체적으로 해명되어야 한다. 즉, 성령의 인격성은 다른 위격을 제외하고서 해명되지 않는다. '혼합되지 않고 분리되지 않은' 삼위일체를 전제하자면, 아들과 아버지의 인격성이 역시 성령과 공속하고 있다고 해석해야 한다. 다만 여기서 성령을 창조 이론과 관련시키고자 하는 것이고, 특별히 주목하는 국면은 아들과 아버지와는 다른 성령만의 특징, 즉 세계의 물적 근거가 되는 독자성이다. 그것은 장, 에너지, 기, 파동, 퍼텐셜 등이 담지하는 개념의 원형이다. 따라서 루아흐 성령 안에서 정신과 물질, 영과 육체의 구별은 해체된다(독자들이 여기까지 읽다 보면 본서가 계속 '혼합되지 않고 분리되지 않는' 혹은 '불상잡 불상리' 혹은 '이도 저도' 식의 논법을 확인하고 있다는 점을 알 것이다. 삼위일체와 그것을 모사하는 세계의 실상은 그러한 방식 외에 달리 말할 수 없다).

이상에서 거론한 여러 메타포로부터 참조하여 수립할 수 있는 루아흐의 신학적 가설은 이렇다. 루아흐는 삼위 중 하나이므로 독자적 본성과 인격성을 지닌다. 모든 곳에 편재하면서도 없는 것처럼 현상되는 하나님의 몸이며 힘이자 물적 우주의 원질이다. 하나님의 루아흐는 영원 전부터 있었고 영원히 있을 삼위일체 하나님의 한 위격이나, 우리 세계가 임의적 존재인 반면 루아흐는 무한한 창조성 또는 발현 가능성을 담지하는 까닭에 이 구체적 세계 및 역사로부터 초월할 수 있는 위상이 있다. 즉, 우리 세계의 구조는 루아흐에게 필연적인 양상이나 창조의 전형이 되지 않는다. 다만 세계는 루아흐를 말미암지 않고서 창조되지 못한다. 루아흐는 접근하는 인지 방식에 따라 무로 말해지기도 하고 유로 말해지기도 한다. 그러므로 '무로부터의 창조'는 곧 '하나님에 의한 창조'이자 루아흐를 근거한 '하나님으로부터의 창조'라고 달리 말할 수 있다. 유대 신비주의 카발라의 침춤(Tzimtzum) 이론처럼 하나님이 자기를 제한하고 축소하여 창조할 공간을 만들었다는 도식도 일견 설득력이 있지만, 하나님의 장, 즉 루아흐 가운데 세계가 창조되고 운행하고 있다는 편이 하나님의 완전성과 편재를 지지한다.

그렇다면 창조주와 세계를 나누어 보는 구도가 절대적인 타당성이 있을까? 사물의 무상성, 부패, 소멸을 관찰해 온 신자들이 하나님과 세계의 질적 차이를 구별하여 창조자에게 송영을 돌리고자 하는 의도에 서라면 나 또한 함께한다. 그러나 신학적 견지에서 창조의 실제를 고찰하고 기술하는 문제에 있어서는 보다 주도면밀한 사유가 필요하다 고 본다. 애당초 인간이란 세계의 전일적 성격과 유기체적 생리를 통시적·공시적으로 관찰하기 어려운 존재인 반면, 개개 사물의 시한성 과 불완전성만 두드러지게 지켜보는 존재다. 이러한 입장에서 부패하고 깨어지고 흩어지는 것들과 영원한 생명의 하나님을 동일하게 보는 태도는 불경하게 평가될 수 있다. 이 때문에 아브라함 종교의 유신론은 자연스럽게 창조자와 피조물의 이분법적 구별을 지지해 왔다. 그러나 인간의 인지적 구조나 인식의 얼개가 구체적으로 밝혀지고 과학적 지식·정보가 폭증하는 현실에 부응하여 그것을 다시 생각해 볼 여지가 생겼다. 이는 초월적 신론과 범신론 사이의 대결 문제가 아니다. 앞서 고찰했듯이 이 두 신관을 가르는 존재론적 기준이 지난 세기부터 모호해 졌다. 우리는 현단계에서 이렇게 진술하는 편이 가장 적당할 것이다. 즉, 하나님과 세계는 하나이면서 하나가 아니다. 하나님과 세계는 다르 지 않지만 같지도 않다. 하나님은 세계 바깥에 계시고 하나님은 세계 안에 계시다. 인간은 하나님 안에 있고, 하나님 또한 인간 안에 있다.

하나님은 그 자신의 동일성을 고수함으로써 새로움을 창조하기 어렵다. 하나님의 완전은 부단히 증대함에 있지 권태로운 완결에 있지 않다. 이를 위해 하나님은 인간의 고유한 삶들을 함께 살아내며 울고 웃는 영욕의 역사와 생활 체험을 나눈다. 루아흐의 성격과 활동을 생각해 보자면 이를 어렵지 않게 알 수 있다. 세계의 원질인 루아흐 가운데 진화와 창발을 위한 창조성, 파격 그리고 유머(humor)가 내재하 고 있다. 루아흐로부터 말미암은 세계는 삼위가 향유할 체험의 역사를 생산하기 위해 변모하고 구성하고 새로워질 자유를 누린다. 다소 궤가 다른 논지이지만 "아우구스티누스는 이 현상 세계의 존재들이 하느님이 마음속에 그들을 위해 그려 두었던 형상을 스스로 발달시킬 수 있도록 하는 종자원리種子原理를 물려받았다고 믿었다."[18] 즉, 다채로운 형상을 세계 역사 속에서 구체적으로 발현하는 자격은 바로 우리 피조물에게 주어진 것이다.

루아흐와 함께 모든 유기체는 구태舊態와 반복을 깨뜨릴 수 있고, 정신적 존재들 또한 루아흐 안에서 유희와 모험을 즐기게 된다. 이것은 코스모스의 질서를 추구하는 루아흐에 내재한 또 다른 이율배반적 성질이다. 심지어 하나님은 자기의 것이든 자기의 것이 아니든, 일종의 "불확실성의 요인"이 우리 세계에 존재해야 함을 인정하지 않았나 싶다. 전통 신학에서는 그것을 사탄 혹은 마귀로 지칭했는데, 현대에는 간혹 그것을 "말로 표현하기 어려운 것"으로서 "우리를 거슬러 작용하는 부정적인 힘들", "우주적인 부정적인 힘" 등으로 부른다.[19] 여기에서 악 또는 사탄의 묘한 역할이 파생한다. 즉, 그것은 하나님 또는 루아흐의 동일성과 의지로부터 벗어날 수 있는 사태와 사건을 담당함으로써 신적 모험이나 세계의 위기를 가능케 하고, 하나님과 세계가 보다 다채롭고 역동적인 운행을 이루게 한다는 점이다.

루아흐로부터 분여된 피조물들의 생멸과 변이變移와 역사에 대응해 루아흐는 타자와의 차이임과 동시에 자신의 것인 피조물의 고유한 역사를 수용하여 생경한 체험, 흥미로운 모험, 미증유의 아름다움, 심지어 피조물의 유한성으로부터 배움까지도 도모하게 된다(하나님이 우리의 고유한 삶의 역사를 통해 무엇을 배운다는 것이 이상한 것은 아니다. 강생한 예수도 배우기를 주저하지 않았다. 눅 2:46 참고). 그리고 루아흐가

---

18 이언 바버, 『과학이 종교를 만날 때』, 179-180.
19 톰 라이트/노종문 역, 『악의 문제와 하나님의 정의』 (서울: IVP, 2009), 132.

피조물을 사랑하는 것으로써 하나님은 자기를 사랑하게 된다. 자기 자신으로부터의 분여와 객체화가 창조의 기원이라고 설명될 수 있지만, 특히 분리되고 소외된 것들, 심지어 죄짓고 타락한 것까지 사랑함으로써 하나님은 그 자신이 사랑임을 확인한다. 그러므로 세계를 사랑하는 것이 곧 하나님이 그 자신을 사랑하는 일이다. 폴 틸리히는 이 점과 관련하여 다음과 같이 진술하였다.

> 하나님의 삶은 하나님의 자기 사랑이다. 그 자신의 내부에서 분리를 통하여 하나님은 자기를 사랑한다. 그리고 그 자신으로부터 분리함을 통해 (피조물적 자유 가운데) 하나님은 자기 자신에 대한 그의 사랑을 완성한다. 그 주된 까닭은 하나님이 그 자신으로부터 소외된 것들을 사랑하기 때문이다. (중략) 하나님의 자기 사랑은 모든 피조물을 포함하는 사랑이다.[20]

루아흐에는 수렴과 발산, 안정과 모험, 단순화과 복잡화 등의 대극 및 모순이 끊임없이 긴장을 일으키고 있다. 루아흐와 분리되지 않는 개개 존재자들일지라도 시간의 흐름을 겪으며 존재의 관계망 가운데 그 고유한 역사를 향유할 '독자적' 계기를 부여받는다. 인지적 존재자가 아니라면 역사의 고유한 궤적들을 복기하고 정신적 성장을 도모하기가 어렵지만, 인간은 자신의 것이면서 하나님의 것인 삶의 역사, 의식의 각성, 즐거움과 아름다움을 루아흐와 더불어 그 경험치로 적립하게 된다. 그것들은 최종적으로 삼위 하나님에게 미적으로 수용될 자원으로서 하나님이 창조의 모험을 감행한 급부給付로 영원히 남게 된다. 다시 말하지만 루아흐의 세계와 하나님은 정적이지 않고 사랑과 아름다움을

---

20 Paul Tillich, *Systematic Theology* (Chicago: The University of Chicago, 1951), 282.

증대하면서 그 특별한 완전성을 확인한다. 루이스 포드(Lewis Ford)가 하나님이 세계에 의해 풍요로워지지 않는다면 "세계의 존재는 전적으로 있을 이유가 없고 궁극적 의미를 상실하게 될 것"[21]이라고 통찰한 것 이상으로 나는 하나님에게 있어서 완전함이란 꾸준히 풍요로워지는 것으로 본다. 이를 위해 정적인 창조만이 아니라 역동적인 창조, 특히 변화와 파격이 따르는 창조가 요청되는 것이다.

3. 로고스의 성자

신인동형동성론의 몇 가지 예외를 제하자면 하나님은 이미 히브리 성서에서부터 물적 실체로 이해되지 않았다. 그리스도교 신학이 발전하면서도 하나님은 물질이 아니라고 단정되곤 했다. 대표적으로 토마스 아퀴나스는 "하나님은 물체일 수 없다",[22] "질료와 형상으로 복합되어 있지 않다"[23]고 주장했다. 그리고 인간이 쉬이 파악할 수 없는 하나님은 비형질일 뿐만 아니라 여러 가지 추상어(개념어)로 표현되며 예찬되어 왔다. 가령 4세기경 니사의 그레고리우스(Gregory of Nyssa)는 『인간 창조론』에서 하나님을 두고 "모든 선"[24]이라 했고, 종교개혁자 칼뱅은 하나님을 "완전한 순결성"[25]이라고 했다. 하나님과 세계 사이의 중재자나 그리스도를 추상명사로 묘사한 전승에서도 위와 비슷한 예를 찾아볼 수 있다. 말하자면 유일신 야웨와 별도로 잠언과 벤 시라크(시라)의

---

21 Lewis S. Ford, "The Viability of Whitehead's God for Christian Theology," *Proceedings of the American Catholic Philosophical Association* 44 (1970): 148.

22 *Sth.*, I, 3, 1.

23 *Sth.*, I, 3, 2.

24 *De Hominis Opificio*, XII, 9.

25 *Institutio christianae religionis*, 1, 15, 3.

외경에서는 '호크마'(חָכְמָה)나 '소피아'(σοφία), 즉 '지혜'를 하나님과 필적한 존재로 묘사한 예, 요한의 문헌에서 그리스도를 '로고스'로 규정한 예가 대표적이다.

우리 시대의 신학도 빈번히 하나님의 존재 양상에 대해서 물적 개념들을 떠나는 추정을 공유한다. 나 역시 하나님이 세계에 대해 선재한다면, 이 물적 우주의 구조 및 형체와 전혀 다른, 즉 비물질적(초물질적) 어떠함으로 존재해야 함을 긍정한다. 그런 의미에서도 하나님은 무시간적·무공간적 존재로서 (우리 세계와 대비하여) 곧 '없이' 존재하는 분이다.

인간이 지닌 존재 관념은 일부 선험적으로 구비되어 있기도 하고, 일부 후험적으로 파악한 물적 환경으로부터 부분적으로 얻어와서 추정된 것들이다. 어쨌거나 인간이라는 종種이 지닌 유한의 인지구조로 무한의 순수존재나 존재자체인 하나님을 파악한다는 것은 본말이 전도된 작업이다. 그리고 공간·시간·에너지·사물·운동 등에 의한 물리적 측정으로써만 아니라 인간의 정신·의식·심리로부터 비롯한 추상어로 본원적 실재인 하나님을 규정한다는 것에도 문제가 있다. 근래에는 기독교 내외적으로 하나님을 논하는 사람들이 제법 많이 걸려 있는 언어적 덫이 하나님을 창조성·구원·사랑·기쁨·평화·선 등의 추상명사로 퉁치는 것이다. 일견 필요한 전략 같아 보이지만, 그리스도교의 정체와 항상 호응할 수 있을지 모를 일이다. 그런데 단 하나, 삼위의 하나님 중 특히 아들을 지칭하는 말에 '로고스'라는 것은 삼위일체를 해명하는 데에 매우 중요한 개념어임을 부정할 수 없다. 미리 밝히지만 로고스는 동양적 본체론의 몇몇 관념과 소통할 수 있으면서 현대 과학과도 견줄 수 있는 어휘이기 때문이다. 이제 그 이야기를 조금 더 풀어보려 한다.

고대 그리스의 데모크리토스는 "실제로 있는 것은 원자와 진공뿐"[26]

이라고 단언한 바 있다. 여기에는 보편적이고 객관적인 실체를 추구하는 인류의 전형적인 관점이 담겨 있다. 즉, 원자로 대표되는 '물질'(입자)과 그것이 담기는 '그릇'과 같은 공간이라는 두 요건이라면 일반적으로 존재를 설명할 수 있다는 사고 양식이다. 그러나 현대 과학은 몇 가지 이유로 '실제로 있는 것'에 관해 무형적 근거에 의한 '사건'으로 타진하는 방향으로 가고 있다. 그 가운데 가장 우리를 난감하게 하는 것은 곧 실제로 존재하는 것이란 곧 '정보'라는 이론이다. 이것은 우리의 고정관념을 깨는 정도가 아니라 헛소리처럼 들린다. 우주와 지구 환경을 채우는 것은 곧 '입자' 또는 '물질'이라는 사고가 양보할 수 없는 상식이기 때문이다. 그러므로 광활한 우주, 천체와 광물, 해양과 육지, 동식물, 인체 등이 죄다 '정보'라는 주장을 어떻게 인간의 상식으로 받아들여야 한다는 말인가?

지난 세기에 '정보가 곧 실체'라는 의미로 던져진 명언은 곧 "비트에서 존재로"(It from Bit)라는 말이었다. 이것은 아인슈타인과 공동연구를 했던 유명 물리학자 존 아치볼트 휠러(John Archibald Wheeler)에게서 나왔는데, 이 말에서 'It'는 사물 또는 만물을 뜻하고, 'Bit'는 컴퓨터 혹은 디지털 시스템에 있어서 정보의 최소 단위(1 또는 0)를 뜻한다. 휠러에 의하면 "모든 입자, 모든 역장(field of force), 심지어 시공 연속체 자체까지… 물적 세계의 모든 항목이 깊은 근저에서 비물질적인 원천을" 지닌다는데, 그것은 곧 '정보'라는 것이다.[27] 점입가경으로 수학적 우주 가설을 제기하는 맥스 테그마크는 "수학적 구조는 단순히 묘사하는 수준을 넘어 바로 외적 물리 실체"라는 주장을 내세웠다.[28] 그 외로

---

26 다음에서 재인용. 김상욱, 『떨림과 울림』 (서울: 동아시아, 2018), 47.

27 John A. Wheeler, *A journey into gravity and spacetime* (New York: Scientific American Library, 1990), 5.

연구자에 따라 유사하고 다양한 이론이 있지만, 대체로 그것들을 요약하사면, "상대성이론, 양자역학, 불확정성의 원리 등은 입자가 실상은 탁구공 같은 실체가 아니라 파동이라는 사실"이고 "그중에서도 가장 혼란스러운 것은 바로 이러한 파동이 형체가 없는 정보(지혜)일 뿐이라는 것"29이다.

우리가 현대의 자연학을 통해 사유 실험을 해볼 만한 지점은 물질에 대한 정의와 규정에 있다. 상대성 원리는 물질이 에너지의 응집이라는 사실 및 시공간은 물질과의 상관관계 가운데 드러나는 개념이라는 함의를 지니고 있고, 양자역학은 우주의 기본입자인 원자 자체가 비어 있다는 사실과 입자의 본질은 파동 또는 에너지장이라는 사실을 밝히고 있고, (실험적으로 밝혀지지 않았지만) 다중우주론은 우리 우주의 물적 구조가 여타의 우주와 견줄 때 필연적이지 못한 형식일 뿐만 아니라 그 정체가 정보, 수학적 구조, 시뮬레이션, 홀로그램일 수 있음을 암시한다. 우리가 이러한 연구 성과들을 진지하게 수용하자면 확고하게 보였던 세계의 '존재감'이라는 것이 사뭇 허망해진다.

그런데 위와 같은 물질관은 현대 과학에서만 찾아지는 것이 아니다. 그 원형은 고대로 소급된다. 예컨대 BC 5세기 그리스의 피타고라스는 이미 '만물은 수'라고 규정했고, 아리스토텔레스에 의하면 그 스승 플라톤이 "형상들과 수학적 대상들을 두 개의 실체로 간주"했다고 전했다.30 결국 고대로부터 물질성 또는 존재성은 근본적으로 수학 또는 비물질의 이치로 말미암는다는 추측은 현대의 일부 이론물리학과 공통적이다.31

---

28 맥스 테그마크, 『맥스 테그마크의 유니버스』, 464.

29 제럴드 슈뢰더, 『신의 숨겨진 얼굴』, 208.

30 아리스토텔레스/김재범 역, 『형이상학』 (서울: 책세상, 2018), 36.

그러나 인간은 일상적으로 보고 만지는 사물, 우리를 배부르게 하고, 때로 몸에 상처를 입히는 물질을 수無나 그 어떤 정보로 받아들이지 않는다. 말하자면 물질이 지닌 부피·연장延長·비투과성·형태·운동 등의 특징은 분명히 우리 면전에서 존재하는 것으로 감각되니 말이다. 그러나 상대론과 양자론이 발전하기 전에 서양의 사유 전통에서 존재 관념에 관해 비교적 심중한 반성이 없었던 것 아니었다. 엄정히 말해 "근현대 서양 철학에서 '존재'의 의미는 물질적·관념적인 것을 초월하여 어떤 규정을 내리지 않은 존재자 전체"를 가리키고, "'존재'에 관련하여 특별한 규정을 하지 않는 한, 그 개념만을 가지고 유물론과 관념론을 구별하지 못"했기 때문이다.[32] 이러한 평가에 관해 유물론자들은 펄쩍 뛸 것이지만, 오히려 물질의 본질을 유물론자보다 집요하게 탐구해 온 현대 과학은 이 사실을 인정하곤 한다.

이상의 혼란스러운 지식으로부터 이제 인류는 '존재'를 어떻게 정리하고 수용해야 할까? 내 눈앞에 있는 이 머그컵은 과연 있는 것일까, 없는 것일까? 인간에게 사물이 드러나는 방식을 연구하는 현상학적 관점에서는 '있다'고 말할 수 있고, 관측·실험 장비를 통하여 사물을 조작적으로 정의하는 과학적 방법론에서는 본래 그러한 식으로는 없다고 말할 수 있다. 인간은 분명히 지구라는 구체球體 위에 살지만 일상적으로 경험되는 지면은 2차원의 평면인 것처럼, 세계에 대해서도 인간이 지닌 선험적 인식 구조에 의해 그 어떤 실재 그 자체와는 다른 식으로 지각하는 것이 분명하다. 그리고 정보나 수학적 체계가 우주의 본질이라고 규정하는 이론물리학의 어떠한 입장에서는 아예 존재를 사물과 별도로 다시 정의하자고 할 것이다. 결국 기준과 접근 방식을 달리하자

---

31 브라이언 그린, 『멀티 유니버스』, 471-476 참조.
32 한국 철학사상연구회 편, 『철학대사전』 (서울: 동녘, 1989), 1178.

면 사물이라는 것은 '있다'와 '없다'가 다 맞는 셈이다.

대립하고 상반된 것이 궁극적으로 하나일 수 있다는 아이디어는 고대 그리스 헤라클레이토스 사상이나 중국 역易사상, 인도 나가르주나의 중관사상, 신라 원효의 화쟁사상 등에서 찾아볼 수 있다. 그리고 지금까지 줄기차게 인류의 지성이 확보하는 가장 위대한 발견들이란 세계에 현상되는 수많은 이항대립은 근원적 차원에서 하나라는 점을 확인하는 과정이었다. 이것은 존재를 해명하는 실재론으로부터 가치론과 윤리론까지 이어지는 엄청난 성과다. 상반의 일치 혹은 대극의 통합은 비단 물리적 영역에서만 드러나는 현상이 아니란 말이다. 존재론, 의미론, 미학 등 정신적 영역에서도 드러나기 때문이다.

이제 이성적 원리가 곧 영이라는, 사뭇 오래된 관점을 살펴본다. 달리 말해 그것은 참으로 존재하는 것은 곧 '이성'(지성)이라는 뜻이다. AD 3세기경 교부 오리게네스는 요한복음의 "하나님은 영"(4:24)이라는 대목을 플라톤 및 아리스토텔레스의 신관으로부터 차용한 '누스'(νοῦς)로 해석한 바 있었다.[33] 그 누스는 BC 5세기부터 아낙사고라스를 비롯하여 여러 논자에 의해 신과 영혼뿐만 아니라 이성·지성·정신 등을 의미했고 물질에 질서를 부여하는 원리라는 의미를 갖춰 왔다. 그후 신플라톤주의의 창시자 플로티누스는 누스를 '일자'로부터 가장 가깝게 유출된 것으로 간주했고, 그것이 영혼(ψυχή)과 세계들의 상위에서 질서와 통일성을 부여한다고 설명했다. 그렇게 본다면 플로티누스에게 있어 정신과 육체, 영혼과 세계, 지성과 물질은 존재론적으로 계층적 차이를 보인다고 할지라도, 근대인들이 생각한 것과는 달리 이원적·대립적 짝이 아니다. 오히려 누스는 육체·물질·세계와 함께하며

---

33 Wolfhart Pannenberg, *Systematic theology* Vol. 1, 382.

그것들을 지배하는 무형의 원리다.

현상적·물질적 인과론에 의거한 형이상학을 추구한 아리스토텔레스의 영향을 받은 토마스 아퀴나스에게도 지성은 객관적으로 실재하는 것이었다. 이에 관련한 그의 주장을 인용한다.

> 그러므로 우리는 지성(the intellect)이 만물 존재에 관계하는 성질을 우선 관찰함으로써 지성이 행위에 있을지 혹은 잠재성 가운데 있을지 발견하게 될 것이다. 왜냐하면 우리는 만물 존재에 관계하는 지성이 모든 존재의 행위에 해당함을 발견하기 때문이다. 그리고 신적 지성도 마찬가지다. 신적 지성은 하나님의 본질인데, 그 안에서 본래적으로나 실제적으로 모든 존재는 제1원인 안에서처럼 선재(先在)한다. 그러므로 신적 지성은 잠재성 가운데 있는 것이 아니라 순수 행위가 된다.[34]

우리는 토마스 아퀴나스의 기술 가운데 만물과 구별하여 지성, 특히 신적 지성이 지닌 몇 가지 성격을 읽어낼 수 있다. 곧 그것은 세계에 앞서 본래적으로 존재하고, 근본적으로 신적 본질이고, 단순히 잠재성만이 아닌 실질적 규정력과 구속력이 있는 행위라는 점이다. 다시 말해 신적 지성은 정적이고 추상적 성질에 국한되지 않을 뿐만 아니라 행위와 운동과 실재를 가능케 하는 현실적 근거인 셈이다. 이상을 평가하자면 근현대 신학이 플라톤이나 데카르트식의 이원적 실재관에 고착되어 영과 물질을 대립적 짝으로 생각하는 것과 달리, 중세 신학이 오히려 오히려 가시적 실재와 비가시적 실재를 연속(연결) 선상에서 보는 세밀함을 보였다고 할 수 있다.

---

34 *STh.*, I, 79, 2.

다양한 자료의 이해와 고전의 해석을 통해 신학적 종합을 시도하자면, 하나님의 앞에서 사물과 영 사이에 절대적 구별은 없다. 또한 가장 깊은 신적 차원에서 이/정보는 기/에너지를 이루고, 기/에너지는 이/정보를 구현하는 관계일지 모른다. 다른 분과에서의 해석이지만, 20세기의 유명 이론물리학자 데이비드 봄 또한 정신과 물질은 하나의 근본적인 질서로 말미암은 두 종류의 투영이며 하나의 심오한 실재에 관한 두 종류의 표현으로서 서로 관련을 맺는다고 보았다.[35] 세계의 정체에 루아흐의 발현이자 로고스의 구조라는 양가적 측면이 있다면, 세계를 매개로 루아흐와 로고스는 서로 긴밀하게 연결된다.

본격적으로 우리가 생각해 보아야 할 또 다른 신성의 국면은 루아흐와 로고스 사이의 구별과 일치다. 고대 그리스 철학으로부터 신학으로 차용된 '로고스'(λόγος)는 선재하는 그리스도의 정체다. 신약성서, 특히 요한의 문서에 의하자면, 로고스는 인류 역사 가운데 팔레스타인 지역에 예수라는 이름으로 강생하기 전의 존재 양식이었다. 요한복음 1장 1절은 로고스가 하나님과 함께했었고, 로고스 역시 하나님임을 선언하고 있다. 이는 성서 전체에서 가장 신비로운 증언이며, 창세기 1장과 더불어 세계 창조의 핵심을 계시하는 매우 높은 밀도의 구절이다. 로고스에 관한 내용을 개역개정판 성서는 이렇게 번역하고 있다. 단 로고스만 그대로 두기로 한다.

태초에 로고스가 계시니라. 이 로고스가 하나님과 함께 계셨으니 이 로고스가 곧 하나님이시니라. 그가 태초에 하나님과 함께 계셨고 만물이 그로 말

---

35 다음을 참고하라. David Bohm, "Frgagment and Wholeness in Religion and in Science," *Zygon* 20 (1985): 125-133; David Bohm, *Wholeness and the Implicate Order* (New York: Routledge and Kegan Paul, 2005), chap. 7.

미암아 지은 바 되었으니 지은 것이 하나도 그가 없이는 된 것이 없느니라. 그 안에 생명이 있었으니 이 생명은 사람들의 빛이라(1:1-4).

신약성서가 형성된 이래 이 구절에 관한 설교뿐만 아니라 연구와 논문의 분량을 헤아릴 수 없다. 단연 여타의 본문보다 특별하다는 사실에 이의를 가질 신학자는 없다. 개인적으로 요한복음의 이 서두는 아주 매력적인·영구적인 신학적 논제요 다양한 방면의 사유를 위한 자원이 된다. 이에 관한 주석도 다양하고 문화와 상황에 따른 독창적인 번역도 많지만, 그 가운데 압권은 로고스를 '도'로 번역한 중문中文(중국어) 성서다. 거기에는 요한복음의 1장이 다음과 같이 번역되어 있다.

태초에 도(道)가 있었다. 도는 신(神)과 함께 있었다. 도는 곧 신이다. 이 도가 태초에 신과 함께 있었다. 만물은 그(도)가 만든 것이다. 무릇 지은 것은 하나도 다른 것으로 지은 것이 없다. 생명이 그 안에 있고 그 생명은 사람의 빛이다.[36]

일차적으로 도는 말씀·길을 뜻하지만, 도리·이치·근원·바탕 등의 의미도 포함하고 있다. 아쉽게도 한글판 성서가 로고스를 번역한 '말씀'은 형이상학적 개념으로서의 도라기보다 우리 문화적 맥락에 있어서 윗사람의 '말씀' 또는 스승의 '말씀'에 해당하는 의미와 뉘앙스를 지닌다. 다만 중국어의 도야말로 로고스를 번역함에 있어서 비슷한 등가의 존재론적 수준을 지닌다. 도는 동북아시아 문화권 안에서 로고

---

36 중국 연합판 성서(Chinese Union Version)은 다음과 같이 번역되어 있다: "太初有道,道與神同在,道就是神。這道太初與神同在。萬物是藉著他造的;凡被造的,沒有一樣不是藉著他造的。生命在他裡頭,這生命就是人的光。"

스처럼 심원한 철학적 개념을 지니기 때문이다.

『주역』을 풀이한 「계사전^{繫辭傳}」에는 도의 개념을 이렇게 소개하고 있다. "형체 이전의 것, 그것을 일러 도라고 한다. 형체 이후의 것, 그것을 일러 기^器(그릇)라고 한다"[形而上者 謂之道 形而下者 謂之器]. 이것을 현대적으로 해석하자면, "사물을 초월하는 것을 도라고 하고, 사물을 초월하지 않는 것을 물체라고 한다"라고 할 수 있다. 주감^{朱鑑}의 『주문공역설^{朱文公易說}』에는 도와 기를 각각 이^理와 물^物로 바꿔, "형체 이전의 것은 이, 형체 이후의 것은 물"[形而上者是理 形而下者是物]이라고 해석한 바 있다. 즉, 도 또는 이는 무형의 법칙으로서 만물이 조성되기 전의 궁극적 실재이고, 기^器 또는 물^物은 만물이 조성된 후 형체를 갖춘 물질적 실재라는 의미다. 이는 아리스토텔레스의 저작들을 편집하고 정리한 안드로니코스(Andronicus of Rhodes)가 '자연학 다음의 저작들'(the writings after the Physics)이라는 의미로 쓴 '메타피지카'(Metaphysica)[37]를 동양권에서 왜 '형이상학'이라는 이름으로 지칭했는지 시사하는 대목이다.

고대 사상들을 접하다 보면 발견하는 흥미로운 사실은 다수의 사유 전통이 "형체가 있는 것은 형체가 없는 것에서 유래했다"고 하거나 "초월적인 것으로부터 현실적인 것이 조성되었다"는 관념들을 내보인다는 사실이다. 오히려 만물의 조성에 있어서 물질로부터 또 다른 물질적 형태로 전변^{轉變}한다고 보는 유물론적 사고가 자연스럽고 합리적일 텐데 꼭 그렇지도 않은 셈이다.

삼위일체에 있어 우리가 더 나아가야 할 신학적 사고는 삼위일체의 내적 본성에 따라 로고스와 루아흐 사이의 모순 허용, 즉 구별과 일치에

---

37 메타피지카는 실제로 라틴어이고, 헬라어로는 정확히 τὰ μετὰ τὰ φυσικά이다.

관한 것이다. 로고스는 신약성서 가운데 매우 비중 있는 개념으로서, 특히 요한 신학에서 창조에 선재하는 예수 그리스도의 정체를 표명하는 어휘다. 하나님의 아들이며 그리스도로 강생한 예수의 대속적 희생과 부활을 전파하고 변증하기 위해 헬라 철학에 있어서 심중한 의미를 지닌 로고스를 선택한 것은 의외로 기독론뿐만 아니라 창조 이론 및 신론의 외연을 넓힐 수 있도록 돕는다. 성서에서 로고스는 우선 말(말씀), 일(막 1:45; 행 15:6), 이유(연고, 마 5:32), 도 등으로 해석된다.

본래 헬라어로서 로고스 또한 도처럼 '말'을 의미했다가 점차 수사학修辭學과 결부되어 설명 · 이유 · 근거 · 개념 · 논증을 뜻하게 되었다. 그리고 고통 · 비참 · 열정 등의 의미를 지닌 파토스(πάθος)와 대립되는 의미로서 이성 · 계산 · 척도 · 이법 등의 의미로 확대되었다. 로고스는 특히 질서 있는 모음 · 취합 등을 뜻했는데, 문헌상 로고스라는 말을 본격적으로 쓰기 시작한 헤라클레이토스는 로고스가 사물들 배후에 존재하며 상호 대립·충돌하는 것들을 결합하여 조화·통일하는 원리이며 변화하는 세계를 총괄하는 하나의 정신 법칙으로서 만물을 지배한다고 생각했다. 만물이 로고스에 의해 발생한다고 주장한 만큼, 헤라클레이토스는 형체와 질료가 아닌 이법 · 질서 · 법칙 개념을 통해 우주의 근거로서 궁극적 실재를 사유한 중요한 철학자다. 헤라클레이토스에 의하면, 인간은 사물들의 고유한 성질과 이것들을 지배하는 로고스를 인식하는 것이 본연의 지식과 지혜를 얻는 길이다.

흥미롭게도 헤라클레이토스의 철학을 반대했던 본질적 · 관념적 철학자인 파르메니데스조차 이성적 논변의 성패를 결정짓는 요건이자 신들조차 따라야 할 필연과 설득의 로고스를 중시했다.[38] 다만 파르메니

---

38 김남두, "파르메니데스와 로고스의 실정성," 「철학연구」 74 (2006): 19-20 참조.

데스에게 로고스란 감각에 의해 경험되거나 파악되는 것이 아니었다. 감각 이상의 높은 지적 능력으로 로고스를 얻게 된다고 보았기 때문이다. 그 이후 플라톤과 스토아 철학자들도 세계를 조성하게 하거나 합목적으로 지배하는 이성적 원리를 로고스로 상정했다. 다만 플라톤의 로고스는 사물로부터 취할 수 있고 사물을 해석한다는 점에서 이데아에 필적하는 것은 아니었다. 스토아 철학자들은 로고스를 신神에 준하는 존재로서, 만물에 내재하며 생명체에게는 생명력을 공급할 뿐만 아니라 세계의 이성으로서 윤리적 삶의 원리로 작용한다고 이해했다.

우리는 요한의 신학이 로고스를 예수 그리스도에 관련 맺기 이전 시기에 당대 철학자와 지성들이 로고스에 관해 쓴 범례로부터 동양의 도나 이理의 의미들과 비교할 만한 공통점을 엿보게 된다. 나는 이것이 그리스도론을 심화하는 데에 상당 부분 기여할 해석학적 자료라고 평가한다. 앞서 일별한 바 있지만, 이理는 성리학의 논리 안에서 만물의 존재·생성·운동에 관한 원리·법칙·질서를 뜻한다. 성리학은 만물이 이에 의해 지배된다고 설명하는데, 크게 자연의 원리와 당위의 법칙의 두 가지 측면을 구별했다. 전자는 '그렇게 되는 까닭'이므로 '소이연所以然·소이연지고所以然之故'라고 했고, 후자는 '마땅히 그렇게 되어야 할 규칙'이므로 '소당연所當然·소당연지칙所當然之則'이다. 서양의 사유 전통에서는 대개 이 둘을 달리 보는 경향이 짙지만, 동양에서는 인간을 비롯한 만물을 주재하는 원리로서 존재(Sein)와 당위(Sollen)가 근본적으로 하나다. 곧 자연질서나 도덕법칙이 모두 이理에 근거하기 때문이다.

로고스가 감각 경험에 의해 파악될 수 없는 반면, 이성을 통해 알 수 있다고 했듯이 이理 또한 그러하다. 이는 "소리와 냄새가 없고, 부피가 없고, 겉과 속이 없고, 감정과 뜻도 없고, 측량될 것도 없고, 조작도 없다"고 상정되기 때문이다. 다만 성리학은 인간의 성정과 만물에 내재한 본성을 궁구하자면 개개 사물 안으로 다양하게 나뉘었으나 한 가지 이치로 파악될 수 있다고 보았다. 특히 주리론자들에게 있어서 이는 그 자체로 만들어지거나 소멸하지도 않는 영원한 실재다. 생사와 궁진窮盡이 없는 특징으로 인해 무로 규정지을 수 있지만, 동시에 시공간에 무관하게(또는 그것을 초월하여) 참으로 존재하기 때문에 유라고 할 수 있다. 한편 이가 기와 분리되지 않고 이가 기 안에 내재하여 만물의 질서를 이루는 것과 마찬가지로, 이가 각각의 사물에 소이연所以然과 본연지성本然之性이 되는 것과 마찬가지로 로고스가 모든 사물이 공유하는 이치라는 점에서도 유사성이 있다.

이理가 기氣와 더불어 송대의 중국과 조선의 정신세계를 지배했던 것처럼, 로고스는 서구에서 고대로부터 인간의 이성적 활동의 근거로 간주 되어 서양 철학을 지배했다. 로고스는 이성적 언어로 전달되는 담론의 대명사였고, 2천 년을 지속한 이른바 로고스 전통은 의지·정서·욕망을 도외시한 이유로 현대 철학자들로부터 혹독한 비판을 받기도 했다. 그러나 인간이라는 존재의 독보성이 '이성적 존재' 또는 '로고스를 이해할 수 있는 동물'이라는 사실에 있음을 부정할 수 없다. 문명을 이루기 이전부터 인간은 이성을 확보하고 강화하는 것이 곧 위협적인 환경을 극복하고 생존을 위한 관건이었고, 21세기 IT 기술문명을 떠받치는 인간의 내적 능력 역시 이성이기에 로고스 중심주의는 쉽게 무너질 전통이 아니다.

서양 철학사 가운데 로고스는 사물의 그 '무엇'으로서 존재의 본질 또는 본질 존재를 뜻해 왔다. 그것은 자연(φύσις, 퓌지스)을 규정하고 있으며, 개개 사물의 고유성과 구조를 가능케 하는 형상(εἶδος, 에이도스)으로 간주되기도 했다. 여기까지 보자면 우리는 헬라 철학의 로고스와 성리학의 이理 사이에 유사성을 엿볼 수 있다. 물론 그 문화적·역사적 배경과 맥락이 다르기에 '같은 것'으로 치부하는 것은 무리가 있다.

고대 헬라 철학 전통 가운데 매우 비중 있는 로고스 개념을 초기 그리스도교 변증가가 차용했다는 것은 주목할 일이다. 기실 예수의 등장 수 세기에 앞서 잠언 8장에서나 벤 시라크의 책(Book of Ben Sira)에서 신적 지위를 지닌 '지혜'(חָכְמָה)를 의인화한 사례가 있기도 했다. 거기에서 지혜는 '반半 신적' 존재로 묘사되었는데,[39] 유일신 전통의 유대교 내에서는 사뭇 드문 표현이었다. 그 '지혜'는 처음부터 하나님과 함께했으며, 세계를 함께 창조했고, 하나님의 자녀로 묘사되고 있다. 이러한 신학적 관점이 초기 그리스도교의 요한 문서 기록자에게까지 이어져 헬라의 '로고스' 개념을 차용하게 했을 것이다.

요한문서의 기록자는 공관복음서에서 나사렛 사람 예수를 메시아나 하나님의 종으로 규정하는 정도를 넘어 예수를 초우주적으로 격상하여 소개한다. 예수를 로고스로 동일화하여 그의 지식과 지혜·절대성·무한성을 표방했던 것이다.[40] 실제로 요한복음과 요한서신을 제외하자면, 공관복음서의 예수 그리스도는 대체로 역사의 지면에 머물러 있다(단 골로새서를 비롯한 일부 서신서는 복음서에 앞서 예수를 우주적으로 대망하기도 했다).

요한 신학은 성서 가운데 가장 대담하게 로고스 그리스도의 선재성을 주장하고, 그가 세계의 창조자일 뿐만 아니라 '하나님'임을 선언했다(요 1:1; 10:30; 14:9 등). 이것은 당대 유대교 전통 안에서는 매우 도발적인 시도였다.[41] 아니, 현저한 신성모독으로 간주될 종교적 파탄이었다(요

---

39 존 콜린스, "유대교의 유일신앙과 기독교 신학," 『유일신 신앙의 여러 모습들』 (서울: 한국신학연구소, 2008), 117.
40 요한복음 1장의 '말씀' 이외에 요한1서 1:1, 요한계시록 19:13은 로고스를 그리스도의 호칭으로 사용하고 있다.
41 이에 관련하여 윤철호는 "신성 안에 있는 한 독립적인 실체 또는 위격으로서의 로고스

10:33 참고). 그러나 그리스도교 교회는 그것에 아랑곳하지 않고 예수를 그리스도로 믿고 고백하는 것을 넘어 하나님(의 아들)과 로고스로 예배하게 했다. 그것은 곧 원시 교회로부터 확립된 그리스도론의 요체이자 그리스도교 교리의 핵심이었다.

현대 과학이 재구성하게 만드는 실재론과 고대 동서양의 종교적·철학적 지성들이 통찰했던 내용을 해석학적으로 취합하자면, 우리는 존재의 의미를 결코 물질성에 정초할 수 없다는 점을 거듭 확인하게 된다. 단적으로 말해 하나님이 피조물에게 부과할 수 있는 존재의 형식은 무한하다. 따라서 세계가 필연적으로 이와 같이, 즉 우리의 우주처럼 존재해야 할 절대적 이유와 당위는 없다. 그러나 인간은 우리 우주의 사물을 존재의 기준으로 또는 실재의 전형으로 국한해왔다. 이러한 인지적 태도는 존재의 의미와 범위를 터무니없이 제약한다. 말하자면 '바늘귀에 들어가는' 실만 선(線)이라고 생각하는 격이다. 존재에 관한 인간의 뿌리 깊은 편견은 꼭 그런 식이다.

여기서 우리는 루아흐와 로고스의 양립적 구별이 가능할 수 있을까 재고하겠다. 물질에 관한 개념이 근본적으로 가설적·임의적이라면, 그리하여 그 개념이 궁극적으로 무효가 될 소지가 있다면 루아흐와 로고스를 확고하게 나누는 것이 신성을 이야기할 만한 타당한 방식일지 의심된다. 현상의 세계에 존재하는 우리로서 그 둘이 같은 것이라 할 수 없고 구별되어야 할 필요가 있다. 즉, 세계와의 관계를 통해 로고스와 루아흐는 상호 구별되는 것이 자연스럽다. 하나는 물적 근원이고, 다른 하나는 그것과 함께 있는 이치적 근원 또는 구조적 정보이기

개념은 히브리적인 유일신론적 신 개념과 조화되기 어려운 것"이고, "구약성서의 신 관과 신약성서 또는 그 이후의 기독교의 신관 사이의 (연속성과 더불어) 불연속성의 단초가 발견"된다고 평가한다. 윤철호, 『너희는 나를 누구라 하느냐』 (서울: 대한기독교서회, 2013), 83.

때문이다(여기에 더해 신의 의식 또는 인격성이 있으니 바로 아래에서 논하겠다). 다만 하나님 자신의 차원, 신성의 수준에서 그 둘은 하나일 수 있다. 이러한 모순의 양립이 신성에 내재하고 있으며, 이것 역시 삼위일체의 특징이기 때문이다. 그런데 하나님의 로고스는 기계적·수동적 질서와 법칙만을 의미하지 않는다. 로고스는 루아흐와 더불어 세계 안에 끊임없는 창조성을 독려하고 우발성을 허용함으로 세계가 스스로 생경한 사건과 경이로운 체험을 할 수 있도록 계기를 베푼다. 이점이 성서적 로고스를 단순히 동양적 이^理로 환원할 수 없는 이유가 된다.

이제 루아흐 안에 내재하는 질서와 창조성으로서 로고스를 생각해 본다. 로고스는 만물에 강제적·숙명적 질서를 부과하는 법칙으로 기능할까? 그렇지 않다. 우리 세계 안에는 대기권의 기상으로부터 생물의 진화에 이르기까지, 의식의 출현으로부터 주식시장의 동향에 이르기까지 어마어마한 복잡성 속에 스스로 도약하는 높은 수준의 질서나 갑작스러운 변이가 이 세계에 나타난다. 혼란스러운 현상 가운데 새로운 질서가 나타나는 현상, 그 반대로 단순하고 예측 가능한 과정에서 별안간 이질적인 흐름이 발생하는 현상이 우리 우주 도처에서 찾아진다.[42] 유기체적 관계 가운데 구성 요소들의 상호관계·상호작용이 수시로 임계점을 넘어 자기 조직(self organization)이나 비약적 '창발'이 일어난다. 이것은 미립자와 분자를 지나 세포, 신경망, 생태계, 인간의 사회체제와 경제체제 그리고 근래 인공지능(AI)에 이르기까지 광범위하게 관찰되고 있는 실제다. 우주의 탄생과 성장, 기상 변동, 생명의 출현, 종의 진화, 의식의 출현, 문명과 경제 등의 모든 영역에서 이러한 면모들이 관찰된다. 평이한 조류에서 별안간 난류가 발생하는 일뿐만

---

42 에드워드 로렌츠(Edward Lorenz)는 기상 예측을 위한 방정식을 통해 발견한 "이상한 끌개"(strange attractor)라고 이름 붙여진 카오스의 특징이 대표적이다.

아니라 혼돈에서 질서가 생성되는 일도 있다. 다만 "지나친 질서는 변화가 불가능하며, 지나친 혼돈은 왜 지속되는 것이 불가능하다. 어떤 수준에서의 복잡성은 다른 수준에서의 단순성으로 이어진다. 무질서는 흔히 새로운 질서의 출현을 위한 전제 조건이 된다."[43] 관찰되는 계(system)가 간혹 스스로 살아 있는 것처럼 나타나는 이유는 부분들의 피드백과 시너지 효과로 인해 물리계가 급변하여 혼돈(카오스)에 이르거나 새로운 질서를 생성하기 때문이라고 설명된다.

지난 세기에 물리학·화학·분자생물학뿐만 아니라 사회학·경제학 등의 분야에서 우리 세계라는 것이 예측 가능한 질서와 법칙을 따르는 닫힌계(closed system) 혹은 단순계(simple system)로만 설명할 수 없는 한계를 노출했다. 또한 세계가 우발성을 허용하는 비결정적 유기체라는 점과 단순한 메커니즘과 운동을 토대로 점차 복잡한 구조들이 발생하는 일이 가능하다는 점이 확인되었다.[44] 이러한 현상은 우리가 거하는 세계가 기계론적으로 설명될 수 없고, 조건과 기회가 주어지면 언제든 정교한 구조를 조성하거나 생명을 구성하는 전일적 유기체일 개연성을 살펴야 할 문제였다. 혹여 신학적으로 접근할 때 창발과 자기 조직화 같은 현상을 루아흐와 별개로 해명할 수 있을까? 혹은 갑작스러운 변이와 혼돈이 나타나는 현상을 로고스와 별도로 해명할 수 있을까? 서구의 전통적 입자론적·기계론적·이분법적 구도 안에서는 퍽 까다로운 문제다. 다행히 지난 한 세기 동안 세계가 원인과 결과 혹은 독립변수와 종속변수의 일방적 관계로 구성된 단순계가 아니라 매우 조밀한 관계망 속에서 질서와 규칙뿐만 아니라 무질서 및 혼돈을 일으키는 복잡계

---

43 이언 바버, 『과학이 종교를 만날 때』, 184.

44 다음을 참조하라. Jeffrey S. Wicken, Evolution, *Thermodynamics, and Information: Extending the Darwinian Program* (New York: Oxford University Press, 1987), 177.

(complex system)임이 드러나고 있다. 물론 우리가 세계의 질서와 규칙을 늘 특정할 수 없다는 말이 아니다. 가령 고전 역학은 지금도 평범한 물리적 환경에서 세계의 규칙성·예측 가능성을 넉넉하게 보인다. 그러나 미시와 거시를 망라하는 전체 세계는 그 이상으로 모호한 면모를 보인다. 정직하게 말하자면 우리는 이러한 세상을 질서로만 해석할 수 없고 또한 무질서로만 해석할 수도 없다. 가끔은 결정론 혹은 비결정론도 아닌 확률적 인과율을 따를 경우도 많다. 신학적으로 이해하자면, 이상의 현상들은 루아흐가 지닌 전일적인 유기체로서의 성격으로부터 온다고 할 수 있다. 그리고 질서정연한 인과적 공리와 기계적 법칙으로 환원되지 못하는 신적 로고스의 자유와 생명으로부터 온다고 할 수 있다. 물론 루아흐와 로고스의 두 속성은 상호 교류하고 공속되기도 하면서 동시에 차이를 지닌다.

세계에서 펼쳐지는 다양한 사건과 현상을 아리스토텔레스나 토마스 아퀴나스처럼 선형적으로 해석할 수 없다는 한계에 직면한 지 오래되었다. 또한 근래 과학은 우주 안의 모든 것이 초기의 물리적 조건에 극도로 민감하다는 사실을 계산했다. 가령 빅뱅 전후로 우주의 초기 조건에 미세한 변이만 있었어도 또는 그 조건 가운데 극미한 것이 누락되었어도, 우리가 전혀 예상할 수 없는 세계가 출현하게 되거나 아예 이 우주가 일찌감치 붕괴할 수 있었다. 현대 과학은 앞선 원인에 의해 일방적인 결과가 뒤따르는 것이 아니라는 사실을 밝혔고, 특히 확률론을 개입시켜 물상을 해석하는 방법론도 불가피해졌다. 심지어 '지연된 선택 양자 지우개'(Delayed-Choice Quantum Eraser) 현상은 미래가 과거에 영향을 주는 것처럼 나타난다. 이러한 것들은 로고스의 질서 아래에서 모종의 인격과 자유의지가 개재할 지점일지 모른다. 불가의 연기설 같은 유기체적·비선형적 인과론이 세계의 계·구조·

사건들을 제법 잘 해명하는 것 같아도, 창발적 사건과 유정물有情物의 우발적 의지에 관련하여 완전한 인과적 고리를 찾지 못한다. 그런 한계로 인해 애초에 그래서는 안 될 입장인데도 현상 세계 이면에서 윤회나 집단적으로 훈습薰習된 업業, 우주적 단일의식, 가령 '아뢰야식'이나 '여래장'을 상정하는 범신론적 형이상학으로 나아가기도 한다. 그것은 싯다르타의 불교가 아닌데 말이다.

어떤 슈퍼컴퓨터도 앞으로 일어날 사건을 예상하기 위해 모든 상수와 변수를 포함하고 추적할 수 없다. 인류의 지성은 세계의 세부를 기술하기에 그리고 미래의 향방을 예측하기에 벅차다. 우리가 인정할 수밖에 없는 것은 과거에 예견된 것과는 달리 미시 세계로부터 거시 세계에 이르기까지 다양한 요건들이 비선형적 관계와 우발성을 통해 역동과 사건을 만들고 있다는 사실이다. 전통적으로 유물론은 우연이라는 것이 "모든 새로움, 모든 창조의 원천"[45]이라고 간주했지만, 유신론은 이를 달리 해석할 수 있다. 혹여 우연이라는 것은 루아흐처럼 로고스가 냉철한 규칙과 제한을 통해 우주 내의 사물들을 간섭하지 않기 때문에 나타날지 모른다. 그리고 신적 로고스는 루아흐 내 개체들의 창조력과 잠재력을 독려하는 존중 가운데 그 안의 독자적 존재(피조물)의 자기 결정과 의지를 허락할 수 있다. 몰트만이 "하나님의 세계는 우연한 필연성을 그 자체 내에서 중재하고 자의(Willkür)와 강요를 피하면서 '그의 신적인 기뻐하심의 놀이'로서 이해될 수 있다"[46]고 언급했듯, 피조물의 결정을 존중하는 일은 하나님에게도 즐거운 모험과 경이로운 경험으로 되돌아온다. 요컨대 세계는 인과율의 질서만으로 지배되지 않는다. 하나님의 로고스란 세계의 자유에 관대하기 때문이다.

---

45 이언 바버, 『과학이 종교를 만날 때』, 131.
46 위르겐 몰트만, 『삼위일체와 하나님의 나라』, 132.

그간 창조는 하나님과 세계, 정신과 물질, 영과 몸을 나누는 이원적 사고에 의해 편리하게 논해져 왔다. 그러나 이원적 구별을 허용하지 않는 전일적 루아흐를 상정하자면, 나누고 분석하는 사유 방식으로써 하나님과 창조 세계의 관계를 이해하기 어렵다. 혹여 아버지와 아들의 위격은 창조 세계로부터 현격한 질적 차이를 이루는 근거가 되지만, 루아흐의 위격은 하나님과 창조 세계 사이의 질적 차이를 좁힌다. 루아흐는 스스로 만유의 기식氣息과 몸이 되도록 자기를 건네줌으로써 생경한 창조 세계를 그 안에서 조성하고, 그것들과 인격적 관계를 맺고 서로 피드백한다. 이것은 자기 안에 동일성과 이질성을 함께 배태하는 특별한 창조성이라 할 수 있다. 한편 '무로부터의 창조'라는 표현을 완전히 버릴 수도 없는 까닭은 창조물 이전의 루아흐의 정체는 어떤 유비나 개념이 마련되어 있지 않는 상태의 '그 자신'이기에 결국 무라고밖에 할 수 없기 때문이다.[47]

로고스는 루아흐의 내적 질서이면서도 루아흐와 구별되고, 로고스는 루아흐에 근거하는 만물의 자유와 선택을 해치지 않는다. 물론 루아흐 역시 자신으로 말미암은 피조물들의 고유한 질서나 창발을 가로막지 않는다. 이는 즉, 출현하는 모든 사물과 사건에 그 고유성과 개성의 자리를 마련해주고 존재 가치를 세워준다는 의미다. 카발라의 침춤 도식이 신학적으로 의미가 있다면, 그것은 하나님이 창조를 위해 '공간적' 여지를 내어준다는 차원에서 그치는 것이 아니다. 오히려 그것은 피조물들의 자유를 허락하고자 하는 하나님의 지배와 간섭의

---

47 참고로 알프레트 예거는 출애굽기 3장에서 자신을 계시하는 하나님이 "나는 나다"라고 말했던 의의가 그의 인식 불가성을 나타내는 것이라고 해석하며, "하나님은 존재자의 목록에 속하지 않다"라고 단언한다. 곧 그것이 알려지지 않은 하나님, 실재적 존재로서 무로서의 하나님이라는 것이다. Alfred Jäger, *Gott. Nochmals Martin Heidegger*, 448-451.

'비움'이다. 이는 곧 자유를 매개로 하는 신적 사랑의 표현이다. 이러한 존재론적 관계가 곧 모든 피조물이 루아흐 안에서 사랑과 존중을 나누는 방식이다. 단 피조물의 무형적·유형적 독자성이 있다 하더라도 그것이 루아흐 및 로고스와 전적으로 분리되는 것도 아니고 또한 전적으로 일치되는 것도 아니다. 피조물은 하나님을 떠나 존재할 수 없다. 그러나 피조물은 하나님을 떠날 의지를 행사할 수 있고, 신 없는 세계를 가정하며 분투할 수 있다. 말하자면 부과된 질서 이외의 자유를 구가할 수 있는 것이다. 너무 꽉 짜인 질서는 피조물의 자유와 개성을 압살한다. 반면에 "무질서는 흔히 새로운 질서의 출현을 위한 전제 조건이 된다."[48] 창조자가 이러한 방식의 창조를 선택했다면, 이는 그가 피조물을 존중하는 사랑에 기인한다고 이야기될 수 있다.

여기까지 오면서 나는 로고스와 루아흐의 관계 그리고 창조 세계와의 관계에 집중했다. 그에 따라 역사적 예수와 그의 공생애, 특히 대속을 위한 십자가 희생과 사망 권세를 이긴 부활 등 그리스도에 관한 성서적 증언에 관한 진술들을 다루지 않았다. 또한 본서에서 지금까지 개진한 성령에 관한 논의에서는 신자를 돕는 이로서 개개인의 인격을 감화하고 그리스도의 복음을 증언하게 하는 성령의 사역 등을 생략했다. 사실 그러한 내용들은 고대 에큐메니컬 신조로부터 중세 스콜라주의를 거쳐 개신교 근본주의 및 신정통주의에 이르기까지 광범위하고 깊이 다룬 주제이기 때문에 내가 크게 보탤 것은 없다고 본다(혹여 필요하다면 그에 관한 보완은 향후 '대안적 그리스도론을 위한 예비적 연구'를 통해 별도로 집필할 것을 고려 중이다. 아마도 그 핵심은 시공간을 초월하는 로고스의 그리스도가 범문화적으로, 범역사적으로 편재할 수 있느냐 하는 여부

---

48 이언 바버, 『과학이 종교를 만날 때』, 184.

를 논하게 될 듯하다). 약간 빗나간 이야기이지만, 예수의 신이한 기적과 부활이 과학적으로 가능한가 하는 물음에 대해서는 나는 가능하다고 확신하는 입장이다. 이것은 종교적 신조나 미신이 아니다. 이미 양자역학이나 다중우주론이 시사하는 사물의 본질을 고려하자면, 기적과 부활이 불가능하다고 말할 수 없게 된다. 왜냐하면 그것들의 발생 가능성이 매우 희박할 뿐이지 불가능하다고 단정할 수 없기 때문이다. 오히려 기적과 부활이 발생할 수 있는 사건으로 간주하는 편이 보다 '과학적'인 태도가 된다.[49] 물론 고전 물리학이나 이에 상응하는 정도의 세계관을 지닌 입장이라면 결코 받아들이지 못할 낭설이 되겠지만 말이다. 결국 우리 시대에는 모호한 존재론적 위상을 지닌 이 세계에 역사적 형식으로 강생한 로고스가 떡 다섯 개와 물고기 두 마리로 군중을 먹이는 것을 왜 동화童話로 봐야 할지 또 그의 부활을 미신으로 치부해야 할지 도리어 물을 수도 있겠다.

　신학적 맥락과 논점이 달라도 프란츠 오버벡(Franz Overbeck)과 에밀 브루너(Emil Brunner)가 고안한 '원역사'(Urgeschichte) 개념은 시한적·임의적 형식으로 존재하는 이 세계와 이 세계의 역사(Historie)에 그리스도론이 고착되고 제한되지 않도록 개방한 공로가 있다. 브루너의 주장처럼 예수 그리스도가 지상의 역사에 구애되지 않고, 오히려 원역사 속에서 세계의 역사적 장애를 초월하는 존재라고 주장한 내용은 신학적으로 응용하고 확장할 여지를 남긴다. 약간 궤를 달리하는 논지이지만, 판넨베르크 또한 "초월적 근원으로부터 생명이 유래한다고 보는" 관점은 "부활을 예기하는 희망에 필수불가결한 전제"라고 단언하

---

49 이 문제에 대해 가장 과감한 주장을 하는 물리학자는 툴레인대학교에서 수리물리학을 가르치는 프랭크 티플러(Frank Jennings Tipler)이다. 다음 저서를 참고하라. Frank J. Tipler, *The Physics of Immortality: Modern Cosmology, God and the Resurrection of the Dead* (New York: Doubleday. 1994).

기도 했다.[50] 이렇듯 우리의 세계만이 유일한 세계가 아니며 우리가 입은 형식의 생명만이 유일한 생명이 아니라는 발상의 전환이 대담하게 그리스도교에 요청된다고 할 수 있다.

4. 사랑(마음)의 성부

지난 1세기 동안 밝혀진 창조 세계의 진실들은 인간으로 하여금 독립적·파편적 개체 중심의 존재론이 아니라 전일적·관계적 사건 중심의 존재론을 재구성하게 만들었다. 그리고 신학에 있어 세계를 단지 장인^{匠人}의 물건 또는 작가의 창작품 같이 만들었다고 설명하는 전통적 유신론과 창조 이론을 재고하도록 재촉했다. 그러한 변화를 고려하며 내가 조심스럽게 제기하고자 하는 바는 하나님의 창조 행위에 따른 피조물인 세계란 한편에서 루아흐의 자기제한[51]·자기 분여·자기 전개와 창발의 결과라는 점 혹은 창조적으로 변이^{變移}하는 루아흐의 양태이면서도 동시에 하나님에 마주하는 타자적 존재라는 내용이다. 그런데 나는 이것을 교리적·신조적 명제로 내놓지 않겠다. 앞서 밝혔듯이 본서는 우리 시대에 설득력 있는 신론을 위한 '예비적 연구' 차원에 국한하기 때문이다.

우리 우주를 포함하여 그 어떠한 창조가 되었든 루아흐의 몸, 루아흐의 기식^{氣息}, 루아흐의 질서를 벗어나지 않는다. 그리고 영원한 생명과 만물의 장(field)으로서 루아흐는 경이로운 창조, 역사적 생 체험, 모험적

---

50 볼프하르트 판넨베르그, 『자연 신학』, 48.

51 생화학자이자 신학자인 아서 피코크 역시 하나님의 자기제한 또는 자기 억제를 통해 창조 안에서 피조물들의 가능성과 잠재력이 발휘되도록 허용하거나 새로운 것들이 드러나게 한다고 주장한 바 있다. Arthur Peacocke, *Creation and the World of Science* (New York: Oxford Univerrsity Press, 1979), 131-138.

유희, 아름다움의 증대, 사랑과 자유의 구가를 도모하고 있다. 만약 오늘날 그리스도교 신학이 여러 국면에서 타당성을 획득할 하나의 존재론으로서 신론을 재구성한다면 그것은 반드시 만유재신론이어야 하며, 그것도 '유기체적' 만유재신론이어야 한다. 살아 있는 전체 유기체 안에서 모든 개체는 서로 간에 그리고 개체들과 전체 사이에는 분리할 수 없는 존재론적 연합이 있다.

모든 것은 서로가 서로를 그리고 부분들이 더 큰 전체와 의미를 구성하며 신적 체험과 아름다움을 위해 활동한다. '지극히 작은 것'에 관한 예수의 반복적 교훈에 의하자면, 때로 작고 보잘것없는 것은 마치 프랙탈 구조처럼 전체나 그리스도의 지위에 필적하는 존재 가치를 지니게 된다(마 10:42; 18:6-4; 25:40, 45; 막 9:42 참조). 그러므로 예수의 윤리학에서 존재의 질은 존재의 양적 조건이 결정하지 않는다. 성령의 호흡으로써 생명으로 존재하는 것들은 계량하고 등급 매길 수 없는 본유적 존엄성을 갖는다. 지극히 작은 것에도 루아흐가 있고, 그것은 루아흐 안에서 존중받는다. 하찮아 쉽게 버릴 만한 것은 루아흐 안에 결코 존재하지 않는다. 상호 대립하는 것을 포용하고 조화하는 루아흐의 운행은 독립적 실체라고 자처하는 개체들로 하여금 상호 환대의 의식과 실천을 위해 끊임없이 감화한다. 그것은 단적으로 교회 형성을 위해 특별히 사역한 루아흐의 사건을 통해 역사 가운데 시위되었다(행 2장 참조).

따라서 성령 '충만'이라는 것은 비범하고 기이한 것이 아니다. 타자와 창조 세계를 대할 때 그 모든 것이 루아흐의 시간적 발현이요 연장延長임을 깨닫고 존중하고 선대하는 삶이다. 창조된 모든 것은 루아흐의 얼굴이요 촉수觸手요 몸짓이다. 똑같은 논지는 아니겠지만 이미 지난 세기에 만유재신론을 주장했던 대표적인 신학자인 몰트만은 이렇게 썼다.

> "태초의 창조"를 회고해 볼 때, 이미 이 창조 속에 성령이 창조의 영으로서 임재하여 있음을 발견하게 된다. 기독교 신앙은 성령이 누락된 창조에 대하여 말할 수 없다. 창조는 그 안으로 들어오신 하나님의 영의 힘으로서만이 존재한다. 만일 하나님이 그의 영을 거두어 가신다면 창조는 몰락할 것이다 (시 104:29-30).[52]

유대 신비주의 '카발라'로부터 원용하며 하나님의 '자기제한'(Tzimtzum)과 성령의 거하심을 통한 창조를 추정했던 몰트만은 "하나님은 단지 창조자로서 그의 창조물에 대하여 마주 서 있는 것은 아니"라고 단언했다.[53] 즉, 하나님은 창조물과 유리된 존재가 아니라 오히려 창조물 가운데 함께 있는 분이므로 전통적 창조 이론으로 설명되기 힘들다는 말이다. 몰트만에 의하면 창조물은 성령을 통해 창조 시점으로부터 종말까지 존재론적으로 연결된 상태다. 다음을 보자.

> 성령 가운데에서 하나님은 인간과 함께 거하신다. 성령의 경험은 하나님의 자기 낮추심과 거하심의 경험이다. 이것은 성전과 예배와 주의 날에만 경험되었던 하나님의 한 임재이다. 그러나 이제 인간 자신이 이미 그의 몸에 있어서 성령의 전이 된다(고전 6:13-20). 그러나 최종적으로 새 하늘과 새 땅이 하나님께서 거하시는 '전'이 될 것이다. 전 세계가 하나님의 본향이 된다. 성령의 거하심을 통하여 인간과 공동체는 이미 지금 그들의 몸에 있어서 '변용된다'. 그렇다면 모든 피조물이 우리 안에 거하시는 하나님의 영광

---

52 위르겐 몰트만, 『삼위일체와 하나님의 나라』, 139.
53 앞의 책, 131.

을 통하여 변용될 것이다. 그러므로 우리 안에 거하시는 성령의 경험에서 시작되는 희망은 만유재신론적인 환상들 가지고 미래를 파악한다. '하나님이 만유의 주로서 만유 안에 계시게 됨'으로써 모든 것은 끝날 것이다(고전 15:28). 성령을 통한 세계의 변용은 세계 안에 계신 하나님과 하나님 안에 있는 세계를 의미한다.[54]

종말에 이르러 완수되는 피조물의 변용과 일치를 기대하면서 일종의 시간적 '여지'를 남기고 있지만, 더 중요한 것은 몰트만이 하나님과 만유의 일치, 즉 "세계 안에 계신 하나님과 하나님 안에 있는 세계"를 그리스도교의 본유적 존재론으로 이해하고 있다는 사실이다.

그런데 누군가 이렇게 항변할 수 있다. "세계와 별개로 무한히 자유하고 조건 없이 자존하는 하나님이 어떻게 세계와 동일시되거나 세계에 묶여 있다고 할 수 있을까? 그것은 일종의 범신론이 아닐까?" 그렇다. 하나님이 세계와 동일시된다면 범신론으로 국한될 뿐 아니라 하나님은 세계의 창조자가 될 수 없고 세계의 구원자도 되기 어렵다. 분명히 타락하고 이지러진 세계의 참상들은 범신론적 신의 완전함과 순수함을 부정하는 반례反例로 꼽힐 수 있으니 말이다. 몰트만 역시 이 점을 의식하고 있는 듯하다. 그리하여 다른 저서에서 몰트만은 종말에 이르러서도 "세계는 하나님의 창조로 남아 있으며 결코 하나님 자신이 되지 못한다"[55]고 말한다. 아하, 그는 뭐라 말하는 것인가? 어쩌자는 것인가? 하나님은 만유 안에 계시고 만유는 하나님 안에 있다고 하면서도 만유는 만유대로 하나님은 하나님대로 남는다고 하니.

---

54 앞의 책, 같은 쪽.

55 Jürgen Moltmann, *God in creation: A new theology of creation and the Spirit of God* (Minneapolis,. Fortress Press, 1993), 184.

사실 이것이 하나님과 세계 사이의 관계를 기술하는 적절한 '이도 저도'(both this and that) 또는 '불상리 불상잡' 식의 논법이다. 어쩔 수 없다. 피할 수 없이 적절한 신학적 귀결이다.

나는 우리가 관찰하는 세계와 별도로 자존하는 하나님에 대한 신앙고백을 하며 하나님과 세계가 일치되는 것만을 표방할 오류를 피할 근거를 각 위격(persona)의 '구분'에서 찾는다. 그 가운데 특히 성부는 간혹 '숨은 하나님'(Deus absconditus) 또는 '신성' (Godhead) 또는 '아인 소프'(אין סוף, Ein Sof)로 형용되며 영원하고 무한한 초월성의 근거가 된다. 그런데 그는 역설적이게도 삼위일체의 정체에 '인격'이나 '의식'(마음)이라는 본성을 담지한다. 그 인격 및 의식은 사랑과 지혜의 원형이자 선하고 즐거운 창조 그리고 인간에게는 은혜롭고 정의로운 섭리로 체험된다. 다만 상대적으로 그는 삼위 하나님 중에 아버지로 지칭되면서 가장 오묘한 심연과 피조물 바깥에서 피조물을 바라보는 자로 남는 분이다.

물론 성자의 로고스도 루아흐와 구별되는 특성을 지닌 초월적 하나님이다. 요한은 역사의 한복판으로 강생하기 전, 그리스도가 아버지와 함께 했던 로고스라 증언했다. 로고스를 통해 만물이 창조되었는데, 그는 그 정체상 루아흐의 물적 근거와 구별되는, 이른바 정보나 이理의 유비를 공유하며 아버지와 마찬가지로 현상적 세계와 별도로 자존하는 하나님을 암시한다. 그런데 아베 마사오에 의하면, 그리스도의 또 다른 성격은 바로 아들의 '자기 비움'에 근거한다. 본서와는 신학적 궤가 다소 다르지만 참고하고자 한다.

> 선재하는 하느님의 아들은 바로 지금 여기에서, 우리 현존의 깊이에서, 자기 비움의 하느님의 아들로서 자각되어야 한다. 하느님의 아들이 사람이

된 것은 바로 하느님의 아들이 본래 스스로를 비우기 때문이다. (중략) 하느님의 아들은 하느님의 아들이 아닌바(왜냐하면 그분은 본질적이고 근본적으로 스스로를 비우므로), 정확히 그는 하느님의 아들이 아니기에 그는 참되게 하느님의 아들인 것이다(왜냐하면 그는 원래부터 그리고 언제나 자기 비움의 구원적 역할에서 그리스도로서, 메시아로서 활동하시기 때문이다).[56]

그렇다면 아들의 자기 비움은 삼위의 본래적 속성과 무관한 것인가? 아니다. 아베 마사오는 바울의 신학을 원용하면서(빌 2장 참고) "그리스도의 자기 비움은 하느님 안에, 하느님의 자기 비움 안에 그 기원을 둔다"고 하며 "하느님의 자기 비움 없이 하느님 아들의 자기 비움은 이해될 수 없다"고 단언한다.[57] 즉, 그리스도의 자기 비움은 인간의 역사로 침입하는 강생의 계기에 국한되는 것이 아니라 삼위의 무시간적 혹은 영원적 속성에까지 소급된다는 뜻이다.

로고스는 인간 편으로부터 추정하자면, 루아흐보다 더 멀고 깊은 초월적 존재다. 루아흐는 우리에게 귀납적 · 경험적 단서들을 많이 내보이지만, 로고스는 루아흐의 구체성을 경유하지 않으면 상대적으로 추정되기 어렵다. 그러므로 세계의 드러남에 비추어서 로고스는 루아흐보다 더 신성의 심연과 불가해성에 가깝다. 한편 로고스의 계시는 그 자체만으로, 그 자력만으로 되지 않는다. 루아흐의 세계 또는 루아흐의 역사 안에서 얻어지는 존재의 형식을 통해 가능한 것이다. 가장 드라마틱한 것은 루아흐 성령에 의한 로고스의 수태와 강생, 즉 이 세계로의 성육신이다. 매우 특이한 계기를 통해 세계의 역사와 접촉하

---

56 아베 마사오, "자기 비움의 하느님과 역동적 공," 46.
57 앞의 책, 60-61.

려는 그때 로고스는 자신을 들어 하나님의 정체를 현시하고 존재의 진리를 공유할 준비를 마쳤다(요 14:9 참고). 그 실행과 완결은 다시 성령에게로 넘겼지만 말이다(요 16:13 참고).

만약 어떤 논자가 루아흐와 로고스의 본래 개념에 충실하여 삼위일체의 신성을 이해하고자 한다면, 아브라함과 모세의 시대로부터 자기를 인격으로 계시한 하나님으로서의 면모를 잃고 이법신理法神 또는 자연법칙의 수준에 국한되어 버릴 수 있다. 그것은 그리스도교의 하나님이 아니다. 비록 그러한 발상의 진술이 신인동감설神人同感設(anthropopathism)을 극복하고 신정론을 비롯한 해묵은 신학적 의문들을 해소하는 데에 도움이 될지 몰라도 말이다. 인간에 대해 목적도 없고 애증도 없는 이법이라면, 굳이 인간은 그것에게 도움과 복을 구할 필요도 없고, 의구심과 원망을 표할 이유가 없다. 이러한 특징으로 인해 동서고금을 막론하고 영민한 지성들과 철학자들은 보다 설득력 있는 이법적 신이나 이치를 궁극적 실재로 지지해 왔다. 간혹 종교 이론가들 역시 그러한 관점을 취하기도 했다. 서구에서도 인격적 함의를 짙게 지닌 신이라는 용어를 과감히 폐기하고 비인격적인 개념들로 대체하기도 했다.

그런데 루아흐와 로고스에 관한 술어가 각각 성령과 아들에게 '1:1'로 관련되는 것만은 아니다. 삼위일체의 본성은 우리가 각 위의 구별에만 몰입하게 하지 않는다. 수의 중첩과 모순의 허용을 지닌 삼위일체의 특징상 세 위격을 칼로 베어내듯 잘라서 분석하는 방식은 그 독특한 신성을 온전하게 드러내지 못하기 때문이다. 하나님은 근본적으로 하나다. 가령 로고스가 보유한 정보와 지혜가 다른 위격에 부재한다거나 배타적인 것처럼 간주될 수 없다. 정보와 지혜는 루아흐와 배타적으로 분리되지 않는다. 성서는 분명하게 지혜와 지식의 영, 진리의 영으로서 성령을 증언한다. 물론 아버지 역시 진리와 지혜의 하나님이다.

마찬가지로 아버지의 의식, 곧 그 사랑과 창조성과 이 루아흐와 로고스와 동떨어진 것이 아니다. 돕는 자로서 그리스도 또한 사랑의 실천자였고 또 다른 돕는 자(요 14:16)로서 성령도 사랑과 기쁨을 그 열매로 맺게 하는 인격적 하나님이다. 다시 말해 로고스의 법칙과 원리 가운데에도 루아흐의 다채로운 분여와 전개에도 삼위 사이에 아버지의 사랑과 기쁨과 같은 인격적 요소가 공유되고 있다.

이성적 접근과 언어적 정리는 하나님의 '하나님 됨'을 쉽사리 훼손할 수 있다. 그런데 나는 앞서 주로 루아흐를 성령에게, 로고스를 성자에게로 환원하는 설명을 시도했다. 그렇게 말할 수 없는 하나님의 신비를 '말'로 개진하다 보니, 앞선 설명들에서 이율배반과 모순이 드러나게 되었다. 그런데 오히려 이율배반적·모순적 기술이 하나님의 실제에 가깝게 기술하는 방식이다. 그리고 아무리 적절한 언어도 하나님에게 전적으로 전적으로 맞지도 않고 틀리지도 않는다.

인류는 하나님의 인격성과 사랑에 관해 크게 두 가지 방식으로 판단해 왔다. 하나는 궁극적 실재에 관하여 사랑과 인격을 부정하는 방식이고, 다른 하나는 그 두 개념을 재정의하고 외연을 넓히는 일이다. 그런데 나는 앞서 다양한 자료들과 해석학적 검토를 통해 반복적으로 밝혔다. 궁극적 실재에 우리의 것과 같은 인격이 있다고 해도 맞고, 인격이 없다고 해도 맞다는 것을. 그 모순적 시각들은 같은 실재를 다른 자리에서 다른 눈으로 달리 보기 때문이다. 이것은 내가 현대 무신론적 지성들을 고려하여 공교롭게 꾸민 말이 아니다.

하나님이 진실로 존재한다면 인간에게 모순과 중첩으로 나타나는 것이 자연스럽다. 가령 계시와 침묵, 은총과 심판, 자애와 비정, 선택과 유기 등 상반된 이항이 하나님께 모두 가능하기 때문이다. 하나님의 사랑이 관상(Contemplatio)이나 시상詩想의 대상으로서만이 아니라 극적

劇的인 감동으로 향유될 서사가 된다면, 인간은 그가 이끄는 세계에 내재한 악마성도 체험할 수 있다. 논자에 따라 신성의 악마적 국면(the demonic aspect of deity)을 주장하기도 한다.[58] 물론 악의 종말론적 해소를 대망하는 구도나 헤겔식의 변증법적 종합을 원용하는 이론들에서 주로 엿보인다.

그리스도인이 하나님으로부터 받은 구원을 묘사하는 개념은 다양하다: 속량, 대속, 속죄, 거듭남(중생), 화해, 화목, 관계 회복, 교제, 하나님의 나라, 천국, 시민권, 영생 등등. 특별히 그 가운데 교제와 화해 개념은 하나님의 인격성을 전제한다. 하나님이 인간과 화해를 이루어 그의 형상으로 지어진 자녀들의 입지를 회복하는 것을 곧 구원이라고 한다면, 거기에는 무엇보다 하나님이 우리와 인격적 교제를 나누고자 하는 의도가 있다. 그런데 사람 사이에 경험하는 수준의 교제가 가능하다고 하거나 그것을 하나님의 인격을 묘사하는 술어에 적용하는 것은 당혹스러운 신앙 고백이다. 보편적으로 그것은 송영을 위한 수사修辭라고 하는 편이 온당하지 사실적 관계를 적시하는 것은 아니기 때문이다. 사람 대 사람의 대화처럼 매 순간 하나님과 구두口頭의 교제가 가능하다고 주장하는 설교자들은 기독교 무당(shaman)으로 몰려도 어쩔 수 없다.

우리가 하나님과 깊은 화해와 교제를 바랄 때 정초해야 할 시금석이 있다. 그것은 바로 골고다 언덕에 선 그리스도의 십자가 자리다. 궁극적으로 십자가에 못 박힌 예수 이외 완전한 사랑의 확증은 없다(롬 5.8 참조). 사실 유아적 도움과 친절을 바라는 구체적 환경 속에서 오히려

---

58 예를 들어 리쾨르는 특히 선과 악이 하나님 안에서 포괄되고 최후에 그리스도를 통해 극복된다고 주장하는 폴 틸리히의 비존재 이론을 그렇게 해석하고 있다. Paul Ricoeur, "Evil, a challenge to philosophy and theology," *Journal of the American Academy of Religion* 53.4 (1985): 644.

하나님은 냉담하고 심지어 비정하게 느껴진다. 이러한 문제로 인해 일부 신학자들은 하나님의 페르소나, 즉 인격(person)이란 삼위일체론 가운데 세 위의 하나님을 일컫는 특수한 용어이기에 인간에게 적용하듯 할 수 없다고 변증한다. 또는 그것이 인간의 이해를 돕는 유비(analogy)이기에 전적으로 맞는 용어라 할 수 없다고 말한다. 비록 창세기가 하나님의 형상(צֶלֶם, image)과 모양(דְּמוּת, likeness)으로 인간을 지었다고 증언하고 있어도 그것은 하나님의 본질을 완전히 이어받았다는 말은 아니다. 창세기 1장에서 형상과 모양이라는 말은 대체로 유사성을 뜻하지, 동질성을 뜻하지 않기 때문이다.

고대로부터 일군의 형이상학 전통들은 궁극적 실재의 인간성이나 인격을 부정해 왔다. 예를 들자면 고대 그리스의 여러 자연철학자를 비롯하여 인도의 싯다르타, 중국의 노자, 공자 등과 같은 동양의 현자들에게서도 발견되는 관점이다. 물론 근대에 들어오며 이러한 본체론이나 세계관이 확산되고 심화되었다. 서구에서는 스피노자가 이 주제를 깊이 파헤친 철학자인데, 그는 단적으로 신에게는 정념이 없으므로 기쁨과 슬픔 같은 일체의 경험에 의해 영향을 받지 않고 아무도 사랑하지도 않고 아무도 미워하지도 않는다고 주장했다. 그처럼 대개 근현대의 지성들은 세계의 무질서한 악과 무고한 자의 고난과 불가해한 운명의 알력이 인간의 의식으로 하여금 인애로운 신을 지우도록 만든다고 생각했다.

그런데 지난 세기에 직관적이나마 하나님의 인격성을 설득력 있게 옹호하고 변증한 사례가 있다. 경건주의적 유대교 신비주의인 하시디즘(Hasidism)에 영향을 받은 마르틴 부버(Martin Buber)의 철학이 대표적이다. 부버는 자유주의 신학이 하나님을 수동적 객체로 간주하게 만드는 한계를 극복한 저술을 세상에 내놓았는데, 그것이 곧 1923년에 출판된 명저 『나와 너』(Ich und Du)였다. 이 저작의 제목에 있어서 오스트리아 출신인 부버가 의도적으로 독일어 'Sie'(당신)를 쓰지 않고 'Du'(너)를 쓴 이유가 있다. 인간과 친밀한 사귐을 갖고 대화를 나눌 수 있는 능동적 주체로 하나님을 증언하고자 했기 때문이다. 마르틴 부버가 지적했던 바, 인간이 하나님을 무미건조한 지식의 대상으로 취급하여 인간의 본위대로 분석하고 계측하고자 하는 태도를 버리지 못할 수 있다. 그러할 경우 하나님은 인격적 만남의 대상인 '당신'(Du)이 되지 않고 '그것'(Es)로 전락해 버린다. 그러한 '나와 그것'(Ich und Es)의 관계는 비인격적 관계일 뿐만이 아니다. 상대를 지적 대상으로 판단하려는 일방적 태도이므로 상호 간에 인격적 대화가 불가능하다. '나와 그것' 사이에 혹여 언어가 가능할지라도, 그것은 본질상 주·객(subject-object) 관계이기에 일방적이고 비인격 독백으로 전락한다. 그러므로 나와 하나님 사이에 '나와 그것' 식의 관계는 의식적이든 무의식적이든 하나님을 사물이나 수동적 객체로 전락시키고 만다. 부버는 하나님을 '그것'으로 취급하는 인류 지성사의 태도를 반성하면서 그러한 방식으로는 인간이 결코 하나님을 만나거나 대화할 수 없다고 단언했다. 인간은 하나님에 대해 상호적·인격적 존중 관계를 맺어야 한다.

하나님과의 인격적 대화를 위해 부버가 강조하는 것은 '영원한 당신'인 하나님에게 스스로 자신을 개방하고 기다리는 자세다. 일견 유대교 신비주의자로서의 면모를 엿볼 수 있는 제안인데, 이를 통해 말이나 분석이나 논리 없이 하나님과의 침묵을 배경으로 대화의 관계에 들어갈 수 있다고 한다. 말하자면 '침묵'의 대화라는 말이다. 이는 확실히 역설적 설명이고, 그리스도교의 부정의 길과 신비주의와도 상통한다. 그리고 동양의 사유 전통 가운데 도덕경의 '도가도 비상도'나 선禪의 '직지인심'과 '불립문자'에 가까운 통찰이다.[59]

그런데 하나님의 인격성에 관한 부버의 진술이 보편적 종교경험과 관념에 얼마나 부응할 수 있을지 모르겠다. 말하자면 그것은 꼭 그래야 할 이유도 없고, 꼭 그래왔다고도 할 수 없다. 특히 성서상의 증언과 얼마나 공통점을 나눌 수 있을지 모르겠다. 자유주의 신학의 시대에 수동적·피동적 객체로 추락해 버린 하나님의 인격성을 재조명하고 되살린 부버의 공로는 크지만, 누군가 그것은 종교적·철학적 엘리트주의의 사변과 소산이지, 대중적 기대와 정서로부터는 빗나간 설득이라고 비판해도 피해 갈 수 없다.

마지막으로 삼위일체론과 관련하여 의식과 인격적 성품 하나를 더 깊이 생각해 보기로 한다. 하나님에게 내재한 사랑의 인격 말이다. 다시 밝히지만, '의식한다'와 '사랑한다' 역시 반드시 아버지에게만 귀속되는 술어나 유비가 아니다. 세계의 물질적 원질, 영원하고 초월적인 정보 그리고 초월적 의식(사랑)을 각각 성령, 아들, 아버지에게 1:1 식으로 대응시키고 만다면 삼위가 서로 침투하고 교류하는 신성의 신비를 제한하고 만다. 하나님은 그 모든 것보다 더하고 깊은 하나님이다.

하나님의 마음, 특히 지혜와 목적과 사랑을 결핍한 신론을 개진한다면, 그것은 그리스도교가 밝히는 신학이 될 수 없다. 그렇게 해명된 하나님은 그리스도인들이 만나온 하나님이 아니다. 파괴적인 무신론 및 유물론에 직면했던 근현대 신학이 하나님의 인격성, 하나님의 사랑을 발설하는 데 머뭇거리고 웅얼거렸지만, 그것은 크게 잘못된 태도다. 다행히 지지울라스(Zizioulas) 같은 현대 정교회 신학자는 "인격적인 시원적 원리로서"[60] 하나님 아버지를 다시 주장했고, 다음과 같이 삼위

---

59 실제로 부버는 노장철학에 매우 심취한 적이 있어 노자와 장자에 관한 연구와 번역을 지속했다. 가령 1910년에 간행된 『장자의 이야기와 비유』(*Reden und Gleichnisse des Tschuang Tse*) 등 여러 관련 저술이 남아 있다.

의 사랑과 인격을 강하게 지지한 바 있다.

> (상략) 곧 하나님은 사랑으로 자유로이 아들을 출생하고 성령을 발현하는 [하나님]이다. 그러므로 인격이신 하나님은 아버지의 본체로서 한 실적 실체로 존재하게 하는, 곧 한 분 하나님이시다. 그러므로 삼위일체 신학에서 중요한 것은 하나님이 하나의 실체이기에 존재하는 것이 아니라 하나의 인격이기에 '존재한다.'[61]

　현상적으로 꽤 많은 신자가 하나님이 인격이고 사랑임을 믿고 경험한다. 상상이나 투사의 객체가 아니다. 자기암시 없이, 공상 없이, 종교적 전이해 없이 일방적으로 하나님은 인간을 부르고 만난다. 인간의 깊은 심성에 불가형언적인 사랑이나 정서로, 간혹 신적 파토스로 그의 현존을 체험하게 한다. 신자의 간증이라는 것은 주목할 만한 간접적 자료다. 내가 직접 경험하지 못한 것을 얻게 된 타인의 진지한 증언을 망상이나 허언으로 취급하지 않는다면, 우리는 인간의 지성이 다다를 수 없는 지점에서 고려해야 할 중요한 것을 놓치는 우는 없을 것이다.

　이미 우리가 이렇게 존재하는 것으로 하나님의 의식과 사랑은 표방되고 있을지 모른다. 즉, 없을 수 있었는데 의식을 지닌 우리는 이렇게 존재한다. 거대한 유기체로서 살아 신묘한 운행을 보이는 세계도 이렇게 존재한다. 신학적으로 말해 존재함이란 하나님 자신의 순수한 형식

---

60 이것은 라쿠나(LaCugna)가 지지울라스의 삼위일체론을 평가하는 표현이다. 캐서린 모리 라쿠나/이세형 역, 『우리를 위한 하나님』 (서울: 대한기독교서회, 2012), 347.

61 앞의 책, 같은 쪽에서 재인용. John Zizioulas, *Being as Communion* (Crestwood, NY: Vladimir's Seminary Press, 1985), 41-42.

이면서 피조물에게는 하나님 사랑의 본성으로부터 말미암는 결과다. 그렇다면 의식을 지닌 인격체가 이렇게 존재한다는 사실은 더 큰 인격적 존재의 기획일까 아니면 단순한 비인격적 존재의 인과일까? 일부 물리학자들은 세계가 의식으로써 바라봐 주는(관찰해 주는) 존재를 필요로 하고 있고 우주 전체도 신이 그의 의식으로써 바라보고 있기에 존재한다고 말한다. 그리고 우리는 의식으로써 신의 마음을 사유한다. 하나님은 이러한 관계에서 존재한다. 동양권에서는 곧잘 '마음'으로 표현된 '의식'은 무엇인가 존재하게끔 하는 매우 주된 요건이다.

류영모의 경우 궁극적 실재의 인격성을 제거한 사유를 비판한 예가 있다. 그것은 곧 동아시아의 이기론에 관한 비판이었다. 우선 류영모는 이, 기, 태극, 무극 등의 개념이 하나님을 설명할 수 있는 개념임을 인정했다. 특히 성리학의 "무극이 곧 태극이다" 하는 진술도 신론으로 가져와 해석했다. 절대적 개념에서 궁극적 실재는 무극일 수 있고, 상대적 개념에서 그것은 태극이라고 했다. 혹은 인식능력의 한계를 극^極으로 해석하여 궁극적 실재가 이것을 초월해 있으면 무극, 이것을 초월해 있지 않았으면 태극으로 보았다. 칸트식으로 말하자면, 사물 자체는 무극이며 현상으로 나타난다면 태극이다. 그런데 류영모는 태극이 곧 인격적 하나님이지만 고대 중국이나 선진유교에 내재했던 인격적 '천^天'(하느님) 관념을 버리고 '이치'나 '천리^{天理}'로 변이된 유교의 유리론^{唯理論}이 "생명을 잃고 있다"[62]고 비판했다. 철학적 신관을 따라 하나님의 인격성을 제거해 버리는 것만이 능사가 아니며, 이법신^{理法神}이 세계와 사물의 질서와 운행을 설명할 수 있는 최선의 개념이 아님을 류영모는 간파한 셈이다.

---

[62] 박영호 편, 『다석 류영모 어록』, 62-63 참조.

그렇다면 다시 생각해 본다. 하나님의 의식 또는 인격이란 무엇인가? 그리고 그 의식의 정체와 본질에 관해 이해할 것은 무엇일까? 나는 우선 의식을 이렇게 포괄적으로 정의한다. '이해력·기억력·수리력·추리력 등의 인지능력과 상징과 메타포를 쓰고 이해할 수 있는 직관과 만족을 지연하며 신념을 위해 헌신할 수 있는 윤리성과 아름다움을 감상하고 제작할 심미성을 망라하는 자질.' 거기에 신학적 관점을 부가하자면 하나님을 직관하고 교제할 수 있는 능력까지 해당할 것이다. 그런데 위와 같은 요건들이 과연 하나님의 의식 또는 인격을 포괄하는지 신중히 따져보아야 할 것이다. 전통 신학의 논변으로도 사람의 인격을 하나님에게 적용하는 문제는 본말이 전도된 오류다.

하나님의 의식은 현상적으로 루아흐의 자기제한과 자기 분여를 통해 존재의 세계로 드러난 인격적 요소들을 살필 때 추정할 수 있다. "신은 인간 자신의 본질"[63], "신은 인간의 내면이 드러난 것이며 인간의 자기가 표현된 것[64]"이라고 했던 포이어바흐의 신랄한 공격처럼, 인간적인 것들의 투사가 곧 하나님이라는 비판은 인간과 하나님이 극단적으로 양분되거나 하나님이 허구일 경우에 설득력 있는 한 형태의 무신론이다. 반대로 하나님과 인간 사이에 질적 차이가 개재함에도 불구하고 존재적 연속성과 인격성의 공유가 있다고 한다면, 오히려 포이어바흐식의 종교비판은 인간을 통해 하나님을 인지할 수 있는 논리를 제공한다. 루아흐가 하나님과 사람 사이 연속성을 보증하는 위격이므로, 인간이 한편에서 보유하는 숭고하고 신비한 내면을 근거로 든다면 인격의 원천이 하나님에게 있다고 주장하는 것이 가히 틀리지 않을 것이다.

그리스도인은 인격적 성령, 인격적 하나님에 대한 직관과 경험을

---

63 루트비히 포이어바흐/김쾌상 역, 『기독교의 본질』(서울: 까치, 1992), 77.
64 앞의 책, 88.

지닌 존재다. 우리가 하나님을 느끼고 증언하기 위해 기도와 묵상을 통해 영적 감수성을 고양할 이유가 여기에 있다. 심지어 어떠한 유신론적 문화·배경·암시가 없는 자에게 인격적으로 찾아오고 말을 걸어오고 명령하는 분이 하나님이다. 이러한 신비 경험에 관해서 경직된 교리주의자들은 탐탁지 않게 여기지만, 현대에도 종교현상학, 민속학, 인류학, 정신의학 등은 오히려 다양한 사례들을 관대하게 채록하여 보고하는 중이다. 노아·아브라함·모세의 시기로부터 사도의 시대에 이르기까지, 아니 웨슬리를 지나 무디와 헨리 나우웬의 시대에 이르기까지, 아니 바로 오늘까지 신자는 부정할 수 없는 하나님의 임재와 성령의 감화를 인격적으로 체험하는 중이다.

하나님은 희노애락으로 수놓아진 인생 처처에 사랑으로 현존하시고, 루아흐의 숨을 통해 생태계와 우주 도처에 충만히 계시며, 우리에게 무수한 메시지를 던지신다. 만약 우리가 로고스-그리스도 중심적 계시가 그의 인격과 사역을 통해 긍정의 길(via positiva)을 보증한다면, 루아흐-성령 중심적 계시는 그의 '무언의 한숨'(롬 8:26)처럼 부정의 길(via negativa)을 보증한다. 하나님에게는 압도적인 '풍성함'과 '지극한 위대함'이 있지만, 루아흐는 '마음의 눈'(엡 1:18)의 '청결함'(마 5:8)으로 하나님과 그 메시지를 깨닫도록 감화한다. 마음의 청결함으로 우리는 성령이 우리의 기도와 기대를 읽고 거기에 응답을 주는 영원한 원조자援助者(helper)임을 체험한다.

거대한 '하나'인 세계의 영과 몸으로서 루아흐는 모든 생명과 의식과 정서의 편차를 허용하면서도 그것들을 하나님의 인격에 영원한 경험과 기억으로 취하도록 한다. 복음서에는 "참새 두 마리가 한 앗사리온에 팔리지 않느냐? 그러나 너희 아버지께서 허락하지 아니하시면 그 하나도 땅에 떨어지지 아니하리라"(마 10:29)고 기록하고 있다. 전통적으로

이 구절은 하나님이 소소한 것에 이르기까지 만물을 인지하고 섭리한다는 것을 증언하는 전거로 꼽힌다. 그런데 성령론의 차원에서 말하자면, 그렇게 작은 미물이 상하고 죽는 것은 루아흐가 겪는 고통스럽고 비련한 체험이기도 하다. 세계는 루아흐에게 있어 변이變移한 타자임과 동시에 자기 몸이기 때문이다.

고전적 신론은 이 세상에서 우연하게 발생되는 사건은 없으며, 모든 것은 대주재의 예정과 예지의 섭리 가운데 있다고 설명한다. 그러나 막상 성서는 하나님에게도 예정과 예지를 넘는 당혹스러운 사건이 엄습할 수 있음을 밝히고 있다. 성서에서 그 내용을 찾아보자면, 노아의 홍수 전에 하나님은 땅 위에 사람 지으셨음을 한탄한(repent) 일이 있고(창 6:6), 사울의 타락을 예상하지 못하여 그를 왕으로 세운 것을 후회한 일도 있다(삼상 15:11). 즉, 하나님도 자신의 의지와 예정으로부터 어느 정도 자유하도록 허락한 세계의 돌발적인 사건들로 인해 번민하고 고통당한다는 의미다. 창조에 관련하여 이를 과학적 언어로 해석하자면, 하나님은 "우연과 법칙으로 설명되지 않는 부분에 개입함으로써 창조에 임하는 것이 아니라 법칙과 우연으로 이루어진 전 과정을 통하여 창조하신다" 또는 새로운 "사건들은 미리 결정된 계획에 따라 펼쳐지는 것이 아니라 예측할 수 없는 새로움과 함께 발생한다"고 해야 할 것이다.[65]

하나님의 의식이나 인격성은 단순하게 정의되거나 규정될 개념이

---

65 이것은 아서 피코크(Arthur Peacocke)의 견해다. 이언 바버, 『과학이 종교를 만날 때』, 66, 198. 이러한 신학적 관점에 대해서는 피코크의 다음 저작을 참고하라. Arthur Peacocke, *Theology for a Scientific Age: Being and Becoming-Natural, Divine and Human* (Minneapolis: Fortress Press, 1993) ; Arthur Peacocke, James T. Cushing, C. F. Delaney and Gary M. Gutting. "Intimations of reality: Critical realism in science and religion," *International Journal for Philosophy of Religion* 18.3 (1985).

아니다. 모든 추상명사가 그러하듯 인격 개념 또한 인간이 사고와 경험을 추상적으로 정리하기 위해 임의로 만든 것이지, 플라톤의 형상론처럼 이데아의 세계에 실재하는 것이 아니다. 설령 그것이 실재한다고 해도 반드시 하나님과 인간 사이에 일대일 대응하는 것도 아니며, 심지어 일정 수준의 지능과 정서가 있는 동물을 배제하고 논할 사안도 아니다. 로드킬(roadkill)을 당한 짝을 두고 인간처럼 흐느껴 울고, 도구를 써서 먹잇감을 낚고, 동료가 죽은 자리에서 모종의 기념 행위를 하고, 관람하러 온 아이에게 장난삼아 물을 끼얹는 동물들을 보자면, 우리는 인격을 제대로 구명하기 전에 '인격'이라는 말을 만들어버렸다는 생각을 지울 수 없다. 만약 인간 중심의 인격 개념을 양보할 수 있다면, 우리는 루아흐의 분여로 조성된 동식물로부터도 마치 아시시의 프란체스코(Francesco d'Assisi)처럼 얼마든지 신비로운 유대감을 나누는 것을 당연시할 것이다.

실제로 인격의 어원은 동양에서나 서양에서나 일차적으로 그 협소한 의미를 노출한다. 동아시아에서 쓰이는 인격人格의 '인人'은 사람에게 국한되어 무엇보다도 사람의 '격'을 의미한다. 그리고 격格을 살펴보자면, 뜻을 나타내는 목木과 음을 나타내는 각各이 결합한 이른바 형성문자로서 본래 가지치기가 된 나무를 뜻했다. 그러다가 점차 가지치기처럼 모양을 바로잡는다는 뜻으로 확장되면서 '다듬다', '수양하다', '고치다'를 뜻하게 되었다. 결국 '격'은 가지치기된 것처럼 다듬어진 성품을 뜻하게 되었고, 더 나아가 규칙과 격식까지 함의하게 되었다. 서양에서는 주로 라틴어에서 유래한 '페르소나'(persona)를 사용한다. 영어로 personality, 프랑스어로 personnalité, 독일어로 Persönlichkeit 등으로 쓰이는 것만 보아도 알 수 있다. 물론 헬라어 '카락테르'(χαρακτήρ)에서 유래한 어휘도 있지만, 그것은 도장·인장·동판·우표 등에서 온

말로서, 보다 원숙한 성품과 도덕성까지 망라하는 뉘앙스를 지닌다. 곧 카락테르는 사람 사이에서 인성의 원숙함을 판별한 요건이지, 어떤 사물에 있어서 그것이 인격적 존재냐 아니면 비인격 존재이냐 하는 양자택일적 물음에 동원되는 개념은 아니다. 한편 페르소나는 헬라어 '프로소폰'(πρόσωπον)에서 유래한 것으로 추정되는데, 그것은 얼굴, 용모, 표면, 가면, 탈 등을 의미했다. 라틴어로도 페르소나는 무대 배우의 가면, 탈 등을 뜻했는데, 점차 배역과 등장인물로부터 신분, 지위, 인격 등으로 그 의미가 확장되었다.

하나님의 인격성을 사유하고 논하는 사안에 있어서 가장 큰 문제는 동양의 '인격' 개념처럼 '페르소나'도 자칫 하나님을 인간과의 유사성으로 국한하여 재단할 본말전도 식의 접근을 해왔다는 사실이다. '인'격이 지닌 뉘앙스에는 하나님의 고유성을 인간의 수준으로 규정하고 사유하고 말하겠다는 무의식적인 의도가 있다. 대안적 신론이라면 이를 극복하여 하나님을 '인'격 너머의 인격으로 전제하고 해명해야 할 이유가 있다.

또 다른 문제는 '페르소나'가 삼위일체의 위격(휘포스타시스)를 대체하는 어휘로 선택되어 한 하나님이 세 '가면'을 쓴 것으로 오인하게 할 양태론적 소지를 지니게 된 것이다. 본래 위位를 의미하는 헬라어 '휘포스타시스'(ὑπόστασις)는 본질, 실체, 근원, 본성을 의미하기에 그 경중에 있어서 페르소나보다 깊고 무겁다. 그것은 단순히 가면과 배우의 역할을 의미하는 차원이 아니기 때문이다. 그런데 그렇게 서양 언어로서 하나님의 인격성을 해명하는 작업이란 모호하게 표층(페르소나)과 심층(휘포스타시스)을 혼잡하게 쓰는 꼴이다. 서구 신학은 '인격'과 '페르소나'라는 단어에 "외적 가면이냐? 혹은 내적 본성이냐?" 하는 관점으로 각각 나누어질 소지가 있음을 주의해야 한다.

분명히 성서는 하나님이 인간과 관계를 맺고 대화할 수 있는 존재임을 밝히고 있다. 고대로부터 아브라함의 신앙 전통은 하나님을 인격적 존재로 소개하고 전수해 왔다. 예수도 그 내용을 다시 확인했다. 예수는 구약의 신관을 극복하면서 하나님의 무차별적인 사랑과 죄인에 대한 용서와 잃은 자에 대한 연민을 이야기했다(눅 15장). 사복음서의 증언을 통해 살피자면, 예수 스스로 '아빠'인 하나님에 대한 친밀한 인격적 관계를 예증했고, 그에 따라 "심한 통곡과 눈물로 간구와 소원을 올리는 것"(히 5:7)도 가능했다. 서신서 저자들은 예수가 감추어진 하나님의 형상(골 1:15, 히 1:3)이라 증언하며 예수의 인격이나 파토스(pathos)를 통해 하나님이 지닌 인격성을 추정하도록 도왔다.

하나님의 인격에 관한 신학적 논제에 있어 칼 바르트의 신학은 언제든 참고할 만하다. 후기에 바르트는 하나님의 '인간성'(Die Menschlichkeit Gottes)이 이스라엘에게 계시된 기본적 내용이라고 보았다. 그리고 하나님 자신이 인간을 대함에 있어 호의와 은총이라는 인간성을 지닌 분임을 강조하며, "인간을 자유롭게 확증해 주시는 것, 인간을 위해 자유롭게 염려해 주시는 것, 인간을 위해 자유롭게 대신해 주시는 것, 이것이 하나님의 인간성"[66]이라고 했다. 또한 그는 하나님의 인간성이 표방되는 거처를 교회로 지목했다. 독특한 관점이기에 인용해 본다.

> 우리는 교회란 인간성의 왕관인 '이웃-인간성'이 그리스도를 중심으로 하는 형제애 안에서 볼 수 있게 드러나는 장소라고 믿는다. 나아가 우리는 교회가 하나님의 영광스런 뜻이 땅 위에 거주하는 장소라고 믿는다. 다시 말해 교회는 인간성—하나님의 인간성—이 시간 안에서 그리고 여기 땅 위에

---

66 칼 바르트, 『하나님의 인간성』, 81.

서 손으로 만질 수 있는 분명한 현실성의 형태를 취하는 곳이다. 교회에서 우리는 하나님의 인간성을 인식한다. 교회에서 우리는 그 인간성의 기쁨을 누린다. 교회에서 우리는 그것을 축하하고 증언한다. 교회 안에서 우리는 예수 그리스도께서 그렇게 하셨듯이, 임마누엘을 기뻐한다.67

구약성서에서 하나님은 사랑하고, 질투하고, 후회하고, 위로하고, 격노하고, 기뻐하고, 만족하는 등 거의 우리와 다름없는 성정의 주체로 묘사되어 있다. 그러한 면면에 대해 신자조차도 다음과 같은 의문을 가질 수 있다. "그렇다면 우리가 일상에서 그러한 하나님을 경험하는 가?" 혹은 "신자들은 왜 그토록 빈번하게 우리의 절실한 기도에 과묵한 하나님을 경험하는가?" 만약 우리가 성서에서 소개된 하나님을 경험하지 못한다면 내 신앙의 진정성과 순전함에 흠결이 있기 때문일까? 그것은 아니다. 우선은 성서가 대체로 신앙을 나누고 고양하려는 목적으로 신 경험을 재구성한 내용이요 또 기자의 신앙고백이 깔려 있기 때문이다. 따라서 우리는 적나라한 성정을 표출하는 하나님 이야기와 묘사를 세계의 공적 담론의 장에서 공유하기 어렵다. 차라리 하나님의 침묵과 그 인격의 불가해성을 인정하고, 무를 배경으로 우리에게 다가오는 하나님과의 조우와 임재를 희구할 수 있어야 한다. 인간이 하나님의 인격을 알 만하다면 그 하나님은 이미 하나님이 아니다.

단 바르트가 "하나님의 진리"는 "다른 그 무엇도 아닌 자비와 사람 사랑하심"이라고 천명했듯이,68 하나님의 인격은 '사랑'이라는 것으로 일이관지一以貫之하여 이해할 수 있다. 물론 그것은 통속적 사랑이 아니고 또 인간의 감정으로 정의할 수준의 것은 아니다. 이에 신적 사랑을

---

67 앞의 책, 107.
68 앞의 책, 83.

숭고한 '아가페'(ἀγάπη)로 소개한 성서적 표현은 더할 나위 없이 적절하다. 우리는 하나님의 사랑에 관한 한, 어떤 국면에서 그 의미의 폭을 줄이고 어떤 국면에서 그 의미를 깊이 헤아려야 한다. 우선 바울의 관점(고후 13:13)과 요한의 관점(요일 4:8)뿐만 아니라 예수의 비유 가운데에서 드러난 하나님의 인격은 곧 조건과 차별이 없이 먼저 행하고 끊임없이 인내하고 간직하는 사랑으로 대표된다(눅 15장). 또한 신적 사랑은 감정 · 정서에 국한되지 않는다. 왜냐하면 성서가 증언하는 사랑이라는 것은 '선한 사마리아인'이 보여주었듯이 정언명법定言命法을 능가하고(눅 10장), '진리와 함께 기뻐'하고(고전 13:6), '돌아온 탕자'에게 베푼 사랑처럼 끊임없는 예술적 주제가 되기 때문이다. 즉, 신적 사랑은 인식과 윤리와 미학을 통합할 뿐만 아니라 그 근거가 된다.

"하나님은 사랑이다"(요일 4:8)라는 명제가 지닌 종교적 진정성을 신뢰할지라도, 때때로 우리는 이루 말할 수 없는 역설과 번민에 직면하게 된다. 하나님의 지혜롭고 아름다운 사랑이 우리에게 배려와 친절로 경험되지 않기 때문이다. 그렇다면 하나님의 사랑에는 감정을 초월하는 또 다른 성질이 있을까? 혹여 그것은 무한히 증대하는 창조성, 아름다움, 하나님의 자기 확인 때문이다. 이로써 하나님의 사랑은 인간의 기대와 희구로부터 멀어지곤 한다. 그러나 신적 사랑에는 종말론적 목적이 내포되어 있고 '신적 훈련'(divine pedagogy)이 수반되어 있다고 보는 편이 신자에게 유익할 것이다. 비록 고난의 과정 안에 인간 실존의 좌절과 비애가 수반되겠지만 말이다. 결론적으로 말해 하나님의 사랑과 인간의 운명 사이의 관련은 단순히 인과율이나 역사적 현상을 통해서 추정되기 어렵다.

성서적 근거를 충실히 따르자면, 하나님 사랑에는 역사의 경로를 따라 서사적 아름다움을 지니고 있다. 이를 직관하고 신뢰한다면, 우리는 희망을 지니고 인내할 수 있다. 하나님이 창조 세계를 통해 도모하는 가장 중요한 것 하나가 미적 경험이자 모험적 유희다. 자연도 "법칙과 우연과 출현 등 여러 수준에 걸친 하나의 창조적 과정이다."[69] 하나님의 신성과 미적 증가 사이의 관련을 통찰한 찰스 하트숀은 "신의 즐거움이 증가하지 않는다면, 신의 미학적 능력에 문제가 있는 것"이라고 하면서 우리가 "신이 세상의 아름다움을 즐기는 데 어떤 한계가 있어서는 안 된다"고 단언한 바 있다.[70] 하나님의 독존은 그의 자족성과 완전함을 뜻하지만, 하나님의 창조는 그의 번성하는 아름다움과 경이로운 체험의 축적을 의도한다. 영국의 통계학자로서 신을 변증하는 연구를 병행했던 특이한 이력의 바르톨로뮤(D. J. Bartholomew)는 우연성과 무작위성이 세계에 경이, 즐거움, 다양성 등을 가져온다고 피력했다.[71] 그에 의하면 유희는 확정하지 않은 결과를 얻기 위해 동전을 던지거나 카드를 섞는 것에서 온다. 마찬가지로 하나님의 창조와 역사의 진행에는 하나님이 양보하거나 허용한 우연성과 무작위성으로 기인한 묘(妙)가 있다. 거기에는 위험과 파탄을 수반한 생경한 경험과 아름다움의 증가와 하나님의 거룩한 유희가 있다. 다만 그리스도교는 최종적으로 창조 세계의 대단원을 통해 하나님의 영화와 지혜가 전 우주에 드러나고, 만유는 하나님의 은총과 지혜와 아름다움으로 인해 영원한 노래를 갖게 될 것이라고 신뢰한다. 지상의 모든 악과 고통과 비탄도 우리 세계와 관계한 하나님의 독특한 우주적 드라마를 위해 기여하게 된다.

처참한 전쟁일수록 그에 상응하는 대작들이 후속된다는 것은 가히 불가해한 일이다. 미친 소리 같겠지만 우리는 전쟁마저 인류의 정신사

---

69 이언 바버, 『과학이 종교를 만날 때』, 196.
70 찰스 하트숀/홍기석 외 1인 역, 『하나님은 어떤 분이신가?』(서울: 한들, 1995), 28.
71 David John Bartholomew, *God and Chnace* (London: SCM Pess, 1984), 141-149.

와 예술사에 아름다움으로 승화될 계기가 된다는 사실을 외면할 수 없다. 가령 톨스토이의 소설 『전쟁과 평화』, 스티븐 스필버그의 영화 <쉰들러 리스트>, 로만 폴란스키의 영화 <피아니스트> 등의 작품들은 비참한 전쟁을 배경으로 인간이 이별과 죽음을 감내해야만 하는 사건들이 전개된다. 그런데 그 속에서 애수哀愁 띤 아름다움과 비장미悲壯美가 배태되고, 부조리와 비참에 저항하는 인물들의 사건에서 숭고미와 미학적 긴장이 파생되고, 서로 적대하는 진영 속에서 피어나는 인류애와 우정을 조명하는 드라마가 창조된다. 물론 세계의 역사는 인간의 인지구조와 성정에 대해 결코 픽션(fiction)이 아니다. 그러나 신적 차원에서 세계의 역사는 완전하게 고착된 실재도 아니고(사 40:17), 동시에 한낱 꿈과 허상만도 아니다. 이에 신학은 모호한 존재론적 위상을 지닌 세계의 역사를 통해 하나님에게 축적되는 생소한 경험의 성질을 지속하여 묵상하고 연구할 여지가 있다. 완전히 이해할 수 없겠지만, 만물과 화해할 하나님의 종말론적 희망과 기획을 전제할 경우 우리의 고난의 이유에 관해 어슴푸레 알 수 있을 것이다.

고린도전서 13장의 바울의 통찰에 의하면 사랑의 첫 조건이 '오래 참는 것'이라 했다. 그리고 그 외에 다양한 사랑의 미덕들을 열거한 후에 바울은 현재 "우리가 부분적으로 안다"라는 묘한 첨언을 한다. 여기에는 우리가 하나님의 풍성한 사랑을 받되 오래 참아야 할 환경에 처할 수 있으며, 부분적으로 알기에 때로 심한 의구심으로 몸부림칠 수 있다는 여지를 남긴다. 가령 피트니스 클럽의 코치라는 직업의 사회적 맥락을 모르는 사람이라면, 근육질의 남자가 사람들을 학대하는 현장에 아연실색할 것이다. 하나님에게 지혜로운 사랑이 충만함에도 언제나 그 사랑이 인간에게 친절하고 온화하게 나타나는 것은 아니다. 그것은 삼위일체의 경륜 가운데에서 나타난 특징이다. 가령 요한의 세례를 받은 예수를 지극히 사랑한다고 선포한 아버지는 얼마 후 그 아들을 이교도의 고문 틀에 달아 죽게 했다. 하나님의 목적과 지혜를 이해할 수 있어야 그 심원한 사랑을 알 수 있겠지만, 그것이 인간에게 가능하지 않다. 어찌 보면 우리가 이른바 '사랑장╱'에서 함께 숙고해야 할 주제는 인간의 불완전한 앎과 기나긴 인내다.

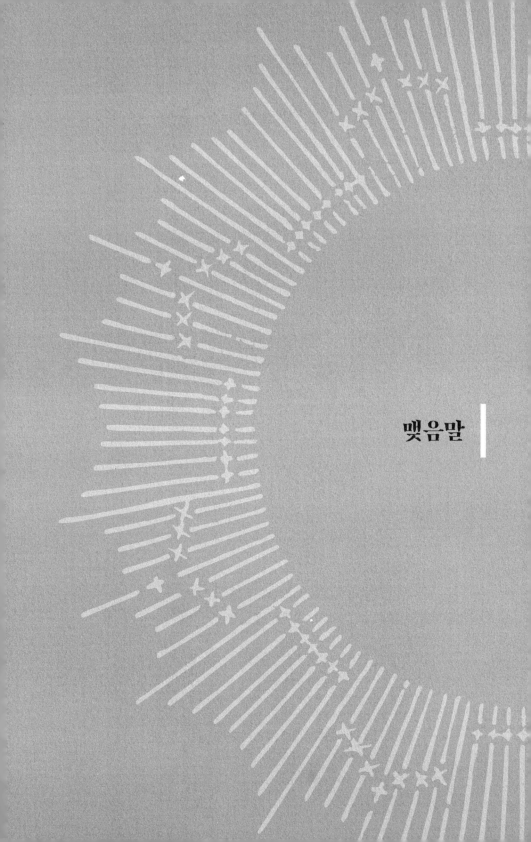

맺음말

나면서부터 눈먼 사람이 해가 어떻게 생겼는지 몰라서 눈 있는 사람에게 물었다. 어떤 사람이 "해의 형상은 구리 쟁반과 같소"라고 하자 쟁반을 두드려 그 소리를 들었다. 뒷날 종소리를 듣고는 그것을 해라고 생각했다. 또 어떤 사람이 "해의 빛은 초와 같소"라고 하자 초를 더듬어서 그 형상을 가늠했다. 뒷날 피리를 만져 보고는 그것을 해라고 생각했다. 해는 역시 종이나 피리와는 거리가 멀지만 눈먼 사람이 그 차이를 모르는 것은 그가 직접 본 적 없이 다른 사람에게 물어서 알려고 했기 때문이다. 도는 해보다 더 파악하기 어려우므로 사람들이 잘 알지 못하는 것이 눈이 먼 것과 다를 리가 없다. 잘 아는 사람이 비록 절묘한 비유로 친절하게 일러 준다고 할지라도 해를 쟁반이나 초에 비유해 설명해 주는 것보다 나을 수가 없다. 쟁반에서 종으로, 초에서 피리로, 이렇게 돌려 가면서 형용한다면 어찌 끝이 있겠는가? 그렇기 때문에 세상에서 도를 논하는 사람 중에는 자신이 본 것에 근거해 말하는 사람도 있고 보지도 않고 억측해 말하는 사람도 있는데 모두 도를 추구하는 잘못된 방법이다. 그렇다면 도는 끝내 추구할 수 없는 것인가? 소자(蘇子)는 말한다. "도는 저절로 다가오게 할 수는 있어도 억지로 좇아갈 수는 없다"고. 저절로 다가오게 하는 것이란 무엇을 말하는가? 손무(孫武)는 말하기를 "싸움을 잘하는 사람은 적이 스스로 다가오게 하지 자기가 적에게 끌려가지 않는다"라고 했고, 자하(子夏)는 말하기를 "온갖 기술자들은 자기 작업장에서 열심히 일함으로써 자기 일을 성취하고 군자는 몸으로 익힘으로써 도가 자신에게 다가오게 한다"라고 했거니와, 좇아가지 않는

데도 스스로 다가온다면 이것이 다가오게 하는 것이리라.[1]

_ 소동파(북송 시대의 문인)

본서는 지금까지 존재 자체이며, 만유의 근원이고, 영원한 생명으로서 우리와 함께하며 또 우리가 돌아갈 처소인 하나님을 실험적으로 궁구해 왔다. 단순히 성서와 교회의 전승 또는 서양 철학과 유착된 서양 신학의 전통만 따르지 않고 동양의 사유 전통들과 현대 과학의 결실까지 두루 응용하면서 우리 세대에도 여전히 신을 묻고 신을 찾고자 하는 이들에게 도움이 되기를 의도했다. 그리고 뒷부분에는 필자가 연구하고 직관하고 상상한 것들을 실험적 차원에서 개진한 몫도 있다. 우리 시대에 많은 비판자가 신학은 보편 학문과 달리 해석학적 텍스트로서 가설적 위상만 지닌다고 평가하는데, 내 지론들도 마찬가지일 것이다.

다만 나는 오늘날 이 땅에서 신학하는 분들이 주어진 동양의 사유 전통들도 잘 살펴 교회뿐만 아니라 세계를 온전히 섬길 수 있는 지혜를 갖추어 나갔으면 한다. 동양의 사유를 참고하는 작업이란, 그리스도교에 무엇이 부족해서라기보다 우리의 신학이 더욱 풍성해지고 문화적·시기적으로 긴밀히 응답하기 위함이다.

누군가 테르툴리아누스가 "도대체 예루살렘과 아테네가 무슨 상관인가?" 하고 반문한 것을 들어 이 시대의 동양 신학에 초를 치며 반대할 수 있겠지만, 이미 테르툴리아누스는 아테네는 아니어도 최소한 로마의 사상과 언어의 수혜자였고 그 시대의 아들이었음을 직시해야 한다. 그리스도교를 로마식으로 정초한 당사자였기에 그 역시 예루살렘 바깥으로부터 영향받지 않았던 것은 아니었다. 또한 그리스-로마의 철학과

---

1 소식/류종목 역, 『소동파 산문선』 (서울: 지식을만드는지식, 2013), 63-65.

문화가 초기 교회의 신학 수립에 지대한 영향을 미친 것을 부정할 신학자는 없다. 단적으로 아테네의 플라톤과 아리스토텔레스의 철학은 제도화된 교회의 신학에 막대한 영향을 미쳤고, 21세기까지 그리스도교 신학에 뿌리 깊이 내재하고 있다. 아이러니하게도 보수적 신학도 그러한 현실을 혼합주의의 산물이라고 평가하지 않는다. 그러한 사례는 선교·변증·호교護教를 위해 자연스럽게 이루어진 신학 발전의 일환으로 이해하는 편이 온당하다.

이제 여기에서는 만 5년 동안 하나님만 사유하며 연구하며 느꼈던 감상 그리고 나에게 찾아온 영감을 곁들이며 정리하기로 한다. 간혹 신학이 지적 엘리트 사이에 현학적이고 사변적인 말놀이에 그친다는 비판을 받곤 하는데, 이제 하나님을 앎으로써 실존의 대자유와 타자를 향한 봉사와 행복한 교제를 추구하는 것이 신학이라고 믿는 입장에서 실천과 영성을 염두에 두며 본서를 끝맺고자 한다.

우선 하나님으로부터 생명을 얻어와 사는 우리는 낯선 만남과 차이를 두려워하면 안 될 것이다. 비록 그것이 어색하고 불편하고 힘들어도, 세계의 구성원으로 함께 있는 한 타자가 누리는 존재의 의의를 배우고 인정하려 해야 한다. 인간은 대개 자신의 안정을 위해 낯설고 이질적인 것들을 거부하는 경향이 있다. 반면에 하나님은 대단히 모험적인 분이어서 그 본성과 능력으로부터 타자를 허락하셨다. 그것이 곧 창조다. 그처럼 서로 다르게 만나 관계를 맺고 사귐을 갖는 것이 당신과 내가, 우리 모두가 이곳 지구 위에 존재하는 이유다. 하나님의 창조성은 다양한 차이를 만드는 데에 그치지 않고 그 차이를 사랑하고 누리다 마침내 포용하고 하나가 되는 식으로 오묘한 창조 세계의 경험을 유발한다. 더욱이 하나님의 형상으로 지어졌고 또 그것을 본받고(롬 8:29), 그것을 이루어야 할(갈 4:19) 인간 역시 하나님과 비슷한 궤를 걸어가야 하지 않을까? 마침 20세기 초 이집트의 나그함마디에서 발견된 도마복음의 한 대목(22절)이 이에 대한 적절한 통찰을 보인다.

> 예수께서 젖을 빨고 있는 어린아이들을 보셨다. 그분께서 제자들에게 말씀하셨다. "젖을 빨고 있는 이 어린아이들이 그 나라에 들어가는 자들 같으니라."
> 그들이 그분께 말했다. "그러면 저희가 어린아이로 그 나라에 들어가나이까?"
> 예수께서 그들에게 말씀하셨다. "너희가 둘을 하나로 만들 때 그리고 너희가 내면을 외면처럼, 외면을 내면처럼, 위를 아래처럼 만들 때, 또 너희가 남자와 여자를 하나이자 같은 것으로 만들어 남자가 남자가 아니고 여자가 여자가 아닐 때, (중략) 그때 너희는 [그 나라에] 들어가리라."[2]

앞서 나는 하나님 혹은 무의 실상이 대극을 통일하고 있음을 보여왔다. 어쩌면 그러한 본성으로 인해 죄인인 우리가 하나님께 용납되어 살고 있는 것일지 모른다. 그렇게 대립되는 것, 원수된 자, 상반되는 성질까지 수용하고 존중할 때 하나님 나라는 우리에게 가까워진다. 하나님 나라가 무엇일까? 궁극의 '그러함' 속에서 모든 것, 무엇보다 대립되는 것들이 헤쳐 녹고 용납되는 세계다. 낯설고 다르고 틀린 것마저 수용되는 세계다. 시비, 미추, 고하, 득실 따위의 분별이 없는 세계다. 젖먹이들은 그러한 것을 모른다. 그래서 예수가 하나님의 나라는 아이들이 간다고 한 것이다. 복음이 무엇인가? 하나님과 상관할 수 없는 존재가 환영받는다는 선언이다. 죽어야 할 놈을 살려준다는

---

2 이규호 역, 『나그함마디 문서』 (서울: 동연, 2022), 172.

소식이다. 사형수 바라바가 방면되고 바라바가 짊어질 십자가를 의인 예수가 짊어져야 하는 역설이다. 돌 맞아 죽어야 할 음녀를 정죄하지 않겠다는 예수의 탈도덕이다. 그래서 복음에 나타나는 은혜는 시비의 분화가 없는, 윤리적 판단이 발아되지 않은 순수하고 충만한 무의 차원에 있다.

존재의 근원 속에서는 상충하는 현상의 가치를 따져봤자 소용없다. 무 안에서 하나일 뿐이다. 달라 보이고 상반되어 보여도 무 안에서 통일이 된다. 무는 반대를 모른다. 무는 차별을 모른다. 무 가운데 모든 것은 평등하고 동일하다. 그래서 항상 끝없는 포용성에 머문다. 밉고, 틀리고, 추하고, 해로운 것은 시시각각 생멸 운행하는 우리네 삶의 국면들뿐이다. 지혜롭고자 하면 최소한 우리네 현상 세계가 지닌 상반상성相反相成의 오묘함을 볼 필요가 있다. 태풍은 땅을 할퀴지만, 바다의 썩음(적조)을 해소한다. 즉, 땅의 입장에서는 파괴지만, 바다의 입장에서는 치유다. 대립되는 것은 서로를 세우고 서로를 가능하게 한다. 네가 없으면 나도 없다. 여자가 없으면 남자도 없고, 적이 없으면 친구가 없고, 골짜기가 없으면 봉우리가 없고, 손해가 없으면 이득이 없고, 흑암이 없으면 광명도 없다.

하나님에 대해 안셀무스는 이렇게 말한 바 있다. "최고의 본질이 어느 시간과 공간에 늘 존재하면서도 어느 시간과 공간에 존재하지 않는다는 것을 안다면 제기된 논박들을 얼마든지 해결할 수 있다."[3] 이는 궁극적 존재에 대한 그리스도교식의 언어도단言語道斷이다. 하나님을 인간의 선악과 기호嗜好로 판단할 수 없다. 하나님은 이분법으로 추정될 수 없는 유이며 또한 무다. 이분법적 판단으로는 계속하여

---

3 *monologion*, 22.

하나님을 오해하게 된다. 차라리 하나님이 우리에게 불가해한 분으로 나타날 때 우리는 그의 민낯을 본다. 하나님을 알고자 한다면, 대립을 포용하고 초월하고 계신, 있는 그대로의 하나님이 내게 오심을 겸손히 기다리는 자세가 요구된다. 위에 맺음말을 시작하며 인용한 북송 시대의 문인 소동파가 이 점을 잘 직관했다.

그런데 하나님의 나타남은 꼭 기이하고 신비로와야 할까? 나는 많은 신비가들이 이 점에 있어 일종의 엘리트적 유혹과 종교적 교만을 벗어나지 못했다고 본다. 말하자면 깊은 기도와 묵상 가운데 무아지경 또는 황홀경에 처하거나 천상에 올라 메시지를 듣거나 하나님과 합일로 말로 할 수 없는 기쁨을 얻는다는 식의 경험이 하나님의 현현을 대표하는 것이 아니기 때문이다. 당사자에게 그러한 계기들은 고무적이고 다행스러운 일일 수 있으나, 만유와 일상 가운데 예외 없이 편재하신 하나님을 비범한 존재로 오해하게 만들 소지가 있다. 오히려 중요한 것은 일상과 평범 가운데 하나님을 발견해야 할 우리의 영성과 혜안이다.

이 점에 있어서 시인 다윗과 철학자 하이데거가 훌륭한 예시를 남겼다. 매일 같이 우리를 둘러싼 세계와의 만남과 관계와 일 가운데 우리는 하나님의 거룩함을 볼 수 있어야 한다. 매일 뜨는 일월성신에 대해서도 감탄할 수 있는 다윗의 시상을 지녀야 한다. "여호와 우리 주여, 주의 이름이 온 땅에 어찌 그리 아름다운지요. 주의 영광이 하늘을 덮었나이다. … 주의 손가락으로 만드신 주의 하늘과 주께서 베풀어 두신 달과 별들을 내가 보오니…." 또한 하이데거는 "사유자는 존재를 말하고 시인은 성스러움을 이름한다"고 말한 바 있다. 시인은 일상적인 환경 속에서도 존재의 드러남을 발견하고 그것을 성스럽게 각성하는 자질이 있는 입장이다. 누구나 시인 다윗처럼 되어야 한다. 핵심은 빼어난 기교를 구사하는 데에 있는 것이 아니다. 특이할 것

없는 삶의 환경 속에서 존재의 원천 혹은 존재 자체인 하나님에게 다가가고 그로부터 풍요로운 아름다움을 가져올 수 있는 정서와 심미안이 중요하다.

문학이론 가운데 이른바 '낯설게 하기'(defamiliarization)라는 개념이 있다. 20세기 초 러시아 형식주의자들이 문학의 본질로서 지목한 것이며 언어가 예술성을 획득하게 되는 근본적인 기법이기도 한데, 형식적으로 일상적 언어를 '낯설게' 함으로서 심미적 요소나 문학적 장치를 구축하는 방법이라 할 수 있다. 그런데 근본적으로 더 중요한 것은 평범한 일들과 흔한 사물에 대해 '낯섦'을 느끼는 우리의 마음이다. 어떤 것에 대해 '낯섦'을 느낄 때 존재에 대한 각성과 시작(詩作)이 시작된다. 하나님에 대해서도 마찬가지다. 일상의 존재자를 아우르고 있는 무한과 무근거와 영원성이 까닭 없이 낯설게 다가올 때, 무의 엄위와 힘이 세계의 평범성을 깨뜨리고 내 안에서 발견될 때 근원적인 하나님 경험이 가능해진다.

그러므로 그리스도교는 비근한 사물과 사태로부터 하나님의 거룩한 흔적들을 낯설게 바라볼 영적 안목을 키워줄 수 있어야 한다. 인간의 뇌는 반복되는 것을 점차 '없는 것'으로 가정하는 경향이 있다. 동에서 해가 뜨고 서로 해가 지는 것, 저녁밥을 차리는 엄마의 분주함, 틀에 박힌 출퇴근길, 잠든 남편의 코 고는 소리 등등, 곧 이 모든 것이 존재할지라도 시나브로 부재하는 것으로 간주된다. 그러나 이것들이 갑자기 중지되거나 사라질 때야 아이러니하게도 그 존재성을 느끼게 된다. 그러나 우리가 그러한 일상적인 것에 '낯섦'을 느낄 수 있다면, 매일 하나님과 긴밀히 더불어 살 영성의 초입에 들어갔다는 증거가 된다. 가령 하이데거는 "존재자가 있다(daß Seiendes ist)는 엄청난 수수께끼"[4]라고 했는데, 마찬가지로 우리는 "왜 없지 않고 있을까?" 하는 근본적 물음을 잃지 말아야 한다. 세계가 존재로 드러나 있음에 거룩함을 느낀다면, 나서 살다가 늙고 죽는 것도 내 안에 계신 거룩한 자의 적극적인 여행임을 깊이 볼 수 있다면 굳이 셋째 하늘에 오를 필요가 없다.

무의 다양한 얼굴들, 그 천^千의 얼굴들을 접함에 따라 우리는 가장 깊은 영성을 확증하는 죽음에 대한 성숙한 자세를 갖추어 간다. 류영모가 "종교의 핵심은 죽음이다. 죽는 연습이 철학이요 죽음을 이기자는 것이 종교다. 죽는 연습은 영원한 생명을 기르기 위해서"[5]라고 했듯, 신학 역시 죽음을 면전에 두고 전개되는 것이 마땅하다. 그런데 그리스도교는 만물을 억압하는 죽음의 위협과 세력을 깨뜨리고 완전한 생명을 얻어내는 것을 죽음의 극복으로 설명해 왔다. 그리고 혼돈을 죽음과 짝지어진 악마적인 현실로 지목하기도 했다. 그 둘에 대항하여 하나님은 타협 없이 배격한다고 주장했다. 지난 세기에 새로운 정통주의를 확립했다고 평가받는 칼 바르트 역시 이런 논점에 있어서 예외가 아니었다. 나는 바르트의 그리스도론과 종말론이야말로 복음을 우리 시대에 유효하도록 탁월하게 재해석하고 선포했다고 평가한다. 그의 신학은 신자에게 창렬^{彰烈}한 힘과 기쁨과 자유를 회복하게 한다. 가히 신학자로서 최고의 실력을 보였다. 그러나 그의 신학은 다른 한편에서 죽음과 혼돈이 수반할 긍정적 계기에 대해 심중히 사유하지 않은 맹점을 보인다. 우리가 죽음과 혼돈 자체를 예찬할 것은 아니지만, 그 역설적 순기능까지 눈을 감아버릴 일도 아니다.

하이데거는 우리 삶의 종식으로서 죽음을 문제 삼을 것만은 아니라고 제안했다. 왜냐하면 인생이 불가피한 죽음과 관련된 것에 주목할

---

4 Martin Heidegger, *Was ist Metaphysik?*, 23.

5 박영호 편, 『다석 류영모 어록』, 180.

때 진지하게 무에 직면하게 되고, 새로운 존재 가능성을 얻게 된다고 보았기 때문이다. 다시 말해 인간이 죽음을 선구적으로 결단할 경우 무상하고 유약한 삶에서 벗어나 새롭고 도전적인 능력을 구가할 수 있다. 역설적이게도 죽음이 본래적 실존의 가능성으로 나타나는 것이다. 우리를 둘러싼 허무한 소유 조건과 무상한 권력의 허울이 벗겨지고 고유하고 진정한 '나'를 찾을 수 있게 되는 것이다.

우리 시대에 대중은 문명 가운데 죽음을 지우려고 의식적이든 무의식적이든 부단히 애를 쓴다. 청년은 젊음이 영원할 것으로 착각하고, 산 자는 땅 위에서 천년만년 살 것으로 착각한다. 그러나 인간이 죽음에 직면하지 않으면 존재와 하나님에게 겸손할 수 없고 궁극적 지혜를 갖추기 어렵다. 무한한 권태와 욕망의 늪에서 헤어 나오기 힘들다. 삶의 질적 수준이 고양되지 않는다. 갖은 편의와 이기利器를 누릴지라도 정작 우리 인생이라는 그릇에 담기는 의미와 가치는 빈약하다. 만약 그리스도교 역시 존재와 삶의 의미와 윤리적·미적 가치를 도외시하고 주야장천 사는 영생만 추구하는 것으로 소개된다면, 우리는 그러한 저급한 종말론을 심각하게 재고해야 한다. 우리는 사랑하지 않는 자들과 마주 보며 영원히 살 수 없는 노릇이다. 사는 보람과 생경한 아름다움 없이 권태롭게 불로장생할 수 없는 노릇이다. 그러나 죽음을 건전하게 사유할 때, 우리는 역사의 한복판에서 '사는 기회에' 체득할 수 있는 윤리적·미적 요건들을 다시 숙고하게 된다. 자발적으로 의미있는 죽음을 앞서 구하며 영원히 향유할 가치와 아름다움을 하나님에게 남길 수 있는 존재가 인간이기 때문이다.

기왕 살아야 할 지상의 삶 가운데 혼돈을 피할 수 없으면 이 역시 제거할 것만 아니다. 지우고 배척하자면 더 눌어붙는 경향이 있다. 의식에 내재하는 정신 법칙이란 우리가 극구 부정하는 것을 우리로부터 주도권을 넘겨받는 경향이 있다. 따라서 평화 운동을 해야지 반전 운동을 목적으로 하면 곤란하다. 당선 운동을 해야지 낙선 운동을 하면 시간 낭비다. 따라서 부드럽고 열린 마음으로 부정적인 것, 특히 혼돈을 괄호로 묶고 관조하는 태도가 필요하다. 인간이 떨쳐내기 어려운 '안정에의 욕구'는 곧 질서정연한 삶에 대한 욕구이기도 하다. 그러나 어떤 인생도 그러한 천복^{天福}을 누리기 어렵다. 영성이 있는 인생이라면 평화와 질서가 갖추어진 환경뿐만 아니라 불화와 혼돈이 침노하는 환경까지 수용하고 감내할 수 있어야 한다. 오히려 갈등을 동력으로 삼고, 혼란을 게임으로 선용할 줄 알아야 한다. 이에 토마스 머튼은 말했다.

> 믿음은 단지 순응이 아니다. 그것은 삶이다. 그것은 우리의 알려지지 않은 영적 내면만이 아닌 하나님 자신의 감추어진 본질과 사랑의 가장 신비롭고 접근하기 어려운 깊이까지 침입하면서 삶의 모든 영역들을 껴안는 것이다.[6]

평화와 질서에 순응하지 못할 인생은 없다. 다른 한편 갈등과 혼돈의 세월을 대면하며 포용하는 힘은 우리에게 주어진 '모든 영역'을 긍정하고 껴안는 참 신앙이 된다. 따라서 우리는 생명과 질서에 대해 감사할 것만 아니라 죽음과 혼돈에 대해 감사할 줄 알아야 한다. 그야말로 모든 일, 모든 사태, 범사에 감사해야 한다. 그것이 하나님이 순수한 존재로 독존할 것을 버리고 대립과 차이와 소외가 있는 세계를 허락한 이유이기도 하다. 그 자신이 세계로 인해 고난받기를 자청한 이유이기

---

6 Thomas Merton, *Seeds of Contemplation*, 137.

도 하다. 우리는 알아야 한다. 존재의 무대를 폐장하기 전까지 인간의 의식 앞에 놓일 죽음과 혼돈은 역설적이게도 또 하나의 축복의 관문이라는 것을.

　마지막으로 우리는 세계의 모든 것이 원칙적으로 '하나'라는 각성에 이를 필요가 있다. 이는 그리스도교의 주된 메시지나 복음도 아니지만, 그것들이 어떻게 전달되고 이해되어야 하는지 규정한다. 신약학자 월터 윙크는 "한 차원에서는 기독교의 복음서 기자들이 단지 사람들을 개종시키려고만 했지만, 다른 차원에서는, 그들이 세계를 바라보는 새로운 방식을 소개하려" 했다고 평가했다.[7] 분명히 세계관과 복음 사이에 떼려야 뗄 수 없는 밀접성이 존재하며, 그것은 그리스도인이 하나님과 만유와 자신을 어떻게 바라보고 해답을 도출하고자 하는가를 결정하는 것이다.

　안타깝게도 서양의 존재론은 떼어놓고 분석하고 개념으로 고착하는 지적 관습을 획기적으로 극복하지 못했다. 서구 신학 역시 마찬가지였다. 창조주와 피조물을 나누고, 하나님과 인간 사이의 질적 차이를 공고히 하고, 죽음을 생명에 대립시키고, 천국을 지상에서 분리하고, 영성을 평범에서 추방하는 데에 탁월했다. 그러한 이분법의 전횡이 첫 사람들이 선악을 알게 하는 열매를 먹은 후 발생한 실낙원失樂園의 사태라 할 수 있다. 반면 복락원復樂園이란 궁극적 차원에서 대립은 얼마든지 해소될 수 있으며 지금 있는 그대로도 하나님의 의지와 하나님의 섭리와 하나님의 생명 가운데 있음을 자각할 때 이루어진다. 사실 구별과 분별과 차등이 왜 필요가 없을까? 그것은 인간 실존이 살아감에 있어 결코 회피할 수 없는 의식의 소산이다. 생존과 발전을 위해 필요하

---

7 월터 윙크, 『사탄의 가면을 벗겨라』, 45.

다. 그러나 다른 한편 모든 것이 하나님 안에서 하나로 수렴되고 조화되리라고 대망하며 사는 것이 인생의 희망이다. 살고 죽는 것, 얻고 잃는 것, 높이 오르는 것과 낮은 데로 떨어지는 것 등등, 이 모든 것은 하나님 가운데 하나다. 그러한 묘를 선보이는 분이 진정 하나님이다. 그래서 하나님은 '하나'님이다. 근원적으로 둘이 아니라 '하나'다.

하나님을 인지하며 그를 예배하며 살 때, 더불어 사는 창조 세계와 이웃을 위한 적절한 양심도 역시 '둘이 아님'을 의식하며 사는 편이 좋겠다. 그것이 곧 그리스도인, 아니 오리게네스와 루터가 일컬었던 '작은 그리스도들'(christs)로서 살아가는 삶이라고 믿는다.[8] 오래전 루아흐로 말미암은 우주는 본래 하나였다. 한 물리학자는 이렇게 고백한다: "150억 년 전에 우리를 비롯한 온 세상 만물은 모두 균일한 에너지 덩어리에 속해 있었다. 그것이 전 우주였다. 한때 우리는 모두 이웃이었다."[9] 이는 물론 물질적 국면에서 말하는 것이었지만, 우리는 그것을 넘어 의식·정신·의미·아름다움의 차원에서 더 새겨야 한다. 이에 관련하여 과거 성공회의 성직자이자 시인인 존 던(John Donne)이 남긴 다음 시는 늘 나의 양심에 울림이 있다.

누구나 섬이 아니라네

_ 존 던

누구나 섬이 아니라네, 그 자체로서 말이지.
각기 대륙의 한 조각이며, 본토의 일부라네.
만일 한 덩이 흙이 바닷물에 씻겨지면 유럽은 그만큼 작아진다네.

---

8 존 매쿼리, 『신과 인간 사이』, 86 참조.
9 제럴드 슈뢰더, 『신의 숨겨진 얼굴』, 206.

만일 곶이 그리되어도 마찬가지.

그대의 친구들이나 그대의 사람들이 그리되어도 마찬가지.

어느 사람의 죽음도 나를 왜소하게 한다네.

왜냐하면 나는 인류에 속해 있기 때문이지.

하여 누구를 위하여 종이 울리는지 알고자 사람을 보내지 말게.

종은 그대를 위해 울리는 것이라네.

핵 심 용 어

형이상학(形而上學): '자연'(physis) '너머'(meta)에 있는 비감각적 또는 초월적 세계로부터 존재하는 것에 관한 근거와 원리를 연구하는 학문으로서, 대체로 궁극적 실재, 원천(arche) 또는 신神 등을 다룬다. 반면에 물질적 법칙을 다루는 자연학, 즉 물리학·생물학·화학 등은 형이하학形而下學에 속한다. 자연을 현상이라고 한다면, 형이상학은 그 현상 이면에 상정되는 본체本體를 사변적·추상적·연역적으로 연구하기도 하므로 본체론이라고 일컬어진다. 유사한 용어로 존재론·실재론·실체론 등이 있으나 문맥에 따라 세밀하게 살펴야 한다.

존재론(存在論): 존재하는 것의 일반에 관한 것을 다루는 학문으로서 과거에는 형이상학의 일부였는데, 전통 형이상학이 관찰과 실험 없이 이성을 독단적으로 사용해 왔던 방법론을 반성함으로써 근대 이후 지금까지 여러 방향으로 계속 변모하는 중이다.

신학(神學): 넓은 의미에서 종교 내부에서 신神 관념을 기반으로 경전, 교리, 제도 등 연구하는 학문이다. 좁은 의미로는 그리스도교에서 하나님의 계시를 신앙과 이성의 조화로 연구하는 학문을 일컫는다.

신론(神論): 교의학 가운데 특히 신이라는 주제를 중점적으로 연구하는 분야로서, 그리스도교 안에서는 특히 삼위일체 하나님의 정체·본질·사역 등에 관한 이론에 해당한다. 그 외에 예수 그리스도를 다루는 기독론, 성령을 다루는 성령론 등이 있다.

반복되는 핵심 어휘

실체(實體): 변화하는 사물 또는 현상의 근저根底에 존재하는 항상적·자존적인 것으로서 본체本體라고 하기도 한다. 또 이것을 연구하는 분야를 특히 실체론 또는 본체론이라고 한다.

실재(實在): 인간의 인식, 관념, 경험과 별개로 존재하는 객관적 사물 또는 객관적 존재자. 허구나 상상의 소산이 아닌 것으로 간주되는 것.

실제(實際): 존재하는 그대로의 상태 또는 진정한 본성 또는 궁극의 실태.

* 다만 위의 세 용어에 관해 서구에서, 가령 영어권에서는 substance, reality, existence 등으로 교차하여 쓰고 있으므로 문맥상 면밀하게 구별할 필요가 있다.

참고문헌

한국어 자료

Chatterjee, S. C.『학파로 보는 인도 사상』. 김형준 역, 서울: 예문서원, 1999.

Peters, Albrecht. "루터에 있어서 숨어 계시는 신: 삼위일체 하나님." 김영한 역, 「성경과 신학」 3 (1986).

고든 카우프만.『예수와 창조성』. 김진혁 역, 고양: 한국기독교연구소, 2009.

곽경직.『양자역학의 세계』. 파주: 동녘, 2008.

권진관. "기(氣)에 대한 성령론적 고찰." 「종교연구」 32 (2003).

김남두. "파르메니데스와 로고스의 실정성." 「철학연구」 74 (2006).

김명희. "종교간 대화의 모델로서 마테오 리치의 적응주의." 「한국조직신학논총」 39 (2014).

김상욱.『떨림과 울림』. 서울: 동아시아, 2018.

김옥경. "헤겔철학에 나타난 존재와 무." 「철학논집」 18 (2009).

김용규.『신: 인문학으로 읽는 하나님과 서양문명 이야기』. 서울: IVP, 2018.

김진희. "동양사상의 우주론에 입각한 유영모의 신학." 「신학사상」 131 (2005).

김하태. "동양의 무와 서양의 신."『궁극의 실재를 찾아서』. 서울: 대한기독교서회, 2005.

김흥호.『다석일지 공부 1』. 서울: 솔, 2001.

_____.『다석일지 공부 2』. 서울: 솔, 2001.

데이비드 흄.『인간의 이해력에 관한 탐구』. 김혜숙 역, 서울: 지혜를만드는지식, 2012.

도로테 죌레.『고난』. 채수일 역, 서울: 한국신학연구소, 2002.

레이몬드 B. 블레니크 편.『마이스터 엑크하르트』. 이민재 역, 서울: 다산글방, 1994.

로날드 내쉬.『현대의 철학적 신론』. 박찬호 역, 서울: 살림, 2003.

루트비히 포이어바흐.『기독교의 본질』. 김쾌상 역, 서울: 까치, 1992.

마르쿠스 가브리엘.『왜 세계는 존재하지 않는가』. 김희상 역, 파주: 열린책들, 2017.

마르크 라시에즈 레.『진공이란 무엇인가』. 김성희 역, 서울: 알마, 2016.

마르틴 하이데거.『존재와 시간』. 이기상 역, 서울: 까치글방, 1998.

마테오 리치.『천주실의』. 송영배 외 5인 역, 서울: 서울대학교출판문화원, 2016.

막스 칼텐마르크.『노자와 도교』. 장원철 역, 서울: 까치, 1993.

맥스 테그마크.『맥스 테그마크의 유니버스』. 김낙우 역, 서울: 동아시아, 2017.

미치오 카쿠.『평행우주』. 박병철 역, 파주: 김영사, 2006.

바이스마르, B.『철학적 신론』. 허재윤 역, 서울: 서광사, 1994.

박영호 편.『다석 류영모 어록』. 서울: 두레, 2006.

박영호.『다석 류영모가 본 예수와 기독교』. 서울: 두레, 2002.

_____.『다석 류영모의 생애와 사상(하)』. 서울: 문화일보, 1996.

박종천. "존재와 공 그리고 하느님: 존재론적 신이해에 대한 아베 마사오의 비판에 대한 연구."「신학과 세계」 39 (1999).

박혁순. "현대 삼위일체론 재구성을 위한 모색: 아시아 형이상학들과 대화를 통하여."「한국기독교신학논총」 98 (2015).

방건욱.『신과학이 세상을 바꾼다』. 서울: 정신세계사, 2007.

배철현. "Creatio ex Nihilo?."「종교학 연구」 21 (2002).

백민관 편.『가톨릭에 관한 모든 것』. 서울: 가톨릭대학교출판부, 2007.

백승도. "『장자』에서 '도'는 어떻게 말해지고 있는가?."「도교문화연구」 23 (2005).

백승영.『니체「유고(1885년 가을~1887년 가을)」「유고(1887년 가을~1888년 3월)」「유고(1888년 초~1889년 1월 초)」』. 서울: 서울대학교 철학사상연구소, 2004.

_____.『니체「차라투스트라는 이렇게 말했다」』. 서울: 서울대학교 철학사상연구소. 2003.

베르나르 포르.『불교란 무엇이 아닌가』. 김수정 역, 서울: 그린비, 2011.

베르너 슈나이더스.『20세기 독일철학』. 박중목 역, 서울: 동문선, 2005.

베른하르트 벨테.『종교철학』. 오창선 역, 왜관: 분도출판사, 1998.

보니페이스 램지.『초대 교부들의 세계』. 이후정 역, 서울: 대한기독교서회, 1999.

볼프하르트 판넨베르그.『자연 신학』. 박일준 역, 서울: 한국신학연구소, 2000.

볼프하르트 판넨베르크 외 4인.『신, 인간 그리고 과학』. 여상훈 역, 서울: 시유시, 2001.

브라이언 그린.『멀티 유니버스』. 박병철 역, 파주: 김영사, 2012.

_____.『엘러건트 유니버스』. 박병철 역, 서울: 승산, 2005.

_____.『우주의 구조』. 박병철 역, 서울: 승산, 2005.

빌헬름 바이셰델.『철학자들의 신』. 최상욱 역, 서울: 동문선, 2003.

서정형.『나가르주나「중론」』. 서울: 서울대학교 철학사상연구소, 2004.

서창원. "성령론: 氣論的 전개 가능성."「신학과 세계」 49 (2004).

소식.『소동파 산문선』. 류종목 역, 서울: 지식을만드는지식, 2013.

슐라이어마허.『종교론』. 최신한 역, 서울: 대한기독교서회, 2010.

신승환. "탈형이상학 시대의 신 개념 해석."「동서철학연구」 54 (2009).

신용국.『인드라망의 세계: 유기체 세계. 인식자로서의 인간』. 서울: 하늘북, 2003.

신은희. "성령과 기(氣)의 에로스: 기성령론을 향하여."「신학사상」128 (2005).

심광섭.『탈형이상학의 하느님』. 서울: 이문출판사, 1998.

아리스토텔레스.『형이상학』. 김재범 역, 서울: 책세상, 2018.

아베 마사오. "자기비움의 하느님과 역동적 공."『텅 빈 충만: 공의 하느님』. 존 캅 편, 서울: 우리신학연구소, 2009.

_____.『선과 현대신학』. 변선환 편역, 서울: 대원정사, 1996.

앙리 베르그송.『창조적 진화』. 서정철 역, 서울: 을유문화사, 1972.

앨런 구스.『우주의 통찰』. 김성훈 역, 서울: 와이즈베리, 2016.

오리게네스.『원리론』. 이성호 역, 파주: 아카넷, 2014.

오상무. "『노자』의 유, 무, 도의 관계 재론."「동서철학연구」36 (2005.6).

월터 윙크.『사탄의 가면을 벗겨라』. 박만 역, 고양: 한국기독교연구소, 2005.

위르겐 몰트만.『삼위일체와 하나님의 나라』. 김균진 역, 서울: 대한기독교출판사, 2003.

_____.『오시는 하나님』. 김균진 역, 서울: 대한기독교서회, 1996.

_____.『창조 안에 계신 하나님』. 김균진 역, 서울: 한국신학연구소, 2002.

윌리엄 랄프 잉 편.『독일 신비주의 선집: 에크하르트. 타울러. 수소. 루이스브뤼크』. 안소근 역, 서울: 누멘, 2010.

윌리엄 셰논.『토마스 머튼 생애와 작품』. 오방식 역, 서울: 은성출판사, 2005.

유진열.『신과 진리를 찾는 인간』. 서울: 대한기독교서회, 2007.

윤선구.『흄 인간지성에 관한 탐구』. 서울: 서울대학교 철학사상연구소, 2005.

윤철호.『너희는 나를 누구라 하느냐』. 서울: 대한기독교서회, 2013.

이광세. "로티와 장자."「철학과 현실」겨울호 (1995).

이규호 역,『나그함마디 문서』. 서울: 동연, 2022.

이세형. "성령론에 대한 기철학적 이해."「선교신학」15 (2007).

이언 바버.『과학이 종교를 만날 때』. 이철우 역, 서울: 김영사, 2002.

이정용.『역의 신학』. 서울: 대한기독교서회, 1998.

이진용. "노자 42장 '道一生'의 기론적 이해와 도교적 해석."「한국철학논집」34 (2012).

임마누엘 칸트.『순수이성 비판』. 백종현 역, 파주: 아카넷, 2006.

장 폴 사르트르.『구토』. 방곤 역, 서울: 문예출판사, 1999.

_____.『실존주의는 휴머니즘이다』. 박정태 역, 서울: 이학사, 2008.

_____.『존재와 무 I』. 손우성 역, 서울: 삼성출판사: 1993.

_____.『존재와 무 II』. 손우성 역, 서울: 삼성출판사: 1993.

장재.『정몽』. 장윤수 역, 서울: 책세상, 2002.

정성민. "하나님의 창조질서와 무성(nothingness)에 대한 칼바르트의 이해."「한국기독교신학논총」31 (2004).

제럴드 슈뢰더.『신의 숨겨진 얼굴』. 손광호 역, 서울: 하늘곳간, 2006.

조윤호. "불교 안에서의 다원주의-본질주의와 허무주의의 극복."「불교학연구」7 (2003).

존 매쿼리.『신과 인간 사이』. 연규홍 역, 서울: 대한기독교서회, 2013.

존 캅 편.『텅 빈 충만 : 공의 하느님』. 서울: 우리신학연구소, 2009.

존 콜린스. "유대교의 유일신앙과 기독교 신학."『유일신 신앙의 여러 모습들』. 강승일 역, 서울: 한국신학연구소, 2008).

존 호트.『과학과 종교, 상생의 길을 가다』. 구자현 역, 파주: 들녘, 2005.

존 힉.『신과 인간 그리고 악의 종교 철학적 이해』. 김장생 역, 파주: 열린책들, 2007.

주교회의 교리교육위원회 저.『가톨릭 교회 교리서』. 서울: 한국천주교중앙협의회, 2008.

찰스 하트숀.『하나님은 어떤 분이신가?』. 홍기석 역, 서울: 한들, 1995.

채수한. "도가의 무와 불교의 공."「道教學研究」8 (1991).

최한기.『기학』. 손병욱 역, 서울: 통나무, 2004.

카렌 암스트롱.『신의 역사』. 배국원 역, 서울: 동연출판사, 1999.

칼 바르트.『교회교의학 III/1』. 신준호 역, 서울: 대한기독교서회, 2017.

_____.『교회교의학 III/2』. 오영석 역, 서울: 대한기독교서회, 2017.

_____.『교회교의학 III/3』. 윤응진 역, 서울: 대한기독교서회, 2016.

_____.『교회교의학 III/4』. 박영범 역, 서울: 대한기독교서회, 2017.

_____.『교회교의학 IV/1』. 김재진 역, 서울: 대한기독교서회, 2017.

_____.『교회교의학 IV/2』. 최종호 역, 서울: 대한기독교서회, 2012.

_____.『교회교의학 IV/3-1』. 정미현 역, 서울: 대한기독교서회, 2017.

_____.『로마서(제2판, 1922)』. 손성현 역, 서울: 복 있는 사람, 2017.

_____.『하나님의 인간성』. 신준호 역, 서울: 새물결플러스, 2017.

캐서린 모리 라쿠나.『우리를 위한 하나님』. 이세형 역, 서울: 대한기독교서회, 2012.

토마스 아퀴나스.『신학요강』. 박승찬 역, 서울: 나남, 2008.

토비아스 휘르터.『평행우주라는 미친 생각은 어떻게 상식이 되었는가』. 김희상 역, 서울: 알마, 2013.

톰 라이트.『악의 문제와 하나님의 정의』. 노종문 역, 서울: IVP, 2009.

폴 데이비스.『코스믹 잭팟』. 이경아 역, 서울: 한승, 2010.

폴 틸리히.『조직신학 II』. 유장환 역, 서울: 한들출판사, 2003.

풍우란.『한글판 중국철학사』. 정인재 역, 서울: 형설출판사, 1999.

플라톤.『국가 政體』. 박종현 역, 서울: 서광사, 1997.

한스 크리스천 폰 베이어.『과학의 새로운 언어 정보』. 전대호 역, 서울: 승산, 2007.

허인섭. "공(空) 개념의 현대적 해석의 문제점 고찰."「동양철학」34 (2010).

헤겔, G.『논리학』. 전원배 역, 서울: 서문당, 1978.

_____.『대논리학(I)』. 임석진 역, 서울: 벽호, 1997.

한국어 사전, 전집, 백과

『철학대사전』. 서울: 동녘, 1989.

『국역, 퇴계집』. 서울: 민족문화추진회, 1977.

『한국민족문화대백과사전』. 서울: 한국정신문화연구원, 1995.

『물리학 백과』. 서울: 한국물리학회. http://www.kps.or.kr

외국어 자료

Abe, Masao. "Transformation in Buddhism." *Buddhist-Christian Studies*. Vol. 7. (1987).

Althaus, Paul. *The Theology of Martin Luther*. translated by Robert C. Schultz. Philadelphia: Fortress, 1966.

Bandstra, Barry L. *Reading the Old Testament: An Introduction to the Hebrew Bible*. Wadsworth: Cengage Learning, 1999.

Barrow, John D. and Frank J. Tipler. *The Anthropic Cosmological Principle*. New York: Oxford University Press, 1986.

_____. *The Book of Nothing*. New York: Vintage Books, 2000.

Barth, Karl. "Das Wort Gottes als Aufgabe der Theologie." *Anfänge der dialektischen Theologie* 1. hrsg.. Jürgen Moltann. München: C. Kaiser, 1962.

_____. *Kirchliche Dogmatik* III/3. Zürich: EVZ, 1986.

Bartholomew, David John. *God and Chnace*. London: SCM Pess, 1984.

Blenkinsopp, Joseph. *Creation. Un-Creation. Re-Creation: A Discursive Commentary on Genesis 1-11*. New York: T&T Clark, 2011.

Bohm. David, "Frgagment and Wholeness in Religion and in Science." *Zygon* 20. (1985).

_____, *Wholeness and the Implicate Order*. New York : Routledge and Kegan Paul, 2005.

Bostrom, Nick, "Are we living in a computer simulation?." *The philosophical quarterly* 53.211. 2003.

Caysa, Volker. *Das Seyn entwerfen: Die negative Metaphysik Martin Heideggers*. Frankfurt am Main: Vitto Klostermann, 1994.

Chadwick, Henry. *Early Christian thought and the classical tradition: studies in Justin. Clement. and Origen*. Oxford: Clarendon Press, 1966.

Chardin, Pierre Theilhard de. *The Phenomenon of Man*. New York: Harper & Row, 1976.

Clack, Brian. *An introduction to Wittgenstein's philosophy of religion*. Edinburgh: Edinburgh University Press, 1999.

Clayton, Philip. *God and Contemporary Science*. Grand Rapids: Wm. B. Eerdmans Publishing, 1997.

Collins, Steven. *Selfless persons: Imagery and thought in Theravada Buddhism*. New York. Cambridge University Press, 1990.

Conn, Walter. *The Desiring Self: Rooting Pastoral Counseling and Spiritual Direction in Self-Transcendence*. Mahwah. N. J.: Paulist Press, 1998.

Crease, Robert and Charles Mann. *The Second Creation: Makers of the Revolution in Twentieth-Century Physics*. New York: Macmillan, 1986.

Derrida, Jacques. "How to avoid speaking: Denials." *Derrida and negative theology*. New York: State University of New York Press, 1992.

Echhart, Meister. *The Complete Mystical Works of Meister Echart*. translated by Maurice O'C. Walshe. New York: The Crossroad Publishing Company.

_____. *The Essential Sermons. Commentaries. Treaties and Defense*. translated and edited by E. Colledge and B. McGinn. New York: Paulist Press, 1981.

Einstein, Albert. *Ideas and Opinions*. New York: Bonaza Books, 1954.

Finkel, Avraham Yaakov. *Kabbalah: Selections From Classic Kabbalistic Works From Raziel Hamalach To The Present Day*. Targum Press, 2002.

Ford, Lewis S. "The Viability of Whitehead's God for Christian Theology." *Proceedings of the American Catholic Philosophical Association* 44.

(1970).

Garver, Newton. *This complicated form of life: essays on Wittgenstein*. Chicago: Open Court Publishing, 1994.

Gaynor, Frank. *Dictionary of Mysticism*. New York.: Philosophical Library, 1953.

Girardot, Norman J. *Myth and Meaning in Early Taoism: The Theme of Chaos*. Berkeley: Univ of California Press, 1988.

Griffin, David Ray. *God, Power, and Evil: A Process Theodicy*. Philadelphia:The Westminster Press, 1976.

Hanson, James M. "Was Jesus a Buddhist?." *Buddhist-Christian Studies* Vol. 25. (2005).

Hawking, Stephen W. *A Brief History of Time*. New York: Bantam Books, 1988.

Hegel, G. W. F. *Wissenschaft der Logik* II. Hegel Werke Bd. 6. Frankfurt am Main: Suhrkamp, 1986.

_____. *Lecture on the Philosophy of Religion*. translated by R. F. Brown. P. C. Hodgson. and J. M. Stewart. Berkeley: University of Claifornia Press, 1988.

_____. *Phänomenologie des Geistes*. Hamburg: Felix Meiner, 1952.

_____. *Lectures on the Philosophy of Religion*. translated by R. F. Brown, P. C. Hodgson and J. M. Stewart. Berkeley: University of Clifornia Press, 1988.

_____. *Phenomenology of Spirit*. translated by A. V. Miller. New York: Oxford University Press, 1977.

Heidegger, Martin. "Das Ende der Philosophie und die Aufgabe des Denkens." *Zur Sache des Denkens*. Frankfurt am Main: Vittorio Klostermann, 1986.

_____. "Letter on Humanism." In *Basic Writings*. edited by D. F. Krell. New York: Harper & Row Publisher, 1977.

_____. "Spiegel-Gespräch mit Heidegger." *Antwort. Matin Heidegger im Gespräch*. Nesk: Pfullingen, 1988.

_____. *Holzwege*. Frankfurt am Main: Klostermann, 1950.

_____. *Identität und Differenz*. Frankfurt am Main: Vittorio Klostermann, 2006.

_____. *Martin Heidegger Karl Jaspers Briefwechsel 1920-1963*. Hrsg. von *Walter Biemel u. Hans Saner*. Frankfurt am Main : Klostermann, 1992.

_____. *Mein Weg in die Phänomenologie*. GA Band 14. Frankfurt am Main: Vitto Klostermann, 1976.

_____. *Nietzsche. Vol. II(1939-1946)*. Pfullingen: Neske, 1961.

_____. *Sein und Zeit*. Tübingen: Max Niemeyer Verlag, 1986.

_____. *Was ist Metaphysik?*. Frankfurt am Main: Vittorio Klostermann, 1965.

_____. *Wegmarken*. Frankfurt am Main: Vittorio Klostermann, 1976.

_____. *Beiträge zur Philosophie(Vom Ereignis)*. Frankfurt am Main: Vittorio Klostermann, 1989.

Heiler, Friedrich. *Prayer: A Study in the History and Psychology of Religion*. Oxford: One world Publications, 1932.

Heimann, Betty. *Facets of Indian Thought*. London: Allen and Unwin, 1964.

Hickson, Michael W. "A Brief History of Problems of Evil." *The Blackwell Companion to The Problem of Evil*. edited by Justin P. McBrayer and Daniel Howard-Snyder. New Jersey: Wiley-Blackwell, 2014.

Hirschberger, Johannes. *Geschichte der Philosophie* I. Freiburg: Herder, 1987.

Horkheimer, Max und Theodor W. Adorno. *Dialektik der Aufklärung*. Frankfurt am Main: Fischer Verlag, 1988.

Humphries, Rolfe. *Lucretius: The Way Things are*. Blumington: Indiana University Press, 1968.

Inwood, Michael. *A Heidegger Dictionary*. Oxford: Blackwell, 1999.

Jäger, Alfred. *Gott, Nochmals Martin Heidegger*. Tübingen: J. C. B. Mohr, 1978.

_____. *Gott. Nochmals Martin Heidegger*. Tübingen: Mohr Siebeck GmbH & Co. K, 1984. 453.

Jastrow, Robert. *God and the Astronomer*. Toronto: Readers Library, 1992.

Jeans James, *The Mysterious Universe*. New York: Macmillan, 1948.

Jeong-Hyun Youn. "The Non-Existent Existing God: An East Asian Perspective with specific Reference to the Thought of Ryu Yŏng-mo." Th.D. diss. The University of Birmingham, 2002.

Shotwell, Willis Allen. *The Biblical Exegesis of Justin Martyr*. London: Alec R. Allenson, 1965.

John A. Wheeler. "Bohr. Einstein. and the Strange Lesson of the Quantum." *Mind and Nature*. edited by Richard Elvee. San Francisco: Harper & Row, 1982.

Kant, Immanuel. *Kirtik der reinen Vernunft*. München: Anaconda Verlag, 2015.

Kaufamn, Gordon. *An Essay on Theological Method*. Atlanta: Scholar Press, 1995.

_____. *In the Beginning... Creativity*. Minneapolis: Fortress Press, 2004.

Kierkegaard, Søren. *The concept of Anxiety*. translated by Reidar Thomte. New Jersey: Princeton University Press, 1981.

Kowalski, Gary. *Science and the Search for God*. New York: Lantern Books, 2003.

Kuhn, Thomas. *The Structure of Science Revolution*. Chicago: University of Chicago Press, 1970.

Küng, Hans. *Christianity and the World Religions*. Garden City. New York: Doubleday & Co. 1896.

_____. *Does God exist? An Answer for Today*. New York: Random House, 1981.

Mallow, Vermon R. *The demonic: A selected theological study: an examination into the theology of Edwin Lewis, Karl Barth, and Paul Tillich*. New York: University Press America, 1983.

Mar, Gary. "Gödel's ontological dream." *Space, Time and the Limits of Human Understanding*. edited by Shyam Wuppuluri and Giancarlo Ghirardi. New York: Springer, 2018.

May, Gerhard. *Creatio Ex Nihilo: The Doctrine of 'Creation out of Nothing' in Early Christian Thought*. translated by A. S. Worrall, Edinburgh: T&T Clark, 1994.

McFague, Sallie. *Models of God: Theology for an Ecological. Nuclear Age*. Philadelphia: Fortress Press, 1987.

_____. *The Body of God: An Ecological Theology*. Minneapolis: Fortress Press, 1993.

McGinn, Beranard. *The Foundations of Mysticism: Origins to the Fifth Century*. New York: Crossoad, 2003.

McGrath, Alister E. *Christian Spirituality*. Oxford: Blackwell Publisher, 1999.

Merton, Thomas. *Conjectures of a Guilty Bystander*. New York: Image Book, 1968.

_____. *Contemplative Prayer*. New York: Image Books, 1971.

_____. *Merton, Thomas on Mysticism*. edited by Raymond Baily. New York: Doubleday, 1975.

_____. *New Seeds of Contemplation*. New York: New Directions, 1962.

_____. *The Ascent to Truth*. New York: Harcourt and Brace, 1951.

_____. *The Asian Journal of Merton, Thomas*, edited by Naomi Burton. Patrick Hart and James Luaghlies. New York: New Directions, 1973.

_____. *The New Man*. New York: Farrah. Straus & Cudahy, 1961.

Mitchell, Donald W. "The Trinity and Buddhist Cosmology." *Buddhist-Christian Studies*. Vol. 18. (1998).

Moltmann, Jürgen. *God in creation: A new theology of creation and the Spirit of God*. Minneapolis: Fortress Press, 1993.

Monod, Jacques. *Chance and Necessity: An Essay on the Natural Philosophy of Modern Biology*. New York: Vintage Books, 1972.

Nicholas of Cusa. *On learned ignorance*. translated by Jasper Hokins. Minneapolis: The Arthur J. Banning Press, 1985.

Nietzsche, Friedrich. *Beyond Good and Evil*. edited by Oscar Levy. in The complete Works of Friedrich Nietzche. Vol. 12. Edinburgh: The Edinburgh Press, 1911.

_____. *Human, All Too Human*. translated by R. J. Hollingdale. New York: Cambridge University Press, 1996.

_____. *Nietzsche Werke*. Abteilung 8. hrsg. von Giorgio Colli u. Mazzino Montinari Nachgelassene. Berlin: Walter de Gruyter, 1972.

_____. *The Anti-Christ, Ecce Homo, Twilight of the Idols*. edited by Aaron Ridley and Judith Norman. New York: Cambridge University Press.

_____. *The Birth of Tragedy and Other Writings*. translated by Ronald Speirs. New York: Cambridge University Press, 1999.

_____. *The Genealogy of Morals*. edited by Oscar Levy. in The complete Works of Friedrich Nietzche. Vol. 13. Edinburgh: The Edinburgh Press, 1911.

_____. *The Joyful Wisdom*. edited by Oscar Levy. in The complete Works of Friedrich Nietzche. Vol. 10. Edinburgh: The Edinburgh Press, 1911.

_____. *Thus Spoke Zarathustra*. translated by Adrian Del Caro. New York: Cambridge University Press, 2006.

Nishitani, Keiji. *Was ist Religion*. Übers. von Dora Fischer-Barnicol. Frankfurt am Main: Insel Verlag, 1982.

Ogden, Schbert. *The reality of God and Other Essays*. New York: Harper & Row, 1966.

Pannenberg, Wolfhart. *Theology and the Philosophy of Science*. translated by

Francis McDonagh. Louisville: Westminster John Knox Press, 1976.

_____. *Systematic theology* Vol. 1. New York: T&T Clark, 2004.

Pattison, George. *Agnosis: Theology in the Void*. New York: St. Martin's, 1996.

Peacocke, Arthur. *Creation and the World of Science*. New York: Oxford Univerrsity Press, 1979.

_____. *Intimations of Reality: Critical Realism in Science and Religion*. Notre Dame, IN: Univ of Notre Dame Press, 1984.

_____, James T. Cushing, C. F. Delaney, and Gary M. Gutting. "Intimations of reality: Critical realism in science and religion." *International Journal for Philosophy of Religion* 18.3. (1985).

_____. *Theology for a Scientific Age: Being and Becoming-Natural, Divine, and Human*. Minneapolis: Fortress Press, 1993.

Pike, Nelson. "Process Theodicy and the Concept of Power." *Process Studies*. Fall (1982).

Plotinus. *The Enneads*. translated by Stephen MacKenna. New York: Paul Brunton Philosophic Foundation, 1992.

Pollard, William. *Chance and Providence: God's action in a world governed by scientific law*. New York: Scribner, 1958.

Provine, William. "Evolution and the Foundation of Ethics." In *Science. Technology and Social Progress*. edited by Steven L. Goldman. Bethlehem. Pa.: Lehigh University Press, 1989.

Pseudo-Dionysius. *The Complete Work*. translated by Colm Luibheid. New Jersey: Paulist Press, 1987.

Rahner, Karl. "Experience of Self." *Theological Investigations* XIII. New York: Seabury, 1975.

Ricoeur, Paul. "Evil, a challenge to philosophy and theology." *Journal of the American Academy of Religion* 53.4. (1985).

Ross, Hugh. *Beyond the Cosmos*. Dolorado Springs: Navpress, 1999.

_____. *The Creator and the Cosmos*. Colorado Springs: Navpress, 1995.

Ruether, Rosemary Radford. "The Left Hand of God in the Theology of Karl Barth: Karl Barth as a Mythopoeic Theologian." *Journal of Religious Thought* 25 (1968).

Russell, Bertrand. *History of Western Philosophy*. Routledge, 1995.

Sahakian. William S. *History of Philosophy*. New York: Barnes & Noble Books,

1968.

Saint John of the Cross. *Ascent of Mount Carmel*. translated by E. Allison Peer. Michigan: Grand Rapids, 1962.

Saint John of the Cross. *Dark Night OF The Soul*. translated by E. Allison Peer. New York: Image Books, 1994.

Scharlemann, Robert. "The No to Nothing and the Nothing to Know: Barth and Tillich and the Possibility of Theological Science." *Journal of the American Academy of Religion* 55 (1987).

Schwager, Hans-Joachim. *Die Deutsche Mystik und ihre Auswirkungen. von Meister Eckhart bis Schelling*. Gladbeck: Schriftenmissions-Verlag, 1965.

Smith, Wilfred Cantwell. *The Faith of other Men*. New York: New American Library, 1963.

Staune, Jean. "On the Edge of Physics." *Science and Spirit* 10. no.1. (Apr./May 1999).

Streng, Frederick J. *Emptiness: A Study in Religious Meaning*. Nashville: Abingdon, 1968.

Swinburne, Richard. *The Existence of God*. Oxford: Clarendon Press, 1979.

Tillich, Paul. *Christianity and the Encounter of the World Religions*. New York: Columbia University Press, 1963.

_____. *Systematic Theology* I. Chigago: University of Chicago Press, 1951.

_____. *Systematic Theology*. Chicago: The University of Chicago, 1951.

_____. *The Courage to Be*. New Haven: Yale University Press, 1952.

Tipler. Frank J. *The Physics of Immortality: Modern Cosmology, God and the Resurrection of the Dead*. New York: Doubleday, 1994.

Welte, Bernhard. *Auf der Spur des Ewigen*. Freiburg: Herder 1965.

_____. *Das Licht des Nichts: Von der Möglichkeit neuer religiöser Erfahrung*. Düsseldorf: Patmos Verlag, 1980.

_____. *Denken in Begegnung mit den Denkern II: Hegel-Nietzsche-Heidegger*. Freiburg: Herder, 2007.

_____. *Gott und das Nichts: Entdeckungen an den Grenzen des Denkens*. Frankfurt am Main: Josef Knecht, 2000.

_____. *Zeit und Geheimnis*. Freiburg: Herder, 1975.

_____. *Zur Frage nach Gott*. Freiburg: Herder, 2008.

Wheeler, John Archibald. "Bohr, Einstein, and the Strange Lesson of Quantum."

In *Mind and Nature. edited by Richard Elvee.* San Francisco: Harper & Row, 1982.

_____. *A journey into gravity and spacetime.* New York: Scientific American Library, 1990.

Whitehead, Alfred North. *Religion in the Making.* New York: Macmillan Company, 1926.

Wicken, Jeffrey S. Evolution. *Thermodynamics. and Information: Extending the Darwinian Program.* New York: Oxford University Press, 1987.

Wigner, Eugene Paul, Walter John Moore and Michael Scriven. *Symmetries and reflections.* Bloomington: Indiana University Press, 1967.

Wittgenstein, Ludwig. *Culture and Value.* translated by Peter Winch. Chicago: The University of Chicago Press, 1984.

_____. *Notebooks 1914-1916.* translated by G.E.M. Anscombe. New York: Harper Torchbooks, 1961.

_____. *Tractatus Logico-Philosophicus.* translated by C. K. Ogden. Edinburgh: the Edinburgh Press, 2010.

Wolfson, Harry Austryn. *Philo: Foundations of Religious Philosophy in Judaism, Christianity, and Islam.* Cambridge MA: Harvard University Press, 1982.

Zaehner, Robert Charles. *Mysticism. Sacred and Profane.* Oxford: Oxford University, 1961.

Zizioulas, John. *Being as Communion.* Crestwood. NY: Vladimir's Seminary Press, 1985.

외국어 사전 및 백과

The Oxford Dictionary of the Christian Church. Oxford: Oxford University Press, 1997.

The Oxford Dictionary of the Jewish Religion. Oxford: Oxford University Press, 2011.

Routledge Encyclopedia of Philosophy. London: Routledge, 1998.

인터넷 아카이브

그리스도교 교부 및 고중세 신학 https://www.newadvent.org
고중세 서양철학 http://www.sophia-project.org
한국 성 토마스 연구소 http://www.stik.or.kr
다석 어록 http://www.dasuk.or.kr/saying
동양 고전 http://db.cyberseodang.or.kr
불교 경전 https://library.bdrc.io
조하르 https://www.zohar.com/